U0484054

中国武术文化论稿

程大力 著

江苏凤凰文艺出版社

图书在版编目（CIP）数据

中国武术文化论稿 / 程大力著 . —南京：江苏凤凰文艺出版社，2021.9

ISBN 978-7-5594-6018-9

Ⅰ.①中…　Ⅱ.①程…　Ⅲ.①武术—文化研究—中国　Ⅳ.①G852

中国版本图书馆CIP数据核字（2021）第108739号

中国武术文化论稿

程大力　著

出 版 人　张在健
责任编辑　李　黎　孙建兵　高竹君
装帧设计　张景春
责任印制　刘　巍
出版发行　江苏凤凰文艺出版社
　　　　　南京市中央路165号，邮编：210009
网　　址　http://www.jswenyi.com
印　　刷　苏州市越洋印刷有限公司
开　　本　718毫米×1000毫米　1/16
印　　张　38.25
字　　数　596千字
版　　次　2021年9月第1版
印　　次　2021年9月第1次印刷
书　　号　ISBN 978-7-5594-6018-9
定　　价　198.00元

江苏凤凰文艺版图书凡印刷、装订错误，可向出版社调换，联系电话 025-83280257

作者简介

程大力,现为华南师范大学体育科学学院民族传统体育专业教授,博士生导师。1954年11月出生,四川大学历史系1977级本科生,历史学硕士(导师为历史学家徐中舒先生),教育学博士(导师为体育史学家周西宽先生),为峨眉派僧门武术家彭元植、侯仲约先生入室弟子,亦跟张立德、王守信先生的学生赵世坚先生系统习练过拳击。长期从事武术史、武术文化的研究,有专著《中国武术——历史与文化》《体育历史文化论稿》《少林武术通考》三种,合著《中国武术史》《武术理论基础》《最新女子防身术》等十余种,发表论文百余篇,"中国武术与中国文化"讲座被超星图书馆学术视频设为公开课。

目　录

上编　中国武术史的主要分期、特点、基本背景

第一章　武术史发展的分期、特点 ………………………………… 003
  第一节　武术的产生和初步发展时期（先秦、秦汉、魏晋南北朝）……… 005
  第二节　武术的发展和渐趋成熟时期（隋、唐、五代十国、宋辽金元）… 015
  第三节　武术完整体系基本形成时期（明、清）………………………… 020
  第四节　武术的进一步发展与转型时期（民国）………………………… 028

第二章　武术产生的生态地理大背景 ……………………………… 032
  第一节　由"北弓南弩""南拳北腿"说起 ……………………………… 032
  第二节　圆文化：武术的时间圆、空间圆 ……………………………… 037
  第三节　安土重迁、恋土归根与武术的重"根" ……………………… 044
  第四节　水、龙、线条与武术套路 ……………………………………… 049

第三章　武术产生的历史环境大背景 ……………………………… 053
  第一节　武术：农耕文明对抗游牧文明的特殊手段 …………………… 053
  第二节　棍在中国武术中的特殊地位值得重视 ………………………… 064
  第三节　棍发达原因之一：对付北方游牧民族重甲骑兵 ……………… 077
  第四节　棍发达原因之二：北方少数民族政权严厉禁武 ……………… 082
  第五节　"射御""骑射"与弩、铳的重用 …………………………… 100
  第六节　长城、城池、车阵、鸳鸯阵、狼筅及武术防御性体系 ……… 107

中编　武术文化与中国文化基本精神

第一章　武术文化在中国文化中的位置 123
第一节　文化与文明的定义 123
第二节　超文化与亚文化 126
第三节　中国文化的基本精神 129
第四节　武术文化形态 131

第二章　宗法社会结构对武术的深刻影响 134
第一节　武术多数内容产生于、用于"私斗" 135
第二节　宗法组织械斗是武术的最大舞台 147
第三节　秘密结社准宗法组织和武术的关系 153
第四节　军事、民间武术的大致分野与文学影视作品的错误 159
第五节　武术门派与武术神秘化形成均与宗法有关 170

第三章　少林：佛、寺与儒、武之妙合 183
第一节　武术杀伐与佛教慈悲的对立 184
第二节　"少林之水"如何与"洙泗之流"混融 189
第三节　少林寺从来与朝廷关系密切 196
第四节　所谓"酒肉穿肠过，佛祖心中留" 200
第五节　铁棍与"放下屠刀，立地成佛" 207
第六节　少林俗家弟子的奥妙 210

第四章　套路武术是特殊的中国舞蹈 214
第一节　中国传统舞蹈的奇怪"缺失" 214
第二节　中国传统舞蹈的曾经存在 216
第三节　武术套路延续了传统舞蹈的存在 229
第四节　套路武术和传统舞蹈审美一致 244
第五节　"神韵"是中国艺术、中国舞蹈、武术套路的共同追求 249
第六节　武舞是中国武术对世界舞蹈的巨大贡献 258

第五章　中国武术与"天人合一" ……… 273

- 第一节　"天人合一"本质是以人为自然中心 ……… 274
- 第二节　武术：一种艺术性质的微妙 ……… 281
- 第三节　男旦、金莲、金鱼、菊花、病梅与宝精原则 ……… 293
- 第四节　武术特殊的"控制"型打法 ……… 323
- 第五节　易筋经、太极拳：气功与武术的结合 ……… 339

第六章　性选择：竞力活动与竞智活动 ……… 349

- 第一节　竞技运动源自性选择 ……… 350
- 第二节　摔跤乃"仪式化战斗"的专门形式 ……… 360
- 第三节　摔跤取裸体形式是性鉴别与性炫耀 ……… 364
- 第四节　用于性选择与用于实战的两种不同摔跤术 ……… 368
- 第五节　华夏民族的性选择方式主要为竞智而非竞力 ……… 371
- 第六节　女子摔跤：色相欣赏与女性主动 ……… 383
- 第七节　无规则竞智之一——孙子兵法 ……… 389
- 第八节　无规则竞智之二——中国武术 ……… 406

下编　关于武术史上若干重要问题的考证

第一章　"剑器"考 ……… 419

- 第一节　剑为中国古代帝王权力象征 ……… 420
- 第二节　剑即龙，龙即剑，剑龙互喻 ……… 426
- 第三节　剑、佩剑习俗与生殖崇拜 ……… 429
- 第四节　"武当尚剑"乃因为剑是道教神圣法器 ……… 434
- 第五节　剑在中国文化中还为诸多范畴象征物 ……… 438
- 第六节　公孙大娘"剑器"舞即武舞 ……… 442

第二章　"射柳"考 ……… 449

- 第一节　"射柳"最早是射柳叶而非柳枝 ……… 449
- 第二节　射柳原意又为祭天祈雨 ……… 460

第三节　柳为萨满系民族圣诞树 464

第三章　"朴刀"考 468
第一节　《水浒传》中朴刀的形制和用法 468
第二节　朴刀形制为棍棒加短刀的其他证据 474
第三节　朴刀源起和功能——步兵对骑兵之利器 476
第四节　朴刀形制的不稳定性 485
第五节　朴刀为何名"朴"？ 488
第六节　朴刀有诸多不同称谓 489
第七节　明代后期起已多不知朴刀为何物 492
第八节　清代朴刀形制的两个系统 496

第四章　"南少林"考 502
第一节　"南少林"一说由来与众多的"南少林" 502
第二节　第一种性质的南少林：移民带来的名称 505
第三节　第二种性质的南少林：天地会的旗帜与号召 511
第四节　第三种性质的南少林：以某一具体寺庙附会虚幻传说 ... 521
第五节　"天下功夫出少林" 524

第五章　"峨眉派"考 538
第一节　起源："司徒玄空说"与"白云禅师说" 538
第二节　明代的峨眉武术 545
第三节　四川武术与天地会 551
第四节　"峨眉派"的出现与显扬 557
第五节　"峨眉派"武术并非"峨眉山"武术 567
第六节　广东白眉与四川峨眉 573

参考文献 577

后记 602

上编 中国武术史的主要分期、特点、基本背景

第一章　武术史发展的分期、特点

武术文化形态并非凭空产生，也不是一开始就是今天的模样，它经历了漫长的形成发展的历史时期。武术史的分期问题是重要的，它有助于帮助我们厘清武术的发展阶段，每一阶段的特征，以及形成不同阶段和不同特征的历史文化原因。武术的内容和特点，肯定是武术史不同分期的重要参考依据。但不同角度、不同思路的考虑，也可能有不同的划分方法。笔者最早采用的是三分期法：一、武术文化萌芽形态——"原始人"的武术；二、武术文化初期形态——"人"的武术；三、武术文化完备形态——"中国人"的武术。它突出的是中国武术，是产生于中国历史文化中的，中华民族和中国文化所独有的，迥异于其他国家民族武技的，高度成熟和发达的一种文化形态。本章没有再采用这种分法，因为考虑再三，笔者觉得阶段与阶段之间的连续性，体系完成之后的新的发展，以及章节结构的均衡，同样也是必须考虑的因素。但还是愿意在这里展现一下武术史的三分期法，让大家理解笔者的初衷。

一、武术文化萌芽形态——"原始人"的武术

最早的武术文化形态，作为一种文化来论定，尚是不纯粹的，它只能被称为"武术文化萌芽形态"，它是"原始人"的武术。武术文化萌芽期的武术，又可分为早期与晚期。早期的原始人尚处于从猿到人的转变进化过程中，早期的原始武术，应该是文化的武术技术与本能厮打攻击行为的混合。晚期的原始武术，又因为原始文化形态简单单一的特点，与巫术、原始舞蹈等混杂不分。这从原始人的岩画、史籍记载的神话传说，以及仍处于社会发展较低阶段的近代、当代一些少数民族实际中，得到了充分的证明。这一时期大致相当于旧石器时代与新石器时代。

二、武术文化初期形态——"人"的武术

这一时期武术的特点是:武术与军事紧密相伴,随战争的扩大而发达,武术主要表现为军事技术。这种技术本身是比较粗糙的,仅以刀、枪、棍、拳搏等分门别类。先秦至唐代,剑术相对成熟,这主要和贵族佩剑、习剑有关。总体而言,这时的中国武术,和欧洲中世纪以前的主要表现为贵族武技和军事武技的徒手和器械搏杀技术,并未有什么大的不同,尚未以其质的特殊性使自己与其他民族武技区别开来。所以这一时期的武术文化形态,只能被称为"武术文化初期形态",或"人"的武术。这一时期,大致为夏朝到宋元。

三、武术文化完备形态——"中国人"的武术

这一时期,武术发展至它的成熟期,以其宏大、系统迥异于以往的面貌,宣示了"武术文化完备形态"的形成。武术文化完备形态具备中国文化的基本特征和深厚内涵,并和世界其他民族武技文化形态有根本的区别,所以它又可以被称为"中国人"的武术。武术文化完备形态大致是在明清时期完成。

本章笔者采用的是四分期法。

中国武术的发端可以一直追溯到原始社会。夏、商、周、春秋、战国、秦、汉、魏晋南北朝时期,是武术的初步发展阶段。虽然武术体系整体尚未完成,但发展迅速,某些方面长足发展。隋、唐、五代十国、宋、辽、西夏、金、元时期,是武术进一步发展和渐趋成熟阶段,后来成形的系统的武术,这时已经开始显现体系痕迹。明、清时期,武术完整体系基本形成。明代套路成形,十八般武艺明晰,拳种初现端倪,内家拳出现,少林寺武术的发达,军事武术家的实践和理论总结,尤为值得注意。清代流派拳种的繁茂,哲理化拳种的出现,武术在民间结社组织中的兴旺,足证有清一代武术持续发展。民国是武术发展的又一个高峰,新武术的出现,精武会的崛起,中央国术馆的活动,以及在西方体育的影响下,武术向学校体育化和竞技运动化发展,开始了现代化转型,是这个高峰的有力证明。中华人民共和国成立至今,这一现代化转型仍在继续。

第一节　武术的产生和初步发展时期
（先秦、秦汉、魏晋南北朝）

这一历史时期,是武术的产生和初步发展阶段。虽然武术体系整体尚未完成,但发展迅速,武术的某些方面,例如剑术等,因为一些特殊原因,获得了长足发展。

一、武术的起源

若追寻中国武术的滥觞,则必然要从原始社会开始。在原始狩猎环境下生存的人类,逐渐掌握了徒手或使用木棒、石头等工具同野兽搏斗的技能。这些方法开始是本能的、自发的、随意的,但正是这些原始的搏斗技能,却为日后有意识地进行专门练习奠定了基础,因此也成为中国武术的源头。

考古资料显示,旧石器时代晚期,已经出现了尖状的骨镞、骨矛头等,它们可以安装在木棍上,这显然是复合武器。而新石器时期,人类已能广泛运用弓箭等工具来狩猎,同时早前的各种用来刮削、砍砸的工具已经分化为多种器具,如石刀、石匕首、石矛等等。

氏族公社时期,随着社会生产力的发展,人与兽斗的工具和技能,也开始转化为人与人斗的工具和技能。部落战争则进一步促进了格斗技能的形成和发展,人们对在战争中比较成功的格斗方法,有意识地加以总结,不断地模仿练习,并代代传授。这些技术方法,开始成为军事训练的重要内容。同时,原先的部分生产工具转化为战争工具,开始为军事服务。而正是这些服务于军事的技能,为武术的萌生形成,奠定了不可或缺的基础。

这里想强调的是,人与兽、人与人的搏斗,当然都是武术的滥觞,但最重要的根基肯定是人与人的搏斗。因为武术的本质特征是攻防,要形成攻防和完整的攻防技术,前提是要有双方且双方角色可以互换,也就是说双方都必须是人。双方都可以使用完全相同的手段和技术,双方都可以攻,也可以防。武术攻防又是一种循环,也就是说：精妙的防守,是对对手精妙的进攻的反应;而精妙的进攻,往往又是对对手精妙的防守的反应。攻—防,再攻—再防,又攻—又防,武术技术正是在互以人为对手，互以对手的技术为对象，"见招拆招"中，才可能产生并发展得如此博大精深。人与人角色可以互换，但人与兽角色是不能互换的，野兽不可能使用与人同样的技术攻防。如果说人、兽角色可以互换，那实际上等于认为野兽也是智能生物，同样参与了一种文化——武术——的创造。

人狩猎活动产生的人捕杀野兽的技术是有的，但这种技术是单向的，因之肯定也非常简单，它不能和武术同日而语，它只是一种生产性技术，例如下套子、设陷阱之类。

弓箭应该不是哪个民族首先发明再传播开来的，弓箭应该是多起源而不是单一起源，因为它太过简单——一根树枝再绑上一根藤条或绳索；但又极其有用——追逐野兽时箭比腿速度快多了，攻击的距离也比刀矛之类远多了，它是真正的"长兵"，所以在很多兵家著作中，只有弓弩被列为"长兵"，枪之类，都被列为"短兵"。今天的武术已经不再包括弓箭，但弓箭最早无疑是武术器械，弓箭射术无疑是武术技术。今天的武术剔除了弓箭，与弓箭作用被火器取代有关，与弓箭更适宜于战阵而不属于作为武术主体的民间武术有关。但更重要的原因，应是弓箭射术不具备攻防这一武术的本质特征。射者的初射与被射者的防射，射者的再射与被射者的反射，射者的初射与再射，被射者的防射与反射等，并无一般武术格斗攻防那种有机的联系。又如：暗器是中国武术曾经具有的器械和内容，但暗器也逐渐在消亡。同样，这主要也不是因为它的使用价值消失。暗器和弓箭一样，也不具备武术的攻防的本质特征。而这两类遥击武器，倒的的确确是最早源于狩猎的。正因为弓箭与暗器的这一特殊性质，它们在武术的发展中不得不退出主流，乃至逐渐消失，今天不仅武术运动员对弓箭茫然无所知，即使是寥若晨星的民间武术家，也往往对其知之甚少。

一般想当然的一种观点是：棍应该是人类原始社会最早出现的武器，因为它随处可得，一棵小树，折断后略加修整，就是天然的棍。但笔者以为：人类最早使用的武器，应该有棍棒，有石头，可以用之打，用之砸。但人类最早使用的最主要的武器，不可能是棍。因为棍是钝器，如果没有相当的技术内涵，它的威力实在有限，而复杂的技术内涵是文明相当成熟以后才可能有的。更何况，棍在农耕民族武术中的特殊地位和高度发达，主要是因为农耕民族与草原游牧民族毗邻，需要应对其草原上的重甲骑兵，这一点在后文会仔细讨论。原始人最早使用的武器，应该是木棍削尖而成的木矛、竹矛。木矛、竹矛容易腐烂，保存下来不易，所以考古发掘很难发现这类武器,但考察处于社会发展较低阶段的当代原始民族,不难发现,他们使用的武器,并非我们臆想的木棍、竹棍,而恰恰是木矛、竹矛。

二、商周时期的武术

商周时代,频繁的战争与青铜工艺的逐渐发达,促进了军事武艺的快速发展,这突出表现为青铜武器的广泛使用与逐步改进。

北方平原地带,战争以车战为主。据《诗经·鲁颂·閟宫》郑玄笺注,车战之法,"左人持弓,右人持矛,中人御"[①]。古代的战车,多为两轮四马,方形车厢,上立三位甲士,左边为一车之首,称"车左"或"甲首",持弓箭主射;右边称"车右"或"参乘",持戈、矛作战;中间的为御手,主管战车的驾驭。由此可知,戈、矛为商周时重要的兵器,考古发掘出土的武器也证明了这一点。周代贵族"六艺"为礼、乐、射、御、书、数,"射""御"都是当时车战最重要的军事技能。"射御"并称,并不是偶然的,射和御本来就是共生共存的一对,犹如后来的称谓"骑射","骑""射"也是一对。商周时候的华夏族射术发达,原因就是当时的作战形式是车战,而车战,长兵器就是弓箭,短兵器则是戈矛,剑是没有用的,因为太短了根本够不着敌人。后来战车退出战场,军队主体变成步兵,车战为步战取代,"射""御"这一对就被拆散了,后来华夏民族"射"术上的尴尬,就是因为"射""御"这一对被拆散。而"骑""射"这一对主要在北方少数民族中一直坚持相守,直到枪炮发达的近代才雄风不再。另外,戈,从今天武术技术的角度想象,应该是一种很别扭很难用的兵器,像把长大的镰刀似的,要先长探出去,再拐弯勾住敌人脑袋,再用力拉回来割断敌人脖子。武术讲"唯快不破",讲"硬快无改",戈的"探""勾""拉"三个动作,怎比得上矛的"刺"一个动作便捷。但从远古车战的角度想象,矛还有"刺"这一个动作,但戈一个动作都没有,握紧伸出就行,"探""勾""拉"三个动作,风驰电掣的战车一气呵成地完成了,遇上脖颈脖颈断,遇上腰肢腰肢断,遇上四肢四肢断,刮一下至少也皮开肉绽。戈应该是专为车战设计的特殊兵器。车战为步战取代,戈的武术之路也就走到了尽头。但"止戈为武""枕戈待旦""金戈铁马"这样的成语流传下来,《水浒传》所称"十八般兵器"中依然有"戈",足证戈的地位曾经显赫。

[①] 《十三经注疏》,北京:中华书局,1979年,第616页。

射也好,御也好,射礼也好,这些中国的好东西在中国武术中却消失了,原因很简单,文化的传承依靠文化的承载体(者),射礼的承载者是周代贵族,周代贵族是武士,武士当然需要武术,礼、乐、射、御、书、数"六艺"中,两个是武术(射、御)、两个和武术有关(礼、乐)。但春秋时代开始,"武士"变"文士",周王朝封邦建国并逐渐为战国诸侯直至秦王朝的中央集权代替,贵族成为官僚或为官僚所取代,贵族作为一个阶级和集团开始瓦解,终使得射礼这一文化失去了承传的载体和人,无所附着而逐渐淡化为"投壶",再逐渐消失至无影无踪。周代贵族的精神理想,通过孔子、孟子、儒生集团,以及孔孟学说流传了下来,但周代贵族的身体活动,如车御、射礼、乐舞等,却因武士的消亡失却载体而无从附着,从而在中国彻底失传。虽然可惜,但不可抗拒,从此,车御彻底成了马车夫的勾当,历代都有儒家士人想恢复射礼和乐舞,可惜都不了了之,它们的不复存在或无法复兴,是因为它们的承载体已经不复存在。

车战为步战取代,车战主体贵族甲士被平民步兵取代,使得这一时期曾经兴盛的棍、锤等专破重甲的钝器武器,一度在军事舞台衰寂。

新石器时代的石刀、石剑之类,因为短小易碎,应该是多用于刮、削的工具。在中国武术史上有着重要地位的用于杀伐的剑,当起源于商代。从考古资料来看,商代的剑类似刀矛形匕首,柄首略曲,双锋刃,长约30厘米。西周时铜剑的形制较多,不过也如商代一样,均较短小,多为肉搏防身之用,并不是大战的主战武器。

人类徒手格斗虽在原始时代已有萌芽,然而形成具有一定技巧的格斗之术,当开端于商周时代。据《礼记·王制》载:"凡执技论力,适四方,裸股肱,决射御。"[①]这说明当时已有用"执技论力"的对抗方式来决胜负的比赛形式。

商周时期,开始有了专门的教育,练武在教育中也占有重要的地位,西周的射礼,意义深远,甚至影响到日本的武道等。今天日本的弓道、剑道、花道、茶道等"道",都是中国射礼的"礼"的仪式化移植。

三、春秋战国时期的武术

平民的士兵代替了贵族的甲士,成了战场的主力。由于当时生产力水平和

---

① 《十三经注疏》,北京:中华书局,1979年,第1343页。

一般经济能力的限制,平民不可能购置装备昂贵的车、马、甲胄和武器,于是简单装备的步兵,代替复杂装备的车兵,成为战场的主力。这大大改变了作战的方式,春秋开始的步战与战国末开始的骑战,成了主要的作战方式。与之相适应,便出现了长兵改短和短兵改长的情况,亦即车战的极长兵器,改为适合步兵使用和携带的较短长兵,且重量减轻,以便使用起来更加得心应手;而原来徒手肉搏时才用的短剑,则改变为长剑,与盾组合为剑盾,成为步兵的主战武器。

战国时期,随着生产力的发展,铁器登上了历史舞台,而铁器的出现,从冶炼制造技术上解决了短兵变长的问题,使长剑能更好地发挥两刃的作用,从而使刺、劈、挂、撩等各种剑法的出现成为可能,使剑术的内容、方法更加丰富多彩。战国晚期,可能已有铁剑,但铁易朽坏,保存不易,所以我们今天很难看见当时的完整铁剑。

这一时期,武术的功能也开始多样化发展,具体表现在具有了表演性、竞赛性和娱乐性。斗剑之风的盛行,是这一时期武术功能多样化最好的写照,《庄子·说剑》所述故事,较为真实地反映了战国时代斗剑的风气与体制。战国斗剑与西汉斗兽,颇有古罗马角斗与斗兽色彩,这究竟是西来的影响,还是人类共同的兽性本质的反映,值得深入研究。

春秋战国时期,旧的贵族制度瓦解,新的集权制度尚未诞生,社会便出现了法制松懈和缺失的空间,这一空间,为侠客提供了最好的舞台。侠客行侠仗义,必须有武术手段,于是"游侠"出现,武术开始走向民间,如越女、鲁石公等,都是当时民间武艺高超的技击家。除了功能的多样化,武术的技艺也在不断出新,主要表现在民间与贵族武艺的发展上。与战阵武艺相比,民间与贵族武艺往往个体性更强,技艺也由此变得更为复杂与多样。《庄子·说剑》与"越女论剑"中关于武技之道精微深奥的论述,乃中国武术阴阳理论之滥觞。

春秋战国是中国武术的剑的黄金时代。

四、秦的禁武与两汉魏晋南北朝的重视武备

秦统一全国之后,为了巩固政权,秦始皇收缴武器,"铸以为金人十二"[①],禁

[①] 司马迁:《史记》,《陈涉世家第十八》,北京:中华书局,1959年,第1963页。

习兵械,"以弱天下之民"①,所以陈胜、吴广的起义,也只能"斩木为兵,揭竿为旗"②。

面对长期以来北方少数民族的入侵,汉代统治者特别重视武备和军事训练。重视武备,又反过来促进了武术本身的发展。如汉代弩射的发达,就与汉、匈战争开大阵直接相关联;而刀取代剑的地位,则与刀更适合骑兵的劈杀有关。尚武之风,一直雄劲于两汉时期。

魏晋南北朝是中国历史上剧烈动荡的时代,频繁的战争、军事的需要,使武艺有了较大的演进。两晋继承了汉魏的兵制,仍以"世兵制"为主。所谓世兵制,即士兵全家变为军籍,以兵为业,世代为兵,这种制度使军事技能包括武艺成为家传,对武艺的提高起到了一定的促进作用。直到北朝末期的西魏,"府兵制"的创立,把军权集中到了中央,兵农合一,但依然重视武艺和训练。

这一时期,北方民族作战以骑兵为主,而南方则步骑配合作战。骑兵要求更加熟练地运用矛、槊等长兵,而步兵则多用刀盾、双戟等短兵。如梁简文帝所撰《马槊谱》一书序言称:"马槊为用,虽非远法,近代相传,稍已成艺。"③汉魏以后,刀逐渐成为战争中的重要武器。到两晋南北朝,刀盾多用于步战。又因刀为短兵,携带方便,所以也成为人们日常佩带的防身之器。同时,骑射与步射仍是极其重要的军事武艺。射术从来就是作战的重要武艺。北方民族的善射,促使射术有较大的发展,各朝帝王均非常重视射术,如《南齐书》载:"秋金之节,讲武习射。"④关于硬功的文献记载也在此时出现,如《魏书》便载惠始和尚自云能"身被白刃而体不伤"⑤等。

由赵武灵王"胡服骑射"开始,华夏民族也开始跨上马背,似乎把骑兵纳入自己的军事生活了。但这时的骑兵,还不是真正的骑兵,因为没有马镫,站立不稳,还无法在高速奔驰时自如地挥刀挺枪劈刺,马这时只是运输工具,还未与人合一,即真正的骑兵尚未出现。仔细分析汉文帝时晁错的《言兵事疏》,其中说得很明了。既说匈奴"险道倾仄,且驰且射,中国之骑弗与也";又说"下马地斗,剑戟

---

① 司马迁:《史记》,《陈涉世家第十八》,北京:中华书局,1959年,第1963页。
② 司马迁:《史记》,《陈涉世家第十八》,北京:中华书局,1959年,第1964页。
③ 李昉:《太平御览》卷三百五十四"兵部八十五·槊",北京:中华书局,1960年,第1627页。
④ 萧子显:《南齐书》卷九"志第一·礼上",北京:中华书局,1972年,第150页。
⑤ 魏收:《魏书》卷一百一十四"志第二十·释老十",北京:中华书局,1974年,第3033页。

交接,去就相薄,则匈奴之足弗能给也。此中国之长技也!"①为什么要"下马地斗"?原因只能有一个:这时的骑兵,可以"且骑且射",但不能在马上操刀枪与敌人的步兵战斗,因此只能"下马地斗"。汉武帝时李广之孙李陵带几千步兵,居然可以横行漠北,如果不是弹尽粮绝,匈奴几乎拿他毫无办法。李陵固然凶悍,但这在骑兵时代,是不可想象的事情。显然,至少在汉武帝时,汉匈双方,都还没有真正意义上的骑兵。李约瑟《中国科学技术史》认为:"现存对马镫的最早描述,是在长沙一座古墓中发现的一尊陶骑俑上,其年代被确定为公元302年。"② 302年是晋永宁二年。这是现今发现的最早的马镫。但马镫的发明,肯定早于这个时间,应该就在汉武帝时期到永宁二年之间。汉代的画像石、画像砖,有些图案人物,就颇似踏蹬于马上状貌。马镫的发明,意味着真正意义上的骑兵出现。骑兵骑马,马的负重能力是人不能比拟的,于是马上之人可以着沉重的铠甲。游牧民族的重甲骑兵,刀枪利器难以对其造成伤害,给农耕民族的步兵造成了重大的威胁,也逼使步兵对自己的装备进行改良和更新。于是棍、鞭、锏、锤等钝器以及大刀、大斧等沉重兵械应运重生,棍还因易得、易使、易携等优点,高度发达,兴盛一时,为人所重视精研而拥有复杂的技术内容,并成为少林武术的符号和象征,在中国武术中也有着特殊的地位。中国武术的发达和特点,和应对北方草原游牧民族的骑兵,特别是重甲骑兵,有着非常密切的关系。或者也可以这么说:我们长期与草原游牧民族为邻,始终需要千方百计殚精竭虑应对其侵扰,这是中国武术高度发达的最重要的原因之一。

但事物有正面必有负面,有其利必有其弊,钝器武器的地位上升,必然导致利器武器的地位下降,因此也必然导致利器武器的质量下降,这就是中国古代刀剑制作日渐粗劣的真正原因。不了解这一点,就无论如何无法解释,为什么中国文明日渐发达,但刀剑锻造技术却日渐落后,再也没有春秋战国时期类似越王勾践剑那样精美的宝剑问世。相反,直至明治维新时,日本武士的盔甲仍然是以竹、木、皮革为主,绝少金属甲胄,这也为武士的利器留下了生存空间,所以其刀剑才能发展至精坚华美的地步。

---

① 班固:《汉书·晁错传》,北京:中华书局,1962年,第2281页。
② 罗伯特·K.G.坦普尔:《中国:发明与发现的国度》,陈养正等译,南昌:21世纪出版社,1995年,第177页。

五、武舞与娱乐性武术

汉代尤其是东汉时期,武舞已有相当的发展,如剑舞、斧舞、钺舞等,其动作有强烈的技击含义。汉代的武舞,除了单练,还有多种形式的对练。如《西京杂记》载:"秦末,有白虎见于东海,黄公乃以赤刀往厌之,术既不行,遂为虎所杀。"① 张衡《西京赋》亦云:"东海黄公,赤刀粤祝,冀厌白虎,卒不能救,挟邪作蛊,于是不售。"② 由此可见"东海黄公"之戏有打斗胜败的场面,其中就有武术徒手对刀的内容,这种带有巫术色彩的武舞,后来演变为戏剧表演。

魏晋南北朝时,娱乐化的武术进一步发展,成为一种常见的活动。《魏书·奚康生传》载:"正光二年三月,肃宗朝灵太后于西林园。文武侍坐,酒酣迭舞。次至康生,康生乃为力士舞,及于折旋,每顾视太后,举手踏足,瞋目颔首,为杀搏之势。"③ 这一记载生动地描述了力士舞的动作形态。

南北朝时期,武术器械的娱乐性项目也较多,有刀楯表演、马槊表演、刀剑表演等,还有一类武术器械项目为刀、剑、戟等的抛掷表演。这类表演的文献记述较多,如《南齐书·桓康传》载:"(王)宜兴拳捷,善舞刀楯,回尝使十余人以水交洒,不能著。"④

六、角抵、相扑与手搏等

秦代的角抵活动主要用于娱乐。角抵活动不只在民间开展,而且进入了宫廷。《汉书·刑法志》载:"春秋之后,灭弱吞小,并为战国,稍增讲武之礼,以为戏乐,用相夸视,而秦更名角抵。"⑤ 秦代的角抵,似乎只限于摔法,以角力为主,更多用于娱乐与表演,因此在禁武的秦代,不仅未被禁止,反而广泛流传开来。

汉初,角抵之戏曾一度被禁,到了汉武帝刘彻时,由于他的喜好与倡导,角抵又开始盛行。如《说郛》称:"秦二世在甘泉宫作乐,角抵、俳优之戏。其后汉武帝好此戏,即今之相扑也。"⑥ 东汉时,包括杂技、武术、角抵等文体技艺活动的"百

---

① 葛洪:《周天游校注·西京杂记》卷三"黄公幻术",西安:三秦出版社,2006 年,第 120 页。
② 萧统编、李善注:《文选》第二卷"张平子西京赋一首",北京:中华书局,1977 年,第 49 页。
③ 魏收:《魏书》卷一百一十四"志第二十·释老十",北京:中华书局,1974 年,第 1632 页。
④ 萧子显:《南齐书》卷三十"列传第十一·桓康",北京:中华书局,1972 年,第 558 页。
⑤ 班固:《汉书》,颜师古注,卷二十三"刑法志第三",北京:中华书局,1962 年,第 1084 页。
⑥ 陶宗仪:《说郛》卷十二下"古今考·角抵戏",见文渊阁《四库全书》"子部十·杂家类五"。

戏",有了更大的发展,由于角抵在其中占有重要的位置,因此"百戏"又被称为"角抵戏"。张衡《西京赋》在描绘百戏时写道:"临迥望之广场,程角抵之妙戏。"①

三国时期,角抵又翻出新花样,出现了女子摔角,并正式采用"相扑"之名。虞溥《江表传》云:"(孙皓)使尚方以金作步摇,假髻以千数,令宫人着以相扑,朝成夕败,辄命更作。"②

史籍中可见,所谓角力、角抵、手搏、相扑、拍张等,有联系又有区别。汉代史籍中亦有不少关于手搏的记载,且这时的角抵与手搏已相分离,《汉书·哀帝纪》云:"(孝哀)雅性不好声色,时览卞射武戏。"③汉末魏初时苏林注曰:"手搏为卞,角力为武戏也。"④又《汉书·甘延寿传》载:"(延寿)试弁为期门。"⑤孟康注云:"弁,手搏。"⑥弁即卞,亦即手搏。《汉书·艺文志》兵技巧十三家中,就收入《手搏》六篇,惜已亡佚。北魏初年有所谓"五兵角抵"。"角抵"一词其意有二,一指"角抵戏",即"百戏",包括多种武艺、杂技等项目;一指"角力",即"相扑""相搏",指二人徒手相较。

有资料显示,相扑应该是在汉代传往日本。至于为什么日本采用了"相扑"而不是"角抵"的名称,则有待进一步的考证。

汉代继承了春秋战国时期的格斗比赛,且更为盛行,除手搏与角抵之外,还有斗剑、斗兽、剑对戟、剑对钺等。汉画像石中,就有许多表现攻防格斗的画面。

七、剑的演变与刀的勃兴

青铜剑的制作技术,在战国时期达到顶点。同一时期,铁剑也已出现。至汉代,铁剑的形制与用途也基本定型。

汉初,剑仍然是重要的军事武器。《史记·项羽本纪》载:鸿门宴上,当刘邦危急之时,樊哙"带剑拥盾"闯入护卫。这种剑、盾的装备,在汉初军队中曾大量配置。承于春秋战国的佩剑习俗,至秦汉时更加盛行,佩剑也是汉王朝的礼仪制

---

① 萧统编、李善注:《文选》第二卷"张平子西京赋一首",北京:中华书局,1977年,第48页。
② 李昉:《太平御览》卷七百五"服用部十七·步摇",北京:中华书局,1998年,第3175页。
③ 班固撰、颜师古注:《汉书》卷十一"哀帝纪第十一",北京:中华书局,1962年,第345页。
④ 班固撰、颜师古注:《汉书》卷十一"哀帝纪第十一",北京:中华书局,1962,第345页。
⑤ 班固撰、颜师古注:《汉书》卷七十"甘延寿",北京:中华书局,1962年,第3007页。
⑥ 班固撰、颜师古注:《汉书》卷七十"甘延寿",北京:中华书局,1962年,第3007页。

度。据《晋书·舆服志》载:"汉制,自天子至于百官,无不佩剑,其后惟朝带剑。"①对于剑的佩带,也有具体的规定,董仲舒《春秋繁露》云:"剑之在左,青龙之象也;刀之在右,白虎之象也。"②

汉承先秦尚武之风,民间多有好剑术者,被称为"剑客"。如东汉时,豪强地主往往"养剑客以威黔首"。秦汉时,许多人自幼便开始学习剑术,如《史记·项羽本纪》载,"项籍少时,学书不成,去学剑,又不成"③;《三国志·吴书·鲁肃传》云,鲁肃"体貌魁奇,少有壮节,好为奇计,天下将乱,乃学击剑骑射"④。文人学士也好剑术,如东方朔"十五学击剑",司马相如"少时好读书,学击剑"等。

汉代贵族及民间斗剑之风盛行,且有专门的剑术教师,有剑法专著,并已形成剑法流派。如《史记·淮南衡山列传》载:"太子学用剑,自以为人莫及,闻郎中雷被巧,乃召与戏,被一再辞让,误中太子。"⑤

由于剑身轻薄,容易折断,因而不适合大力砍杀,面对身着盔甲的敌人,剑的威力大打折扣,特别是骑兵出现以后,主要的攻击技术由直刺变为砍杀,"直兵推之"的剑,便不再适合实战的要求而逐渐退出了军事与战争的舞台,被西汉时业已出现的厚重坚利的环首刀所取代。到了三国时期,刀成了当时军队装备中短兵器中最主要的武器。

有资料显示,中国的刀剑及刀剑之术,应该就是在汉代传入日本的。

刀的特点是身弧形易于砍杀,剑的特点是有剑尖能够戳刺,但后来的中国刀制特别是影响中国刀很深的倭刀的形制,实际上是刀剑合一的,它既有原来的剑的功能又有原来的刀的功能,又能砍又能刺,于是中国传统的直身的剑,不仅彻底退出了军事舞台,而且也退出了民间格斗的舞台。剑很不好用,不要轻信武侠小说的神话,没有人会提着一把剑去打架的。

但剑一直在中国武术文化和艺术样式中存在,仪式化地成为一种符号,并暗自缅怀昔日风光。

---

① 房玄龄:《晋书》卷二十五"志第十五·舆服",北京:中华书局,1974年,第771页。
② 董仲舒撰、凌曙注:《春秋繁露》卷六"服制像第十四",北京:中华书局,1975年,第191页。
③ 司马迁:《史记》卷七"项羽本纪第七",北京:中华书局,1959年,第295页。
④ 陈寿撰、裴松之注:《三国志》卷五十四"吴书九·鲁肃",北京:中华书局,2002年,第1267页。
⑤ 司马迁:《史记》卷一百一十八"淮南衡山列传第五十",北京:中华书局,1959年,第3083页。

八、少林武术的发端与早期的道门习武

中国武术有一个奇怪的现象,就是武术与宗教有着较密切的关系。这可能是宗教文化与武术文化同为中国文化大系统的组成部分,二者在发展中互相渗透影响产生的结果。

佛教与武术的密切联系,并不仅限于少林寺。由于战乱频仍,尚武成为社会的需要,寺院也不例外,且不少寺院拥有一定的武装力量,其原因不外是保护寺院的财产。僧人习武,在中国历史上很常见。嵩山少林寺建于北魏太和十九年(495),关于少林寺僧习武的传说,最早为慧光和僧稠,但未见得可靠。较早的少林寺与武术有关的著名故事,应为达摩面壁九年,传《易筋经》《洗髓经》,后世并据此认达摩为少林武功初祖。虽然这种说法经考证被认为纯属子虚,但对后世的影响一直很大。

道教在汉末形成之后,就以老庄哲学为思想渊源,继承先秦神仙传说与导引养生,在民间有着广泛的影响。在魏晋时期,武术与道教的关系主要表现在道门习武及武术与道教神仙方术的结合方面。作《抱朴子》的道教学者葛洪,作《刀剑录》的著名道士陶弘景,都武艺高强。

第二节 武术的发展和渐趋成熟时期
（隋、唐、五代十国、宋辽金元）

这一历史时期,是武术的进一步发展和渐趋成熟阶段。武举的出现,引人注目;器械武艺,发展迅速;武舞更加发达,"打套子"应该就是武术套路的雏形;日后与武术紧密相关的民间结社组织开始出现。后来成型的系统的武术,这时已经开始显现体系痕迹或初现端倪。

一、府兵制、武举与武学

西魏、北周已经建立了府兵制,隋朝、唐朝则进一步完善了这个制度。府兵制最大的特点就是"寓之于农""兵农合一",府兵从一般民户中拣选,不再像以前只限于世袭军户等,实际上将士兵来源、武器装备、习武活动扩展到了整个国家

的基层。另外府兵制下士兵的训练和考核制度,又必然加强整个社会对习武活动和武艺的重视。

隋唐以前的很长一段时间,武勇之材皆应时需召拔而无定规。隋朝和唐朝早期,其科举选士中已开始有武举的内容,但尚无定制。武则天时,武举正式确立。《通典·选举三·历代制下》云:"长安二年,教人习武艺,其后每岁如明经、进士之法,行乡饮酒礼,送于兵部。"[1]唐代武举考试的内容主要为长垛、马射、马枪、筒射、步射、穿札、翘关、负重、材貌、言语等。

武举制度的创建,在中国武术史上是一件大事。武举确立武术内容,实际上是出于军事需要,以及考查的方便,是对武术简要化、规范化的结果。另外,武举的创立,实际上又是对武术本身的推广。仕宦之诱,无疑能激发更多人的习武热情,其意义与影响重大深远。

宋代的武举,始于宋仁宗天圣七年(1029),至英宗赵曙时,才确立了三岁一贡举的制度,至南宋末,亦未尝更易。宋代的武举考试分为四个级别:比试、解试、省试、殿试,每级考试的内容都分为武艺与程文两大部分,武艺常为弓步射、弓马射、弩踏、抡使刀枪器械等科目,而程文则包括"策问"与"墨义"。

宋代武学开始于仁宗庆历三年(1043)五月,但经三月之后即废停,神宗熙宁五年(1072)复建。武学的教职最早称为"教授",后改称"博士""学谕"。武学教习内容,除研习兵法、操练弓马之外,还讲释"历代用兵成败,前世忠义之节"[2],所以博士、学谕多以"一文一武"充当。宋代武学的开设,提高了习武人员的理论修养,促进了武艺与兵家谋略及阴阳家思想的结合,推动了武艺训练理论、战术思想的发展。

二、尚武之风与军中武艺

任侠尚武气象,唐代最盛。据《旧唐书》载,柴绍"幼矫捷有勇力,任侠闻于关中"[3];丘和少"重气任侠";《新唐书》云神通"少轻侠"[4]。这些人均为唐室元勋,

---

[1] 杜佑:《通典》卷第十五"选举三·历代制下",北京:中华书局,1988年,第354页。
[2] 脱脱:《宋史》卷一百五十七"选举志第一百一十·选举三",北京:中华书局,1977年,第3679页。
[3] 刘昫:《旧唐书》卷五十八"列传第八·柴绍",北京:中华书局,1975年,第2314页。
[4] 欧阳修、宋祁:《新唐书》卷七十八"列传第三·宗室·淮安王神通",北京:中华书局,1975年,第3527页。

且又同为游侠少年。隋唐民间尚武之风亦相当浓厚,隋末的少林寺僧助李世民击败王世充,和尚都不例外,便为最好例证。

唐代诗人写侠客极多,如李白著名的《侠客行》,便云"十步杀一人,千里不留行"。据说李白也曾从名师学剑,技艺高超,《传经室文集》称其"性倜傥任侠,弱冠时尝手刃数人"[①]。唐代武侠小说的繁荣,显然也与尚武之风的盛行密切相关,任侠尚武,已成为一种普遍的社会思潮。

隋、唐、五代,军中标准装备,唯有刀制而无剑制。剑退出了军事舞台,但剑术却在民间发达起来。唐代有任侠尚武之风,侠客所使都为剑;唐太宗手下一度养有"剑士千人";李白诗有"顾余不及仕,学剑来山东"[②]等。剑术的发达和成熟,还可以由裴旻舞剑等记载证明。这时的剑,已由用于战阵,逐渐发展为使用方法复杂,且具有健身、娱乐、表演、自卫等多种功能。

刀在剑退出军事舞台之后成了最重要的短兵武器。唐代的刀制有仪刀、障刀、横刀以及陌刀四种。仪刀逐渐成了仪仗队的装饰品,而障刀不多见,唐代军队中所用的刀主要为横刀和陌刀。

枪在隋、唐、五代已成为战阵主要兵器,无论步兵、骑兵,都以用枪为主。据《事物纪原》载:当时有所谓"白杆枪",即"《宋朝会要》曰稍也。唐羽林所执,制同稍而铁刃,上缀朱丝拂"[③]。铁头木杆并配有红缨,可见唐代枪的形式已与当今无异。唐代善用枪的人很多,如唐初大将尉迟敬德,便精于枪术,又能避枪夺枪。五代时,有使用铁枪者,以王敬尧与王彦章为代表,且王彦章被称为"王铁枪"。

宋代统治者特别重视军事训练,战争中广泛运用的格斗技术是宋军训练的重点,即"教战守""练军实"。由于作战是以弓弩射为主,并配合各种兵器的使用,因而对教射、教刀、教枪等均有严格的规定。宋仁宗、神宗两次变法期间,多次颁布教法格,对训练内容、方法、使用器械做了明确的规定,成为训练的法典。除了统一的训练操典,在考核方面也有明确而详尽的规定。宋军的训练形成了统一的标准、明确的规范、严格的制度,并因此促进了军事武艺的新发展。

---

① 朱骏声:《传经室文集》卷八"唐李白小传",北京:文物出版社。
② 李白著、王琦注:《李太白全集》卷之十九"五月东鲁行答汶上翁",北京:中华书局,2006年,第872、873页。
③ 高承撰、李果订:《事物纪原》卷三"旗旒采章部十三·白杆枪",北京:中华书局,1985年,第92页。

宋军装备最重弓弩，但也重视各种兵器的合理配置和练习。马步军除了弓弩之外，还须精学刀、剑及铁鞭、短枪一类。长枪在宋代仍然是重要的武器，《武经总要》记载：步、骑兵用的枪有双钩枪、单钩枪、环子枪、素木枪、鸦项枪、锥枪、梭枪、槌枪、大宁笔枪九种，称之为"枪九色"。① 除了这些常规性兵器之外，宋代还有铜、鞭、棒等几十种杂式兵器。

元代的军事训练，除了骑射摔跤之外，传统武术主要项目如剑、刀、枪、棍、槌等，也备受重视。

中国武术有"十八般武艺"之称，目前所见最早的记载是南宋华岳的《翠微北征录》，该书载称"武艺一十有八，而弓为第一"②。元代流行的戏曲唱本《敬德不服老》中亦云："凭着俺十八般武艺，定下了六十四处征尘。"③这两部书都没有列出十八般武艺的名目，但估计当时十八般武艺应该有了具体内容。

宋代曾公亮、丁度等的《武经总要》，是一部军事著作，但涉及武术内容很多，特别是武术器械。

三、角抵的复苏兴盛

隋、唐、五代十国时期，摔跤活动继两晋南北朝的衰落之后，重新复苏而兴盛一时。这一时期角抵的兴盛，是统治者与民间互相促进的结果。

隋文帝时，曾一度禁止角抵，其原因不外是杜绝铺张奢华、靡费财力，也与当时禁武的政策有关。至隋炀帝时，角抵重新盛行，如《隋书·炀帝纪》载："大业六年（610）春正月丁丑，角抵大戏于端门街，天下奇伎异艺毕集，终月而罢，帝数微服往观之。"④唐代的君王，对角抵之类的兴趣则更加浓厚，如《明皇杂录》载，唐玄宗"每赐宴设酺会……大陈山车旱船，寻幢走索，丸剑角抵"⑤诸戏；唐宪宗于元和十三年（818）二月乙亥，"观击鞠、角抵之戏、大合乐，极欢而罢"⑥。除此之外，唐敬宗、唐文宗、唐懿宗、唐僖宗等，都对角抵之戏颇感兴趣。可以说，有唐一

---

① 曾公亮：《武经总要·前集》卷十三"器图·枪九色"，见文渊阁《四库全书》"子部二·兵家类"。
② 华岳：《翠微北征录》卷七"治安药石·器用小节十有三·弓制"，见中国古籍库清光绪刊本。
③ 杨梓：《功臣宴敬德不服老·第一折》，转引自王季思：《全元戏曲·第四卷》，北京：人民文学出版社，1999年，第763页。
④ 魏征：《隋书》卷三"帝纪第三·炀帝上"，北京：中华书局，1973年，第74页。
⑤ 郑处诲撰、田廷柱点校：《明皇杂录》卷下，北京：中华书局，1994年，第26页。
⑥ 王钦若：《册府元龟》卷一百十一"帝王都·宴享第三"，北京：中华书局，1960年，第1316页。

代的君王,对于角抵之戏的偏爱甚于其他各个朝代。五代十国的国君亦多有喜好角抵者。

除了在宫中盛行之外,角抵活动在民间也相当普遍,且多作为节日的一项喜庆观赏活动。《酉阳杂俎》云:"荆州百姓郝惟谅,性忿率,勇于私斗。武宗会昌二年(842)寒食日,与其徒游于郊外,蹴鞠角力。"[①]《吴兴杂录》云唐时"七月中元节",当地百姓举行角力相扑活动。

与宋同时存在的还有辽、金、西夏、元少数民族建立的四个政权,这些少数民族大多也喜欢角抵等活动。

宋代调露子所著《角力记》,记载了许多有关武术特别是角力的资料,为流传至今的最早的较完备的武术专著。

四、民间武术结社组织

两宋时期,民间产生了许多武艺结社组织,它们是与武术发展密切相关的新事物。这些结社组织的出现,充分利用了自然经济、宗法社会中血缘关系密切和村社向心力很强的特点。结社的目的,则是社会矛盾激化时反抗封建统治,民族矛盾激化时反抗北方少数民族的入侵。

这些组织著名的有"弓箭社""忠义巡社""棍子社""霸王社""亡命社"等。

北宋哲宗元祐八年(1093),定州知州苏轼言:"自澶渊讲和以来,百姓自相团结为弓箭社……带弓而锄,佩剑而樵,出入山坂,饮食长技与敌国同"[②];北宋末至南宋初,各地乡村民众还组织了寓兵于农的抗金组织"忠义巡社",经常聚集"置枪杖器甲","教习武艺"[③];仁宗景祐年间(1034—1037),河北等地"有不逞之民,阴相朋结,号为棍子社,亦曰没命社"[④];神宗熙宁年间(1068—1077),山东历城、章丘有"聚党数十,横行村落间"的"霸王社";徽宗崇宁、大观年间(1102—1110),扬州有"为侠于闾里"的"亡命社"。

结社组织的武术活动,具有较强的军事训练性质,即突出实用性,以刀枪等兵械军事技能训练为主。

---

① 段成式:《酉阳杂俎·续集》卷三"支诺皋下",见文渊阁《四库全书》"子部十二·小说家类三"。
② 脱脱:《宋史》卷一九十"兵志第一百四十三·兵四",北京:中华书局,1977年,第4726页。
③ 李心传:《建安以来系年要录》卷一百七十七,见文渊阁《四库全书》"史部二·编年类"。
④ 李焘:《续资治通鉴长编》第九册,北京:中华书局,1985年,第2746页。

更值得注意的是,这些结社组织,正是明清以后出现的规模巨大的白莲教、天地会的先声。而极度发达的白莲教、天地会,即形成所谓的"江湖"。江湖与武术的密切关系,众所周知。而这密切关系,正是从这里开始的。

五、表演、娱乐类武术的发达

唐代丝绸之路开通,西域能歌善舞民族的文化艺术得以传入,它与中原原有的舞蹈艺术相结合,使得唐代舞蹈达到了一个前所未有的高峰。唐代舞蹈又分健舞和软舞,一般来说,健舞实际上就是武舞,至少其中相当大一部分是武舞。

健舞有《棱大》《阿连》《柘枝》《胡旋》《胡腾》等,最著名的即是所谓《剑器》。大诗人杜甫有著名的《观公孙大娘弟子舞剑器行并序》,杜诗及序谈到了李十二娘及其师公孙大娘均擅舞剑器,诗中生动逼真地描述了她们舞剑的情形,并称誉公孙大娘的剑器为"初第一"。

南宋的城市,则兴起了以健身娱乐为主要目的的武艺社团,包括"角抵社""相扑社""锦标社""弓弩社""英略社"等社团组织。据《梦粱录》载,这些武艺社团每社"不下百人",成员因社不同而异,如"射弓踏弩社"成员大都为武士,要求"能攀弓射弩,武艺精熟。射放娴习,方可入此社耳"[①]。这些结社组织的活动较为广泛,有的在"瓦舍""勾栏""游棚"等处,"作场相扑""使棒作场",有的则在庙台或教场等处活动。城市的武艺结社组织的活动以娱乐、表演为主,这与北方以御敌为主而组成的"弓箭社"等完全不同。

尤其值得注意的是,《梦粱录》载:瓦舍相扑前,会"先以'女飐'数对打套子,令人观睹,然后以膂力者争交"[②]。这说明,按一定程序进行的武术"套子"表演,在宋代已经形成。体育史学界和武术理论界一般的看法是,此即武术套路出现的前奏。

第三节 武术完整体系基本形成时期(明、清)

明、清时期,武术完整体系基本形成。明代武术套路成形,十八般武艺明晰,

[①] 吴自牧:《梦粱录》卷十九"社会",张社国、符均校注,西安:三秦出版社,2004年,第296页。

[②] 吴自牧:《梦粱录》卷二十"角抵",见文渊阁《四库全书》"史部十一·地理类八"。

拳种初现端倪,内家拳出现。少林寺武术的发达和军事武术家的实践与理论总结,也尤为值得注意。清代流派拳种的繁茂、哲理化拳种的出现、武术在民间结社组织中的兴旺,足证有清一代武术继续迅速发展。明、清时期气功与武术的结合,也是武术史上的重要事件之一。

一、武术体系形成的标志

中国武术体系的形成,有如下几个重要标志。

(一)武术拳种门派形成

明代开始,中国武术开始形成拳种或门派,即拳法和每一种器械中,有了不同风格、特征与内容的若干派别。明嘉靖时人郑若曾所著《江南经略》记载了当时流行的枪法十七家、刀法十五家、弓弩法十四家、杂器械十家、钯法五家、马上器械十六家、拳法十一家;而棍法最多,林林总总,竟有三十一家。

入清后,武术拳械门类更为繁多,而且门中分派,派系繁衍。近世所见的拳种门派,大多在清代已基本形成。据1983—1986年国家体委挖掘整理的材料,清代流传的有系统的拳种逾百个,主要有少林拳、心意六合拳、太极拳、形意拳、八卦掌、八极拳、劈挂拳、通臂拳、翻子拳、戳脚、红拳、查拳、三皇炮锤、苌家拳、六合拳等等。

武术拳种门派的形成,是武术体系形成的第一个标志。

(二)十八般武艺的内容有了具体的记载

关于十八般武艺,明代有具体的记载。《五杂俎》云,十八般武艺分别是:弓、弩、枪、刀、剑、矛、盾、斧、钺、戟、鞭、锏、镐、殳、叉、钯头、绵绳套索、白打。[①]

此外如《涌幢小品》《水浒传》中亦有十八般武艺的具体记述,所列名称略有不同。实际上,武艺远不止十八般,所谓"十八",可理解为众多之意,这表明了明代武艺更加多样化。

十八般武艺的内容有了具体的记载,这是武术体系形成的第二个标志。

(三)武术与气功的结合

中国古代,武术与气功的发展有着各自清晰的脉络,导引行气与习练拳棒各自分离,然而进入明、清时期,武术与气功发生了交融。

[①] 谢肇淛:《五杂俎》卷五,傅成校点,上海:上海古籍出版社,2012年,第91页。

托言达摩所著的武林奇书《易筋经》,究竟是明代还是清代出现的,学者有着争议。但《易筋经》进入少林寺,为更多的拳种接受作为内功修习之法,则显然是清代的事情。《易筋经》被纳入武术,是气功与武术结合的标志性事件。

习武与练气并行,部分是在秘密宗教与拳会组织之间出现的,有的结社组织同时有练武的"武场"与练气的"文场",习武、练气同时存在,难免有人二者皆练,长此以往就形成交叉,武术就和气功结合了。乾隆年间,清水教首王伦"以教拳棒往来兖东诸郡,阴以白莲教诱人练气"[1];乾隆三十九年(1774),清水教头目张百禄教人"学习八卦拳,并授运气诀"[2]。

武术家也将气功引入武术,如甘凤池既善拳法,又"善导引术";安徽和州江之桐"习武艺,手臂刀矛,皆务实用,变通成法。且读书,且习艺,读稍倦,则翩举翕张,以作其气。已而默坐,以凝其神,昼夜无间"[3];褚复堂则"精枪法""善用气"[4];许子逊则既"擅拳勇",又能"默坐运气"[5];《苌氏武技书》有不少论气法的专篇,并提出了"练形以合外,练气以合内",要求做到"神与气合,气与身合"。

清代武术与气功的融合,是民间习武活动和气功活动普及下的必然。武术自身习练形式多样化,则是武术在新时期发展的必然。武术和气功结合并日渐完善,它们结合的作用也日渐明显。

武术与气功的结合,是武术体系形成的第三个标志。

(四) 内家拳的出现和武术的派别之分

内家拳的记载,始见于黄宗羲的《王征南墓志铭》和黄百家的《内家拳法》,可以看出,内家拳在明代即已存在,并且已有鲜明特点。但这种内家拳,并无连续的资料记载,今天是否存在,有着很大的疑问。

内外家之分,始于清代,开始仅指内家拳与少林拳。但这个内外家之分和论战,很可能是清政府和天地会的舆论战争,甚或为小说家言。

到清晚期,才有人把太极拳、形意拳、八卦掌等划为内家,而把少林拳等其他

---

[1] 潘相:《邪教戒》,转引自社会问题研究丛书编辑委员会编:《会党、教派与民间信仰》,北京:知识产权出版社,2012年,第65页。
[2] 《剿捕临清逆匪纪略》卷十四"戊戌",见文渊阁《四库全书》"史部三·纪事本末类"。
[3] 赵尔巽:《清史稿》卷五五五"列传二百九十三·艺术四·江之桐",北京:中华书局,1977年,第13924页。
[4] 徐珂:《清稗类钞》"技勇类·褚复堂用四平枪",北京:商务印书馆,第8页。
[5] 徐珂:《清稗类钞》"技勇类·许子逊发辫上指",北京:商务印书馆,第11、12页。

拳术归于外家。除了内、外之分,还有南派、北派之别,如把长江一带流传的架势小而结构紧凑的归为南派,鲁、冀、豫一带式大恢宏的归为北派。再往后,则又有黄河流域派、长江流域派、珠江流域派之分。

内家拳的出现,和武术派别之分,是武术体系形成的第四个标志。

(五)武术套路的形成

明代武术的套路形式,已经相当成熟。

程冲斗将刘云峰所传刀术整理成为套路,他说:"以前刀法,着着皆是临敌实用,苟不以成路刀势。习演精熟,则持刀运用,进退跳跃,环转之法不尽。虽云着着实用,犹恐临敌掣肘。故总列成路刀法一图。"[1]戚继光则创编有拳术套路,他说:"故择其拳之善者三十二势,势势相承。遇敌制胜,变化无穷,微妙莫测,窃焉冥焉,人不得而窥者,谓之神。"[2]程冲斗在《单刀法选》中还列出了刀的套路演练路线示意图。

程冲斗整理的刀术、棍术套路,戚继光创编的拳术套路,应该是今天见到的有明确记载、有图谱说明的最早的武术套路。由先秦、秦汉的巫舞到唐代的武舞,到宋代的"打套子",再到明代程冲斗的"环转之法""路刀势"和戚继光"势势相承"的"三十二势",武术套路终于正式问世。武术套路的发展与完善,标志着中国武术已经相当成熟。

武术套路的形成,是武术体系形成的第五个标志。

(六)哲理化拳派的出现

清代,出现了以传统哲学名词命名,并以其哲理阐发拳理的拳派。以太极学说立论的太极拳,以八卦学说立论的八卦掌,以五行学说立论的形意拳,相继崛起,轰动武坛。

据唐豪等考证:陈氏太极拳创自明末清初河南温县陈家沟的陈王廷,但陈氏后裔何时采用"太极拳"名称,尚待进一步的考证。咸丰二年(1852),塾师武禹襄,自言得到一篇署名"王宗岳"所著《太极拳论》,这篇文论开章明义即云:"太极者,无极而生,阴阳之母也。动之则分,静之则合。"[3]这显然来自北宋周敦颐《太

---

[1] 马力:《中国古典武学秘籍录·上卷》,北京:人民体育出版社,2005年,第97页。

[2] 戚继光:《纪效新书》卷之十四"拳经捷要篇第十四",盛冬铃点校,北京:中华书局,1996年,第165页。

[3] 唐豪、顾留馨:《太极拳研究》,北京:人民体育出版社,1964年,第126页。

极图说》。再往后,武禹襄、李亦畬又辗转传抄《太极拳论》,并益以己作,进一步阐释、宣示了太极哲学。此后,陈氏十六世孙陈鑫著《陈氏太极拳图说》,明言太极拳的命名是"理根太极,故名太极拳"①。在陈氏太极拳之后,又逐渐分出杨式、和式、武式、吴式、孙式等诸式太极拳。

同治初年,河北文安人董海川在北京传出一种以绕圆走转为基本运动特征的拳术,此拳初名为"转掌",后易名为"八卦转掌",再后来则通称为"八卦掌"。八卦掌走圆圈要依照八卦的八个方位;以人体各部比诸八卦提出姿势要求;以基本八掌比诸八卦取象;借八卦的一套术数,来规范拳技的层次和系统;以"易理"来阐释拳理,并作为八卦掌的理论基础。

形意拳脱胎于明末清初人姬际可创编的心意六合拳。大约咸丰六年(1856)以后,李飞羽始以"形意拳"命名这一拳术。形意拳依五行学说立论,以五拳配五行,并以五行的特征规约拳法,还借五行的生克之理,创造出相互衍生的"五行相生拳"和相互破解的"五行相克拳"。形意拳还依照五行脏腑学说,将五拳分别配五脏,体现五拳与五脏的相互关系。

哲理化拳派的出现,是武术体系形成的第六个标志。

二、明清的武举、武学与清代武举的终结

明代武举正式开始于英宗天顺八年(1464),其考试程序为乡试、会试、殿试三级。考试的方法,和宋代大体一致,只是策论、武技考试顺序和侧重点略有不同。孝宗弘治以前,笔试策论不合格者,不许参加骑射的考试。正德十四年(1519),武举考试方法发生了改变。考试顺序变为先武后文,且考生都可以应试终场。到穆宗、神宗时,议者尝言武科当以技勇为重。

明代武学的设立,始于明初。惠帝建文元年(1399)二月,"始置京卫武学教授一人"②,管理武学事宜。英宗正统六年(1441)五月,复设两京武学。后又"命都司卫所应袭子弟年十岁以上者,提学官选送武学"③。武学的考核亦相当严格。

清朝武举基本上沿袭明末制度,在继承明代乡试、会试、殿试三个级别考试

---

① 陈鑫:《陈式太极拳图说·自序》,太原:山西科学技术出版社,2006年。
② 王圻:《续文献通考》卷四十七"学校考",见文渊阁《四库全书》"史部"。
③ 张廷玉:《明史》卷六十九"志第四十五·选举",北京:中华书局,2007年,第1690页。

的基础上,效仿文科增加了"童试"这一环节,并且将明末成形的"殿试"进一步制度化。

然而由于社会的发展进步,武举逐渐脱离了时代的要求。自道光二十年(1840)爆发第一次鸦片战争以来,以冷兵器为主的清朝军队在西方的坚船利炮面前节节败退。面对御侮战争的频繁失败,传统的武举考试培养的人才,以弓、马、刀、石为主的科考内容,已不适用于现代军事和新的战争的需要。光绪二十七年(1901)七月十六日,清廷发布废除武科的上谕。至此,存世一千多年的武举制度正式退出历史舞台。武举的废除是时代发展的必然结果,但武举在历史上发挥的作用和对武术发展的贡献,是不能抹杀的。

三、清代秘密结社组织与武术活动

所谓秘密结社组织,是指以下层民众为主要成分,以结盟、传教、习武等活动为凝聚方式,而不为朝廷官府允许存在的各种民间结社团体,大致可分为会党组织、民间宗教组织、拳会组织三大类。这些秘密结社组织大多因民族矛盾而产生,以反抗清政府为目的;另外,结社组织之间也时常发生暴力冲突。所以,武术正好适合他们武装和作战的需要。因此,凡结社,必习武,这些在政治史上产生过深刻影响的秘密结社组织,同时又成了清代民间武术活动传播和发展的舞台。

清代最大的秘密结社组织是天地会,它对武术的影响是巨大的,它的组织遍布南方各省及长江流域一带,大批习武人士加入进来带动了会内武术的盛行,而天地会的武术活动又反过来促进了民间武术的传播,甚至衍变出许多新的武术拳种,如闽、粤、川一带就有不少受到天地会影响而产生的新的拳种。而所谓"南少林",实际上是天地会的旗帜和号召,天地会就是南少林,天地会的势力遍及半个中国,天地会所习都是少林拳,这就是所谓"天下功夫出少林"的来历。

武术与"江湖"从来有着奇妙的不解之缘,但"江湖"的命名,在中文意义上是文学的、表象的、模糊的,它使我们产生的直接联想往往是杀富济贫、跑马卖解、行侠走镖、啸聚山林之类,而极不容易捕捉到它的准确意义。到底"江湖"的准确定义是什么呢?说来也巧,英文中正好有一个和中文"江湖"对应或大致同义的词语——"outlaw","outlaw"并不带朦胧的文学色彩,而是直接表明它的本质,那就是"法制之外"或"法律之外"。不管是中国的"江湖",还是英国的"outlaw",用完整的话来表达,那就是"法制外社会"。英文的"outlaw"还有犯罪、无赖、放逐者等含义,中国的"江湖"一样,也是皇家要犯、江洋大盗的亡命所在。中国的"江湖",最主要的构成,就是宋元以后特别是清代的各种秘密结社组织,这又成为后来社会组织之滥觞。白莲教、天地会、义和团势力铺天盖地,不难想象所谓"江湖"之大,这肯定是英国"outlaw"难以望其项背的。

中国武术的发达,与民间秘密结社组织有着非常密切的关系。

四、少林武术的显扬

少林武术的真实历史,其实是从元末才开始的。

少林武术和武僧的显扬,很大程度上得益于少林僧兵参加抗倭战争。少林武僧在战场上大显神威,史称其临战"俱持铁棍,长七尺,重三十斤,运转便捷如竹杖,骁勇雄杰"[1],立下了赫赫战功,得到了明代皇帝御赐征战碑的嘉奖,也得到了儒家士大夫主流舆论的褒扬,明代文人骚客游历少林,留下了很多歌咏少林武术的诗文,受益于此,少林寺才得以"寺以武显,武以寺名"。

明代少林武术以棍最为著称。有小夜叉六路、大夜叉六路,且均有棍谱、棍图及破法谱。此外,还有两人练习的排棍六路及穿梭棍一路。直到今天,少林寺仍以少林棍为"镇山绝技"。

程冲斗高度推崇少林武术,自称"少林嫡传",这使少林武术传往寺外;俞大猷授棍法给少林僧宗擎、普从,这让寺外武术传入少林寺。少林寺为中国武术的发展做出了贡献,而少林武术发达的基础是中国广大的军旅和民间武术。

明代后期,少林寺僧由多攻棍转而为多攻拳。明代少林武术棍先发达,拳后发达,这可能和明代武术重棍有密切关系。

清代严禁民间习武,少林寺也不能例外,少林武术的发展,由公开转入地下,规模也不复从前。

少林武术的兴起,在中国武术发展史上占有重要一页。

五、中日武术交流

中日武术交流在明代达到了一个高峰。日本刀与日本刀法,为中国军事家、武术家称道并引入中国;中国的空手道、柔道等,亦在此时传入日本。

---

[1] 张鼐:《吴淞甲乙倭变志》,上海:上海通社,1935年,第38页。

明代日本刀因质地精良而颇负盛名,"锻炼精坚,制度经利""且善磨整,光耀夺目,令人寒心",日本刀在中国军中极受欢迎。日本刀法也因技法高超而引起了中国军事家、武术家的注意。程冲斗介绍日本刀法是"左右跳跃,奇诈诡秘,人莫能测,故长技每常败于刀"①,何良臣说是"日本刀不过三两下,往往人不能御,则用刀之巧可知耳"②;戚继光则称:倭人善跃,日本刀长,"我兵短器难接,长器不捷,遭之者身多两断"③。明代的武术家是不保守的,他们迅速将日本刀与日本刀法纳入自己的武术体系中。戚继光、程冲斗著作中所列刀与刀法,基本都是日本刀与日本刀法。

这一时期的中国武术对日本武技产生了更加深远的影响。

明末,陈元赟随明遗臣朱舜水东渡日本。陈元赟文武兼备,在日本除倡导性灵学派诗风,对日本诗文影响很大以外,还"传拳法于浪士三浦屿次右卫门、矶欠次郎左卫门、副野七郎右卫门等"④。这三人将陈所传拳法,损益变通,创造了柔术,并被奉为柔道之鼻祖。

日本冲绳旧为琉球王国,一直接受明王朝的册封,中国和琉球各种往来一直不断,中国拳法因而传入琉球。琉球曾有过两次禁武活动,由于严禁民众携带习练武器,因此传入琉球的中国拳术,就以"空手"的名称和形式流行开来。近年有人研究,空手道与福建武术有着非常密切的关系。

六、与武术有关的著名典籍及其作者

由于明王朝始终面对北方鞑靼的威胁,因此不得不对军备予以高度重视。在这个背景下,中国军事著述迎来了第二个高潮,军事训练及战争实践的检验总结,催生了一批重要的军事理论著述。这些著述中,很大部分涉及武术内容。明代如戚继光、俞大猷等,既是著名军事家,也是著名武术家;既是功夫了得的武术践行者,也是颇有建树的武术理论家。

明代著名军事家的著述,如戚继光的《纪效新书》《练兵实纪》、唐顺之的《武

---

① 程宗猷:《少林刀法阐宗》,太原:山西科学技术出版社,2006年,第3页。
② 何良辰:《阵纪》卷二"技用",见文渊阁《四库全书》"子部二·兵家类"。
③ 戚继光:《纪效新书》十四卷本"手足篇第四·长刀解",范中义校释,北京:中华书局,2001年,第82页。
④ 木宫秦彦著、陈捷译:《中日交通史》下册,上海:商务印书馆,1931年,第393页。

编》、郑若曾的《江南经略》、俞大猷的《正气堂集》、何良臣的《阵纪》、茅元仪的《武备志》等，都有大量武术内容，论说精辟，对中国后世武术影响巨大。程冲斗的《耕余剩技》，则是纯粹武术家的武术专著。

清代是中国武术发展繁荣期，这期间大量武学著述出现，完成了中国传统武术基本理论体系的构建，同时也为武术的进一步发展奠定了坚实基础。

清代重要的武学著述，有吴殳的《手臂录》、黄百家的《内家拳法》、苌乃周的《苌氏武技书》、张孔昭的《拳经拳法备要》、李亦畬的《太极拳谱》、佚名的《六合拳谱》等。

第四节 武术的进一步发展与转型时期（民国）

辛亥革命之后，各界倡导"强国强种"，传统武术再次引起了人们的关注，一些社会名流和教育家，延揽武术人才，出面组织成立了一批武术会社。民国时期，几乎没有一个城市无武术组织。其中最著名的，是精武体育会和中央国术馆。城市武术组织大量聘请民间拳师任教，极大地改变了原来武术主要在农村传习的情况，形成了以城市武术组织为中心开展武术的局面。武术科学化、规范化，进入学校体育和竞技运动，亦即实现所谓现代化转型，构成了民国时期武术的主旋律。

一、马良与新武术

民国初年，马良发起创编和推广《中华新武术》。

马良幼承家学，学过少林拳和摔跤术。清末从戎，1911年，他邀集一些武术名家编辑武术教材，定名为《中华新武术》，1914年任旅长和济南卫戍司令时，又对《中华新武术》进行了修订。经马良游说宣传，1918年秋，国会反复辩论表决，通过"以《中华新武术》定为全国正式体操"。马良署名编著的《中华新武术（上册）》，也于同年由商务印书馆出版。

《中华新武术》分为摔跤、拳脚、棍术、剑术四科，各科又分为上、下两编。上编各科为初级教材，下编各科为高级教材。上编各科于1918年全部成书，但下编终未问世。上编各科皆取简单易学的基本动作编成，目的在于使习练者拥有必备的体能，掌握该门基本技法。

马良发起创编《中华新武术》，打破了旧武林的门户之见，改变了武术原有的师徒承传的旧的教学方式，以团体教学和操练，为武术进入学校体育课提供了可行的形式，对其后的精武体育会、中央国术馆，以及学校武术教育，都有着积极的影响。

但马良的新武术被复辟势力利用来攻击新文化运动，于是遭到了激进民主主义者的抨击。加之其兵操色彩太浓，难免内容单调，难以为继，于是逐渐被新旧体育之争的浪潮淹没。

二、精武体育会

1909年，霍元甲与友人在上海创办了"精武体操学校"，1916年，在陈公哲、姚蟾伯、卢炜昌等人的倡议下，易名"精武体育会"，奉霍元甲为创始人。

精武体育会是近代最大的民间武术组织，以"提倡武术，研究体育，铸造强毅之国民为主旨"[①]，1915年之前，活动仅限于推广武术。1915年起，开始扩充学科，改良形式，增设了兵操、文事、游艺等内容。

为了满足社会的需要，精武体育会广建分会。据不完全统计，从1914年在横滨桥福德里开设第一个分会组织开始，至1929年，精武体育会已有42个分会，总会员数逾四十万，遍布海内外。20世纪30年代，由于国内战乱频仍，精武体育会数次遭劫；抗战胜利后，精武体育会在上海重建。而海外的精武体育会，则一直在延续发展。

精武体育会有鲜明的城市商业背景特征，其中坚骨干都是上海、广东的工商界巨子，开展的活动有很强的休闲、娱乐性，其对体育精神的提倡和宣扬，至今仍然给人以启迪。

三、中央国术馆

相对于民间最大的武术团体组织精武体育会，中央国术馆则是官方主持的最大的武术团体组织。

---

① 陈公哲：《中国精武会章程》，民国国术期刊文献集成编委会：《民国国术期刊文献集成》第一卷，北京：中国书店，2008年，第298页。

1927年下半年,原西北军高官张之江,邀集南京国民党党政要员26人,发起成立国术研究馆,1928年3月获准成立,是年6月,正式易名为"中央国术馆",馆长张之江,副馆长李景林。

国术馆初设少林门和武当门,但很快出现的门长之争,暴露了分门体制的弊端。于是废除两门设置,改为一会三处的组织建制。

在中央行政的推动和中央国术馆的努力下,全国各省市几乎都成立了国术馆,从而形成了一个自上而下的国术馆系统,在全国掀起了武术浪潮,民众习武情绪空前高涨。中央国术馆还创办了《国术周刊》《中央国术旬刊》《国术统一月刊》等武术刊物,编辑出版了大量的武术论著和教材。1928年与1933年,中央国术馆分别举办了两次"国术国考",仿照旧时武科考试和近代体育竞赛制度,用以考评习武者技能学识,区别等次,这在一定程度上促进了竞技武术的发展。由于各种原因,1948年中央国术馆宣布解散。

民国时期,全国武术活动一度轰轰烈烈,中央国术馆功不可没。

四、武术进入学校体育课程

1915年4月,在天津召开的"全国教育联合会"第一次会议上,通过了北京体育研究社许禹生等人提出的《拟请提倡中国旧有武术列为学校必修课》的议案。教育部明令"各学校应添授中国旧有武技,此项教员于各师范学校养成之"[①]。至此,源远流长的中国传统武术,正式进入了学校教育,成为学校体育课程中的一项内容。

1916年,精武体育会派教师在上海中华铁路学校传授武术。民国初期,上海市广东小学7到15岁学生的体育课开设武术。在体育教学中,大学、师范专科学校已把武术列为课程之一。历次规定的体育课程标准中均提到了武术,虽仅为点缀,但已开先河。

武术进入学校体育课,不仅扩大了武术的普及面,拓宽了武术的领域,而且促进了武术自身的发展。

五、武术运动竞赛与表演

1923年4月,马良、唐豪等人联合发起在上海举办中华全国武术运动大会,

---

① 还生寄:《教育联合会表决之议案》,《申报(上海版)》第15192号,1915年5月30日。

这是中国体育史和武术史上第一次举办武术单项运动大会,来自上海、北京、天津等地的 20 多个武术社团的选手进行了传统拳术器械的单练和对练表演。1924 年举办的中华民国第三届全运会,首次将武术套路列为表演项目,并制定了简单的评分规则。1934 年举行的第十八届华北运动会中,武术表演赛分为单练拳术、对练拳术、单练器械、对练器械四项,并进行分项比赛评奖。

民国时期武术的对抗赛,则始于 1928 年中央国术馆举办的第一次"国术国考",分为徒手对抗的"拳脚门(散打)"和"摔跤门",以及持械对抗的"刀剑门(短兵)"和"枪棍门(长兵)"。1929 年的杭州游艺大会,规模很大,规则开放,竞争异常激烈,后来被称为"千古一会"。

民国时期,国术社团还组织赴海外宣传表演,但影响较大者,应属中央国术馆组织的"南洋旅行团"与中国体育协进会组织的中国武术代表队。"南洋旅行团"于 1936 年 1 月赴新加坡、吉隆坡等地,进行了 65 场武术表演,历时三个月,受到各地民众的普遍赞誉。1936 年德国承办的第十一届奥运会,中国体育协进会负责筹建中国体育代表团,并派国术表演队随往德国表演,所到之处,反应热烈,首次向世界体坛展示了中国武术风采。

六、武术论著与学术研究

民国时期,出现了大量的武术论著,其中有不少具有相当高的学术价值,包含了不少的创建发明。这些论著按内容大致可分为四类。

一是借传统哲学义理阐发拳械理法。如陈鑫《陈氏太极拳图说》、孙禄堂《八卦拳学》等。

二是整理传统拳械。这类著述颇多,如姜容樵在民国中期就编著了二十多种拳械专著。

三是依考据探求武术源流。这类著述不多,主要出自唐豪手笔,如《少林武当考》《少林拳术秘诀考证》等。徐震也撰写了一些著作,如《太极拳谱理董辨伪合编》。

四是参以西学普及拳术运动。这类著述有马良的《中华新武术》、吴志青的《查拳图说》等。

第二章　武术产生的生态地理大背景

地理环境、生态类型对人类文明的影响不可低估。地理环境、生态类型不仅对人类不同的文明、文化的形成具有决定性的影响,而且这一影响还可以再往前推,生态环境变化造成猿被迫下树,促使其直立行走,从而由猿变人就是一大例证。这一影响也有微观的展现,即对文化形态的形成,也有着相当大的影响。特别是一种文化的早期发展的历史上,由于生产力相对低下,人对自然更多倚赖,这种影响显得愈加明显。地理环境、生态类型对武术的影响是很大的,只是有的影响非常直接,有的则相对比较隐蔽。

第一节　由"北弓南弩""南拳北腿"说起

《庄子》记载:孔子和他的弟子们有一次在吕梁游玩,看到一位男子在飞瀑激流中游泳,孔子以为他是落水快淹死了,便让他的弟子去救。谁知那男子游了一段后便从水里出来上了岸,还披散着头发优哉游哉地在堤下边走边唱。孔子惊吓之余松了一口气,对他开玩笑说:我远看还以为你是鬼呢,近看才发现你是人。孔子又向他请教"蹈水之道",男子说是"始乎故,长乎性,成乎命"。孔子又问"何谓始乎故,长乎性,成乎命",男子回答说:"吾生于陵而安于陵,故也;长于水而安于水,性也;不知吾所以然而然,命也。"[①]生活在山陵地带的人,自然对登山习以为常;生长在水边的人,自然熟悉水性。这些都是自然而然、潜移默化的事。苏轼也说:"南方多没人,日与水居也,七岁而能涉,十岁而能浮,十五而能浮没矣。

[①]　曹础基:《庄子浅注》外篇"达生第十九",北京:中华书局,1982年,第282页。

夫没者,岂苟然哉,必将有得于水之道者。日与水居,则十五而得其道;生不识水,则虽壮,见舟而畏之。故北方之勇者,问于没人,而求其所以没,以其言试之河,未有不溺者也。"①与孔子对话的男子所说的"故""性""命",苏轼所说的"道",实际上就是我们今天所说的生态类型、地理环境所决定的规律和事实。

尽管以农耕为主,但中国自古就是大国,幅员辽阔,东西南北中,雪域高原、大漠草原、平原水网、山地丛林、滨海岛湾,其生态类型是多种多样的。这就使得我们的传统文化以及传统武术文化,呈现出丰富多彩的面貌。中国的生态类型大致可以划分为四条不同的带状区域:最北方和西北的游牧草原地带;北方的农耕平原地带;东部和南方的农耕水网地带;东南和西南的山地丛林地带。依所处生态类型的这四种不同,中国各地的武术形式亦存在极大的差异。

"北人善骑,南人善水",是生态地理环境不同和处于不同生态地理环境中的民族不同所致。但同一民族的同一文化形态,由于生态地理环境的不同,也形成了不同的特点。武术拳械流派的产生,显然带着因生态类型不同造成的不同地域色彩,"北人善腿,南人善拳"即如此。最早编撰中国体育史的郭希汾这样解释道:"技击之有南北二派,实由于天时地理之关系,出诸天演之自然,非人力之所能为也。"②郭希汾所云"天演之自然",说的就是生态地理环境。

武术划分为"派",是较晚的事情了。内外家之分,始于清代,开始仅指内家拳与少林拳。这是武术的"派"的开始。但这个内外家之分和论战,很可能是清政府和天地会的舆论战争,甚或为小说家言。到清晚期,才有人把太极拳、形意拳、八卦掌等划为内家,而把少林拳等其他拳术归于外家。除了内、外之分,又出现了南派、北派之别,如把长江一带和长江以南流传的架势小而结构紧凑的拳种归为南派,鲁、冀、豫、晋、秦一带流传的架势大而结构宽宏的拳种归为北派。再往后,则又有黄河流域派、长江流域派、珠江流域派之分。内外家带政治色彩;黄河流域派、长江流域派、珠江流域派之分则又带地域意气之争;但南、北派的划分,应该是最有道理的。

应是南人的《少林拳术秘诀》作者亦云:"南北之区分,究以北地为胜。其中有关乎天时地理者,非人力所能为也。盖以燕赵齐秦之郊,多豪侠奇绝之士,且

---

① 《苏东坡全集》卷一百十二"杂著·日喻",北京:北京燕山出版社,2009年,第3032页。
② 郭希汾:《中国体育史》,上海:上海文艺出版社,1993年,第45页。

北地苦寒,生于其间者,筋骨实较南方为强。而饮料食物之中,米与麦又大有悬殊。吾尝周历幽燕长城诸地,广漠平原,一望无垠,每至秋冬之交,而南人之初至其境者,已有瑟缩萧索之意。迄至北风怒号,寒飚裂骨,南人之不能撑之,更无论矣。北人之习惯成性,毫无畏缩,虽层冰盈丈,雪花如掌,而鞍马纵横,鞭影自豪。此北方人之筋骨较南人为强健者,乃天演界中生成的优势,不可讳也。"①

北人高大有力,但躯体较笨,北地气候酷寒又一定程度造成北人筋强骨健,于是北派拳术便因之形成了气势雄劲、大开大合、力量深厚的特点,有了讲"一寸长,一寸强"的查、华、炮、少林等拳法。"'少林武功全在腿,弹踢蹬扫摆合威';手是一扇门,全靠腿打人,充分利用身高腿长的优势,攻杀主要靠腿。所以有称手是'蝴蝶手'的,喻其翻飞起伏不定,其作用仅是借以迷惑对手。北派拳术的上乘腿法,有鸳鸯腿、倒踢紫金冠、朝天蹬、腾空飞脚等。腿法精绝的人,往往被人喻为'神腿''鬼腿''无影腿'等。南人矮小灵动,但手短腿短个子矮,于是南派拳术,便多务于细腻,讲究近身短打。南拳沉桥大马、步法沉稳、以声催力、勇猛剽悍。尤重桥手、钢爪、铁胳膊,往往诱使对方先出招发腿,然后用手堵截、防化,上下逼封,肩撞肘击,贴身近战取胜。"②

南方的拉祜族、布朗族等少数民族的武术,不管是拳、棍,还是刀术,咫尺以内便可完成整套动作,是适应山地丛林狭隘环境格斗的拳种;长江以南地区,稻田水网,小路田埂,施展手脚不便,于是就形成了南拳桩步稳,手法变法多,"拳打卧牛之地"的特征;福建"船拳",也因同样的原因而产生;黄河流域,旷原地带,地势开阔,所以北派拳术就形成了大开大合,架势大,多奔窜跳跃,俗称"拳打四方"的特点。

向恺然这么论北方、南方拳法的差异:

> 北方拳术家角技,每有角至二三百手不分胜负者。若南方之拳术家相角,则一二手,多亦不过五六手。势均力敌者,不互中要害,即相揪相扭,同时力竭罢角。或重整旗鼓,相与复角,曾未有角至若干手,尚不分胜负者。此其分别之点,在北拳尚气劲,南拳尚技巧。北拳相角时,

---

① 尊我斋主人:《少林拳术秘诀》,太原:山西科学技术出版社,2009年,第62页。
② 曾庆宗:《武术与古代兵法》(未正式出版),成都体育学院武术系教材《武术理论基础》,1992年,第60页。

多一立东南隅,一立西北隅,彼此一声喊,各施展门户,或一步一步互相逼近。及手足既交,一两手后,复各惊退数步,或各向右方斜走,一至东北,一至西南。再同时析身逼近,手足相交后,亦只一两手即各惊退,此一交即为一合。如此或数十合,或数百合,但视角者功力如何为差,苟非相去悬绝,则无不经数十合,始分胜负者。此尚是枪炮未发明以前,以长戈大戟决胜疆场之斗法。盖上阵必贯甲,出手较钝,又多系骑马,究不能如步行便捷,故一击或一次不中,必催马斜走,伺机复击复刺,不能立住死斗,因此有数十合、数百合不分胜负者。南拳则不然,纯以技巧胜。功夫不到者,无论矣。有功夫者,其气劲不必惊人,然出手必能创敌。角时多不施展门户,临时落马,意到手随,每有胜负之分,非特旁观者,不知所以致胜之道,即被创之人,亦多不明敌手来去之路。①

"以长戈大戟决胜疆场之斗法",那也显然是北方平原一马平川才行。

大漠草原,一马平川,不管是捕猎野兽,还是与敌人战斗,很远就能看见对象物,有充裕的时间缓缓地抽弓,缓缓地搭箭,从容不迫地射出去。天高地远、四围空阔,弓与箭都可以或必须造得很长大,以保证相当的射程。而南方山地丛林,野草、树木、藤萝、山石,处处掣肘,再加上地形复杂,敌人埋伏容易,或许露头时已近在咫尺,或许瞬间又将隐去,所以只有弩这样小巧的可以迅速发射的武器才能派上用场。大弓应该产生于北方草原民族,弩则产生于南方丛林民族。古代东北方的部族被称为"夷","夷"字在古文字中从人从弓,这也充分反映出他们是用弓箭和善射的民族,并因此还产生了其首领羿射九日的神话。至于套索这样的武器,肯定也产生于草原民族。

拳谚有"剑起吴越"说,春秋时代的吴国、越国,盛产名剑,众所周知。至今颇负盛名的"龙泉宝剑",其产地就是浙江。刀、剑这样的短兵器,最早显然出现于南方,其原因,显然还是因为稻田、水网、丘陵、丛林近战的需要。即便同样是刀剑,北方所习,多为长刀长剑;南方所习,则多为短刀短剑。我们在香港功夫片中见惯了那种黑社会打架用的短片刀,其实,这种短刀,正是福建、广东武林常用的

---

① 向恺然:《拳术传薪录》,马力编《中国古典武学秘籍录》,北京:人民体育出版社,2006年,第292页。

器械。

矛、戈、戟、殳这样的长兵器,最早显然出现于北方,并都在文献和考古资料中得到证实。秦始皇兵马俑所持长矛,竟然长大到了不能仅仅靠双手握持,而需要用一根宽带两点绑住矛身,再像背挎包一样背在肩上。长兵器出现和盛行于北方,除了因为北方地势平坦开阔,适合长兵器使用以外,还与北方注重车兵的使用有关。商周作战,都是贵族武士为主,车战一直是主要的作战方式,到春秋时期,才为步兵取代。但车兵并没有完全退出军事舞台,到明代的戚继光,镇守蓟北重镇时,还非常重视车兵的作用。而能在战车上使用的,只能是长兵器。当然,车兵备受重视,也是因为北方是旷野平原。

拳谚"南拳北腿""西棍东枪""剑起吴越"等,都有生态地理环境的色彩。环境变了,所持武器就要变,这个"环境",还不一定是大环境,而只是小环境。西北拳谚有称:"出山条子入山棍",其实"条子"也是棍,只是长短有所不同而已,棍一般长度齐眉,条子则是到人站立举起手的长度。入山有山林,棍太长不便;出山是平原,棍长点更好,一寸长一寸强,当然选择用长家伙。这一点实际上古人早就认识到了,西汉晁错在其《言兵事疏》中就说:

> 丈五之沟,渐车之水,山林积石,经川丘阜,中木所在,此步兵之地也,车骑二不当一。土山丘陵,曼衍相属,平原旷野,此车骑之地,步兵十不当一。平陵相远,川谷居间,仰高临下,此弓弩之地也,短兵百不当一。两陈相近,平地浅中,可前可后,此长戟之地也,剑盾三不当一。萑苇竹萧,中木蒙茏,支叶茂接,此矛铤之地也,长戟二不当一。曲道相伏,险阨相薄,此剑盾之地也,弓弩三不当一。[①]

中国武术因地制宜、因时制宜、因事制宜,绝不固执和勉强。北方用长刀剑,南方用短刀剑;军中用长刀剑,民间用短刀剑,都是这个原因。

---

① 班固:《汉书·晁错传》,北京:中华书局,1962年,第2279页。

第二节　圆文化：武术的时间圆、空间圆

阮纪正先生认为："十字架象征了西方文化，而太极图象征了中国文化。十字架反映了西方人在精神和物质、此岸和彼岸的两极对立中追求极限和超越，而太极图则表现了中国人讲究阴阳互补转化升华的自我完善。在现象上看，十字架就像数学坐标系的 X 轴和 Y 轴一样，具有'工具理性'两点操作特征；但在这实际操作的背后，却是一种对无限和绝对的'形而上'的信仰和追求。与此相对照的则是，太极图在直观的层次上是一个神秘的象征符号，但在这神秘的象征背后，却是相当具体的体验世界和相应的实际操作方式。西方拳击源于古希腊奴隶主茶余饭后用以观赏的角斗竞技，具有某种超出个体具体生命存在的发展和享受的意蕴；而中国武术却是中华民族在一个农业社会中个体用以养生、自卫、修性、自娱的综合实用技术。"[1]笔者同意阮纪正先生的看法，十字架是西方文化的象征，太极图是中国文化的象征。"其外一圈太极也"，太极图实际上就是圆，太极图文化实际上就是圆文化。圆圆的太极图是我们文化的符号象征，我们的文化实际上是一种圆形文化，"圆文化"。与之相对应，笔者把"十字架文化"称为直线文化，"直文化"。游牧民族和海洋民族的文化都是直文化。

无论圆文化、直文化，都包括空间和时间两个范畴，即：空间圆、空间直；时间圆、时间直。

农耕民族深深地眷恋着土地，安土重迁。祖祖辈辈，我们生活在某家村、某家沟、某家寨，我们传统生活的空间因之而封闭。我们守住我们的土地，我们用墙划定我们的区域，保护我们自己，但也与他人隔绝。最外是长城，然后是城池，最里是院墙。墙是一个圆，庇佑其中的生命与思想，拒绝外面的诱惑和声音。如天坛的回音壁，我们的各种活动运动，转一圈又回到原地。墙造成了封闭的空间圆圈，空间圆圈加深了我们根与土的情结。当然，有圆圈就有圆心，我们曾经认为我们是世界的中心，华夏文明的发祥地我们叫"中原"，后来疆域大大扩展了，我们则称"中国"。

---

[1]　阮纪正：《至武为文：中国传统武术文化论稿》，广州：广州出版社，2015 年，第 230 页。

空间圆、空间直大致可以对应的范畴物有：城—马、船，城墙—草坪、广场。当然由此又可以引出公与私的范畴物："同中国人谈美术，开宗明义就得声说清楚，中国以'个人观赏'为前提，所以唐瓷宋画都是秘藏。西洋以'群众教育'为前提，所以埃柱希雕，陈之大道。"①如花鸟册页—教堂壁画，私家园林—城市公园，私密印玺（篆刻）—城市雕塑等。

中国武术无疑是空间圆。

中国武术门派林立，并且是派中有派。这近似于中国戏剧，分为京剧、粤剧、越剧、豫剧、川剧、晋剧、秦腔、黄梅戏种种，而且也是派中有派，如京剧内又分谭派、麒派、梅派、马派、荀派等。传统戏剧区分为地方剧种，传统武术的门户法统、拳种门派所形成的，就是典型的空间圆。事实上，由于文化历史大环境使然，区分为门派流派的远不止武术和戏剧文化形态，传统建筑、传统绘画、传统音乐、传统医学等，都有相当于或大致相当于门派流派的地域性或集团性格局存在，并且也是派中有派。这些都可谓空间圆。

另外，武术讲究"拳打卧牛之地"，讲究"花打四门"，有"十字战"打练时不离"十"字的打法。武术几乎所有拳种的套路，都是左右周旋，前后折返，无一例外都形成了空间圆。

不光武术，中国体育、游戏中也有不少空间圆的例子：

秋千的玩法，耐人寻味。秋千和撑杆的最初意义应该差不多，都是原始人类借助某种工具来跨越障碍。但在西方文化空间直的背景下，撑杆变成了一种竞技项目，比赛谁跳得高。如果是在同样的文化背景中，秋千可能也要变成一种比赛谁荡得高的竞技项目。但在中国文化空间圆的背景下，秋千便永远只是一种游戏而不是竞技，永远只是无终止地在圆弧线上摇摇荡荡、去而又来。

又如风筝。宋人高承在《事物纪原》中说："纸鸢，俗谓之风筝。古今相传云是韩信所作。高祖之征陈豨也，谋从中起，故作纸鸢放之，以量未央宫远近，欲以穿地隧入宫中也。"②后人一般都根据高承的说法，将韩信所为当作风筝之始。勾三股四弦五不是什么复杂的数学，韩信也确曾在刘邦出征时企图谋反，以风筝测距，或许真有其事。但值得我们注意的是，如果真有以风筝测距之事，那么这

---

① 蒋百里：《国防论》，长沙：岳麓书社，2010年，第118页。
② 高承：《事物纪原》卷八"舟车帷幄部第四十·纸鸢"，中国古籍库清惜阴轩丛书本。

个风筝一定是有线操纵的。事实上风筝出现的年代可能还要早些,如《韩非子》载:"墨子为木鸢,三年而成,蜚一日而败。"①《墨子》载:"公输子削竹木以为鹊,鹊成而飞之,三日不下,公输子自以为至巧。"②《列子》亦有:"夫班输之云梯,墨翟之飞鸢,自谓能之极也。"③当时还没有发明后世所谓的纸,墨子或公输子所造木鸢,可能是用薄而轻的缣帛制成。这种丝绸制作的风筝,能够在空中"三日不下",显然也有线绳控制。风筝广泛流行并有较多文献记载,是唐代的事情。路德延《小儿诗五十韵》写风筝句有"折竹装泥燕,添丝放纸鸢";唐采《纸鸢赋》有"抑之则有限,纵之则无穷""动息乎丝纶之际,行藏乎掌握之中";鲍溶《风筝诗》则有"张弦难按指,操缦喜当风"等。由之看来,唐代广泛流行的风筝和今天的风筝主要特征一样,那就是:都有一条线索操纵。我们的文化不可能也不允许割断风筝上的这根绳子。所以我们也不可能出现飞机的雏形——滑翔机。几千年中,我们的风筝始终被一根线扯住,以放飞者为圆心,四面来风便转着大圈。这也是典型的空间圆。

谷雨夏至,芒种大雪,农耕民族最敏感和关注的,当然是节气。只有严格按照自然季候交替的规律,春耕夏耘、秋收冬藏,才能有收获或有好收成。游牧人放牛羊时,感谢会唱的鸟儿解除了他的孤独,于是西方文学给了云雀之类很高的地位。与之不同,似乎中国农人最喜欢的,似乎中国文学最注重的,是报春的燕子和布谷;西方的节日多宗教庆典,与之不同,中国的节日绝大多数与节令有关。日出而作,日落而息,冬去春归,周而复始,中国人传统生活的时间也是封闭的、循环的圆。

中国人的时间观念,也是一个圆。我们老祖先用干支纪年,甲乙丙丁戊己庚辛壬癸,子丑寅卯辰巳午未申酉戌亥,天干地支循环相配,最多有六十,六十年一个轮回。如今年是甲子年,六十年后又是甲子年,俗称为"六十花甲子"。与之配套的属相生肖也一样,你属鼠,你的儿子孙子也可能属鼠,循环往复可以无穷使用。中国古代帝王,都用冠以年号的元年来标志其登基执政开始。但王朝帝王无数,年号元年也就无数。无数的农民起义,照例轰轰烈烈,但陈胜想的不过是"王侯将相宁有种乎?"朱元璋者推翻了一个皇帝自己又当上了皇帝,农民革命并

---

① 《韩子浅解》第三十二篇"外储说左上",北京:中华书局,1960年,第273页。
② 《墨子集解》卷十三"鲁问",成都:成都古籍书店,1988年,第459页。
③ 《列子集解》卷第五"汤问篇",北京:中华书局,1979年,第181页。

非真正意义的革命,改朝换代其实只是又一轮开始。

中国帝王年号、干支纪年相对应的是西方的公元纪年,公元纪年是时间直线。时空直线,显然与西方文化基本精神之一的崇尚竞争,与西方从古希腊就开始的海外殖民跨海贸易,与追求无限征服的科学精神等,互为表里。有时空直线,才有阶段,有告别,有新的希望。它象征着开放、追求、超越,它指向新大陆与新世纪。

龙蛇鹤虎豹五拳之类,起势收势,循环往复,以至无穷,这是时间圆。武术套路同样是封闭社会背景和封闭生活环境的产物,同样是程序化的东西和典型的时间之圆。

有空间圆与时间圆是共存的。

我们戏剧的唱腔,山歌的老调,科举八股文,诗歌格律词牌曲牌,我们传统体育中的舞龙、舞狮、踢毽、射礼、投壶等,实际上统统都是程序化的。循规蹈矩,照猫画虎,千人一面,千年一调,都没有逃脱空间和时间之圆。你可以不再玩它,但,谁敢否定它们的特殊美丽和特殊魅力。

清代士大夫不屑于西方科技,斥其种种为奇技淫巧,担心轰轰隆隆声惊动了祖宗陵寝,火车他们都花了很长时间才勉强接受。但他们居然很快就平心静气地接受了圆形的计时器——钟表。宫中御作大匠,不久就仿造出了使西方人惊奇的精美计时器,宫中每个房间都摆放着这个物件。钟不止是计时器,它还成了贵重的装饰品和礼物。这一现象,尤其意味深长,发人深思。

或许也有人想过突破这时空之圆。嬴政横扫六国,一统天下,自名为始皇帝,梦想二世三世以至于万世,传之无穷。但他无论如何也没想到,秦王朝二世而亡。一次次的农民起义,只是完成了一次次的改朝换代。夸父逐日,嫦娥奔月,是传说中我们中国人的典型的极限运动和超级探险。二者是突破空间,也是突破时间。但北方的汉子夸父死了,手杖化作桃林,灿烂却不再飞奔。嫦娥虽然飞走,但留在时空圆中者却总说她很孤独,"碧海青天夜夜心"。牛郎织女生活在天外银汉,但逃脱了空间圆却没有逃脱时间圆,长河相望,鹊桥每年只定期地搭起一回。

不是说圆文化就没有创造,完全不是。新儒家用"外向超越""内向超越"来概括西方文化、中国文化的不同的基本精神。以几何形状说明更明白一些,或许可以用"平面征服""纵向征服"来概括西方文化、中国文化的基本精神的不同。

纵向征服，那圆心也就不断向下向深，像钻探。举两个例子：一是瓷器，二是武术。

犹如日本传统漆器的极为精美，于是漆器之称"japan"，同时成了日本之称"Japan"；中国传统瓷器的极为精美，于是瓷器之称"china"，同时也就成了中国之称"China"。制造瓷器的工具是陶轮，陶轮的关键是圆和圆心，瓷器的美丽来自于圆的美丽，但圆的限制也决定了瓷器美丽的艰难。经典的器型就是那些，以花瓶为例，也就是梅瓶、天球瓶、棒槌瓶、胆型瓶、赏瓶、玉壶春瓶等，仅此而已。如梅瓶，从宋代就开始有了，但清代才算最后定型，定型的梅瓶，那是真正完美，如宋玉形容天姿国色的美女："增之一分则太长，减之一分则太短"，不仅形制，就是尺寸，也似乎一点都改动不得。足球的"大力神杯"，无疑就是因袭梅瓶形制的。现代陶瓷艺术家不愿意尽落古人窠臼，于是总有人改动这些经典器型，但哪怕改动一小点，也让人觉得别扭。多少代人、多少双手、多少尝试啊，圆形陶轮作品的审美可能，或许已经接近极限。接近极限的探索与开掘太艰难，所以这种探索与开掘的成果便愈显珍贵。

武术带有很浓的神秘色彩，这种神秘色彩与其承传的秘密状态有关，神秘色彩也好，秘密状态也好，通常我们都将之和保守、封闭相联系，认为这不是好的事情。然而，进步与发展未必全然是在开放的状态下产生和完成的。武术相对秘密和封闭状态的传承，却有利于拳种技术创造的纯洁，这一作用不容低估。保密状态固然不利于互取所长，然而却有利于充分发挥每一个个体的个性和智慧，使创造向纵深发展，并使一拳种形成区别于其他拳种的独特风格。这个道理很简单，少林、太极如果始终处于一种开放交流状态，那就既不会有刚暴猛烈的少林拳，也不会有柔化静凝的太极拳，而只会有一个拳法。汇集成为博大精深的中国武术浩瀚之海的那些风格迥异、精妙无比的众多武术流派，正是这样形成的。不少中国武林先贤高人，淡泊仕途，隐居山林湖泽，甘于贫穷寂寞，穷尽毕生精力、一身心血探索，成就中国武术这一瑰宝，他们功不可没。

天是圆的，混沌无垠。《周易》之"周"，有人认为即圆周，周即圆。太极图仿自然大法，也是圆的，密合匀称。圆，是中国文化的符号象征，当然也是中国人的习惯思维和原则的特点。一依于此，拳法亦要求圆。中国武术，从来依从于圆的思维和原则。

圆也被普遍应用于武术技击。

武术也有讲硬接硬格的,但武术更讲究"四两拨千斤",以圆化掉对方攻来之力;旋转出拳可蓄发出更大的劲力;枪法的核心,拦、拿、扎一气呵成,也是一个圆;跌倒时硬摔硬挺的也有,但更多的,是借滚翻之圆化掉跌摔之力,化险为夷。李连杰拍《少林寺》时,有许多骑马的镜头。李连杰不会骑马,初骑时常从马上摔下来。别人担心地问他摔伤没有,他却笑嘻嘻地回答说:没事儿,滚两圈就好了。落地的瞬间就势滚两圈,跌摔之力便统统化掉。

武谚有"对方打来身如球,拧走转换莫停留"。这个圆又是立体的圆。要求身体如圆球般圆滑滚转,使对手难以准确寻找并击中要击打的位置。许多武术家都会这一手。他立定让你推他,你无论如何也推不动。许多小说描写称这是练就了千斤坠之功,脚下生了根。其实,只不过是武术大师能迅速、准确判断你的用力方向,迅速、准确地旋转滚侧身体部位,使你推他的力不断落空而已。

圆平滑有弹性,不易折断,所以诸多拳种均要求出拳时手臂不可太直,肘弯要有一定弧线;诸多器械的缠搅之法,实际上都是利用高速圆周运动产生的离心力,使对手器械飞脱;中国跤的"揣""抄手步别""扠闪""里手豁""胯绷""撞撮"等,多利用"圆轮"之理。

武术家常说"以步伐打人"。怎么以步伐打人呢？形意拳要求"进步退步如球之无端,又进又退如球之相连";八卦掌要求"环环相扣、势势相连""如机轮之循环无间也";太极拳《乱环诀》则称:"乱环法术最难通,上下随合妙无穷;陷敌深入乱环内,四两千斤招法成。"步法打人,实即步法灵活胜人也。而这灵活,却离不开圆。

以圆为特征的拳类有许多:

四川的旋虎拳,因拳路中使用虎爪旋拿、旋臂滚肘、旋腕转腰、绕转侧进,以及发螺旋劲而得名。该拳上绷下砸、旋绕撞架、刁拿滚进而刚暴猛烈。

仿鸟迹,是模仿云雀的象形拳。该拳利用身体"九圆开合"所生"S"形搂腰功劲,化敌之力而发出全身之力,置敌于死地。连消带打,一气呵成。

河北沧州的三角圆拳法,拳路简朴而多旋转,一路扑来。

八卦掌更是典型的以圆为特征的拳法。有人概括八卦掌的特点为八个字:"拧旋走转,连环纵横"。即身躯拧扭,手臂翻旋划圆,足下尚圆走圆。动作处处成圈带圆。圈圆相交,环环相扣,左右旋拧转换。这样,既可迷惑对手,又可使对手或攻击落空,或攻击改变方向,或找不到着力点得实加击。

太极拳是圆的特点最明显的拳种。杨氏太极舒展简洁,身法中正,轻灵沉着;吴氏太极以柔化见长,轻松自然,连续不断;武氏太极动作舒缓,姿式紧凑;孙式太极舒展活泛,柔中又具快、刚、跃、脆的特征。诸式有别,然究其根本,太极拳运动不外乎平面或空间的各种大圆、小圆、椭圆、弧线、螺旋。环环相扣,触处成圆。大圈归于小圈,小圈归于无形而有意之圆。因为尚圆,太极拳理忌直、忌角、忌滞、忌硬;因为尚圆,诸家太极无不强调贯串整体的螺旋动作。要求形成所谓的螺旋劲,即"太极劲"。

始终循太极图进行螺旋式运动,这就是太极拳名称的由来。

人称太极八劲:掤劲是螺旋劲,捋、挤、按、采、挒、肘、靠皆由掤劲而来。八劲皆是螺旋劲,有道是"八劲皆圆"。

用于防守,螺旋劲可以"不顶不抗",轻松自如地利用旋转落空而把对手击来之力化掉。这就是"走化""引进落空",也就是常说的"四两拨千斤"。用于攻击,太极拳"挨着何处何处击",滚滚而来,势不可当。

另外,缠丝劲具有超乎寻常的可怕力量。全身的缠丝螺旋,蓄积全身的力量发于一点,会形成一种奇妙的合力。这就是太极拳谚说的"方圆相生"和"柔行气,刚落点"。

太极大师陈鑫有言:"至疾至迅,缠绕回旋。离形得似,何非月圆。精练已极,极小亦圆"[①];"初收转圈自然好,未若此圈十分巧。前所转圈犹嫌大,此圈转来愈觉小。越小小到没圈时,方归太极真神妙";"循序渐进工夫长,日久自能闻真香。只要工久能无间,太极随处见圆光。此是拳中真正诀,君试平心细思量"[②]。太极练至化境,缠丝划圆越来越小,最后达到有圈不见圈的境地。杨少侯先生晚年独创的太极小架,只见发劲,不见运动,便是缠丝运动圆圈小到看不见,而仅有落点成方的发劲显露的结果。

中国武术的"寸劲"拳,是怎么回事,众说不一,而太极拳理论对其的解释最有道理。那就是:在极短的距离内,在一瞬间,这种不见圈的圈仍能积聚全身力量,发出巨大的打击力。

有资料记载,李小龙成名后,加拿大拳击协会千方百计地请他表演。盛情难

[①] 陈鑫:《陈氏太极拳图说》卷首"太极拳经谱",太原:山西科学技术出版社,2006年,第74、75页。
[②] 陈鑫:《陈氏太极拳图说》"太极拳势卷一·再收",太原:山西科学技术出版社,2006年,第131、132页。

却,李小龙只好应邀前往。他这次表演的是沉拳。所谓沉拳,即最沉重的一拳,用拳力测量器计算。表演开始,当事人把器材布置好,李小龙稍微做些准备活动后,就对准计算器猛然用力击去,那计算器上指针立即指向350磅的数字。这时大家都惊叫起来:"世界纪录!""世界纪录!"按他体重145磅来说,能够发出这么沉重的拳力,是前所未有的,打破了过去的世界纪录。直到现在,这个纪录还一直由李小龙保持。西洋沉拳,一般都是惯用上步冲打的手法发力的,而李小龙则仅用短距离就能发出这么重的力量。

李小龙的这一招,实际上就是典型的中国式的寸劲拳。形意拳之所以能于骤然间爆发明显的弹性炸力,亦因于此。

缠丝劲就是太极劲。一言以蔽之,圆,就是太极拳的核心。

太极拳的内气运动,亦讲究"节节贯串""绵绵不断"。要求意气圆活如珠,起落翻转,势同鼓荡。太极拳忌闭气、憋气、努气。不气断意断,也就不会造成势断。用于攻防,自如而有节奏;用于养气,内气鼓荡充盈,自然神清气足。

所以,太极拳又被人称为"圆活运动",动辄讲"圆活之趣",所有动作"非圆即弧""不外一圈""所画之圈有正斜,无非一圈一太极"。要求"触处成圆",不知圆便不知太极,"果然识得环中趣,辗转随意见天真""圆融精妙,方为佳景"。

第三节 安土重迁、恋土归根与武术的重"根"

我们眷恋土地,安土重迁,空间圆有一个圆心,这就是根。

热土难离,亲情难舍,有道是"父母在,不远游"。即便在外飞黄腾达,发迹如西楚霸王,也讲"富贵不归故乡,如衣锦夜行"。江南好,温柔乡,吴侬软语,"越女天下白",韦庄说是"未老莫还乡,还乡须断肠"。但未老不还乡,老了最终还是要还乡的。封建朝廷官员,上了年纪告老还乡是惯例;人死了,则讲"入土为安"。"埋骨岂须桑梓地,人生是处有青山",有这样认识的人那是太少了。客死异乡者,要扶柩还乡,于是旧时代竟有"赶尸"的职业。战死沙场者,则要"马革裹尸"而还。中国人人生的轨迹,往往也是一个圆圈,走了一圈,又回到原地——最早出生的地方。迫于无奈,浪迹天涯,最后也要回到故乡,这叫作"落叶归根"。

"根"的概念影响武术很深。很容易发现,差点的武术师傅,总在关注你的上盘和手;好的武术师傅,更多关注你的下盘和根。

中国武术与西方武术技术上的本质区别是它们的步法步型。换句话说,中国武术与西方武术技术上的差异,都源于它们步法步型上的差异。

中国武术是一种静态型的武术,静态的特征表现在搏击技术上,是强调下盘稳固,脚下要有"根",站桩是无例外的入门初步。

中国武术又主张"形不破体,力不出尖",靠不失重来求取平衡,这是一个"根"的问题,也是空间圆的问题。所谓"形不破体",是说身体四肢的运动,绝对不打破身体的平衡;而"力不出尖",是指发力所及,绝对不抵达失去平衡的最远端。360度的方向,都"形不破体,力不出尖",决不离根,决不破圆。武术这一原则,也和空间圆内倾、内守的特点一致。而西方武术的凶猛冲打,则是典型的空间直,也是典型的运动和无根的打法。

中国武术的所有门派,步法都是单脚交替移动,无论进攻、退却或起脚,都是或双脚同时着地,或一只脚处于运动和离开地面状态时,另一只脚处于静止和接触地面状态。"手是一扇门,全靠腿打人",纯是北派玄虚;"起脚半边空""无过中盘是王道",才是大实话。双脚同时脱离地面的那种腾空飞击,多半是功夫武侠电影中的夸张虚构,它事实上偶尔存在,只是败中求胜的无奈,所以它应该被看作静态被破坏时努力恢复静态的方式,而不是突破静态的方式。

西方武术是一种动态型的武术,动态的特征表现在搏击技术上,是上体前倾,凶猛冲打,强调通过不断运动调节来保持平衡。如拳击的步法,主要是双脚同时移动,无论进攻退却,都是两只脚要么均处于运动和离开地面状态,要么均处于静止和接触地面状态。由于强调步法灵活,动静转换太频繁,即不断地跳动,所以拳击步法可以认为基本上一直处于动态。虽然拳击进攻、退却、横移也有单脚移动时,但那只是半步,并不是交替移动。西方武术是一种动态武术,所以类似腾空飞击这样的技术,最使西方人神往并易于接受。

不同的生态类型的作用,形成了最初的不同的文明,同时也肯定使不同民族的体质和生理状况产生某些差异。农耕固定于土地,干农活用手的时候远远超出用脚的时候,跑、跳的时候几乎没有;而草原、丛林、海洋民族在进行游牧、狩猎、商业活动时,则用腿跋涉的时候要多得多,跑、跳的时候很多。中国人腿相对较短,西方人腿相对较长,在身体比例上白人、黑人更符合"黄金分割"比例。阮纪正先生认为:"源于游牧社会的西洋拳击是'动物型'的:它强调身高体重、突出胸围手臂的倒三角阳性体型，人体重心较高，拳重、手快、步灵，讲究手上力量，分析力量、速度、距离、时间，突出勇猛决断，喜欢抢先进攻，出手见红，竞争当仁不让，狠字当头，狠准稳，表现出'离土超越'的商业民族性格。而源于农业社会的中国武术则是'植物型'的：它讲究五短身材，显示腰围大腿的正三角阴性体型，人体重心较低，上虚、下实、中间灵，突出下盘功夫，圆融功夫、劲路、态势、时机，强调胆识谋略，往往先让一步，留有余地，有理有利有节，稳字当先，稳准狠，包含着'恋土归根'的农业民族特征。"① 这一观点无疑是正确的。西方民族的生活工作作风是进取、冒险、开发，带有积极的特征；中华民族的生活工作作风是自足、稳定、内守，带有稳健的特征。显然，不管是从民族心理还是生理的角度看，东西方武术技术的基本特点均相应地与之完全吻合与一致。心理上求进取的，表现在行为上当然是力主运动；心理上求自保的，表现在行为上当然是力求稳定。西方人的倒三角体型一横在肩，重心极高，要靠降低重心来求稳，便显得太费力，当然用脚步的快速移动来调节，最好不过；而中国人的正三角体型一横在臀，重心很低，要靠移动步法来调节，便显得太笨拙，当然用下桩求稳的方法来加固，再好不过。

所谓下桩求稳，依存、附着、卷缩于"根"，表现在步型步法上，就是我们通常说的"弓、马、仆、虚"，亦即弓步、马步、仆步、虚步。

中国农耕文明安土重迁、恋土归根，其浓浓的黄土情结、乡土情结与中国武术的站桩重根有着某种一致性。

招式的差别不是最重要的，甚至风格的差别也不是，中国武术诸门诸派招式不同，风格各异，但它们搏斗的节奏是一样的。而西方武术搏斗时的节奏，便与中国武术迥然不同。若稍加留意便可以发现和区别东西方两种武术的两种节奏。而造成两种节奏的根本原因，正在于它们不同的步法，东方武术步法源于"静态"特点，静态特点则源于"根"的意识。

西方动态武术无根武术、东方静态武术有根武术，各自在自己的文化区域内独立发展着，形成不同的体系，这两个体系各自的技术系统，均以对付和它们自己同属一个体系的对手而建立发展。也就是说，西方动态武术无根武术技术，均是用来对付西方动态武术无根武术的；中国静态武术有根武术技术，都是用来对

---

① 阮纪正：《至武为文：中国传统武术文化论稿》，广州：广州出版社，2015年，第230页。

付中国静态武术有根武术的。几千年中,它们各自没碰上什么麻烦,西方武术家们搏击时较力、较速度,中国武术家们搏击时较巧、较方法。然而,20世纪初西方武术与东方武术开始发生接触、碰撞,两种武术都因为对对手和对手技术陌生而显得紧张茫然,不知所措。西方武术家有的惊异于中国武术技术的复杂精妙,有的嘲讽中国武术是花架子,故弄玄虚;中国武术家则有的赞叹西方拳击的速度之快、力量之大,有的挖苦西方武术技术粗鄙,拳击几同牛斗。客观地说,近代东西方武术交流的结果是各有胜负,东西方武术家都不像他们自己和舆论宣传的那样:他们不可战胜,对手不堪一击。

也可想见,由于动态武术无根武术、静态武术有根武术两种技术体系互感陌生,这些交流都不可能精彩或干净利落,要么一锤子定乾坤,胜负立判,要么输赢都勉勉强强,拖泥带水。输赢其实并不可怕,但输赢要明白,然而东西方武术家的交流并不明白。举个不恰当的例子:原本只有猫与猫斗、狗与狗斗的技术,现在猫狗混斗,于是但见一阵嘴乱咬,毛乱飞,如此而已。常言说不同质的东西是不能比较的,东西方武术的交流从这个意义上讲又没有形成交流。面对结果,失败的西方武术家抱怨规则,说规则不同怎么打呢,是规则或者没有规则使东方人赢了;失败了的中国武术家,他自己及旁人都只认为是他功夫不到家,原因只在他个人。

东西方武术家可能都感觉到了这种搏击交流中的别扭,但他们都归因于某些外在的因素。他们没有意识到,这种别扭主要来自于动态武术无根武术、静态武术有根武术各自独立发展,体系不同,从而缺乏交流基础。天衣无缝的系统出现了漏洞,原本无所谓的优处成了优,原本无所谓的劣处有了劣。习西方武术者,双脚同时移动,自然都起腿不便;双脚移动运动过程中无法起腿,无论向前后左右哪一个方向;都是高重心姿式,攻击出发点在上肢,自然也都不会去攻击对手下盘。但低重心的中国武术却能照准下三路猛打,交替移动双脚,又使得进退中任何时候都能发腿。中国武术在这一点上大占便宜,势在必然。静态武术有根武术的中国武术大量的勾挂、沾黏、擒拿动作,在系统内部的对抗交流中充分显示了威力。对手也是习中国武术的,总会至少有一条腿接触地面,手法、身法、腿法变化再多,就整个身体而言,仍是静态的,仍有一条力道贯于地面,这就是根。扣住了这条力道,就抓住了这条根,就容易掌握住对手。但西洋拳击双脚同时移动,双脚一动,全身整体都动,力道没有竖立一点于地面,而整个在空中飘忽,根本没有根,很难搭住,大量的勾挂、沾黏、擒拿等技术根本无从发挥。这时,静态中国武术往往便身不由己地陷入了和动态西方武术进行速度、力量较量的境地。以己之短,击人之长,焉有不败之理。西方武术在这一点上大占便宜,亦是势在必然。

西方武术与东方武术在近代的交流中互有胜负:西洋拳击曾大败最早的泰拳;日本柔道曾使西方武术家望而生畏;日本空手道的前踢曾使西洋拳击穷于应付;泰拳又曾大败日本空手道……真是一场混战。看来,仅是静态武术有根武术的东方武术,或仅是动态武术无根武术的西方武术,都不可能绝对称雄于同时包括东西方武术在内的世界武坛。

李小龙发动了一场革命。他自幼习练中国武术,长成后又精研世界各种武技,博采众家之长。不难发现,李小龙所创截拳道的主要步法,已一改单脚交替移动为双脚同时移动,完全是动态型无根型武术的节奏、风格,然而,截拳道又充分发挥了中国武术技术上的优势。李小龙的声誉恐怕并非仅是因为他的无敌战绩,他创立截拳道这样一种东西方动态武术无根武术、静态武术有根武术相结合的新武术,无疑是世界武术史上的带有革命性的石破天惊之举,同时,他无敌的战绩也显然得益于此。

李小龙成功了,但李小龙发动的革命并未成功,截拳道在李小龙之后并未大行于世。坦率地说,李小龙的武术,颇像一个不东不西的"怪胎",并不是每一个武术家都欣赏这种"怪胎",也并非每一个武术家都有天赋生出这种"怪胎"。于是李小龙如一颗彗星,骤亮而划过夜天,虽然耀眼,但稍纵即逝。世界武术与世界武坛,仍然一分为二、泾渭分明。怪胎因其怪,让人们一时瞠目结舌无以应对,但人们又很快从手足无措中醒来。

从严格意义上来说,截拳道那种东西方动态武术无根武术、静态武术有根武术的结合只是一种嫁接。它将中国武术技术复杂的万千枝蔓,嫁接在了西方武术基本原则与基本风格的根茎上。犹如米丘林的苹果梨或梨苹果,本质的不确立,使它的内容亦无法定型,它始终游离于东西方武术之间。李小龙无疑是强大的,他的强大是因为他同时谙熟东西方两大系统的武术。但他的截拳道从长远看又是无力的,截拳道在有着浑厚传统和博大内涵的东西方两大武术壁垒间显得那么苍白渺小。犹如苹果梨、梨苹果最终又变回为梨或苹果,截拳道的习练者们,无不因传统西方东方武术巨大而不可抗拒的惯性与引力,游离其中,要么滑入或被拉回西方武术阵营，要么滑入或被拉回东方武术阵营。

从另一角度看，李小龙的截拳道并不是东西方动态武术无根武术、静态武术有根武术的有机结合，而只是一种并存，"怪胎"之怪，亦在于此。如果说截拳道在李小龙那里，因其天才，这种结合还不太刺眼的话，在他的学生身上，怪胎的感觉便日益明显。梁小龙的拳法比李小龙的拳法更像不伦不类的"怪胎"，梁小龙的器械也比梁小龙的拳法更像不伦不类的"怪胎"。奇异的结合可以生出奇异的怪胎，但怪胎长不大，长大了也无法繁衍后代。李小龙与他的截拳道可称为骡，是东西方动态武术无根武术、静态武术有根武术"马与驴的杰作"，骡子可能比马或驴更强健，但骡子却是绝后的。李小龙只有一个，在李小龙之后再也没有出现过第二个李小龙。截拳道实际上没有传人。东西方动态武术无根武术、静态武术有根武术，分庭抗礼，壁垒分明。

第四节　水、龙、线条与武术套路

龙最早到底是什么，或者说龙究竟由何物演化而来，始终未能争论清楚。有说龙为蛇的，有说龙为大蜥蜴的，有说龙为鳄鱼的。古人关于龙又有"三停九似"的说法，那九似即角似鹿，头似驼，眼似兔，项似蛇，腹似蜃，鳞似鱼，爪似鹰，掌似虎，耳似牛。据此，有人又认为，先民部族融合，部族图腾亦各取一部分装配，于是形成了新的集合图腾——龙。学者们各执一词，莫衷一是，只是怎么也没能解释清楚：说龙是蛇、蜥蜴、鳄鱼吧，为什么它又总是从云、从闪电，能飞腾、能布雨？而远古中国，又何尝有过以这九种动物为图腾的民族？何尝有过它们融合的确切凭据？

中国学者关于龙的发生学角度的考证，往往太具体，太具体便显得拘泥，眼光总逃不出爬虫。我们认为：龙根本不是任何实际动物，龙是水，是水之艺术化的凝炼和审美抽象，或者说是这种审美抽象的再具体。

中华民族是农业民族，水之于我们祖先的重要性，不言而喻。岂止老子主"崇阴法水"，整个中国文化，都有崇阴法水的倾向。龙象征水，水蜿蜒曲折，所以龙也蜿蜒曲折；水声至大者隆隆，用为通假或音转，所以龙发音为"long"；水滞则为潭，行则为河，所以最早龙都居于潭中河中（海龙王之说，是佛教传入中国，借助佛经故事才有的）；水蒸发上升则为云，所以又有"云从龙，风从虎"之说；雷、电皆由云气而生，所以龙又与雷、电有关；雨乃云化，也是水，落下地面也要汇入水流，所以龙又与雨水相关。理水兴云布雨，是龙的一大司职。关于龙的节日尤多，诸如"龙抬头节""晒龙袍日""龙母上天节"等等，几乎每个月都有。而这些节日祭龙，目的无一例外都是祈雨。龙有黑龙、青龙、白龙、赤龙，但最常见的，是黄龙、金龙，这肯定是我们的祖先最早居于黄河流域，黄河是最大的水流的缘故。

中国视觉艺术尤重线条，而如林语堂所说"是以在世界艺术史上确实无足与之匹敌者"的书法，又纯是线条。其实这线条亦是水，亦是水之审美抽象。水多曲折起伏，线条如始终是直线，我们便感呆板。于是，书法中正楷虽为基础，然堪称极品或臻神化者，又是草书。线条是水，龙亦是水，所以谁字写得出色，照例被喻为笔走龙蛇、虎踞龙盘、凤翥龙蟠，或者龙飞凤舞。

水—龙—线条流畅波回的审美原则，也被其他中国艺术所遵循。汉唐建筑纯是横梁直柱，但愈往后，愈多飞檐；盆景之类，是把草木盘了又盘，号虬枝者，龙枝也；绘画中，工笔是线条，虽也见重，但地位更高的是线条连绵的大写意。山水文人画，学水之弥漫，又有了泼墨。笔者甚至想，长城也是这么产生的，仅从战争实用看，造得那么蜿蜒起伏，万里不断，哪有必要，长城也是一条大龙。

中国武术之有套路，原因是复杂的，但武术汇入艺术主流，追求线条构成，当是重要原因之一。搏击的拳脚或者拆单的演练，只有短促的直线弧线，这不符合中国人的审美原则。只有形成套路，连绵运行，才能行拳运腿，身法步法，处处皆成线条。

书法是线条的极致，武术套路亦遵循线条艺术的法则，书法自然通于拳法。无怪乎古往今来，以拳、书互喻者极多。武术家中，少有不兼练书法的，拳法书法皆精者，亦大有人在。

以龙命名的拳术套路之多，似也证明了它们在象征线条上的一致。少林派著名的龙、蛇、鹤、虎、豹五拳，排在首位的就是龙拳；峨眉派则有水龙拳、青龙拳、乌龙拳、盘龙拳、龙形拳等等。虽然这些拳种亦多号称既取龙之翻滚曲涌、探爪俯首之形，又取龙之抖擞精神，但硬从仿生学的角度是讲不通的。龙是抽象图腾，它是我们先民对水的崇拜的抽象然后再具象。事实上龙仅仅作为图腾动物存在而不作为实际动物存在。龙的象形类武术，只能以其中蕴含着水的图腾文化意义来解释。

除龙外，中国的神圣物最早还有玄武、白虎、麒麟、凤凰。玄武有一半是龟，龟本身在唐以前也很尊贵，唐人取名字还用龟字，如李龟年、陆龟蒙等，日本人沿袭这个传统至今，但我们早放弃了，据说理由是有个传说，龟太太给龟先生戴了绿帽子。戴绿帽子在中国人看来自然耻莫大焉，但笔者想这个传说应该是后起的，乌龟身上的神光未褪去之前，中国人不至于暴殄天物，敢拿神圣来揶揄。乌龟地位的下落，实在和乌龟的长相有关，那圆圆扁扁的一坨肉，无论如何也塑不出中国人希望的形象。于是乌龟便不客气地被中国人从神坛上请了下来。老虎地位也渐次降低。和龙同样尊贵的只剩下一个凤凰，仔细琢磨不难发现，凤凰的奥妙，全在它那三根飘飞的线条美妙的尾羽。而武术中，以凤凰为名的动作，与龙一样，同样是数不胜数。

拳术器械，练武时的线条多由点的移动构成，唯有剑例外。剑刃本身就是线，且是长线。剑两面都是刃，又是双线。穿、抹、撩、带等剑法，运动路线长，使得线条更长，变化更多。中国武术中剑术特别优美，原因正在于此。剑术有文、武之分，文剑配有剑穗。剑穗又有长短之分，长的叫长穗剑。演练长穗剑既要留心剑，又要控制剑穗随剑运行，避免剑穗缠绕在剑身上，难度很大。长穗碍手碍脚，于实战没有任何用处，作用纯粹是延长线条，仅仅是为了审美。

汉代骑兵突起，因为以劈砍为主的刀比以击刺为主的剑更适合马上作战，环首刀大批武装部队，剑从此基本退出军事舞台。但剑从来没有在武术中丧失地位，剑舞在中国古代一枝独秀，显然与套路武术和武舞有关，剑更有利于审美表现。舞蹈界也早有人认识到了这点。王元麟先生就指出："有的使用价值并不能发展为审美价值，有的虽使用价值不大，但后来的审美价值却很大。比如在中国舞蹈中剑和刀及其舞蹈动作的表现，就军事使用价值而言，刀远胜于剑。剑是铜器时代的武器，是在刃不能发挥太多作用情况下的武器形式，它必须把力量集中于锋而着重于刺；刀是铁器时代在刃可以大力发挥作用时的武器形式的发展，刀的砍比剑的刺更有军事使用价值。但在特定中国社会其他因素作用下，剑及其动作表现的审美价值却远胜于刀及其动作表现。"[①]

韩非子曾说："多钱善贾，长袖善舞。"在先秦，舞蹈家便常用长袖。谢长、葛岩先生指出：

---

① 于平：《中外舞蹈思想概论》，北京：人民音乐出版社，2002年，第252页。

从汉代画像砖石中我们看到,舞蹈家或手持丈余长巾上下舞动,或长袖翘举,纤腰侧折,舞蹈史家认为这是在表演《巾舞》或《翘袖折腰舞》。这类舞蹈在晋代被称为《公莫舞》,也是现在中国《长绸舞》的前身。显然,经过着意夸张的袖与长度非常的巾已不承担具体的模拟任务,作为人体艺术的舞蹈利用它们延长了人的肢体,增加了人体的表现力,带来了独特的形式美感。长袖、彩巾随人体运动回翔、翻飞、飘忽、激荡,产生出鲜明的表情功能。从现代《长绸舞》造成的审美效果来看,质地柔软,色彩或夺目或淡雅的长绸,经舞者时而徐缓,时而奋扬地恰当运用,的确让人恍若进入一个非再现的,与形式运动相对应的精神世界之中。袖与巾的利用是古中国表现性舞蹈的一大创造,它影响深远,衣被后人。①

鸟身加上三根飘长的尾羽,身体再加上长袖或长绸,手臂加上剑再加上长穗,都是线条的延长,都是为了审美。只是这剑,哪里还是武,纯粹是舞了。

曹焕斗在《拳经拳法备要》"注张孔昭先生《拳经》序"云:"先生拳法,藏神在眉间一线,运气在腰囊一条,发如美人之采花,收如文士之藏笔,诸葛君之纶巾羽扇,羊叔子之缓带轻裘,差可仿佛,夫岂有圭角之可寻哉!"②当然,艺术武术,艺术杀人,也是如此。

---

① 谢长、葛岩:《人体文化》,成都:四川人民出版社,1987年,第40页。
② 张孔昭:《拳经拳法备要》,太原:山西科学技术出版社,2006年,第3页。

第三章　武术产生的历史环境大背景

第一节　武术:农耕文明对抗游牧文明的特殊手段

翦伯赞先生曾说过:北方无边草原上的广阔天地不仅是古代游牧民族的历史摇篮,而且也是他们的武器库、粮仓和练兵场。他们利用这里优越的自然条件,繁殖自己的民族,武装自己的军队,然后以此为出发点,由东而西走上历史的舞台,展开他们的历史性活动。包括今天的中国内蒙古、中国东北、蒙古国、俄罗斯东西伯利亚在内的古代中国的北方,是一片神奇的土地,匈奴、鲜卑、突厥、女真、契丹、蒙古等都在这里出现,壮大成熟后,他们就跨上马背,出发去征服世界。"上帝之鞭""蒙古旋风",都曾经横扫欧亚大陆,让整个世界为之震撼。冷兵器时代,任何民族都不是游牧民族的对手。这些牧民、骑手或战士,总想把万里长城打破一个缺口,走进黄河流域。

海洋民族、山地民族、草原民族都远比农耕民族更为强悍。农耕依附于土地,顺应自然才能有好收成,最需要的是耐性、经验、技术。周而复始、自产自销的农业经济,追求的是安宁、稳定,而非冒险和剧烈形式的拼搏。劳者男耕女织,文人沉溺于山水,中国人从来以"耕读传家"为荣。因而,这块土地上的人民便比别人更多了些温柔和顺。某种程度上说,没有比中华民族更宽容、更忍让的民族了。中国文明早熟,中国人太文化,因此也太文弱。世界古老的文明,一贯而发展至今,莫不如此。意大利人为他们的历史、音乐、绘画、古建筑而骄傲,但他们的战争表现实在欠佳。去北京国子监看看碑刻记载就知道,明清进士,三分之二出自江浙安徽,江南的文明文化程度,在中国首屈一指,但江南人的文弱,在中国无疑也首屈一指。

战国名将吴起曾经说:

> 三晋者,中国也,其性和,其政平,其民疲于战,习于兵,轻其将,薄其禄,士无死志,故治而不用。击此之道,阻陈而压之,众来则拒之,去则追之,以倦其师。此其势也。①

"中国也,其性和""疲于战""士无死志",中原人、中国人不能打仗,古已如此。

《宋史·兵志》有这么一段话更道明了真相:

> 彼远方之民,以骑射为业,以攻战为俗,自幼及长,更无他务。中国之民大半服田力穑,虽复授以兵械,教之击刺,在教场中坐作进退,有似严整,若必使之与敌人相遇,填然鼓之,鸣镝始交,其奔北溃败,可以前料,决无疑也。②

真够挖苦人的,教场中装腔作势,"坐作进退,有似严整",真打起来还是"奔北溃败",居然还是"可以前料,决无疑也",真让人丧气。显见,操练有素,与具备敢打敢拼的勇气、信心及战之必胜,并无必然联系。

林语堂《吾国与吾民》亦有云:

> 他们习于安逸,文质彬彬,巧作诈伪,智力发达而体格衰退,爱好优雅韵事,静而少动。男子则润泽而矮小,妇女则苗条而纤弱。燕窝莲子,玉碗金杯,烹调极滋味之美,饮食享丰沃之乐,懋迁有无,则精明伶俐,荷戟执戈,则退缩不前,诗文优美,具天赋之长才,临敌不斗,呼妈妈而踣仆。当清廷末季,中国方屏息于鞑靼民族盘踞之下,挟其诗文美艺渡江而入仕者,固多江南望族之子孙。

---

① 《吴子·料敌》,见骈宇骞等《武经七书》,北京:中华书局,2007年,第97页。
② 脱脱:《宋史》志第一百四十五"兵六",北京:中华书局,1985年,第4780页。

……中国人民业已使生活适合于其社会的文化的环境,而此环境所需要者,为一种持续的精力,一种抵抗的消极的力量,因此他已丧失了大部分智力上体力上之进攻和冒险之才能,此种才能本为原始森林中祖先生活之特性。中国人发明炸药之兴致至为幽默,他利用此种发明物来制作爆仗以庆其祖父之生辰,仅此一端,可知中国人之发明力,乃系沿和平之路线而进行者。在美术上工尚精细过于活泼的笔触,盖出于活力较弱而性格较为温和的本性。在哲学上他的爱尚清理过于攻势的辩论,真可由他的圆颐而轮廓浅平的脸蛋儿见其特征。①

说起来真是悲哀。

开国之君,雄才大略。新兴的国家,无不迅速发展至兴盛的顶点。但宋太宗挥军伐辽,第一仗便打得大败,而且有宋一代,从此便再也未能扭转屈辱挨打的局面。或许我们从来都没有想过这样的问题:为什么杨家将悲壮的故事,竟是从宋初便开始上演?大明帝国,疆域广大,人口众多,却被小小的蒙古瓦剌部牵制,英宗皇帝也被掳去。随后,又被只有几十万人的女真困扰。李自成号称善战,推翻明王朝可谓摧枯拉朽,但山海关遇上八旗劲旅却一触即溃。

农耕民族世世代代和凶悍好战的北方草原民族紧邻。历史学家这样描述后者:

虽然在物质文明方面游牧人是很落后的,但他们在军事上保持着一种先进的、极大的优势。他们是骑射手。他们用优良的射手组成了一种非常灵活的骑兵队,这种专门"武器"使他们在定居人民面前保持着一种优越性……

攻击敌人,然后即刻逃走;重新出现,便猛烈追敌,但不让敌人牵制住;将敌人围困,使其精疲力竭;最后,他们才来打倒那疲劳得像一只难以逃脱的猎获物般的敌人。这个骑兵队的机动性,引起幻觉上的遍在性……

草原上的骑射手在欧亚大陆上统治了十三个世纪,因为他们是土

---

① 林语堂:《吾国与吾民》,西安:陕西师范大学出版社,2002年,第4、10页。

地的自然创造物,是饥饿和惨苦的儿子,骑射是游牧人民的唯一的手段,使他们在饥馑的年代里避免全部的灭亡……①

史书还记载了这么一段事:"成吉思汗有一天问忠心耿耿的博尔术,照他的意见,人生何事为最快乐,博尔术答道:'春天骑骏马,擎鹰鹘在手,看它搏取猎物。'成吉思汗再问博尔忽和其他那颜,所说相同。于是成吉思汗说:'人生最快乐的事是战胜敌人,追逐他们,抢夺他们所有的东西,看他们所亲爱的人以泪洗面,骑他们的马,臂挟他们的妻女。'这是自从十五个世纪以来——如果可以这样说——一切匈奴人游牧部落的首领们的'理想',他们驰骋于文明地方的边沿,从中国的长城至于多瑙河。"②

农耕民族创造的灿烂文明,是草原民族远远无法比拟的。柳永颇负盛名的《望海潮》,描绘的就是宋代这种文明达于极盛的繁华图景。其词云:

> 东南形胜,三吴都会,钱塘自古繁华。烟柳画桥,风帘翠幕,参差十万人家。云树绕堤沙,怒涛卷霜雪,天堑无涯。市列珠玑,户盈罗绮,竞豪奢。　重湖叠巘清嘉,有三秋桂子,十里荷花。羌管弄晴,菱歌泛夜,嬉嬉钓叟莲娃。千骑拥高牙,乘醉听箫鼓,吟赏烟霞。异日图将好景,归去凤池夸。

"在天旱的年代里,那些贫苦的突厥——蒙古游牧者在少草的草原上向外流亡,从一个涸水点到另一个涸水点,一直到达农田的边缘,北直隶或乌浒河外地的门户,在那里他们惊愕地观赏定居人民的文明奇迹,丰富的收获,乡村充满着谷物,都市显得豪华。这种奇迹,或者确切一点说,这种奇迹的秘密,即在建立这些人类蜂窝时所费的艰苦的劳动是不可能为匈奴人所了解的。假使他们眼花了,他们就像一只狼——匈奴人的兽祖(图腾)——从雪地走近了农庄,因为他们瞧见了篱墙后面的猎物。"③"烟柳画桥,风帘翠幕""市列珠玑,户盈罗绮""三秋桂子,十里荷花",传说就是这首词引动了金主完颜亮投鞭渡江而南侵的野心,这

---

① 勒尼·格鲁塞著,魏英邦译:《草原帝国》,西宁:青海人民出版社,1991年,第5、6页。
② 雷纳·格鲁塞:《蒙古帝国史》,北京:商务印书馆,1989年,第228、229页。
③ 勒尼·格鲁塞著,魏英邦译:《草原帝国》,西宁:青海人民出版社,1991年,第3、4页。

或许并不是前人的夸饰。在格鲁塞的描述里，可以清楚地感觉到游牧民族的艳羡目光和三尺垂涎。

毋庸讳言，高度的文明特别是物质文明容易消磨人的意志。这块土地上不少人在沉沦，这块土地之外的人又总是无时不向往着这块土地。然而，无论以前多么强大，只要谁一被投入这个销金的温柔乡，就迅即被同化。契丹之入中原，败于背后的女真；女真之入中原，败于背后的蒙古；而横扫欧亚大陆，不可一世的蒙古旋风，在真正深入中原后，也就渐成了强弩之末。君不见，以骑射呼啸定天下的八旗子弟，清末怎么都成了唱戏、遛鸟、斗蛐蛐的纨绔子弟？但那块神奇的土地还在。元灭后，留下一点女真，后来就成了满人；退回去的元朝贵胄，又成了明朝的梦魇蒙古鞑靼。

在漫长的中国封建社会里，中央王朝或中原政权的统治者，始终不可能对强大的北方草原民族的军事威胁视而不见。这迫使历代王朝不得不建立规模巨大的常备军以及一整套战争机器，并研究使之最大效率运转的方法，以随时应变拒敌。

宋代是统一的大帝国，但开国第一次征辽即大败，从此一直陷于被动挨打的境地，直至亡国。但如果把目光放到世界历史的范围，我们很容易就发现，其实南宋还是抵抗蒙古人入侵时间最长的，竟然长达四十年，世界上没有任何一个民族和国家做到了这一点。冷兵器时代草原民族是无敌于天下的，但即使和这些草原民族紧邻，而且还世世代代在紧邻中，农耕民族依然发展出伟大的文明。这就是汤因比说的"挑战"与"应战"，不敢面对挑战不敢应战或者应战失败者，就从历史上消失了；勇敢面对挑战勇敢应战或者应战胜利者，转型改革，凤凰涅槃，始终雄立于世界民族之林。

农耕民族靠什么在长时期中有效地抵抗北方民族的入侵呢？

首先，当然是统一的大帝国和农耕文明造就的雄厚的政治、经济、技术力量。建立和维持几十万乃至上百万人的常备军，这只有中央集权大一统的帝国才能做到；蜿蜒万里的长城，要耗费巨大的人力物力，也只有大一统帝国才能把它修起来；参观过山海关，你不可能不惊叹那宏伟精妙的防御体系；宋军使用的火器已经高度发达，明军已经大量装备火器，可以毫不夸张地说：今天在使用的所有武器，都可以在宋、明军中找到它们的雏形。依靠强大的经济实力，中国古代军队的装备和武器，一般情况下无疑是最精良的。

其次，是发达的军事战略战术思想，即我们常说的"兵法"。与被称为"东方兵学圣典"的《孙子兵法》相比，西方兵学圣典克劳塞维茨的《战争论》，还是多少给人小儿科的感觉。我们还有《老子》，还有《三十六计》。世界上可能也只有中华民族，将一个善于谋略的军师——诸葛亮作为民族的智慧象征。中华民族的兵法举世无双。

再次，严格的纪律——包括连坐法。战国时商鞅就规定：战斗中五人编为一伍，登记成册。若有一个临阵脱逃，其余四人均要处以死罪。宋代的《武经总要》更规定处罚条令七十二条，其中有："临阵先退者全队斩！""失旗鼓者全队斩！""战场应救邻队而不救，以至邻队被灭者，全队皆斩！"这种连坐甚至牵连到远在战场之外的家人，那就是"不战而降者全家处斩！"岳家军、戚家军，靠的都是铁的纪律。直至近代，军阀军队冲锋，仍使用大刀队或架上机枪督战。

最后，就是发达的武术了。世界上每个民族都有自己的武技，但只有中华民族有如此发达的武技，这只能解释为我们的祖先要面对战斗力最强的敌人，只有尽量完善自己的武技，发挥自己的优势。

西汉时，面对北方匈奴族的大举入侵，著名政治家晁错在《言兵事疏》中这样分析道：

> 今匈奴地形技艺与中国异。上下山阪，出入溪涧，中国之马弗与也；险道倾仄，且驰且射，中国之骑弗与也；风雨罢劳，饥渴不困，中国之人弗与也。此匈奴之长技也。若夫平原易地，轻车突骑，则匈奴之众易挠乱也；劲弩长戟，射疏及远，则匈奴之弓弗能格也；坚甲利刃，长短相杂，游弩往来，什伍俱前，则匈奴之兵弗能当也；材官驺发，矢道同的，则匈奴之革笥木荐不能支也；下马地斗，剑戟交接，去就相薄，则匈奴之足弗能给也。此中国之长技也。以此观止，匈奴之长技三，中国之长技五。[①]

晁错认为：战争双方各有优势，北方游牧民族吃苦耐劳，骑术精，战马好，军队机动性强，这些都是中原人无法比拟的。中央王朝的军队，只能尽量在武器装

---

① 班固：《汉书·晁错传》，北京：中华书局，1962年，第2281页。

备、士兵武艺训练、完善正规的车骑大战等方面保持优势。

说是出于一种自觉也罢,说是出于一种无奈也罢。古代中国中央政权长期实施的正是这样一种战略主张。中国武术发达,博大精深,千枝百蔓,军事目的是一个极为重要的原因。

中国的兵书,从来都包括武术的内容。

《汉书·艺文志》将兵家著述分为"兵权谋"(13家259篇)、"兵阴阳"(16家249篇)、"兵形势"(11家92篇)、"兵技巧"(13家199篇)四类,"兵阴阳""兵形势""兵技巧"三类著述各有侧重,而"兵权谋"则是"兼形势,包阴阳,用技巧者也"[①]。"兵权谋"类著述,是应当包括"兵技巧"的。也就是说,《汉书·艺文志》称列的"吴《孙子兵法》八十二篇",其中应该相当多的部分是"兵技巧"。最早的"兵权谋"类兵书中,应该都包含有大量的"兵技巧",即武术类内容。但我们今天能见到的各种版本的《孙子兵法》,并不是八十二篇,而均为十三篇。或许有人会问:另外的六十九篇哪里去了呢?回答是:这六十九篇显然是失传了。那又有人问了:这六十九篇为什么会失传呢?笔者以为:军事思想的内容,是战争规律规则性质的东西,高度抽象、高度精练,它会发展,但不大会随着时间的推移而过时;而军事技术的内容,则会随着战争方式的改变而改变(如步战取代车战,步战为主变为骑战为主等),随生产力发展带来的武器的发展而发展(如从青铜时代进入铁器时代等),军事技术——武术很容易过时,过时的军事技术——武术则必然因失去价值而被淘汰。《孙子兵法》于是就只剩下了十三篇,流传下来的早期的中国兵书——第一次军事著述高潮时期的产品,基于同样的原因也没有军事技术——武术的内容。但我们可以由当时兵书失传篇章的数量之大,推测出当时兵书中军事技术——武术内容的数量之大;同样,我们也可以由此反证中国武术这一时期的高速发展。

中国第二次军事著述高潮时期的成果,则保存至今,使我们得以具体地一窥其堂奥。以《纪效新书》十四卷本为例:十四卷中,就至少有《手足篇第三》《手足篇第四》《手足篇第五》《比较篇第六》四卷,是全讲军事技术武术的,其他篇中还有部分武术的内容。《纪效新书》十八卷本,则有《比较武艺赏罚篇第六》《长兵短用篇第十》《藤牌总说篇第十一》《短兵长用篇第十二》《射法篇第十三》《拳经捷要

---

① 班固:《汉书·艺文志》,北京:中华书局,1962年,第1757~1762页。

篇第十四》等共六卷。

明代名将戚继光,是一位一生未尝败绩的常胜将军,他创造了几乎不可思议的敌我伤亡比。"南湾之战,擒斩敌二百八十一级,己方只伤四人,无一阵亡;花街之战,擒斩敌三百一十人,而己方阵亡只有三人;上峰岭之战,全歼倭寇两千余,获首级三百四十九,而己方阵亡也只有三人;恒屿之战,全歼倭寇千余人,俘斩三百七十七,己方阵亡十三人;牛田之战,俘斩敌六百九十八人,己方无一阵亡;平海卫之战,斩倭二千四百五十一,己方阵亡十六;仙游之战,取倭首四百九十八颗,己方阵亡二十四人。在抗倭战争中,戚家军阵亡最多的一次是林墩之战。这一战戚家军阵亡哨官等六十九人,但消灭敌人也是比较多的,俘斩九百七十三人,'焚溺数千余徒'。在中国古代漫长的历史中,在众多有名的将领中,有哪一个将领像戚继光这样总是以这样小的代价获取那么大的胜利呢?同样是找不到第二个的。"[1]

戚继光能够创造这样不可思议的敌我伤亡比,原因很多,但和他极为重视将士的武艺训练有密切关系。

戚继光在《纪效新书》中曾说道:

长枪架手易老,若不知短用之法,一发不中,或中不在吃紧处,被他短兵一入,收退不及,便为长所误,即与赤手同矣。其单手一枪,谓之孤注,此杨家枪之弊也。妙在身步齐进,手足合一。一发不中,缓则用步法退,急则用手法缩出枪杆。彼器不得交在我枪身内,彼亦不敢轻进。我手中枪就退至一尺余,尚可戳人,与短兵功用同。此用长以短之秘也。至若弓箭、火器,皆长兵也。力可至百步者,五十步而后发,此亦长兵短用之法也。长则谓之势险,短则谓之节短,万殊一理。杀人三千,自损八百,此谓势均力敌者立说也。杀人三千,我不损一,则称比之术也。譬之,彼以何器,我必求长于彼,使彼器技未到我身,我举器先杀到他身上,便有神技,只短我一寸,亦无用矣。是以我不损一人,而彼常应手便靡,此用众之法也。若用众只待见肉分胜负,未有不败者。何则?用众有进无退,有胜无败,一步挪移不得,故必以万全万胜为术焉。《兵

---

[1] 范中义:《戚继光评传》,南京:南京大学出版社,2004年,第5页。

谶》云："一寸长,一寸强",此六字其秘诀乎!①

此段大意是:都是贴身肉搏,就是胜了,也是杀人三千自伤八百。因为"一寸长,一寸强",所以战阵要尽量用长枪。但用长枪又要学会短用的方法,以免一击不中为敌近身而误。强调选用武器,强调武术技术,这就是杀人三千我不伤一的秘诀。

戚继光要求士兵都要精练武艺,除了严查纪律和考试监督方式外,看他是怎样苦口婆心劝诱士兵苦练武艺的:

> 凡武艺,不是答应官府的公事,是你来当兵、防身、立功、杀贼、救命、本身上贴骨的勾当。尔武艺高,决杀了贼,贼如何又会杀你。你武艺不如他,他决杀了你。若不学武艺,是不要性命的呆子。况吃着官银两,又有赏赐,又有刑罚,比那费了家私,请着教师学武艺的,便宜多少?想你往日不学武艺,器械不整的精利,不肯着重甲,只是因自来临阵,原无纪律号令,不曾分别当先退后者施行军法,方才安心临阵要走,料定不用枪刀对手之故。今番连坐法已定,号令已明,进前退后,都有个法子连坐管定,军法决照条内施行。你们既无躲身之法,不想学武艺,不是与性命有仇的人,不是呆子是何物?②

"力拔山兮气盖世"的楚霸王项羽认为:剑是"一人敌,不足学",要学,就要学"万人敌",即兵法。但戚继光的看法与其不同,他不仅要求士兵习武,甚至要求主将也要习武,他列举了这样做的数条理由:

> 或问曰:主将者,万人之敌也。而一技一艺,似不必习。光曰:恶!是何言哉?夫主将,固以司旗鼓调度为职,然不身履前行,则贼垒之势不可得,众人之气不肯坚,前行之士得以欺哄避难,而逆诈莫可辩,斯赏

---

① 戚继光:《纪效新书》十四卷本"手足篇第三·长器短用解",北京:中华书局,2001年,第48页。
② 戚继光:《纪效新书》十八卷本卷之四"论兵紧要禁令篇第四",北京:中华书局,2001年,第80、81页。

罚不能明,不可行也。如欲当前,则身无精艺,已胆不充。谓习艺为不屑,可乎?

及其平日也,士卒乃以艺而胜敌者,非有督责,愚人不知为防身立功之本。既多怠逸,如欲教阅,必须凭左右教师,以定高下。便致教师得以低昂其间,为索诈之计。士心即不平,学技即不真,而花法无益之艺,得以入乎其间。

况为将之道,所谓身先士卒者,非独临阵身先,件件苦处,要当身先。所谓同滋味者,非独患难时同滋味,平处时亦要同滋味,而况技艺。岂可独使士卒该习,主将不屑习乎。

承平以来,纨绔之子,间一戎装,则面赤如丹,执锐则惭笑莫禁,为主帅者,苟能一身服习,而凡下我一等者,将焉取惭愧惶惑赤面动心?谁不曰:位势如彼,其尊威令使我奔走者尚如此,我又何疑怯而不屑。使知披执非辱己之事,醒然为当然之役,而良心矢发,练士如林矣。孰谓一技一艺非主将之可屑为耶?

分门习技者,士卒;而所以杂其长短,随其形便,错而用之者,主将也。不习而知之,临时焉能辨别某器可某用,某形用某器,以当前后。临时不知用,盖由平日不能辨别精粗美恶之故也。及或托之章句中,不知器技之用者,造之付与士卒,无异闭目念文,到底不识一字。如此,则器技必不精。晁错曰:"以其卒予敌也。"斯言可不信乎?

主将又可以为一人之敌而不屑乎?平时器技,必须主将件件服习,以兼诸卒之长。①

戚继光并不是只这样要求别人,他身为统帅也身体力行做到了。戚继光武艺精湛,熟悉诸多门派枪械,所著《纪效新书》,既是军事名著,也是武术名著,流传至今。

一代代人的殚精竭虑的研究,从先秦开始的军事武艺时代,到明代发展到一个高峰,而又在少林武术那里被演至极致。茅元仪说:"诸艺宗于棍,而棍宗少林",翻译成白话就是:天下的武术都以棍法为宗,而天下的棍法都以少林为宗。

---

① 戚继光:《纪效新书》十八卷本"总叙",北京:中华书局,2001年,第15~17页。

看看少林棍的威力吧。

《僧兵首捷记》记载,明代抗倭杭州之战前,杭州政府军将领曾对僧兵的武艺有所怀疑,于是还设计了一次比试:

> 三司戏鹿园曰:"僧何能也,而隆重之乎。"鹿园述文事武备僧若干人。三司欲赌酒为试,鹿园遂设席于涌金门。三司既集,暗置教师八人,促鹿园召高僧一人敌之。鹿园召孤舟,孤舟不知其何说也,扬扬而来。八教师从旁跃出,各持棍乱击孤舟。孤舟一无所备,以偏衫袖却棍,一棍为袖所裹,信手夺之,反击八人,八人应棍而倒。三司击节叹赏。孤舟直攻上堂,排仆燕席,大呼曰:"公等何仇,令人计杀我耶?"鹿园语之故,孤舟乃已。自是客僧大为三司所钦。

正是孤舟在这次比试中以高超的武艺折服杭州的将领,僧兵才得以参加了之后的杭州之战。

《僧兵首捷记》又载有统率杭州十八僧的月空,与统率苏州八十四僧的天员争为将领事:

> 十八僧自推八人,愿与天员较技。八人蓦以拳拳天员,天员时立露台,八僧自墀下历阶而上,天员见之,即以拳挥却,不得上。八僧走绕殿后,持刀,从殿门出,斫天员。天员急取殿门长闩横击之。众力不得近,反为天员所击。月空降气求免,十八僧遂伏地称服焉。左右驰报蔡公,蔡公亲至寺,谓天员曰:"闻汝骁勇,果能以灭倭自任乎?"应曰:"诺!"面令竞试武艺,天员复以寡胜众。蔡公大奇之。[①]

这两段文字都不是小说家言。孤舟可以一僧敌八人,天员可以一僧敌八僧,我们可以想见这种武术的威力。由少林武术的诞生恰好在宋、辽、金、元世界史上最大规模的战争群之末,我们可以推断它兴盛的逻辑必然。可以毫不夸张地说,明代的少林武术,是冷兵器时代中国军事武艺乃至世界军事武艺的最高峰。

[①] 郑若曾:《江南经略》卷八下"僧兵首捷记",见《四库全书》文渊阁本"子部·兵家类"。

中国武术博大精深，这并不是一句空话大话，农耕民族的祖先们，创造了精湛浩瀚的武术，几千年中，他们不断完善发展着武术，以之守卫自己的家园家国。"耒耜以养生，弓矢以免死"①，今天荣耀的武术成果，原来是从生存的艰辛苦难之旅上发展而来。

第二节　棍在中国武术中的特殊地位值得重视

刀、枪、剑、棍，被中国武林誉为"四大兵"。刀、枪、剑的出现都很早，但棍作为一种正式武器而出现，时间上比刀、枪、剑要晚。以为树枝稍加修整即为木棍，随处可得，木棍最早成为原始人手中的武器，因此，便认为棍术是最早的武术内容之一，这种观点，实际上是一种想当然。棍和自然树枝差别不大，它只是自然物体，还不是严格意义上的人造工具。随意抓起一根棍子敲打，是猿、猩猩，甚至猴子都可以做到的，这是自然动作，不是武术。武术之棍是人类工具，武术是人类文化，它要有法或术的文化内容。没有这种内容，没有棍法或棍术，木质而圆钝的棍根本不是什么杀伤力很强的武器。刚刚萌生文明的原始社会，刚刚进化为人的原始人，正处于尚没有棍法或棍术，但又开始发明简单武器和工具的时期，于是效力不大的棍便被放弃了。

浙江余姚河姆渡文化遗址出土的原始木矛，非常值得我们注意。锐器的矛，在尚无武术可言的原始人手里，威力肯定远大于钝器的棍。只是木质易腐，留存下来的木矛等实在无几。但对处于较低社会发展阶段的当代原始民族，大量使用木、竹矛而较少使用木棍的事实，应该是一个有力的证据。考古发现证明，新石器时代还广泛使用石刀、石矛、石戈、石斧、石铲等各种石制武器，这些武器的威力比木棍大。原始人大量使用的应该正是这些武器。

社会大分工出现的原因，是青铜器和铁器出现及由此带来的生产力的进步。金属器的巨大功效，极大地推动了人类文明史走向发端，并成为这种发端的标志。所以恩格斯说："弓箭对于蒙昧时代，正如铁剑对于野蛮时代及枪炮对于文

---

① 脱脱等：《宋史》志第一百四十五"兵六"，北京：中华书局，1985年，第4774页。

明时代一样,乃是决定性的武器。"①大规模战争的出现,正需要杀伤力巨大的武器,有了金属器这一"决定性"的武器,于是木棍被完全弃置。唐李筌《太白阴经》曾云:"上古包牺氏之时,剡木为兵;神农氏之时,以石为兵;黄帝之时,以玉为兵;蚩尤之时,铄金为兵,割革为甲,始制五兵。"②更早的《越绝书》就有大致类似的话:

> 轩辕、神农、赫胥之时,以石为兵,断树木为宫室,死而龙藏,夫神圣主使然。至黄帝之时,以玉为兵,以伐树木为宫室,凿地夫玉,亦神物也,又遇圣主使然,死而龙藏。禹穴之时,以铜为兵,以凿伊阙,通龙门,决江河,东注于东海,天下通平,治为宫室,岂非圣主之力哉。当此之时,作铁兵,威服三军,天下闻之,莫敢不服,此亦铁兵之神。大王有圣德。楚王曰寡人闻命矣。③

《太白阴经》应该是从《越绝书》再总结而来。千万不要因"以玉为兵"斥其记载虚妄,玉实际上指的就是新石器时代制作精良的磨制石器。原始人以树枝、木棍做武器;旧石器时代以粗糙的打制石器做武器;新石器时代以精良的磨制石器做武器;青铜时代以青铜利器做武器;铁器时代以更锋利坚韧的铁器做武器——《越绝书》和李筌排出的其实是一个精准的史实序列。木棍早就弃置不用了。

长时期内,不少人一直认为西周五兵之一的"殳"是棍。但《释名》称:"殳,殊也。长丈二尺而无刃,有所撞挃,于车上使殊离也。"④据此看来,殳是战车撞到一起后用来使之分离的工具,并不是武器。《释名》将之归入兵器类,只是因为它也在战阵中使用。可能因为它长而似矛,所以《释名》又将其称为"殳矛",并一并在矛类讨论。可见殳绝对不是棍。陕西扶风出土的西周兵器中,有不少铜质球形器,球形上铸有乳钉,球体中央有圆凿,可以安装木柄,球体重 500 克至 800 克,乳钉少则 3 枚,多则达 18 枚。也有人认为这就是殳。⑤ 但这显然不是木棍,

---

① 恩格斯:《家庭、私有制和国家的起源》,北京:人民出版社,1972 年,第 21 页。
② 李筌:《太白阴经》卷四"器械篇第四十一",见《四库全书》文渊阁本"子部·兵家类"。
③ 袁康、吴平:《越绝书》卷十一"外传记宝剑",见《四库全书》文渊阁本"史部·载记类"。
④ 刘熙:《释名》卷七"释兵",见《四库全书》文渊阁本"经部·小学类·训诂之属"。
⑤ 罗西章:《扶风出土西周兵器浅识》,见《考古与文物》1985 年第 1 期,第 92~101 页。

而是狼牙棒。湖北随县战国墓出土的一件兵器更证明了这一点。这件兵器头呈三棱矛形,杆两端各有一个球形铜箍,铜箍上密布铜刺,而器上铭文正是"殳"。①显然这"殳"类似于狼牙棒,也不是棍。

《六韬》卷四"虎韬·军用"载:

> 武王问太公曰:"王者举兵,三军器用,攻守之具,科品众寡,岂有法乎?"太公曰:"大哉!王之问也。夫攻守之具,各有科品,此兵之大威也。"武王曰:"愿闻之。"太公曰:"凡用兵之大数,将甲士万人,法用:武冲大扶胥三十六乘,材士强弩矛戟为翼,一车二十四人,推之以八尺车轮,车上立旗鼓,兵法谓之震骇,陷坚陈,败强敌;武翼大橹矛戟扶胥七十二乘,材士强弩矛戟为翼,以五尺车轮,绞车、连弩自副,陷坚陈,败强敌;提翼小橹扶胥一百四十四具,绞车、连弩自副,以鹿车轮,陷坚陈,败强敌;大黄参连弩大扶胥三十六乘,材士强弩矛戟为翼,飞凫、电影自副,飞凫赤茎白羽,以铜为首;电影青茎赤羽,以铁为首。昼则以绛缟,长六尺,广六寸,为光耀;夜则以白缟,长六尺,广六寸,为流星,陷坚陈,败步骑;大扶胥冲车三十六乘,螳螂武士共载,可以纵击横,败强敌;辎车骑寇,一名电车,兵法谓之电击,陷坚陈,败步骑;寇夜来前,矛戟扶胥轻车一百六十乘。螳螂武士三人共载,兵法谓之霆击,陷坚陈,败步骑;方首铁棓维朌,重十二斤,柄长五尺以上,千二百枚,一名天棓。大柯斧,刃长八寸,重八斤,柄长五尺以上,千二百枚,一名天钺。方首铁槌,重八斤,柄长五尺以上,千二百枚,一名天槌,败步骑群寇。飞钩,长八寸,钩芒长四寸,柄长六尺以上,千二百枚,以投其众。"又有"檿柲大锤,重五斤,柄长二尺以上,百二十具。"②

《六韬》旧题吕公望(又名吕尚、太公望、太公等)撰,通篇以周文王、周武王问太公答的形式写成,如果属实,它真实出自吕公望的手笔,当成书于殷周之际。但经众多学者考证,证明这是一部托名吕公望的著作。但它肯定是一部古兵书,

---

① 随县擂鼓墩一号墓考古发掘队:《湖北随县曾侯乙墓发掘简报》,见《文物》1979年第7期,第1~32页。
② 徐玉清、王国民校注:《六韬》,郑州:中州古籍出版社,2008年,第117~119页。

长时期的流传中辗转传抄，文字经过很多人的增删润色。文中的"方首铁棓"，无疑是棍；"方首铁锤""橡杙大锤"，无疑是钝重武器。在一万人的军队里，一千二百人装备铁棒，一千二百人装备铁锤，数量显然很大。但再看其前面的文字，显然这是车战时代的军队武器配备。周代的战争，贵族的甲士是主力，甲士装备繁复笨重，用钝器的棍、锤击打，当然比利器的矛、剑有效。

但时移事易，这棍棒大规模使用的第一次高潮期，随着春秋时代步兵的崛起和贵族甲士的衰落即告终结。

秦末陈胜、吴广农民起义，史称"斩木为兵"，这当然是指用木棍。但这并非因为棍是人们习用的武器，而是出于秦王朝"收天下之兵，聚之咸阳，销以为金人十二"，全国兵器被收缴殆尽，人们手无寸铁的无奈。刘邦、项羽所部最初都是农民义军，但楚汉战争中却没有见过谁还在使用木棍。一旦有了刀剑等装备，木棍自然就被弃置。所以明代的陈世竣便云："称戈立矛，引弓击剑，由来有人。秦民奋其白梃，胜广一时首难，安在古兵法制耶？"梃，棍也；白梃，木棍也。说陈胜吴广义军用的木棍不在古代兵器法制之中，陈世竣的结论是："棍法古未有。"①

《抱朴子》载云：

> 昔吴遣贺将军讨山贼。贼中有善禁者，每当交战，官军刀剑不得拢，弓弩射矢皆还向，辄致不利。贺将军长智有才思，乃曰："吾闻物有刃者可禁，虫有毒者可禁，其无刃之物，无毒之物，则不可禁。彼必能禁吾兵者也，必不能禁无刃物矣。"乃多作劲木白棒，选有力精卒五千人为先登，尽捉梧彼山贼，贼恃其有善禁者，了不为备，于是官军以白棒击之。大破彼贼，禁者果不复行，所打煞者，乃有万计。②

棓，亦棍也；白棓，木棍也。巫术可以作用于金属利器而不能作用于木质钝器自然是子虚，但这段文字，其实恰好说明了木棍在当时尚不是"兵"——兵器。贺齐取胜，正是利用了敌人对之不以为备。

棍再次成为正式的武术器械，有了丰富的技术内容，乃至在武术中占据特殊

---

① 程宗猷：《耕余剩技·少林棍法阐宗》陈世竣《序》，民国十八年(1929)秋吴兴周氏言言斋据家藏明刻本影印本(亦名《国术四书》)。
② 王明：《抱朴子内篇校释》卷五"至理"，北京：中华书局，1980年，第115页。

的地位,是较晚的事情。

或许有人会说,棍也就是普通武术器械之一,最多它是四大兵,但也就是四大兵之一。其实不然,棍,在中国武术中有着非常特殊的地位。

明代的武术理论,就有"诸艺宗于棍"的认识。

俞大猷是棍术名家,他极为推崇棍法:"用棍如读《四书》,钩、刀、枪、钯如各习一经。《四书》既明,《六经》之理亦明矣。若能棍,则各利器之法从此得矣。"①何良臣则云:"学艺先习拳,次习棍。拳棍法明,则刀枪诸技,特易易耳。所以拳棍为诸艺之本源也。"②程冲斗则云"棍为艺中魁首",理由是:

> 凡武备众器,非无妙用。但身、手、足法,多不能外乎棍。如枪之中平,拳之四平,即棍之四平势也;剑之骑马分鬃,拳之探马,即棍之跨剑势也;藤牌之斜行,拳之跃步,即棍之骑马势也;拳之右一撒步,长倭刀之看刀,即棍之顺步劈山势也;关刀勒马登锋,拳之单边,即棍之凤展翅势也;叉之埋头献钻,即棍之潜龙势也;枪之札枪,拳之揎拳,长倭刀之刺刀,即棍之单手札枪势也;拳之进步横拳,倭刀之单手撩刀,即棍之旋风跨剑是也。凡此类推,难尽述。惟同志者引申触类,则魁首之说不虚也。③

明代许多武术名家,都高度推崇棍的妙用和威力。

少林武术以拳棍著称,然而少林拳的出现和成名,却较少林棍为晚。《拳经拳法备要》《少林衣钵真传》等少林拳术著作,出现都较晚。在清末尊我斋主人所著《少林拳术秘诀》中,才第一次提到少林五拳。而此书为少林拳勾勒的达摩创罗汉十八手,数百年后觉远上人发展为七十二手拳法,以后白玉峰据此编成龙、蛇、鹤、虎、豹五拳的系统,经唐豪先生考证,其伪已成定论。明代万历时人、曾投身少林寺学艺十余载的程冲斗,就在他的少林棍术专著《少林棍法阐宗》中明确谈到:"或问曰:棍尚少林,今寺僧多攻拳,而不攻棍,何也?余曰:少林棍名夜叉,

---

① 俞大猷:《剑经》转引自《纪效新书》十八卷本,北京:中华书局,2001年,第184页。
② 何良臣:《阵纪》卷二"技用",见《四库全书》文渊阁本"子部·兵家类"。
③ 程宗猷:《耕余剩技·少林棍法阐宗》下卷"问答篇",民国十八年(1929)秋吴兴周氏言言斋据家藏明刻本影印本(亦名《国术四书》)。

乃紧那罗王之圣传,至今称为无上菩提矣。而拳犹未盛行海内。今专攻于拳者,欲使与棍同登彼岸也。"①可见当时少林拳远没有少林棍有名,少林寺僧正在拳法上花大力气,欲使之达到和少林棍同样的境界与名声。

程冲斗的武术著作,除《少林棍法阐宗》外,还有《蹶张心法》《长枪法选》《单刀法选》。四种合刊发行,名《耕余剩技》。程冲斗精诸械之艺,但他的双手刀法得自于浙江刘云峰,枪法得自于河南李克复,弩法则是其在寿春时,得当地穴窖中古铜机,琢磨革创的新弩机使用法。唯有棍法,得自少林寺中。这是否说明,除棍法外,当时少林寺其他武艺均不足观。或者说,当时少林寺根本就没有其他武艺让程冲斗习学呢?

然而程冲斗却极为推崇少林棍法。当他著成《少林棍法阐宗》三卷行世时,有人问曰:"长枪则有杨家、马家、沙家之类,长拳则有太祖、温家之类,短打则有绵张、任家之类,皆因独步神奇,故不泥陈迹,不袭师名。今子棍法通玄,不让枪拳诸名家,即谓之程家棍,非夸也!何斤斤以少林冠诸首哉?"程冲斗的回答是:"惟水有源,木有本,吾虽不敢列枪棍之林,然一得之见,莫非少林之所陶熔,而安敢窃其美名、背其所自哉!"②在其著作中,他盛赞少林棍为"无上菩提""棍中白眉"。至于"棍尚少林""棍法推少林"这样的话,在书中更是处处可见。

程冲斗出自少林,本门本宗,或有过誉之嫌。但明清著名的军事与武术典籍诸如《正气堂集》《纪效新书》《阵纪》《武备志》《武编》《手臂录》等,在列举海内拳械名家时,都提到了少林棍而没有提到少林拳。吴殳不止一处盛赞少林棍为"棍家绝业""正眼法藏",《武备志》的作者茅元仪,竟至说天下所有的武术,都以棍法为宗;而天下所有的棍法,都以少林为宗。明代的王世贞则说"今少林寺僧犹以白棓高天下"③。清代道光时,官员麟庆在游历少林寺参观了寺僧的武功表演后提到:"至今寺僧矜尚白棓。"④棓者,棒之古字也。所谓"白棓",就是木棍。武术用棍基本上都是木棍,南方多取紫荆木,北方多采白蜡杆。高者,尊崇高贵也;矜

---

① 程宗猷:《耕余剩技·少林棍法阐宗》下卷"问答四十条",民国十八年秋吴兴周氏言言斋据家藏明刻本影印本(亦名《国术四书》)。
② 程宗猷:《耕余剩技·少林棍法阐宗》下卷"问答四十条",民国十八年秋吴兴周氏言言斋据家藏明刻本影印本(亦名《国术四书》)。
③ 王世贞:《弇州四部稿》卷一百三十五"文部·墨刻跋六十五首·唐文皇告少林寺书",见《四库全书》文渊阁本"集部·别集类·明洪武至崇祯"。
④ 麟庆:《鸿雪因缘图记》第1集,北京:北京古籍出版社,1984年,第611页。

尚者,夸耀荣耀也。直到今天,少林寺僧仍称少林棍为"镇山绝技"。

可见,少林棍在少林武术中最先发达,长期独擅少林寺,是少林武术最主要的内容。少林武术显赫的地位和名声,最早甚至主要是靠少林棍奠定的。可以这么说,少林棍,已成为少林武术的象征。

让武术尽美尽善,以弥补中国人尚武精神缺乏、军队机动性不足等缺陷,实际上是中国历代军事的一贯方针。经受了宋、辽、金、元军旅大阵的战火洗礼,经过了这一时期民间结社的精雕细琢,与武术的整体发达相伴随,棍术在明代脱颖而出,秀出于林,并迅速流布四方。明代拳术器械流派中,繁茂发达首推棍法。

胡宗宪《筹海图编》记录的明代棍法有:"少林棍俱是夜叉棍,有前、中、后三堂。之外前堂棍,单手夜叉也;中堂棍,阴手夜叉也,类刀法。后堂棍,夹枪带棒。监紫薇山为第一,通虚孙张家为第二。河南棍,赵太祖腾蛇棒为第一,贺屠钩杆与西山牛家硬单头皆次之。安猴孙棒,牛山僧善弄之,卞城、淮庆人多用之。"[①]

何良臣《阵纪》记载的明代棍法有:"扒叉,长一丈二尺,精者能入枪破刀。唯东海边城与闽中俞大猷之棍,相为表里,法有不传之秘。少林棍俱是夜叉棍法,故有前、中、后三堂之称。前堂棍,名单手夜叉;中堂棍,名阴手夜叉,类刀法也;后堂棍法,夹枪带棍,牛山僧能之。谚云:紫微棍为第一,张家棍为第二,青田棍又次之。赵太祖腾蛇棍为第一,贺屠钩杆、西山牛家棒为次之。其孙家棒,又自宋江诸人之遗法耳。"[②]

明代武艺有三大绝技之说,即吴殳《手臂录》云:"今世峨眉之枪、少林之棍、日本之刀,专门名家,多为世所称,而杂器鲜有闻者,亦以不甚贵重之故。"[③]

明嘉靖时人郑若曾所著《江南经略》,记载了当时流行的枪法十七家、刀法十五家、弓弩法十四家、杂器械十家、钯法五家、马上器械十六家、拳法十一家。而棍法最多,林林总总,竟至三十一家。

使棍之家凡三十有一:曰左少林,曰右少林,曰大巡海夜叉,曰小巡海夜叉,曰大火林,曰小火林,曰通虚孙张家棍,曰观音大闹南海神棍,曰稍子棍,曰连环棍,曰双头棍,曰阴手短棍,曰雪棒搜山棍,曰大八棒

---

① 胡宗宪:《筹海图编》卷十三"经略三",《四库全书》文渊阁本"史部·地理类·边防之属"。
② 何良臣:《阵纪》卷二"技用",《四库全书》文渊阁本"子部·兵家类"。
③ 吴殳:《手臂录》卷四"诸器编说",太原:山西科学技术出版社,2006年,第6页。

风磨,曰小八棍风磨,曰二郎棒。少林夜叉,有前、中、后三堂之殊:前堂单手夜叉也;中堂阴手夜叉也,类刀法;后堂夹枪带棒十二路。曰五郎棒,曰十八下狼牙棒,曰赵太祖腾蛇棒,曰安猴孙家棒,曰大六棒紧缠身,曰十八面埋伏紫薇山条子;曰左手条子,曰右手条子,曰边栏条子,曰雪搭柳条子,曰跨虎条子,曰滚手条子,曰贺屠钩杆,曰西山等家硬单头。①

由于棍的普遍使用和棍法的成熟,"枪棒""拳棒"之称,从宋代开始出现,到明清几乎就成了武术的代名词。

中国古代文学四大名著《三国演义》《水浒传》《西游记》《红楼梦》,前三部可称武术小说——笔者暂且这么定名吧,若没有武术,这三部小说甚至可以说根本不能成立。《红楼梦》也有关于武术的描写。而四大名著武术中,棍的位置十分醒目。

描写宋代史事,成书于元末明初的《水浒传》,说林冲"这官人是八十万禁军枪棒教头林武师",说"原来宋江是个好汉,只爱学使枪棒,于女色上不十分要紧",说西门庆"也是一个奸诈的人,使得些好拳棒"。② 所云"拳棒""枪棒",实即武术。《水浒传》中最有代表性的武器,一是"哨棒",二是"朴刀",所谓哨棒,就是棍,而朴刀则是棍与刀的结合,二者是一百单八好汉最常用的武器。

《水浒传》有两段关于持棍打斗的精彩场面,一段是王进在史家庄打史进,一段是林冲在柴进府上打洪教头。林冲打洪教头这段是这样描写的:

> 柴进乃言:"二位教头比试,非比其他,这锭银子权为利物。若是赢的,便将此银子去。"柴进心里只要林冲把出本事来,故意将银子丢在地下。洪教头深怪林冲来,又要争这个大银子,又怕输了锐气。把棒来尽心使个旗鼓,吐个门户,唤作"把火烧天势"。林冲想道:"柴大官人心里只要我赢他。"也横着棒,使个门户,吐个势,唤作"拨草寻蛇势"。洪教头喝一声:"来,来,来!"便使棒盖将入来。林冲望后一退,洪教头赶入

---

① 郑若曾:《江南经略》卷八上"杂著·兵器总论",《四库全书》文渊阁本"子部·兵家类"。
② 施耐庵、罗贯中:《水浒传》,凌赓等校点,上海:上海古籍出版社,1988年,第101、287、341页。

一步,提起棒,又复一棒下来。林冲看他步已乱了,被林冲把棒从地上一跳,洪教头措手不及,就那一跳里,和身一转,那棒直扫着洪教头臁儿骨上,撇了棒,扑地倒了。①

笔者在程宗猷的《少林棍法阐宗》的"小夜叉第二路"里,就找到了林冲使的这个门户,原名叫"拨草寻蛇出"②。因为少林枪棍合一、以枪法入棍法,所以"拨草寻蛇出",又有一个名字叫"犯地蛇枪"。笔者没有查到"把火烧天势",但在"小夜叉第二路"里有个"朝天一炷香","朝天一炷香"又名"朝天枪势"③,笔者怀疑,作者喜欢这个"势"字,把"拨草寻蛇出"改为"拨草寻蛇势",但"朝天枪势"少了个字,也不太好听,而"朝天一炷香"不好改,于是就改成了"把火烧天势",但还有影子,都是冲着天,都是要烧。《少林棍法阐宗》里的势名,有两个字的"撑势";有三个字的"挟衫势";有四个字的"锁口枪势";有六个字的"铁闩紧关门势";但五个字的最多:"秦王跨剑势""二郎担山势""倒拖荆棘势""金鸡独立势""左右献花势""霸王上弓势""乌云罩顶势""黑风雁翅势""顺步劈山势""乌龙翻江势""仙人坐洞势""孤雁出群势""铁牛耕地势"等,当然,五个字的听来也最具美感。"拨草寻蛇势""把火烧天势",就是从这里拈出或生发出来的。由此简直让人怀疑,《水浒传》的作者熟悉少林武术少林棍法,甚至看过《少林棍法阐宗》这部少林武术专著。

在成书于元明之际的《西游记》中,神仙妖怪都会武艺,武器也林林总总。但单就武艺而论,手段最高的是孙悟空,而孙悟空所用武器是"定海神针",定海神针是什么武器呢?

> 悟空笑道:"古人云:'愁海龙王没宝贝哩!'你再去寻寻看,若有可意的,一一奉价。"龙王道:"委的再无。"正说处,后面闪过龙婆、龙女道:"大王,观看此圣,绝非小可。我们这海藏中那一块天河定底的神针铁,这几日霞光艳艳,瑞气腾腾,敢莫是该出现,遇此圣也?"龙王道:"那是大禹治水之时,定江海浅深的一个定子,是一块神铁,能中何用?"龙婆

---

① 施耐庵、罗贯中:《水浒传》,凌赓等校点,上海:上海古籍出版社,1988年,第131页。
② 程宗猷:《少林棍法阐宗》,太原:山西科学技术出版社,2006年,第25页。
③ 程宗猷:《少林棍法阐宗》,太原:山西科学技术出版社,2006年,第87页。

道:"莫管他用不用,且送与他,凭他怎么改造,送出宫门便了。"老龙王依言,向悟空说了。悟空道:"拿来我看。"龙王摇手道:"扛不动,抬不动,须上仙亲自去看。"悟空道:"你引我去。"龙王果引至海藏中间,忽见金光万道,龙王指道:"那放光的就是。"悟空撩衣上前,摸了一把,乃是一根铁柱子,约有斗来粗,二丈有余长。他尽力两手挝过道:"忒粗忒长些,再短细些方可用。"说毕,那宝贝就短了几尺,细了一围。悟空又颠一颠道:"再细些更好。"那宝贝真个又细了几分。悟空十分欢喜,拿出海藏看时,原来两头是两个金箍,中间乃一段乌铁,紧挨箍镌着一行字:唤作"如意金箍棒,一万三千五百斤"。[①]

先说是"神针铁""神铁""定子",再说是"铁柱子",最后说是"如意金箍棒",华丽的形容词容易迷惑我们的眼睛,把那些形容词都拿掉,"如意"拿掉,"金箍"拿掉,"棒",就是一根大棍子。

《西游记》孙悟空的武功招式,似乎有些来头,也并不都是虚构编造。第三十一回有:

> 这一场,在那山头上,半云半雾的战有五六十合,不分胜负。行者心中暗喜道:"这个泼怪,他那口刀倒也抵得住老孙的棒。等老孙丢个破绽与他,看他可认得。"好猴王,双手举棍,使一个"高探马"的势子。那怪不识是计,舞着宝刀,径奔下三路砍。被行者急转个"大中平",挑开他那口刀,又使个"叶底偷桃"势,望妖精头顶一棍,就打得他无影无踪。[②]

明代戚继光《纪效新书》、俞大猷《剑经》、程宗猷《少林棍法阐宗》等书中,论拳、枪、棍等,都有类似"探马""中平"的名称,大同小异而已。如在《少林棍法阐宗》中就有"高四平""中四平""低四平"三势,也称"上中下四平","中四平",就是"中平","中平"用得最多,也可以说是棍的基本作战姿势。"按枪法原论曰:'中

---

① 吴承恩:《西游记》,北京:中华书局,2005年,第14页。
② 吴承恩:《西游记》,北京:中华书局,2005年,第163页。

平枪,枪中王,高低远近都可防。'盖以此为诸势之首,变化无穷,不论高低左右劄来,均可随意换势,令人难测,破解匪易,惟仍用四平破之。故《问答篇》谓:'四平还须四平破'也。——瑛注①还是因为少林枪棍合一、以枪法入棍法,所以这里的"中平枪",也就是"中平棍"。"中平"是"王",最厉害,所以《西游记》写孙悟空五六十合尚未取胜,就用了"中平"之法,立马见效。

值得一提的是,明代的少林棍术中已经有了《西游记》的影子,《少林棍法阐宗》中的"破棍又六路谱"中,居然有"行者肩挑金箍棒"一势。②

《红楼梦》是才子佳人小说,于武术着墨不多。会武术的就写了两个人,一个是帅哥柳湘莲,柳湘莲用剑;另一个是贾府仆人包勇,包勇则用棍。柳湘莲用拳脚揍了薛蟠一顿,描写很生动,后来还打败强盗救了薛蟠。他曾说自己"弟无别物,此剑防身,不能解下",剑应该是他熟悉而须臾不离的武器,他救薛蟠应该用的就是剑,但这事曹雪芹没有详述。包勇用棍,《红楼梦》里则有大段还算精彩的描写:

> 正在没法,只听园门腰门一声大响,打进门来,见一个梢长大汉,手执木棍。众人唬得藏躲不及,听得那人喊说道:"不要跑了他们一个!你们都跟我来。"这些家人听了这话,越发唬得骨软筋酥,连跑也跑不动了。只见这人站在当地只管乱喊,家人中有一个眼尖些的看出来了,你道是谁,正是甄家荐来的包勇。这些家人不觉胆壮起来,便颤巍巍的说道:"有一个走了,有的在房上呢。"包勇便向地上一扑,耸身上房追赶那贼。这些贼人明知贾家无人,先在院内偷看惜春房内,见有个绝色女尼,便顿起淫心,又欺上屋俱是女人,且又畏惧,正要踹进门去,因听外面有人进来追赶,所以贼众上房。见人不多,还想抵挡,猛见一人上房赶来,那些贼见是一人,越发不理论了,便用短兵抵住。那经得包勇用力一棍打去,将贼打下房来。那些贼飞奔而逃,从园墙过去,包勇也在房上追捕。岂知园内早藏下了几个在那里接脏,已经接过好些,见贼伙跑回,大家举械保护,见追的只有一人,明欺寡不敌众,反倒迎上来。包

---

① 程宗猷:《少林棍法阐宗》,太原:山西科学技术出版社,2006年,第55页。
② 程宗猷:《少林棍法阐宗》,太原:山西科学技术出版社,2006年,第52页。

勇一见,生气道:"这些毛贼!敢来和我斗斗!"那伙贼便说:"我们有一伙计被他们打倒了,不知死活,咱们索性抢了他出来。"这里包勇闻声即打,那伙贼便抢起器械,四五个人围住包勇乱打起来。外头上夜的人也都仗着胆子,只顾赶了来。众贼见斗他不过,只得跑了。①

最后要说的是《三国演义》。四大名著中,连不是武术小说的《红楼梦》都写了棍,但和《水浒传》《西游记》同样是武术小说的《三国演义》,猛将如云,他们用的武器形形色色,对他们武器和武艺的描写不厌其烦,细腻逼真,刀很多,关羽是青龙偃月刀,许褚、黄忠、魏延都是大刀;枪很多:赵云、马超、张郃用的都是枪;剑很多:刘备是双剑,赵子龙有把青钉宝剑;还有些是有特色武器:如吕布的方天画戟,张飞的丈八蛇矛等。但奇怪的是,刀枪剑棍四大兵,三国中就是缺棍,三国那么多将领,有名的居然没有一个用棍!遍翻《三国演义》,就只有两个地方提到棍。一是第五回介绍夏侯惇时说其"乃夏侯婴之后,自小习枪棒"②这么一句大而化之似是而非的话。明代以来,"习枪棒"的意思就是习武术,并不一定就非是习练棍棒不可,更何况夏侯惇是魏国名将,《三国演义》中出场很多,明明白白他的武器是枪!二是黄巾余党截天夜叉何曼,书中第十二回提到他是"头裹黄巾,身披绿袄,手提铁棒"③,但何曼是一无足轻重人物,《三国演义》提到的有名有姓的武将上百,其中名将数十,但就只有这么一个何曼用棍。我以为最大的可能,是《三国演义》的确是在元末明初的罗贯中手里成书,在棍法大流行大显赫的明代中期以前很久。也可理解为《三国演义》毕竟是现实主义作品,它反映的恰恰是当时的现实:骑兵特别是重甲骑兵出现不久,棍的破重甲骑兵的功能尚未大规模展现。也可理解为棍棒是步战利器,但马上作战似乎不是,《三国演义》描写的武人都是大将,大将上阵都骑马,所以没有用棍棒的。那个黄金余党何曼,恰好就是"步行出战"④。《三国演义》不仅基本没有提到将领用棍,更没有提到士兵用棍,特别是大规模用棍,这一点值得深究。不仅是棍,三国武将用锤、鞭、铜等钝器的也极少,名将中只有一个黄盖用铁鞭,第五回有:"姓黄名盖,字公覆,零陵

---

① 曹雪芹:《红楼梦》,北京:人民文学出版社,1982年,第1534页。
② 罗贯中:《三国演义》,北京:人民文学出版社,1953年,第37页。
③ 罗贯中:《三国演义》,北京:人民文学出版社,1953年,第99页。
④ 罗贯中:《三国演义》,北京:人民文学出版社,1953年,第99页。

人也,使铁鞭"①;马超用枪,但可能有时也带个锤,第六十五回有:"原来马超见赢不得张飞,心生一计,诈败佯输,赚张飞赶来,暗掣铜锤在手,扭回身觑着张飞便打将来。"②其余几个都不是名将了,有第五回的武安国,战吕布时"使铁锤飞马而出"③;有第八十三回的沙摩柯,战甘宁时"使一个铁蒺藜骨朵"④;有第一百十回的文鸯,战邓艾时"全装贯甲,腰悬钢鞭,绰枪上马",文鸯武器主要是枪,加了只鞭,所以说他是"有相拒者,枪搠鞭打"⑤;最后一个就是第一百十二回的傅佥,战李鹏时"暗掣四楞铁简在手",把李鹏"打得眼珠迸出"⑥。满打满算就这么几个。但《三国演义》中已提到了"铁甲军"⑦,于是也就不能一点不提鞭、铜、锤等,分寸多少,现实主义的三国作者拿捏得很在火候。

聂绀弩说:"我们知道,《水浒》不是一个人写出来的,是经过一个很长的时期、几种不同的阶段,由很多人一次又一次地记录、编辑、改写而成的。《水浒》故事,也不是一下子就创造出来的,是在各个写作阶段中逐渐演化而成的。"⑧《水浒传》可能经过罗贯中、施耐庵之手,但说《水浒传》是元末明初的罗贯中所作,是和罗贯中大致同时据传还当过他老师的施耐庵所作,恐怕勉强。《水浒传》完成应该是明代中期以后的事,而罗、施还不应该那么熟悉尚未高度发达的棍和棍法。同样的理由,《西游记》也不可能是元末明初即已成书,它完成于大致生活在明弘治到万历年间的吴承恩(约 1500—1582)的观点,似乎更加靠谱。《水浒传》《西游记》故事,武术棍术,少林棍术,都流传已久,都有一个长期发展完善的过程。元末紧那罗王挥长棍退红巾,少林棍术开始在少林寺发生;嘉靖三十二年(1553)少林僧兵首次参加抗倭战争;高度重视、赞誉武术棍术的戚继光、俞大猷、郑若曾等,都与抗倭战争有密切关系,戚继光《纪效新书》成书于嘉靖四十一年(1562),俞大猷《正气堂集》成书于嘉靖四十四年(1565),郑若曾《江南经略》成书于隆庆二年(1568);而对少林棍有详细描述并推崇备至的程宗猷《少林棍法阐

---

① 罗贯中:《三国演义》,北京:人民文学出版社,1953 年,第 40 页。
② 同上,第 524、525 页。
③ 同上,第 44 页。
④ 同上,第 658 页。
⑤ 同上,第 883 页。
⑥ 同上,第 898 页。
⑦ 同上,第 329 页。
⑧ 聂绀弩:《水浒四议》,北京:北京大学出版社,2010 年,第 61 页。

宗》、茅元仪《武备志》，成书则都迟至天启元年（1621）。笔者以为：《水浒传》《西游记》，武术棍术、少林棍术，既然关系那么密切，发展应该大致同步，成熟应该大致同时。

少林尚棍，明代武术尊崇棍法与明代棍术的极端发达，其间到底有没有联系呢？

与通常的认识不同，笔者以为：武术之棍作为成熟的武术内容出现较晚，它的大发展应是在宋、辽、金、元之际。棍的发达有两个重要因素，一是因为它能有效对付草原游牧民族军队的重甲骑兵；二是因为北方少数民族政权的严厉禁武，棍为木质，且是钝器，是处可得，算是打了个擦边球；农民义军、山寨好汉、土匪强盗、民间组织，鱼龙混杂，他们缺乏正规武器，棍是他们经常选用的武器，于是例如"某棍"这样的词语，就成了当时政府或主流社会对他们的贬义称谓，"光棍""恶棍"等甚至流传至今；明代棍术是冷兵器时代军事武艺的最高峰，其典型代表是少林棍法。下面笔者将详细阐述这一观点。

第三节　棍发达原因之一：对付北方游牧民族重甲骑兵

从今天我们可获得的资料看，中国武术棍术的再度发达，是从魏晋南北朝开始形成的。

晋代道教学者葛洪《抱朴子》云：

> 少尝学射，但力少不能挽强，若颜高之弓耳。意为射既在六艺，又可以御寇辟劫及取鸟兽，是以习之。昔在军旅，曾手射追骑，应弦而倒，杀二贼一马，遂以得免死。又曾受刀楯及单刀、双戟，皆有口诀要术，以待取人，乃有秘法，其巧入神。若以此道与不晓者对，便可以当全独胜，所向无前矣。晚又学七尺杖术，可以入白刃、取大戟。[1]

---

[1] 葛洪：《抱朴子外篇》卷四"广譬第三十九"，见《四库全书》文渊阁本"子部·道家类"。

葛洪说他除了刀剑之外，还曾习所谓"七尺杖术"。这个"杖"，应该就是木棍，"杖术"，可能就是棍术。但这时的棍，不可能是大规模使用的武器；这时的棍术，也不可能是技法精深的武艺。所以葛洪的弓射、刀楯、单刀、双戟等，是在军旅所学，而"杖术"，则是晚年所学，晚年他肯定是在民间了。

但棍已经成为兵器，棍已经有了武术的内容——"杖术"，这和若干北方草原民族侵扰中原同时，绝对不是偶然巧合。

《北史·尒朱荣传》有："又以人马逼战，刀不如棒，密勒军士，马上各赍袖棒一枚。至战时，虑废腾逐，不听斩级，使以棒棒之而已。乃分命壮勇，所当冲突，号令严明，将士同奋。荣身自陷阵，出于贼后，表里合击，大破之，于阵禽葛荣。"①

注意"人马逼战，刀不如棒"！千万不要小看了这个"人马逼战，刀不如棒"，这个认识，带来了武术兵器史上的一场革命，棍也由此登上了中国武术大舞台，并占据相当重要的位置。

唐玄宗时大将李嗣业，史籍称其擅刀："军中初用陌刀，而嗣业尤善，每战必为先锋，所向摧北。"与李归仁战，嗣业"袒持长刀，大呼出阵前，杀数十人，阵复整，步卒二千以陌刀、长柯斧堵进，所向无前"。但同时史籍又称其擅棍：攻大食时，"即驰守汗白石，路既隘，步骑鱼贯而前。会拔汗那还兵，辎饷塞道不可骋，嗣业惧追及，手梃鏖击，人马毙仆者数十百，房骇走"。还称其"常为先锋，以巨棓笞斗，贼值，类崩溃"。②一个将领骁勇无比提大棒上阵的事，仍可说是偶然，但它发生在唐军大量装备棍的背景中，就不能说是偶然了。据载：唐代一军为一万二千五百人，共装备佩刀一万口、陌刀二千五百口、弓一万二千五百张、棓二千五百根。③两成的士兵装备棍，既说明棍已开始成为重要正式武器，更说明中国武术已开始迈向发达。本来杀伤力不大的钝器棍，因为有了武术技术内容，一跃而为战阵杀手。唐军士兵既装备棍又装备刀，将领既用棍又用刀，《新唐书·李嗣业传》就是证明。

到宋代，棍在军中使用更加普遍。据宋代兵书《武经总要》图示，就有诃藜棒、钩棒、杆棒、杵棒、白棒、抓子棒、狼牙棒、铁链夹棒八种。该书还说明了这些

---

① 李大师、李延寿：《北史·尒朱荣传》，北京：中华书局，1974年，第1755、1756页。
② 宋祁等：《新唐书·李嗣业传》，北京：中华书局，1975年，第4615～4617页。
③ 李筌：《太白阴经》卷四"器械篇第四十一"，见《四库全书》文渊阁本"子部·兵家类"。

棒的特点和区别："取坚重木为之，长四五尺，异名有四：曰棒、曰梿、曰杵、曰杆。有以铁裹其上者，人谓柯藜棒；近边臣于棒首碹鎞刃，不作倒双钩，谓之钩棒；无刃而钩者，亦曰铁抓；植钉其上，如狼牙者，曰狼牙棒；本末均大者，为杵；长细而坚重者，为杆；亦有施两镈者。大抵皆棒之一种。"①

棍术从宋代开始极度发达，与契丹、女真、党项、蒙古等北方少数民族的勃兴，与马上作战，与步兵破骑兵时棍棒特别好用，与盔甲等防护器具的完备而轻薄利器伤人日益困难等，有着密切的关系。所以《北史·尒朱荣传》中"人马逼战，刀不如棒"这句话被人反复提起，以后的兵书著作或言兵事者，也动辄就引用这句"人马逼战，刀不如棒"。

由以下资料，我们可以窥见棍棒在当时被战阵广泛使用的情况和理由：

初契丹国之叛也，率皆骑兵，旗帜之外，各有字号小字牌，系人马上为号。五十人为一队。前二十人，全装重甲持枪或棍棒；后三十人，轻甲操弓矢。②

京东西路提点刑狱公事程昌弼言："州郡间军器乏少，请各以坚韧之木广置棍棒。盖铁骑箭凿不能犯，惟棍棒可以御，且不日可办。"从之。③

(宋军因)金人兜鍪极坚，止露两目，枪箭所不能入，契丹昔用棍棒击其头项面，多有坠马而得之，欲令骑兵半持棍棒。④

金人用兵，所至每以敲棒击人脑而毙。绍兴间，有伶人作杂戏云：若要胜彼金人，须是我中国一件件相敌乃可。如金国有尼玛哈，我国有韩少保；金国有柳叶枪，我国有凤凰弓；金国有凿子箭，我国有锁子甲；金国有敲棒，我国有天灵盖。人皆笑之。⑤

有生金人，唤做扫地军便是也。以仲熊所亲见，尼堪寨有兵马万

---

① 曾公亮：《武经总要》前集卷十三"器图"，见《四库全书》文渊阁本"子部·兵家类"。
② 厉鹗：《辽史拾遗》卷十一"本纪第二十七·天祚皇帝一"，见《四库全书》文渊阁本"史部·正史类"。
③ 李心传：《建炎以来系年要录》卷十五"建炎二年四月至五月"，见《四库全书》文渊阁本"史部·编年类"。
④ 徐梦莘：《三朝北盟汇编》卷三十"靖康中帙"，见《四库全书》文渊阁本"史部·记事本末类"。
⑤ 张知甫：《张氏可书》，见《四库全书》文渊阁本"子部·小说家类·杂事之属"。

人,罗字贝勒寨有兵万人,皆枪为前行,号曰硬军,人马皆全副甲,腰垂八棱棍棒一条或刀一口,枪长一丈二尺,刀如中国屠刀。此皆骁卫之兵也。①

京东西路提点刑狱公事程昌弼言:"州郡间军器乏少,请各以坚韧之木,广置棍棒。盖铁骑箭凿不能犯,惟棍棒可以御,且不日可办。"从之。②

棍起于北方步兵破骑兵、破坚甲,棍的威力和用法,也多有人予以总结。宋代蔡因是这样总结的:

金陵蔡因留沈君士柱所,符过沈君,遂与剧谈,其最中利弊者,莫如造船、掌舵、制铳、用梃数策。蔡言:海中战船材料工作,都不为对敌计,炮碳所中,无不立碎。又不解防御,故临敌必败,无可支者。舵工非生长海中,出没徼外,不识风色逆顺向背,不能随风张帆、进退如意,故贼得以邀截堵杀,逞其所长。若夫铳炮之制造有诀,其力之大小远近有法,药弹之增减虚实有数,欲剿贼,不可不交舟而战。交舟而战,铳炮施放有所不及,长戟运动辄不得利,短刃一割更无所用,操击格斗,披突无前,白棓之利,铦于锋刃。③

明代戚继光是这样总结的:

西北原野之战,旧传俱用大棒,并其他器悉置不问。大棒亦无式,不知用法。缘以敌人盔甲坚固,射之不入,戳之不伤,遂用棒一击,则毋问甲胄之坚,皆靡。虽然,但势短难以刀交,又须双手举用,而马上不得齐齐用力下击,必然闪堕。此步技也,而今用之马上,不亦左乎。今制法:长八尺,粗二寸,用一打一刺棍法习之,位在五兵后,步卒习用。倘

---

① 徐梦莘:《三朝北盟汇编》卷九十九"靖康中帙",见《四库全书》文渊阁本"史部·纪事本末类"。
② 李心传:《建炎以来系年要录》卷十五"神宗",见《四库全书》文渊阁本"史部·编年类"。
③ 黄宗羲编:《明文海》卷一百八十三"书三十七·士习"陆符《与冯邺仙书》,见《四库全书》文渊阁本"集部·总集类"。

御之不密,刺之不得,则以棒击落马之贼耳。必欲马军兼用,须加一短刃,可三寸如鸭嘴,打则利于棒,刺则利于刃,两相济矣。①

黎元洪为马良《棍术科》作序云:"短兵逼战,以制刀矛,古皆尚之,至戚南塘而其法益备"②,应该就是指此。

无怪乎元人《使棒诗》这样称赞棍棒:"一梃雄威敌百夫,捷如风雨敢前驱。太平朝野无余事,不得君王丈二殳。"③

从宋代起,棍术开始在民间普遍流行。在南宋都城临安以娱乐健身为主要目的的武艺社团中,除争交的"角抵社""相扑社",射弩的"锦标社""川弩社"外,还有使棒的"英略社"。④ 宋代许多资料记载:他们每社"不下百人"。他们在瓦舍里或"作场相扑",或"打硬",或"使棒",热闹非凡。南宋的武艺艺人,著名的有表演角抵的王侥大、张关索等,表演相扑的元鱼头、鹤儿头等,以及表演使棒的朱来儿、高山官儿等。

《永乐大典·戏文》保存有南宋时的一出戏文《张协状元》,戏中"净"向"末"夸耀其武艺,边舞棒边吹嘘:

(净白)我物事到强人来劫去,你自放心! 我使几路棒与你看。

(末)愿闻。

(净使棒介)这个山上棒,这个山下棒,这个船上棒,这个水底棒。这个你吃底。

(末)甚棒?

(净)地,地头棒。

(末)甚罪过!

(净)棒来与它使棒,枪来与他刺枪。有路上枪,马上枪,海船上枪。如何使棒? 有南棒,南北棒,有大开门,有小开门。贼若来时,我便

---

① 戚继光:《练兵杂纪》卷五"军器解上·大棒解",《四库全书》文渊阁本"子部·兵家类"。
② 黎元洪:《棍术叙》,见马子贞《棍术科》,太原:山西科学技术出版社,2006年,第1页。
③ 胡祗遹:《紫山大全集》卷七"五言绝句·使棒诗",见《四库全书》文渊阁本"集部·别集类·金至元"。
④ 周密:《武林旧事》卷三"西湖游幸",见《四库全书》文渊阁本"史部·地理类八·杂记之属"。

关了门。

　　（末）且是稳当。

　　（净）棒，更有山东棒，有草棒。我是徽州婺源县祠山广德军枪棒部署，四山五岳刺枪使棒有名人。①

　　由"净"大吹大擂的念白可以看出，当时的棍术已经很有些名堂了。

　　魏晋南北朝开始，由于要对付北方少数民族的重甲骑兵，在中国武术器械中，棍的地位不断上升，棍的技术内容也不断丰富，到宋元时期，已经相当发达。研究武术之棍，这是必须注意的第一个背景。

第四节　棍发达原因之二：北方少数民族政权严厉禁武

　　棍术在宋、辽、金、元时期的发达，还与人口居于劣势的北方少数民族政权严厉禁武有着密切的关系。

　　元朝是北方少数民族依仗军事优势，入主中原，实行少数人族群统治多数人族群的朝代。在吸收汉文化方面，在促进民族融合上，其远不能和后来的清朝相比。元朝实行控制和镇压的力度，便远大于清朝。其禁武的力度，亦大于清朝。

　　自世祖忽必烈中统四年（1263）至顺帝至正五年（1345）的八十余年间，元统治者多次发布收缴汉族民间武器和禁止汉族民间习武的禁令。唐豪就从《续文献通考》中摘出极多：

　　"元世祖中统四年二月，诏诸路置局造军器，私造者处死，民间所有，不输官者与私造同。""至元五年三月，禁民间兵器，犯者验多寡定罪。""二十二年五月，分汉地及江南所拘弓箭兵器为三等，下等毁之，中等赐近居蒙古人，上等贮于库，有行省行院行台者掌之，无省院台者，达噜葛齐辉和尔回回居职者掌之，汉人新附人虽居职无所预。""二十三年二月敕中外，凡汉民持铁尺、手挝及杖之有刃者，悉输于官。""二十六年四月，禁江南民挟弓矢，犯者籍而为兵。"上条后还有按云：

---

① 九山书会才人：《张协状元》，见《永乐大典戏文校注三种》，北京：中华书局，1979年，第43页。

"禁汉人兵器,诸路皆然,不仅江南也。""二十七年十二月,命枢密院括江南民间兵器。""二十九年,禁铁匠打造军器。""三十年二月,又申严江南兵器之禁。""武宗至大三月,申严汉人军器之禁。""泰定帝泰定二年七月,申禁汉人藏执兵杖,有军籍者出征则给之,还复归于官。""英宗至治二年正月,禁汉人执兵器出猎及习武艺。""顺帝至元三年四月,禁汉人、南人、高丽人不得执持军器。至五年四月,又申其禁。"[1]

当时还规定:

> 诸郡县达鲁花赤及诸投下,擅造军器者,禁之。诸神庙仪仗,止以土木纸彩代之,用真兵器这禁。诸都城小民,造弹弓及执者,杖七十七,没其家财之半,在外郡县不在禁限。诸打捕及捕盗巡马弓手、巡盐弓手,许执弓箭,余悉禁之。诸汉人持兵器者,禁之;汉人为军者不禁。诸卖军器者,卖与应执把之人者不禁。诸民间有藏铁尺、铁骨朵,及含刀铁拄杖者,禁之。诸私藏甲全副者,处死;不成副者,笞五十七,徒一年;零散甲片不堪穿系御敌者,笞三十七。枪若刀若弩私有十件者,处死;五件以上,杖九十七,徒三年;四件以下,七十七,徒二年;不堪使用,笞五十七。弓箭私有十副者,处死;五副以上,杖九十七,徒三年;四副以下,七十七,徒二年;不成副,笞五十七。凡弓一,箭三十,为一副。[2]

当时还规定:"诸民间子弟……弃本逐末,习练角抵之戏,学攻刺之术者,师、弟子并杖七十七。"[3]

元代禁武之严,为历代罕见。由于禁武,这一时期武术的发展只好或必然选择棍,因为棍是木质的钝器,很难说它究竟是不是武器,禁武令下它有很大的灵活空间而得以存在。

从下面事例记载中,我们也可看出,判断棍棒等是否为武器或凶器,的确有很大难度。

宋代陈傅良曾在他的著作中记录了这么一件案子,一个叫鄢大为的人,与人

---

[1] 《钦定续文献通考》卷一百三十四"兵考",见《四库全书》文渊阁本"史部·政书类·通制之属"。
[2] 宋濂等:《元史·刑法志》,北京:中华书局,1976年,第2681页。
[3] 宋濂等:《元史·刑法志》,北京:中华书局,1976年,第2685页。

合伙,带着扁担箩筐偷盗他人谷物。按当时的法律,"持杖"即持凶器偷盗折合满五贯的财物,就要判死刑;而如果未"持杖",则要偷盗折合满十贯的财物,才判死刑。鄢大为所盗谷物,所值超过五贯而未满十贯,所以,他持扁担算不算"持杖",就成了决定他生死的关键。当时刑部、大理寺等将鄢大为断为死刑,但陈傅良却有不同看法。他称:

> 臣窃详上件断案,止以鄢大为所带劫谷木担堪以害人,定为持仗强盗,赃满五贯,合决重杖处死。设若不以木担为杖,即计赃须满十贯,方得死罪。死生之分,在于木担称杖不称杖,毫厘之间,此不可不谨也。臣尝习此矣,在律,仗谓兵器,杵棒之属余条称仗准此。恭惟本朝列圣继作刑日益轻,以为杵棒立文该载未明,则犯法者易陷刑者众,于是重立两条。案嘉佑编敕贼盗门,其一云:应持竹枪、竹杖、砖石之类为盗,堪以害人者,并同持仗之法。此谓苟持竹枪、竹杖、砖石堪以害人之物而为盗者,即为持仗以明。但持所须之物为盗,不得称仗矣。其一云:将镰、担、刀、斧之属于人园林陂野内,偷割禾谷蔬果,盗斫柴薪之类,元非积聚者;并将篙楫盗取空船,或持鞭杖偷趁孳畜,虽变主知觉,但不曾施威力抵拒者,依不持仗窃盗法。此谓苟持镰、担、刀、斧所须之物而为盗,即不为持仗以明。必是特持堪以害人之物为盗,始得称仗矣。上件两条合为一编,载在敕文,则有司承用,可以参照,不至抵牾。至于元丰删修旧敕,一时不深求。嘉佑以前,立法美意,辄将上件两条离为两门,其一条在名例门,云诸称仗者持竹、木、砖、石之类堪以害人者同。其一条在贼盗门,云诸于城外窃盗无人防守特持所须之具者,并为不持仗。(注云:谓采斫须金刃,船筏须篙楫,负须担,畜须鞭之类。)盖自将两条离为二处,即凡用持仗之法,只据名例门立文;凡用不持仗之法,只据贼盗门立文。而两文始不相参照,无所斟酌矣。兼详元丰删定嘉佑敕,颠倒本文,已失初意,节略数字,便成深文。自元丰迄今,有司遵用,盖不知重报者几千人矣。今来鄢大为之狱,谓并同持仗之法,改作诸称仗者,谓删去枪杖,但称竹木,只是布袋并担,即不曾施威力。若用嘉佑旧敕,即非持堪以害人之物为盗明矣。且夫前朝立法,本持所须之物为盗,其意非是欲以害人,虽斧刃不谓为仗;本持堪害人之物为盗,其意是

欲以害人，虽砖石得谓为仗。但论其盗有无欲害人之心，不计所持是不是堪害人之物。原情定罪，此春秋之义也。又云：持仗在外，空手入屋，罪至死者，各减一等。即虽持仗，若其时不以入室，可以减等。又云变主知觉，但不曾施威力抵拒者，并同不持仗。即虽持所须之物，若其时施威力抵拒，可以加等。可谓深切着明矣。而元丰改作离析敕文，今来有司尚循谬误，臣愚欲望睿慈，特将鄢大为之罪从未满十贯条，特贷命断遣，仍乞以刑部大理寺拟断，官吏并且免坐失入之罪。仍乞将见行条法送删定，所据嘉佑旧敕，将两条删润并入贼盗一门，以凭遵守。臣闻中兴之初，重修绍兴敕令，已有指挥用嘉佑旧法，故元丰敕多在厘改之科数内。持仗一条，当时有司偶失参考，尚未追正。今来若行删润初非，创新衡改，而圣主好生之德，公朝从恕之风，自今以始，益深益厚。愚民无知，虽似幸免，而天听甚卑，宜享其报，此臣所以拳拳也。①

啰哩啰唆说了半天，虽然结果是"奏入，得旨改断"，但这个定罪原则是"原情定罪"，是"但论其盗有无欲害人之心，不计所持是不是堪害人之物"，扁担木棍之类到底是不是兵杖，还是没有判定。

元代禁止民间习武，所禁已明列有"棍"字。如规定"一概禁绝"的条款中，就有"弄枪棒"一条。但"枪棒"这时已是武术代称，禁枪棒实即禁武术。常言说"寸铁为凶"，木棍为木质钝器，是处可得，很难绝对地说它是不是武器，在具体施行禁令时一定会有不少困难。所以所禁列有"棍"字，也未见得一定是禁棍，禁也很难禁绝。今天我们见到的资料，元代统治者禁武中收缴的也只能是铁器，如刀、枪、铁尺、铁骨朵、含刀铁拄杖之类。

于是，棍成了普通民众能够得到的唯一武器，棍术也就成了普通民众能够习练的唯一武术。因此，棍棒之类，成了起义暴动的农民市民和山泽强盗的常用武器。

匈牙利人拉斯洛·孔在其著作中就提到："棍棒打斗的风气在西欧农村流行甚广。"在封建统治者收缴民间武器，禁止人民习武的情况下，人民能够得到并可

---

① 陈傅良：《止斋集》卷二十一"奏状札子·缴奏刑部大理寺鄢大为断案状"，见《四库全书》文渊阁本"集部·别集类·宋建炎至德佑"。

以习练的,只有棍。所以拉斯洛·孔认为:"在禁止农民携带武器之后,这些活动具有更加重大的意义。所有关于罗宾汉的故事和其他英国民间传奇故事中,都一定有一个会用棍棒搏斗的英雄形象。"①罗宾汉是英国民间传说中的大侠盗,以他的故事为蓝本拍成的电影,在中国上映的远不止一部,因此我们多见过这位用棍的好汉。直到英国资产阶级革命时,农民们还是手无寸铁。当时,英国西南诸郡爆发大规模的反封建农民起义,手提棍棒的起义农民,超过十万众,史称"棒民运动"。

正因为如此,棍棒具有一种强烈的下层抗暴或下层暴力的象征意义。中国古代的起义农民、江湖侠盗、邪教暴徒,亦概莫能外。

例如,宋代廖刚《乞禁奉邪神札子》即云:

> 宣州泾县六十里内,地名同公坑,有女巫奉邪神,名丁先生,不知所起之因。一二年来,邪道甚盛,一方之人,为所诳诱,焚香施财,略无虚日。去岁,有姓李人经提刑司陈告,虽曾行下本县,毁拆庙宇,而其徒利于所得,更倡神怪之事,群起占护,县亦无如之何。即日,邻比乡村,往往食菜结为邪党。近因旱暵,辄以祈雨为名,聚集不逞之徒,率数百为群,持棒鸣锣,遍行村落,穿历市井,至于邻境州县,亦有相应和而来者。窃恐小人无故群聚别致生事,欲乞行下本州岛,取为首者痛治之。若罪不至死,亦须编置他州,以解愚民之惑,消乱于未萌也。②

民间这样的事情很多,宋代的陈均就提到当时因为灾荒,灾民"因饥持杖劫人家藏粟,止诛为首者,余悉以减死论。时饥民多相率持棒投券富家,取其粟,坐强盗弃市者甚众"③。

甚至有号为"李铁棒"者,宋《兴国太守赠太保王公绹神道碑》有云:"时群盗蜂起,公策巢当江淮冲要,乃环邑浚壕,因土为城,引焦湖水灌濠中。其南以大河

---

① 拉斯洛·孔:《体育运动全史》,颜绍泸译,中国体育史学会内部资料,第88页。
② 廖刚:《高峰文集》卷二"剳子",见《四库全书》文渊阁本"集部·别集类·南宋建炎至德祐"。
③ 陈均:《九朝编年备要》卷五"凡四年·太宗皇帝起甲午淳化五年止丁酉至道三年",见《四库全书》文渊阁本"史部·编年类"。

为固。版筑未合,而贼李仲者,号李铁棒,拥众蚁集,公率乡丁拒守。"①

民间起事、闹事,必然就是"持杖""持棒"。所以胡宗宪《筹海图编》即云:"按自古名将,未见有用棍者。用棍,惟宋江诸人。"②

秦末农民起义"斩木为兵",是用棍,但因当时棍术不成熟,起义迅速扩展为大规模的战争,加上农民义军发展为正规军,大量装备正规兵器等原因,棍很快就被弃置。楚汉战争,猛将如云,没见过谁用棍的。但从宋代开始出现了一个新的情况,即北方少数民族长期入侵、入主中原,甚至建立了统一王朝。汉族人民处于长期受压迫状况,自然也与这些入侵者、统治者处于长期的敌对状态,民族矛盾和阶级矛盾异常尖锐。因此,这些朝代或时期,便成了中国历史上统治最为残酷、禁武最为严厉的时期。可以想见,由于金属武器被收缴,得之不易,持有和演练要冒很大风险,于是民间习练武艺者和造反的结社组织成员的注意力,便更多地转移到了是处可得且很难界定是不是武器的木质钝器——棍的使用和研究上。农民群众在发动反抗专制统治和民族压迫的武装斗争时,棍开始更多地作为正式武器被大规模地使用。

北宋年间,为反抗契丹族(辽)、女真族(金)的统治,在北方出现了许多结社组织,著名的有"弓箭社""忠义巡社""霸王社"等,一般的所谓"社""堡""山寨""师棚",则不计其数。史籍载:仁宗景祐年间,河北、河东一带,"不逞之民,阴相朋结,号为棍子社,亦曰没命社"③。名为"棍子社"的结社组织,尤为值得我们注意。"棍子社"之所以得名,显然是其成员大多练棍、用棍的缘故。

元末,河南陈州胡闰儿起义。史称:"棒胡反于汝宁信阳州。棒胡,本陈州人,名闰儿,好使棒,棒长六七尺,进退技击如神,故称棒胡。"④胡闰儿善使棒,因此他又被称为"棒胡"。但胡闰儿义军骨干是其徒弟百余人,"棒胡"实际上又是对这支起义军的统称,看来军中用棍者极多。

---

① 周必大:《文忠集》卷二十九"行状神道碑·兴国太守赠太保王公绹神道碑",见《四库全书》文渊阁本"集部·别集类·南宋建炎至德祐"。
② 胡宗宪:《筹海图编》卷十三"经略三·棍图说",见《四库全书》文渊阁本"史部·地理类·边防之属"。
③ 李焘:《续资治通鉴长编》卷一百十七"仁宗景祐二年七月壬寅诏",见《四库全书》文渊阁本"史部·编年类"。
④ 徐乾学:《资治通鉴后编》卷一百七十一"元纪十九·文宗圣明元孝皇帝",见《四库全书》文渊阁本"史部·编年类"。

明万历、天启人朱国祯《涌幢小品》便称："俗谓之打拳,苏州人曰打手,能拉人骨至死。死之速迟,全在手法,可以日月计。亦兼用棍,棍徒之说,殆取诸此。"①《涌幢小品》肯定了"棍徒"一词和棍的关系,但"棍徒"之说,可能出现得早很多。由于年代久远,除"棍子社""棒胡"的简略记载外,宋代、元代的其他有关事实,多已湮灭无闻。但依靠以后反映秘密结社组织和棍的特殊关系的众多记载,应该能够帮助我们反观和证明宋代、元代的史实。

明代有这么一个故事：

> 苏城商人蔡某,尝泊舟京口。见一客长躯伟貌,须髯被腹,髭长数寸蔽口,窃计其有碍饮食,乃邀入食肆以观之。客临食脱帽,拔髻中二簪绾其髭,插入两鬓,长歠大嚼,旁若无人。食已,谢去,曰："感君厚情,何以为报?"令舟中取一木棍,授之云："倘舟行有人侵侮,当以此示之,云胡子老官压惊棍在此,彼必退去。"后行江中,猝遇暴客。蔡如其言,果不犯而去。如是者再,始知其为暴客之渠魁,咸信素行于人故也。蔡后死,九江客闻之,赙以白金,遣人护丧至京口而去。②

木棍比印信、符节还管用,从这样的故事中,我们显然能看出棍确实已经有了一种非同寻常的象征意义。

清代结社组织的会众最常用的自称、尊称是"光棍",这在江湖俗谚中亦有反映,王纯五在其著作中便辑有许多,例如：

> 光棍不在大小,只要操得好。
> 光棍受敬不受压。
> 有礼光棍,不作无理勾当。
> 光棍不交无益友。
> 光棍知道光棍苦,在帮方知帮中难。
> 三年可考一个举人,十年难学一个光棍。

---

① 朱国祯:《涌幢小品》,辽宁大学图书馆藏明天启二年刻本,见四库全书存目丛书编纂委员会编《四库全书存目丛书》,子部一〇六,济南:齐鲁出版社,1995年。
② 陆容:《菽园杂记》卷八,见《四库全书》文渊阁本"子部·杂家类·杂事之属"。

人穷志勿短，光棍不当衣。

光棍怕三敬。

光棍栽花不栽刺。

光棍说话如钉钉。

光棍投红不投黑。

光棍不吃眼前亏。

光棍肚里一把尺。

光棍不说赖话。

光棍说话不丢底。

光棍结仁结义，不结怨结仇。

光棍点到为止。

光棍不问出身低贱，袍哥不择巾巾片片。

大光棍动嘴，小光棍跑腿。

光棍打光棍，一顿还一顿。

光棍的心多，麻布的筋多。①

后来天地会的起义农民，对棍这一特殊的武器充满了感情。至今还可以在古籍中看到，诸如他们是如何豪迈地在诗中宣称自己的事业为"手执木棍打江山"。统治者以"棍"作为对他们的蔑称，他们干脆也以"棍"作为荣誉的自称、尊称。比如，洪门会员自称便是"光棍"，称父亲为"老棍子"。河南许多地方，至今仍称高大、潇洒、英俊的男子为"光棍"。天地会分支四川哥老会（袍哥）自称、尊称均是"棍子"，后来的解释是，因为袍哥兴起时的中国是十八行省，"棍"字是"十八省昆仲"即"十八省兄弟"的缩写与象征。其实，称"棍子"，正好反映了这一组织早期历史上和棍棒的特殊关系。天地会的支系，亦有名为"棒棒会"者。白莲教的支系，亦有组织为"棒槌会"者。孙中山、同盟会与清末秘密结社组织有着极深的关系，1904年1月11日，孙中山在檀香山加入洪门致公堂，所授便是"洪棍"（"红棍"）一职。查洪门外八堂执事之一有管事五爷，管事五爷又可细分为通

---

① 王纯五：《洪门、青帮、袍哥——中国旧时民间黑社会习俗》，成都：四川人民出版社，1993年，第101～105页。

城、红旗管事、黑旗管事、执法管事、蓝旗管事、清纲管事等。其中的执法管事便又称为"洪棍"。

宋、辽、金、元时期，由于特殊的民族矛盾民族斗争的背景，棍由于其特点受到格外的重视，被广泛使用，并成为一种象征。这是我们研究武术之棍必须注意的第二个背景。

应该是从辽、金、元开始，"棍""×棍""棍×"等，干脆与"匪""盗""贼"等一起，成了统治者对起义者或结社组织成员污蔑性的专用称谓，以及土匪、强盗、恶霸、流氓和某种行业内有劣迹者的代称（当然，所指之人到底是起义者还是土匪强盗，实际上很难区别），这些称谓，明代沿用，到了清代，自然又有更大发挥。例如：

棍：以棍代人。所以歹徒称"奸棍"，人多称为"数棍""众棍"，四个人称"四棍"。"然今日肆毒无忌者，不尽在真厂卫，而在假充厂卫之人。盖以'厂卫'二字，为破胆之霹雳，而奸棍恶少，遂假为吓诈装头。敢就所闻，错陈其概：如绅商刘文斗，行贷到京，奸棍赵瞎子等，口称厂卫，捏指漏税，密擒于崇文门东小桥庙内，因搜其底帐，载有铺户罗绍所、李思怀等十余家，并行拿拷，共诈银二千余两矣。长子县教官推升县令，忽有数棍拥入其寓内，口称厂卫，指为营干，得来诈银五百两矣。菜市口鱼行酒馆，遵禁罢肆，忽有奸棍刘科等，口称厂卫，排其户，指有宿酝鱼腥，各诈钱数十贯矣。山西解官，买办黑铅，照数交足，众棍窥有余剩，在潞绸铺内，口称厂卫，指克官物，捉拿王铺等四家，各诈银子千余两矣。苏州顾监生，挟数百金为加纳资，众棍窥其愚稚可唉，口称厂卫，拿人罄劫其资，一哄散矣。医士杨四，置买纱绢，众棍疑有积蓄，口称厂卫，因告行提锁禁碾儿胡同，席卷其橐，而后释放矣。此犹肆诈于城市者也。风闻蓟门孔道，假侦边庭，往来如织，如玉田马户项福等，先经有四棍，假称厂卫，索骑于前，未几而踵至索骑者，复有多人，一日之内，两被驿骚，穷诘之，始知赝鼎。则其假诈边方，未经败露者，不知几何人矣。"①

监棍：不法狱吏称"监棍"。"越二日，见抚台，以此事相告，抚台亦心首俱肯。于是出示，严禁监棍，八闽欢声成雷。"②

---

① 孙承泽：《春明梦余录》卷六十三"锦衣卫"，见《四库全书》文渊阁本"子部·杂家类·杂说之属"。
② 周顺昌：《忠介烬余集》卷二"与朱得升书二"，见《四库全书》文渊阁本"集部·别集类"。

把棍：带团伙性质的地方恶霸，称"把棍"。后来的所谓"拜把子"，四川袍哥的"舵把子"等，应该也是这个意思。"恶人者，良民蟊贼；蟊贼去，而良民始安。凡天罡、地煞、打降、把棍之类，访其首恶重治，仍籍之于官，使禁其党类。"①

税棍：横行霸道的税吏称"税棍"。"当岁癸卯甲辰间，税棍俞愚、金阳等，所在恣行，民不堪命。"②

穷棍：穷困无行者曰"穷棍"。"一驱讼师，扛棍归农。俗之敝也，讼师扛棍，互相为市。此辈多系无家穷棍，合无惩创之后，发于各区开荒，著落公正收管，每季终赴县，递改行从善结状，仍随乡约会听讲。夫重之刑威，以革其面；驱之耕种，以物其身。刁狡无良之念，将销熔于南亩，而草亦有垦矣。"③

强棍：强悍无行者曰"强棍"。"今煮粥者，多止于城内，则仍为强棍所得啜；而远者、病者、残躯体者，犹然沟中瘠也。故莫若分界而多置糜所。"④

这些称谓见于史籍是在明代，但应是从宋、辽、金、元时期开始的。

明代又有号为"棒槌会"者："（明）熹宗天启二年夏五月，山东妖贼徐鸿儒倡乱。鸿儒，钜野人，迁郓城，万历末以白莲教惑众，党数千人。深州人王森以救一妖狐，妖狐断尾，令藏之招人，人闻异香，多归附之，号闻香教。森死，遗赀巨万，子好贤，藉其资以结客，有异志。景州于弘志以棒槌会聚恶少年，好贤与通。"⑤

清雍正时则有结社谋反的"张大金棍""张二金棍"。⑥

又有名为"阿棍"者。"窃查贵州一省，惟苗夷为地方深患。雍正二年十二月内，据安顺府报称有犵苗焚劫唐三寨生员胡种玉等家，即飞檄行查，知为广顺州所属地名者贡、长寨凶苗。查广顺州所属者贡、长寨，昔有极恶犵贼之首名阿棍者，与定番州已正法之阿近相为雄长者也。到任后，正欲擒灭，而阿棍适因同类相残，误中飞矢身死。今焚劫唐三寨既属者贡、长寨凶苗，必为阿棍党贼无标。"⑦

---

① 高攀龙：《高子遗书》卷七"申严宪约责成州县疏"，见《四库全书》文渊阁本"集部·别集类"。
② 顾宪成：《泾皋藏稿》卷四"柬浒墅摧关使者"，见《四库全书》文渊阁本"集部·别集类"。
③ 徐光启：《农政全书》卷八"农事·开垦"，见《四库全书》文渊阁本"子部·农家类"。
④ 徐光启：《农政全书》卷四十四"荒政·备荒中"，见《四库全书》文渊阁本"子部·农家类"。
⑤ 谷应泰：《明史纪事本末》卷七十三卷"平徐鸿儒"，见《四库全书》文渊阁本"史部·纪事本末类"。
⑥ 《世宗宪皇帝朱批谕旨》卷十一下"朱批陈时夏奏折"，见《四库全书》文渊阁本"史部·诏令之属·诏令奏议类"。
⑦ 《世宗宪皇帝朱批谕旨》卷十三上"朱批毛文铨奏折""雍正三年正月二十六日雍正三年正月二十六日，见《四库全书》文渊阁本"史部·诏令奏议类·诏令之属"。

清代见于史籍的带"棍"字的贬义名称更多：

棍徒、棍犯："棍"即"犯"，"棍"即"徒"，所以也连称为"棍犯""棍徒"。"雍正六年三月十四日，突有外来棍徒直至署。据投手禀，开称范嵩，系浙江定海卫籍，身是荫生，曾经具摺恭贺万寿，据伊家人自京赍回，奉内务府抄发，小封内系主子面谕，并赐绣宝箭标，著郊迎、恭接、开读等语。以事涉荒唐，随将所赍等物一一拆看，见其旗箭样式，制造怪僻，所系密封，外无印信，内用黄纸书写，种种不伦。且其间字句，尤觉支离。再令旗外封之朱笔标字，全非清书文理。事属可疑，随将该棍犯拘交江宁府研讯。"①

伙棍：歹徒往往纠结成伙，所以又称"伙棍"。"上谕：并绣宝旗箭，据钱忠说，是同赵基大家料理弄出来的。赵基是福建道御史，系宁波府鄞县人。又据讯，供身系康熙元年荫生，到雍正二年，伊父故后，经浙江巡抚李卫于雍正四年五月内咨部顶补的等语。除现在移咨步军统领并顺天府尹衙门，就近在京查拿，伙棍钱忠解发来南。"②

棍等：不法者不止一人，故称"棍等"。"臣思怡亲王公忠体国，稽察属下甚严，久在圣明洞鉴之中，内外臣工无一不知。今棍等竟敢造言指骗，甚属不法。除将造札之朱斐等现在严拿，并拘案内未获要犯，严审实情，分别定拟具题外，所有该犯等妄札，谨密封进呈圣览。"③

赌棍：赌徒称"赌棍"。"专有一等积盗，将打劫之物开张赌场，暗行踹盘踏线，勾引伙荡，恣肆劫掠。而无籍赌棍，掇赚良家子弟堕其彀中。"④

势棍：有势力的强徒称"势棍"。"如有势棍富豪，不遵示禁，仍蹈前辙者，司漕各官访实，即行锁解辕门。"⑤

龟棍：容留组织卖淫者称"龟棍"。"嗣后专著保甲长细查该地方，若有游妓土娼，尽行驱逐，通限一月之内，另改别业。如敢不遵，保甲邻佑即行公首到官，

---

① 《世宗宪皇帝朱批谕旨》卷一上"朱批范时绎奏折"，见《四库全书》文渊阁本"史部·诏令奏议类·诏令之属"。
② 《世宗宪皇帝朱批谕旨》卷一上"朱批范时绎奏折""雍正六年三月三十日"，见《四库全书》文渊阁本"史部·诏令奏议类·诏令之属"。
③ 《世宗宪皇帝朱批谕旨》卷十一下"朱批陈时夏奏折""雍正六年三月二十九日"，见《四库全书》文渊阁本"史部·诏令奏议类·诏令之属"。
④ 于成龙：《于清端正书》卷七"弭盗安民条约"，见《四库全书》文渊阁本"集部·别集类"。
⑤ 于成龙：《于清端正书》卷七"严禁漕弊各款"，见《四库全书》文渊阁本"集部·别集类"。

将龟棍重责三十板,枷号两个月。娼妇当官配卖。"①

奸棍:贪利而狡猾者称"奸棍"。"夫以铸钱如此之难,而奸棍贪财射利,竟将已成之钱,复行销毁,蠹国害民,孰大于此。"②

土棍:地头蛇称"土棍"。"如有奉行不力,被不肖有司暗饱私囊,或奸胥、土棍、强绅、劣衿包揽侵蚀者,经朕访闻,必将通省大小官员分别从重治罪。"③

光棍:穷得一无所有,所以称"光棍"。娶不上老婆称光棍,应该是后起的意思。"当此立法严惩之际,应请将械斗杀人及起意纠约者,均照光棍例,拟斩立决。"④这里的"光棍",显然已经是造反者的代名词,专门针对谋反罪的法律条例,竟然叫"光棍例"。

蠹棍:形容人蠹坏法纪。"近见风俗日敝,人心不古,嚣凌成习,僭滥多端。狙诈之术日工,狱讼之兴靡已。或豪富凌轹孤寒,或劣绅武断乡曲,或恶衿出入衙署,或蠹棍诈害善良。"⑤

恶棍:作恶者称"恶棍",这个词一直沿用到今天。"恶棍欲得其妻,设谋致毙,作何禁止,尔部详议以闻。"⑥

闲棍、游棍:不务正业游手好闲行骗者称"闲棍""游棍"。"游行闲棍,讨取官员书札,或雕刻别人图书,投见地方官员,恣行欺诳。地方大小各官,果能持己端方,制行清直,于此等违法干请之辈,即不应所求,不给财物,何惧之有。以后地方文武各官,遇有此等游棍,应即严拿具奏,将主使之人究出,从重治罪。"⑦

积棍:囤粮居奇者曰"积棍"。"户部临清关,钱粮每至缺额,皆由地方积棍串

---

① 于成龙:《于清端正书》卷七"弭盗安民条约",见《四库全书》文渊阁本"集部·别集类"。
② 《世宗宪皇帝上谕内阁》卷六十一"雍正五年九月初二日",见《四库全书》文渊阁本"史部·诏令奏议类·诏令之属"。
③ 《平定准噶尔方略》前编卷十九"雍正七年五月乙巳至十二月已未",见《四库全书》文渊阁本"史部·纪事本末类"。
④ 《钦定平定台湾纪略》卷六十三,见《四库全书》文渊阁本"史部·纪事本末类"。
⑤ 《圣祖仁皇帝圣训》卷六"圣治一·康熙九年庚戌十月癸巳",见《四库全书》文渊阁本"史部·诏令奏议类·诏令之属"。
⑥ 《圣祖仁皇帝圣训》卷二十五"严法纪·康熙四年乙巳正月甲午",见《四库全书》文渊阁本"史部·诏令奏议类·诏令之属"。
⑦ 《圣祖仁皇帝圣训》卷二十五"严法纪·康熙七年戊申三月辛酉",见《四库全书》文渊阁本"史部·诏令奏议类·诏令之属"。

通作弊所致。"①

贩棍：商贩通敌者曰"贩棍"。"仲苗素称凶悍，加以汉奸贩棍潜藏其中，引诱为恶，以致烧杀劫掠，毒害善良，居民深受其扰。"②

地棍：地方恶霸豪强曰"地棍"。"盖地方之害，莫大于贪官蠹役之朘削，强绅劣衿之欺凌，地棍土豪之暴横，巨盗积贼之劫夺。"③

巨棍：大的走私商叫"巨棍"。"贩卖私盐之弊，在粮船为尤甚。有一种积枭巨棍，名为风客，惯与粮船串通，搭载货物，运至淮扬，托与本地奸徒，令其卖货买盐，预屯水次，待至回空之时，一路装载。"④

旗棍：行钻营讹诈的旗人称"旗棍"。"皂隶旗棍等，贪取货财，讹诈寻事。惯于钻营之徒，见朕将部院衙门及各省私弊尽行除革，政治肃清，此辈宵小之人，不能行其劫掠讹诈之事，始移恨于朕。"⑤

大光棍：谋逆首领曰"大光棍"。"今览刑部所奏，将步军统领衙门以李元玺为大光棍拿送旧案及遇赦宽免之处查出，一并叙入本内。夫李元隆等原案，与此新案毫不相涉，乃刑部援引叙入，朕不解其何意。"⑥

衿棍：学子所服曰青衿。貌似绅士，欺压百姓，称为"衿棍"。"夫衿棍倚势欺压平民，固属不法；至于闭户读书之人，设或遭土棍欺凌，又岂法所能容？"⑦

闯棍：不法游僧曰"闯棍"。高迎祥、李自成称"闯王"，亦为此意，所以高、李又被称为"流贼"。"尚有数种名僧非僧者，饮酒食肉，专为不法。谓应赴、谓马流、谓麈头、谓挂搭、谓闯棍、谓江湖、谓捏怪、谓炼魔、谓泼皮等僧名色，皆败坏僧

---

① 《圣祖仁皇帝圣训》卷二十七"理财·康熙五十三年甲午九月乙丑"，见《四库全书》文渊阁本"史部·诏令奏议类·诏令之属"。
② 《世宗宪皇帝圣训》卷六"圣治二·雍正五年丁未二月庚申"，见《四库全书》文渊阁本"史部·诏令奏议类·诏令之属"。
③ 《世宗宪皇帝圣训》卷六"圣治二·雍正六年丁未六月丙申"，见《四库全书》文渊阁本"史部·诏令奏议类·诏令之属"。
④ 《世宗宪皇帝圣训》卷六"圣治三·雍正七年己酉五月甲子"，见《四库全书》文渊阁本"史部·诏令奏议类·诏令之属"。
⑤ 《世宗宪皇帝上谕八旗》卷四"雍正四年五月十七日"，见《四库全书》文渊阁本"史部·诏令奏议类·诏令之属"。
⑥ 《世宗宪皇帝上谕内阁》卷二十"雍正二年五月十二日"，见《四库全书》文渊阁本"史部·诏令奏议类·诏令之属"。
⑦ 《世宗宪皇帝上谕内阁》卷二十九"雍正三年二月初九日"，见《四库全书》文渊阁本"史部·诏令奏议类·诏令之属"。

教。凡甘为非法者，皆属此等辈也。"①

流棍：流窜匪类叫"流棍"，一同于"流贼"。"近年有奸蛮等，自号大小头目，前来重庆对岸搭房居住，携带妇女为娼，流棍奸匪，亦皆混迹其中。"②

营棍：营中士兵不听命令而闹事者称"营棍"。"副将兵丁叶肯堂等，不服操演，擅敢辞粮离伍，大干法纪。著该督严提究审，将为首者按律治罪，其被营棍胁诱随行之人，审讯时若伊等有情愿归农者，著革去兵粮，押回本籍。"③

棍弁：同于"营棍"。"有募兵倚部道之庇，而违将官约束者；有采草斫木，而抗令擅回者；有拐马成群脱逃者；有棍弁强徒浊乱营伍者；有蠹索钱，沈压合营马匹，至两月不与草料者。"④

豪棍：有钱的大盗贼曰"豪棍"。"从来盗贼之窃劫，皆由于积盗之引诱、豪棍之窝藏，以致游手、无赖、愚悍之人，被其鼓惑，听其指挥。平时则分赃获利，及至事发，各盗身罹刑戮，而积盗、窝主巧于脱卸，飘然事外，又复另诱他人，肆其奸计。此盗贼之源，其凶恶更倍于盗贼，极当设法缉捕，务尽根株，以除民害者也。"⑤

枭棍：不法之徒首领也。"据清河县详称：张志麟首出，枭棍王禄安为首，伙同李桐等兴贩私盐，由县境三可集谢家庄窝顿，运卖出湖。据即会同汛防把总前往，拿获私枭八人。"⑥

族棍：该族中不法族人曰"族棍"。"连属朱岗下湟村犯事黜革生员黄翰臣，纠伊族棍黄明威、黄上权等，与村民吴光逑等，为夺风水。随经查勘，明白归断

---

① 《世宗宪皇帝上谕内阁》卷三十一"雍正三年四月初九日"，见《四库全书》文渊阁本"史部·诏令奏议类·诏令之属"。
② 《世宗宪皇帝上谕内阁》卷一百四十二"雍正十二年四月初六日"，见《四库全书》文渊阁本"史部·诏令奏议类·诏令之属"。
③ 《世宗宪皇帝上谕内阁》卷六十"雍正五年八月三十日"，见《四库全书》文渊阁本"史部·诏令奏议类·诏令之属"。
④ 《御选明臣奏议》卷三十五熊廷弼万历四十八年"请勒限发兵疏"，见《四库全书》文渊阁本"史部·诏令奏议类二·奏议之属"。
⑤ 《世宗宪皇帝上谕内阁》卷六十七"雍正六年三月二十八日"，见《四库全书》文渊阁本"史部·诏令奏议类·诏令之属"。
⑥ 《世宗宪皇帝朱批谕旨》卷一下"朱批范时绎奏折""雍正七年九月十七日"，见《四库全书》文渊阁本"史部·诏令奏议类·诏令之属"。

吴姓。"①

刁棍：刁蛮闹事者称"刁棍"。"窃查，广城内向有刁棍谢禹臣者，窝赌为非，生事不法。"②

林棍：案犯姓某，故称"某棍"，同于今之"某犯"。"又据兵役拿获林昂一犯讯，据供称，伊系做医生度活。因林棍家中有厦门逃来流匪吴通陈罔二名，请医治刀伤，即商量入伙。实系林棍为首。"③

党棍：与案犯为一党者，故称"党棍"。"闻得布政使鄂弥达家人萧大路过镇远府，在贡生颜致明店内住歇，即托致明买妾。致明因原任镇远营守备李应祥有一女，未字，现在择亲，遂暗施巧计，将自己使女假作原任守备李应祥之女，向萧大说合，经萧大当面看中，讲定聘银二百五十两。迨说成付银之后，被李应祥风闻此事，欲行控告。萧大闻知此信，遂向致明要退原聘，不买此女。致明辄令党棍出言无状，将本省官长娶本省民女之语言挟制萧大。而萧大无可如何，不敢索取原银，情愿人财两空。"④

里棍：乡里不法者，称"里棍"。"从前肆恶之徒，实皆畏惧敛迹，除生事劣绅等，臣俱缮疏纠参外，凡抗粮包讼生监及奸胥里棍，俱拿交各该地方官审究。"⑤

乡棍：同于"里棍"。"实因此七县之民风刁顽，动辄抗官，绅衿包揽，乡棍与胥役，图差勾通飞洒侵蚀，乃至抽灭花户名册，移甲顶乙，州县官才稍疏庸，催科无术，未有不为牵制而束手无策者。"⑥

街棍：称霸街镇者称"街棍"。"如市籴，则照依时估。严禁牙行街棍诈称官籴，愚弄乡民。"⑦

---

① 《世宗宪皇帝朱批谕旨》卷八下"朱批石礼哈奏折""雍正六年正月初八日"，见《四库全书》文渊阁本"史部·诏令奏议类·诏令之属"。
② 《世宗宪皇帝朱批谕旨》卷九下"朱批杨文干奏折""雍正六年二月初一日"，见《四库全书》文渊阁本"史部·诏令奏议类·诏令之属"。
③ 《世宗宪皇帝朱批谕旨》卷十三上"朱批毛文铨奏折""雍正三年十月二十五日"，见《四库全书》文渊阁本"史部·诏令奏议类·诏令之属"。
④ 《世宗宪皇帝朱批谕旨》卷四十五上"朱批沈廷正奏折"，见《四库全书》文渊阁本"史部·诏令奏议类·诏令之属"。
⑤ 《世宗宪皇帝朱批谕旨》卷六十上"朱批王国栋奏折"，见《四库全书》文渊阁本"史部·诏令奏议类·诏令之属"。
⑥ 《世宗宪皇帝朱批谕旨》卷二百十三之一"朱批迈柱奏折"，见《四库全书》文渊阁本"史部·诏令奏议类·诏令之属"。
⑦ 俞森：《荒政丛书》卷八"常平仓考"，见《四库全书》文渊阁本"史部·政书类·邦计之属"。

讼棍：挑动诉讼官司以谋利者，称"讼棍"。"如此，则被唆者求宽己罪，方肯供首，而讼棍狡计不能自保，或畏法敛迹，酿讼生事之弊可以杜绝矣。"①

匪棍：匪即棍，棍即匪，连称也。"窃查：楚省江湖汊港四通八达，所设塘汛，左近每有鱼船匪棍及积窝伙党，平日皆与汛兵熟识，私馈鱼斤财物。"②

悫棍：悫，不顺从不服从也。如非顺民，即称"悫棍"。"不揣冒昧，仰恳圣主弘慈，再颁谕旨，宣示各省督抚布按，通饬州县令其恭绎。前颁上谕，毋得粗心误行，查造富户名册，以启胥役滋扰之弊。而无赖之悫棍劣衿，亦不得借端需索，则普天率土，共知皇上敦厚风俗警世觉民之至意矣。"③

棍霸：不法作恶者称"棍霸"。"凡素行不法之棍霸，亦稍自敛戢，并有自行投首者，概许以自新。"④

獞棍：行恶而不知悔改者。"其凶恶不悛，断难宽贷者，如宾州属之獞棍韦学祖、石良玉，号称南北二霸，残虐乡愚，鱼肉良善，附近被害者，并不敢诉告，恐官不能治，反遭其毒手。"⑤

窝棍："访得有诏安县窝棍黄五舍者，倚恃世族，惯藏奸匪，勾通饶邑之武举俞猊，狼狈作奸。"⑥既是世族，当然该地是其世代祖居之地。如说是其老窝，当然就是"窝棍"。可能是支持反清复明者。

棍童：生童违法，即是"棍童"。"似此恶习，大干法纪，而生童如此，尤可痛恨。除当时学臣程元章已令提调拿获棍童徐仲、颜英、林凤等七人，据各属员禀报，业已飞饬地方官，尽力严拿，详行研审，务得实在。"⑦

河棍：靠吃黄河工程的违法惯犯，称"河棍"。"又每年岁修工程，俱动河库钱

---

① 《世宗宪皇帝朱批谕旨》卷六十八上"朱批楼俨奏折"，见《四库全书》文渊阁本"史部·诏令奏议类·诏令之属"。
② 《世宗宪皇帝朱批谕旨》卷七十三之五"朱批王士俊奏折"，见《四库全书》文渊阁本"史部·诏令奏议类·诏令之属"。
③ 《世宗宪皇帝朱批谕旨》卷七十八"朱批胡瀛奏折"，见《四库全书》文渊阁本"史部·诏令奏议类·诏令之属"。
④ 《世宗宪皇帝朱批谕旨》卷一百二十五之十三"朱批鄂尔泰奏折"，见《四库全书》文渊阁本"史部·诏令奏议类·诏令之属"。
⑤ 《世宗宪皇帝朱批谕旨》卷一百二十五之十三"朱批鄂尔泰奏折"，见《四库全书》文渊阁本"史部·诏令奏议类·诏令之属"。
⑥ 《世宗宪皇帝朱批谕旨》卷一百三十四"朱批焦祈年奏折"，见《四库全书》文渊阁本"史部·诏令奏议类·诏令之属"。
⑦ 《世宗宪皇帝朱批谕旨》卷一百七十六之八"朱批高其倬奏折"，见《四库全书》文渊阁本"史部·诏令奏议类·诏令之属"。

粮办料下埽。闻从前专有一班河棍,或自称木商,赴官领银买木;或自称草户,自称柳户、□户,赴官领银买草、买柳、买□。究竟领拿到手,任意花费。险工立等料物,而任催不前,贻误不可胜言。"①

市棍：城市混混称"市棍"。"白徒市棍,游手游食,责之披坚之执锐,以待暴客,其将能乎。"②

凶棍：凶手称"凶棍"。"京师重地,所关鸿巨,盗贼凶棍,察缉宜严,其在步兵尤为专责。"③

商棍：商人不法曰"商棍"。"嗣后,除实在消乏者仍照前分完外,如有积恶商棍,假托消乏,私卖引窝,将自已欠课希图众商代完者,许众商立赴道院首告。"④

棍猾：狡猾的不法之徒称"棍猾"。"以致棍猾揽泊侵渔动以万计,且将粗疏布匹抵数解纳,验不中式,大半驳回。"⑤

衙棍：衙吏不法者,称为"衙棍"。"有衙棍指称,激成蛮患者。""指称不为穷治,则七十二屯之焚劫,且复起于衙棍矣。"⑥

藩棍："至市舶一款,原与民无害。自藩棍沈上达乘禁海之日番舶不至,遂勾结亡命,私造大船,擅出外洋为市,其获利不赀,难以数计,然利入奸宄。"⑦沈上达可能是外国人或者当时藩属之人,所以被称"藩棍"。

闸棍：管理河闸而不法者称"闸棍"。"军民商贾,便无颠覆沈溺之忧,不必乞灵于鬼神。而闸棍虽奸刁,亦无所用其巧矣。"⑧

---

① 靳辅：《文襄奏疏》卷六"再报两河水势力疏",见《四库全书》文渊阁本"史部·诏令奏议类二·奏议之属"。

② 《御选明臣奏议》卷二十七谭纶嘉靖四十四年"刻意纵盗各官议川省善后疏",见《四库全书》文渊阁本"史部·诏令奏议类二·奏议之属"。

③ 《畿辅通志》卷一"诏谕·康熙二十六年二月初二日",见《四库全书》文渊阁本"史部·地理类三·都会郡县之属"。

④ 《江南通志》卷八十一"食货志·盐法",见《四库全书》文渊阁本"史部·地理类三·都会郡县之属"。

⑤ 《江西通志》卷一百十七"艺文·奏疏三"刘光济《差役疏》,见《四库全书》文渊阁本"史部·地理类三·都会郡县之属"。

⑥ 《四川通志》卷十八下"边防·建昌道属·建昌",见《四库全书》文渊阁本"史部·地理类三·都会郡县之属"。

⑦ 《广东通志》卷六十二"艺文志四·文集"吴兴祚"议除藩下苛政疏",见《四库全书》文渊阁本"史部·地理类三·都会郡县之属"。

⑧ 傅泽洪：《行水金鉴》卷一百三十五"运河水",见《四库全书》文渊阁本"史部·地理类·河渠之属"。

社棍：称霸商社的职司人员称"社棍"。"然又有暗阻潜挠于中者，则社棍是也。谋长、伙长、通事，熟识番情，复解番语，父死子继，流毒无已。社商有亏折耗费，此辈坐享其利；社商率一二岁更易，此辈虽死不移。"①

川棍：四川籍谋反者，称"川棍"。"贵州长寨顽苗谋拒官兵一案内，有川棍李奇、杨世臣、汪子谦等。"②

黔棍：贵州籍不法者，称"黔棍"。"川贩勾通黔棍，略卖民间子女。向来文武各官惟利，无事并不实力拿惩，而差役兵丁，遂尔得钱纵放，互相容隐，以致毫无顾忌，汉夷并遭其毒。"③

楚棍：两湖原为楚地，籍贯两湖的歹徒，即被称为"楚棍"。"罗鸟等带党百余，骚扰村庄，今盘踞于龙葛峒，罗中兴主谋，又有楚棍七人为羽翼。"④

首棍：首犯即称"首棍"。"臣拟此案各犯，从重枷责发落后，将首棍栾尔集监禁，比追伊叔、栾晋公到案，拟罪另结。其余各犯，交与包头保家取结管束。"⑤

"土棍""地棍"，是对当地闹事群众的称呼；"流棍""游棍"，是对造反的游民的称呼；"首棍"是首领，"巨棍"当是大首领；"伙棍""棍等"，是对造反者群体的称谓，为复数；"光棍""棍徒"，是一般性蔑称；"恶棍""奸棍"，则是极度蔑称。形形色色，光怪陆离，名称何其多，然都不离一"棍"字。以棍称匪，以棍代匪，显然是因为这些人习武闹事多练棍、用棍。

今天中国各地仍然通用的"光棍""恶棍""淫棍""赌棍"。四川人用来称土匪的"棒客""棒老二"，用来称"愣头青""二流子"的"天棒娃娃"；河南人喻人傻笨的"棒槌"；东北人用来称土匪的"马棒"；粤语称装神弄鬼之人的"神棍"，称惹是生非之人的"搅屎棍"等，都是沿用原意或据原意有所生发的词语。

---

① 黄叔璥：《台海使槎录》卷八"社商"，见《四库全书》文渊阁本"史部·地理类·杂记之属"。
② 《世宗宪皇帝朱批谕旨》卷一百二十五之九"朱批鄂尔泰奏折"，见《四库全书》文渊阁本"史部·诏令奏议类·诏令之属"。
③ 《世宗宪皇帝朱批谕旨》卷一百二十五之十一"朱批鄂尔泰奏折"，见《四库全书》文渊阁本"史部·诏令奏议类·诏令之属"。
④ 《世宗宪皇帝朱批谕旨》卷七之三"朱批孔毓珣奏折""雍正六年六月二十八日"，见《四库全书》文渊阁本"史部·诏令奏议类·诏令之属"。
⑤ 《世宗宪皇帝朱批谕旨》卷一百七十四之十"朱批李卫奏折""雍正七年十二月初二日"。

第五节 "射御""骑射"与弩、铳的重用

即使是在中央王朝的军队里,唐以后,弓箭的地位也变得非常尴尬。国人的尚武强悍精神,早已不复先秦汉唐之时。像李广、李陵那样,骑射与胡人无异,数千兵马就能深入横行漠北的将领,再也不会有了。所以元朝、清朝将帅,多嘲笑汉人弓射。明代倭寇亦有嘲笑明军弓射的。戚继光深知彼此的优劣长短,他曾提到:"自古及今,四方四夷,莫不以弓矢为务,故其系之重也。北方风燥,弓劲、力大、矢重,中者多毙。南方天炎,胶解、弓软、矢轻,中者多生。倭夷被射中,常拍其臀,以为我辱。"①四夷系之重,但华夏族却系之轻,骑射不行,只能用别的办法代替。

一根树枝,绑上根绳子,就成了弓;一根树枝,接个尖锐石子,就成了箭。弓箭是一个伟大发明,它加速了人类的进化。但弓箭相对简单,很难说是哪个民族发明的,可能世界许多民族都发明了弓箭。但华夏族的伟大之处,是在弓箭的基础上,发明了威力更为强大的弩。

日本人藤田丰八曾在《支那刻石之由来》中,提出中国之弩源出印度,理由是公元前4世纪,印度人已用弩从事战争活动。徐中舒先生则在《弋射与弩之溯源及关于此类名物之考释》中提出:中国之有弩,当远在殷、周以前,自然也就远在印度之前。徐先生最主要的证据是:"弩之为用,在中原不独用之发矢,且可用以发弹。吾人如就弹之使用言之,关于此问题当不难得一解决之途。《吴越春秋》卷九谓:'弩生于弓,弓生于弹。'此说虽属臆测,然弓之有臂,实于弹为尤便。盖弹之发射必斜引之,其丸射出时所行之道,适与臂之位置相同。有臂以发弹,使初习射者,可不至于有自弹危险。至于矢之发射,则无此种顾虑。故弓之有臂,最初当为弹而设。而弹则中原所独有。史载中国南方民族,皆有弓弩而无弹;北族亦无弹,见发弹射鸟,则以为引空弓而落飞鸟。""可见南北各民族皆无弹。印度亦无弹。至中国之有弹,亦远在殷商以前。甲骨文有弹字,象弹之行。《说文》弹或作弓,从弓持丸,与甲骨文弹字形同。又殷墟有红土所作弹丸甚多,其大小

---

① 戚继光:《纪效新书》十四卷本卷之三"手足篇第三",北京:中华书局,2001年,第66页。

形制与现今平市所售之弹丸无殊,当即商代弹弓用之弹。""据此而言,最初用弩之民族,当即居住黄河流域之中原民族。南方民族及印度之用弩,疑当由中国输入。"①

李约瑟在著作《中国科学技术史》中也认为弩是中国人发明的,但他和徐中舒先生观点的不同之处在于,他认为弩可能是南方的楚国发明的。"格罗泽博士发表了有关保存下来的最早的弩的详尽的描述,这是一种手枪式弩,像一支现代手枪一样可以把它握在手里。就风格而言,其顶部的设计属于周朝早期,因而可以将这种出土的青铜手枪式弩的年代定为公元前8世纪或9世纪甚至更早时期。"这比公元前4世纪印度人用弩早多了。战国时期弩已经大量装备部队,《史记》关于马陵之战记载:"马陵道狭,而旁多阻碍,可伏兵,乃斫大树白而书之曰:'庞涓死于此树之下。'于是令齐军善射者万弩,夹道而伏,期曰'暮见火举而俱发'。庞涓果夜至斫木下,见白书,乃钻火烛之。读其书未毕,齐军万弩俱发,魏军大乱相失。庞涓自知智穷兵败,乃自刭。"②《史记》未记齐军人数,但装备万弩,怎么都是巨大的数量。李约瑟还得出结论:"司马迁告诉我们,大约在公元前157年,太子梁王掌管有几十万副弩的军火库。"由于弩威力强大,"公元前2世纪有一道圣旨禁止中国弩对外出口,公元前125年开始在边境设置海关以确保圣旨的执行"。③

弩威力巨大。唐朝杜佑《通典》载:"弩,古有黄连、百竹、八担、双弓之号。今有绞车弩,中七百步,攻城拔垒用之;擘张弩,中三百步,步战用之;马弩,中二百步,马战用之。"④李约瑟是这么翻译计算的:"一种装有曲柄的中国弩的最大射程是1061米!最令人难以置信的是,这种兵器是在公元8世纪发明的。在那时手握弩可射457米远,在马背上可射302米远。"⑤宋《武经总要》则云:"弩者,中国之劲兵,四夷之畏服也。古者,有黄连、百竹、八檐、双弓之号,绞车、擘张、马弩、之差,今有三弓、合蝉、手射、小黄,皆其遗法。若乃射坚及远,争险守隘,怒声

---

① 徐中舒:《弋射与弩之溯原及关于此类名物之考释》,《徐中舒论先秦史》,上海:上海科学技术文献出版社,2008年,第159、163、164、165页。
② 司马迁:《史记》,北京:中华书局,1975年,第2164页。
③ 罗伯特·K.G.坦普尔:《中国:发明与发现的国度——〈中国科学技术史〉精华》,南昌:21世纪出版社,1995年,第446~449页。
④ 杜佑:《通典》卷第一百四十九"法制",北京:中华书局,1988年,第3817、3818页。
⑤ 罗伯特·K.G.坦普尔:《中国:发明与发现的国度——〈中国科学技术史〉精华》,南昌:21世纪出版社,1995年,第451页。

劲势,遏冲制突者,非弩不充。""近世不然,最为利器。五尺之外,尚须发也。故弩当别为队,队攒箭注,射则前无立兵,对无横阵。若虏骑来突,驻足山立不动,于阵前丛射之,中则无不毙踣。骑虽劲,不能骋,是以戎人畏之。又若争山夺水,守隘塞口,破骁陷勇,非弩不克。"①"中国之劲兵,四夷之畏服也""遏冲制突者,非弩不充""近世不然,最为利器""破骁陷勇,非弩不克"。长时期内,中央王朝的军队,就是靠"弩"压制住了北方游牧民族的"射"。

华夏民族从来不是一个保守民族,弓不行,用弩;火药发明,火器出现,汉民族迅速将之用于军事。李约瑟在《中国科学技术史》中,详细考证列数了宋朝军队装备使用的毒气弹、烟雾弹、催泪弹、火焰喷射器、照明弹、燃烧弹、炸弹、手榴弹、地雷、水雷、火箭弹、多级火箭弹及各种枪、炮等等。但到了明代,各种火器大量装备部队,弩也开始处于被淘汰的边缘。戚继光曾云:"弩亦军中利器。床弩之类,可射数百步,可以洞甲,载《武经总要》,今不重开。其势颇垒,用力颇多。若南方田塍泥水中不可用,即陆路亦难驰挽。缘先朝无火器,故以弩为恃。今有大将军、狼机、鸟机等铳,比之弩矢百倍,故遂不言弩。而今之用,亦失其制。惟有手弩用以射猎,耕戈袭野兽,尚可用于军中。"②

代替弓射、弩射的是明代更加发达的各种火器。戚继光将火器与弓矢做了比较:"南方左弓矢而首火器者,以其命中、洞物、远击,皆出弓矢之上,故火器足以代弓矢。若习之不精,既失弓矢,又失火器,是併长技失之,而困我士卒于弓矢下矣。"③戚继光又将火器与弓弩做了比较:"(鸟铳)十发有八九中,即飞鸟在林,皆可射落,因是得名。此鸟铳之所以为利器也,此鸟铳之所以较中虽弓矢弗如也,此鸟铳之所以洞重铠而无坚可御也。马上、步下惟鸟铳为利器。北卒垒而不耐烦,剧亦为见鸟铳之利,尚执迷快抢,虽比于校场,鸟铳中鹄,十倍于快枪,五倍于弓矢,而终不肯服,亦可异哉。"④由戚继光规定的长城一个敌台(敌楼)装备火器数量,可以窥见明军使用火器情况:"每台一座,设备军火器械什物",计有:"佛狼机八架""子铳七十二门""神快枪八杆""火箭五百枝"等,一座敌台,竟有八门

---

① 曾公亮:《武经总要》前集卷二"教弩法",见《四库全书》文渊阁本"子部·兵家类"。
② 戚继光:《纪效新书》十四卷本卷之三"手足篇第三",北京:中华书局,2001年,第73页。
③ 戚继光:《纪效新书》十四卷本卷之三"手足篇第三",北京:中华书局,2001年,第49页。
④ 戚继光:《纪效新书》十四卷本卷之三"手足篇第三",北京:中华书局,2001年,第57页。

大炮,七八十支火枪,但有意思的是,没有提到弓和弩。①

清朝的顽固落后,于军队武器装备上也可见一斑。明朝如果延续两百年,或改朝换代后仍是汉族朝廷,中央军队早就彻底热兵器化了。但清朝统治者以为自己以骑射定天下,打败了火器发达的明军,他们的骑射肯定比火器厉害,于是一直拒绝先进的热兵器。比较晚清八旗的装备,依然与清初没有两样,两百年过去了,他们仿佛是倒着走的。八里桥之战,僧格林沁三千精锐骑兵,仍然是持弓箭刀矛向英法军冲锋,虽然英勇,可怜却被杀得尸横遍野。几乎直到清末,武举仍然是考试弓、刀、石、马。

武术有"十八般武艺"或"十八般兵器"之说,这十八般的位次随时间推移而变化,亦可看出弓射在武术中的地位江河日下。

中国武术始有"十八般武艺"之称见载于南宋华岳的《翠微北征录》:"臣闻军器三十有六,而弓为称首;武艺一十有八,而弓为第一,其紧切尚矣。"②华岳虽未提到这"三十六"和"十八般"的具体内容,但他说出了"第一",那就是弓箭。

元曲《逞风流王焕石华亭杂剧》有:"若论着十八般武艺:弓、弩、枪、牌、戈、矛、剑、戟、鞭、铜、挝、槌,将龙韬虎略温习。"《薛仁贵荣归故里》有:"每日则是刺枪使棒,习演弓箭,十八般武艺无有不拈,无有不晓,每日在这河津边射雁耍子。"《唐明皇秋叶梧桐雨杂剧》则有:"安禄山云:'臣左右开弓,一十八般武艺无有不会。'"③第一则十八般没说全,但弓是排在第一位的;后两则没提十八般具体,但无疑也是把弓放在第一位的。

到了明代,谢肇淛《五杂俎》云:"(武艺)十八般:一弓,二弩,三枪,四刀,五剑,六矛,七盾,八斧,九钺,十戟,十一鞭,十二简,十三槁,十四殳,十五叉,十六杷头,十七绵绳套索,十八白打。"④弓还是第一。但还有一说,《水浒传》云:"史进每日求王教头点拨十八般武艺,一一从头指教。哪十八般武艺?矛、锤、弓、弩、铳、鞭、简、剑、链、挝、斧、钺并戈、戟、牌、棒与枪、杈。"⑤弓已经降到了第三。

民国初年,徐震《国技论略》的"十八件武器说"记载了当时关于十八般兵器

---

① 戚继光:《练兵实纪》杂集卷之六"车步骑营阵解",北京:中华书局,2001年,第137页。
② 华岳:《翠微北征录》卷七"治安药石·军用小节十有三·弓制",清光绪刊本,见爱如生中国古籍库。
③ 臧懋循辑:《元曲选》,明万历刻本,见爱如生中国古籍库。
④ 谢肇淛:《五杂俎》卷五"人部"一,明万历四十四年潘膺祉如韦馆刻本,见爱如生中国古籍库。
⑤ 施耐庵、罗贯中著,凌赓等校点:《水浒传》第二回,上海:上海古籍出版社,1988年,第25页。

的两种说法，一为："刀、枪、剑、戟、镋、棍、叉、耙、鞭、锏、锤、斧、钩、镰、抓、拐、弓箭、藤牌"；二为："刀、枪、剑、戟、镋、棍、叉、耙、鞭、锏、锤、斧、钩、镰、抓、代、抉、弓矢"。①徐震记载的这两种说法，应该就是清代以来的流行说法，关于弓箭，已一种沦落为倒数第二位，一种沦落为倒数第一位。

而到了现在，关于十八般兵器又有了两种新的说法，一为武术界所称"九长九短"，"九长"为："枪、戟、棍、钺、叉、镋、钩、槊、铲"；"九短"为："刀、剑、拐、斧、鞭、锏、锤、棒、杵"。二为戏曲界所称："刀枪剑戟，斧钺钩叉，镋棍槊棒，鞭锏锤抓，拐子流星。"两种说法中，都没有了弓箭。

弓箭就这么渐次退出了中华民族主体汉民族武术的舞台。

仔细琢磨《水浒传》所云十八般武艺，有两种最是耐人寻味，一是戈，二是铳，用我们今天的眼光看，这二者都不该收入"十八般武艺"。戈是殷周车战时代的主战兵器，但步兵取代车兵，步战取代车战，这种兵器也早就退出了战争舞台。而铳是火枪，亦称鸟铳，铳并不是冷兵器而是火器，铳的用法也很难被归为今天意义上的武术。但戈和铳都被收入十八般武艺了。可以这么理解：收入戈，是对传统的尊重；收入铳，是对新知的向往。

戚继光之后的何良臣，在他的著作中竟称："鸟铳出自南夷，今作中华长技。"②这里的"南夷"，当然是指曾在东南亚和在中国沿海活动的葡萄牙、荷兰等殖民者。初读到这话，稍让人诧异；再做一深想，则由衷敬佩。自信满满，骄傲满满，这该是何等胸襟气度。这更反衬出后来清朝统治者的保守愚蠢。晚清的政治顽固，乃由清初的军事顽固所奠基，政治顽固军事顽固一致。这种保守愚蠢，是技术和装备上的，更是整体思想文化上的，这直接导致了改革的艰难和停滞。几乎同时开始的中日现代化进程，很快就拉开了差距，并直接导致了清政府在中日战争中的失败，更糟糕的是这次失败影响深远。

军事思想的落后，导致了军事装备和技术的落后；军事装备和技术的落后，导致了科学和技术的落后；科学和技术的落后，导致了政治和制度的落后。戊戌维新的失败，近代的全面被动挨打，满洲的皇族贵胄要负多大的责任，是个非常值得研究的问题。

---

① 徐震：《国技论略》，太原：山西科学技术出版社，2003年，第63页。
② 何良臣：《阵纪》卷二《技用》，道光戊申孟秋·瓶花书屋校勘本。

历史上不断有人在倡导弓射，但显然没有成功，其难度在于：

一、如果倡导的是蒙古族、满族等少数民族的射箭，是在蒙古族、朝鲜族、满族等少数民族中倡导，当然无可厚非；如果倡导的是蒙古族、朝鲜族、满族等少数民族的射箭，但是在汉民族中倡导，当然也无可厚非，但效果可能非常值得怀疑。虽然曾经有之，但汉民族民间长期以来基本没有射箭活动，除元、清等之外，中央王朝军队战士不擅弓射，有深刻的文化历史原因。农耕民族没有马，而古籍"骑射"合称，自然有其道理。骑兵用弓箭，如虎添翼，比之于步兵用弓箭，一个是事半功倍，一个是事倍功半。这和强击机、武装直升机被称为坦克的克星，是一个道理，用同样的武器，飞机打坦克，与坦克打飞机相比，前者就占尽优势。这个优势就是速度优势。再者，魏晋以后，江南开发，岭南开发，中国经济、文化中心逐渐南移，人民越来越成为纯粹的农民，离"骑"的记忆越来越远，离"射"的记忆也越来越远。第三，如果说中原还是北方，气候还干燥，那么南方湿热，如戚继光所言，弓箭的质量和威力便大打折扣。汉民族不是保守的民族，清廷贵族嘲笑汉人不擅骑射，其实是他们自己愚蠢。汉民族不以短击长，在弱处与人较劲，而是想出了更好的方法克敌制胜。汉民族民间武术完全抛弃了弓箭，军旅武术也很大程度上不依仗弓箭。没有这个文化基础，甚至完全否定这个文化的基础，这个文化最大可能是水土不服而夭亡。

二、如果倡导的是早期汉民族的射箭，主要在当今的汉民族之中倡导，当然也无可厚非，但效果同样非常值得怀疑。周朝有着制度完备的"射礼"活动，隆重而典雅，日本人学了去生发出他们的剑道、茶道、花道等；周朝贵族教育有所谓"六艺"——礼、乐、射、御、书、数，"射"是贵族六艺重要内容之一。我们的老祖先可谓重"射"。但这个重"射"有个重要的前提，那就是玩"射"的都是贵族甲士——武士，武士的战斗方式是车战。车兵对步兵，犹如骑兵对步兵，乘着车骑着马，都是移动者对不移动者，一方不动，一方飞动，射不动者容易，射飞动者难矣。"射御"合称，犹如"骑射"合称，二者有机合成，二者相互依赖，不可或缺。六艺中武艺训练唯有"射"和"御"，周代武士装备还有剑和戈等，但剑和戈并不在六艺内容之中，这说明了射和御的重要性，也说明了二者的共生关系。"骑射"的"射"，是马射；"射御"的"射"，是车射。都是移动武装对非移动武装。可惜时过境迁，春秋平民百姓的步兵代替了周朝贵族甲士的车兵，车战成为历史，弓射在中国的黄金时代终结。秦军善射临阵箭如雨下让山东六国军队恐惧，但有人估计,长平之战"秦奇兵二万五千人绝赵军后"①,是弩兵;秦始皇陵出土弩射俑之神气,仿佛也证明了这一点。从此,弩慢慢开始取代弓成为汉族军队远射的主战武器。不仅如此,秦朝改贵族分封制为专制集权制,贵族逐渐消失,武士变成文士;唐大开科举,血缘贵族彻底消失,中国的贵族从此成为文化贵族。文人武人,由此殊途。肩不能挑手不能提的文人,怎么还能指望他们去拉弓射箭?

笔者甚至猜想,这个过程可能来得还要早些。周代的投壶,可能就是射礼的文弱化形式;一同于唐代女子、老人玩的驴鞠,乃是马球(击鞠)的文弱化形式;一同于宋代高俅花键式的蹴鞠,乃是汉代练兵用的有身体接触、对抗激烈的蹴鞠的文弱化形式。

"射礼"也好,"射御"也好,是早已衰亡的文化,指望这衰亡文化还魂,并不只是今天某些人的异想天开,不明文化究竟的古代早就有人干过。

宋元丰五年(1082),国子司业朱服上言:"'惟先王之时,燕饮必有射。将祭,择士于射宫。能偶,则又别之以射。射,武事也。先王于进成人材之际,每不废焉。今养士之盛,莫盛于大学,而大学之士,鲜能知射。羯见武学教场,与国子监相去数十步,欲使太学诸生,遇假,有愿射者,听往习焉。不惟闲暇之时,使游于艺,又足以收其放心,而不迁于异物。'状下礼郎,群官皆以为然。"②但结果如何,没有下文,可想而知。清初的颜元、李塨,都擅长武艺,提倡文武并重,人称"颜李学派"。二人所习武艺,除一般汉族武术刀剑棍拳之外,还特别喜欢射箭,李塨还著有《学射录》一书。文人武艺高强,让人由衷敬佩;提倡文武并重,尤其精神可嘉;二人喜欢射箭,个人爱好,亦可理解。李塨与友人聚会,常"行礼,鼓乐,较射,演技击"③,还是个人爱好,无可非议。但颜元开办书院,却"习礼,习射,习书、数,举石,超距,技击,歌舞"④,就显得有些不合时宜,于是结果也就可想而知。

世异时移,周孔已远;满蒙少数民族文化对汉文化影响毕竟有限;汉民族所居较南,毕竟与蒙古族、满族、朝鲜族、日本大和民族所居较北有异;弓射有去无还,与篮球、足球、武术等形成攻防相比,要单调沉闷许多。于是历朝历代,特别是近代以来,无论是想恢复古礼也好,是想借之尚武强国也好,没有人成功。原

---

① 司马迁:《史记·白起列传》,北京:中华书局,1959年,第2334页。
② 庞元英:《文昌杂录》,上海:商务印书馆,1936年,第38页。
③ 冯辰、刘调赞:《李塨年谱》,陈祖武点校,北京:中华书局,1988年,第15页。
④ 钟錂:《颜习斋先生言行录·叙略》,北京:中华书局,1985年,第2页。

因何在？路子错了。

　　犹如鸡肋，食之无味，弃之可惜，虽然汉人弓射不行，但聊胜于无，包括戚继光《纪效新书》在内的兵书，还是要讲授弓射，军队也还是要装备弓箭。中国是个多民族的国家，历史上的匈奴、突厥、契丹、女真、蒙古等都是游牧民族，骑射是其特长也是其优势所在，清朝犹重弓射，清末废科举之前，弓射仍在中国军事系统中存在。因此，传统意义、完整意义上的中国大武术，当然应包括弓箭。但这个"弓箭"，主要是中国军事武术范畴和中国少数民族武术范畴的。

　　就承传意义而言，弩射大于弓射，因为它是中华民族主体汉民族独创的武器和武术形式，并且长期在战争中使用和发展；就承传难度而言，弓射、弩射都很大，因为都已经消失，都是军旅武术而在民间没有基础，尤其是汉民族民间没有基础。不要指望什么"弘扬""普及""推广"了，有人把玩就不错，因为它的承载体，或曾经很小，或早已消亡；有人把玩也算是"小博物馆"保存，可以见识和缅想我们祖先的才情智慧，以及曾经创造的一种辉煌。

第六节　长城、城池、车阵、鸳鸯阵、狼筅及武术防御性体系

　　游牧民族的马、海洋民族的船、农耕民族的城，是三个极伟大的、标志性的文化象征。

　　直文化空间直的最大象征和成就，是游牧民族的马和海洋民族的船。蒋百里说："生活条件与战斗条件之一致，有因天然的工具而不自觉的成功者，有史以来只有两种，一为蒙古人的马，一为欧洲人的船。因觅水草就利用马，因为营商业就运用船，马与船就是吃饭家伙，同时可就是打仗的家伙，因此就两度征服世界。"[①]钱穆说："草原民族之最先进工具为马，海滨民族之最先进工具为船。非此即无以克服其外面之自然而获生存。故草原海滨民族其对外自先即具敌意，即其对自然亦然。"[②]所谓"敌意"，即对外具有很大的攻击性、扩张性、征服性。

[①]　蒋百里：《国防论》，长沙：岳麓书社，2010年，第35页。
[②]　钱穆：《中国文化史导论》，北京：商务印书馆，1994年，第2页。

西方的海外商贸、海外殖民及各种探险、竞技运动,科学的无限发展,都带有这种攻击、扩张、征服的特征。

农耕民族早就领教了游牧民族马的厉害,几千年里一直在对付这个马,也试图自己养马,以马对马,买进草原名马,精心饲养,但养养就把野马、瘦马养成了家马、肥马。上阵对敌,鸣镝交加,杀声动地,马就惊慌乱窜;掠阵接敌,马一撞就翻。近代又开始领教海洋民族船的厉害,虽然历史上农耕民族也曾经玩过几天船,郑和们玩的还很大,但非经济目的的玩,只出不进,成本大得几天就玩不起了。农耕民族是种地的,玩马玩船,非其所长。

圆文化空间圆最大的象征和成就,是城,特别是长城。钱穆先生提出了农耕民族的"城郭文化"概念。他说:"秦始皇统一六国,把北方三国秦、赵、燕的向北围墙连接起来,便成中国史上之所谓万里长城。""而一切游牧部落逗留在长城以外的,同时也成立了一个匈奴国,与长城内的农耕社会城郭文化相对抗。"[①]我们的"中州""中原""中土""世界中心"以及"天下"的观念,重农抑商,重人伦轻科学,都带有这种防守、均衡、守成、被动、静止的特征。

秦代民谣云:"生男慎勿举,生女哺用脯。不见长城下,尸骸相支拄。"司马迁称"固轻百姓力矣",也对秦始皇不恤民力修长城之事有所批评。随后出现的孟姜女哭长城的传说,让长城和秦始皇绑在一起千古蒙垢。山海关望夫石的孟姜女祠楹联有:"秦王安在哉?万里长城筑怨。姜女未亡也,千秋片石铭贞!"这副楹联代表了古代很大一部分人对此的认识。这个认识实际上一直延续到现代,认为长城是落后、保守、消极的象征;认为耗费巨资修建长城是无谓的举动,用此巨资训练、装备军队,主动出击争取胜利才是上策;等等。20世纪的纪录片《河殇》就是这个观点。《河殇》第二集《命运》有这么一段解说词:

> 多少历史悲喜剧,在长城的巨大背景下轮番演出。如果说秦皇汉武修长城,还表现了华夏文明的气魄和力量的话,那么,到了15世纪中叶明朝重修长城,就完全成为一种失败和退缩的举动了。这条一万一千华里的砖石砌成的明长城,比起秦汉长城来,自然是牢固多了。然而,它也使明朝耗尽力量,元气大伤。等到女真人崛起于白山黑水之

[①] 钱穆:《中国文化史导论》,北京:商务印书馆,1994年,第60页。

间,一代雄杰努尔哈赤挥戈南下的时候,这绵延数万里的砖石长城,只能再一次记录巨大的失败了。以至于后来的康熙皇帝说:"修筑长城,实属无益。"与秦长城的被遗忘相反,向后退缩了一千华里的明长城却受到了无比的崇仰。人们为它是地球上唯一能被登月宇航员看到的人类工程而自豪。人们甚至硬要用它来象征中国的强盛。然而,假使长城会说话,它一定会老老实实告诉华夏子孙们,它是由历史的命运所铸造的一座巨大的悲剧纪念碑。它无法代表强大、进取和荣光,它只代表着封闭、保守、无能的防御和怯弱的不出击。

《河殇》的内容其他不论,这个观点,纸上谈兵,说得轻巧,无论如何不敢苟同。这一观点远远超越了所谓左、中、右,带有极大的普遍性,甚至整体观念与之完全相左的何新、戴旭等人,也持相同的看法。他们的观点和康熙一致并不奇怪,游牧民族的外向侵略性,和中国人向往开放强大和开始强大起来时的心态,是有很多契合之处的。但我们不应拒绝理解长城产生的历史环境大背景。

长城的作用究竟是什么呢？景爱以为:"长城的连续性,是长城御敌功能之所在。在先秦时期,车战特别盛行,以战车的多少来衡量军事力量的强弱。北方游牧民族,则以骑兵为主,以骑兵多少显示其军力。战车和骑兵的特点是机动性比较强,转移的速度比较快,特别是骑兵,在一日之内即可以转移数百里。在这种情况下,只有连续性的长城才能阻止敌人的侵掠。这是长城作为军防工程产生的重要原因和历史背景。"[1]景爱的话应该是客观的总结。

"城的形状有方形、长方形、圆形、椭圆形、不规则的多边形等,然而却有一个共同的特征,即城墙是首尾相连,呈封闭状态,城内的空间是居民区。长城是连续性的城墙,绵延数百里、数千里,首尾不相连接,呈单向性。这是长城与一般的城、城堡的最根本的区别,因而长城的形态与一般城的形态是完全不同的,它们的相同之处,是都有高城墙。"[2]但景爱的这个观点笔者不赞同。从本质上看,从更高的视角看,从更抽象的角度看,长城和城池是一样的。城池是为了保护我们的生命、房屋、家产等,长城除了这些,还加上一个——我们的土地;城池是圆形

---

[1] 景爱:《中国长城史》,上海:上海人民出版社,2006年,第26页。
[2] 景爱:《中国长城史》,上海:上海人民出版社,2006年,第25页。

的、封闭的,其实长城也是,连接上西部喜马拉雅山脉,连接上东部南部的海岸,这也是一个圆形,也是封闭的。如果喜马拉雅能翻过凶悍的人群来,如果大海能爬上凶悍的人群来,那我们西边东边南边也要修上长城。

古代华夏民族不能没有长城!

《武经七书》中的《尉缭子》云:"夫守者,不失其险者也。守法:城一丈,十人守之,工食不与焉。出者不守,守者不出。一而当十,十而当百,百而当千,千而当万。故为城郭者,非妄费于民聚土壤也,诚为守也。"[①]明代著名兵书《草庐经略》云:"备边之策:坚城垒,浚沟壑,扼险要,谨斥候,广侦探,多间谍,选将帅,练士卒,积粮饷,明赏罚,精器械,示恩信,开屯田,搜弊蠹,禁启衅。兹十余策,从古论边者所不废也。今世闻者则鄙为常谈,而非奇策。究竟谁能按常谈而行,使无遗缺也?即孙吴再作,非此数者,不能备边。"[②]《尉缭子》的意思很明确,处于弱势的一方,要以一当十,只能靠城守。"故为城郭者,非妄费于民聚土壤也,诚为守也",这个话,仿佛就是直接针对今天某些观点而发。《草庐经略》的备边之策,"坚城垒"被放到了第一位,"即孙吴再作,非此数者,不能备边",对城的强调,话说得更坚定绝对。

当然,兵书也有尚空谈的,那我们来看看将帅怎么说。

戚继光是中国军事史上最善战的将领之一,从无败绩,戚继光无疑是一个战神,其治下的戚家军,军纪严明、装备精良、武艺高强,战斗力极强,曾一再创造不可思议的敌我伤亡比,堪称无敌之师。但就是这个戚继光,由抗倭的南方,调任抗击鞑靼蒙古的北方后,首先做的事情就是修筑长城。

《明史》载:

> 自嘉靖以来,边墙虽修,墩台未建。继光巡行塞上,议建敌台。略言:蓟镇边垣,延袤二千里,一瑕则百坚皆瑕。比来岁修岁圮,徒费无益。请跨墙为台,睥睨四达。台高五丈,虚中为三层,台宿百人,铠仗糗粮具备。令戍卒画地受工,先建千二百座。五年秋,台功成,精坚雄壮,

---

[①] 尉缭:《尉缭子》卷二《守权第六》,《武经七书》,骈宇骞、李解民译注,北京:中华书局,2007年,第226页。

[②] 无名氏:《草庐经略》卷十二《备边》,郑州:中州古籍出版社,2006年,第596页。

二千里声势连接。①

戚继光不仅主张修长城,而且创立了新的长城形式,发明了可以有效藏兵的空心敌楼,修建了中国历史上质量最好和效率最高的长城。我们今天还可以见到的京、津、冀一带最漂亮、最雄壮的长城,都是戚继光修建的。

作为一个身经百战的将帅,戚继光修长城的理由就实在和形象多了,当然也更有说服力:"夫敌马动以万数拥来,毋论沟堑,须臾堕溢,踏之而过""今以数万之众驰突于原野,如风雨骤集,山崩河决,一拥而至。此胡虏之常,而中国以为必不可御之势也。""踏之而过""必不可御",怎么办?没别的办法,"于是乘墙列守,以为万全之策"。② 不管古人今人,纸上谈兵都要误事,但今天这样贬低长城的作用,就只能贻笑大方,连戚继光都要修,谁敢说可以不修?

于是便有了举世闻名的长城,以及以长墙、城池为主体依托的精密完备的防御体系、防御手段。但凡实地见过山海关完整防御体系,并熟知其功能者,没有不为其构思精巧、严密、完善而惊叹的。重重叠叠的长墙,构成道道纵深防御体系;瓮城保护着城门;城外有墙,城内又有城;明碉暗堡,处处有伏。远有火炮劲弩,近有擂木滚石,再近有铁水沸汤,近身肉搏是刀枪诸械。成吉思汗死于西夏城下,蒙哥死于钓鱼城下,努尔哈赤死于宁远城下……无怪乎元军、清军将帅不止一次叹息说:这样的城池,从理论上来说,是不可能被攻破的。也无怪乎吴三桂从来被视为千古罪人,他为了小妾陈圆圆被人夺占的私怨,竟献出了大明固若金汤的山海关,才使清兵得以长驱南下。明败给清,是败在了政治上而不是军事上;康熙说"修筑长城,实属无益",他以为明朝是输在了军事上;两百多年后,城池依旧,但他的子孙丧权辱国,却是既输在了政治上,也输在了军事上。

为什么要说这么多长城?因为长城是最大的空间圆,它由我们相对封闭、守成、静止和紧邻草原游牧民族的生态现实和历史地理决定,但它的巨大体量和象征性质,又会反过来影响我们的文化和思维。或者这么说:不仅长城,还有车阵、鸳鸯阵、狼筅及整个武术防御性体系,都和这一生态现实和历史地理有关。

曾看电视剧《戚继光》,见剧中戚继光在台上对士兵们做思想工作教育他们

---

① 张廷玉等:《明史·戚继光传》,北京:中华书局,1974年,第5614、5615页。
② 戚继光:《戚少保奏议》卷三《辩请兵》,北京:中华书局,2001年,第90页。

爱国，说是"我没有银子给你们"，就禁不住哑然失笑。《黄石公三略》云："军无财，士不来；军无赏，士不往。""香饵之下，必有悬鱼；重赏之下，必有死夫。"①从商鞅实行军功爵制开始，中国人打仗就没有不靠重金悬赏的。戚继光书中也写得清清楚楚，杀敌一人割得一个首级，一个鸳鸯阵中，从队长到伙夫十二人，共得赏银二十两，每人分多少，是一分也不含糊的。即便是做思想工作，戚继光也实际很多，他说的是："凡你们当兵之日，虽刮风下雨，袖手高坐，也少不得你一日三分。这银分毫都是官府征派你地方百姓办纳来的。你在家哪个不是耕种的百姓，你肯思量在家种田时办纳的苦楚艰难，即当思量今日食银容易，又不用你耕种担作。养了一年，不过望你一二阵杀胜。你不肯杀贼保障他，养你何用？就是军法漏网，天也假手于人杀你。"②古人打仗，离不开重赏，戚继光当然也须如此。难怪戚继光要仰仗巴结张居正，难怪他老了失势时吃服药都没钱。当然你也可以说戚继光的无敌战绩归功于他的运筹帷幄、严酷的军法、将士的武艺高强。但是可能还有一个重要的原因。

戚继光说过："夫好生恶死，恒人之情也。为将之术，欲使人乐死而恶生，是拂人之情矣。盖必中有生道在乎其间，众人悉之而轻其死以求其生，非果于恶生而必死也。"③戚继光深知，农耕民族生活环境优裕，"重生"；游牧民族生活环境艰难，"轻生"。我们追求享乐追求长生时至少是"求生"，但倭寇武士却信仰生命如樱花繁盛时的绽放飞落，是"求死"。这仗打起来就很困难了，蒙古人、满族人为了摧毁农耕民族的意志，遭遇抵抗便动辄屠城，并不是没有效果的。农耕民族的军队，如果战争一再伤亡惨重，战斗意志很容易动摇甚至崩溃，至少战斗力会大打折扣。

戚继光深明此理，他把重视士兵生命、保护士兵生命放在首位，把"长城"思维发展到极致，把防御性城、阵、武术体系的作用发挥到极致。

为防蒙古骑兵，戚继光不光发明了敌台大修长城，还恢复了前人创立的与长城同样性质的"车营"：

> 往事，敌人铁骑数万冲突，势锐难当，我军阵伍未定，辄为其所冲

---

① 马留堂译注：《武经七书·黄石公三略》"上略"，北京：中华书局，2007年，第323页。
② 戚继光：《纪效新书》卷之四《论兵紧要禁令篇第四》，北京：中华书局，2001年，第84、85页。
③ 戚继光：《纪效新书》"纪效新书总叙"，北京：中华书局，2001年，第20页。

破,乘势躁蹦,至无孑遗。且敌欲战,我军不得不战;敌不欲战,我惟目视而已。势每操之在彼,故常变客为主,我军畏弱,心夺气靡,势不能御。自总督谭、今总督前巡抚刘、杨、巡抚王及职,创立车营。①

戚继光将车营称之为"驰不藭之飞骑,运有足之长城",即不吃草的飞骑,长着脚的长城。车营、长城,性质一也。他在北方抗击鞑靼蒙古,靠的是城墙和车营,他发明了空心敌台,改进了车营,对城、阵、武术防御体系有相当创新。

而戚继光在南方抗击倭寇,靠的是鸳鸯阵和狼筅,但仔细琢磨鸳鸯阵和狼筅,则不难发现,它们的作用和功效,完全近似于移动的城阵。

明代以前未见有关于狼筅的记载,很有可能它就是戚继光创设的兵器。戚继光这样描述狼筅的形制与用法:

> 狼筅之为器也,形体重滞,转移艰难,非若他技之出入便捷,似非利器也。殊不知乃行伍之藩篱,一军之门户,如人之居室,未有门户扃键而盗贼能入者。凡用狼筅,须要节密枝坚,杪加利刃,要择力大之人能以胜此者,勿为物之所使。夫然后以牌盾蔽其前,以长枪夹其左右,举动疾齐,必须叉、钯、大刀接翼。然筅能御不能杀,非有诸色利器相资,鲜克有济。兵中所以必于用此者,缘士心临敌动怯,他器单薄,人胆摇夺,虽平日十分精习,便多张遑失措,忘其故态。惟筅则枝稍繁盛,遮蔽一身有余,眼前可恃,足以壮胆助气,庶人敢站定。若精兵风雨之势,则此器为重赘之物矣。②

狼筅制
图片来源:戚继光《纪效新书》十八卷本

功用是"藩篱""门户""遮蔽",是为了防止"临敌动怯""人胆摇夺",狼筅是鸳鸯阵中不可或缺的重要兵器。

而鸳鸯阵呢,看看戚继光如何介绍他的鸳鸯阵:

---

① 戚继光:《练兵实纪》杂集卷六《车营解》,北京:中华书局,2001 年,第 331 页。
② 戚继光:《纪效新书》卷之十一《藤牌总说篇第十一》,北京:中华书局,2001 年,第 179 页。

凡鸳鸯阵,乃杀贼必胜屡效者,此是紧要束伍第一战法。今开式于后:二牌平列;狼筅各跟一牌,以防拿牌人后身;长枪每二枝,各分管一牌、一筅;短兵防长枪进的老了,即便杀上。伍长执挨牌在前,余兵照鸳鸯阵紧随牌后。其挨牌手低头执牌前进,如已闻鼓声而迟疑不进,即以军法斩首。其余兵仗牌刀,遮抵于后,紧随牌进。交锋,筅以救牌,长枪救筅,短兵救长枪。牌手阵亡,伍下兵通斩。要依此法,无不胜矣。[①]

鸳鸯阵的效用如何,请看戚继光的介绍:

数年屡战,一切号令行伍俱如图款,毫不更易,是以每战必全捷,而我兵不损。及至困攻,贼虽竭力以刀石掷敌,而我兵不为所伤者,此鸳鸯阵牌、筅、枪、镜居次之功也。[②]

鸳鸯阵一
图片来源:戚继光《纪效新书》十八卷本

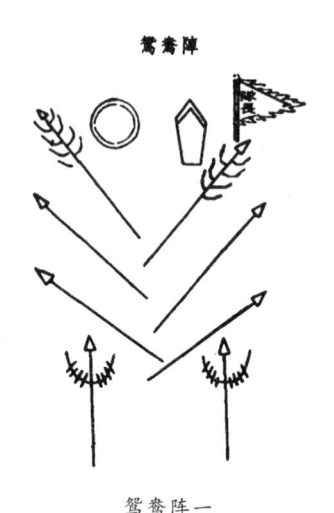

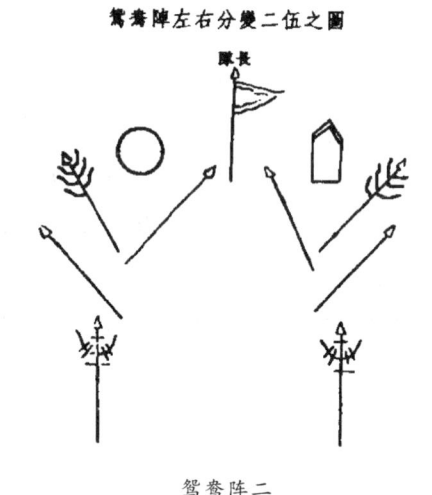

鸳鸯阵二
图片来源:戚继光《纪效新书》十八卷本

长密狼筅和巨大盾牌的掩护,抵御和消解了敌人的攻击,有效保护了自己的队伍,不断抵近的鸳鸯阵,甚至是一种主动逼迫。被狼筅叉住、被盾牌挤住不能

---

① 戚继光:《练兵实纪》卷之二《紧要操敌号令简明条款篇第二》,北京:中华书局,2001年,第65页。
② 戚继光:《纪效新书》卷之八《操练营阵旗鼓篇第八》,北京:中华书局,2001年,第115页。

动弹的敌人,则遭到了被称为"杀手"的手持极长长枪的枪手的杀戮。戚继光能创造战争中不可思议的伤亡比,与他依托长城、车营、狼筅、鸳鸯阵等固定城阵和移动城阵,强调防御但绝非消极防御,防御中寓含进攻、防御的同时进攻,有着密切的关系。

仔细琢磨中国武术,可以发现,这是一种重"根"重"圆"的武术,根和圆本身就有着防御的意义;这是一种讲究"形不破体,力不出尖"的武术,防守为主,进攻绝不削弱妨碍防守之本;这是一种讲究"后发制人""以静制动"的武术,防守不是挨打而是要战胜敌人;这是一种积极防御而不是消极防御的武术,许多拳种讲究"后人发,先人至",怎么后人发先人至呢?截拳道和咏春拳的"截"做了最好的诠释,敌手进攻,截住他,截同时也是进攻,"连消带打",要"打中线""打子午";先保护自己是最重要的,所以说是"未学打,先学挨";武术的防守不是消极防守,寓攻于守,兼防兼攻,枪法的拦、拿、扎一气呵成,刀法的缠头裹脑一气呵成,都是这个意思。

新中国成立后,担心会道门里的武人闹事,于是禁止了各地传统的擂台赛,又批判"唯技击论",学习苏联体操,按体操模式搞出来一个竞技套路,从此套路与技击彻底脱钩,竞技套路一家独大。但这也导致了官方武术和民间武术的对立,竞技套路从来被挖苦为"花拳绣腿"。改革开放后,这种批评的呼声越来越高,于是官方武术又推出了一个竞技散打,以为弥补或平衡。但散打推出后,叫好的不多,新的批评又起,最主要的说法是:竞技散打根本不像武术。

为什么竞技散打不像武术?问题出在哪里呢?

诸门诸派,入门功夫都是蹲马步,马步冲拳都要练三个月;诸门诸派,步型都是弓、马、仆、虚;诸门诸派,基本作战姿势,都是沉身下桩、虚步含机。为什么要蹲这个马步?老拳师往往说:蹲个马步,十指抓地,站得更稳;更有人甚至吹嘘:我在门槛上蹲个马步,十个人也别想推动!但这些话是不能深想的。脚趾十指抓地,抓地?具体怎么抓?中学物理就告诉我们,什么最稳定,三角形最稳定,两腿分开站直了,就是最稳的。那种四平马步,两脚在前,大腿平伸,屁股吊在后面,怎么可能是最稳的?那种难受,练的人、看的人,都心照不宣。

本为求稳,却是不稳,那为什么诸门诸派、年年月月在坚持它?

传统武术的沉身下桩或虚步含机的姿势,并不是想当然凭空创造出来的。它也不是人为的艺术化的塑造,因为这种美是折叠美、扭曲美,它需要文化背景的深刻熏陶才能真正领略欣赏。中华民族是崇尚艺术浪漫的民族,但更是讲究实用理性的民族,如果这种东西毫无实际用处,我们的老祖先,我们武术的几乎每一个拳种流派,不可能如此坚定地、长期地坚持它。

男人身上的内脏器官,心、肝、脾、肺、肾,都在躯体内包裹得严严实实,有肋骨肌肉严加保护。唯一的例外是睾丸,同为内脏器官,却毫无保护地悬垂于裆部体外。生理学家给我们的解释是:精子在高温下难存活、不活跃,因此睾丸只能悬垂体外以降温。这就带来了一个问题,内脏器官,悬垂体外,也就成了最易遭受攻击的薄弱目标。

传统中国武术是极端讲究实用的搏击术,它没有哪里可打哪里不可打的限制,攻击手段无所不用其极。对对手而言,它的攻击是全方位的。事实上,传统武术在攻击部位考虑上,所持原则与搏击运动并不一致甚至相反,搏击运动的禁击部位,恰恰可能就是传统武术的主要攻击部位。传统武术攻击的全方位性质,便决定了传统武术防守的全方位性质;传统武术极强的打要害意识,又决定了传统武术极强的防要害意识。无限制的真正的实战,不可能像作为运动的拳击那样,因为有规则的保护,可以顾头不顾尾,顾上不顾下,无虑裆部防护。

躲闪是躲闪不干净的,格挡是格挡不干净的,小鸡鸡只能躲起来、夹起来、藏起来。沉身下桩或虚步含机的真正意义在于:它是中国古人千百年实战实践的经验与规律的总结,只有这种姿势,才能和其他手段一起,构成对身体下盘——主要是裆部要害部位——的有效防护。于是,这种姿势就成了传统武术的基本战斗姿势。表现在套路演练中,就是步型步法始终是在弓、马、仆、虚之间变换,极少或根本没有直身直腿站立起来的姿势出现。弓、马、仆、虚的基本步型,和沉身下桩、虚步含机的基本作战姿势,构成了武术防御性作战体系的基础样式。诸门诸派,几无例外。只有武林大师级的人物,才敢站直身体、双手下垂、正面对敌,以示其自信与骄傲,和对敌手的无比轻蔑。

但弓、马、仆、虚,沉身下桩,虚步含机等,本身是不稳的,于是武术发明了马步桩功练习,以此来增大下肢力量,只为不稳中求稳。但无论如何练习,俩小脚在前、大屁股在后的姿势,都不可能比三角支撑站立更稳定,因此一旦走上了散打的竞技运动场,一旦规则规定不许击打裆部,无论何门何派的选手,都无一例外地站了起来。谁不站起来谁是傻瓜。对手无虑裆部防护三角支撑站立,你还弓马仆虚沉身下桩虚步含机,不用打,三两下,对手撞也把你撞翻在地,撞下擂台。

　　弓、马、仆、虚就这么没有了,弓、马、仆、虚没有了,武术还像武术?

　　另外,传统武术的手和臂,也不能像拳击双手护头那样举得很高;也根本没有拳击那种由肩部高度平推发出拳心向下的直拳。武术的发力和拳击的发力,也完全不同,拳击发力是后腿蹬地,力传导至膝,再至髋,再至腰,再至肩,再至肘,再至拳,整个力量是推出去的,笔者将之称为"直推发力"。直推发力有个特点,就是后坐力很大,但因为有腿部稳定的三角支撑,完全能够承受这个后坐力;但由于武术的弓马仆虚沉身下桩,重心本来就很靠后,完全无法承受直推发力很大的后坐力,因此绝大多数武术拳种,就没有采用类似拳击那种"直推发力",而采用了"弹抖发力"的发力方式,即手臂仿佛一根绳子,绳端绑着一个石头,抖动这根绳子,近似划圆,把这个石头砸出去。"弹抖发力"没有后坐力,所以不会造成人的身体失去平衡后倒。武术出腿其实也多"弹抖发力",应该也是出于同样的考虑。李小龙的所谓"寸劲拳",太极拳的"螺旋劲",其实都是这种"弹抖发力"。直推发力,有速度才有力量;弹抖发力,可不减速而减力,所以中国武术才可以有所谓"点到为止"的打法。虽然李小龙用寸劲拳打出了360磅,是他那一体重级别迄今没人能破的世界纪录,虽然多有人声称弹抖发力具有直推发力没有的能伤及内脏的穿透力,但笔者凭自己的感受坦率说:弹抖发力的力量,似乎比直推发力略逊一筹;再加上弹抖发力的动作难度比直推发力大得多,直推发力,领悟性强的,几天就能基本掌握。但弹抖发力,松肩,活腕,抖臂,几个月都未必能学好。所以,上了散打竞技运动场的选手,不管出自哪个门派,都放弃了力量相对较小的弹抖发力而选择了力量相对较大的直推发力。武术的鞭拳还在,但按使用频率算可以忽略不计;剩下的勾拳、摆拳、直拳,都是西洋拳法。

　　"弹抖发力"就这么没有了,"弹抖发力"没有了,武术还像武术?

　　武术是身体整体的活动,讲求手眼身法步及全身部位的协调一致,既然沉身下桩或虚步含机重心很靠下,许多时候甚至重心落在了一条腿上,便无法像西洋拳击那样近似蹦跳的"双脚移动",而只能采用一左一右的"单脚移动",亦即传统所称的天罡步、凶字步、三角步的步法。

　　"单脚移动"的步法就这么没有了,"单脚移动"没有了,武术还像武术?

　　不仅于此,弹抖发力的腿法里合腿、外摆腿、弹腿等等,在散打擂台上也都消失了,因为它们的力量也相对较小,留存的除力量较大的属于直推发力的侧踹、前蹬是武术腿法外,大量使用的所谓鞭腿,却是来自泰拳腿法。传统武术里哪门哪派有这种以脚面侧踢人的腿法?传统武术含胸、拔背、蹋腰、提肛、敛臀、扣裆等一系列身法要旨,也都消失得无影无踪。

当这一切都不存在了,武术还像武术?武术还是武术?

传统武术相当门派技术结构的建筑学意义上的"支点",却原来是男性人体最为薄弱和易遭攻击的裆部的防御。诸多武术技术和方法,都是在沉身下桩或虚步含机的基础上形成,并成为有机组合的。传统武术技术的诸多特点的原初和核心意义,不过是全方位防御的考虑。

竞技运动是高度文明的人类文化形态,竞技运动把保障运动者的安全放在第一位。因此,剔除项目中可能导致危险的内容,具体在搏击项目中即剔除容易使人致伤、致残、致死的技术方法,这也成为搏击项目要进入竞技运动立项的必然前提。散手作为搏击运动项目走上竞技运动场,便不可避免地剔除了歹毒阴损的踢裆撩阴的武术技术。然而,全方位、立体化的中国武术是一个有机构成的防御性体系的统一体,它不是说抽掉哪一部分就抽掉哪一部分,或者说抽掉哪一部分之后,其余部分可以不受影响依然故我地存在。"牵一发而动全身",用这句话来形容欲使武术成为搏击运动的改革,最恰当不过了。搏击运动严禁攻击裆部的规则限制,使得武术的一系列技术内容,统统成了没有根基、毫无用处的空中楼阁和屠龙之技。一个又一个不同拳种流派的习练者走上散手擂台,都是这副模样。显然,原本有其深刻道理的弓、马、仆、虚之类,在散手规则的限制下,作为一种武技的中国传统武术防御性体系的基础,在运动场上已被根本动摇。今天的散手与泰拳、空手道、自由搏击等其他武技,大同小异,反映不出中国传统武术特点,原因正在于此。

在特殊的社会历史背景下,在高度发达的传统文化中,武术早已发展成为极为成熟的文化形态,世界没有任何一个民族的武技可以望其项背。因此这也决定了它不可能、不可以被随意改造。我们常说武术博大精深,或许我们只想到了它内涵的广博。其实,博大精深,可能更在于它的精妙、精巧、精确,有机组合、环环相扣,以及系统、独立、排他,与其他迥然不同、很难变异。标枪、铁饼、铅球、链球,都是古希腊作战的武器,都是杀人术,但它相对简单得多,也就很容易改造,它们都是现今奥运会的重要比赛项目;中国武术太复杂,是杀人技术,更是杀人艺术,一门高度发达的艺术改造难啊!

由于奥林匹克运动会的成功,竞技运动成了体育活动中最具活力和魅力的形式,它的影响覆盖了世界的每一个角落,并正受到越来越多的重视,以至有人将奥林匹克称为现代宗教。当今世界,一种民族传统体育活动,不能汇聚在奥林匹克旗帜下,不能发展成为竞技运动,不能进入奥运会成为奥运项目,某种程度上便意味着未被世界体育大家庭接受。被排斥在现代体育的大门之外,实际上也就意味着被排斥在现代社会之外。毫无疑问,进入竞技运动,是中国武术生存的出路和发展的契机之一。但如何整理武术成为一个项目进入奥运,仍然是我们至今没有解决的一个难题。

所以,可以断言,除了篮球可以不区分高矮级别,因为一者它已经成了巨人的游戏;二者篮球是团队游戏,团队中高个子、矮个子是挤在一起比赛的。所有的奥林匹克竞技运动,都必须遵循公正、公平的原则。但是武术若也去区分体重级别,将偏离武术传统。因为它违背了不同等条件竞技的武术方法和原则。散手运动若作为中国武术的一小部分进入竞技运动,进入奥林匹克运动会,无可厚非。但如果想把武术整体浓缩成一个"散手",进入竞技运动,进入奥林匹克运动会,那是绝不可能的。那只能带来武术的消亡或和武术相背离。前车之鉴,后事之师。日本柔道进入奥运会就是一个先例。且不说进入奥林匹克的柔道已失去了它三大基本技术之一的当身技,区分体重级别的奥林匹克竞技柔道,显然已失去了它"柔弱者求生之道"的本义。

正是彼此文化意义的不同,决定了竞技特点的不同。而彼此文化意义的不容含混,又决定了竞技特点的不容含混。但使用竞技运动的规则,限制技术的使用,却又不区分体重级别,让大汉与小个对垒。两种截然不同文化的不同的原则,就这样被散手王总决赛胡乱搅到了一起。但事实是:不同等条件竞技的武术方法,是弱者不弱、转弱为强的唯一方法。不调动其他手段,具体说就是不准打要害、操大刀、放暗器,五十公斤的小个子永远休想和一百公斤的大汉在擂台较技中相抗衡。

近年曾有所谓"散手王争霸赛",最后有一场不分体重级别,把各级别冠军拉到一起打,最后决出一个总冠军即散手王的比赛。虽然热闹,但总让人觉得有些不对劲。问题出在哪呢?

散手王大赛主办者可谓用心良苦,无非是散手不断遭到抨击,想更多地附着些武术特点而已。新鲜玩意儿让观众开心,主办者或捞进大把钞票或挣些散碎银子,谁也管不着。但笔者好心进言:千万当心!没死人,可以说这已然成为闹剧,驴唇马嘴、东施效颦;但死了人,就可以说这竟同儿戏,浑浑噩噩、草菅人命。在不同级别打时事先千万仔细精心编排,太小级别与太大级别交手,一个不慎,几记重拳之下,太小级别选手便有可能顿时休克毙命。人命关天,责任如山。丑话说在前头,勿谓言之不预也。

不要命的打法,赌博式的打法,中国武术多不取,因为我们输不起。长城的原则和长城的精神,是我们伟大古人的智慧发明。对长城轻率的批评,是我们把古人当傻子,还是我们自己傻呢?

马、船、城的伟大,绝对不可以低估和轻辱。马还在,奥林匹克还有各种赛马和马术比赛;船还在,世界的货船越造越大,邮船越来越奢华。可城呢?我们农耕民族的城呢?我们伟大的长城已经没剩下多少,从头到尾考察完明长城的李少文说:"保持基本完好的地方恐怕连十分之一都不到,除去人迹罕至的峻岭上的城头外,几乎所有的关隘和城堡都被拆了,至多局部有遗存。破坏长城最剧烈的时代莫过于20世纪六七十年代的'文革'时期,合乎逻辑的理由是长城沿线百姓穷。为什么在长达几百年的时光中基本没拆?而我们仅用了一代人的时间就将其毁去大半?如果说中国古代建筑大多为土木结构,不易久存的话,那么长城不是砖石筑就的吗?为何也几乎没保留下来一座完整的城堡呢?"[①]我们壮阔、巨大的北京古城更惨,几乎荡然无存。"频频出现于报端及各种出版物之中的梁思成,更多的是以一个悲剧人物的形象被人铭记:'拆掉一座城楼像挖去我一块肉,剥去了外城的城砖像剥去我一层皮'——他在1957年写下的这段话,今天不知让多少人扼腕长叹。"[②]

迷醉长城,每到北方,笔者都要去看看长城。长城有种坚韧,有种壮烈,足慰千秋。

[①] 李少文:《图文长城》,北京:中国旅游出版社,2004年,第5页。
[②] 王军:《城记》,北京:生活·读书·新知三联书店,2003年,第2页。

中编 武术文化与中国文化基本精神

第一章 武术文化在中国文化中的位置

第一节 文化与文明的定义

一、文化的定义

文化的概念通常有广义和狭义之分。

狭义的文化,即精神文化,这是我们最常说的意义。一般而言,狭义的文化,专指与精神生产直接关联的活动过程与产品。比如,我们评价一个人"有无文化",说"这个人有文化"或"这个人太没文化",这里的文化就指的是教育和修养带来的精神的东西;而广义的文化,则约略等于与自然物、自然界运动相区别的产物,可以界定为人类创造的物质与精神财富的总和,包括物质文明成果,包括精神文明成果,也包括这些成果的创作活动过程。例如:诗歌是文化,陶碗是文化,陶碗的制作过程、工艺、窑址等也都是文化。这是现在使用最广泛的文化的定义。

"文化"作为一个科学的术语,学者们对其有着更学术、更抽象的解释,有人甚至将其搜集、整理成书。据说,1920年以前,"文化"只有六个不同的定义,而到1952年已增加到160多个,现在可能更多。

文化是人类共通的、共同的创造或遗传,使人得以成为人,并区别于其他生物。但文化又形成为不同的模式或类型,以区分不同的种族、民族或部族。笔者以为值得注意的有如下几种:

胡适、梁漱溟以为:一个民族的文化,就是该民族的"生活样法",把文化理解为人的生存样态、方式。A. 克罗伯肯定"不同质的文化可依据价值观念的不同进行区别"。当然,生活样法较为具体,而价值观念较为抽象。生活样法为价值观念左右,而不同的生活样法也会产生不同的价值观念。美国著名人类学家鲁斯·本尼迪克特更强调文化的这一特点,给文化下了以下定义:"(文化)是通过某个民族的活动而表现出来的一种思维和行为方式,一种使这个民族不同于其他任何民族的方式。"这一观点,直白好记,同时直指要害,文化正是以其独特性和差异性而存在的。

二、文明的定义

文明与文化的概念,既有重合也有区别。和文化一样,文明当然也有广义狭义之分,广义的文明就是广义的文化,比如中华文明就是指中国文化,而狭义的文明就是指个人的道德和修养。一般而言,文化没有高低、贵贱、优劣之分,所有文化的产生,原本都有它产生的理由,并且往往也是最适应其环境的存在。有人做过这样的试验,把一个印第安老酋长接到纽约,过豪华奢侈的生活,几个月后他就死掉了;但要把我们扔到非洲蛮荒丛林,我们可能也只能活几天。这种无所谓优劣只有其特点的文化,我们一般都称文化。但文化不分优劣只是一般而言,若要设定一个坐标系,以这个坐标系来衡量,文化往往就有了优劣。而这个坐标系,就是现代城市文明。这种设立了坐标系来定位,在坐标系的衡量下有优劣之分的文化,我们一般都称文明。

另外,文化都以自己文化为中心而封闭发展的话,很难说哪个更先进。其实,中国文化跟西方文化是向两个不同方向发展的。西方文化中的商业、殖民、竞技、科学、征服是一体的。中国文化则有别于此。在中国文化跟其他文化发生对抗迎面相撞的时候,这个问题就会凸显出来。在冷兵器时代,对抗游牧民族还可以靠人数取胜,但坚船利炮武装起来的商业民族,怎么可能用人数与之抗衡?我们的农业文明在这方面是劣势尽显。如果对中国文化了解深入一点,就会发现,它太有魅力了,艳丽夺目,辉煌灿烂,充满魅力。但如果全球以商业文明、工业文明为坐标系,中国文化就要被迫转型。我们不是一个小文化,是个大文化,转型谈何容易,这需要经历长时间、高难度的转变。

有人说:"'文明'一词有一个几乎完全类似于'文化'一词的发展过程。起初,它意指个人修养的过程,或许它比'文化'一词更侧重于社会的风范。所以康德做了这种区别:'我们被艺术和科学所教养,我们在各种社会的风范和优雅中变得文明。''文明'作为动词在这个意义上的用法,可上溯到十六世纪末期。在十八世纪后半叶,'文明'像'文化'一样也开始意指修养的状态而不是它的过程。有时,它或许还意指一种特定的行为模式,诸如作为修养结果的优雅风度和充满和平的政治生活。如鲍斯威尔告诉我们的那样,约翰逊正是在这层意义上谨慎地在他的词典中剔除了这个词,而宁愿使用'礼貌'一词作为'野蛮'的反义词。"[①]"直到今天,我们仍可偶然发现,一些没有意识到现代潮流的英语作者会提及'早期文明'这类字眼,如汤因比便是。然而,总的说来在最近几十年里,在英法这两个国家——尽管英国更有甚于法国,有以'文化'取代'文明'的倾向。这是就社会人类学家对这两个词的运用而言的,这些社会人类学家在这两个国度里都占着优势地位。'文明'一词有倾向要回到它似曾相识的旧涵义上。它似乎指一种较高级的,较发达的文化形态,或者较特殊地指城市文化。因而,作者们可以任意用'中国文化'或'中国文明',但几乎人人都愿意用'原始文化',而不是用'原始文明'。"[②]

所以,我们不会瞧不起非洲赤道丛林文化,但我们也会为自己几千年的文明而骄傲,同时也会在改革开放之初说"我们的文化落后了",承认"落后就会挨打"。

三、文化的特点

文化主要有以下特点:

其一,遗传性行为不是文化,通过后天习得的才是文化。例如:饥饿了要吃饭不是文化,但烹饪是文化,就餐礼仪是文化;冷了要取暖不是文化,但用火炉还是空调是文化,穿衣左衽右衽是文化;脱光了洗澡不是文化,但裸奔是文化。

其二,文化具有群体性特征,文化为文化共同体所有,这些共同体包括家庭、氏族、部落、民族、国家等;包括村庄、公司、学校、城市、机关、团体等;包括少年、儿童、青年、中年、老年人等;也包括农民和工人,蓝领和白领,妇女和男人等。

其三,文化的核心是基本价值和基本观念,也就是笔者下面要提到的"文化

[①] 菲利普·巴格比:《文化:历史的投影》,上海:上海人民出版社,1987年,第89页。
[②] 菲利普·巴格比:《文化:历史的投影》,上海:上海人民出版社,1987年,第90页。

基本精神"。

其四,民族是文化结合的第一层次和最重要的文化共同体。所以"民族"有时几乎等同于"文化",文化成了区别不同民族的最重要特征;所以上文列出的本尼迪克特围绕民族的文化定义深入人心,一下子就让我们心领神会。

德国著名历史学家斯宾格勒在其《西方的没落》一书中提出:世界历史上曾有过八个高级文化,它们分别是埃及文化、印度文化、巴比伦文化、中国文化、古希腊罗马文化、伊斯兰教文化、墨西哥文化、西方文化。英国著名历史学家汤因比在其《历史研究》一书中则认为:世界历史上存在过 21 种文化或文明。无论是否必要,或许将一个族群的特征追踪得更细,文化类型与模式的划分也将更细。

第二节　超文化与亚文化

所谓"超文化"和"亚文化",都是基于民族这一最主要的文化共同体而言的。比民族大,是超文化;比民族小,是亚文化。

一、超文化

一种文化大于民族文化,就可以归为超文化。文化学家们最早提出的是"茶叶超文化"和"咖啡超文化",英国、中国、俄罗斯、印度、日本以及东南亚和北非大部分民族,属于茶叶超文化;美国、法国、德国、意大利和西亚大部分国家,属于咖啡超文化。当然有重叠的,也就是既喝茶也喝咖啡。笔者加一个更大的超文化,"可乐超文化",现在覆盖世界。

又比如联合国文化、奥林匹克文化、足球文化、电影文化等,也都是超文化。

亨廷顿就按此将世界分为四大文化区:基督教文化区、伊斯兰文化区、印度教文化区和儒教文化区。他说:"宗教是界定文明的一个主要特征,正如克里斯托弗·道森所说:'伟大的宗教是伟大的文明赖以建立的基础。'在韦伯提出的五个世界性宗教中,有四个——基督教、伊斯兰教、印度教和儒教与主要的文明结合在一起。"[1]宗教文化是一种最重要的超文化,对世界的影响重大且深远。

---

[1] 塞缪尔·亨廷顿:《文明的冲突与世界秩序的重建》,北京:新华出版社,2002年,第32页。

还有就是特点归类。例如按生态环境类型划分,就有内陆文明、海洋文明、山地文明、沙漠文明等;按经济生活方式划分,就有农耕文明、游牧文明、渔猎文明、商业文明等;按特点象征归类,本尼迪克特借鉴了尼采在古希腊悲剧的研究中所采用过的名称,将两种具有不同精神特征的文化称为"阿波罗型"文化(亦即日神型,特点是节制、中和、热衷礼仪等)和"狄奥尼索斯型"文化(亦即酒神型,偏爱竞争、对抗、爱好幻想、狂热奔放等),以及妄想狂型文化(隐秘、执拗、冷酷、鬼祟、反复无常等)等;按特点伦理归类,又有了本尼迪克特所称的西方"罪感文化"、日本"耻感文化"和李泽厚所称的中国"乐感文化"等。

世界武技文化应该也是一种超文化。

二、亚文化

一种文化小于民族文化,就可以归为亚文化。笔者以为亚文化大致可包括以下四类。

(一) 空间地域文化

例如:中国的巴蜀文化、齐鲁文化、燕赵文化、岭南文化等,美国的南方文化、北方文化等。

区域文化是一种重要的亚文化。中国幅员辽阔,不同区域之间文化差异很大,并各有其鲜明特点。比如北京文化的大气,上海文化的精明,江浙文化的精致,中原文化的厚重,重庆文化的火爆,广东文化的实际,等等。

中国各地文化不尽相同,但也在发生变化。比如江浙地区的文化,近世以文弱著称,但反观古代,江浙乃吴越之地,吴越在先秦为小国,而在春秋末期竟称霸一时,敢于与中原大国相抗衡,其文化中原也有强悍的一面。

中国武术的某些特点也与亚文化有关,比如南派、北派、黄河流域派、长江流域派、珠江流域派等的划分和特点,也与地域文化有关。

(二) 时间时段文化

例如:秦汉文化、唐宋文化、明清文化、民国文化等;日本的飞鸟文化、镰仓文化、江户文化等。

中国文化各个阶段皆有其特色。日本人认为,唐以前的中国跟之后的中国是很不相同的,日本文化是唐文化的真正继承者。日本人有大唐情结,"女子十二乐坊"在日本走红,就是契合了日本人的这种情结。日本人拒绝承认清为中国,而称其为清国或"支那"。所以汤因比《历史研究》最早是把中国文化分为两种的,唐以前是一种,唐以后是另一种,虽然他后来改正了自己的观点,但他最早的分法肯定有他的理由。"怪才"辜鸿铭也持这种唐以前、唐以后中国文化两分的观点,也认为日本是中国文化的真正"承继者"。中国的时间时段文化差异非常大。司马迁笔下刺客和侠士的做派,恐怕很难在后来的中国人身上找到,但却更像日本武士的所思所为。这就是一例。

每个时代的武术,都有自己显著的特点。比如明代,军事武术的发达,少林武术的显扬,就是一例。

(三) 族群集团文化

例如:广东的广府文化、客家文化、潮汕文化;美国的印第安人文化、黑人文化、墨西哥人文化;士大夫上位精英文化、民间下位草根文化;一般的学校文化、工厂文化、村庄文化、军旅文化、江湖文化等。

中国历史上的武术,显然与民间文化、军旅文化、江湖文化等关系密切。

(四) 文化形态

文化形态,是指在某种民族文化之下的一种固化的文化样式,我们更多地将其称为民族"母文化"之下的"子文化"。可以列出这样一些中国文化之下的文化形态:诗歌文化、戏剧文化、烹饪文化、佛教文化、书法文化、古琴文化、围棋文化、武术文化等等。

美国著名人类学家克鲁柯亨指出:"文化存在于思想、情感的起反应的各种业已模式化了的方式当中,通过各种符号可以获得并传播它。另外,文化构成了人类群体各有特色的成就,这些成就包括他们制造物的各种具体形式。"[1]文化是抽象的、概括的,又是具体的、类分的。克鲁柯亨所说的"各种符号""各种业已模式化了的方式""各种具体形式",事实上说的就是文化之下的各种具体文化形态。文化形态是文化巨系统中的子系统和有机组成部分,文化与文化形态的关系,是母体文化与分支文化的关系。武术文化,便是中国文化母体之下的一个分支文化。

梁漱溟先生曾说:"中国语言文字之特殊,世界所重视,其为中国文化一大成

---

[1] 克鲁柯亨:《文化概念》,见庄锡昌编《多维视野中的文化理论》,杭州:浙江人民出版社,1987年,第116页。

分自无疑义。但著者自愧外行,却不敢加以论列。此外如文学,如逻辑,如哲学,如音乐,如绘画、雕刻、陶瓷、宫室建筑、园林布置,如医药,如体育拳术,如农业工业以至种种方面,中国亦莫不自有其特殊之点。"①梁先生列出的,实际上就是中国文化之下的文化形态,"体育拳术",荣列其中。武术文化在中国文化中的位置,不言自明,就在这里。

超文化、亚文化都不是绝对的,或大,或小,都在变化发展中。茶文化、咖啡文化,都曾经是亚文化,但现在成了超文化;而在巨大的古罗马帝国境内是超文化的斗兽场文化,却连在意大利都消失不见了,只在原来古罗马殖民地的西班牙境内还留下点遗迹,即斗牛士斗牛,成了西班牙文化下的子文化——斗牛文化。

第三节 中国文化的基本精神

什么是文化的基本精神呢?陈廷湘是这样归纳的:"一个民族文化的基本精神是该文化本质的规定性因素,是一个民族的文化区别于其他民族文化的根本尺度,弄清一个民族文化的基本精神,就从根本上认识和把握了该文化的本质特征。"②

什么是中国文化的基本精神呢?很多文化大家都对此做出过论述:

严复在《论世变之亟》中指出:"中国最重三纲,而西人首明平等;中国亲亲,而西人尚贤;中国以孝治天下,而西人以公治天下;中国尊主,而西人隆民;中国贵一道而同风,而西人喜党居而州处;中国多忌讳,而西人众讥评。其于财用也,中国重节流,而西人重开源;中国追淳朴,而西人求欢娱;其接物也,中国美谦屈,而西人多发舒;中国尚节文,西人乐简易。其于为学也,中国夸多识,而西人尊新知。其于祸灾也,中国委天数,而西人恃人力。"严复所云,其实就初步接触到了中国文化的基本精神。

陈独秀认为中西方民族文化的区别在于:"西洋民族以战争为本位。东洋民族以安息为本位""西洋民族以个人为本位。东洋民族以家族为本位""西洋民族

---

① 梁漱溟:《中国文化要义》,上海:上海世纪出版集团,2005年,第26页。
② 陈廷湘主编:《中国文化》,重庆:重庆大学出版社,2001年,第2页。

以法治为本位,以实利为本位。东洋民族以感情为本位,以虚文为本位"。这三大差异说指出了中国文化贵和尚中、重视家族和以情感而不以契约为人际关系纽带的基本精神。

李大钊曾在《东西文明根本之异点》中指出了中西方文化的差异:"一为安息的,一为战争的;一为消极的,一为积极的;一为自然的,一为人为的;一为依赖的,一为独立的;一为苟安的,一为突进的;一为因袭的,一为创造的;一为保守的,一为进步的;一为直觉的,一为理智的;一为空想的,一为体验的;一为艺术的,一为科学的;一为精神的,一为物质的;一为灵的,一为肉的;一为向天的,一为立地的;一为自然支配人间的,一为人间征服自然的。"这众多对立的特征中,东方文化以静为基本特征,西方文化以动为基本特征。

梁漱溟则提出了"意欲决定论",认为"生活就是没尽的意欲",而一个民族的根本文化精神就取决于其意欲的"方向"。西方文化"是以意欲向前要求为其根本精神的",中国文化"是以意欲自为、调和、持中为其根本精神的",印度文化则"是以意欲反身向后要求为其基本精神的"。

张岱年等在其著作《中国文化与文化论争》中提出:"中国文化丰富多彩,中国思想博大精深,因而中国文化的基本思想也不是单纯的,而是一个包括许多要素的统一的体系。这个体系的要素主要有四:1. 刚健有力,2. 和与中,3. 崇德利用,4. 天人协调。四者以刚健有为思想为纲,形成中国文化基本思想的体系。"李泽厚则在《试谈中国人的智慧》中提出:中国人智慧的根基,实即文化的基本精神内涵,主要有四点,即所谓的"血缘根基""实用理性""乐感文化""天人合一"。汤一介在《再论中国传统哲学的真善美问题》中则提出:文化的核心问题是哲学问题。中国哲学的基本命题有三:解决人与自然(宇宙)之关系的"天人合一",解决人与人(社会)之关系即人类社会的道德标准和原则问题的"知行合一",解决艺术创作中的人和反映对象之关系的"情景合一"。他认为:中国文化是个囊括世界而以伦理意识为中心的深层结构。正是这一深层结构决定了中国文化的若干表象,也形成了长久影响民族精神的四个方面:空想主义、实践的道德观念、求统一的思维方式、直观的理想主义。另外,庞朴则在《中国文化的人文主义精神》中,提出了中国文化的基本精神缺乏神学宗教体系,以伦理政治为轴心的观点。

余英时曾提出:西方文化是以"外在超越"为基本精神的文化体系,中国文化是以"内在超越"为基本精神的文化体系。外在超越是"把人客观化为一种认知对象",内在超越则"要求把'人'当作一有理性也有情感的,有意志也有欲望的生命整体来看待"。而"整体的自我一方面通向宇宙,与天地万物为一体;另一方面则通向人间世界,成就人伦秩序"。这种观点,基本上就是"天人合一"的观点。

综合这些看法,大致可以清晰全面地把握民族文化的基本精神的主要方面。

中国文化从来都以迥异于其他文化类型的鲜明特征与广大内涵,与其他民族和民族文化区别开来,并独立存在。中国人之所以为中国人,中国人走到哪里都是中国人,主要并不是种族意义上的而是文化意义上的。中国文化发达深厚,也从来使面对它的异文化的拥有者们注目与震惊。而这一点,正是由中国文化的基本精神决定的。

第四节　武术文化形态

一种文化怎么才能被称为一种文化形态,并可以被称为某一种文化下的子文化呢?笔者认为,武术之所以能当之无愧地被称为一种文化形态,被当作上升到文化层次的对象来对待和研究,被称为"武术文化",关键在于这样几个重要的指标:第一,武术文化是中国文化整体的有机组成部分;第二,武术文化自成完整体系;第三,武术文化有足够的体量;第四,武术文化全面贯彻和反映了中国文化的基本精神。

第一,武术文化是中国文化整体的有机组成部分。说武术文化是中国文化整体的有机组成部分,是说在中国文化的历史背景中必然会形成、要形成武术。在中国文化的有机构成中,必不可少地要有武术。它不可能不存在,也不可能被排斥或忽略不计。正是类似武术文化的这些诸多具体的有机体,构成了中国文化本身。一种器械、一个拳种的出现和存在是偶然的,但武术文化的出现和存在是必然的;这犹如一种小吃、一种陶壶的出现和存在是偶然的,但饮食烹饪文化的出现和存在又是必然的。没有了武术文化(或烹饪文化、戏剧文化等等),中国文化就可能不是中国文化,或者说不是现在面貌的中国文化。

第二,武术文化自成完整体系。说武术文化自成完整体系,既是说它的内涵广大丰富,历史悠久,博大精深,千枝百蔓,同时也是说它的内涵足以独立,有着充分的自足的功能,使武术文化形态同其他文化形态严格区分开来,有其质的规定性、确定性。虽然文化形态之间会有或多或少的渗透和影响,但武术却未因此与其他文化形态相混淆。少林寺与武术结缘,武术文化与佛教文化发生了碰撞和联系,但武术文化并未变成佛教文化,就是一例。

第三,武术文化有足够的体量。要有足够的体量,是说它要有足够的体积和质量,它不能太小,我们常说的武术"博大精深",实际也就是这个意思。文化最主要的承载体是民族,但其承载体也可以是更小的集体,比如班级也有班级文化。民族文化以下应有子文化。在"文化"一词已经被滥用的当代社会,子文化的体量不能太小。就中国文化而言,要说家具文化、园林文化这都没有问题,但如果说筷子文化,笔者觉得就有点小了,体量不够。对西方文化来说,说奥林匹克文化,竞技运动文化都没有问题,但说百米短跑文化,这就有点小了。就某一运动来说,篮球文化、足球文化都可以,因为它们的体量都是足够大的。武术文化作为一种文化形态完全可以成立。中国武术包含了众多的流派和器械,复杂的身体艺术;但要说直拳文化,其内容就有点勉强。笔者认为,像那些经常被提到的筷子文化、紫檀文化、紫砂文化等等,随便说说可以,但真要从学术的角度去理解,它们本身的体量太小,不足以称之为真正意义上的文化。文化形态不是无限可分的,一种文化形态是否成立,关键是看其是否有文化负载能力,或者说文化的灌注程度。让某一种小吃,某一种陶壶,也被冠以文化的殊荣,是"文化"一词的滥用,因为实际上这些物品的文化意义太小、太少。

第四,武术文化全面贯彻和反映了中国文化的基本精神。从内部因素上讲,构成文化的另一个重要方面是这种子文化能不能反映文化母体的基本内涵,也就是说我们能不能从子文化中找到文化母体的基本精神。拿武术文化、紫砂文化、筷子文化来分析,紫砂文化和筷子文化显然不足以反映中国文化的基本精神,但武术文化无论从体量来讲,还是从内涵上说都足以称得上文化。梁漱溟先生还说:"我相信中国文化是一个整体,至少其各部门各方面相连贯。它为中国人所享用,亦出于中国人之所创造,复转而陶铸了中国人。它有许多许多特征,被世人指目而数说。""所有这些不同方面之许多不一类的特点,必与此所论究之社会人生的特点,皆有其骨子里相通之处。"[①]梁先生所云"相通",实际上就是中国文化的基本精神。这种基本精神,在文化形态中都存在。

---

① 梁漱溟:《中国文化要义》,上海:上海世纪出版集团,2005年,第26页。

说武术文化这一完整体系全面体现和反映了中国文化的基本精神,是说武术有着足够的文化负载能力,武术文化作为中国文化母体的一个侧面,具有文化母体的核心本质特征,它可以完整地折射文化母体基本精神的全部光芒。毫无疑问,中华民族独特的思维方式、行为方式、审美观念、心态模式、价值取向、人生观和宇宙观,在武术文化形态中都有集中的反映。"窥一斑而见全豹""一滴水可以照见整个太阳",由武术文化形态深入了解与研究,不仅可以把握武术文化形态本身,也可以切入观照复杂文化母体的整体面貌。

是否能反映民族文化的基本精神,是一种文化形态能否确立的重要标志。我们民族文化的基本精神,在武术中有着集中的反映,或者说,这种基本精神,深深渗透于武术文化形态之中。武术以其特殊本质,反映了一般意义上的、共通的、共同的民族文化的基本精神。

笔者以为,血缘根基(宗法制度)、世俗主义(缺乏神学彼岸设计)、审美文化(艺术文化)、天人合一(天人协调、内在超越)、刚健有为(强调竞争,但中国是竞智)是我们民族文化中最重要的基本精神,所以接下来笔者将从民族文化的这五大基本精神入手,专列"宗法社会结构对武术的深刻影响""少林:佛、寺与儒、武之妙合""套路武术是特殊的中国舞蹈""中国武术与'天人合一'""性选择:竞力活动与竞智活动"五章,从武术对民族文化五大基本精神的贯穿的角度进行论述。

第二章　宗法社会结构对武术的深刻影响

　　古代中国社会结构的特点受宗法制影响。宗法制是从氏族制下的血缘关系与祖先崇拜发展起来的。整个中国古代社会,"重本抑末""以农立国"的状况几乎没有什么改变,人民安土重迁,日出而作,日落而息,完全被束缚而依赖于土地。以土地为中心的人民,没有更多的选择,只可能以血缘纽带组合为群。农业经济的长期发达,应该说是造成中国社会长期无法脱离宗法轨迹的一个重要原因。秦以后,宗法制度发生过一些变化,不再像商周那样直接成为国家的政治制度和政权组织,但宗法制的一些基本原则几乎完整地留存下来。儒家"家国一体"的观念,是宗法制的反映,更是这种制度在思想领域被论证肯定的证明。宗法的网络,伸展到中国社会的每一个角落。陈独秀说:"只知道有家,不知道有国。我们中国,家族的制度,在各国之中顶算完备了。所以中国人最重的是家,每家有家谱,有族长,有户尊,有房长,有祠堂,有钱的还要设个义庄义学。在家族上的念头,总算是极其要好了。"[1]梁漱溟则引冯友兰《说家国》来说明这一点:"有以家为本位的生产方法,即有以家为本位的生产制度。有以家为本位的生产制度,即有以家为本位的社会制度。在以家为本位的社会制度中,所有一切的社会组织均以家为中心。所有一切人与人的关系,都须套在家的关系中。在旧日所谓五伦中,君臣、父子、夫妇、兄弟、朋友,关于家的伦已占其三。其余二伦,虽不是关于家者,而其内容亦以关于家的伦类推之。如拟君于父,拟朋友于兄弟。"[2]上至皇族长子继承、诸侯封邦建国,下至百姓的祠堂族谱、族规家法,以及中国人称谓的极细极繁,中国人的重情轻法,乃至今日的所谓"关系网",等等,无

---

[1]　任建树主编:《陈独秀著作选编》第一卷《亡国篇》,上海:上海人民出版社,2010年,第64页。
[2]　梁漱溟:《中国文化要义》,上海:上海世纪出版集团,2005年,第28页。

一不是宗法的影响与孑遗。

可以毫不夸张地说：不懂阶级，就不懂西方社会；不懂宗法，就不懂中国社会。

作为置身于中国社会的武林，作为在这种历史背景中诞生的武术本身，便不可避免地深深打上宗法的印迹。也可以这样说，没有宗法的社会大背景，就没有现在意义、现在面貌的中国武术。

第一节　武术多数内容产生于、用于"私斗"

这是一个无情的事实，即迄今为止的人类文明史，同时也是一部战争史。文明的发达，始终同血与火相伴随。长达数千年的中国古代社会，民族内部、民族之间矛盾异常尖锐激烈，战争频繁，为世界战争史所罕见。像秦将白起、楚霸王项羽那样动辄杀降卒数十万，以及陈胜吴广起义、黄巾起义、隋末农民起义、宋金战争、宋元战争、红巾起义、明末农民起义等使中国大地万里烽烟不绝，则充分显示了这些战争的规模之大。

战争是暴力冲突的最高形式。武术是一种暴力手段。自然而然地，人们往往便把战争、军事、武术三者紧密联系在一起来看待，甚至认为它们之间不言而喻地有着一种渊源。

前面已经讨论过，面对北方匈奴的大举入侵，晁错在《言兵事疏》中这样分析：汉匈战争双方各有优势，北方游牧民族吃苦耐劳，骑术精，战马好，军队机动性强，这些都是中原民族无法比拟的。中央王朝的军队，只能尽量在武器装备、士兵武艺训练、完善正规的车骑大战等方面下功夫以保持军事优势。

说是出于一种自觉也罢，说是出于一种无奈也罢，古代中国中央政权长期实施的正是这样一种战略主张。中国武术发达呈现博大精深、千枝百蔓的态势，这一态势的形成，军事目的是一个极为重要的因素。

然而问题又不这么简单。研究中国武术内涵和特质，我们不难发现：军事目的并不是中国武术形成的唯一因素。

古代战争从来讲究阵法。古希腊马其顿人发明了著名的马其顿方阵。后来罗马兵团、东征的十字军，乃至拿破仑，无不沿袭这种作战方式。

中国古代战争尤重阵法。岳飞初露锋芒时为宗泽部下,据说"泽大奇之,曰:'尔智勇才艺,古良将不能过,然好野战,非万全计。'因授以阵图"。岳飞学习领悟后,说了那句著名的话:"阵而后战,兵法之常;运用之妙,存乎一心。"①《六韬·犬韬·均兵》曾有分析说:

> 故车骑不敌战,则一骑不能当步卒一人。三军之众成陈而相当,则易战之法,一车当步卒八十人,八十人当一车;一骑当步卒八人,八人当一骑;一车当十骑,十骑当一车。险战之法,一车当步卒四十人,四十人当一车;一骑当步卒四人,四人当一骑;一车当六骑,六骑当一车。②

车兵和骑兵布置不当,不能当步卒一人。但如果成阵,险塞之地,一辆战车可当步卒四十人,一个骑兵可当步卒四人;而在平地,一辆战车可当步卒八十人,一个骑兵可当步卒八人。布阵的威力早为人们所认识,作为冷兵器时代的兵法一直为古代中国军队沿用和发展。战国名将李牧的"奇阵",诸葛亮的"八阵",李靖的"六花阵",抗金名将吴璘的"三叠阵",戚继光的"鸳鸯阵",何良臣的"连环阵"等,都是著名的阵法。一直到清末太平军作战,还常使用"螃蟹阵"。阵在中国文学与传说中甚至被神化了,辽国元帅的"天门阵",便只有穆桂英一人能破得了,穆桂英又必得杨五郎相助,而杨五郎惯用兵器大斧子的斧柄又必须用降龙木才行。

恩格斯曾引用拿破仑说过的一段话:"两个马木留克骑兵绝对能打赢三个法国兵;100个法国兵与100个马木留克兵势均力敌;300个法国兵大都能战胜300个马木留克兵;而1000个法国兵总能打败1500个马木留克兵。"③马克思则说:"一个骑兵连的进攻力量或一个步兵团的抵抗力量,与单个骑兵分散展开的进攻力量的总和或单个步兵展开的抵抗力量的总和有本质的差别,同样,单个劳动者的力量的机械总和,与许多人手同时共同完成同一不可分割的操作(例如举重、转绞车、清除道路上的障碍物等)所发挥的社会力量有本质的差别。在这里,结合劳动的效果要么是个人劳动根本不可能达到的,要么只能在长得多的时间

---

① 脱脱等:《宋史·岳飞传》,北京:中华书局,1985年,第11376页。
② 《武经七书》,北京:中华书局,2007年,第499页。
③ 恩格斯:《反杜林论》,北京:人民出版社,1970年,第126页。

内,或者只能在很小的规模上达到。这里的问题不仅是通过协作提高了个人生产力,而且是创造了一种生产力,这种生产力本身必然是集体力。"①

1+1＞2 的这种力量,我们将之称为系统与结构力量,也就是我们常说的团队力量,马克思将之称为"集体力"。所谓"阵"的妙用,正在于此。《孙子兵法》云:"善用兵者:避其锐气,击其惰归,此治气者也;以治待乱,以静待哗,此治心者也;以近待远,以佚待劳,以饱待饥,此治力者也;无邀正正之旗,无击堂堂之阵,此治变者也。"②"无邀正正之旗,无击堂堂之阵",孙子的警告恰好说明了古代战争中阵的重要和震慑力。

在阵中,最重要的是服从命令听从指挥,整支军队,通过阵的转化,变得像一个人一样。这叫"一人"。《尉缭子·武议第八》云:"夫将者,上不制于天,下不制于地,中不制于人。故兵者,凶器也;争者,逆德也;将者,死官也,故不得已而用之。无天于上,无地于下,无主于后,无敌于前。一人之兵,如狼如虎,如风如雨,如雷如电,震震燸燸,天下皆惊。"③这个"一人",为历代兵书强调。戚继光《练兵实纪》就说:"兵虽百万,指呼如一人""斗万众,如一人"。④

我们可以仔细看看戚继光怎么做到使千军万马成为"一人":

> 军中惟有号令,宋时人称岳忠武军曰:"撼山易,撼岳家军难。"夫军士一人,不过一百斤力气,如何比山难撼?盖山是土石,可以掘取钻矻,军士万人一心,一个百斤力,万个百万力矣,如何撼得动。若人各一心,百万之众,各是一个身子,即贼一个,便可冲动之。古者义勇武安王,即今天下庙中关王也,生前曾独马单刀于万众中斩颜良,正是颜良之兵人各一心也。或者又谓:万人各具一个身,如何使得一心?要我一个身子,合得百万斤力气来,不亦难乎?是不然。你只看用人抬巨石大木,万万斤木石,用千数个人便能抬得来。盖数千人,虽是力在各人身上,而绳子杠子则可均在众人身上也。如今操练的赏罚、号令、节制、规矩、连坐之法,都是抬石木的绳子一样。人人遵守号令,重如性命,死便就

---

① 马克思、恩格斯:《马克思恩格斯全集》第 23 卷,北京:人民出版社,1972 年,第 362 页。
② 《十一家注孙子》卷中《军争篇》,北京:中华书局,1962 年,第 121~123 页。
③ 马留堂译注:《武经七书》,北京:中华书局,2007 年,第 239 页。
④ 戚继光:《练兵实纪》卷之二"练胆气",北京:中华书局,2001 年,第 53 页。

死,不敢违令。思之!思之!今日号令,决要比岳爷爷军。又如一株大木,一块大石,绳子扛子,不拘千万人同抬,都要压到肩头上来,决然不准你们人各异心,如往年儿戏也。①

兵有二用:数十百人随意野战,风雨之势,非罚所加,非法所管,可以一语传呼而止,无节制可也,虽然,此即节制也。若用数万之众,堂堂原野之间,法明令审,动止有则,使强者不得独进,弱者不得独退,峙如山岳,不可撼摇;流如江河,不可阻遏。虽乱犹整,百战不殆,握定胜筹,以全制敌。舍节制,必不能军。节制者何?譬如竹之有节。节而制之,故竹虽虚,抽数丈之笋而直立不屈。故军士虽众,统百万之夫如一人。夫节制工夫,始于什伍以至队哨,队哨而至部曲,部曲而至营阵,营阵而至大将,一节相制一节,节节分明,毫不可干。金鼓各有所用,音不相杂;旗麾各有所用,色不相杂。人人明习,人人恪守,宁使此身可弃,此令不敢不守;此命可弃,此节不敢不重。视死为易,视令为尊。如此,必收万人一心之效,必为堂堂无敌之师,百战百胜。②

阵法变化无穷,但阵法的基本特征、基本要求是一致的,那就是绝对服从命令、听从指挥,统一号令、统一行动。对组阵战士的首要要求,则如《草庐经略》所云:"毋喧哗,毋越次,毋参差不齐,毋自行自止、或纵或横。使目视旌旗之变,耳听金鼓之声,手工击刺之方,足习步趋之法。"③

有指挥地统一行动的要求是至高无上的。统一行动就是集体行动,集体行动对技术的要求只可能是简单和实用。按照明代军事家何良臣《阵记》中的说法便是:"且如长短器械,错杂阵头,一齐拥进,起手就戳便砍。虽转手回头,尚不可得,岂容活泼动跳,做作进退,身势手法耶?所以虚花武艺,一些用不得在阵头上,正谓此耳。练兵者若曾亲经战阵,当识诸此。"④按照戚继光《纪效新书》的说法则是:"开大阵,对大敌,比场中较艺,擒捕小贼不同。堂堂之阵,千百人列队而前,勇者不得先,怯者不得后。丛枪戳来,丛枪戳去;乱刀砍来,乱杀还他。只是

---

① 戚继光:《练兵实纪》卷之二"练胆气",北京:中华书局,2001年,第64、65页。
② 戚继光:《练兵实纪》卷之九"练将第九",北京:中华书局,2001年,第191页。
③ 无名氏:《草庐经略》卷一"教部阵",郑州:中州古籍出版社,2006年,第20页。
④ 何良臣:《阵记》卷二"技用",北京:中华书局,1985年,第34、35页。

一齐拥进，转手皆难，焉能容得左右动跳？一人回头，大众同疑；一人转移寸步，大众亦要夺心，焉能容得或进或退？平日十分武艺，临时如用得五分出，亦可成功，用得八分，天下无敌。未有临阵用尽平日十分本事，而能从容活泼者。"①

阵战并不是古代军队作战的唯一方式，但是战争机器的运转是高度组织化、专业化的。个体因素的力量不仅极为有限，而且只有汇入整体的方向，无条件服从整体意志，才能发挥作用。所以个人技术并无多少创造性施展的余地。必须和整体作战形式相适应，决定了军事武艺只可能是整齐一律、简单实用的。在中国古代战争中，车战、骑战、野战、守战，都是如此。"齐之技击，不可以遇魏氏之武卒；魏氏之武卒，不可以遇秦之锐士。"②重视个人技击术，号为"技击"的齐军战士，并无相应的战斗力。而秦之"锐士"，正是以"什伍"组编成所向披靡的军旅集体。

说到这里，读者就不可能不提出诸如这样的问题了：武术中司空见惯的那些诸如吞吐沉浮、俯仰曲伸、闪展腾挪、后发制人等技法，既然不适宜于阵战及其他大兵团作战的形式，那么在哪里才能派上用场呢？

古代战争，战马驰突，军阵掩进，三两个回合之内，不是消灭敌人或使之丧失战斗力就是相反，这就要求战士更重视耐力和力量的训练，也更重视最简单最有效的杀敌手段的掌握，以此来选择和使用手中武器。赤手空拳应敌的场合是极难遇见的。所以戚继光重视刀、枪、棍等武艺操练，发明了狼筅，却对拳术评价很低，他说："此技不甚预于兵。""拳法似无预于大战之技。"指出这一点的并不止戚继光一人。明代的谢肇淛在《五杂俎》中亦云："武艺十八般，而白打居一焉。今人小厮扑无对者，如小虎梁兴甫，亦足以雄里闬矣。但用之战场，未必皆利。"③所以戚继光练兵，仅把拳术作为"活动手足，惯勤肢体"的"初学入门之艺"。并且规定：士兵如有余力，亦可习拳术；如果没有，亦不必勉强，听其自便。戚继光还说，拳法在军事上用处不大，所以在他的著作《纪效新书》中，《拳经捷要》篇只列在"诸篇之末"。④

拳法在军事武艺中地位较低，但却是武术最重要的组成部分。很长一段时

---

① 戚继光：《纪效新书》十八卷本"总序"，北京：中华书局，2001年，第12、13页。
② 章诗同注：《荀子简注》，上海：上海人民出版社，1974年，第152页。
③ 谢肇淛撰、郭熙途校点：《五杂俎》卷五"人部一"，沈阳：辽宁教育出版社，2001年，第102页。
④ 戚继光：《纪效新书》十八卷之"拳经捷要篇第十四"，北京：中华书局，2001年，第227页。

期中,"拳棒"之称,几乎就是武术的代名词。中国武术拳法中各种细腻、复杂的腿法,诸如:暗藏于步法之内,有出腿不见腿特点的各种八卦暗腿;通臂以手盖于腿上做掩护,藏而发腿或腿手并发的"叶底藏花";对柔韧性要求极高,脚掌向后倒踢,超过头部打人的"倒打紫金冠";近距离攻击对手上盘的"朝天蹬";包括连环蹬腿、连环飞腿、左右坡腿、连续撩踢、连续点腿在内的各种连环腿法;包括二起脚、戳脚剪子腿、通臂飞箭弹等在内的各种腾空性腿法;包括拿、缠、背、卷、压、展、蹬、抱、转、锁、分、抓、推、搬、抠、托、点、别、拧、扣、封等复杂方法的擒拿;数不胜数的拳、爪、掌、指、肘、膝法;头部、肩部、臀部打人的技法;指肘点穴,及诸如万籁声《武术汇宗》所云"少林外功弹门,功成眼球不畏打;少林内功云门,功成肾囊不畏抓"等被视作上乘武功的功法。这些显然绝非为适宜战阵而创设,而只可能用于能充分发挥个体技艺的单打独斗的别一用途。

我们知道,战阵厮杀,人马均身披重甲。日常武士所带的轻灵的佩剑之类,对厚重的盔甲无可奈何,不能损其分毫。在欧洲中世纪的骑士小说中,我们能看到:"盔甲已经相当完善,当时的刺杀和打击武器只能造成挫伤和大脑受震引起的眩晕。固此,武士们力图使对方疲惫到不能站立的地步,然后用徒手自卫的动作将其掀翻在地,再拔出轻剑从盔甲的缝隙里插进去,向他索取赎金,迫使其赔偿损失或发誓做自己的奴仆。"[①]战阵厮杀,中外一例,盔甲的完善,在中国可能还要早些。但像这种压迫住敌人,抽出匕首从盔甲缝里杀进去的情形,恐怕只较多地出现在战斗的尾声。一般而言,对付盔甲的办法,还是加强武器的分量质量以造成挫伤和眩晕。所以,战阵攻击常见的有效武器,是阔刀巨斧,是长枪大戟,是铁锤和狼牙棒。

那么,中国武术器械中,诸如九节鞭、三节棍、软鞭、流星枪、绳镖、龙头杆棒等软兵;诸如判官笔、宫天梳、峨嵋刺、子母刀、鸳鸯钺、日月轮等奇门兵器;诸如摔手箭、金钱镖、梅花针、飞蝗石、血滴子、铁莲花、飞铊、铁鸳鸯、喷筒、如意珠、飞铙、梅花袖箭、袖弩、镖刀、袖圈、袖蛋等种类繁多的暗器;以及以水为媒介的"水门沙",以风为媒介的"风门沙",和各种蒙汗药、闷香、迷魂砂、飞砂、千里火、云烟等药法之类,显然都不是战阵所用的武器。在武术挖掘整理中,还曾经发现过一种特殊兵器——龙凤扇。这种扇乍看与普通扇无异,然其边缘有利刃,攻杀可

---

① 拉斯洛·孔:《体育运动全史》,颜绍泸译,中国体育史学会内部资料,1985年,第78页。

怖。曾有其传习者撰文介绍云:"此器是既可扇风祛暑,又可防身御敌,于谈笑风生中暗藏杀机。"好一个"于谈笑风生中暗藏杀机"!战阵会让你谈笑风生吗?龙凤扇亦绝非用于战阵。

武术器械众多,因而有十八般兵器之说。何谓十八般兵器?明万历天启人朱国桢《涌幢小品》卷十二云"武艺十八事,一弓,二弩,三枪,四刀,五剑,六矛,七盾,八斧,九钺,十戟,十一鞭,十二简,十三挝,十四殳,十五叉,十六爬头,十七绵绳套索,十八白打"①,《水浒传》云为"矛、锤、弓、弩、铳、鞭、简、剑、链、挝、斧、钺并戈、戟、牌、棒与枪、杈"②,大同小异。分析可见,十八般兵器包括一些早已在战争中不再使用的旧时军器,诸如戈、戟、钺、剑等。

其中最具有典型意义的是剑。

吴殳《手臂录》云:"剑器较轻,其用大与刀异。剑诀实有所隐,恐古人之心,终至湮没,故又作《后剑诀》一绝,微露之:'剑术真传不易传,直行直用是幽元。若唯砍斫如刀法,笑煞渔阳老剑仙。'"③宋唯一著《武当丹派剑术》亦有这样的论述:"曩游各省,见诸剑士多以单刀之法充剑术。当场演之,视其手势、剑法,尚未脱离单刀横劲。口说舞剑、击剑,实去剑法谬以千里矣。殊不知,剑法纯乎枪法,左手护持,右手如使枪状。出剑入剑,皆是竖劲,力贯中锋也。"④

武林又有"剑走青,刀走黑"的谚语。张大为《武术谚语释义》是这样阐释的:"'青',是轻的通假,指轻捷便利。交手之时,能干净利索地躲闪对手的进攻,谓之'走青';进退不灵,躲闪不疾,谓之'沾青'。剑器本身轻、短、细、薄,对付粗重兵器,难以硬挡硬架硬格,只可逢坚避刃,遇隙削刚,仗着身法便利,招法变化取胜。所以说,'剑走青'。'黑',狠毒凶猛之意。'走黑',就是说刀法要狠、要猛。刀本身面宽而背厚,在常用短兵器中份量较重。交手之时,可大劈大砍,硬挡硬架,刀锋过处,如滚瓜切菜。所以说'刀走黑'。"⑤

显然,剑的特点是身薄而轻,且为直身,容易折断,因而不适用于砍杀(武术剑法有劈、刺、扎、撩、点、崩、截、抹等,绝无砍)。面对身着坚盔重甲的敌人,剑的

---

① 朱国桢:《涌幢小品上》卷十二"兵器",北京:中华书局,1959年,第263页。
② 施耐庵、罗贯中著;凌赓等校点:《水浒传》,上海:上海古籍出版社,1988年,第25页。
③ 吴殳:《手臂录》卷四"后剑诀",太原:山西科学技术出版社,2006年,第12页。
④ 宋唯一:《武当丹派剑术》,见李天骥主编《武当绝技秘本珍本汇编》,长春:吉林科学技术出版社,1988年,第90页。
⑤ 张大为:《武术谚语释义》,北京:红旗出版社,1988年,第12、13页。

功效受到了极大限制。特别是在骑兵出现以后,主要攻击手段由直刺变为砍杀,以攻击特征而被喻为"直兵推之"的剑便因不再适合实战的要求,而逐渐被西汉时业已出现的厚重坚利的环首刀所取代。东汉以后,大刀便成了军队大量装备的主战武器,迄至冷兵器时代结束。茅元仪《武备志》中"古之言兵者必言剑,今不用于阵"[1]的说法,除有大量文献佐证外,还由考古资料得到证实。无怪乎小说《李自成》中大队骑兵挥剑冲锋的描写,一再被人嘲讽。

战阵早已排斥了剑,然而剑的生命并未终结,它不仅未从历史上消失,反而制作日益精良,技法日趋精妙,剑仍被人们誉为"短兵之王""诸器之帅"。这一切,只能用剑退出军事舞台后又找到了新的功能栖所来解释。

军器和典型的武术器械中也有重叠的武器,但这些武器,其形制和技术内容却也不同。

比如枪,是出现最早的战阵武器之一,长时期内一直是战场的主战兵器。戚继光创立的"鸳鸯阵",以十二人为一小队,其中队长一人,伙夫一人,狼筅二人,藤牌二人,叉钯二人,唯有枪手是四人,"戚公鸳鸯阵,每队十二人,唯枪手四人,名曰'杀手'。以寡击众,莫善于枪,不可不知"[2]。明太祖洪武十三年(1380)的军法定律中也明文规定军队战斗人员比例为一百人中铳手十,刀牌手二十,弓箭手三十,枪手四十。枪手比例极大,可见枪在战阵中的重要性。无怪乎吴殳《手臂录》说:"语云:'枪为诸器之王',以诸器遇枪立败也。降枪势所以破棍,左右插花势所以破牌镗,对打法破剑、破叉、破铲、破双刀、破短刀,勾扑法破鞭、破锏,虚串破大刀、破戟。人惟不见真枪,故迷心于诸器,一得真枪,视诸器直如儿戏者也。不知者曰:'血战利短器'。夫敌在二丈内,非血战乎?真枪手手杀人,敌未有能至一丈内者,短器何所用之?唯劫营巷战,宜用刀鞭棒耳。至于弓弩鸟铳之发,必在二十步外,牌盾可御;大炮不能命中,付诸天数。二者虽更长于枪,而非所畏也。"[3]

但战阵之枪与通常的枪形制有很大的不同。战阵之枪,枪杆极长。《周礼·考工记》云:"夷矛三寻。"有注云:"孙怡让说:夷之意为平,引申之则为长,矛之至长者以为名。三寻,二丈四尺。"又云:"凡兵无过三其身,过三其身,弗能用

---

[1] 茅元仪:《武备志》卷一百四"军资乘战·器械三·剑",中国古籍库明天启刻本。
[2] 吴殳:《手臂录》卷之二"枪法微言",太原:山西科学技术出版社,2006年,第14页。
[3] 吴殳:《手臂录》卷之一"枪王说",太原:山西科学技术出版社,2006年,第1页。

也而无已,又以害人。""郑注:人身高八尺,三其身则二丈四尺。"①这个"兵",当然是指包括枪矛在内的长兵。明代吴殳《手臂录》记载,当时杨家枪长一丈八尺;沙家竿子长丈八至二丈四尺;汉口枪,长一丈六尺、一丈七尺或一丈八尺。② 到了清代,一丈二尺的称为大枪,一丈六尺的称大杆子,一丈八尺的称矛。这种大枪或大杆子的形制名称,一直延续到今天。读者或许也在武术表演中偶尔见过这种大枪。据传杨露蝉之子杨班侯即善太极枪——杨家杆子。此枪即是大枪。粗如童臂,长达两丈开外,没有相当功力,舞都舞不动。据说有一次杨班侯邻里有人房屋起火,为避免大火蔓延,杨便站在院中用大枪挑开了房顶。读者即便没有见过大枪,就这个故事也能想见大枪是什么模样。站在当院即能够到屋顶,大枪该有多大多长。

而一般武术用枪,则比人长不了多少。国家体委颁布的《武术竞赛规则》规定:枪的长度,约等于人体直立手臂伸直上举后的高度。

不唯形制,这种大枪与一般武术用枪,技术内容也迥然不同。

中国武术中枪法之多样、枪法之深奥,是任何一种器械无法比拟的。枪法以拦、拿、扎为主,其中又以扎法为根本,但杨家枪又讲拿、拉、颠、捉、撸、缠、拦、还八法,称"八母";罗家枪又讲压、打、砸、拿、滑、挑、崩、撑、擢、扎十法;岳家枪则讲劈、抱、砸、创、抽、拦六法。由这些枪法,又可生出无穷变化。俗话说:"枪怕摇头。"在武术好手手中,枪法出神入化后,几个动作一气呵成,枪尖便被抖成一个摇头的圆圈,只见缨光闪闪,令人防不胜防。任你手中拿着什么器械,面对这样的枪法、这样的枪手,怎么也会心中发怵。

中国武术枪法精妙绝伦,洋洋大观,因之号为"诸器之王"。武术中许多器械,都专为破枪而创设。枪法精绝,枪法也最不容易掌握,所以武林又有"月棍、年刀、一辈子枪"的说法,意思就是说练棍一个月就能掌握,练刀一年就能掌握,枪则要练一辈子。

然而战阵枪法却极为简单。我们在13世纪中叶马拉斯宾纳的笔记中可以读到这样的记载:

---

① 杨天宇:《周礼译注》"冬官考工记第六",上海:上海古籍出版社,2004年,第661页。
② 吴殳:《手臂录》卷一"石沙杨马少林冲斗六家枪法说",太原:山西科学技术出版社,2006年,第17页。

安如的查理王子通常在各个不同的地方,主要是在那玻利圣彼得大教堂旁举办比武会。比武会上,根据法国比武的传统,骑士们分为两组。然后,按国王的手势,从意大利和法国军人队伍中各抽派一名戴头盔的骑士走上比武场……宣布了谁用枪矛刺伤了对方的坐骑,必须照价赔偿。待双方上了马,做好厮杀准备之后,他们便在号声和人群的呼喊声中开始枪矛相向,迎面冲锋。枪矛刺到对方头盔上和互相致伤的情况很少……有时候战马相撞,骑手摔倒在地,战马在搏斗的尘埃中受伤致死。偶尔也有战马狂立,而骑士却稳坐马鞍的情况发生。常常可以看到这样的事:一个骑士并没有刺中对方,可是对方却因剧烈震动失去平衡,一头栽倒马下。这是再丢脸不过的事了。①

到了16世纪,又有新规则出台:"如果比赛双方力量相当,矛杆便一折两断。'断矛'一语即由此产生。"②

欧洲中世纪骑士马上持矛比武的场景,今天基本上在电影电视屏幕上得以逼真地呈现,司各特《艾凡赫》等骑士小说,亦有大量类似比武场景的描绘。这种持矛比武,主要是勇气和力量的较量。

中外一例。中国古代战阵枪法也简单至极。戚继光《纪效新书》规定:"(士兵)比枪:先单枪试其手法、步法、身法、进退之法,复二枪对试,真正交锋。复以二十步内立木把一面,高五尺,阔八寸,上分目、喉、心、腰、足五孔,各安一寸木球在内。每一人执枪,二十步外,听擂鼓,擎枪作势,飞身向前,戳去孔内圆木,悬于枪尖上。如此遍五孔,止。"③这样简单的战阵枪法,实际上我们完全可由近代军队刺杀练习防左刺、防右刺、突刺的寥寥几招想见。

吴殳将战阵之枪与一般武术用枪严格区分开来,他把战阵之枪与枪法称为"兵枪"。《手臂录》云:

临阵者,戚少保所谓千百人成列面前,一齐拥进,转手皆难者也。

兵枪者,教之易解,学之易能,用之易效者也。冲斗云:临阵无过大封大

---

① 拉斯洛·孔:《体育运动全史》,颜绍泸译,中国体育史学会内部资料,1985年,第80页。
② 拉斯洛·孔:《体育运动全史》,颜沼泸译,中国体育史学会内部资料,1985年,第81页。
③ 戚继光:《纪效新书》十八卷本卷之六"比较武艺赏罚篇第六",北京:中华书局,2001年,第95页。

劈,此时人心惶遽,唯有枪击地而已。大封大劈,甚类击地之常情,而借地势激起,易以发戳也。至于数十枪手,截路守伏,行列疏宽可以转退出入者,则有冲斗所云:进退斗杀,以凤点头为最疾。如敌人败走,我将枪头点地,或闪左或闪右赶进,将近戳之。彼若革开赶来,我将枪头拖拉点地,推走离开,即有救手。余谓此比前进一阶矣。更进乎此,则教以颠提。冲斗云:圈里戳去,于彼拿时,我枪转至圈外着之,余谓此更进一阶矣。人能熟习大封大劈,必胜之兵也;能凤点头,选锋之兵也;精于颠提,临阵必胜之斗将矣。①

兵枪虽易解、易能、易效,但兵枪毕竟太简单了,身为著名武术家的吴殳看不起兵枪。所以他说:"枪本为战阵而设,自为高人极深研几,逐使战阵之枪,同于嚼蜡。"他还说:"(枪)九尺七寸,可谓短矣,而自根至尖,皆有用。丈八,可谓长矣,而惟用其胸间六七尺。是则短者反长,长者反短也。短者枪法自必浅小,故君子不贵之,特为行间兵卒之用。故谓之'骡'也。"②骡子虽大而健壮,但身为生殖系统不健全的马与驴的杂种,已不能生育下一代;大枪虽长,却苦于没有什么变化。因此吴殳便把战阵之枪蔑称为"骡"。

棍法也一样。吴殳在《手臂录》中又说:"纪效棍法,胜于其枪十倍,可比程冲斗之《少林阐宗》。然过于高深,兵犹难语,况于甘为人下之火兵乎。余见少林有一家棍法,名曰五虎拦,唯一打一揭而已。打必至地,揭必过脑,平平无奇,殆如农夫之垦土者。而久久致工,打揭得势,则少林之法亦甚畏之,不可以平平而轻视也。火兵教棒,五虎拦最为宜称。"③一打一揭,战阵之棍法就这么简单,而武术常见的棍法,却依然丰富得很。

吴殳瞧不起战阵之枪,他认为简单的枪法足以应付战阵。那么,他所说的"高人""君子"为什么要"极深"地去研究战阵之枪之外的枪法呢?战阵用棍无非一打一揭,那么,其他复杂的棍法又在哪里派上用场呢?

战争是人类社会存在的一种普遍现象。然而世界其他民族的武技,并不具有中国武术那样复杂的形式与广博的内涵。古希腊竞技运动直接源于军事手

---

① 吴殳:《手臂录》卷四"临阵兵枪说",太原:山西科学技术出版社,2006年,第5页。
② 吴殳:《手臂录》卷二"枪法微言",太原:山西科学技术出版社,2006年,第12页。
③ 吴殳:《手臂录》卷四"大棒说",太原:山西科学技术出版社,2006年,第8页。

段,至今仍是奥林匹克竞技运动项目内容的拳击、铁饼、标枪、铅球等,都是如此。中国北方历朝历代侵扰或入主中原的少数民族如匈奴、契丹、党项、蒙古、女真、满族等,武功鼎盛,却从无武术那么系统、复杂的拳法流派和武术器械出现。这一切都让人不能不肯定,中国武术的形成还有着更为特殊的原因。中国武术完全因战争需要而发展,军事目的是其产生的主要前提这一观点根本不能成立。

中国古代常把暴力行为分为"公战"与"私斗"。《史记》说,商鞅变法,"有军功者,各以率受上赏;为私斗者,各以轻重被刑大小",行之十年,"民勇于公战,怯于私斗,乡邑大治"。① 后来范雎入秦,游说昭王时也称:"大王之国,四塞以为固,北有甘泉、谷口,南带泾、渭,右陇、蜀,左关、阪,奋击百万,战车千乘,利则出攻,不利则入守,此王者之地也。民怯于私斗,而勇于公战,此王者之民也。王并此二者而有之。夫以秦卒之勇,车骑之众,以治诸侯,譬若施韩卢而搏蹇兔也,霸王之业可致也。"② 战争事关君主社稷,实际上是国家或民族政治的延伸,战争当然是"公战";而其他只受特定社会和个人因素左右的暴力行为,都被归入"私斗"。

《史记·秦本纪》说:为战胜东方六国,统一中国,秦王曾采纳尉缭计谋,以重金收买诸侯臣僚,收买不了的,便"私剑刺之"。前文所提谢肇淛的《五杂俎》则说:精通拳术只能称雄里巷——"雄里闬"。"私斗""私剑""雄里闬",恰好明确划定了武术绝大部分内容的价值功能即用途范围。

种种私斗,采用的是战争以外的其他暴力形式。参与者在这些暴力形式中无须也不可能身披重甲,不可能服从一个号令,情况千变万化,比战场格斗形势要复杂得多。中国武术纷纭复杂的形式和手段,包括我们前面提到的被剔出战阵的剑法、"极深"的枪法,那些精妙的拳法、功法,以及各种奇门兵器、五花八门的暗器、诡秘药法等,正是适应了自卫防身、械斗仇杀、看家护寨、暗杀盗资、行侠走镖种种私斗的特殊需要才产生,并在其中有了发挥和发展的空间。

毫无疑问,武术大部分内容不是用于战争,而是用于私斗的。用最通俗的话来说,那就是:武术大部分内容,并非用来"打仗",而是用来"打架"的。

---

① 司马迁:《史记·商君列传》,北京:中华书局,1975年,第2230、2231页。
② 司马迁:《史记·范雎列传》,北京:中华书局,1975年,第2408页。

第二节　宗法组织械斗是武术的最大舞台

写到这里读者也许又该发问了,是的,哪个民族历史上没有发生过战争呢? 同样,哪个人活一辈子没打过架呢? 种种私斗,在哪个国家、哪个民族、哪个人群、哪个历史时期不存在呢? 又在哪个正常的社会不被禁止呢?

为什么只偏偏我们中国古代的私斗产生了武术而别的民族没有?

要回答这样的问题,必须从中国古代社会结构和制度的分析入手。

宗法制度是从原始社会氏族制下的血缘关系和祖先崇拜发展起来的。《左传·僖公二十三年》载"男女同姓,其生不蕃"[1]。《通志》称,三代之前,"姓所以别婚姻""氏所以别贵贱""三代之后,姓氏合而为一,皆所以别婚姻"[2]。中国人繁多的姓氏,最早就是为了鉴别是否有血缘关系。而与西方民族语言中亲属称谓的简略迥然不同,七大姑八大姨的复杂细密的称谓,则是为了准确区分血缘关系的远近亲疏。显然,宗法的核心是血缘,所以《春秋左传正义》孔颖达疏称:"姓者,生也,以此为祖,令之相生,虽下及百世,而此姓不改。族者,属也,与其子孙共相连属,其旁支别属,则各自立氏。"[3]

恩格斯说:"生产本身又有两种。一方面是生活资料即食物、衣服、住房以及为此所必需的工具的生产;另一方面是人类自身的生产,即种的蕃衍。一定历史时代和一定地区内的人们生活于其下的社会制度,受着两种生产的制约:一方面受劳动的发展阶段的制约,另一方面受家庭的发展阶段的制约。劳动越不发展,劳动产品的数量越少,从而社会的财富愈受限制,社会制度就越在较大程度上受血族关系的支配。"[4] 由古希腊的海外贸易和殖民开始,欧洲民族的原始血缘组织迅速瓦解。流动的人群不可能保持固有的血缘联系,由此带来了新的职业联系方式——业缘。而整个中国封建社会,由农耕经济的特性决定,封建政权、封

---

[1] 杨伯骏编著:《春秋左传注》僖公二十三年,北京:中华书局,1981年,第408页。
[2] 郑樵:《通志二十略》"氏族略第一·氏族序",北京:中华书局,1995年,第2页。
[3] 杜预注、孔颖达疏:《春秋左传正义》卷四,中国古籍库清嘉庆二十年南昌府学重刊宋本十三经注疏本。
[4] 恩格斯:《家庭、私有制和国家的起源》,北京:人民出版社,1973年,第3、4页。

建帝王强调"重农抑商","以农立国"的状况几乎几千年没有什么改变。人民完全被束缚于土地。中国人恋土的情结是世界任何一个民族无法比拟的。恋土的人群是不移动的人群,不移动的人群便始终只能依血缘关系而组合,这就是宗族组织。

没有一个中国人不熟悉宗族或家族,没有直接见过也从小说、电影上见过。越是偏远乡壤,远离城市或文化发达之地,宗族越完整地保存着。

宗法结构有一种内向凝聚的倾向。《白虎通义》解释家族:"族者,凑也,聚也,谓恩爱相流凑也。生相亲爱,死相哀痛,有会聚之道,故谓之族。"①我们对封建族权的批判长期以来是有些片面的,封建族长是"严父",既是父,那自然又有温情脉脉的一面。宗族组织对其成员的生存和利益,提供相当大程度的保护,赈济族内的鳏寡贫弱,开办义学,资助深造应试族中子弟,族人共财与散财,都是常见的现象。北宋郑牖,因刚直不阿、犯颜直谏被贬谪浙江,其孙郑淮始定居于风景宜人的浦江。从郑淮之孙郑冲素开始,郑氏一族一直过着不分财不异灶的聚族而居生活。由宋代到民国,历二十代。明太祖题其堂为"江南第一家"。民国初年,郑氏族人干脆废去"江南第一家"的匾额,而自书为"中外古今第一家"。当然,这是封建宗法社会树立的典范,是极为典型的例子。但其用意却十分明显,那就是强调、强化宗族的内向亲和力。

然而宗法结构又有一种外向相斥的倾向。当人口尚不密集,生存空间广大,族群与族群之间有相当的生存缓冲地带时,这种矛盾尚不明显。但随着人口的繁衍,族群日益庞大,土地山林日渐开发,族群与族群之间变得紧紧相邻相挨,关系便开始变得微妙而紧张,特别是农耕民族依附于土地一般不迁徙,更加大了土地的人口负荷,从而也使得生存空间变得更加逼仄。水、旱、蝗等天灾,不能承受的赋税和战争等人祸,更使这种可能的冲突变得一触即发。台湾学者胡炜崟提出了"族威"的概念:"小至乡族成员间偶发的口角、争道等纠纷,大至水利、海场、山场及各种乡里公共事务所引起之纠纷,往往牵扯族威因素在其中。族威强弱除了有其精神上的象征意义外,常也影响族姓对地方资源之支配力。"②刘平同意胡炜崟的看法:"除了经济、风俗等厉害关系的牵连外,宗族冲突往往包含宗族

---

① 班固:《白虎通义》"德论卷"第八"宗族",见《四库全书》文渊阁本"子部十·杂家类二"。
② 胡炜崟:《清代闽粤乡族性冲突之研究》,台湾师范大学历史研究所专刊(27),1996年,第109页。

荣誉（族威）的问题。如风水之争，除了攸关该族之兴衰外，往往也影响该族地方威望之强弱；如祠堂之修筑，若得以高过他姓，正代表该族威望得以超越他姓；如在械斗中取胜，至少可在一时一地树立特别的威望。"①

宗族的繁盛、强大是在与其他宗族的比较、竞争中显示出来的。在有限的空间内，本宗族的张扬，必然就是另一宗族的压抑。"族威"的背后，是宗族的各种利益和荣誉，而族威是怎么来的呢？族威是械斗打出来的。钱穆早就指出：甲金文中，"同宗是指同一庙宇同一神，'宗'字是一座庙与一个神。同族是指同一队伍作战。'族'字是一面旗帜与一支箭。一切贵族子弟，皆是武装的战士。战车甲胄藏在宗庙，临时分发。出战和凯旋，都要到庙里虔祭"②。同宗同族，团结作战，是宗族的头等大事。

由于宗法结构在中国封建社会始终如一，宗族组织之间的摩擦便不可避免。所以赵翼在他的书中写道：这样的械斗，"官吏不能治"。政府始终无法禁绝。闽、粤、台的地方宗族、族群械斗，规模之大、持续之久，成了一大地方病，也成了中央政府的心病。乾隆认为宗族械斗比一般械斗性质更为恶劣，故在乾隆三十一年（1766）颁布的一道上谕中称："若倚恃族蕃赀厚，欺压乡民，甚至聚众械斗，牟利顶凶，染成恶俗，其渐自不可长。此等刁风，闽广两省为尤甚。迩年来遇有械斗伤人之案，皆究明凶手，尽数抵偿，入于情实，不与寻常斗杀同科。至买凶顶凶之犯，亦令部臣严定条例，尽法惩治。虽较前稍知敛戢，而浇悍之俗，尚未能尽除。"③但乾隆没有禁住。晚清的左宗棠，曾在一份告示里称："大族欺小族，大乡欺小乡，其小乡小族因实力不敌，则又结数姓数乡以相抵制。睚眦小忿，报复相寻，视人命若草菅，待乡邻为仇敌。戾气充塞，灾沴随之。夫嫌疑衅隙，尽可凭众调停；是非曲直，自可禀官剖断。其敢动辄纠众械斗者，多由豪恶暗地主唆所致，始则播弄乡邻以有事为利，继则沟通吏役借办案分肥。害人利己，玩法逞凶，实为法所不宥。嗣后地方械斗案件，究主唆之人，究倡始之人，究正凶，究家长，轻则杖毙，重者骈诛，小则拘拿，大则剿洗，务期力挽颓风。"④但左宗棠也未能力挽

---

① 刘平：《被遗忘的战争——咸丰同治年间关东土客大械斗研究》，北京：商务印书馆，2003 年，第 56 页。
② 钱穆：《中国文化史导论》第三章"古代观念与古代生活"，北京：商务印书馆，2002 年，第 58 页。
③ 史澄：《广州府志》卷三"训典三"，中国古籍库清光绪五年刊本。
④ 左宗棠：《左宗棠全集》"札件"，长沙：岳麓书社，1986 年，第 549 页。

颓风,终至"土客大械斗"杀戮横行。

美国学者孔飞力为刘平著作所写的序言说:"(晚清)宗族械斗之风业已成为东南地区的一种暴力传统,此外,种族内部(以语言和习俗为区别)形成了一种爆炸性的氛围。勤劳而具有凝聚力,并且习惯于武力自卫的客家移民,在与比邻而居的土著的对峙中自成一系,极易触发暴力行为。竞争的后果之一便是导致了太平天国运动的发生,另一后果便是构成本书主题的土客大械斗。"[①]宗族械斗演化成更大规模的族群械斗,而族群械斗的基础肯定是宗族械斗。

因此宗法组织之间,从来摩擦冲突不断。小规模的械斗,根本无从统计。不少宗族械斗,甚至演化为世代的仇杀。有了械斗的需要,习拳练武就显得有了必要。

家族习武在程宗猷《少林棍法阐宗》中有典型反映。陈世埮《少林棍法阐宗·集序》即云:"新都程氏,甲于邑里,其族数千人,多业儒取甲第,朱轮华毂相望"[②],俨然大族,程氏族人多习少林武术。《少林棍法阐宗》"新都程冲斗宗猷著"下有:"叔祖云水廷甫,弟伯诚宗信、同物、侯民胤万,侄君信儒家、涵初子颐同校;甥孙广微致广,侄观其时澜、仲深时涵、禹迹时淶、德正时泽、观正时浈阅梓。"而其《蹶张心法》则在"新都程冲斗宗猷著"下有:"弟伯诚宗信、侯民胤万订;侄涵初子颐、君信儒家、幼慈于爱校;侄观其时澜、仲深时涵、禹迹时淶、德正时泽、观正时浈、甥孙广微致广阅。"而其《长枪法选》则题为:"新都程冲斗宗猷著;弟伯诚宗信、侯民胤万订;侄涵初子颐、君信儒家、浙江侣仙施升平校梓;侄观其时澜、仲深时涵、禹迹时淶、德正时泽、观正时浈阅。"[③]这其中的不少人,都是程宗猷在少林时的同学。程宗猷曾在《阐宗·纪略》中记叙道:"余叔祖武学生云水、侄君信、太学生涵初,昔曾同学少林棍法,只凭师僧口授心识。"[④]这位叔祖云水,似乎武艺特别出众,程涵初在《少林棍法阐宗·小序》中说自己曾"讲艺于云水公之门,云水公与公同源而出者也,习攻杀击刺之法,疾若鸷鹰,徐如游龙,一段摧坚靡锐

---

① 刘平:《被遗忘的战争——咸丰同治年间关东土客大械斗研究》,北京:商务印书馆,2003年,第9页。
② 程宗猷:《少林棍法阐宗》,太原:山西科学技术出版社,2006年,第3页。
③ 程宗猷:《耕余剩技》,民国十八年(1929)秋吴兴周氏言言斋据家藏明刻本影印本(亦名《国术四书》)。
④ 程宗猷:《少林棍法阐宗》,太原:山西科学技术出版社,2006年,第13页。

之气,直令万夫辟易,技至此已为极矣"。① 程同则在《少林棍法阐宗》的"跋"中称"少习丘坟,妄控武备"②,自信溢于言表。既然这些程宗猷族人多为其在少林同学,既然程宗猷的著作要请其"序""校""阅""订",肯定都有一身出色的功夫。

程氏族人习武成风,侯安国《少林棍法阐宗·叙》云:他曾问程冲斗侄子程子颐其家有多少人会武艺,结果回答是"父子兄弟辈俱能之"。在他的邀请下,随后"程氏子弟十余人各手持其器至,刀戟犀利,鞭简皆重数十斤"。侯"叙"谈到他初劝程氏族人应募时,曾被程氏族人拒绝,理由之一便是"家事颇饶",练武不过是"原为自保身家计"。侯"叙"又提到:天津巡抚李公闻程氏之名,托他代为礼聘。但程子颐一再推脱,李公后来发了脾气,连骂带激,程子颐与程冲斗终于"带其家丁八十余人",前往天津。李公"见其人之威猛,器之精利,技之熟巧,欢然有当也。遂授宗猷以金书,子颐以守备,诸子弟皆把总等职"。李公还将此事奏闻朝廷,结果圣旨还有"义勇可嘉"等语。③

仲富兰谈到,江苏、浙江的"文风",广东、安徽的"商风",福建、广东的"武风",都有宗族的社会背景。④ 这种情形,今天依然普遍。

有关宗族内家丁部曲习武的资料,在魏晋南北朝的史籍中便可寻见。直到今天,因为宗族没有绝迹,所以宗族械斗也就没有绝迹,为械斗做准备而习武的情形也仍然没有绝迹。据载:"仅据1989年统计,全国发生大大小小的宗族械斗上万起,死伤数千人。"在这篇文章中,我们还可以看看一个老族长怎么说:"我活了这么久,悟出了一个道理,无论是人还是宗族,都要强,要强就要靠打!""所以,我要求我们的年轻人,宁可少读点,武功可不能不学不练。"一般族人呢?一般族人则这样说:"从小父亲就教我练功夫,要我发狠练成高手,成为族里的强人,就能光宗耀祖!"⑤

据载,广东各地,有所谓"抢炮头"的民俗节庆活动。土地炮共二十四发,但一般只重视头四发,所谓抢炮头,亦以头四炮为目标。据迷信者的说法,凡能抢

---

① 程宗猷:《少林棍法阐宗》,太原:山西科学技术出版社,2006年,第5页。
② 程宗猷:《耕余剩技·少林棍法阐宗·程同〈跋〉》,民国十八年(1929)秋吴兴周氏言言斋据家藏明刻本影印本(亦名《国术四书》)。
③ 程宗猷:《耕余剩技·少林棍法阐宗·侯安国〈叙〉》,民国十八年(1929)秋吴兴周氏言言斋据家藏明刻本影印本(亦名《国术四书》)。
④ 仲富兰:《民俗与文化杂谈》,上海:上海教育出版社,1992年,第107、108页。
⑤ 李传思:《宗族——古老大地上的幽灵》,见《蓝盾》杂志1991年第7期,第49~55页。

得头四炮者,当年即可添丁发财。同时抢得炮头,明年可当会首。据说在20世纪30年代的佛山镇就有这么一条规矩:凡抢得头炮者可得白银五百元,二炮者三百元,三炮者二百元,四炮者一百元。他们豁出重资,招聘武馆中的大汉,一窝蜂一样飞扑过去,横冲直撞,强抢豪夺,不择手段,有时堆作一团,有时打成一片。这种抢炮头习俗,显然是宗族竞争和显示实力的一种表现形式,所以有说:"由于发生抢土地炮的争夺战,使参加逐鹿者之间、武馆与武馆之间、乡村与乡村之间、姓氏与姓氏之间,往往发生寻仇斗狠,甚至种下械斗和火并的祸根,灾害无穷。"①

这种抢炮头活动,武功当然能派上用场。当然,这种武功和力量炫耀,比起大械斗,要算温文尔雅多了。

水是农耕的命脉,旧时代的宗族械斗,许多是为了争水。我们由吴天明导演、张艺谋主演的电影《老井》中,可以见到太行山区两个宗族争水械斗的可怕场面,历史的真实就是如此。争水争地,应该是农耕民族宗族械斗的最大原因。民国初年名震三湘,号为"燕子飞""奇侠"的著名武术家欧阳月庵,年轻时便曾在其家乡湖南湘潭县锦石乡参加过一次为争夺水源而发生的大械斗。据说当时武功高强的欧阳月庵"站桩立势,挥动一双金刚铁沙掌,左劈右砍,犹如斩瓜切菜"。②有的书籍和文章为尊者讳,牵强地说这次械斗是和豪强恶霸斗争,欲盖弥彰。说穿了,这明显是一次为争水的宗族械斗。

广东开平县滘堤洲,是司徒族的聚居地。明末清初,兵荒马乱,烽烟四起,人心惶惶,这时,司徒族出了一位武艺高强,膂力过人,"勇敌千夫,谋出完全",文武双全的福相公,他"集族中父老而预筹之,结土团,谋积聚,备器械,时训练,倡勇敢,守要害,人心镇定,战守皆宜,邻贼望风惊畏,不敢轻萌窥伺,间有妄思吞噬者,公率乡人奋其义勇,摧彼凶锋,兵刃始交,莫不惊顾而遁。其时室家无虞,骨肉相保,鸡犬不惊,田庐如故者,皆公不惮勤劳,出死力,以安定之也。以言乎大灾则能御矣,以言乎大患则能捍矣,迄今二百年间,生齿日繁,人文蔚起,士农工商,各安其业,田原茂美,井里雍和,出作入息,相与优游于光天化日之下"。③这

---

① 黄鉴衡:《粤海武林春秋》,广州:广东科技出版社,1982年,第86～88页。
② 舒安编:《中华武林英豪谱》,武汉:武汉大学出版社,1984年,第78页。
③ 余荣谋、张启煌:《开平县志》卷四十二"司徒福相公祠记",中国古籍库民国二十二年(1933)铅印本。

位福相公,至今仍是司徒族顶礼膜拜的英雄和楷模。

闽粤"宗族数量之多,力量之大,蔚为壮观"。① 中原的村庄,难得看见祠堂之类了,但闽粤的祠堂、围屋、土楼、族谱等与宗族有关的形式,坚持和发达的程度,至今让人惊叹。这和移民文化有关,和移民为保证自身生存、维系自身的凝聚力而坚持一种传统有关,和闽粤武术极其发达及闽粤宗族极其发达,必定有着某种联系。

闽粤宗族与武术的关系,只不过是中国宗族与武术关系的一个典型。整个中国文化,都是农耕文化;整个中国社会,都是宗法结构。中国武术和宗法制度的关系之紧密,不言而喻。中国武术,第一与军事和战争有关,第二与宗法和宗族有关,这是中国武术高度发达的两个最基本和重要的原因。

第三节　秘密结社准宗法组织和武术的关系

人可以踩在地上做着天上的梦,但天上的梦必定带着地上的影子。人逃离不了他身处的社会环境,不可能有纯属无中生有纯属浪漫想象的设计,不管是思想还是制度。

传统思想的主流,过去叫"统治阶级的统治思想"的儒家思想,整个人伦设计,就是血缘关系的论证、强调,以及这种关系的延伸、推导。如钱穆所说:"中国人的人道观念,却另有其根本,便是中国人的'家族观念'。人道应该由家族始,若父子兄弟夫妇间,尚不能忠恕相待,爱敬相与,乃谓对于家族以外更疏远的人,转能忠恕爱敬,这是中国人所绝对不相信的。'家族'是中国文化一个最主要的柱石,我们几乎可以说,中国文化,全部都从家族观念上筑起,先有家族观念乃有人道观念,先有人道观念乃有其他的一切。中国人所以不很看重民族界限与国家疆域,又不很看重另外一个世界的上帝,可以说全由着他们看重人道观念而来。人道观念的核心是家族不是个人。"②

---

① 刘平:《被遗忘的战争——咸丰同治年间关东土客大械斗研究》,北京:商务印书馆,2003年,第55页。
② 钱穆:《中国文化史导论》第三章"古代观念与古代生活",北京:商务印书馆,2002年,第50、51页。

孟子说:"仁之实,事亲是也;义之实,从兄是也;智之实,知斯二者弗去是也;礼之实,节文斯二者是也;乐之实,乐斯二者,乐则生矣。"①"不得乎亲,不可以为人;不顺乎亲,不可以为子。舜尽事亲之道而瞽瞍厎豫,瞽瞍厎豫而天下化,瞽瞍厎豫而天下之为父子者定。"②"《小弁》之怨,亲亲也。亲亲,仁也。"③《中庸》说:"仁者人也,亲亲为大;义者宜也,尊贤为大;亲亲之杀,尊贤之等,礼所生焉。"④荀子说:"贤齐,则其亲者先贵;能齐,则其故者先官。"⑤这是血缘关系的论证、强调。孟子还说:"君子之于物也,爱之而弗仁;于民也,仁之而弗亲。亲亲而仁民,仁民而爱物。"⑥"仁者以其所爱及其所不爱,不仁者以其所不爱及其所爱。"⑦荀子说:"四海之内若一家。"⑧这是血缘关系的延伸、推导。钱穆所说的中国人的人道观念就这么推导开来了。

中国古代大一统中央集权专制的政治制度,实际上是宗法制度的放大。《荀子》说:"君臣、父子、兄弟、夫妇,始则终,终则始,与天地同理,与万事同久,夫是之谓大本。故丧祭、朝聘、师旅一也。贵贱、杀生、与夺一也。君君、臣臣、父父、子子一也。"⑨"君者,国之隆也;父者,家之隆也。隆一而治,二而乱。自古及今,未有二隆争重而能长久者。"⑩"上之于下,如保赤子;下之亲上,欢如父母。"⑪政治制度模仿宗法制度,所以皇权就是父权,皇帝就是大家长,家长就是小皇帝;所以称"君父",所以称"子民",讲"移孝为忠",讲"移忠为孝";家亦是国,国亦是家,所以称"国家",也称"家国";皇权、父权都挑战不得,所以谋逆、不孝皆是重罪。这就是钱穆说的"如拟君于父"。

武术与"江湖""绿林"从来有着奇妙的不解之缘,但"江湖"或"绿林"的命名,在中文里意义是文学的、表象的、模糊的,它使我们产生的直接联想常常是杀富

---

① 杨伯峻译注:《孟子译注·离娄章句上》,北京:中华书局,1960年,第183页。
② 同上,第183页。
③ 杨伯峻译注:《孟子译注·告子章句下》,北京:中华书局,1960年,第278页。
④ 朱熹:《四书章句集注·中庸章句》,北京:中华书局,1983年,第28页。
⑤ 章诗同注:《荀子简注·富国》,上海:上海人民出版社,1974年,第103页。
⑥ 杨伯峻译注:《孟子译注·尽心章句上》,北京:中华书局,1960年,第278页。
⑦ 杨伯峻译注:《孟子译注·尽心章句下》,北京:中华书局,1960年,第324页。
⑧ 章诗同注:《荀子简注·儒效》,上海:上海人民出版社,1974年,第62页。
⑨ 章诗同注:《荀子简注·王制》,上海:上海人民出版社,1974年,第85页。
⑩ 章诗同注:《荀子简注·致士》,上海:上海人民出版社,1974年,第147页。
⑪ 章诗同注:《荀子简注·王霸》,上海:上海人民出版社,1974年,第117页。

济贫、跑马卖解、行侠走镖、啸聚山林之类,极不容易捕捉到它的准确意义。"艺术语言""文学语言",朦胧含蓄,适合文学尤其是诗歌,但不适合哲学与科学,所以也不适合用来签署条约。"江湖"一词,正是此类。

中国最早的民间秘密结社组织可以追溯到墨子,此后一直未间断,但元明清时期,这些组织在中国大地上勃然兴盛,出现了在理教、先天教、无为教、大乘教、清茶门教、红羊教、一炷香教、圣贤教、义和门教、八卦教、天龙八卦教、牛八教、添柱教、红胡教、天理教、天公教、达摩教等等各种教派。据统计,到清末为止,这些秘密结社组织"计有二百一十五种,如果加上地方志和其他文书所记载的名目,估计不会少于三四百种"。[①] 晚清义和团,乃至同盟会,都同这些组织有着极深的渊源。"江湖"之大,整个清代,北方遍地都是白莲教,南方遍地都是天地会。晚清时候,基本上可以说中国有两个政治体系,一个地下秘密组织系统,一个地上公开政权系统,两个政治体系,分庭抗礼,互相渗透。清王朝突然崩塌,与之有非常密切的关系。清朝接近倒台时候,湖北新军入天地会者,竟占其总数的十之七八,辛亥革命不发生才怪。

血缘组织当然有极强的凝聚力,专制皇权也要模仿,罔论其他。于是在旧时代,没有血缘关系的人因某种原因集合在一起时,为使这种集合变得紧密,便努力使他们之间的关系变相地成为血缘关系。小至一般人的"拜把子""换金兰契""义结桃园",义子义父,干爹干妈,大到效仿血缘宗族的组织形式,建立以虚构血缘关系为特征的各种民间秘密结社组织。这就是钱穆说的"如拟君于父,拟朋友于兄弟"。这些组织,都因模仿宗法组织结构而可称为准宗族组织。"秘密教门采取传教的方式吸收徒众,大多根据农村聚族而居的社会结构,按照血缘关系、姻亲关系、乡土关系寻求发展。一般由教主、教师直接传教于门徒弟子,即'口传密授'。秘密教门内部,都实行教主的家长制统治,从大主教到教主、主香司箓、教徒,逐级相承,界限分明。各教派的总头目及其传教职业,常常是父子袭承,世代相传。""秘密会党内部实行的是家长制的统治,首领对会众有无上的权威。会党的组织体制,基本上模拟中国传统的家族制度,建立起纵向的父子从属关系和横向的兄弟同僚关系。纵向关系以青帮的严格字辈制和师徒传承制最为突出,它先后建立了二十四个字辈,凡拜师入门,各按字辈,入门弟子与师父之间的关

---

① 蔡少卿:《中国秘密社会》,杭州:浙江人民出版社,1989年,第7页。

系如同父子一般。这样，前后世代相传，就使全体成员都置于一个等级森严的封建家族的序列之中。横向关系以天地会、哥老会的房族制和山堂香水制为代表。天地会到处开台，广泛发展之后，就分设长房、二房、三房、四房、五房；哥老会开山，在各地分设山、堂、香、水。在一个分支组织的内部，天地会设有总理大哥、香主二哥、白扇三哥等职官；哥老会则有龙头老大、圣贤二哥、新副老三等等。无论从纵向还是从横向关系看，秘密会党的祖师结构都是家族血缘制的摹拟；实际上也都是家长制统治。"[①]有人将民间秘密结社组织大致分为两类：秘密会党组织和秘密教门组织；有人将之大致分为三类：秘密会党组织、秘密教门组织、秘密拳社组织。但笔者以为实际上没有这么严格的区分，统称为秘密结社组织最适宜。

杀大红公鸡，喝鸡血酒，歃血为盟，占山为王者扯起"义"字大旗，这一切并不是戏剧性的。虚构模仿血缘关系，却获得了实实在在的宗法内向凝聚力。

既是准宗法组织，在获得内向凝聚力的同时，当然也具有了宗法组织斥外的特征。因此，这些结社组织之间也冲突不断。华北各地，"各拳场门户派别不同，则常起争斗"。[②]"居美国者，时有姓氏堂斗；居马来亚者，时有帮会争执，死伤枕藉。"[③]正因为这个原因，有人便干脆把这类秘密结社组织统称为"械斗组织"。这些组织火并、凶狠追杀的场面，我们早已因影视作品的大量反映而司空见惯。秘密结社组织之间既然要械斗，当然需要武术。

元明清秘密结社组织，大都是在民族矛盾空前激化、封建秩序陷入深刻危机的背景下，直接为反抗封建统治和民族压迫，而在下层民众中产生发展起来的。这种反抗，往往直接表现为武装冲突。天地会等，更以"反清复明"作为政治口号和目标。秘密结社组织要随时准备应对这种冲突，并希望在冲突中获胜，当然也离不开武术。

下层民众对封建统治者的反抗，除了在王朝末年或非常时期演变为大规模农民起义、农民战争外，绝大多数时候是以战争以外的其他暴力形式，以长期的、低烈度的、小规模的形式进行的。武术的大部分非战阵私斗性质的内容，便因其突出的高度的个体性、灵活性、随机性，以及千变万化适应各种场景，高度符合秘

---

① 蔡少卿：《中国秘密社会》，杭州：浙江人民出版社，1989年，第9~11页。
② 王继吾：《华北之体育》，见《体育季刊》，1935年第1卷第2期，第218页。
③ 陈公哲：《武术发展史 精武会五十年》，台北：华联出版社，1973年，第28页。

密结社组织需要的特征,有了大显身手的用武之地。

从这些组织的名称,诸如武圣教、双刀会、小刀会、刀枪会、大刀会、顺刀会、钩刀会、砍刀会、千刀会、钢刀会、曳刀手会、少林会、长枪会、夹把刀会、铁戒指会、刀会、铁尺会、添刀会、红枪会等,直接就能看出它们和武术的关系。

元明清的秘密结社组织,几乎没有不习拳练武的。

八卦教:早在雍正年间,就有其习武的记载,"闻卦子匪类……其男妇皆习拳棒技艺,携带马骡遨游各省"。① 嘉庆时,道士张洛焦拜离卦教徒施悦入教,施教张"用药熏洗,吃符运气,学会不怕刀剑"。② 张洛焦学会后即在冠县传授,他"用刀砍左肩胛、左后肋等处,只有白痕,果不受伤"。③

大刀会:因为大刀会众多习练"铁布衫""金钟罩"等武术功法,所以大刀会活动的山东一带的口碑史料即称"大刀会,即铁布衫法,乾隆、嘉庆时称金钟罩"。④

清水教:以"教拳勇,往来山东,号召无赖亡命"⑤;"以拳棒教授兖东诸邑,阴用白莲教诱人练气";并在教内设文场、武场,文场练气,武场练武,"练气曰文弟子,拳棒曰武弟子"。⑥ 其首领王伦还挑选了十八名精壮男子,亲自教授武艺,父子相称,使之作为教内武术教练,"伦每出,辄弟子数十人从,所过势张甚,求无不应"。⑦

天理教:林清等受清水教启发,亦将教内分为文武教门,干、坎、艮、震四文卦,巽、坤、离、兑四武卦,文卦弟子诵咒运气,武卦弟子习练拳技。

啯噜子:则为"湖广、江西、陕西、广东等省外来无业之人,学习拳棒,并能符水架刑,勾引本省不肖奸棍,三五成群,身佩凶刀,肆行乡镇"。⑧ "教匪因以起事,故么啯鼠子啸呼而起,战阵技艺,有如素习。"⑨

---

① 《世宗宪皇帝上谕》内阁卷七十三"雍正六年九月上谕三十二道",中国古籍库清文渊阁四库全书本。
② 《录副奏折》嘉庆二十六年六月二十日百龄奏。
③ 《录副奏折》嘉庆二十年八月二十二日山西巡抚朱勋奏。
④ 中央研究院近代史研究所编:《中国近代史资料汇编》,教务教案档第六辑(一),1980年,第150页。
⑤ 印鸾章:《清鉴纲目》,长沙:岳麓书社,1987年,第362页。
⑥ 戚学标:《纪妖寇王伦始末》,见顾廷龙主编《续修四库全书1462集部别集类》"鹤泉文钞·卷下",上海:上海古籍出版社,2002年,第377页。
⑦ 萧一山:《清代通史(中)》"国朝耆献类征",北京:中华书局,1986年,第245页。
⑧ 庆桂:《清高宗纯皇帝实录》卷之二百三"乾隆八年四川巡抚纪山奏",中国古籍库钞本。
⑨ 石香村居士:《勘靖教匪述编》卷一"蜀述",中国古籍库清道光京都琉璃厂刻本。

硬肚会：北方农村盗匪横行，于是百姓"'群依金钟罩为护符''乡人习之以避匪祸。因'金钟罩俗称之为硬肚'，故金钟罩又称为硬肚会"。①

红枪会：红枪会内分为两个部分，一曰文团部，一曰武团部，"武团部专管训练及演习刀枪、符箓等事"。②

四川的青莲教：又因广泛习武，被称为"少林神打"。③

梅花拳：光绪时，直隶山东交界处，"人民多习拳勇，创立乡团，名曰义和，继改称梅花拳，近年复沿用义和名目……此项拳民，所习各种技勇，互有师承"。④

孝义会：首领李绍伊，"性情豪迈，胆力过人，弱冠游郡庠，即弃举业，从事于长枪大戟，及行阵什伍部勒之术"。⑤

哥老会：重庆袍哥仁字号大爷张树三，是"重庆有名的拳勇教师，力能一掌击碎二十匹砖，从学门徒众多"。⑥

义和拳：其活动有"学拳诵咒"或"传授咒语拳棒"；口号是："学习拳棒入教，也有吃的，也有喝的"。⑦

另外，据载，闽粤民间，"好学拳棒，往往创立会名，联合声势"。⑧

义和团习武更为普遍。其时他们到处开设"拳坛""拳场""拳厂"等，史称："京畿一带，拳场林立，指不胜屈。"甚至皇宫内禁也趋之若鹜，诸王、贝勒、太监甚至将义和团拳师"引至府内演习，其事遂不可为"。⑨ 无怪乎义和团又被统治者呼之为"拳民""拳教""拳匪"，义和团运动又被呼为"拳乱""拳变"。

最有典型意义的是天地会和南少林。

凡有结社组织，必有暴力冲突；有暴力冲突，必然习拳练武。结社组织—暴力冲突—习拳练武，已成为当时很难区分因果的社会共生现象。中国武术在清

---

① 蔡少卿：《中国秘密社会》，杭州：浙江人民出版社，1989年，第153页。
② 向云龙：《红枪会的起源及其善后》，见《东方杂志》，第二十四卷，第二十一期。
③ 郑珍：《道光遵义府志》卷四十一"年纪三·四川总督奏议·道光九年五月二十六日"，中国古籍库清道光刻本。
④ 国家档案局明清档案馆：《义和团档案史料》，北京：中华书局，1959年，第15页。
⑤ 郑国翰等：《民国大竹县志》卷九"忠义"，见隗瀛涛、赵清主编《四川辛亥革命史料下》，成都：四川人民出版社，1982年，第325页。
⑥ 唐绍武等：《解放前重庆的袍哥》，见《重庆文史资料》第三十一辑，第136、137页。
⑦ 《录副奏折》乾隆三十九年十二月十九日崔大勇供单，嘉庆二十一年六月初十日陈预折。
⑧ 贺长龄：《皇朝经世文编·兵政二·收辑技勇疏》，中国古籍库清光绪十二年思补楼重校本。
⑨ 刘体仁：《异辞录》，张国宁点校，太原：山西古籍出版社，1996年，第176页。

代出现又一个高峰,与秘密结社组织在清代的大盛有关,亦绝非历史的偶然与巧合。绝大多数拳种流派产生于清代,亦绝非历史的偶然与巧合。

没有宗族组织及其活动,武术的大部分内涵,便没有价值——功能实现的前提,也便无由形成发展;而没有宗法的楷模,秘密结社组织又无由产生。那么,武术与宗法存在某种关系,不言自明。完全可以这样说,没有中国社会的宗法传统和历史大背景,便没有现在意义和现在面貌的中国武术。

前面提到,中国武术千姿百态、千枝百蔓,一是与军事和战争有关;二是与宗法和宗族有关;这里再加上一点:三是和准宗法性质的民间秘密结社组织有关。这是造成其高度发达的三个最基本和重要的文化、历史、社会原因。非此,肯定没有绝异于世界其他民族的武技和独秀于世界文化之林的中国武术。金庸等人的武侠小说,背景总是所谓"江湖",其实,有意也好,无意也罢,的确是为真实。

第四节　军事、民间武术的大致分野与文学影视作品的错误

强调武术的宗法渊源,强调武术相当部分的内容源于且应用于宗法性质私斗,并不是说必然就要否认武术与军事、战争的紧密联系。要肯定地承认,战争或军事,仍是中国武术得以形成的重要前提,并长期伴随其发展而发展。

武术中也有相当内容明显源于且用于战阵而非私斗。

先说弓箭和弓弩。

弓箭显然是用于战阵的主要远射武器。百步穿杨的养由基;射石没羽的李广;"将军三箭定天山,壮士长歌入汉关"的薛仁贵;能以一箭射漏水斛,再以一箭将之堵上的刘琦等神射手,都是历史上著名的军事将领。中国古代史籍描述许多名将武艺时,常用"精于骑射""善骑射"一语形容。唐代一万二千五百名士兵所装备的武器比例为:"枪十分,一万二千五百条,恐杨兵缚梜。牛皮牌二分,二千五百面。马军以团牌代四分支。弩二分,弦三分,副箭一百分;二千五百张弩,七千五百条弦,二十五万支箭。弓十分,弦三,副箭一百五十分。弓一万二千五百张,弦三万七千五百条,箭三十七万五千支,射甲箭五万支,生钯箭二万五千

支。长垛箭、弓袋、胡鹿长弓袋并十分一万二千五百副。佩刀八分一万口,陌刀二分二千五百口。"①弓箭数量是最大的。《汉书》记载:一次李陵率汉军五千与匈奴作战,"陵居谷中,虏在山上,四面射,矢如雨下。汉军南行,未至鞮汗山,一日五十万矢皆尽,即弃车去,士尚三千余人"。②三千人用尽五十万支箭,可见弓箭在战争中消耗之大。

然而弓箭却无法用于私斗。中国武术家多不用弓箭,近现代武术家极少有练弓箭的。我们通常所说的武术,甚至已经不再包括弓箭。笔者以为原因之一是:私斗多为突发事件,一如美国西部开发时酒店牛仔闹事,那是要比"抽枪快"的。私斗中抽刀快,出剑快,往往大占上风。而拉弓上弦则速度太慢了。原因之二是:战阵攻击距离远,私斗攻击距离近,脱手伤人的遥击武器,飞刀之类就足够了,用不着弓箭那么远距离施行攻击。原因之三是:飞刀之类暗器都设计得容易隐藏,私斗的攻击往往需要隐蔽,而弓箭无法变成一种暗器。

再说日本刀,即倭刀。

明代军事家惊叹倭刀的威力。

首先是日本刀质地精坚,设计合理。程宗猷《单刀法选》说:"(日本刀)器名单刀,以双手用一刀,其技擅自倭奴,大抵炼锻精坚,制度轻利,靶鞘等物,各各如法,非他方之刀可并。且善磨整,光耀令人见之射目寒心。"③戚继光则称倭刀为"长刀","自倭犯中国始有之。彼以此跳舞光闪而前,我兵已夺气矣。倭善跃,一进足则丈余,刀长五尺,则丈五尺矣,我兵短器难接,长器不捷,遭之者身多两断。缘器利而双手使,用力重故也"。④ 唐顺之有《日本刀歌》,诗云:

> 有客赠我日本刀,鱼须作靶青丝缠。
> 重重碧海浮渡来,身上龙文杂藻荇。
> 怅然提刀起四顾,白日高高天冏冏。
> 毛发凛冽生鸡皮,坐失炎蒸日方永。
> 闻道倭夷初铸成,几岁埋藏掷深井。
> 日淘月炼火气尽,一片凝冰斗清冷。

---

① 李筌:《神机制敌太白阴经》卷四"战攻具篇·器械篇",北京:中华书局,1985年,第99、100页。
② 班固:《汉书·李陵传》,北京:中华书局,1962年,第2454页。
③ 程宗猷:《单刀法选》"单刀说",见《少林刀法阐宗》,太原:山西科学技术出版社,2006年,第3页。
④ 戚继光:《纪效新书》十四卷本卷之四"手足篇第四",中华书局,2001年,第83页。

持此月中斫桂树,顾兔应知避光景。
倭夷涂刀用人血,至今斑点谁能整。
精灵长与刀相随,清宵恍见夷鬼影。
迩来鞑靼颇骄黠,昨夜三关又闻警。
谁能将此向龙沙,奔腾一斩单于颈。
古为神物用有时,且向囊中试韬颖。①

戚继光云倭刀"自倭犯中国始有之",这个时间说晚了,事实上汉刀、唐刀传入日本后,到宋代日本刀在质量上即已超越中国。欧阳修有《日本刀歌》赞叹道:

昆夷道远不复通,世传切玉谁能穷。
宝刀近出日本国,越贾得之沧海东。
鱼皮装贴香木鞘,黄白闲杂鍮与铜。
百金传入好事手,佩服可以禳妖凶。
传闻其国居大岛,土壤沃饶风俗好。
其先徐福诈秦民,采药淹留丱童老。
百工五种与之居,至今器玩皆精巧。
前朝贡献屡往来,士人往往工辞藻。
徐福行时书未焚,逸书百篇今尚存。
令严不许传中国,举世无人识古文。
先王大典藏夷貊,苍波浩荡无通津。
令人感激坐流涕,锈涩短刀何足云。②

梅尧臣亦有《钱君倚学士日本刀》,诗云:

日本大刀色青荧,鱼皮帖欚沙点星。
东胡腰鞘过沧海,舶帆落越栖湾汀。
卖珠入市尽明月,解条换酒琉璃缾。

---

① 唐顺之:《新刊荆川先生文集》卷二"日本刀歌",中国古籍库四部丛刊景明本。
② 欧阳修:《欧阳文忠公集》外集卷四"日本刀歌",中国古籍库四部丛刊景明本。

当垆重货不重宝,满贯穿铜去求好。
会稽上吏新得名,始将传玩恨不早。
归来天禄示朋游,光芒曾射扶桑岛。
坐中烛明魑撇邂,吕虔不见王祥老。
古者文事必武备,今人襄衣何足道。
干将太阿世上无,拂拭共观休懊恼。①

"光芒曾射扶桑岛""世传切玉谁能穷""毛发凛冽生鸡皮""一片凝冰斗清冷"。今天的日本刀具依然延续了质量精良的传统。倭刀寒光闪闪,倭寇杀气腾腾,往往气势上就占了上风。

其次,日本人刀法精妙,技术纯熟。程宗猷说:"其用法,左右跳跃,奇诈诡秘,人莫能测,故长技每每常败于刀。"②戚继光则说:"尝见狼土之兵,土官法严,战无不胜。初调杀倭,每得一胜,旋即败衄,何也?所用皆刀牌、短刀,而倭寇则长枪、重矢,此所谓短不接长。及短刀相接,刀法迥不如倭,此所谓以不能斗能也。"③何良臣《阵纪》也说:"如日本刀,不过三两下,往往人不能御,则用刀之巧可知。"④吴殳的《手臂录》也将"日本之刀"与"峨嵋之枪""少林之棍"并誉,并称:"唐有陌刀,战阵称猛,其法不传。今倭国单刀,中华间有得其法者,而终不及倭人之精。""斫削粘杆,余本得之渔阳老人之剑术,单刀未有言者。移之为刀,实自余始,安得良倭一亲炙之。"⑤他精选了单刀手法十八势,摒弃了其他华而不实的手法,也和倭刀法相比:"此十八势,习之精熟,虽未能真合于倭法,而中国花法,皆退三舍也。"⑥

《三才图会》《筹海图编》《上海县志》等书,均有称赞倭刀精良及倭刀刀法精妙的记述。戚继光在嘉靖四十三年(1564)的抗倭战争中"得悉其法,又从而演之"之后,又在其著作《纪效新书》中特载"倭夷原本"⑦一章。程宗猷为习学日本

---

① 梅尧臣:《宛陵先生集》卷五十五"钱君倚学士日本刀",中国古籍库四部丛刊景明万历梅氏祠堂本。
② 程宗猷:《单刀法选》"单刀说",见《少林刀法阐宗》,太原:山西科学技术出版社,2006年,第3页。
③ 戚继光:《纪效新书》十四卷本卷之四"手足篇第四",北京:中华书局,2001年,第76页。
④ 何良臣:《阵纪》卷二"技用",北京:中华书局,1985年,第29页。
⑤ 吴殳:《手臂录》卷之三"单刀图说自序",太原:山西科学技术出版社,2006年,第1、2页。
⑥ 吴殳:《手臂录》卷之三"单刀手法说",太原:山西科学技术出版社,2006年,第3页。
⑦ 戚继光:《纪效新书》十四卷本,范中义校释,北京:中华书局,2001年,第83页。

刀法，访求"得倭之真传"的刘云峰，他自称刘"不吝于余，授之尽得壶奥"。随后，程氏更将所习日本刀法整理为三十四势，一一命名，并在其著作中以文字和插图详加介绍。另据有关资料统计，明代十一次勘合贸易船共输入日本刀二十万把。这显然表明，日本刀、日本刀法在中国不仅大受欢迎，而且日本刀已用来正式装备军队。

《倭夷原本》中的倭刀习法
图片来源：戚继光《纪效新书》十四卷本

戚继光《纪效新书》十四卷本中的倭刀习法（仅选 4 幅）
图片来源：戚继光《纪效新书》十四卷本

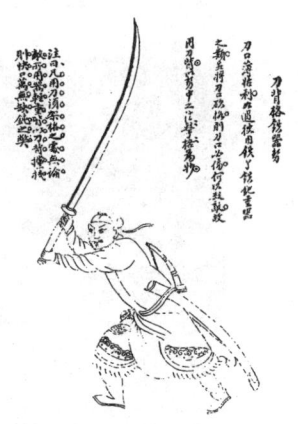

程宗猷单刀习法
图片来源：程宗猷《少林刀法阐宗》

日本刀和日本刀法在明代虽然备受赞誉，但也不必对此过分夸大，倭刀即使是在军队中也没有大量装备，因为军阵作战，长兵最是重要。戚继光鸳鸯阵计有十二人，其中枪手四人，狼筅手二人，镋钯手二人，牌手二人装备的是腰刀，伙夫一人装备的是带铁尖扁担，唯一可能装备日本刀（即长刀）的只有队长一人。戚家军中大量装备日本刀的是鸟铳手:"(日本刀)今如独用则无卫,惟鸟铳手,贼远发铳,贼至近身,再无他器可以攻刺,如兼杀器,则铳重,药子又多,势所不能,惟此刀轻而且长,可以兼用,以备临身弃铳用此。"①因为戚家军中大量装备火器,因此日本刀数量应该也不算少。

然而倭刀并没有取代中国武术中林林总总的其他刀制。换句话说,虽然在明代,倭刀独领风骚,但今天在中国武林常见常用的,却是各种中国传统的固有的刀制。究其原因应该有两个:其一是,《纪效新书》载腰刀为"长三尺二寸,重一斤十两",倭刀为"六尺五寸,重二斤八两",长度和重量,倭刀都是腰刀的两倍左右。仅倭刀柄长就有"一尺五寸"。②倭刀本乃双手握持,刀柄于是便很长。刀柄太长,单手握持时便容易受手腕阻碍。无法单手挽花,既不美观,也使技术内容大受限制;其二是,倭刀刀身过长,虽利于战阵大砍大杀,但空间狭小的私斗场合却难免掣肘。试想,双手合执一刀,如何在人群中空出只手分开一条通道呢?格斗中又如何推开身边可能挡着的一个妇女呢?又如何一手捉刀,一手揪住对方衣领威吓呢?私斗用刀,显然不好太长。因为这两个原因,未能适应中国国情的倭刀,终于没有在中国武林占据刀类的主导地位。

广东、香港的各种短片刀
图片来源:咏春网

苗刀
图片来源:《中国武术大辞典》

倭刀虽然没有取代中国武术其他刀制、刀术,但它毕竟是一种利器,毕竟曾

---

① 戚继光:《纪效新书》十四卷本,范中义校释,北京:中华书局,2001年,第82页。
② 戚继光:《纪效新书》十四卷本,范中义校释,北京:中华书局,2001年,第81、82页。

在中国风光一时，所以它仍被武术吸收容纳，明以后历代也总有人传习。有证据表明，今日武林流传的苗刀，即为倭刀遗存。倭刀刀法，则融入了中国武术刀法中。

战阵人马皆有重甲，从头到脚，裹得严严实实。因此，很长时期内中锤都是军阵的有效武器。锤用来敲击，分量在能使动的情况下当然越重越好。岳飞之子岳云"每战，以手握两铁椎，重八十斤"。① 宋代 80 斤合现代重量为 95.5 斤，沉重如此。当然，不是岳云力大无比，也使不动这双大锤。但战阵军器往往都很重。曹操麾下猛将典韦，时"军中为之语曰：帐下壮士有典君，提一双戟八十斤"，但他"形貌魁梧，旅力过人"；吃得也多，"饮噉兼人，每赐食于前，大饮长歠，左右相属，数人益乃供"。② 宋时李全，所用铁枪据称有四十斤。小说中关羽的青龙偃月刀，也称有八十二斤。这一类的兵器，使用起来显然是连刺带敲，连拍带打的。这些武器对力量的要求大大超过对技术的要求，显然都源于战阵。很难想象，一个人会扛着大刀，提着铜锤去打架。武举考试并不考拳术等，但却要测试弓、刀、石、马，刀即大刀，也是证据之一。另外像大斧这样的武术器械，当也源自军事与战阵。

连环图中岳云的锤
图片来源：国学网 www.guoxue.com

清代短柄铜头锤
图片来源：彭鹏《刀兵相见》

---

① 脱脱等：《宋史》卷三百六十五"岳飞传"后附"岳云"，北京：中华书局，1985 年，第 11396 页。
② 陈寿：《三国志》卷十八"魏书十八"典韦，北京：中华书局，1959 年，第 543、544 页。

战争与军事,也是武术的重要渊源之一。或者说:武术总体,是由军阵武术与民间武术两部分构成。

当然,战阵武术器械与私斗武术器械仍有重叠。比如梢子,一说出自农具连枷,一说出自草原民族铁链夹棒。《武经总要》载:"铁链夹棒,本出西戎,马上用之,以敌汉之步兵。其状如农家打麦之枷,以铁饰之,利于自上击下,故汉兵善用者巧于戎人。"[1]在梢子基础上后来又发展出长棒连两节短棒,即宋时的连珠双铁鞭,后来又变成为三节棍,再往后节数逐渐增加,七节鞭、九节鞭、十三节鞭陆续出现。战阵容不得你盘旋飞舞,九节鞭之类当然是典型的私斗武器。今天,源于且用于战阵的梢子,民间仍然普遍习练。九节鞭之类,则可说原型是源于战阵的梢子,而在私斗中发展形成的。梢子或铁链夹棒,实际有两种形制:一种是长棍带短棍,一种是短棍带更短的棍。连接也分两种:一种是较长铁链连接,一种是较短铁链或干脆就是一铁环连接。李小龙的双节棍,恢复到梢子的两节,但两根棍一样长,采用的是较长铁链连接,或者干脆是一根钢丝绳连接。李小龙有他的创造。但私斗武器,技术往往相当复杂,从而也极难掌握,双节棍不例外地也有这个特点。李小龙声名鹊起,双节棍连带威名大震,美国警察将其也列为警械装备,但他们很快就发现,由于连系的铁链太长,双节棍变成了彻底的软兵,没有长期专门训练,根本无法掌握并用于实战。于是美国警察又将李小龙式双节棍进行改造,改为两节棍子之间只用一个铁环连接,以适应警械简单实用的要求。

清代梢子棍
图片来源:《白描服饰与杂件中国画实用范图》

李小龙双截棍连环图中岳云的锤
图片来源:网络

---

[1] 曾公亮:《武经总要》前集卷十三"器图",见《四库全书》文渊阁本"子部·兵家类"。

典型的用于私斗的武器偶尔也能见于战阵,比如摔手箭。《金史》称:金将史抹挞"工用手箭,箭长不盈握,每用百数,散置铠中,遇敌抽箭,以鞭挥之,或以指钳取飞掷,数矢齐发,无不中,敌以为神。其箭皆以智创,虽子弟亦不能传其法"。①

战争与私斗的区别也不是绝对的,大规模的私斗,可能就接近于战争,而小规模的战斗,可能就接近于私斗。所以吴殳在《手臂录》中便说:"临阵者,戚少保所谓千百人成列而前,一齐拥进,转手皆难者也。"进退纵跳的功夫派不上用场。又承认:"至于数十枪手,截路守伏,行列疏宽,可以转退出入者,则有冲斗所云进退斗杀。"②

又如,剑的劈刺,枪的扎,刀的劈砍等基本技法,在军阵武术和民间武术中应大致相同。

但军阵武术与民间武术,仍有明确的分野。

既然阐明了武术与宗法私斗的关系,阐明了武术包括军阵武术与民间武术两大内容,就不能不指出这样一个错误,那就是:许多人没有弄清军阵武术与民间武术的功能与价值的迥异,只注意到它们同是技击术,往往把二者混为一谈。

虽然这个错误现代人仍在犯,但这个错误不是现代人才开始犯下的。

在中国古典小说中,我们见惯了兵对兵、将对将的厮杀场面,其中绝大多数场合,士兵是无足轻重的。双方大将互相挑战、马上交锋的胜负,便可以决定数十万大军的命运。张飞赤膊与马超在葭萌关挑灯夜战,斗了两百个回合不分胜负,双方将士只是旁观;赵云只身一人,竟能在长坂坡如入无人之境,轻易斩杀曹军数十员上将,百万军中救出阿斗;大刀关胜、双枪将董平、没羽箭张清,仅因为他们武艺高强或有一门绝技,竟使梁山泊大军一度一筹莫展。《三国演义》《水浒传》《说岳全传》《杨家将演义》《隋唐演义》等古代小说,都是这样描写的。

这种描写不可能是战场和战争的真实状况。

对将领特别是对统帅而言,工于韬略,运筹帷幄,是比精通武艺、身先士卒更重要的要求。

刀枪如林,旌旗招展,金鼓齐鸣,军阵突进,铁骑纵横,大军排山倒海地整体调动和整体作战,才是古代战争的真实画卷。

---

① 脱脱等:《金史》卷九十三"史抹挞传",北京:中华书局,1975年,第2072页。
② 吴殳:《手臂录》卷之四"临阵兵枪说",太原:山西科学技术出版社,2006年,第5页。

而一人高声叫阵,一对一长时间捉对厮杀,动辄几十回合,以较量武艺高低来赌决胜负的挑战,实际上只是一些私斗场景的写实。

鲁迅曾说:"明季以来,世目《三国》《水浒》《西游》《金瓶梅》为'四大奇书',居说部上首。比清乾隆中,《红楼梦》盛行,遂夺《三国》之席,而尤见称于文人。惟细民所嗜,则仍在《三国》《水浒》。""是侠义小说之在清,正接宋人话本正脉,固平民文学之历七百余年而再兴者也。"又说:"《三侠五义》为市井细民写心,乃似较有《水浒》余韵,然亦仅其外貌,而非精神。"①《水浒》《三国》等小说,都是由民间说唱话本发展而来。施耐庵、罗贯中等作者,都是生活在社会底层的市民阶层的文人。他们无疑熟悉民间生活实际,从而也熟悉民间武术实际,但他们对军旅和战争生活则无疑相当陌生。鲁迅称《水浒》《三国》就是"为市井细民写心",至为允当。如《水浒传》,刻画了众多栩栩如生的市民阶层的人物形象,却没有塑造出——哪怕只有一个——有血有肉的军官、将领的可信形象。林冲似乎是唯一的例外,但林冲哪里像个将领,林冲就是个武术教师而已。对民间武术和私斗熟悉而对军旅武术和军事陌生,于是乎,战争也被写成了各种私斗场景或者将私斗场景简单放大。

对战争的描写,投笔从戎,亲自参与军事生活的唐代边塞派诗人、宋代豪放派词人的作品,才更接近于真实。看看他们是怎样描写战争的:

岑参《轮台歌奉送封大夫出师西征》中的"……戍楼西望烟尘黑,汉兵屯在轮台北。上将拥旄西出征,平明吹笛大军行。四边伐鼓雪海涌,三军大呼阴山动。虏塞兵气连云屯,战场白骨缠草根。剑河风急雪片阔,沙口石冻马蹄脱……"。

高适《燕歌行》中的"……摐金伐鼓下榆关,旌旗逶迤碣石间。校尉羽书飞瀚海,单于猎火照狼山。山川萧条极边土,胡骑凭陵杂风雨。战士军前半死生,美人帐下犹歌舞。大漠穷秋塞草腓,孤城落日斗兵稀……"。

张孝祥《六州歌头》中的"长淮望断,关塞莽然平。征尘暗,霜风劲,悄边声。黯消凝,追想当年事,殆天数,非人力。洙泗上,弦歌地,亦膻腥。隔水毡乡,落日牛羊下,区脱纵横。看名王宵猎,骑火一川明。笳鼓悲歌,遣人惊"。

辛弃疾《破阵子》中的"醉里挑灯看剑,梦回吹角连营。八百里分麾下炙,五十弦翻塞外声,沙场秋点兵。马作的卢飞快,弓如霹雳弦惊……"。

---

① 《鲁迅全集》第九卷"中国小说史略",北京:人民文学出版社,2005年,第278~287页。

长城、烽火台、大漠、孤城、狼烟、胡笳阵阵、黄尘滚滚、刀枪如林……生于市井，死于市井的施耐庵们，无由见过从而也就无法写出这样壮阔逼真的实际战阵。

也可能文学中这种谬误是作者故意使然。阵战对局外人来说是千篇一律的，人浪相涌，乱砍乱杀，阵战描写容易枯燥乏味。文学终究离不开个性的刻画。极端个体化、个性化的民间武术实作，更适宜贯注人物情感，刻画性格，编织曲折离奇的情节，塑造出可敬又可信的英雄形象。有快活林、狮子楼、飞云浦、景阳冈，才有武松；而长坂坡，在作者的有意为之下，就成了赵云的快活林、狮子楼、飞云浦、景阳冈。

所以明代李贽点评《水浒》，八十七回后云："描画琼妖纳延，史进、花荣、寇镇远、孙立弓马刀剑处，委曲次第，变化玲珑，是丹青上手；若斗阵法处，则村俗不可言矣。"① 在第八十八回之后云："混天阵竟同儿戏，至玄女娘娘相生相克之说，此三家村里死学究见识。施耐庵、罗贯中尽是史笔，此等处便不成材矣。"②《水浒传一百回文字优劣》说："至于披挂战阵，阵法兵机，都剩技耳，传神处不在此也。"③ 将阵战作为私斗来写，个性突出，特点鲜明。而硬要去描写大战场，那就只好哗众取宠地把战阵厮杀变成一场大巫术活动。中国古代章回小说，最让人不耐烦的就是摆阵、破阵。

文学的这种成功，却原来是巧妙地利用了一种谬误，《水浒》《三国》，都成了万世不朽的文学名著。然而作为学术或科学，却必须指明这种谬误，指明文学艺术上的成功加重了这种谬误。

影视这一全新综合艺术形式的出现，使得真实地、直观地、立体地俯视战争的宏大、壮观与悲壮成为可能。欧美、日本的电影作品诸如《斯巴达克斯》《撒拉丁》《武田信雄》《勇敢的心》《影子武士》等，基本上客观地反映了古代战争与战阵的真实情形。而我们的电影电视，诸如《杨家将》之类，大将乃至统帅仍然是提刀拈枪，在银幕上蹦来蹦去，甚至翻着跟斗。编导们显然是因为不明究竟导致重复犯着古人已犯而现代人不该再犯的错误。

---

① 施耐庵、罗贯中：《水浒传》，凌赓等校点，上海：上海古籍出版社，1988年，第1275页。
② 施耐庵、罗贯中：《水浒传》，凌赓等校点，上海：上海古籍出版社，1988年，第1291页。
③ 施耐庵、罗贯中：《水浒传》"附录"，凌赓等校点，上海：上海古籍出版社，1988年，第1487页。

第五节　武术门派与武术神秘化形成均与宗法有关

中国武术门派繁多,为世界武技史所仅见。各门各派,风格迥异,各有专门。中国武术能称得上博大精深,门派众多是一个重要原因。然而,为什么中国武术会形成这么多门派呢?

最早编撰中国体育史的郭希汾这样解释道:"技击之有南北二派,实由于天时地理之关系,出诸天演之自然,非人力所能为也。"[①]北人身材高大,北地气候酷寒又一定程度造成北人筋强骨健,北派拳术因之气势雄劲,大开大合,力量沉厚,放长击远多用腿。而南派拳术,则多任务于细腻,贴身短打多用拳,这和南人矮小灵动,恰好一致。武林至今还有"南拳北腿"的谚语,郭希汾用"天演之自然"解释南北拳法大致分类与风格,很有道理。

然而,一般用"天演自然"说来解释中国武术为什么会有那么多拳种门派,却很难令人信服。

中国武术到底有多少拳种门派在流传呢?峨眉分为僧、岳、赵、杜、洪、会、字、化八大门;武当有三乘九派之说;而少林,有俞、孔、红三家;太极则有陈、杨、吴、孙、武、郝、常、李、赵堡诸流派;形意则分为河北派、河南派、山西派;广府武术有洪、刘、蔡、李、莫五大名拳;客家则有朱家教、钟家教、李家教、岳家教、刁家教、流民教、刘家教、牛家教等八门。不一而足。据统计,全国目前已查明的所谓"历史清楚、脉络有序、风格独特、自成体系"的拳种就有三百多个。而笔者又见过某省一个县的统计数字,区区一县,弹丸之地,竟有一百多种拳在流行。

中国固然是泱泱大国,疆域辽阔,各种生态自然环境俱存。但在相同的地方为何生出了若干迥异的拳类,"天演自然"说便绝对无法解释。

战争是国家或政治集团出于谋取一致政治利益采取的方式,军事机器必须集中统一方能高效运转,这些都决定了军阵武术不可能产生和划分复杂的门派流派。

---

① 郭希汾:《中国体育史》,上海:上海文艺出版社,1993年,第45页。

从文献记载看，宋以前中国武术技术粗糙，仅以刀、枪、棍、拳等分门别类，尚处于军事技术为主的次发达状态。唯一的例外是剑。《汉书·艺文志》便有《剑道》三十八篇。很可能先秦至魏晋期间，剑术形成了众多流派。但剑术的形成和成熟却主要与贵族佩剑、习剑有关，和军阵似乎无涉。这从史料中都可以得到证实。如《吴越春秋》所载善剑越女自云："妾生深林之中，长于无人之野，无道不习，不达诸侯。"①《韩非子·尚谓》批评"儒服带剑者众，而耕战之士寡"。② 淮南王之子刘迁与郎中雷被斗剑，曹丕与邓展斗剑与论剑，汉以后刀已代替剑广泛用于战阵等。然隋唐以后，贵族制度与贵族阶层不复存在。贵族的衰落也导致了剑术的衰落，有宋一代颇重军事，关于剑与剑术的记载却寥寥无几。中国武术的剑，有待于别的途径而复兴。

从明代开始，武术流派开始形成。嘉靖时人郑若曾在《江南经略》一书中记载了当时流行的枪法十七家、刀法十五家、剑法六家、弓弩十四家、棍法三十一家、杂器械十家、钯法五家、马上器械十六家、拳法十一家。仅以拳法为例，计有："曰赵家拳(赵太祖神拳三十六势、芜湖下西川拳二十四势、秣陵关打、朝童掌拳六路)，曰南拳(似风、似蔽、似进、似退凡四路)，曰北拳(供看拳凡四路)，曰西家拳(六路)，曰温家钩挂拳(十二路)，曰孙家披挂拳(四路)，曰张飞神拳(四路)，曰霸王拳(七路)，曰猴拳(三十六路)，曰童子拜观音神拳(五十三忝)，曰九滚十八跌打挞拿，又有眠张短打破法、九内红八下等破法三十六、拿法三十六、解法七十二、跌法七十二、解法一百三十"等。郑若曾声称：这些流派"各有专门秘法，散之四方"，"教师相传，各臻妙际"。③

我们可以读读这样的一些故事。

据载，广东蔡李佛门的武馆"鸿胜馆的教学方法，分外家拳和内家拳(即初级班和高级班)两种：外家拳每晚学艺时，先练一个小时扎马和扯拳，然后教新拳或兵器。一般徒弟只学外家拳"。④ "内家拳的绝招，计有：小易筋经，穿莲佩剑，中阳插手，颅肋锤，缠丝马，隐死还生马，等等。这些绝招，只有在高级班才能学到，而且教练时关起门，不给外人知道，带有秘密性。修完内家拳功夫，才是鸿胜馆

---

① 赵晔：《吴越春秋》卷九"勾践阴谋外传第九"，见《四库全书》文渊阁本"史部九·载记类"。
② 梁启雄：《韩子浅解》第四十一篇"问辩"，北京：中华书局，1960年，第401页。
③ 郑若曾：《江南经略》卷八上"杂著·兵器总论"，见《四库全书》文渊阁本"子部·兵家类"。
④ 黄鉴衡：《粤海武林春秋》，广州：广东科技出版社，1982年，第62页。

带有"秘密性",几乎是中国武术所有流派传习的共同特征。

武术是口耳之学,笔者从来不信从头到尾完全读书就能把武术学会。某个要领关键你不知道,你就掌握不了这个动作,曾有一位朋友告诉笔者说,他们拍电视剧《金钱镖》,拍摄过程中却不得不改了片名,原因是无论如何也无法使金钱镖飞起来,钉上去。混迹武林多年,笔者发现,暗器在中国武术中要算是最神秘、秘密的武器之一,会的人不多,更不轻易示人、传人。最近,有幸由一位研究高科技,又醉心于武术的朋友介绍,笔者去拜访了他的武术老师。谈得投机,再加上一再恳请,老先生让我们见识了一回金钱镖。却原来金钱镖根本不是笔者以为的那样,像飞刀一样扔的。只见他盘旋转走,拳法舒展,进步退步灵活,俨然真与人交手一般。就在这交手中,他时不时从衣襟下隐蔽地摸出边缘打磨出利刃的银圆——金钱镖,不是扔,而是以根本难以看清的连送、连弹、连抛的动作,把金钱镖发出去。攻击目标并不远,至多数米,近则就在眼前。金钱镖在空中发出"铮铮"的声音,击中目标,银圆有一半嵌入木中。由之亦可见其浑厚的功力。我们看得目瞪口呆。我们当然已深知这种暗器的威力。行拳过程中隐蔽地发镖,距离又近,绝对防不胜防。事后,这位痴迷于武术的朋友一阵吹嘘过后说:"我跟他二十年,看他传不传给我吧。"笔者嘴上没说什么,心中想,未必。

有载,民国年间号称"中原大侠"的王效荣,其叔父是曾为北京"德胜镖局"的镖头王俊亭,功夫不凡,后来在上海开设了"德胜武术社"。王俊亭后来病重,王效荣"到了上海,见叔父病得日渐不支,年轻的王效荣多么希望叔父能传他几手绝技。可心有余而力不足,只是在病榻上向他口授了一套齐眉棍。他的叔父有'口中吐镖'绝技,平时从不轻易显露,更不传人。临终前才把侄儿喊到跟前:'效荣,我不行了,我还有个功夫,你没见过,临死前给你看看,你快把我扶起来。'老人用尽最后的力气吐了两发,已是气微力竭,再也吐不出来了"。[②]

类似的故事还很多。师父乃曾得到清室"御翻子"封号的魏赞魁的徒弟,京城戳脚翻子名师"花鞭"吴斌楼,不算保守的了。"他所学甚多,不愿留一手。七十初度,他就开始一样一样地掏'箱底'。1949年后,他一直没有系统传授过的

---

① 黄鉴衡:《粤海武林春秋》,广州:广东科技出版社,1982年,第62、63页。
② 舒安编:《中华武林英豪谱》,武汉:武汉大学出版社,1984年,第143页。

戳脚翻子技击术十八腿、十八手,一百〇八法,这时都毫不保留地传授给跟随自己十余年的弟子。尽管如此,还有一些绝技尚未传出。吴斌楼很是着急。他把徒弟们叫到病床前,说:'我会的东西不能带走,否则我对不起老师,也对不起徒弟。'他支撑着尚能活动的躯干,传授了用戳脚对付戳脚的技击精华'对九下',传授了'用意行拳'的养身功。他还计划着病愈后传授'双撑子'。"[1]谁知病情突变,吴斌楼很快就去世了。这"双撑子"恐怕也没有传下来。

让人感慨却又让人无可奈何。

武术承传的秘密状态,应该说便是武术拳种门派的成因。

郭成尧在《拳术之历史》一文中说:"夫专制甚,则人民对于国家之观念浅,身家之观念深,一技一艺之长,辄用以自卫,严守秘密,不肯出而问世。"[2]归罪于专制,固有一定道理。但中国人国家观念淡漠,其中一个原因就是宗法意识强烈。中国人"国"的观念,是由"家"推导开去的,所以才有了"国家"这个组合词。"国家"有时又称"家国","家"还在"国"前,一般中国人"家"的观念仍然大于"国"的观念。动员民众的口号必须是"保家卫国"。抗日战争大后方的四川,要靠抓壮丁来维持兵员;但日本鬼子打到家门口时,东北、华北、三湘民众则英勇抗敌,演出了那么多激动人心的英雄故事。宗族就是这么一个极度内向而斥外的大家庭。武术承传之所以会处于秘密状态,显然又与宗法有关。

杨露蝉三下陈家沟学艺,似乎已是广为人知的一段武林佳话。然而杨露蝉为何要三下陈家沟?综合各种史料分析,原因也不见得那么冠冕堂皇。说穿了那就是:练陈氏太极拳者,都是陈氏族人,异姓只有杨露蝉和其同乡李伯魁二人。陈氏族人对这两个不姓"陈"的"杨""李"外人,毋庸讳言,初时是有些欺生和歧视的。牌位大王陈长兴,开始对杨露蝉也是或粗暴或冷漠,授拳时候,时而倨傲不答,时而爱理不理。陈长兴对杨露蝉所授技艺,也大大留了一手。据说杨露蝉一次半夜醒来,听见隔院有声,爬上墙头一看,原来是陈长兴正在教授陈族子弟太极拳,杨露蝉发现,师父陈长兴所讲的,都是自己没有听见过的太极拳精义,大为吃惊,于是每天晚上都来偷窥。偷窥的结果是,杨功夫大进。杨露蝉陈家沟"偷拳"之说,就是这样来的。即使如此,杨露蝉仍未毕其功于一役,而是三下陈家

---

[1] 张宝瑞编:《北京武林轶事》,北京:北京燕山出版社,1987年,第254页。
[2] 郭成尧:《拳术之历史》,见无谷、姚远编《少林寺资料集续编》,北京:书目文献出版社,1984年,第27页。

沟,并且在以谦恭和顺彻底感动了陈长兴以后,陈长兴才倾其所有相授,杨露蝉才修成了旷世武功,创杨氏太极并被誉为"神拳杨无敌"。陈氏太极拳突破陈氏宗族的范围而流传于外,竟费了如此周折。武术承传之所以会处于秘密状态,显然与宗法有关。这个著名的传说,是最有力的证据。

《六韬》有:"文王问太公曰:'守土奈何?'太公曰:'无疏其亲,无怠其众,抚其左右,御其四旁。'"又有:"文王曰:'何谓仁义?'太公曰:'敬其众,合其亲。敬其众则和,合其亲则喜,是谓仁义之纪。'"①这就是后世"亲兵"制度的理论来源,但它的事实根基是宗族制度。姚雪垠小说《李自成》中,不管是官军还是农军将领,都有自己的亲兵队伍,由将领自己族人组成。这些亲兵队伍,无一例外都是其部最有战斗力的队伍。这并不是姚雪垠的虚构,而是明代军事的史实。《明史·兵志》中列举的那些能征善战的"土兵""乡兵",其实多是宗族之军,或者干脆就叫"鲁家军"之类。到今天,还有"子弟兵""兄弟连"这样的名词,引人遐思。

宗族是有力量的,武术也是有力量的,宗族力量加上武术力量,就是更大的力量。于是,宗族不能散,武术要守密,这个力量当然不能让别人掌握。

尊祖是宗法制的一大特色,也是旧时代乃至相当部分延伸至今的社会普遍习俗与心理。仲富兰说:"民间有句话说,叫'三百六十行,无祖不立'。自古以来,各行业都有自己的祖师和行业神,这种崇拜意识也莫不缘起于此。木工们崇拜鲁班,理发师崇拜吕洞宾,军事家崇拜诸葛亮。"②其实不只这些,行行业业都有偶像:妓女供奉管仲,烧瓷的供奉童宾,唱戏的供奉唐明皇,渔民供奉妈祖,杀猪的供奉张翼德,犯人供奉皋陶,花匠供奉西王母,等等。

拳家亦如此,拳法的创始人,往往伪托于一位有名的古人或神仙。少林是一苇渡江的达摩禅师,武当是张三丰,岳门始祖追到了岳飞,长拳则要供奉赵匡胤的牌位……竟至有人提到:曾听得一个拳术家自称是齐家的武艺,不明白齐家是哪个,一问才知道,原来是齐天大圣孙悟空。

攻击别人的祖宗那是和刨人家祖坟一样被视为十恶不赦的行为。近代著名武术史学家唐豪,1930年曾写成《少林武当考》,该书由中央国术馆发行。他用大量史料证明了达摩和尚与张三丰道士不会武功。所谓达摩创少林拳、武当武

---

① 《六韬·文韬·守土》,见《武经七书》,北京:中华书局,2007年,第374、375页。
② 仲富兰:《民俗与文化杂谈》,上海:上海教育出版社,1992年,第93页。

术始于张三丰之说,纯系后人牵强附会。他又亲到陈家沟考察,做了细致缜密的考据工作,得出了陈氏太极乃陈王廷所创,太极拳诸多仙传之说根本靠不住的结论。谁知唐豪此举竟惹得不少自称为少林正宗、武当嫡派武师们勃然大怒,他们扬言要对唐豪报以老拳。幸亏唐豪本人功夫不错,背后又有形意拳名家朱国福、"神力千斤王"王子平等朋友撑腰,才免遭此难。但不久后他也离开了中央国术馆所在地南京,躲避这些麻烦。作为一位武术史家,他的做法是尊重史实,尊重科学,直言不讳。但如果他仅是一位武术家,此举就有惹是生非之嫌。

宗法制度规定:只有嫡亲的子孙一系才有祭祀始祖的权利。所以《礼记》便说"尊祖故敬宗"。祭祖是一种地位象征。自诩为某门"正宗",其目的当然是争取自己这一派系的地位。始祖伪托名人神仙,则明显带有尊荣这一派系的目的。攻讦人家始祖,当然会被视为刨人家祖坟扇人家耳光而为人不容。

旧日中国武林的师徒关系也纯粹是宗法性质的。"事师如父,执役如仆""一日如师,终身为父"。透过这些熟语,我们无疑能看到宗法中父权的本质。武林的普遍说法是:"师傅"不应是"傅",而是父亲的"父"。扫地不扫两个月,水缸不天天灌满,大雪中不在门口跪上三天,别想被收为徒弟,并不完全是小说中虚构。据说,通臂拳名师王占春,早先想拜北京白云观道长韩屏山学拳,被拒绝后,"当然不甘心,他索性住在西便门外的一家客店里。每天一清早,他就去白云观叩门,要求拜见韩老道,可是韩老道吩咐道士紧锁观门,就是不见他。后来,王占春就扛了一口袋干粮,每天跪在白云观门口,从早晨一直跪到天黑。这样跪了半个多月"。于是,精诚所致,金石为开,终于被收为弟子。① 梅花桩名家韩其昌学拳也艰辛,"过去习拳,师傅不愿意把东西一下子全教给你,往往每个人教几样,不能学全。每学一手,都要跪地求师,等师傅高兴了才教你。韩其昌虚心好学,把膝盖当脚走,在师兄弟中他的招术掌握最全,练就了一身梅花桩的好功夫"。②"把膝盖当脚走",艰难如此。

武术团体的领袖,更是形同宗族领袖,而在组织内部拥有至高无上的权威。"在华北各乡村间,拳场林立。尤以冀鲁豫一带,各村皆有拳场。每逢农暇夜晚,农民多赴拳场练拳,每拳场皆有教师头收徒教授。教授时期,自秋收后起,至春

---

① 张宝瑞编:《北京武林轶事》,北京:北京燕山出版社,1987年,第135页。
② 张宝瑞编:《北京武林轶事》,北京:北京燕山出版社,1987年,第306页。

耕时止,最盛时期,为冬期三个月。教师头并无薪给,由外村聘请者,仅由富庶门徒,供给食宿。较大村庄,有设拳场至数处者,各拳场门户派别不同,则常起争斗,打擂,比武,在门户派别复杂之区,则时有所闻。如门户派别相同,老师头之门徒,散布各地拳场,则老师头之号召能力,不亚于无冕皇帝。"[1]

仲富兰指出:"中国还有一项特殊的民俗,后来也演化成一种专门的学问,它就是谱牒之学。什么叫谱牒,就是古代记述家族世系的书籍,俗称'家谱''族谱'。""修谱的动机:一是要详叙本族之由来,把血缘关系讲清楚;二是通过辨明辈分次第,进一步强化宗法意识;三是借此而和睦族人,沟通血亲情感。总的说来,都是为了增进家族的群体意识。"[2]因此我们不难看到,武术门派的承传谱系,和家族族谱无异。

武术的承传遵循严格的师徒制。比如内家拳,先是温州的陈州同从陕西王宗学艺,陈州同学成后,"以此教乡人,由是流传于温州。嘉靖间,张松溪为最著。松溪之徒三四人,而四明叶继美、近泉为之魁,由是流行于四明。四明得近泉之传者,为吴昆山、周云泉、单思南、陈贞石、孙继槎,皆各有授受。昆山传李天目、徐岱岳。天目传余时仲、吴七郎、陈茂弘。云泉传卢绍歧。贞石传董扶舆、夏枝溪。继槎传柴元明、姚石门、僧耳、僧尾。而思南之传,则为王征南"。[3] 承传系统为师徒一线单传,记载这一线的墓志铭,已与宗族的家谱无异。

武林盛行"宗""门""家""派"等名称,顾名思义,已足以说明宗法与武术之间的关系。

而对所谓"嫡传""真传""家传""名门""正宗""嫡派""正派""名师"极其讲究,则正是仲富兰说的要"把血缘关系讲清楚"。

师徒制下的武术承传是"线"而不是"面",武术当然是秘密的而不是公开的。

当然,也要指出:这种师徒关系应该说是那个时代人际联系希求紧密的最佳方式。它往往和岁月增长和旨趣相投一道,造就甚至超出实际血缘般的亲情。这一点,在武林可说屡见不鲜,甚至尤为突出。范应莲在海灯法师生前一直长侍左右,情同父子;董海川生前常住徒弟史纪栋家,史纪栋妻子陈媛媛也是董海川保媒,陈称董为义父。所谓"入室弟子",从来有一种特殊的含义。戳脚翻子名

---

[1] 王健吾:《华北之体育》,见《体育季刊》,1935年,第1卷第2期,第218页。
[2] 仲富兰:《民俗与文化杂谈》,上海:上海教育出版社,1992年,第103、105页。
[3] 平慧善、卢敦基译注:《黄宗羲诗文选译》,成都:巴蜀书社,1991年,第62页。

家、"花鞭"吴斌楼,中华人民共和国成立后曾一改旧俗,不再举行收徒仪式。但"史无前例"的"文化大革命",使人性人伦的基本准则在所谓的"阶级斗争"的冲击下荡然无存。忘恩负义、反目成仇、过河拆桥、落井下石的事,是处可闻可见。那时吴斌楼"大病初愈,几位带艺投师的弟子提出按照其他拳师的收徒办法,举行叩头递帖仪式,以求正名。吴斌楼曾再三阻止。但当时那种人人自危的形势使吴斌楼感到需要寻找一种方式来巩固师徒关系。他思来想去不得其法,便选择了回头路,为十几位新老弟子履行了入室手续"。① 寻求旧有方式来巩固师徒关系,这也是无奈中的办法。

造成武术门派的是秘密状态,而形成这种秘密状态,是为了维护"绝技"的手段以维护宗族团体的各种利益。

还可以少林寺为例。曾到少林考察过的赵宝俊,在其著作中便说:少林"僧众之间,是仿照家族组织形式,按其师徒间法子、法孙的关系,好像宗族一样"。"寺僧之间的关系,虽然他们来自九省十三县的千门万户,但一到寺里,即形成为乃师乃徒、法子法孙的大家族组织形式。"一般武侠小说中常称所谓少林"三十六房"。这三十六房,实际上就是赵宝俊所说的"少林寺的家族分为少室庵、延寿庵、广惠庵、万寿庵、弥陀庵、清凉庵、大悲庵、永化堂、周府庵等十八门"。十八门"每门一般为祖孙三代,惟清凉庵的辈数达到八九辈之多"。② 赵宝俊还写道:"迄今少林寺僧还保持着按年节时令上坟祭祖扫墓的世俗遗风。他们相约,携带香表纸张,一起到塔林祭奠祖坟后,再分别各到各门的坟地去祭扫,和从前在农村见到的扫墓境况,完全一样。"③

登封民谣有"少林土地大无边,北过黄河南越山"的说法。隋开皇初年,改陟岵寺为少林寺,并诏赐柏谷坞屯田一百顷为寺院庄田;唐初,唐太宗又赐少林四十顷;历史上少林寺土地最多时达八百余顷。除此还有碾房、仓库、豆腐房等,俨然为一个宗族大庄园。少林寺还有个惯例:"寺僧当卖土地时,须先寺里,后寺外。如寺里僧众无人收受典当,才允许出当到寺外。对于出当到寺外的土地,如原典当僧无力赎回时,只要是少林寺僧,不管是谁,都有权把它赎回。出当人到

---

① 张宝瑞编:《北京武林轶事》,北京:北京燕山出版社,1987年,第253页。
② 赵宝俊:《少林寺》,上海:上海人民出版社,1982年,第64~68页。
③ 赵宝俊:《少林寺》,上海:上海人民出版社,1982年,第45页。

有钱时，可随时把原当地赎回归己。"①显然，这都是出于宗族成员互助与维护宗族团体利益的习惯与规定。

少林寺既然为一个宗法实体，其社会地位和经济利益当然需要僧兵和武术维护。程宗猷《少林棍法阐宗》便云："尝考海内无武僧，惟少林称者，重护教也。"②何谓"教"，何谓"护"，既为"教"，何须"护"，让人颇有迷惑。其实，"重护教也"，可听弦外之音，可谓一针见血。

坦率地说，少林寺还不算保守的，少林寺毕竟是佛教圣地、禅宗祖庭，少林寺的首要任务当然是弘扬佛法。这就使宗法的内向性与保守性受到了极大的限制。少林"俗家弟子"与佛教"居士"是有某些近似的。所以人称："今人但称杨家将，而子孙泯灭无闻。少林寺之名独传。世有千年僧寺，无千年宗族，信然！"③少林武术今天之所以在少林寺之外广泛传播，不能不承认得益于佛教的宽容和开放。

然而其他许多门派武术，却不是这样的命运。

峨眉派僧、岳、赵、杜、洪、会、字、化八大门之一的会门拳法，似已近失传；王征南那一系的内家拳（不是今天所称的太极、形意、八卦）也已失传；广东五大名拳之一的刘家拳，似已难觅踪影。

与少林并称，同为武林一大派的武当武术，几十年来销声匿迹，这甚至使得某些人认为"武当无拳"，对是否真实地存在一个"武当派"武术提出了疑问。武当武术为何会落到这步田地，我们看看这个故事就知道了：

> 徐道定，96岁，居武昌青山。终年在外采药，为武当后山某道人之徒。42岁下山还俗成家。其师收徒，以3—7岁孤儿为限。徐于3岁时在江西为师收养，背负上山，教养成人。授以药功、气功、武功。"文化大革命"期间，武汉武斗激烈，伤亡时有所闻，当时某派月出70元，请其半日治伤，被谢绝。以手执火钳，身背竹篓，沿街拾破烂糊口。湖北省武术挖掘整理小组及湖北省武汉市气功学会，多次派小车请其过汉

---

① 赵宝俊：《少林寺》，上海：上海人民出版社，1982年，第56页。
② 程宗猷：《少林棍法阐宗》"纪略"，太原：山西科学技术出版社，2006年，第13页。
③ 褚人获：《坚瓠集》"余集卷三·少林寺僧"，中国古籍库清康熙刻本。

小聚,均被婉言辞谢。指其壁上所挂一小锄说:"下山时师以此锄相授,嘱今后即以其谋生,多与草木为伍,少住人间(指城市)。"今年,自西北采药归来,曾以言相激:"徐老师既知应为四化服务,却使师父功法,到您之手而失传,于心何安?"徐一笑相告:"不要紧,掌门师兄仍在,已传及五代。我自悔再堕红尘,愧对师尊。自知大限将到,不出二年。"终于还是不传。①

不成熟的宗教道教远没有成熟宗教佛教那样的气魄,也难怪武当武术不及少林武术昌盛。"掌门师兄""传及五代",至今仍是隐姓埋名不出。武当武术的真面目,仍然扑朔迷离。

形同宗族的一个个结社组织分布各地,形同父子的师徒们代代单传。组织不同,师承各异、严守秘密、各自保守、封闭不通,诸多的武术拳种门派就这样形成了。

宗法社会结构由原始血缘组织直接过渡而来,在中国社会存在了几千年,但中国武术拳种门派的出现,带来武术大系统的形成,随之武术出现大兴盛大繁茂,却晚迟至明清,这种现象又如何解释呢?

形意八卦名家张占魁先生的弟子赵道新(意为"吾道焕然一新",原名赵恩庆,后改为赵道新,此名为大成拳创始人王芗斋所赐),他认为:元以前,"中国武术的核心和主流是几种公认的检验拳术的机制——比赛"。"还未形成套路鳞集,宗派林立的局面。"他还认为:元代统治者的禁武,"造成了中国拳术的第一次危机",在这次危机中,"拳术除以家传方式苟延残喘外,大部分转移到正处于巅峰状态的元代戏剧中去"。赵道新又指出:"明代的将领如戚继光、何良臣等人,把自己保留下或摸索出的战斗技术向民间传播,这场'军人拳术运动'使萧条的拳界迎来了第一次复兴。……但因当时并未重振拳术的竞争淘汰秩序,在没有比赛和交流的环境下,拳术高手们不同的格斗风格只能纵向传袭下去,于是技术风格和特点变成了拳种和流派。"②

笔者读过赵先生的文字和介绍他事迹生平的文章,对赵先生感到由衷的钦

---

① 李天骥编:《武当绝技——秘本珍本汇编》,长春:吉林科学技术出版社,1988 年,第 17、18 页。
② 赵道新:《拳术溯源》,见《武林》1991 年第 5 期,第 33~35 页。

佩，不仅钦佩他卓绝的武功，更钦佩他在武术评论中敢讲实话的精神，以及目光的敏锐。笔者非常赞同他的擂台中心便不可能形成武术流派的观点。拳术格斗比赛在周代即已出现，《礼记》中就提到："孟冬之月，天子乃命将帅讲武，习射御，角力。"①此后一直到宋代的两千多年中，这种比赛变换过诸如"搏""相搏""手搏""角力""抵""角抵""扑""相扑"等名称，内容也有变化，但始终朝野追捧，作为武术发展中心的位置一直没有偏移。擂台中心，擂台吸引，公开化的检验，武术家们为适应擂台中心的横向交流，使得武术得以突破宗法和宗法组织的限制。在这种情况下，武术肯定不可能形成拳种流派。元代特别是清代的禁武，造成了突破宗法限阈的推动力——擂台机制——的消失，从而使武术停留于宗法组织，时代决定的准宗法组织民间秘密结社，开始完全沿着宗法规则的轨道运行。武术在宗族内部、结社组织内部、师徒间狭小范围和纵向的传播，使武术大树伸出的根须，互不相连地越伸越远，终于形成众多的拳种门派。近年来散手运动逐渐开展，并初步形成比赛制度，而围绕这一制度所造成的武术趋同的态势，以及在此制度下拳种门派似乎不能确立的状况，仿佛也从反面证明了流派出现的原因。

宗法崇祖崇古，非"正宗"不能有"真传"。宗法斥外，"真传"当然只能在极狭小范围内承传而秘不示人。再加上有意无意人为的渲染，中国武术从此笼罩上一层神秘的面纱。长此以往，又和民间信仰素质极低的宗教甚至巫术互相渗透，于是飞檐走壁、符咒神水等荒谬的传说终至充斥武林。《少林拳术秘诀》竟假托智隍云："人身之五官百骸，各有其至神不可思议之能力，如目透重壁，鼻嗅天香，耳闻蚁斗，口吐碧火，舌缔青莲，声震苍天，手破崖壁，足踏波面，气结霞雾。凡此种种，均非谈虚说幻，炫异竞奇，苟能悟澈玄机，自有此神通广大。"②《少林拳术秘诀》又有云："至腾身纵跃术，习之殊不易，若在少年时专心学之，三年功夫，可以飞腾二丈以上；再久练不辍，更能逐渐增高。此术在道咸间，北方健儿能之者不少，近则滇黔豪客最喜习此技，如吾所见滇黔人士之以此技著称者，已有十余人之多，亦风尚使之然也。"③《少林拳术秘诀》为武术专著，尚且如此。某些神奇

---

① 杨天宇：《礼记译注》"月令第六"，上海：上海古籍出版社，2004年，第210页。
② 尊我斋主人：《少林拳术秘诀》第十三章"神功说"，太原：山西科学技术出版社，2009年，第122页。
③ 尊我斋主人：《少林拳术秘诀》第十章"南北派之师法"，太原：山西科学技术出版社，2009年，第78页。

功法的可靠性尚待进一步证实，但绝大多数属虚妄之谈当无疑问。然而由于在旧时代有武术神秘化的基础之一——宗法存在，所以尽管寻访高人从未有所获，专家一再论证跳高的生理与物理极限，双腿直膝起跳之不可能，但那种八步赶蝉、登萍渡水、踏雪无痕、墙上挂画、飞腾逾丈、日行千里甚至更神奇的功法，仍有人传有人信，乃至有连篇累牍的练功法不断问世。

同时也需要加以指出的是，进步与发展未必全然是在开放的状态下产生和完成的。武术相对秘密和封闭状态的传承，却有利于习得者人格品德的选择和拳种技术创造的纯洁，尤其是后者的作用不容低估。保密状态固然不利于互取所长，然而却有利于充分发挥每一个体的个性和智慧，使创造向纵深发展，并使一拳种形成区别于其他拳种的独特风格。这个道理很简单，太极与少林如果始终处于一种开放交流状态，那就既不会有刚暴猛烈的少林拳，也不会有柔化静凝的太极拳，而只会有一个拳法。汇集成为中国武术浩瀚之海的那些风格迥异、精妙无比的众多武术流派，正是这样形成的。不少中国武林先贤高人，淡泊仕途名利，隐居山林村泽，甘于贫穷寂寞，穷尽毕生精力、一生心血探索，才成就了中国武术这一瑰宝。

毋庸讳言，武术也已面临着这样一个问题：武术既是一个封闭文化环境的产物，那么，这个文化环境一旦开放，武术的特定内容还能存在吗？宗法导致了武术拳种门派形成，而宗法社会解体，武术技术公开，师徒传授制改为学校教育制，武术拳种门派还能否保持自己的风格从而维持其存在？回答应该是肯定的。一种成熟的文明、文化形态是相对稳定的，武术整体无疑仍能存在与发展，仍有存在与发展的价值。大部分武术内容和成熟的、有其独特精深拳理的拳种门派，都绝不会消失或丧失其特点。但与旧文化环境联系紧密，属于旧文化僵死部分的内容，则肯定是要消亡的。武术中的药法、暗器，可能就在此列。武术中一些小拳种门派，不少本身就不科学、不成熟、不完备，风格相较于其他拳种也并非迥然有异，那么秘密承传状态一旦改变，它们肯定很快就会消亡。这是必然，也不见得有什么可惜，由现实状况看来，消亡的速度可能比预想的还要快。

这里论及武术与宗法传统的关系，丝毫没有贬低中国武术的意味。犹如我们谈标枪、铁饼、铅球、拳击起源于古希腊嗜血的战争搏杀，并不是贬低现代奥林匹克运动一样，笔者只是想指出根植于人类社会特定土壤的一种文化现象的必然，人类社会特定阶段生存的法则，以及这种文化现象所具有的特点。

也毋庸讳言,与宗法有关而又纯属历史陈迹的武林的门户之见,是最应予以彻底清除的。近代著名武术家王子平先生,在张之江的中央国术馆任少林门门长时,便因门派之争而与武当门门长高振东发生矛盾,很快就发生了门长王子平和高振东徒手相搏、二人的徒弟科长马裕甫和柳印虎竹剑比武的事。在旧时代,一代宗师尚不能逃此缧绁,何况武林他人。所以,众所周知,旧武林派系之间,往往成见甚深,互相诋毁排挤,甚至势如水火。到了今天,这个问题也还未能从根本上得到解决。

中国武林从来具有爱国主义的传统,反抗异族侵略和欺凌的武林英杰的事迹,史不绝书。霍元甲、王子平、蔡龙云等打败东西洋武术家的事迹,也的确在积贫积弱、亟待振兴民族精神的时代极大地鼓舞了人心。但先后见诸报端的许多知名不知名的武术家,都称有打败某位洋拳师的经历和事迹,仿佛非此不能称为武术家一般。爱国主义宣传无可厚非,欺凌中国人的"洋鬼子"也的确该揍。但无须仔细考证,明眼人一眼就能看出,许多这类故事中子虚乌有显然多于信史成分;为中国武术甚至只是本门派武术在世界范围争"正宗",显然多于爱国的成分。说穿了,这实际上只是宗法思想的扩大。

第三章　少林：佛、寺与儒、武之妙合

"天下功夫出少林""万拳归少林"，这样的说法，出自少林派武术家口中，是一种豪迈；出自其他人口中，是一种赞誉。它既反映了少林武术在中国武术中有着举足轻重的地位，又肯定了少林寺确是以武术和武功扬名的事实。

"寺以武显，武以寺名"，人们这样评价少林寺与武术的关系。"浮屠善幻多技能，少林拳法世稀有"，《峨眉道人拳歌》中的这句话，流传久远。然而我们可能从来没有去深想过，这"武"和"寺"，如何挂上了钩？"浮屠"和"拳法"，怎样发生了联系？

武术与佛教在少林寺的结合，是中国佛教史、中国武术史一道奇特风光。但构成这道风光的不同色彩，原本就是那么和谐吗？

儒家只重今生，不谈来世。"不知生，焉知死""敬鬼神而远之""祭神如神在""子不语怪力乱神"等，就是孔子对生死和鬼神的态度。儒家回避了终极关怀的问题。道教则企图把生命无限延长，跨越生死天堑，金丹符箓、导引房中，可谓孜孜不倦。但且不说那些修仙求道的方法太复杂了，一般人根本没有条件进行。即便如皇帝之类，不少也因服食丹药而早逝。以太实际的方法来阐释、解决太不实际的问题，道教似乎不断地在自动宣布自己的失败。道教也没有解决生与死的问题。这就是中国传统思想体系缺乏"终极关怀"的一种表现。

然而人类最终总要面对生与死的问题。中国人可以暂时回避生与死的讨论，但又终究逃脱不了面对死亡时的恐惧。中国人显然始终存在着要解决这一问题的需要。所以，几千年中，各种宗教仍在源源不断地进入中国。有时如狂潮巨澜，汹涌浩荡；有时如涓涓细流，不绝如缕。

道教中原始巫术的成分、世俗追求的成分，始终远远大于神学宗教的成分，伊斯兰教、基督教、天主教等在汉民族中的影响又较为有限。但"天下名山僧占却""四海何处无伽蓝",佛教的踪迹,在中国的历史和中国的土地上却无处不在。然而仔细看这踪迹,却又几乎都是禅宗踩出的。禅宗在中国兴盛的原因,除了禅宗儒学化这一让步,即禅宗自己被动中的积极外,是否还有被中国文化主动选择,即两厢情愿的因素呢?

回答应该是肯定的。中国人和中国文化是看中了禅宗的某一特点。或者说,是从某一特殊角度对禅宗发生了兴趣。具体到本文的讨论,则可说是作为武术承载体的中国人,或作为武术文化的母体的中国文化,在某一点上与禅宗发生了某种程度的契合。

第一节　武术杀伐与佛教慈悲的对立

首先,我们必须界定武术的本质。而界定武术的本质,又必须弄清"武术"二字的含义。

《说文解字》沿袭《左传》的说法,释"武"字为"止戈为武",这显然是后起的伦理意义上的曲解。而在殷商的甲骨文、周代的金文中,"武"字显然都是手执武器的形象。

然而光拿起武器还不够,仅此尚不足以使武术确立,一个不会武术的人拿起武器,仍然与武术无关。武术之所以成为武术,重要的是还要有"术"。

"术"是什么呢?《说文解字》释为:"术,邑中道也。"段玉裁注云:"引申为技艺。"道路是为通达目的地的,技艺则是方法、技术之谓,都是手段,所以技艺也被称为术。

简言之,武术就是徒手或手执武器搏杀格斗的方法或技艺。可以说,这就是武术的本质,也是武术文化形态和其他文化形态的质的差异。这种本质,从它诞生起就被规定。无论时间如何推移,无论有多少文明的、后起的渗透、依附、派生、转移,武术的本质都确立无疑、确定不移。武术如真正发生了质的变化,也就不称其为武术了。

将武术的本质与功能混淆可能会造成一些混乱,这也是武术界长期为武术是"武"还是"舞"争论不休的原因。功能可能很多是后起的,而且呈现增长之势。但武术功能的增减并不意味着武术本质的变化。虽然武术有着表演的功能,但武术并不是戏曲舞蹈文化;虽然武术也能强身健体,也有内功内容,但武术绝不是养生健身文化;虽然武术也能自娱或娱他,但武术肯定不同于娱乐文化;虽然武术也能部分抽出用于竞技,但武术整体而言绝对不是竞技运动。武术就是武术,武术只是武术,武术文化形态依然故我为武术文化形态。

武术本质的确定性同于其他文化形态本质的确定性。医学的本质是治病救人,但医学也可用于美容,在坏人手里也可用来犯罪。这就是说医学在一定条件下又具备美容和杀人的功能。然而这并不等于说医学的本质有了改变,医学的本质既不是美容也不是杀人,医学的本质仍是治病救人。

武术的形式多种多样。不管是按门派、流派划分,按刀、枪、棍、剑、拳划分,还是按功法、套路、散手划分,武术形式总是依武术的本质而展开和存在。而武术的功能,并不直接依武术的本质而是依武术的形式展开和存在。是武术的种种形式,赋予了武术种种功能。所谓武术的体育健身功能、体育教育功能、自卫格杀功能、娱乐(自娱)功能、表演(娱他)功能、运动竞技功能等等,其实都是直接由武术形式而展开,依武术形式而存在,都是对武术形式的利用和依附。而武术的功能和武术的本质之间的关系,则要间接得多。武术本质与武术形式、武术形式与武术功能的关系是不能脱节的,但武术本质与武术功能的关系却未必。例如:剑械与剑法是武术形式,剑械与剑法的创制必须反映和服务于武术本质。但老年人练剑,用来锻炼身体,则是利用了武术的体育健身功能。这时的剑,完全可以略去攻防,和武术本质不发生任何联系。

武术的本质是"武",毫无疑问。

那么佛教呢?

佛教讲大慈大悲。慈者,慈爱也;悲者,怜悯也。《涅盘经》云:"三世诸世尊,大悲为根本。"《菩萨念佛三昧经》云:"慈心观众生,如母念一子。于仇不追恶,更生怜悯心。"《网明菩萨经》云:"大悲是一切诸佛菩萨功德之根本,是般若波罗蜜之母,诸佛之祖母。"《观无量寿佛经》云:"佛心者,大慈悲。"

武术是搏杀术,搏杀个你死我活,所以武术技术的使用往往无所不用其极,"一狠、二毒、三功夫""当堂不让父,举手不留情""一要健,二要练,三要打人心不善"等,是人所共知的武谚。"狠毒"与"慈悲",大相径庭,有天壤之别,武术的本质和佛教的本质,显然南辕北辙。

佛教又讲"因果报应"或"业报轮回"。世上众生的行为和支配行为的意志,佛教将之称为"因"或"业"。业又分善恶。善行善业,恶行恶业,不是做了就做了,它的影响是不会消失的,最终都会带来相应的"报"或"果",又称"果报"。所以佛教说"善有善报,恶有恶报"。然而,这种报应不是由外力、外人施加,善由自取,咎亦由自取。佛教讲轮回,修得正果,超脱了轮回,就成了佛、菩萨等。修行尚欠火候或根本不修行,那就只能在天神、人、魔、畜生、鬼、地狱者"六凡"之间反复经历生死投胎的轮回圈。"六凡"又称"六道",所以有"六道轮回"之说。今生今世不做善事,下辈子只能当牛做马;作恶多端,那只能下地狱。"今生人见欢喜者,前世见人欢喜故。"善恶终有报应,但不是外力、外人所加,也不会立现。反映与效果在其自身,在其将来,所以佛教不主张"现世报"。

所以无论有多少政治与伦理的理由,无论理由有多么正当乃至冠冕堂皇,哪怕是参加爱国战争,哪怕是针对十恶不赦的凶犯,佛教徒使用武术也与佛说根本违背。

基督教告诫信徒:"要爱你们的仇敌。"又说:"你们听见有话说:'以眼还眼,以牙还牙。'只是我告诉你们,不要与恶人作对。有人打你的右脸,连左脸也转过去由他打;有人想要告你,要拿你的里衣,连外衣也由他拿去;有人强迫你走一里路,你就同他走二里;有求你的,就给他;有向你借贷的,不可推辞。"[①]而佛教一样。如佛教又重"忍辱"。印度佛教原旨有"六度",即布施、持戒、忍辱、精进、禅定、智慧。六度中,又最重布施、忍辱、禅定。《涅盘经》说:"虚菩提住虚空地。若有众生嫌我立者,我当终日端坐不起;嫌我坐者,我当终日立不移处。"据说达摩修行方法有四:其一为"抱怨行":"初抱怨者,修道苦至,当念往劫,舍本逐末,多起爱憎。今虽无犯,是我宿作,甘心受之,都无怨诉。经云:'逢苦不忧',认达故也。"要求僧众在任何条件下——包括受到侮辱伤害——始终保持忍让平和的态度。唐五代诗僧寒山与拾得那个著名的故事说得更绝,寒山问:要是有人打我、骂我、侮辱我、欺负我、吓唬我、骗我、用极不堪忍受的方法对付我,我该怎么办?拾得回答:应该躲避他、忍耐他、尊敬他、害怕他、让他、一味随便他、不理他,且看他怎么办。佛教甚至说:如果有人吐一口唾沫在你脸上,不仅不要还手,连擦也不要擦,让它自己干。这就是"唾面自干"的典故。在《金刚般若波罗蜜经》中,这又叫"无诤"。

[①] 《马太福音》,中国基督教两会,中文和合本与 NIV 新国际版《圣经》,《新约全书》,第 9 页。

佛教、基督教这样成熟的神学宗教都认为:爱的对象是不能也不应加以选择的,其中也包括你的敌人。对于一种宗教信条,原则上宗教组织和宗教信徒均要坚定不移地遵行。但心中始终默念这样的信条,少林寺僧又该如何才能拔剑而起,挺身而斗?

佛教教律中又规定"不杀生",五戒中以"杀戒"为首。佛经说:人间众生经百难千劫,难以逃脱轮回之苦,在于有尘世的缠缚。在所有的缠缚中,"惟杀、盗、淫为根本",因此,"作杀、盗、淫,是人则入十八层地狱"。《楞严经》还断言:若不断杀,却要当和尚修禅定,那就好比是自己塞住自己的耳朵,高声大叫却又希望别人听不到,无异于掩耳盗铃。佛经中经常提及,即便是禽兽虫蛾之类,也要悯念爱护。人间众生都经历过无数轮回。上辈子没当过鸟兽,上上辈子、上上上辈子总有当过鸟兽的时候。如此说来,鸟兽的生命和人的生命并无区别,杀害鸟兽,食其血肉,用《佛说师子素驮娑王断肉经》的说法就是必然要"辗转偿命"。在世间所有职业种类中,佛经认为最糟糕的是屠户。于是《大方便佛报恩经》将屠儿、养猪、养鸡、捕鱼、猎师、网鸟、捕蟒、狱吏、盗贼、官差等列为"十二恶律仪(职业)",屠儿赫然列在位首。"欲知世上刀兵劫,但听屠门夜半声。"佛教把杀生看得极重,竟然将世上的刀兵攘扰、军征战伐,与屠夫的杀牛宰羊划了等号。于是,放生就成了佛门一大善功。每年都有专门的放生节,每座庙宇都有或大或小的放生池。放生时,鱼儿在水中游开去,善男信女脸上便也漾出获大善缘的欢乐。

禽兽虫鱼尚且杀不得,更何况人。《佛说骂意经》云:"作百佛寺,不如活一人。"我们常说的"救人一命,胜造七级浮屠",应该也是从佛经中来的。而杀人呢?许多佛经竟说:杀人要入一百零八层地狱!

佛教原旨对杀伐和武术的态度是明确的,佛经有如此教训:《大宝积经》说是"彼应不杀,放舍刀杖";《华严经》说是"身被忍辱甲,手提智慧剑,自在降魔军"。话是倒过来说的,但意思更坚定。

武术是用来杀人的,佛教第一戒律就是戒杀,二者针锋相对,根本对立!

在世界宗教史上,一种宗教与军事、战争发生联系的事件并不少。但它们与少林武术和武术行为,有着很大区别。少林寺习练武术者,长期组织成僧兵武装集团者,僧兵加入王朝军队者,僧兵参与各种战争者,都是寺院中的宗教神职人员。少林寺僧习练武术,不管是镇山护寺也好,济弱惩恶也好,保国强兵也好,实际上都是介入社会、政治等各种世俗纷争与世俗事务。

佛教与武术在少林寺共存,其矛盾显而易见。明代俞大猷亲自教授过武艺并随他抗倭的少林寺僧宗擎回寺,曾赠《诗送少林寺僧宗擎有序》[①]诗一首,诗云:

> 学成伏虎剑,洞悟降龙禅。
> 杯渡游南粤,锡飞入北燕。
> 能行深海底,更陟高山巅。
> 莫讶物难舍,回头是岸边。

全诗前六句,都是两两相对,剑与禅、南粤与北燕、海底与山巅,无一不截然对立。但这些都是喻佛教与武术、宗擎本为僧人但又习武甚至参加战争的矛盾。俞大猷显然感觉到了矛盾,指出了矛盾,但他也未能解释这个矛盾。他只是劝勉宗擎不要留恋凡尘俗物,回头是岸,回佛门净地去。

少林寺作为佛教的一个宗教组织,居然能容忍或产生以伤残人体、取人性命为本质的武术;居然让少林寺僧长期组织僧兵,参军参战,专事屠戮;居然以武术和武功显赫扬名。这在佛教乃至世界宗教史上都是独一无二的。

少林寺何以会有武术是一大谜案!

第二节 "少林之水"如何与"洙泗之流"混融

《少林拳术秘诀》云:"五拳之法,人多以传自梁时之达摩禅师。其实达摩禅师由北南来时,居于此寺,见徒从日众,类皆精神萎靡,经肉衰惫。每一说法入坐,则徒众即有昏钝不振者。于是达摩师乃训示徒众曰:'佛法虽外乎躯壳,然不了解此性,终不能先令灵魂与躯壳相离。是欲见性,必先强身,盖躯壳强而后灵魂易悟也。果皆如诸生之志靡神昏,一入蒲团,睡魔即侵,则明性之功,俟诸何日?吾今为诸生先立一强身术,每日晨光熹微,同起而习之,必当日进而有功

---

① 俞大猷:《正气堂全集》,廖渊泉、张吉昌点校,福州:福建人民出版社,2007年,第607页。

也.'于是乃为徒众示一练习法,其前后左右,共不过十八手而已。"①

唐豪先生指出:"此百九十余字之记载,竟无从考其出处。想是著此书者所杜撰。否则梁为南朝,魏为北朝,达摩先至梁而后至魏,尊我斋主人应具此种常识。不应将达摩行踪,由南而北者,变为由北而南。"②唐豪先生说得对,《少林拳术秘诀》这段文字由作者所杜撰,可以说没有什么疑问。

但《少林拳术秘诀》作者之所以编出这个故事,应该与作者也想到了少林寺之有武术终究是怪事,并试图对此做出解释有关。可惜的是他只找到了一个健身强体的理由,离武术本质差得太远。他的理由勉强与佛教挂上了钩,实际上却又把武术丢在了身后。

少林寺首先作为一个宗教组织而存在,不可能不对自己的武术和与武术有关的种种行为,找出一种理论上的依据。这是少林武术得以在少林寺存在的重要前提。作为佛教宗教组织的少林寺,能够容忍和吸收原本对立的异物存在于内部,或是它们或寻找到了共通之处;或改造异物不再为异物;或它本身已发生了导致它与异物不再冲突的某种变异。三者必居其一。

佛教禅宗的世俗化是一个非常值得注意的现象。

佛教传入中国,似乎填补了一直作为文化思想正统的儒家学说缺乏彼岸设计、终极关怀的空白,朝野一时趋之若鹜。到魏晋南北朝时,佛教已呈现出空前繁荣的景象。南朝北朝都不乏崇佛的皇帝,他们对佛教的发展推波助澜。到北魏末年,国内僧尼已多达二百万人,寺庙则三万有余。

然而佛教在中国的传播也并非一帆风顺。儒家主张"不孝有三,无后为大",和尚尼姑却不娶不嫁,绝嗣无后;儒家重君臣父子之义,君为臣纲,父为子纲,忠孝为本,佛教却宣传出家人不行跪拜之礼,无父无子,乃至于说"沙门不敬王者";儒家认为君子小人,等级森严,不可逾越,各安其分,佛教却宣传主仆平等,男女平等,众生平等;正统儒家士人非礼勿视,印度佛经中居然有妓女母子共扬佛法事,印度女身佛像胸前"金球"夸张到硕大无朋。由于佛教宗教道德主张与中国固有道德观念的差异,长时期中,佛教也一直受到来自包括儒家士人在内的各方面的抵制和攻击。儒佛论战,一再发生。

---

① 尊我斋主人:《少林拳术秘诀》,太原:山西科学技术出版社,2009年,第40页。
② 唐豪:《少林武当考》,太原:山西科学技术出版社,2008年,第48页。

儒家思想是中国社会的统治和主导思想，儒生集团是封建国家赖以支撑的柱础。因此，再崇佛的皇帝，也不敢动摇孔孟之道的地位。然而反过来，一旦某个皇帝因为信仰观念有异，或因为寺院占田太多，僧尼过众，而使国家赋税收入锐减，役丁戍卒难征，就会不惜一切手段禁断佛教，焚佛收寺，强令还俗，甚至下令尽杀沙门。公元446年，发生了北魏太武帝废佛事件；公元574年，发生了北周武帝废佛事件。公元819年，唐宪宗派人迎来释迦牟尼佛指骨一节，供奉于长安城西的法门寺。朝臣韩愈向唐宪宗上《谏迎佛骨表》，斥佛教"本夷狄之人，与中国语言不通，衣服殊制，口不言先王之法言，身不服先王之法服"，与儒家政治主张、伦理道德、礼仪制度全面对立，理应禁绝。韩愈的主张虽然未被唐宪宗采纳，但震动朝野，影响深远。就在他上表之后二十六年，即会昌五年（845），发生了唐武宗废佛事件，史称为"会昌灭佛"。会昌灭佛，规模之大、禁绝之严，前所未有。在这一次沉重的打击之后，佛教在中国便再也没有达到过先前的辉煌。公元955年，又发生了后周世宗废佛事件，这就是历史上著名的"三武一宗"灭佛。

显然，佛教要在中国传法，必须灵活地做出某种变通与让步。

曾经煊赫一时的佛教许多宗派，因固执而不合时宜，都在中国的社会舞台上消失了。虽然我们今天有时还能在经籍、寺院中看见它们的一些遗迹。钱穆先生指出："如天台宗，创自隋代高僧智𫖮，这是中国人前无所受而自创一宗的开始。又如隋唐之际的华严宗，此亦中国自创。他们两宗所讲，如天台宗所谓'即空、即假、即中，三谛圆融'，华严宗所谓'理事无碍，事事无碍，一即一切，一切即一'等，这些理论，都已把中国人传统观念所看重的现实人生，融入了佛教教义，这些全都是中国化的佛教了。同时禅宗兴起，佛教教理更是中国化，中国人更把佛教教理完全应用到实际人生的伦常日用方面来，再不是印度原来的佛教了。"[①]隋唐以后，得力于教义与思想内容的中国化、世俗化和对普遍国情的适应，禅宗得以在中国立足，并逐渐取代佛教其他教派。

为了迎合中国士大夫的特殊心态，避免和旧有意识形态发生正面冲突，禅宗教义迅速向儒家思想靠拢，使佛教的宗教道德接近于儒家的人伦道德。这就是佛教中国化、世俗化的重要内容之一——儒学化。

梁武帝时，有个专门在寺庙里画壁画的张僧繇，曾在江陵天王庙画毗卢舍那

---

① 钱穆：《中国文化史导论》，北京：商务印书馆，1994年，第149、150页。

佛、孔子等十哲像。梁武帝问他为什么要在佛寺中画孔圣人,张僧繇回答:将来还得靠他。佛经中曾提到:释迦佛之父净饭王死时,释迦佛曾亲自把尸体背到火葬场。中国僧人开始称赞释迦佛也是孝子,"孝敬表仪,兹亦备矣",也大谈起孝道来。唐代的和尚们,多已熟读儒家经典,熟悉儒家礼仪,经常与爱好文学的士大夫唱和往还,显示着温文尔雅的气质。

不许杀生的森严戒律也开始松动。比如印度佛教严禁僧人掘土垦地,因为耕作会危及蚯蚓、蚂蚁的生命。然而禅宗怀海大师指定的《百丈清规》,却抛开这些禁忌,倡导"一日不作,一日不食"①,规定僧众必须参加生产劳动。古代中国从来以农为本,以农立国,社会职业序列为"士农工商",农民排在第二。"重耕战"的历代统治者至少在理论上把农民捧得很高。儒家士人,也多以"耕读传家"自诩。勤劳、勤俭,也成了中国人尊敬和奉行的美德。种地而自食其力的僧人,显然比乞讨化缘的僧人,更容易获得中国人的好感。种地哪能不伤害昆虫的性命呢?但要种地也就顾不得许多了。

宋代著名禅僧契嵩更提出了一个重要的观点。他说:"五戒,始一曰不杀,次二曰不盗,次三曰不邪淫,次四曰不妄言,次五曰不饮酒。夫不杀,仁也;不盗,义也;不邪淫,礼也;不饮酒,智也;不妄言,信也。"②佛教五戒与儒家五常,相配而一模一样。

契嵩的这一比拟意义非同寻常。仁学爱人,与佛教慈悲虽有相同之处,但孔孟讲仁却从未无条件、无原则地规定什么"戒杀"。相反,由"仁"的核心民本思想出发,主张对那些罪大恶极者,人人都有权利惩治甚至诛杀。如孟子就说过这样一段著名的话:"贼仁者谓之贼,贼义者谓之残。残贼之人,谓之一夫。闻诛一夫纣也,未闻弑君也。"③连国君也不例外。佛教将"五戒"与"五常"相比拟,"慈悲"向"仁义"靠近,实际上意味着不再是绝对"戒杀"。

佛教教律被禅宗打开了一条门缝,这就为武术产生或进入少林寺提供了可能性。

也许有人会问:禅宗伽蓝,遍布中国,可为什么偏偏少林寺以武显扬?

少林寺山门东石坊外横额有"祖源谛本"四个大字;少林寺天王殿殿额大书:

---

① 释普济:《五灯会元》卷三"马祖一禅师法嗣",见《四库全书》文渊阁本"子部·释家类"。
② 释契嵩:《镡津集》卷三"辅教编下·戒孝章第七",见《四库全书》文渊阁本"集部·别集类二"。
③ 《孟子·梁惠王下》,北京:中华书局,1960年,第42页。

"天下第一祖庭";少林寺藏经阁对联则为:"禅宗祖庭天下名刹占魁元,达摩道场四海高僧皈少林";而少林寺《释氏源流碑》则称:"夫禅虽分为五派,而水源木本于少林""少林实为震旦衲子之祖庭也"。

少林寺存《禅师道公碑》更讲:海内的名蓝静刹,要么叫律寺,要么叫讲寺,要么叫禅寺,而少林寺称祖庭;海内的高僧尊宿,要么叫律师,要么叫法师,要么叫禅师,而少林大法僧人称宗师。该碑还宣称:"震旦之少林,其西竺之灵山乎!"将中国的少林寺,喻为释迦牟尼曾经传法的印度圣地灵鹫山。

少林寺是禅宗祖庭,少林寺为此而骄傲。

禅宗完成了佛教在中国的儒学化过程,少林寺是禅宗祖庭,少林寺在儒学化的道路上走得显然最快最远。

日本学者忽滑谷快天认为:到元代禅师雪岩祖钦时,倡导儒佛调和,达到了无以复加的地步,"使少林之水与洙泗之流相混",中国佛教便进入了他认为的纯粹的禅道衰落的时代。[①] 洙水、泗水是孔、孟家乡的两条河流,古人常以之喻孔孟之道。许多文庙墙上匾上大书的"洙泗渊源"亦即此意。不管忽滑谷快天先生喜欢还是不喜欢,佛教(少林之水)与儒家(洙泗之流)确实是相混杂了。

因为尊崇儒家忠义信条而成为"武圣"的关羽,也成了佛教和少林寺的护法神。今人栾星所著《嵩岳文献叙录》曾云:"(《少林寺志》)首载绘图十二幅,多与山、寺、佛事有关。惟其中'关夫子(关羽)'及'钟馗像碑'二幅,殊觉非其伦类。看来大和尚也是惧怕强盗与恶鬼的。佛教传入中土,渐具中土特色,此为所具中土特色之尤甚者。"[②]值得注意的是:儒佛调和最密切的时间是元代,而少林武术出现的时间大致也在元代,这应该不是历史的巧合。

在少林寺内,与武术更密合的实际上不是佛教教义而是儒家思想。

少林寺雕塑少林武术主要拳械内容的"捶谱堂"甬道西侧,门联书有:"效劳社稷,永葆中华男儿志;除暴安良,传续炎黄子孙风。"

作《少林七十二艺练法》的金恩忠曾有对联咏近代少林寺高僧妙兴,其文为:

瞻彼昂昂金罗汉,拳剑枪刀,交发并至,跳龙卧虎,尚武精神,豪气

---

① 忽滑谷快天:《中国禅学思想史》,朱谦之译,上海:上海古籍出版社,1994年,第659页。
② 栾星:《嵩岳文献叙录》,郑州市图书馆文献编辑委员会编《嵩岳文献丛刊》第四册,郑州:中州古籍出版社,2003年,第21页。

鹏鹏贯牛斗；

叹我堂堂勇禅师，胆坚铁石，志烈秋霜，发扬国粹，救我民族，大义凛凛满乾坤。

少林寺今存万历二十三年(1595)《豁免粮差碑》有"本寺僧徒，文武并用，护国强兵"之语。

万历十五年(1587)，朝廷给少林寺的敕谕碑铭则有："朕惟佛氏之教，具在典籍，用以导化善类，觉悟群迷，于护国佑民不为无助。"

这些话，和佛教宣传的业报轮回，并不主张现世报，以及"无父无子""无家无国"的思想，已迥然有别。忧国忧民，匡扶正义，除暴安良，正是儒家积极入世思想的一贯主张。

一代代的儒家精英们，或十年寒窗，金榜题名，一朝天下知；或投笔从戎，立功异域，万里觅封侯。治国平天下，丹心照汗青，孔孟儒家思想是积极入世的，儒家士人是总想有所作为的行动派。

也正因为如此，儒学化的禅宗和尚和信徒们亦多留心于社会。笃信佛教的王安石禅诗有"终不与法缚，亦不着僧裘"。也难怪他能位至宰辅，发动一场轰轰烈烈的改革。唐代慧忠禅师诗有："多年尘土自腾腾，虽着伽黎未是僧。今日归来酬本志，不妨留发候然灯。"穿上僧衣也不是和尚，终究还是想把头发再蓄起来，还俗酬其壮志。明代郁堂禅师诗有："拳伸夜雨青林蕨，心吐春风碧树花。世念一毫融不尽，功名捷径在烟霞。"虽然出了家，但心中并非死水无澜，"功名捷径在烟霞"，这和待价而沽、伺机而动的隐士们的"南山宰相""身在山林，心存魏阙"的动机一模一样。明清之际的诗僧苍雪有诗云："举头天外看无云，谁似人间吾辈人。荆棘丛中行放脚，月明帘下暗藏身。"看了他的诗，再了解了他身为明末亡臣的身世，更不难看出他的出家只是暂时的避世逃禅。他一刻也没有忘记亡国之恨，一刻也没有丧失他的复国之志。这样的禅宗和尚真不在少数。

也正是这样面对社会，少林武术的产生才有了功能价值追求与实现的前提。也正因为如此，少林武僧才可能在明代参加抗倭战争，即所谓"屡经调遣，奋勇杀贼，多着死功"。[①] 由于此举似不应为僧徒所为，而少林寺僧居然敢为能为，所以

[①] 少林寺今存万历二十三年《豁免粮差碑》。

顾炎武便嘉之曰:"能执干戈以捍疆场,则不得以髡徒而外之矣。"①

白沙湾之战后,有人评价道:"僧本缁流,习西方之教,中国有君父者弗与也。月空了悟心性,超然上乘,乃能以君父之道,率其徒,其徒翕然急君父焉。生者济艰,死者善道,心心相印,生顺死安,岂非昌黎所谓墨名而儒行者哉。"白沙湾四僧战死,人称"四人皆无海内责",但他们能为国家赴难,有人便作了这样的碑铭:"生为禅丈,死为国殇。予已悲乎海上千百人之死于贼之无名,尤悲乎四僧为夫千百人而死于贼之有名!乃为之铭曰:'四僧异端,明我常道。舍身弗迷,圆寂觉妙。海上清风,轮回大造。死者奚愧,生者则效。余山塔碑,永世立教。'"②

少林寺武僧与万鹿园、唐顺之、俞大猷等人的密切关系,也证明了少林寺和禅宗僧人关注世情民生、参加社会活动的积极。

对正统的儒家士大夫而言,和尚是外人,但能亲自参加爱国战争的和尚,就不再是外人了。而明天启五年(1625)河南巡抚程绍到少室检阅少林寺僧演练武功,观后极为赞赏,诗兴大发,曾作《少林观武》一诗:"定乱策勋真证果,保邦靖世即传灯。中天缓急无劳虑,忠义毗卢演大乘。"③"定乱策勋""保邦靖世""忠义",赞扬也一派儒家口吻。

对于参加抗倭战争的这一段功绩,少林寺僧一直引以为豪。曾前往少林寺实地调查的赵宝俊先生在其著作中说:1979年3月在和寺僧座谈时,素喜和尚告诉他,寺里原有一本《征战簿》,平时放在大雄宝殿里。凡历代征战有功的本寺和尚,都登记在上面。在其姓名下面,注明各自的功绩。每年阴历十月一日拜斋,本寺全体僧众集会在大殿里悼念。由方丈和尚宣读《征战簿》,每念到一个人,全体僧众拜三拜。可惜这本《征战簿》,在民国初年的战火中烧掉了。④

保境安民也从来被少林寺视为己任。据载,民国元年(1912),地方混乱,少林寺主持僧恒林被诸方面推选为少林保卫团团总。任职期间,他广为购置枪支,训练武装,备尝辛劳。民国九年(1920)秋,土匪蜂起。恒林率民团在登丰城、梯子沟、白玉沟等地与土匪大小数十战,每战皆捷。后来恒林又率所部截击窜逃至

---

① 顾炎武:《日知录》卷二十九《少林僧兵》,见《四库全书》文渊阁本"子部·杂家类·杂考之属"。
② 冯恩:《四义僧舍利碑铭记》,见黄宗羲编《明文海》卷四百六十七"墓文三十九·二氏",《四库全书》文渊阁本"集部·总集类·皇帝"。
③ 程绍:《少林观武》,见叶封等《少林寺志》之"题咏·七言律",河南省图书馆藏清乾隆十三年刻本。
④ 赵宝俊:《少林寺》,上海:上海人民出版社,1982年,第105页。

少林寺西熬子坪的匪首朱保成等,大获全胜。从此恒林威名大震,远近土匪均不敢犯其境。①

曾为少林寺僧的樊钟秀,率部随孙中山参加革命。惠州之战,樊钟秀英勇无比,身先士卒,提大刀赤膊冲锋,连下十八座山头。陈炯明叛乱,陈军林虎部进攻广州,围攻孙中山总统府。据说:"当孙电令樊钟秀速来驰援时,孙左右人说:'樊钟秀素不相识,归顺也只是一句空话,电召就可以吗?'孙中山答道:'樊钟秀是个硬汉子,重信义,一诺千金,我早知其人,他一定会来。'""樊接到急电后,立即连夜出发驰援,在下火车后就立即向林虎部反击。樊军来势凶猛,既打着北洋军旗帜,又穿着北洋军衣服,叛军不知当面之敌从何而来。正迟疑间,即为击溃败走。"事后,孙中山即任命樊钟秀为建国豫军总司令,以志其殊勋。在1924年国民党第一次全国代表大会上,经孙中山提名,樊钟秀当选为国民党候补中央监察委员。据说,孙中山去世后,"蒋介石准备将樊的部队改为国民革命军西路军,樊却反对说:'孙中山给我命名为建国军,蒋介石这小子能改吗?'经左右劝解,始不语"。后来,樊钟秀参加中原大战对蒋作战,被蒋军飞机炸伤腹部,临死前对部下说:"孙中山不死,我不会落到这步田地。"他逝世时,据说"几乎全军失声痛哭"。② 出自少林寺,并一直与少林寺关系密切的樊钟秀,就是这样一个爱国军人。

少林寺一直保持了爱国主义的传统。据载,抗日战争时期,当皮定钧将军的豫西抗日支队活动于嵩山南北之际,当时主持少林寺的贞绪大师便送其长徒素祥以及行香、行书、永贵等参军参战,并支持少林寺寺立中学魏教员秘密组织"少林抗日政府"。任国民党军队某部团参谋长的少林寺僧德全,也在抗战中阵亡。参加共产党领导的抗日组织的少林寺僧,实际上还很多,这些僧人在当时被称为"红头僧"。③

没有禅宗世俗化、儒学化的前提,这些事都是难以想象的。

正因为积极入世,不再超然于社会之外,少林寺僧才可能有如此爱国之举。也正因为如此,少林寺梵宫精舍的大门,才会让一种武术通行无阻。

---

① 《新编少林寺志》,北京:中国旅游出版社,1988年,第97页。
② 李文定:《北伐前后的樊钟秀》,见《中华文史资料文库》第二卷《政治军事编》,北京:中国文史出版社,1996年。
③ 德虔:《少林武僧志》,北京:北京体育学院出版社,1990年,第190〜208页。

第三节　少林寺从来与朝廷关系密切

在世界其他国家的历史上,宗教与政治结合,往往采取政教合一、国教制、圣战制度、宗教政党、宗教殖民等方式。由于中国的历史文化背景不同,宗法社会结构根深蒂固,儒家思想政治地位绝对不可动摇,国情特殊等,中国本土产生和外来进入中国的宗教,在与中国政治、中国统治者的关系建立上,便采取了和其他国家的宗教不同的形式。这就是:不谋求和儒家学说争夺占据政治统治中心的位置,而采取以互补的方式占据社会和人心一席之地的方式。

例如,几千年中,孔孟儒学为中国的政治和社会规定了一整套原则和制度,并基本上治理得井井有序。但孔孟之道是与中国人的自然生活习性不相符合的,也带有极大的与人的自然本能相违的禁欲性质。它要求以种种有形无形的纪律——"礼"来约束人们,要克制人的各种私欲即"克己",向"仁"的终极目标迈进。儒家还力倡等级制度、集体主义,来把小农经济下一盘散沙的中国人聚成稍稍紧密的团体。然而,人个性张扬、思想自由的本性不可能消失或转移,板着面孔说话的孔孟儒家,不可能满足中国人的所有思想行为要求,也不可能成为每一个中国人的思想行为指南。于是,讲究纯任自然、飘逸放纵、无为而无所不为的道家道教,便在中国的思想领域占据了重要一席。道家道教的主张,也就成了中国人人生实践和关于人生实践描述的一个方面。儒道互补,缺一不可。在中国历史上,再严肃的孔孟卫道士,再慷慨激烈的志士仁人,在他荣华富贵达于极点时,在他功成名就踌躇满志时,在他仕途失意、报国无门、虎落平川、穷困潦倒时,都会吟出田园桑麻、风花雪月的诗句来。这是一种无奈,也是一种补充。

儒道互补,儒法互补,当然,还有儒佛互补。

著名禅师万松行秀,就曾劝著名的政治家、禅宗学者、元初立国制度奠基人耶律楚材"以儒治国,以禅治心"。以儒治国,以禅治心,就是儒佛互补。

统治者亦逐渐与之达成共识。元、明、清三代皇帝,都与佛教保持着相对密切的关系。这和以往皇帝或极端佞佛,或极端斥佛,迥然不同。

元朝历代皇帝都重视佛教,每个皇帝都必先受戒,然后才登基;并都奉名僧为师。佛教徒耶律楚材、刘秉忠等,都是元代的著名政治家。明太祖朱元璋原为安徽凤阳皇觉寺和尚,他对佛教有认识,也有相当感情,即便是当了皇帝后也仍然如此。他宣扬大明王朝的建立是佛的旨意,立国初期年年举行法会祈福,选高僧辅侍诸王。明成祖朱棣,清顺治、康熙、雍正等,都对禅宗有相当兴趣和信仰。朱元璋认为:"人皆在家为善,安得不世之清泰。"①应该说,这是元、明、清三代最高统治者对佛教的大体一致的认识。从元代开始,佛教和道教作为官方宗教的地位,便从来没有动摇过。

少林武术在元代出现,在明代发达,在清代得以在寺庙中保存,显然与这种政治大环境有关。

事实上少林寺与官方的密切关系的历史早就开始了。

隋文帝开皇初年,改陟岵寺为少林寺,诏赐少林寺柏谷坞屯田一百顷为寺院庄田,少林寺殿阁佛塔,亦整修一新。②

十三僧助唐有功,唐初受到太宗的优厚封赏。高宗、武后数度游幸少林寺。从贞观到开元年间,少林寺大兴土木。当时少林寺"妙楼香阁,俯映为林。金刹宝铃,上摇清汉""海内灵岳,莫如嵩少"。③

元世祖命少林寺住持福裕主持天下佛教,福裕"兴仆起废,训徒说法,施者如丘山,来者如归市"。少林寺兴盛一时,僧徒云集,"众常两千"。④

明代正德年间,少林寺翻修了禅堂。嘉靖时,重修了初祖庵大殿。万历时又增修了毗卢阁,皇太后同时特赐少林寺精工刻印佛经几百函。明代的王子,先后有八人到少林寺出家。时人称:"少林为域内巨刹,缁衲之伦,聚处者以千数。"⑤清代皇帝仍然优待少林寺。康熙所书"少林寺"匾额,至今高悬少林寺山门。乾隆游历少林寺,夜宿方丈室,还留下两首纪行的《宿少林寺》五言律诗,以及五块匾额、四副对联。从康熙到道光末近两百年间,少林寺不断休整重建。雍正十三年(1735)全面修建少林寺的工程最为浩大。当时雍正曾亲览寺图,整个修建工程,竟把雍正十二年(1734)漕运节省米价和河南省的积存公款全部花光。

---

① 《明太祖文集》卷八《谕僧纯一敕》,见《四库全书》文渊阁本"集部·别集类五"。
② 少林寺今存《皇唐嵩岳少林寺碑》。
③ 少林寺今存《皇唐嵩岳少林寺碑》。
④ 叶封:《嵩阳石刻集记》卷下《少林禅师裕公和尚碑》,见《四库全书》文渊阁本"史部·目录类二·金石之属"。
⑤ 李维祯:《赠润上人住持少林寺序》,见景日昣《说嵩》卷二十六"艺林三",郑州市图书馆藏清康熙岳生堂刻本。

少林寺山门　　　　　　　　康熙所书"少林寺"匾额

同样,少林武术在元代出现,在明代发达,在清代得以在寺庙中保存,亦显然与少林寺一直与中央王朝关系密切的背景有关。

清军火焚少林寺的传说,流传很广。许多传说并没有说明是哪一个少林寺。元以后历朝历代的统治者如此青眼于少林寺,清初三帝优恤有加,何至于这么和少林寺过不去?历史上少林寺的确屡遭火焚和破坏,但都不是朝廷所为。

《皇唐嵩岳少林寺碑》称:"大业之末,此寺为山贼所据劫,僧徒拒贼,遂纵火焚塔院。院中众宇,倏焉同灭。"少林寺第一次遭火焚,显然是隋末农民起义军干的。

元末农民起义,红巾军曾至少林寺。紧那罗王退红巾的传说也证明了这一点。但少林寺最终没有抵挡住起义军,寺僧逃散,寺院无人看管。寺存碑铭载:"至正之末,天下板荡。海内名刹,焚毁殆尽。祖庭仅存其半。殿中佛像,则刮金破背,疑中有物。"①

明末农民大起义,与明王朝政府关系密切的少林寺又遭厄运。据《中州杂俎》载:崇祯时,"山贼蜂起,各掠一方。嵩阳有李际遇者,啸聚万人,屯于寨山中,焚劫四出"。李际遇把少林寺僧视为"肘腋之患",于是"佯与结纳",骗取了少林寺僧的信任。一日,李际遇以寨主身份请少林寺做佛事"千佛忏",正当少林寺"举寺僧悉斋沐,焚诵以待"之时,李际遇悄悄率领数百人,"裹甲以入",突然"各出刃砍僧"。少林寺僧毫无防范,"俱为贼歼"。②傅而师《腊月踏雪少林》提到:

---

① 山锡之:《重装佛像碑》,见叶封等《少林寺志》之"艺林·碑记",河南省图书馆藏清乾隆十三年刻本。
② 汪介人:《中州杂俎·下》卷十二·人纪十三"少林棍"条,扬州:广陵书社,2003年,第527页。

清初的少林寺,是"劫灰圻地僧无恙,老树号风鸟易惊"。① 据载,康熙十三年(1674),寺中仍是"荆棘遍地,藤萝塞户,无人居者数年"。②

除了1928年军阀石友三焚毁少林寺那一次,历史上其他见于记载的少林寺被焚毁破坏的事,无一例外均乃起义军和暴动者所为。这充分说明了少林寺与中央王朝关系密切,少林寺站在中央王朝立场或阵营,从而遭致中央王朝对立者仇恨而报复的事实。

朝廷对少林寺恩重如山,少林武术、少林僧兵,便成了少林寺报答朝廷的手段和工具。明代少林僧兵可以自立营盘,经常训练,吃着政府的粮饷,接受政府官员的检阅,向政府军派遣武术教师。少林僧兵,实际上成了隶属于政府军事系统的一支特殊武装。少林寺众多碑铭表明,这支武装东征西讨,除了抗击倭寇以外,还先后随朝廷参加过镇压刘千金、石和尚、刘六、刘七、王堂、师尚诏、李际遇等起义或暴动的战争,还参与了镇守山陕、征战云南等军事活动。

少林武术、少林僧兵介入社会政治与军事,亦证明少林寺儒学化潮流果然汹涌。

第四节　所谓"酒肉穿肠过,佛祖心中留"

电影《少林寺》里的少林寺僧们,捉青蛙,吃狗肉,最后还要说一句:"酒肉穿肠过,佛祖心中留。"少林寺僧不禁酒肉,是普遍流传的一个说法。

少林寺僧真的可以随意吃肉喝酒吗?

据载,少林寺僧曾经的确是喝酒吃肉的。大约与戚继光同时的明人王世性,在他的著作中便说少林寺僧"啜酒啖肉,习武教艺,只识拳棒,不知棒喝"。③

明清之际的阎舒,曾有《少林阻雨》七律一首,诗云:

淋漓秋雨寂禅宫,兴阻登板蜡屐穷。

---

① 傅而师:《腊月踏雪少林》,见叶封等《少林寺志》之"题咏·七言排律",河南省图书馆藏清乾隆十三年刻本。
② 少林寺今存《造像供馨碑》。
③ 王士性:《广志绎》,北京:中华书局,1981年,第41页。

>烟雾窗中盘五乳,翠微天外失双熊。
>
>山僧贳酒频浮蚁,寒菊搴芳近摘丛。
>
>钵击一声云更集,晚风飒飒水㶁㶁。①

阎舒说他们游山为秋雨所阻,在少林寺躲雨时,少林僧人款待他们,款待物品就是酒。

赵宝俊当年实地调查后也说:"少林寺僧不许结婚,但可以随便吃肉喝酒,迄今仍承认他们自己是'五荤和尚',吸烟、喝酒、吃肉、饮茶都很随便。"②

然而佛教戒律严禁僧人饮酒吃肉。

禁止僧人吃肉首先是出于不杀生的考虑。《佛说师子素驮娑王断肉经》说:一切众生都做过父母,在大轮回中实际上都有亲属关系。吃别种生物的肉,就是吃自己亲属的肉,实际上也就是吃自己的肉。作为戒律,该经发出这样的威胁:"食他血肉,辗转偿命。"

佛门禁酒则纯粹是出于禁欲的考虑。中国人常说酒能乱性,称"酒为色媒人",都是注意到了酒能使人恢复到一种本能的自由状态,挣脱外界道德的束缚,宣泄原始本真。这当然与禁欲的佛教格格不入。《楞伽经》说:"一切肉与葱,及诸韭蒜等,种种放逸酒,修行常远离。"不仅肉与酒,哪怕是葱、韭、蒜等有刺激性的食物,都要禁食。

佛教教律禁食酒肉,少林寺僧却要吃酒肉,传说是十三僧救驾有功,太宗李世民的特许。

《少林寺民间故事》辑录了下面这则传说,兹摘要如下:

>唐太宗李世民,对少林十三和尚救驾的恩情,时时刻刻记在心上。在他登基后不长时间,就降诏到少林寺,让十三救驾和尚进京受封。十三和尚接到圣旨以后,由昙宗带领,日夜兼程赶到京都长安。
>
>……
>
>赐封已毕,太宗摆设御宴,款待救驾和尚。还让文武大臣作陪。唐

---

① 阎舒:《少林阻雨》,见叶封等《少林寺志》之"题咏·七言律",河南省图书馆清乾隆十三年刻本。
② 赵宝俊:《少林寺》,上海:上海人民出版社,1982年,第46页。

太宗入席坐定,他一看,十三和尚去了十二个,唯有大将军僧昙宗没有到场。太宗李世民问其根由,寺主僧志操吞吞吐吐地说:"昙宗受寒了,暂不能参加御宴,请万岁免罪!"

李世民听罢心想:亮武场上,昙宗气如猛虎,壮似雄狮,枪刀剑戟耍得翻飞,这样体质咋能立时得病?他再看看其他十二个和尚,人人面色不乐。李世民就有些怀疑,对着众僧问:"大将军僧真的受寒了?"

问后没人吭声,迟了好久,同立功僧丰走到太宗跟前跪下说:"启禀万岁,大将军僧无病,乃是亮武之后,口腔发苦,他嚼了一根葱白。我们敬佛僧徒,既不吃酒肉,也不吃葱、韭、芥、蒜。他吃葱白犯了佛规,现正在佛前请罪。故没来赴宴,请万岁恕罪!"说罢连连磕头。

李世民听后,心里也嘀咕起来:出家人是不动腥荤的呀!可是他已吩咐御膳房,赏赐僧兵这顿御宴,要酒足肉满,以丰餐款待众僧。可眼看红日当午,吃饭时刻已到,这可怎么办?李世民念头一转说:"葱,能发汗解表,温中通阳,帮助消化,强健脾胃。大蒜,能解毒杀虫止痢。为何不能吃呢?"

众僧一听,齐曰:"谢过万岁!"

李世民接着说:"酒能御寒理气,肉是大补之食。你们少林僧众,天天要演武强身,治国保江山,从今以后开斋!葱、韭、芥、蒜和酒、肉,要适当食用。"

众僧一听,一齐跪下,连呼三声:"谢过万岁!万万岁!"

大将军僧昙宗听说太宗赐封免斋,也高兴地来参加御宴了。①

这个故事编得很生动,名动海内外的电影《少林寺》也采用了这个传说。然而,没有任何资料可佐证这种说法。且不说十三僧根本没有救过李世民,即便少林寺僧真的救驾有功,大唐天子竟会以改变佛门戒律的方法来报答佛门,真是不可思议。这种杜撰,一眼就能望穿。

那么少林寺僧为什么可以喝酒吃肉呢?少林寺僧喝酒吃肉不是因为这个原因但肯定有别的原因。

---

① 王鸿筠整理:《少林寺民间故事》,郑州:河南人民出版社,1981年,第32~34页。

传说佛祖释迦牟尼在灵山聚众说法,拈花示众,众人皆不解其意,唯有摩诃迦叶尊者心领神会地微微一笑。佛祖非常赏识这个聪颖的弟子,于是宣布:"吾有正眼法藏,涅盘妙心,实相无相,微妙法门,不立文字,教外别传,付嘱摩诃迦叶。"摩诃迦叶接受了佛祖亲授的佛法,自创一派,这就是禅学。他本人也就成了禅宗的开山祖师。从摩诃迦叶开始,禅学在印度又传了二十七代。禅学在印度如何弘扬佛法,摩诃迦叶及其印度门徒们如何传旨修行,佛教典籍中已很模糊。但禅学的宗旨是明确的,那就是佛祖拈花示众的含义——"以心传心"。

禅学的第二十八代传人菩提达摩在南北朝时来到中国,"以心传心"的禅宗也就在这时在中国创立。

中国人逐渐接受了禅宗。而中国人之所以接受禅宗,首先是因为中国人愿意接受禅宗的"以心传心"。

大部分宗教,都是在自然环境极为恶劣的地区、生活极为困苦的人群中产生的。一般来说,对现实生活绝望的人,更容易接受宗教。而近代以前的中国文明,主要是农业文明。毋庸讳言,在工业文明出现之前,农业文明是世界上最发达的文明,它创造的物质与精神文明,是其他文明远远无法比拟的。农业文明的富足,为它的人民提供了享受与安乐的基础。人们有条件享受人生的欢乐,人们追求人生的欢乐。人们最关注的,是人生的欢乐及与人生有关的社会问题。这可能就是我们始终没有成为一个宗教民族的最根本的原因。鲁迅先生认为中国人都是平时不烧香的,有事有病才临时抱佛脚。其实,临死才抱佛脚的也大有人在。眼光长远一点的,想到了提前修行,但又不习惯种种教律的约束,不习惯也没时间去苦念佛经,参加烦琐的宗教仪式,更不可能牺牲了美酒佳肴、娇妻爱子去陪伴青灯古佛。"以心传心"的禅学,以不重形式这一特点,极大地适应了中国人既想修得来世,又不舍今生快乐的需要。禅学没在印度却在中国发展成为禅宗,其正在于此。

所以有人说:儒家是板着面孔的,但儒家毕竟是土生土长的学说。它讲忠、孝、仁爱,实际上是对现实宗法社会的理论阐述,并与宗法有着斩不断的血缘关系。因此,你爱听不爱听都得听。佛教就不同了,佛祖是西来胡人,脸上不堆起宽容的笑,话不对人胃口,就没有人理睬。禅宗正是脸上堆着宽容的笑,把话说到了中国人心里的佛教。

由摩诃迦叶到菩提达摩,再到慧可、僧璨、道信、弘忍四代,虽然都主张"以心传心",但毕竟还没有提出要扫除佛教一切外在形式的主张。传至第六代慧能时,情况发生了巨变。慧能对印宗答称:风也不曾动,幡也不曾动,是人心自己在动。给弘忍上偈曰:"身是菩提树,心为明镜台。本来无一物,何处染尘埃。"讲一切都在心中,佛祖亦在心中,心中自然洁净,把禅学"心法"推演到了极致。

所以不少人以为:慧能以前,有禅法,有禅学,但没有严格意义上的禅宗。禅宗的真正创始人是慧能。因此禅宗史上有"六祖革命"的说法。

佛祖既然就在心中,那还有什么必要向外界去求呢?还有什么必要读经拜佛呢?佛祖本自光明,心中本自洁净,那还有什么必要长时间地禁欲、修行、反省呢?禅宗以前,佛在西天,在经书上,要认识佛、修成佛,须长时间地读经、礼佛、苦修、思索,所以叫"累学""渐悟"。现在不同了,梵我合一,佛在心中,即心即佛,我心即佛,本自无缚,不用求解。直指人心,就是直指佛性。马上觉悟,于是马上成佛。所以慧能一派的主张被称为"顿悟"。慧能发明顿悟,大受中国人青睐,中唐以后,禅宗迅速淹没了其他佛教流派。

《景德传灯录》中有一句"青青翠竹,尽是法身;郁郁黄花,无非般若"。这是典型的禅宗口吻。世间的一切事物、一切活动、一切存在,都是正常的、正当的,都是寻求解脱、修成正果的途径——"妙道"(或称"妙有")。反映佛说本质的"真如",并非是多么复杂和难以理解的,也并非一定要坚持长时间的苦修和烦琐的清规戒律才能求得,它就在寻常生活的妙道中。禅宗后来的公案、机锋,仿佛玄妙朦胧,但其实说穿了就是一个意思,无可无不可。这就是禅的真谛。

佛教初入中国,与道教亦曾尖锐对立,佛道互相攻击的事很多。然而到了禅宗特别是慧能南宗之后,佛道相互靠拢并互相吸取的趋向日渐明显。禅宗所谓"妙道",所谓"随缘",和道家道教的随其自然,已没有太大区别。因此难怪也有人说:慧能的始祖不是达摩,不是佛祖,而是老子和庄子。

于是第一步,和尚的生活由苦修变为闲适。庙宇修建在风景极优美处,禅房布置得雅致清幽,今天看来已是自然而然的事。但我们或许没有想到,如果没有慧能等人的改革,佛教依然戒律森严,和尚只能禁欲苦修,那就绝不会有今天所见的"天下名山僧占却""白云深处老僧多"。庙宇中也只能有种种苦行僧,绝不会有什么文僧、琴僧、诗僧、画僧、草书僧,当然,也就不会有什么武僧、拳棒僧。

禅宗把佛教简化和改造得异常适合中国人的需要,所以更易被中国人接受,佛教得以较为顺利地在中国进行传播,这是禅宗对佛教的贡献。所以金朝的李纯甫把达摩和禅宗大大地夸赞了一番,他说:正是达摩和禅宗,"使圣人之道,不堕于寂灭,不死于虚无,不缚于形器,相为表里,如符券然。虽狂夫愚妇,可以立悟于便旋顾盼之顷。如分余灯以烛冥室,顾不快哉! 道冠儒履,皆有大解脱门;翰墨文章,亦为游戏三昧。此师之力也"。①

然而,禅宗把佛教戒律的大门打开了一条缝,这条缝就再也关不上,而且有时越开越大。

魏晋玄学承道家正统,魏晋玄学士人不拘细行,狂放不羁,他们眠花宿柳,披发裸奔,扪虱而谈,时髦一时。由慧能开始的禅宗从玄学那里也学了不少东西。无怪乎著名历史学家范文澜先生说:"禅宗是披天竺式袈裟的魏晋玄学,释迦其表,老庄其实。禅宗思想,是魏晋玄学的再现,至少是受玄学的甚深影响。"②

这种情形进一步发展,终于演成了葛兆光先生所说的"包括语言上的胡说八道,行动上的放荡不羁,思想上的放任自流"的"狂禅"之风。③ 从唐后期开始,狂禅之风愈演愈烈,到明代禅师梵琦、狂士李贽时,达于极盛。狂禅和尚们甚至烧佛像,骂佛祖,撕佛经,打僧人,干尽了荒唐事。

其实,喝酒吃肉,在狂禅之风中不过小事一桩。

五代僧人可朋,常饮酒也常醉,便自称"醉髡"。有一个叫法常的,整日醉酒高卧,还作文劝人饮酒。当有人问六祖慧能的大弟子南岳怀让可否吃酒肉时,怀让回答:"要吃,是你的禄;不吃,是你的福。"吃不吃随你的便,实际上是允许吃。文学中家喻户晓的癫狂和尚济公,事实上也的确是个不守戒律,大碗喝酒,大块吃肉,放荡不羁的家伙。灵隐寺对面飞来峰洞穴中,至今还有石头的"济公床""济公桌"。据说济公常躲在此吃狗肉喝烧酒,醉后便在石床上鼾睡。济公是酒肉僧,但又是诗僧,诗文不俗,"明年花落人何在,把酒问花花点头"。似乎喝得很雅,但毕竟还是喝了。这样的例子可以说举不胜举。所以诗僧拾得在诗中曾说:"我见出家人,总爱吃酒肉。"狂禅之风中,喝酒吃肉的僧人,真不在少数。

少林寺僧喝酒吃肉哪里是李世民的特许,他们喝酒吃肉的大背景,只不过是禅宗,尤其是狂禅之风的存在。南宋诗人张镃说过:"光明藏中,孰非游戏。若心

---

① 李纯甫:《重修面壁庵记》,见傅梅《嵩书》卷之二十一"章成篇三",北京故宫博物院图书馆藏明万历刻本。
② 范文澜:《中国通史简编》第三编第二册,北京:人民出版社,1965年,第613页。
③ 葛兆光:《禅宗与中国文化》,上海:上海人民出版社,1986年,第107页。

常清净,离诸取着,于有差别境中,而能常入无差别定,则酒坊淫肆,徧历道场;鼓乐音声,皆谈般若。"①只要心中清净,那么酒肆也是道场,这和少林寺僧的"酒肉穿肠过,佛祖心中留"的态度和语气,一模一样。

四川旧时的习武棚子中,必不可少地放着两件东西,一是草纸,一是大锅。对练交手拳拳到肉,鼻血打出来了,抓张草纸擦擦,再抓张草纸堵上再练。大锅则整日熬着牛肉汤,随时可捞肉吃舀汤喝。② 练武需要大量补充营养,但这又很花钱,所以旧时又有"富不当兵,穷不习武"之说。吃素斋,无论如何满足不了习武者能量补充之需。

《朝野佥载》云:少林寺的稠禅师向金刚求神力,金刚让他吃"肉筋",稠禅师不吃,理由是"出家人断肉"。金刚连吓带哄使他吃了,吃了就有了神力。③ 这说明,习武僧人不可能素食,习武就要吃肉,在少林寺自己的传说中实际上也有反映。

一个和尚吃肉可以说是神佛逼着吃的,但许多和尚吃,世世代代吃,恐怕还是要找一个别的借口才好。于是就有了这么一个因救驾有功,唐太宗李世民特许的冠冕堂皇的理由。其实,习武不能不吃肉,狂禅之风中喝酒吃肉已不稀罕,这才是少林寺僧喝酒吃肉的真实原因。

少林寺大雄宝殿东南,明代《小山禅师行实碑》背阴,刻有《混元三教九流图赞》。上为赞,下为图。图是释迦、孔子、老子三尊合体像。赞文题首便是:"三教一体,九流一源,百家一理,万法一门",接下来是:

> 佛教见性,道教保命,儒教明伦,纲常是正。农流务本,墨流备世,名流责实,法流辅制,纵横应对,小说咨询,阴阳顺天,医流原人,杂流兼通。述而不作,博者难精,精者未传。日月三光,金玉五谷,心身皮肤,鼻口耳目,为善殊途,咸归于治。曲士偏执,党同伐异。毋患多歧,各有所施。要在圆融,一以贯之。

---

① 田汝成:《西湖游览志余》卷十《才情雅致》,见《四库全书》文渊阁本"史部·地理类六·山水之属"。
② 彭元植:《解放前的四川武林和我习武生涯》,见《四川文史资料选辑》第三十九辑,成都:四川人民出版社,1991年,第123页。
③ 张鷟:《朝野佥载》,见《四库全书》文渊阁本"子部·小说家类·杂事之属"。

三教合流，农、墨、名、法、纵横、小说、阴阳、医、杂九流亦并取。在"圆融"的宗旨下，什么都可以被禅宗吸收。释迦、老子、孔子既然都被尊为圣贤，那么孔子的仁与礼，老子的清静无为，乃至玄学的放纵，都可以被师法。

少林寺在这条道上显然曾经走得很远。

王士性《广志绎》中云：

> 伏牛山在嵩县，深谷大壑之中数百里，中原战争兵燹所不及，故缁流衲子多居之。加以云水游僧动辄千万为群，至其山者如入佛国，呗声梵响，别自一乾坤也。然其中戒律整齐，佛土庄严，打七降魔，开单展钵，手持贝叶，口诵弥陀，六时功课，行坐不辍。良足以引游方之目，感檀越之心，非它方刹宇可比。少林则方上游僧至者守此戒，是称禅林。本寺僧则啜酒啖肉，习武教艺，只识拳棒，不知棒喝。①

嵩岳一带因相对封闭和安定，因此拥有众多寺庙，并吸引了大批僧徒。但绝大多数嵩岳寺庙，"戒律整齐，佛土庄严""六时功课，行坐不辍"，正统正规。唯有少林寺，"啜酒啖肉，习武教艺"，教律似乎荡然无存。

赵宝俊也提到："从晚清到国民党统治时期，常有寺里的当家和尚和世俗地主子弟一样，因酗酒、吸鸦片、赌博等，将庙中家产挥霍，仍无法抵债，便将土地典当出去。"②《新编少林寺志》也提到："清朝末年，由于住持不力，寺僧不守清规，加之官府敲诈勒索，寺院常遭兵匪打扰，少林寺日趋衰败。"③该志还引用了清末登封知县施奕簪《上元后三日偕友游少林寺》为证，诗云："祖义今谁解，家风久乏承，武功魔渐息，禅律讲何曾。"④所列现象，恐怕并不是从清末才开始的。

千万不要看轻了禅宗的"顿悟"。这其中包含了少林寺僧曾经喝酒吃肉，或有的少林寺僧喝酒吃肉的真实原因。

---

① 王士性：《广志绎》，吕景琳点校，北京：中华书局，1981年，第41页。
② 赵宝俊：《少林寺》，上海：上海人民出版社，1982年，第56页。
③ 《新编少林寺志》，北京：中国旅游出版社，1988年，第163页。
④ 《新编少林寺志》，北京：中国旅游出版社，1988年，第163页。

第五节　铁棍与"放下屠刀,立地成佛"

"顿悟"真是微妙而妙不可言。

禅宗有"行住坐卧,语默动静,皆禅",又有"禅非坐卧"的说法。表面上看来,二者对立,但实际上表达的只是一个思想。那就是,诸法空寂,佛无定相,唯一实际存在的,只是自己的心。既然如此,那么怎么生活是无所谓的。《净名经》所说"不离烦恼,而得涅盘",《天女经》所说"不出魔界,而入佛界",都是这个意思。

既然生活是小节,无伤大雅,无关宏旨,苦修没有必要,纵情声色犬马,尽享荣华富贵,都没有什么了不起。只要你在任何一个时刻,任何一瞬间猛醒,就算悟到了。悟到了即既往不咎。禅宗讲"顿悟成佛",讲"见性成佛",讲"称名成佛",讲"闻莺悟道",讲"一宿觉",成佛容易得很,人人都可成佛。以此类推,那么杀点人也不打紧,反正是"放下屠刀,立地成佛"。

"放下屠刀,立地成佛"这个成语,现在用以比喻坏人只要悔改,就能成为好人。但它的原意是弃恶从善。然而,不管以前怎么杀人,只要一放下屠刀,就能立地成佛,这也只有禅宗的"顿悟"才想得出来。于是这也很容易推出:不管现在怎么杀人,以前怎么杀人,只要一放下屠刀,也就能立刻成佛。

千万不要小看了这个"放下屠刀,立地成佛"!禅宗的"顿悟",为少林武术的产生,为少林武术的用于战阵,提供了理论上的可能性。

少林寺容忍和使用武术的大门开了一条缝,同样不仅再也关不上,而且越开越大。

但因为禅宗寺院遍及中国,"狂禅"之风曾是普遍现象,所以僧人习武,并不少见。以武显扬的禅宗寺院,历史上也并不止一个少林寺。蒙古和田、河北蓟县盘山、长安、太原、洛阳等,分别还有五座少林寺。(唐豪先生考出福建泉州、晋江东凤山麓、莆田九莲山、山东沂水九顶莲花山和台湾八幡社阳山等另外几座少林寺为洪门海底和《万年青》等臆造。)另外,洛阳同福寺、山西五台山寺、广东慈恩寺、北京坛州寺、山东灵岩寺等等,也同样曾以武功驰名。历史上,僧人习武更不仅限于少林寺。即便是在今天,一般僧人习武,亦很常见。

然而,除嵩山少林寺外,其他一度存在亦以武邀名的寺庙,都已消失或沉寂。

少林寺之外的其他习武僧人，也可解释为偶然个案，并且这些人也不能随意使用武术。如此宏大、显扬、系统的少林武术和高度组织化、制度化的少林武僧的长期存在和发展，少林武术和少林僧兵用于战争和战场，即便在禅宗的发展史上，也仍然极为典型和特殊。

少林寺在禅宗世俗化、儒学化和随意"顿悟"这一条道上，无疑走得最远。少林武术，从某种意义上说，已形同"宗教异端"。当然，这个"异端"并不带丝毫的贬义。

由于各种原因从正统宗教分离出来，而与之高度对立的宗教思想及宗教行为，被称为宗教异端。狂禅之风中的"扫相扫佛""呵佛骂祖"等等，无疑已接近异端。但中国佛教最典型的异端，是北魏法庆的大乘教和元末红巾军的白莲教。法庆率众起义，宣称"新佛出世，除去旧魔"，鼓励杀敌。法庆曾因之规定："杀一人，为一住菩萨；杀十人，为十住菩萨。"所到之处，"甚至屠灭寺舍，斩戮僧尼，焚烧佛像"。法庆部将李归伯，就因为杀人多，被封为平魔军师、定汉王、十住菩萨。[①] 元末红巾军起义，以白莲教号召徒众，宣传"弥勒降生"，世界将重新安排。起义军自称"魔军"，声言"天遣魔军杀不平，杀尽不平方太平"。[②] 这些实质为农民起义的佛教异端，正是以无情杀戮统治者，以杀人为主要特征，而与正统佛教相对立。

少林寺僧也开始杀人了。

木棍是有限度使用武术的产物。它硬度不够，容易被锋利的刀剑削断；重量不够，对付不了身披重甲的敌人。用于正式战斗，用于战场杀敌，多有不便。于是，战场上的少林寺僧，便把他们日常习用的木棍，改制为铁棍。在抗倭战争中，少林寺僧临战，"俱持铁棍，长七尺，重三十斤，运转便捷如竹杖，骁勇雄杰。官兵每临阵，辄用为前锋"。[③] 在抗倭战场上，少林僧兵所执武器几乎清一色是铁棍。

少林武僧在抗倭战争中立下的功勋，无疑将名标竹素。然而可以想象，成群的僧兵，手挥大铁棍，动辄要么"击碎贼首"，要么击杀十余人，无论其动机如何，无论战争性质是否属于正义，在杀人这一点上，和法庆、红巾军等，已无区别。对佛教这一宗教本身而言，无疑已形同异端。

[①] 魏收：《魏书·京兆王传》，北京：中华书局，1974 年，第 445 页。
[②] 陶宗仪：《辍耕录》卷二十七《扶箕诗》，见《四库全书》文渊阁本"子部·小说家类·杂事之属"。
[③] 上海通社辑：《上海掌故丛书第一集·吴淞甲乙倭变志》，台湾：成文出版社，1983 年，第 190 页。

今人刘夜烽《少林寺谒月空和尚墓》诗云："主持佛事守禅宫,戒律森严不少容。为保金瓯甘作叛,勇开杀戒是英雄。"[①]"勇开杀戒"就是"甘作叛",叛离什么呢？那当然是叛离佛教正统的教义,那就是异端。

既然铁棍可用,那么使用其他武器便也无妨。明天启时人程绍《少林观武》诗便提到："暂憩招提试武僧,金戈铁棒技层层。"[②]诗中与铁棒并提的,便还有显然是代指其他金属武器的"金戈"。万历时人徐学谟《少林杂诗》则说："名香古殿自氤氲,舞剑挥戈送落曛。"[③]明末人文翔凤在其《游少林记》中,则提到："观僧之掌搏者、剑者、戟者。"[④]少林寺绘于清代的壁画,演武者手中的兵器已应有尽有。少林寺先有棍,后有拳,铁棍之后,刀枪剑戟各种金属利器一涌而入。到了近代,少林寺僧徒除了习练传统武功外,竟拥有了大批新式枪炮。僧人以枪炮武装,真乃天下奇观。

在寻常情况下,在武术高手手中,一般木棍因灵便而变化多端,威力不见得小于利器。但在战场人马皆身披重甲的情况下,用于击人,则形同隔靴搔痒,全无杀伤力。少林寺僧熟悉棍法,不忍割舍,于是南征北战的少林僧兵,便把一般木棍改革为铁棍。在少林武术的历史上,铁棍的使用,是一个异常重要的质变点。它违反了有限度地使用武术的原则,使少林武术和少林武术行为,越过了正统和异端之间的分水岭。与之相伴随的,必然就是受限制的少林武术中闪耀出使人胆寒的刀光剑影；必然就是身怀绝技的少林寺僧大开杀戒,杀气腾腾地直接"开"上了战场。

对少林寺居然拥有僧兵,少林寺居然以武术显扬,实际上早就有人持有异议。曾经还利用过少林僧兵的登封知县傅梅,也在他编撰的《嵩书·竺业篇》后的议论中提到："噫！寺因达摩得称祖庭。达摩不立文字,终日壁观。今乃讲颂唱,繁律仪,近于史矣；至于习戈棒,演击刺,近于兵矣；又甚而高堂室,华器御,近于宦矣。佛教中衰,莫此为甚！"[⑤]

在欧洲历史上,宗教与政治结合的方式是实行国教制和政教合一,所以,正

---

① 刘夜烽：《少林寺谒月空和尚墓》,见《中州今古》1984年第4期,转引自《新编少林寺志》,北京：中国旅游出版社,1988年,第125页。
② 程绍：《少林观武》,见叶封等《少林寺志》之"题咏·七言律",河南省图书馆藏清乾隆十三年刻本。
③ 徐学谟：《少林杂诗》,见《说嵩》卷三十一"风什四",郑州市图书馆藏清康熙岳生堂刻本。
④ 文翔凤：《游少林记》,见叶封等《少林寺志》之"艺林·碑记",河南省图书馆藏乾隆十三年刻本。
⑤ 傅梅：《嵩书》卷之九《竺业篇》,北京故宫博物院图书馆藏明万历刻本。

如恩格斯在《德国农民战争》中所说："一般针对封建制度发出的一切攻击，首先就是对教会的攻击。而一切革命的社会政治理论，大体上必然同时就是神学异端。"①宗教异端，往往成为人民群众同正统宗教集团，同时也就是同统治者进行斗争的重要手段。

在中国古代，由于宗教并未完全与政治结合，与宗教正统对立，未必就一定与统治阶级对立，情况便要复杂一些。既反对封建统治者，又反对正统宗教的法庆和红巾军的异端行为，只发生在统治者崇佛的六朝和元朝。而少林寺在绝大多数历史时期，不仅与朝廷或政府站在一起，而且关系相当密切。在某些特殊时期，少林寺会因某些原因收留一些身份复杂的人，但这不应该是少林寺的组织行为，更不可能是少林寺的常例，少林寺绝对不可能与朝廷或政府作对。武侠小说之中常见的所谓少林寺联合秘密会社好汉们反抗朝廷的故事，那只是小说家们编出来的。

第六节　少林俗家弟子的奥妙

少林寺僧曾经或曾有喝酒吃肉的事情，既广为流传，又有资料证明，应说不谬。

但少林"寺僧食规"也写道："少林寺僧们对于一日三餐的饮食，有着严格的规定。寺院内的僧人都要守戒吃素，即吃斋。僧人一辈子不准吃肉动荤，不许喝酒。若有违者，重打火棍，然后赶出寺院。"②

这一切似乎表现得很矛盾。

但是否可以这样解释：少林寺既是正规严肃的宗教组织，又是少林武术的发祥地，因此，它便同时具有两种传统，一是佛教严肃的法统，一是破坏这种法统的异端。而这两种传统又尖锐对立。两种传统，可以造就出两种不同的少林寺僧，两种不同的少林寺的行为。

这两种传统也不是可以截然分开的。世俗化毕竟是禅宗的世俗化，"顿悟"

---

① 《马克思恩格斯全集》第一卷，北京：人民出版社，1960年，第401页。
② 德虔：《少林武术大全》，北京：北京体育学院出版社，1990年，第30页。

"狂禅"毕竟是禅宗的顿悟、狂禅。分别有不同表现和认识的僧人,可以同属少林寺;有不同行为和事实的少林寺断代时期,却同是少林寺的一脉历史;同一位少林寺僧,在不同的时期、不同的事件上,可能又会有不同的表现和对这种表现的解释。

两种传统不可调和,但两种传统同样辉煌而均需继承,这一定使少林寺常常处于一种矛盾和尴尬的境地。一俗到底,还有什么宗教可言呢?长时期的戒律废弛,会使佛教与其组织遭到毁灭性的破坏,少林寺将不复存在;然而,长时期严格戒律,武术将缺乏实践与价值实现的机会,武术亦将遭到毁灭性的破坏,少林寺亦将不复存在。这是一个两难命题。

或者是顺理成章的自然产生,或者是人为的精心巧妙设计,"少林寺俗家弟子"应运而生。

德虔所著《少林武僧志》便载录了当今几十位有身份的少林寺俗家弟子,志书中称其为"皈依弟子"。近年采访过少林寺的张亦峥,曾著文云:"他们(少林武僧)一般不在少林寺里居住,也不一定要进入佛门,对他们来说,练功习武比佛事更为重要。所以有人说,少林寺里住的是文僧,以念经、做佛事为主;武馆里住的是武僧,以习武、教学、表演为主。于是少林和尚就有文僧武僧之分了。""武僧有一定的流动性。出去的有的去大公司从事保安工作,或在国内外从事教学工作。进来的都要经过层层选拔。少林寺周围目前有各类武术学校二十余所,学员至少六千人,武僧就从这些武校里最优秀的学员中产生。他们平时在武馆里练功习武,有出访或比赛任务时,就从事武术教练工作,或参加国际、国内重要赛事,并且多次挂金捧银。由于人才流动这一形式的引入,一方面少林武僧总保持着旺盛的活力,一方面少林武术也随着武僧的流出而更为广泛地传播开来。"[①]张亦峥所云"武僧",实际上都是少林寺的俗家弟子。

这种现象并不偶然,也不突然,它事实上是少林寺传统的延续和发展,是少林寺历史逻辑演变的结果。这种俗家弟子并不是现在才出现的。明代的刘德长、程冲斗以及程冲斗的师兄弟们,都是俗家弟子。明万历进士公鼐的《少林观僧比武歌》中有"李阳得间下老拳,世隆取偿逞毒手"句。这里的李阳、世隆、老拳、毒手,取自十六国后赵石勒典故,石勒字世龙,与李阳是发小,二人皆为壮士,

---

[①] 张亦峥:《"海"潮冲击下的少林寺》,见《武术健身》,1993年第5期,第9~11页。

曾经打过架,后来石勒曾对李阳说:"孤往日厌卿老拳,卿亦饱孤毒手。"[①]公鼐将他们也写进了诗中,非常不像是在说和尚,而像是对俗人在开玩笑。很可能他观武的对象,就有少林俗家弟子。另外,《明史》称,明末农民起义爆发时,各地地主豪绅往往"出私财募士,聘少室僧训练之"。[②] 少林寺僧训练出的徒弟,当然也都是少林寺的俗家弟子。

笔者以为:明代的少林僧兵不完全是少林寺真正的出家和尚,可能相当多一部分是少林寺的俗家弟子。

中国有一种身份为"居士"。居士吃斋、诵经、事佛、守戒,除了要为生计奔波和婚嫁生子而外,一同于庙里的和尚尼姑,他们实际上是在家的出家人。而少林寺俗家弟子们,则完完全全是寻常俗人,过的是和我们完完全全一样的生活。吃斋、事佛、诵经、守戒佛门诸事,一概不沾边。但他们却顶着少林寺的煌煌大名,自称少林弟子。他们既不是在庙的和尚,也不是在家的出家人,准确地说是"庙里的在家俗人"。他们武功的好坏与少林寺有关,但他们的品行却与少林寺无关。少林寺对他们的武术负责,却不对他们的行为负责。在各个历史时期,一般情况下,少林寺僧并不将武术付诸实践,他们只是掌握着武术。武术的种种实践,是由俗家弟子们去完成的。俗家弟子们是俗人,诸般无忌,可以放心大胆地施展少林武术,完全不用担心会破坏清规戒律。而他们武术实践所带来的少林武术的声誉,又理所当然地影响了少林寺。同时,少林寺僧依然吃斋念佛,手上干干净净。少林寺依然是一片佛门净土。

这种设计从理论上看真是妙不可言,但实际操作上会有相当困难。手中掌握着武术的少林寺僧不会始终没有技痒之时,尾大不掉的俗家弟子可能会转过来左右少林寺。更何况,两种传统之间本来就存在某种内在联系。因此,少林寺的形象长时期以来变得异常复杂。

电影《少林寺》中有名为"半空"的少林武僧。《少林寺》一上映,马上就有人写文章说编剧、导演犯了错误,佛教徒不可能取这么一个"半空"的名字。助唐的十三僧法名俱在,的确没有叫"半空"的。一千五百年中,少林寺僧法名法号可以查到的,只有一个"彻空",一个"无空"。彻空者,完全空也;无空者,无即空也。

---

① 房玄龄等:《晋书·载记第五·石勒下》,北京:中华书局,1974年,第2739页。
② 张廷玉:《明史·史记言传》,北京:中华书局,1974年,第7489、7490页。

这两个名字,完全符合佛教四大皆空、五蕴皆空、一切皆空的思想。将这两个名字和"半空"对照,更能显示出后者的奇怪与事实上的不可能。这肯定是个错误,但这个错误让人怀疑可能是编剧、导演故意为之,并颇具匠心。看看电影中那些一边身穿法衣、口诵法号,一边谈情说爱、大啖狗肉的小和尚们,不正是只有"半空"吗?

佛教有"十戒""八戒""五戒"之说。"十戒"是为出家人规定的,内容为杀戒、盗戒、淫戒、妄语戒、酗酒戒、说四众过戒、谤三宝戒、不非时食、不蓄金银财宝、不坐广大高床。而"八戒"是为在家居士准备的,因为俗人要维持生计,不可能不与钱财打交道,也不可能做到过午不食,于是在十戒中去掉"不蓄金银财宝"和"不非时食"两项,是为八戒。猪八戒跟随唐僧取经,是正式出家的僧人,但却贪吃贪睡,一天到晚叫嚷着要回高老庄娶亲。《西游记》作者给他取名"八戒",是嘲讽他六根未净。

"半空"显然学自"八戒",是作者的戏谑之笔。所谓"半空",不仅是电影中的少林寺人物之名,而且也是整个少林寺历史的实际写照。

是不是可以这样说:禅宗的世俗化、"顿悟"理论、狂禅之风,以及尚武和武术的传统,使得少林寺长期以来一直在宗教正统和异端之间游离与徘徊。

第四章　套路武术是特殊的中国舞蹈

中国古代的艺术家不仅是艺术家，更不只是某一门类的艺术家，他们同时是画家，是诗人，是书法家，往往还兼为政治家、思想家、军事家。只会画画、写字的，被蔑称为"画匠""写字匠"。齐白石以画著名，但他却不止一次说，他诗为第一，字为第二，治印第三，画为第四。李白才气干云，但却有人批评他"才高而识卑"。中国人的艺术，必须基于他们的生活和思想认识，而中国人所有的生活和思想认识，则大都希望由艺术升华表达。陶行知说艺术是中国人的宗教，恐怕说的正是艺术对中国人生活的统摄，或者说中国人情智上对艺术的依赖沉迷。

造成这种状况的原因很复杂，但其一应该是，西方的理性科学精神，从古希腊开始，便普照他们的文明和文化之路；而东方中国，特殊的人文传统，导致了人们格外关注人的身体、生命和生活。艺术生活化，生活艺术化，艺术与生活合而为一。中国文化实在是一种审美文化、艺术文化。这种文化希望人生和生活，尽是艺术花野。

于是，置身于这片花野之中的中国武术，也因之而生发出特殊的绚烂。作为中国武术支脉的武术套路，干脆置换成为纯粹的艺术。

第一节　中国传统舞蹈的奇怪"缺失"

中华民族的主体汉民族，除了一点点山歌秧歌等，基本没有唱歌、跳舞的传统和习惯。像中国人口大省四川，出去参加舞蹈大赛，却总是用四川两个少数民族藏族和彝族舞蹈，当然也总是得奖。这和世界其他民族以及中国的少数民族，形成了极大的反差，近代刚到中国的外国人，不少都非常惊异于中国人既不唱歌也不跳舞。这应该也和中国文化的早熟有关,和儒家伦理较早对人实行礼仪规范有关,动不动张开嘴巴就吼,动不动扭动屁股就舞,那不合彬彬有礼高冠博带的道德君子的范式。歌唱和舞蹈,可能是人类最早产生也最本能的两项艺术形式。库尔特·萨克斯甚至认为"舞蹈是一切艺术之母"。[①] 但这两项艺术形式,在中国文化中却最不发达。在我们传统的艺术排序中,作为文字艺术之一的诗文是最高的,"不学诗,无以言""文章千古事",因为科举就是以诗文取士,对这两项艺术形式熟练掌握,有才情天赋又下过苦功者,在仕途上可以说是前途无量,翻翻《唐诗三百首》,看看每个作者的介绍就可以得知,那些天才的诗人,同时也都是朝廷的显宦。书法等而次之,因为诗文必须书写,文人离不开书写,所以书法随之尊贵。一个人擅长书法,和他擅长其他艺术,那不是一个意思。这种情况在中国甚至一直延续到"文革"以后,直到 20 世纪 90 年代电脑开始普及。擅长书法,"字写得好",在中国曾经仿佛是一种身份的象征。有一手好书法,在科场上要占些便宜,所以明清读书人一窝蜂地去练小楷的"馆阁体""台阁体"。绘画在传统艺术中地位也不低,但它纯粹是因为一个特殊的原因方才如此,那就是"书画同源"。中国绘画极其忽略色彩而极其讲究线条,讲究线条,则与书法原则相一致。绘画赖书法而尊荣,颇有点类似夫荣妻贵的味道。但一个人的书画艺术的最终成就,也要仰仗他或政治或诗文的成就,"灵飞经"写得那么好,可他连名字都没有留下来,我们今天连作者是谁都无从知晓,可能在当时也就是个抄书匠。而颜、柳、欧、褚、苏、黄、米、蔡,要么是大官僚,要么是大文豪,就是到了翁同龢,我们也能从他书法中感受到那种宰辅的雍容。四王四僧,世家贵胄子孙,大多笔下还是有着一种大度,只有八大山人的画,扭曲成了一种乖戾。扬州八怪之类,被压在社会底层,难免胸中不平,流出到笔下,就成了酸怪,作为职业画家的他们,在中国古代终究是另类与偶然。再次是小说和戏剧,那是元代蒙古人取消科举,读书人没有出路才被迫为之,地位当然可想而知。至于建筑,虽然园林美妙,但作者身份却是匠人。歌唱舞蹈地位更低,全仗倡优保持。歌唱音乐稍好点,功用本来就与诗歌一体,后来就转到诗歌身上去了,古琴琴歌,文人多少也玩一点,诗歌文章读着也算吟唱。舞蹈比音乐还惨,宋元明清,因为表现力终究不如综合艺术——戏曲,它在倡优那里也渐次消失,近代的倡优已经没什么人还表

---

① 库尔特·萨克斯:《世界舞蹈史》"序言",郭明达译,上海:上海音乐出版社,1992 年版。

演舞蹈了。舞蹈在中国艺术中应该是地位最低的。中国美学史,基本上无法系统讨论舞蹈问题。

学者们已经注意到了这个问题:"中国舞蹈没有完整的历史资料,也没有流传下过去的舞法。我们现在所能看到的只是戏曲中的片段,民俗中的一小部分,不能成为舞蹈的艺术。今天所见的复古的舞蹈,往往是新的创作:依据戏剧的片段,创作我们的古典舞蹈;依据现在的民俗与节庆活动创作我们的民间舞蹈;依据杂剧、武术来创作我们的武舞。我们现在的古舞,是否与过去相同,因为没有直接的证据,谁也不敢肯定,所以中国舞蹈的复古与创新,是胶着在一起的,很难剥离开来。"①

既然"舞蹈是一切艺术之母",既然舞蹈是人类最本能的艺术,我们文化中怎么可能缺失这个东西呢?

第二节 中国传统舞蹈的曾经存在

我们并非没有舞蹈。

周代舞蹈已经很发达,汉唐是中国舞蹈的高峰,但"宋以后,特别是元明时期,戏曲艺术的诞生,使得乐舞艺术逐渐衰落,再也没有过去的那种灿烂和辉煌。因此,也有人认为我国的舞蹈艺术,从唐以后是'一代不如一代',从舞蹈艺术的发展来看也是一种倒退"。② 中国舞蹈在历史上日益衰落,这是显而易见的。但这种衰落的原因是什么呢?

中国舞蹈有四个重要线索:一是宫廷贵族舞蹈;二是倡优舞蹈;三是民间俚俗舞蹈;四是剑舞或舞剑。

一、宫廷贵族舞蹈

我们先说宫廷贵族舞蹈。宫廷贵族舞蹈的承载体是贵族,真正的贵族,世袭贵族,维持贵族的权利地位,离不开武力,也就离不开武术。先秦贵族,"礼、乐、

---

① 刘建:《宗教与舞蹈》,北京:民族出版社,2005年,第408页。
② 隆荫培、徐尔充:《舞蹈艺术概论》,上海:上海音乐出版社,1997年,第119页。

射、御、书、数",射和御,纯粹是武术。礼与乐中,射礼、投壶、乐舞,相当一部分是身体活动或与武术有关。舞与武,实际上关系紧密,距离很近。武士变文士,是从春秋战国开始的,但这个过程始终没有真正完成。一直到唐代,贵族尚武的特征始终存在。隋唐开始的科举制度,彻底埋葬了中国的贵族制度,也彻底埋葬了贵族的尚武之风,于是贵族身体力行的贵族舞蹈,也不复存在。宋代开始,唐以前那种如唐玄宗、安禄山、杨贵妃、太平公主等都要参加自舞的贵族舞蹈终于消亡。

真正尚武的血缘世袭贵族消失了,继之而起的科举出身的官僚士人,你也可以称他们是文化贵族,的确也承继了周代贵族的诸多品质,但文化贵族身上不再具有真正血缘世袭贵族的尚武特征,他们无比崇尚孔儒思想,将孔子言行一丝一毫都奉为圭臬,但孔子身体力行和儒家典籍里记载得清清楚楚的射礼、投壶、乐舞等等,还是基本上失传了,尽管历代都不乏试图继承恢复之人。旧贵族热爱和要掌握的技艺是"礼、乐、射、御、书、数",新士人热爱和要掌握的技艺是诗文和"琴、棋、书、画",由尚武、崇力、动态、集体,变为文弱、尚智、静态、个体。动态活动动态艺术,更多地为静态活动静态艺术所取代。皮之不存,毛将焉附?没有了山歌野舞的交际平台,不管是贵族还是平民,婚姻便也只好靠媒妁之言了。

明朱载堉曾著《论舞学不可废》,此人乃明朝宗室,是个才子,文章很有趣。首先他将古舞分为文舞与武舞。他说:

> 黄帝之舞曰云门,尧曰大咸,舜曰大韶,禹曰大夏,汤曰大濩,周曰大武,此其名也。历代易名,示不相袭,其实未尝易也。考其大端,不过武舞、文舞二种而已。世俗所谓粗舞、细舞,是其遗法也。粗舞者,雄壮之舞也;细舞者,柔善之舞也。二种之外,更无余蕴,万舞虽多,一言可蔽,此之谓欤。是故武舞则朱干玉戚,所以表其功也;文舞则夏翟苇钥,所以昭其德也。此二舞之器不同也。武舞则发扬蹈厉,所以示其勇也;文舞则谦恭揖让,所以着其仁也。此二舞之容不同也。

但在笔者看来,但凡男人跳舞,只要不是学女人跳舞,都是武舞。犹如体育,都是体育,并不存在文体育武体育之分。真要分,分成粗舞、细舞恐怕还恰当些。所以周代干脆就叫"大武",其实是很有道理的。

>……学者往往以学舞为美事……
>
>古人自天子至于庶人,无有不能舞者……
>
>王大射,诏诸侯以弓矢舞,此臣舞于其君也;食三老五更于太学,天子冕而揔干,此君舞于其臣也;冕而揔干,率其群臣,以乐皇尸,此孙舞于其祖也;老莱子着斑斓之衣舞,此子舞于其父也;子路援戚而舞,此弟子舞于其师也;高帝置酒沛宫,酒酣,上自起舞,此故旧相舞也;其谓戚夫人曰:"为我楚舞",此夫妇相舞也;武帝时,长沙定王舞,此兄弟相舞也;灌夫酒酣起舞,以属丞相,此宾主相舞也。魏晋以来,尤重以舞相属,张盘舞,属陶谦,谢安舞,属桓嗣是也。

朱载堉以为:"自隋以往,尚有此风。近世以来,此风绝矣。"原因是:"宋徽宗大观四年六月,诏曰:近选国子生教习二舞,以备祠祀先圣。本周官教国子之制,然士子肄业上庠,颇闻耻于乐舞。盖今古异时,考于古虽有,其迹施于今,未适其宜。其罢习二舞。"他以为:"徽宗此诏,识者非之。"将责任加在宋徽宗身上。其实原因宋徽宗说得很清楚了,是士子们自己实在不愿意跳舞。朱载堉想在学校恢复乐舞,于是找了个理由和靠山,他说:"洪武四年,更定孔子释奠,乐舞生择监生及文职大臣子弟,预教习之。我太祖圣意,盖欲矫宋徽之弊也。凡在臣民,幸逢文化,敢不勉力为之,以复古人之意也哉。"但结果怎么样呢?一纸空文而已。简单说,世易时移,时尚不同了。当然,"隋"后还应加个"唐"字,这就与事实和他后面归咎于宋徽宗相合了。①

孙颖先生有个很有见地的观点:

>古典芭蕾走上商业舞台之前,因为是皇室、贵胄社交娱乐的工具,是借以表现其仪表、风度、文化教养的媒介,历经发展,其审美基础、文化机制并未受到彻底的破坏和改造,矜持典雅的风格与上流社会礼仪气味中的不无矫揉造作,依然有西方中世纪名门望族、王子公主、帝王

---

① 朱载堉:《论舞学不可废第八之上》,见《乐律全书》卷十九"律吕精义外篇九""古今乐律杂说并附录",《四库全书》文渊阁本"经部·乐类"。

后妃身影的遗存,是西方含有贵族文化"血统"的古典艺术。而我们的古典,自从阶级社会形成后就有了日益严格的雅俗之分。上起先秦女乐,下迄明清城市市民文化性质的戏曲,即供奉宫廷,也只是借其享乐,上流社会绝不以此作为他们自身文化品格、文化素养的表现。因此我们的古典一向是奴隶文化"血统"的民俗型的古典艺术。两者的风格、气韵、精神、性质完全不同。假如把两个种族大系、文化"血统"、社会等级完全不同的古典艺术拉郎配已属不可思议,中国古典舞再以小脚时代为代表去结合,这在理论上应该怎么解释呢?[①]

他反对以小脚痕迹很重的戏曲舞蹈代表中国古典舞,也反对以戏曲舞蹈代表的所谓中国古典舞和西方贵族芭蕾舞的结合。他把这称为脚下"芭蕾"手上"莲花"的怪胎。当然,中国的贵族舞蹈并非从来没有,只是后来贵族消失了,贵族舞蹈也随之消失了。

二、倡优舞蹈

而勾栏、瓦肆、娼寮中的艺人和妓女,以及官僚家中私养的"歌儿舞女",则从此成了保存舞蹈的一个重要方面。

"在原始舞蹈的观念中,女子——特别是少女的角色地位是神授予的,她们身上具有不可思议的神力。因此,这些女子及其舞蹈是被尊敬的,如同《春之祭》中的少女一样。""对于女性舞蹈者来讲,最致命的一击是来自舞蹈的祭祀意味的消散,赤裸裸地化为视觉享受。以男人为核心的世界把权力和金钱置于神坛上。"[②]"人类第一次促进艺术形式暂时分裂成两种基本要素:艺术家的有酬劳动与付酬者也就是统治阶级观赏家的艺术享受。随着这种情况的出现,艺术活动的基础终于被放在物质报酬上面。曾经是神的宠幸者的舞蹈者,现在成了王子的侍妾。"[③]

赵匡胤杯酒释兵权,就对手下几个重臣说:"人生如白驹过隙,所为好富贵者,不过欲多积金钱,厚自娱乐,使子孙无贫乏耳。汝曹何不释去兵权,择便好田

[①] 于平:《中外舞蹈思想概论》,北京:人民音乐出版社,2002年,第384页。
[②] 刘建:《宗教与舞蹈》,北京:民族出版社,2005年,第466、467页。
[③] 库尔特·萨克斯:《世界舞蹈史》,上海:上海音乐出版社,1992年,第2页。

宅市之,为子孙立永久之业。多置歌儿舞女,日饮酒相欢,以终其天年。君臣之间,两无猜嫌,上下相安,不亦善乎。"①

林语堂曾说:

> 高级的名妓,与普通的娼妓大为不同,她们在中国的文学史上崭露头角,有些自己本人就是诗人,有些与文人的生活密切相关。她们这一阶层,与中国歌曲音乐史的发展,及形式的变化,密不可分。中国诗歌经文人亦步亦趋呆板生硬模仿一段时间后,已成了一连串的陈词烂语,这时往往是这种名妓创一种新形式,再赋予诗蓬勃的新生命,可以说音乐与诗歌是她们的特殊领域。因为演奏乐器与歌唱都受闺阃良家女子所歧视,原因是那些歌词都离不开爱与情,认为对情窦初开的少女有害,结果音乐歌舞便完全由歌妓保存流传下来。②

词的开创,与歌妓有密切关系。音乐歌舞由歌妓保存,林语堂用的是"完全"两字。当然,这是宋代以后的事情了。

但这种舞蹈,则完全没有自舞的成分,而只是色艺的表演和欣赏了。"卷帘人出身如燕,烛底粉妆明艳,羯鼓初催按六么,无限春娇都上、舞裙腰。画堂深窈亲曾见,宛转楚波如怨,小立花心曲未终,一把柳丝无力、倚东风。"③坦率地说,这首词写得很美,当然这美是阴柔的,"一把柳丝无力",不难想见作者的审美趣味。当然,你也很难想象作者自己会去亲身实践,因为这是只能把舞者作为对象亵玩的舞蹈。

李渔曾说过:

> 昔人教女子以歌舞,非教歌舞,习声容也。欲其声音宛转,则必使之学歌;学歌既成,则随口发声,皆有燕语莺啼之致,不必歌而歌在其中矣。欲其体态轻盈,则必使之学舞;学舞既熟,则回身举步,悉带柳翻花笑之容,不必舞而舞在其中矣。古人立法,常有事在此而意在彼者。如

---

① 《宋名臣言行录》前集卷一,见《四库全书》文渊阁本"史部·传记类·总录之属"。
② 林语堂:《苏东坡传》,西安:陕西师范大学出版社,2009年,第147、148页。
③ 黄时龙:《虞美人》,见《全宋词》第四册,北京:中华书局,1965年,第2782页。

良弓之子先学为箕,良冶之子先学为裘。妇人之学歌舞,即弓冶之学箕裘也。后人不知,尽以声容二字属之歌舞,是歌外不复有声,而征容必须试舞,凡为女子者,即有飞燕之轻盈,夷光之妩媚,舍作乐无所见长。然则一日之中,其为清歌妙舞者有几时哉?若使声容二字,单为歌舞,则其教习声容,犹在可疏可密之间。若知歌舞二事,原为声容而设,则其讲究歌舞,有不可苟且塞责者矣。但观歌舞不精,则其贴近主人之身,而为殢雨尤云之事者,其无娇音媚态可知也。①

李渔改歌舞的本质功能,歌舞仿佛成了教育手段,但他的教育目的实在是不值得称道的,他认为女人必修歌舞只是为了伺候"主人"。李渔一生穷困落魄,并未跻身主流社会,他的著作在当时被某些人批评为"破道之小言",但批评他的人也被某些人讥讽为"腐儒"。然而他的书出版后一时洛阳纸贵,在康熙之后名声越来越大,不能不说,他的话,还是说到绝大多数士大夫心里去了的。

周代的礼仪性舞蹈,"被拓展得宏大而庄严,并显示出群舞的整齐划一和庙堂宫廷色彩"。"后代的演变,更见加强,尤其是国家的春秋大祭,极为隆重肃穆,象征国家昌隆。这些礼仪舞,全部是团体舞。在团体舞的要求上,讲求形式的完整和动作的齐一。"②竞技套路的出现,有受苏联体操影响的原因,但更有我们自身文化传统的影子。与之相同,团体操之类在新中国成立后盛兴,既有苏联意识形态的影响,也有我们历代王朝庙祭礼乐礼仪性舞蹈的痕迹。这些年,我们由地方的各种名目的文艺演出,到中央电视台的春节联欢晚会,充分领略了貌似传统礼仪性舞蹈的场景。当然,它也是传统宏大礼仪性舞蹈和传统柔美女伎表演的综合,因为,它除了金碧辉煌、规模宏大外,也姹紫嫣红、千娇百媚。许多东西,其实既非十月革命一声炮响而来,也非改革开放他山之石而来,我们不要轻视了我们传统的力量。

三、民间俚俗舞蹈

梁伦先生说:"舞蹈艺术有它的特长也有它的局限性,它的特长是抒发人的

---

① 李渔:《闲情偶寄》,北京:中华书局,2007年,第186、187页。
② 刘建:《宗教与舞蹈》,北京:民族出版社,2005年,第398页。

内心感情,它的局限性是不善于表达理性的概念。"①

达尔文就曾认为舞蹈起源于性的冲动和恋爱。方纪生先生则认为:"跳舞为人类筋肉活动的主要形式,原始民俗此风最盛,……但是最不可忘记的,就是跳舞在原始时代,同样也是求爱泄欲的手段。"②霭理斯则系统论证了这个问题,断言"舞蹈不仅与宗教有紧密的关系,它与爱情也有同样的紧密关系。这种关系是更加原始的,因为这种关系比人类更古老"。③ 他们所举证据颇多,例如美洲奥马哈(Omahes)人的"watche"一词,甚至就既有跳舞也有性交的意义。④ 没有疑问,舞与性,舞与爱,有非常密切的关系。

傅毅《舞赋》云:"严颜和而怡怪兮,幽情形而外扬。文人不能怀其藻兮,武毅不能隐其刚。简惰跳踃般纷挐兮,渊塞沉荡改恒常兮。"李善注云:"言失度也。"⑤舞蹈能让人放松放纵,"严颜和而怡怪兮,幽情形而外扬。文人不能怀其藻兮,武毅不能隐其刚",或许还能容忍。但"改恒常""失度"可远远不止于此。

格罗塞曾说:"舞蹈大部分无疑是想激动起性的热情。我们更可进一步断言,甚至男子的舞蹈也是增进两性的交游。"⑥在以"增进"男女交游为舞蹈目的的时代或社会,舞蹈毫无疑问是受欢迎的。但若是在一个要减弱或禁止男女交游的社会,舞蹈则要受到另外的待遇了。

舞与性有密切关系,"舞以达欢"⑦而且还是"欢之至也"⑧,舞蹈的这种身体情感语言的本质和程度,为它以后遭遇麻烦,预先埋下了一个伏笔。

唐玄宗是个酷爱音乐的皇帝,颇有天赋,尤擅羯鼓。但他却禁止民间的歌舞活动,只许州官放火,不许百姓点灯,开元二年(714)他发布《禁断女乐敕》:

> 朕闻乐者起于心,心者动于物。物不正不可为乐,乐不正则不能理

---

① 梁伦:《舞梦录》,北京:中国舞蹈出版社,1990年,第207页。
② 方纪生:《民俗学概论》,《民俗学资料丛刊》之一,北京师范大学史学研究所资料室,1980年,第72页。
③ 霭理斯:《生命之舞》,北京:生活·读书·新知三联书店,1989年,第37~39页。
④ 方纪生:《民俗学概论》,《民俗学资料丛刊》之一,北京师范大学史学研究所资料室,1980年,第72页。
⑤ 傅毅:《舞赋》,见萧统《文选》卷十七,北京:中华书局,1977年,第247页。
⑥ 格罗塞:《艺术的起源》,北京:商务印书馆,1987年,第170页。
⑦ 朱胜非《绀珠集》卷九《古今诗话》,见《四库全书》文渊阁本"子部,杂家类,杂纂之属"。
⑧ 《礼记注疏》卷三十九《乐记》,见《四库全书》文渊阁本"经部·礼类·礼记之属"。

人。况天生黎蒸，区别男女。外则不能导之以礼，中则不能由之以乐。苟或不臧，孰云致理。自有隋颓靡，庶政雕缺，征声遍于郑卫，衒色靡于燕赵，广场角觝，长袖从风，聚而观之，浸而为俗，所以戎王夺志，夫子遂行也。朕方大变浇讹，用清淄蠹，睠兹女乐，事切骄滛，伤风害政，莫斯为甚。既违令式，尤宜禁断，自今以后，不得更然。仍令御史金吾，严加捉搦，如有犯者，先罪长官，务令杜绝，以称朕意。①

"伤风害政，莫斯为甚"，上纲上线很厉害。"天生黎蒸，区别男女"，则是问题关键。

汉民族民间舞蹈最早应该和少数民族舞蹈一样，充满了性的色彩。但在儒家重礼传统的影响下，这样的舞蹈应该在不断被改造。例如史籍中记载的很多踏歌，我们其实就看不到什么性的色彩了。

《踏歌》渊源古老，据说尧时的《击壤歌》，可能是其滥觞。这种踏地为节，手袖相连，或者干脆就是手牵手载歌载舞的《踏歌》，在唐代臻于极盛。

唐代诗人不少写过踏歌，最有名的当然就是李白那首著名的"李白乘舟将欲行，忽闻岸上踏歌声。桃花潭水深千尺，不及汪伦送我情"。不像今天的汉人那么含蓄，古人唱歌跳舞，真是说来就来，汪伦送李白，说唱就唱，说跳就跳，说不定还带了一群男女。

顾况诗有："谁家无春酒，何处无春鸟。夜宿桃花村，踏歌接天晓。"②他夜宿村野，村民跳舞，"踏歌接天晓"，居然通宵达旦。

刘禹锡有《踏歌行》四首：

其一

春江月出大堤平，堤上女郎连袂行。唱尽新词看不见，红霞影树鹧鸪鸣。

其二

桃蹊柳陌好经过，灯下妆成月下歌。为是襄王故宫地，至今犹自细

---

① 《唐大诏令集》卷八十一《礼乐》，见《四库全书》文渊阁本"史部·诏令奏议类·诏令之属"。
② 顾况：《听山鹧鸪》，见《御定全唐诗》卷二百六十七，见《四库全书》文渊阁本"集部·总集类"。

腰多。

其三

新词宛转递相传，振袖倾鬟风露前。月落乌啼云雨散，游童陌上拾花钿。

其四

日暮江头闻竹枝，南人行乐北人悲。自从雪里唱新曲，直至三春花尽时。①

刘禹锡诗中可以看出很多踏歌的细节：踏歌时"联袂行"，看来是手拉手跳舞，注意，并不是男人女人混杂互相拉手，只是女人拉手；"唱尽""月下歌"，看来踏歌是边跳边唱；"自从雪里唱新曲，直至三春花尽时"，看来踏歌是经常进行的，并不仅限于某个节日；"新曲""新词"，看来踏歌歌词是常唱常新的，还有了《踏歌行》这样的固定题目，刘禹锡的这四首《踏歌行》，可能也是专门为踏歌舞曲而写的歌词；"游童陌上拾花钿"，看来参加的人很多，因而难免拥挤丢东西。

古代笔记中不难窥见唐人踏歌的盛况。《朝野佥载》载：

睿宗先天二年正月十五、十六夜，于京师安福门外作灯轮，高二十丈，衣以锦绮，饰以金玉，燃五万盏灯，簇之如花树。宫女千数，衣罗绮，曳锦绣，耀珠翠，施香粉。一花冠，一巾帔，皆万钱。装束一妓女，皆至三百贯。妙简长安万年少女妇千余人，衣服、花钗、媚子亦称是，于灯轮下踏歌三日夜。欢乐之极，未始有之。②

此虽然也可视为皇室奢靡，但大概也有民众基础。

宋、元、明、清，文人诗歌中还是经常提到踏歌，但笔者估计这有两种情况，一是描述民间欢庆节日，文人作诗随意拈个古人用词；二是虽然随着中国主流文明的扩张，边地和少数民族地区逐渐萎缩，但踏歌还在这些逐渐萎缩的边地和少数民族地区保存，而这时的文人诗歌中提到的踏歌，就是这些地区的踏歌。当然这

---

① 刘禹锡：《踏歌行》四首，见《乐府诗集》卷八十二，《四库全书》文渊阁本"集部·总集类"。
② 张鷟：《朝野佥载》卷三，见《四库全书》文渊阁本"子部·小说家类·杂事之属"。

需要具体的考证,但大致不会有误,否则我们无法解释,为什么现今中国许多少数民族地区,都有大同小异的类似踏歌的集体舞,而踏歌的舞蹈形式在汉地已经荡然无存。

为什么舞蹈在汉民族民间会消失呢?

汉民族的传统歌舞的不昌盛和衰败,是显而易见的。但是造成这种状况的原因,却似乎并不十分明了。有人以为:"宋代以后,我国民间古舞的几度衰微,宋明理学无疑充当了精神刽子手的角色。"[1]在没有更好的解释的前提下,这个观点理所当然地为人接受了,理学讲存天理灭人欲,哪还能容得下舞蹈?

这真是一种随意轻松的想当然。首先,孔子就厌恶"郑卫之音",但郑卫之音却从未灭绝,后来宫廷和士大夫们欣赏的伎乐歌舞之类,实际上就是郑卫之音。这种郑卫之音,理学家们是反对的。如周敦颐就说:

后世礼法不修,政刑苛紊,纵欲败度,下民困苦。谓古乐不足听也,代变新声,妖淫愁怨,导欲增悲,不能自止。顾有贼君弃父,轻生败伦,不可禁者矣。废礼败度,故其声不淡而妖淫;政苛民困,故其声不和而仇怨。妖淫,故导欲而至于轻生败伦,仇怨,故增悲而至于贼君弃父。呜呼!乐者古以平心,今以助欲;古以宣化,今以长怨。古今之异,淡与不淡,和与不和而已。不复古礼,不变今乐,而欲至治者远矣!复古礼,然后可以变今乐。[2]

一望而知,这明明是在说歌舞伎乐,哪里是在说民间踏歌之类。包括宋代理学家们在内的历代儒家的文字中,我们绝对找不到反对诸如踏歌之类汉民族民间舞蹈的只言片语,他们有的人还亲自参加踏歌活动,更多地留下了关于踏歌的记载。这说明踏歌早已经历了去除性色彩的改造;历朝历代,也从未发布过以诸如"伤风败俗"之名禁止踏歌之类的文告;踏歌之类,从唐、宋、元一直到明,都有记载,这些记载都表明了它的存在。踏歌的消失,应该是一个非常漫长的过程,并且有着不那么简单的文化原因。

---

[1] 于平:《中外舞蹈思想教程》,北京:中国戏剧出版社,1994年,第154页。
[2] 周敦颐:《周敦颐集》,北京:中华书局,1990年,第29、30页。

当然舞蹈在汉民族民间的消失,与其在汉民族贵族间的消失,也有关系,"君子之德风,小人之德草。草上之风,必偃",西方、中国的贵族以及后来中国的读书人,从来都是平民的榜样和楷模。

汉民族民间舞蹈,如踏歌之类,应该与戏剧强势出现有最密切的关系。唐代的惯例是"舞者不歌,歌者不舞",但到了宋代,情况就开始出现变化了,有人就专文"准确地勾勒出舞蹈的这种附庸状态为:综合化、情节化、程序化和多元化"。① 有趣的是,舞蹈沦为附庸状态表现为它的综合化、情节化、程序化和多元化,而不正是综合化、情节化、程序化和多元化,造就了戏剧文化吗?这绝对不是历史的巧合,宋、元、明、清踏歌之类逐渐衰落消失的过程,也就是戏剧文化逐渐发达发展的过程,清末民初,戏剧达于极盛,踏歌人间蒸发。

西方舞台表演艺术分门别类:舞是芭蕾,歌是歌剧,动作为哑剧,对话为话剧。中国舞台表演艺术合而为一:唱、念、做、打、歌、舞、科、白,浑然一体。中国戏剧和西方电影,细想是有很多共同之处的,然中国戏剧要比西方电影早出几百年。这当然是中国文明的伟大与骄傲处。西方电影一出,芭蕾、歌剧、哑剧、话剧统统衰落。可以想见,当时中国戏剧一出,踏歌之类舞蹈如何抵挡得住。当初大戏的风靡,犹如今天大片的风靡,综合艺术形式的魅力所向无敌。

踏歌之类,应该就是这样消失的。

四、剑舞或舞剑

剑舞或舞剑一直有一条未中断的清晰的线索。

剑舞的出现,最晚也是楚汉相争时的"项庄舞剑,意在沛公"的鸿门宴了,史载:"范增起,出召项庄,谓曰:'君王为人不忍,若入前为寿,寿毕,请以剑舞,因击沛公于座,杀之。不者,若属皆且为所虏。'庄则入为寿。寿毕,曰:'君王与沛公饮,军中无以为乐,请以剑舞。'项王曰:'诺。'项庄拔剑起舞,项伯亦拔剑起舞,常以身翼蔽沛公,庄不得击。"②

西晋时有个叫王如的,亦善舞剑:

---

① 刘建:《宗教与舞蹈》,北京:民族出版社,2005 年,第 472 页。
② 司马迁:《史记·项羽本纪》,北京:中华书局,1959 年,第 312、313 页。

初王如之降也,敦从弟棱爱如骁勇,请敦配己麾下。敦曰:"此辈险悍难畜,汝性狷急,不能容养,更成祸端。"棱固请,乃与之。棱置左右,甚加宠遇。如数与敦诸将角射争斗,棱杖之,如深以为耻。及敦潜畜异志,棱每谏之,敦怒其异已,密使人激如,令杀棱。如因闲宴,请剑舞为欢,棱许之。如舞剑渐前,棱恶而呵之,如直前杀棱。敦闻之,阳惊,亦捕如诛之。①

北魏拓跋仪则"少能舞剑,骑射绝人"。②

唐文宗时,"诏以白歌诗、裴旻剑舞、张旭草书为三绝"。③ 李白好剑尚侠,据说剑技高超,他的诗歌中,谈到剑处颇多,谈到剑舞或舞剑处,也极多。《九日登巴陵置酒望洞庭水军》有:"剑舞转颓阳,当时日停曛。"《送戴十五归衡岳序》有:"笙歌鸣秋,剑舞增气。"《送羽林陶将军》有:"万里横戈探虎穴,三杯拔剑舞龙泉。"

宋太宗时,据载:

先是上选诸军勇士数百人,教以剑舞,皆能掷剑于空中,跃其身,左右承之。见者无不恐惧。会契丹遣使修贡,赐宴便殿,因出剑士示之,数百人袒裼鼓噪,挥刃而入,跳掷承接,曲尽其妙。契丹使者不敢正视。及是,巡城必令舞剑士前导,各呈其技。北汉人乘城,望之破胆。④

明代宋存标有《舞剑赋》,赋云:

投身侠伍,效节义察,结然诺于宿昔,冀舒愤于市朝。壮士信其哀诚,神物明为之怒。起相顾而啸,杂商变征。已咤叱乎风云,复吞荡夫流水。神已往而不留,节既抚而难止。感盛舞深,变烦容广,霜雪纷纭,翱翔倜傥。其始兴也,若俯若仰,若来若往,惊疑恍忽,难以言状。其继

---

① 司马光:《资治通鉴》卷八十九"晋纪十一",北京:中华书局,1992年,第2822页。
② 魏收:《魏书·昭成子孙传》,北京:中华书局,1974年,第370页。
③ 欧阳修、宋祁:《新唐书·文艺中·李白传》,北京:中华书局,1975年,第5762页。
④ 李焘:《续资治通鉴长编》卷二十"太宗",见《四库全书》文渊阁本"史部·编年类"。

进也,欲纵欲横,摇人目睛,如冰涣日,如水观星。斗气夕隐,芙蓉始生,玄猿号夜,白虹临盟。遂乃指日永誓,负气乘霓,为人报仇,不言其谁。乃道遇王孙,雍容孔都,黄金络骏,白玉提壶,整鞭遥揖,流盼相呼。虽囊中之同服,实所用之殊途。遂尔身衣短后,函发金泥,驰峻坂,凌深蹊,刺虎豹,断鲸鲵。出入房闼,披斩葵藜。比佞人于腐鼠,等骄人于酰鸡。神锋一发,血已如濡。既头行于绝塞,自尸暴乎中衢。顿使韩国烈士,赵厕刑人,鱼肠藏窟,匕首惊秦。抆血相视,张目同瞋。是亦可以报九原之宿愤,抒六合之沉沦。①

仔细读这篇《舞剑赋》,一半是谈剑舞,一半是谈行侠,忽而谈以剑舞蹈,忽而谈以剑杀人,即文中所说"虽囊中之同服,实所用之殊途"。

高棪、李维认为:"舞蹈与文化的关系,可分为以下诸段:舞蹈为文化全部的阶段—舞蹈统领其他文化的阶段—舞蹈与其他文化并行的阶段—舞蹈被轻视的阶段—舞蹈消失的阶段—舞蹈复兴的阶段。"②从舞蹈历史的明确、清晰、表面的存在和走向看,高棪、李维的观点没错。但如果揭开舞蹈朦胧、复杂、地下的暗流和栖所,则事情可能不这么简单。

中国舞蹈有三条线索:宫廷贵族舞蹈,因为武士变文士,失去了承载体,转移到舞女伎乐身上,并不稳定,这一支消失了;民间俚俗舞蹈,因为在与兴起的戏剧比拼中败落,因为贵族消失、楷模失去等,也消失了;唯有剑舞,得以大放光明,影响了整个武术,使得整个武术大部变成了武术套路——武术舞蹈。这个大放光明,甚至使得剑舞自己都在这光明中被炫没了。从明代开始,"剑舞"不再是一个经常被提起的独立的词语和形态。到了清代,武术各门各派都有了明确的武术套路。如果武术套路是中国舞蹈这一观点成立,舞蹈在中国的衰落消失实际上就并不存在,它只是以另外一种方式狡黠地躲藏着。

事情可能还要更复杂。宗白华有个精彩的观点,他以为:"中国的绘画、戏剧和中国另一特殊的艺术——书法,具有着共同的特点,这就是它们里面都是贯穿着舞蹈精神(也就是音乐精神),由舞蹈动作显示虚灵的空间。唐朝大书法家张

---

① 宋存标:《舞剑赋》,见《四库全书》文渊阁本"总部·总集类"《御定历代赋汇》卷八十六"器用"。
② 高棪、李维:《中西舞蹈比较研究》,台湾:裕台公司中华印刷厂,1983年,第9页。

旭观看公孙大娘剑器舞而悟书法,吴道子画壁请裴将军舞剑以助壮气。""中国艺术上这种善于运用舞蹈形式,辩证地结合着虚与实,这种独特的创造手法也贯穿在各种艺术里面。""由舞蹈动作延伸,展示出来的空灵的空间,是构成中国绘画、书法、戏剧、建筑里的空间感和空间表现的共同特征,而造成中国艺术在世界上的特殊风格。""'舞',是中国一切艺术境界的典型。"① 看来,表面上消失的中国舞蹈,还不仅仅是化身而暂栖于某种艺术形式的问题,它失却了一种具象,化为了一种抽象,即所谓"舞蹈精神",弥漫于中国艺术中,无处不在。

第三节　武术套路延续了传统舞蹈的存在

　　舞蹈的性质和地位,决定了舞蹈不可能消失,它潜入其他的文化形态,以隐秘的方式生存,并发展壮大。

一、中国传统舞蹈表面消失后的实际存在

　　西方文艺复兴时期,建筑、雕刻、绘画、音乐、舞蹈、戏剧、诗歌七大艺术,是并列而并重的。这和中国传统艺术的等差序列,有着很大的不同。这应该与西方艺术和中国艺术各自内部的独立性有关。

　　西方艺术的独立首先表现在它的艺术价值和自身身份的独立,对艺术的本质——"美"的追寻,从古希腊就开始了。从柏拉图说"美是难的",到现在对美的本质的定义更多,却似乎更加难以确立,这种孜孜不倦不仅造就了美学这一学科,它更大的意义是宣示了艺术和审美精神的独立。中国文论讲究"文以载道""画助人伦",艺术精神与伦理精神合而为一,艺术从来也没有获得独立,于是艺术类别的地位,便从来与纲常伦理的承载体、宣示者、典范——士大夫和艺术关系远近密切相关。春秋战国,武士变为文士,重文而轻武,孔子说自己四体不勤五谷不分,智力智谋活动渐次形而上,体力身体活动渐次形而下。于是作为身体活动和身体艺术之一的舞蹈,自然开始渐次离开文人,也离开了主流社会。宋代周敦颐说:"呜呼! 乐者,古以平心,今以助欲;古以宣化,今以长怨。古今之异,

---

① 宗白华:《美学漫步》,上海:上海人民出版社,1981年,第69、78页。

淡与不淡、和与不和而已。不复古礼，不变今乐，而欲至治者远矣。"①周敦颐所言，肯定是倡优女乐之舞。宋代舞蹈开始衰落，汉民族中，官僚贵族不再亲自参与舞蹈。踏歌之类的衰落，要晚一些，但即使是踏歌，也和汉民族最早的舞蹈有很大不同了，拿踏歌和现今原生态的少数民族舞蹈一比就能明白。

传统舞蹈的地位在下降，但传统舞蹈的形式却不会消失，因为毕竟身体形式是我们表达思想与情感的重要渠道和手段之一。闻一多以为："舞是生命情调最直接、最实质、最强烈、最尖锐、最单纯而又最充足的表现。生命的机能是动，而舞便是节奏的动，或更准确点，有节奏的移易地点的动，所以它直是生命机能的表演。但只有在原始舞里才看得出舞的真面目，因为它是真正全体生命机能的总动员，它是一切艺术中最具综合性的艺术。"②李泽厚亦以为："无论就人类发展或个体教育说，审美心理结构最初都是从活动中获得而后才逐渐转化，变形为静观的。就人类说，原始人的图腾歌舞是审美心理的最早的建构形态；就个人说，儿童的美育也应该从幼儿的游戏性劳作、歌舞动作活动开始，尔后才进入对美术、音乐等等静观欣赏。"③从中国人过早离开歌舞，亦可看出中国文化的早熟。但歌舞这种渠道和手段，可能更接近动物的表达方式从而更原始和自然，因此也就显得更本能与更基本。于是中国人类似舞蹈形式的身体表达，也不会根本消失，而是以一种稍隐蔽和多附丽的方式继续存在。

西方艺术形式明确区分。建筑、雕刻、绘画、音乐、舞蹈、戏剧、诗歌七大艺术，分门别类；唱是歌剧，说是话剧，跳是舞剧，也分门别类。但中国艺术类别却不那么清晰。园林艺术，分明是建筑、园艺、绘画、书法、诗词、家具、瓷器等艺术的合一；中国的戏剧，则是唱、念、做、打统一的形式；吴昌硕、齐白石的绘画，哪里仅仅是绘画，他们自己也称自己的作品是"诗、书、画、印"一体的艺术。

就在这种艺术合一的形式中，舞蹈顽强生存了下来。举其荦荦大端，悄悄藏在戏剧中，是其一，做和打都有舞蹈的成分；悄悄藏在舞龙舞狮等民俗活动中，是其二，舞龙舞狮也可称为狮舞龙舞；悄悄藏在武术中，是其三，那就是武术套路。当然，后二者的合一就超出艺术合一范畴了，那是与体育、游戏、武术、艺术的

---

① 周敦颐：《周元公集》卷一"乐上第十七章"，见《四库全书》文渊阁本"集部·别集类·北宋建隆至靖康"。
② 闻一多：《说舞》，见《闻一多选集》，北京：开明书店，1951年，第139页。
③ 李泽厚：《美学四讲》，天津：天津社会科学院出版社，2001年，第142页。

合一。

二、传统武术套路究竟意义何在

中国传统武术套路的出现和存在应该说是一个谜。

真正练过武术的人都知道,武术套路和武术实战,可以说完全没有什么关系。一个初学者,完全可以由基本功、单个动作、组合动作、对练再到实战,绕过套路的环节。世界其他民族的武技,基本没有套路;王芗斋的大成拳没有套路,李小龙的截拳道亦无套路;今天竞技散手,实即自由搏击,也没有套路。

唯重实战的武术家,对武术套路(亦称套子武艺、套路武术、拳套等)从来是严厉批评,近于痛骂,并极尽嘲讽之能事,至今如此。

挑几个大家名家的评价。

向恺然这么定义套路:"练拳式之目的有四:一在调匀气分,二在活动身手,三在习惯持久,四在发舒筋肉,而致用不与焉。"[①]"致用不与",就是说和实战没什么关系。

王芗斋有大量讥评和抨击套路武术的论说:

而拳套与方法,所谓人造之拳架子是也。由清三百年来,为一般门外汉当差表演而用,即拳混子谋生之工具。果欲研拳者则又何暇而习此,非但毫无用处,且于神经、肢体、脑力诸多妨碍,戕害具体一切良能。故习此者,鲜有知识,而于应用尤不适合,且害处极多,笔墨难罄。对于拳道使命、卫生原则相距太远,则根本不谈。对于较技,设不用方法拳套,而蛮干混击,或不致败,倘或用之,则必败无疑。

……

凡以拳套方法而为拳,是不啻牛鬼蛇神之说而乱大道,皆拳道之罪人也。叹今之学者,纵有精研之志,苦无入门之径,故余不顾一切,誓必道破其非。夫拳套方法,既属毫无用途,而且有害,何传者、习者尚不乏人,何也?盖因此中人,大都知识薄弱,故多好奇异,即告知以真,彼亦

[①] 向恺然:《拳术传薪录》,见马力《中国古典武学秘籍录》下卷,北京:人民体育出版社,2006年,第287页。

难悟,悟亦难行。盖习之者,咸假拳套方法炫人而夸世。而传之者,更以拳套方法能欺人。且尤借此消磨时间而便于谋生,根本不识拳为何物,故相率以误贻误,永无止境,诚可怜亦复可笑也。

……

习拳若以悦人为目的,是何如舍习拳而表演戏剧乎?且戏剧中尚有不少有本之处,较之一般拳家诚高一等也。每闻今之习拳者常与人曰,能会若干套与几多手,而自鸣得意,殊不知识者早窃笑于旁,更为之叹惜不置也。然则拳道之丧失,岂非拳套方法阶之为厉哉。三百年来相习成风,积重难返,下焉者流,推波助澜,致演为四象五行之说,九宫八卦之论,以及河洛之学者,凡荒唐玄奇之词,尽量采用而附会,使习者不明真相,惑于瞽说,而趋之若鹜。拳道之原理,焉得不日就澌灭哉。①

李小龙则不加掩饰地表达了对套路武术的轻蔑、鄙视,他在《武道释义》中说:

固定的形式,非将无法适应真实情况与变化,制造槛笼罢了。而真理是在牢笼之外的。

形式套路只是无谓的重复罢了,使自己自以为是地避开面对真实敌人的自我探讨。

累积是自我封闭似的阻碍自己,花巧的动作更增强了此等的阻力。

……

单单只是重复的演练规则化的、固定的动作,当会剥夺搏击之"灵活"与"真"。

传统形式的累积,只可能变为束缚你的锚;它只朝向一个方向——那就是向下。

形式只可能增加阻碍,它只是选择动作之模式的演练罢了。

一旦适应了部分非整体的方法,一旦孤立于闭锁的模式,一个人必

---

① 李荣玉:《走进王芗斋——解析大成拳》,太原:山西科学技术出版社,2014 年,第 186、187、191 页。

是经由一阻力的屏幕来面对敌人。——他做的只是形式化的,并不知其对方真正是如何的。

我们难道只要那些拳套形式,一味模仿传统的防御攻击方式?我们是深深地受着它们的拘束啊!①

在李小龙的其他文章中也有类似说法:

每天演练"套路",这毫无用处,因为技巧已被编排组织得令人绝望,不切实际的编排,流于形式地演练。

解剖陈尸——屏住呼吸。

半记节奏——半记击打——无规则节奏,这些永远不会出现在套路之中。

1. 过于空想——事实并非如此;
2. 不切实际——解剖陈尸;
3. 正统经典——流于形式。

……

固定的套路永远不可能带来自由(流动)。这种"僵化"的训练绝不是对格斗中不断变化的情形做出的适当反应。这种不断的变化必须以鲜活灵敏的方式去应对,因为时间永远是鲜活的。

……

一个固定的套路方式。一种使人向下的锁链。使人受奴役、受限制。它永远不会容纳新的、鲜活的、尚未创造的东西。方法摧毁了鲜活、崭新、自然的发现。②

但套路武术不可能是无缘无故产生的,一个毫无用处的东西,不可能大量出现,不可能长期存在,它的出现与存在肯定有其原因与道理,它不能用于实战,但能用于他处。套路武术,可能与保存动作有关,与身体协调训练有关,与熟稔动

---

① 廖锦华:《写真李小龙》,北京:北京体育大学出版社,2003年,第38、39页。
② 李小龙:《截拳道:李小龙武道释义》,北京:中国海关出版社,2010年,第136、137、449、450页。

作训练有关,与巫术崇拜有关,与礼仪仪式有关,同时更与中国文化的泛艺术化,与中国艺术强调线条,与中国艺术的程序化,与舞蹈艺术潜入武术,或武术被牵入舞蹈艺术有关。

武术一入门就被要求练套路,是颇耐人寻味的。我相信中国的习武人,都曾经走过这样的一段路,那就是,一入门,在所有这些技术动作的技击含义都不明白是怎么回事时,就被要求反复练习这些技术动作的衔接总和——套路,这一练,可能就是数月甚至数年。待这些套路被练得像模像样至少大致像样之后,许多真正与技击有关的练习才真正开始。这是在民间武术那里,而在竞技套路那里,事情干脆就永远不再进入后一阶段,而永远停留在了前一阶段。

为什么要这么练习呢?武术套路练习与体育运动的技术练习有很大差异,投篮是为了准确地把球投进,投篮动作练习是为了掌握正确的投篮姿势,反复练习是为了使之定型化,并找到和保持能准确投篮的手感。而武术套路的目的相当不明确,它并不是直接为了把人打中;武术套路练习与西洋绘画的素描速写有一些相似,素描速写是要准确把握物体形态质感,尽量逼真地描绘出这种形态和质感。但素描速写要获得的是一种具体的东西,而武术套路要获得的却是一种抽象的东西。练拳更同于临帖,武术套路练习和书法临摹练习最是相似,经年累月、孜孜不倦、无休止的反复,其状况和过程几乎一模一样。临颜真卿终身带上了颜体味道,临柳公权终身带上了柳体味道,习少林者一看就是少林,习太极者一看就是太极。而创立拳法之一门,完全就等于创立书法之一体。书法不是写字,套路不是打人,他们追求的是中国艺术的境界——"韵致"或"神韵"。这个韵致或神韵,可能是逻辑的可能又不是逻辑的,作书者或许想让人认识或许没想过让人认识,打拳者或许想到了打人或许根本没想到打人,但它们肯定是情感的,是艺术的,它们一致地顽强地指向了美。

武术套路是武术,但接近艺术,甚至就是艺术。它接近诗,接近画,更接近书法,最接近舞蹈。书法是中国传统的平面造型艺术,套路是中国传统的身体造型艺术。武术套路是中国式的舞蹈,中国人缺乏的身体艺术表达方式,在武术中找寻到了立足点和满足感。

三、武术套路在历史上源远流长

以身体的方式表达思想与感情,应该说是一种必然和必须存在的艺术方式,所以舞蹈不可能被替代,也不可能泯灭消失,它因为某些社会、政治、文化原因栖身于其他文化形态,诸如武术、戏剧等,哪怕经历的历史时期再长,那也只是暂时的。一旦条件和时机成熟,它还是会逐渐脱颖而出,秀出于林,甚至另立门户和山头。梅兰芳的一段"葬花"舞蹈,那是超出一般戏曲表演中的"做"的分量的;《三岔口》无"唱"无"念",纯是武舞表演,那是远远超出"打"的范围的;女性健身的木兰拳,则完全是舞蹈,已经根本没有一点"拳"的意义了。太极拳取得了巨大的成功,但这种成功仅仅是杨式太极的,并且其创作者们当初肯定也始料未及。太极拳的成功是世界范围的,但它却先是中国范围的。它在世界范围的成功,是因为其舒缓的形式可以调剂现代人紧张的生活;但它在中国范围最早的成功,却是因为它纯粹舒缓而成了纯粹舞蹈。它的这一特点为更大范围的人群接受它提供了可能。

竞技套路的出现和独立,有近期历史和政治的原因,那就是中华人民共和国成立后,因忌惮习武人极多的青帮、红帮、袍哥等秘密结社组织和国民党联络,忌惮武术活动往往也就是秘密结社组织活动,忌惮武术作为暴力手段会增强反对新政府的力量,各地的擂台比武被禁。在此基础上,又学习和仿照苏联体操的模式,编排了一种"长拳"套路,推广到院校系统、体育系统乃至全国,并以行政主导的方式,逐渐形成了一整套选材、训练、比赛的体制和技术理论体系。但除去这一近期历史和政治的原因,竞技套路的出现并能在相当长时间内为人接受,还应有着长期的历史和文化的原因。

南宋《梦粱录》就记载有:"瓦市相扑者,乃路岐人聚集一等伴侣,以图摽手之资。先以女飐数对打套子,令人观睹,然后以膂力者争交。"①一般以为,这就是典籍中所能看到的最早的武术套路。

不仅是近现代唯重实战的武术家才批评套路武术,从明代开始,这种我们今天称为"花拳绣腿"的武术,甚至就已经开始向军旅武艺中渗透,以至于连戚继光也不得不予以警告:

> 俞公棍所以单人打不得,对不知音人打不得者,正是无虚花法也。
> 长枪,单人用之,如圈串,是学手法;进退,是学步法、身法。除此复有所

---

① 吴自牧:《梦粱录》卷二十"角抵",见《四库全书》文渊阁本"史部·地理类·杂记之属"。

谓单舞者,皆是花法,不可学也。

藤牌,单人跳舞免不得,乃是必要从此学来。内有闪滚之类,亦是花法。

钩镰、叉、钯,如转身跳打之类,皆是花法,不惟无益,且学熟误人第一。叉、钯花法甚多,划去不尽,只是照俞公棍法以使叉、钯、钩镰,庶无花法而堪实用也。

奈今之所学所习,通是一个虚套,其临阵的真法、真令、真营、真艺,原无一字相合。及其临阵,又出一番新法令,却与平日耳目闻见无一相同。如此就操一千年,便有何用?临时还是生的。且如各色器技营阵,杀人的勾当,岂是好看的?今之阅者,看武艺,但要周旋左右,满片花草;看营阵,但要周旋华彩,视为戏局套数。谁曾按图对士,一折一字,考问操法,以致于终也。是此花法胜而对手工夫渐迷,武艺之病也;虚文张,而真营却废,制阵之病也。就其器技营阵之中,间一花法尚不可用,况异教耶?①

比较不可无法,不知较艺之习,而任比较之责,则花法入而正法昧矣,故为比较篇第六。凡比较武艺,务要俱照示学习实敌本事真可对搏打者,不可仍学习花枪等法,徒支虚架,以图人前美观。②

何良臣《阵纪》亦云:"外如花刀、花枪、套棍、滚杈之类,诚无济于实用,虽为美看,诚何益于技哉?是以为军中之切忌者,在套子武艺。"③他希望:"使有明将,而得精兵,教阅经年,销尽武场套子。"④

吴殳《手臂录》则云:"用兵以戚南塘之旗鼓为初门,孙武子之虚实为极致,击刺抑末矣。然不能此末艺,则不敢身至阵前,无以定将士勇怯,而行不逾时之罚,人无畏心,战何能胜?况又平日所用教师,多被诱于花假,以误士卒乎?"⑤

显然,这种"花法"武术,就是套路——"套子武艺"。笔者以为:这种套路武

---

① 戚继光:《纪效新书》十八卷本《总序》,北京:中华书局,2001年,第13～19页。
② 戚继光:《纪效新书》十八卷本卷之六"比较武艺赏罚篇第六",北京:中华书局,2001年,第91页。
③ 何良臣:《阵纪》卷二"技用",见《四库全书》文渊阁本"子部二·兵家类"。
④ 何良臣:《阵纪》卷一"节制",见《四库全书》文渊阁本"子部二·兵家类"。
⑤ 吴殳:《手臂录》"自序",太原:山西科学技术出版社,2006年,第1页。

术,之所以在明代就已经大行天下,并且连军事家们再怎么呼吁也禁绝不了,原因就在于,在中国缺乏生存舞台但又在生命中躁动的舞蹈艺术,好不容易寻找到一个栖身之所,它怎么能够轻易退出?它不仅不会轻易退出,还将寻找机会图谋扩展。到清末,所有的武术流派门派,已经没有哪一个是没有套路的了。

高棪、李维曾说到:"舞蹈与文化的关系,可分为以下诸段:舞蹈为文化全部的阶段—舞蹈统领其他文化的阶段—舞蹈与其他文化并行的阶段—舞蹈被轻视的阶段—舞蹈消失的阶段—舞蹈复兴的阶段。"[1]坦率地说,舞蹈与性和肉欲,与人的自由生命意志,有着非常密切的关系。叔本华就把舞蹈视为低层次的感觉,他认为节奏化的运动造成的最直接的快感,并不是精神的快感,而只是肉体的快感。也正是这样的原因,舞蹈不管在西方还是中国的中古时代,都因为人的文化道德的发展,对人的自然欲望的抑制,而遭到了强烈的压制。而人的发展又回到了起点,宣泄人的自然本能,崇尚人性的自由和生命力,已经越来越成为现代的追求甚至权利。于是,与性和肉欲有密切关系的舞蹈艺术和竞技运动,在现代终于再次盛行。在综合大学里,你不难发现,最受欢迎的已经不是中文系外文系的才子和淑女了,而是篮球打得好的帅哥和舞蹈系的漂亮女生。所以有人说:"舞蹈处在艺术的开端,而且我们发现它也处在艺术的结尾。"[2]

在近代中国,舞蹈的复兴也开始了。在武术那里,舞蹈的躁动不安之魂在继续膨胀,终于在竞技套路那里还魂,踢开了实战,实际上也踢开了武术,虽借武术的名义但如独立的舞蹈般在舞台上光彩亮相。

坦率讲,不得不承认,要论漂亮,没有哪个民间武术流派门派比得上竞技套路;要论漂亮,没有哪个民间武术家比得上李连杰、赵长军、王萍、彭英,他们的武术舞蹈——竞技套路表演登峰造极,估计是没有人能超过他们了。这也就是竞技套路运动员可以走向影视甚至成为影视巨星的原因。

武术毫无疑问沾了舞蹈的光。武术技术复杂,但并不是深不可测,而且对它的高下判断本就简单,"文无第一,武无第二",当堂交手,胜负立判;舞蹈变化万端,但也不是深不可测,对舞蹈技艺的判断同样也简单,那就是艺术标准,就是能够打动人心,让人产生审美愉悦。但这二者交织在一起,成了武术套路,"左右周

---

[1] 高棪、李维:《中西舞蹈比较研究》,台湾:裕台公司中华印刷厂,1983年,第9页。
[2] 刘健:《宗教和舞蹈》,北京:民族出版社,2005年,第421页。

旋,满遍花草",闪展腾挪,指东打西,它就成了神秘莫测的东西,一阵眼花缭乱之中,仿佛蕴藏无限玄机。涉足不深认识不够的习武人尚且如此,遑论一般人了。笔者以为,除了宗法内向障碍外,造成武术神秘化的最大原因,正在于此。当然也可以倒过来说,没有这种神秘化,就没有中国武术。剑侠故事、英雄传奇、武侠小说,武术文学成就了中国文学的一种专门样式;武侠片、功夫片,武术影视造就了世界影视的一种专门样式。而这些成果,得益于武术神秘化,得益于武术套路,最终其实得益于那个躁动的舞魂。这种神秘化,是成就中国武术巨大魅力和最大范围传播的最大助推力量。终于等待来了一个时机,天才李小龙横空出世,利用新兴艺术电影的巨大号召力,裹挟着武术神秘化,如虎添翼——一个老虎两个翅膀,中国武术终于获得世界性声誉。

四、传统武术实际也早已大部花法化

坦率说,中国武术已经花法化了,不仅是竞技套路彻底花法化,其实"大哥别说二哥",两个都差不多,对国家竞技武术大张挞伐的民间传统武术,也早就基本花法化了。不客气但客观地说,南方武术已很多花法化,北方武术已大部花法化。其中当然包括不少似乎声威赫赫的拳种。有没有唯重实战,于实战确有精妙之拳种与武家,不是没有,但凤毛麟角。

田镇峰曾坦率指出:"我是一名幼稚无学识的国术后进者,也曾练过若干年的拳术。虽然练日期不多,因我自信有很充分的模仿性,所以我对于戳脚、翻子、绵掌、弹腿、洪拳、少林、通臂、劈挂、八极、形意、太极、八卦都下了些功夫,也曾转型地研究过,而结果无非是这么一套,那么一套。现在追想起来,实在不敢赞成,但也无非是心酸!慨叹!我对许多的门派总结起来在这里下句断语:应弃者多,应存者少。其中的病,不是故神其说,便是多练空趟。不是不讲内容,便是不求实际。"[①]请注意,田镇峰说这话时,竞技武术、竞技套路还没有问世。

李小龙也不客气地说:"传统套路的练习是通向真理的障碍,套路是一些从不发生的情形。如果心灵成为偏颇机械的产物,它如何能够理解无形?""我已对中国传统武术失去了信心——虽然我仍然把自己的武术称为中国功夫——因

---

① 田镇峰:《为国术呼冤》,见《求是月刊》1935年第1卷第2期,《民国国术期刊文献集成》第26卷,第140页。

为，基本上所有的套路都是岸上游泳的产品，甚至包括咏春拳。所以我的训练方法更接近于注重实效的街头格斗。在过去的五年里我一直以最刻苦的训练去达到这一目标，而不仅仅是空踢空打的训练。我将自己的体系命名为截拳道——理由是它已突破了咏春拳的局限，我真的感到自己的体系更为有效。"[1]注意，李小龙说的是"传统套路""传统武术"，甚至矛头直指他曾经习练的母拳咏春。

向恺然的矛头指向了花法化最厉害的北方拳种："世人言拳术派别，动谓南拳北腿，一若南人皆不善用腿者，此殊不然。南拳中用腿者极多，惟用明尖者少——踢腿过头额者为明尖，用暗铲、跺子脚、连环拐、鸳鸯拐者多。北人虽善用明尖，然与善南拳者角，每以明尖失败。盖明尖之难用，几成拳术中之败手。凡能以明尖制胜者，即不用明尖，亦能取胜人，而至为人明尖所中，则其眼光身手，必并逃躲而不之知者。明尖之用，便于群斗。因群斗必多笨汉，若一一挥拳击之，则其跌不远，其创不深，退而复集，必为所窘。腿之劲，较拳必倍。笨汉既不知躲闪，而群斗尤妨碍其腾挪，故击无不中，中无不创深跌远，无复战斗之力。其未受击打者见之，亦必股栗而退。"[2]"手是一扇门，全凭腿打人"，这是北派的说法；"起脚半边空"，这是南派的说法。李小龙同意南派的说法，他是擅高腿的，电影上我们见惯了李小龙的高腿翻飞，但有人问他实战会不会这么打，他老实地回答说不会。向恺然道出了现象可能还没完全道出本质，那就是北派的明尖高腿不实用但好看，所以北方拳种多有高腿翻飞者，李小龙实战不用但拍片大用。

在唯重实战的武术家眼里，那种煞有介事，作两眼炯炯、昂首挺胸、顶天立地威武状的动作，实际目标并不是对手，意识意念都在自己身上，劲儿也都发到了天上、地上和发回了自己身上，都是极其可笑的。这些套路不仅根本上不再是打人的武术，也不是艺术视觉形象，而只是艺术动觉形象，所以我们只能叫它为舞蹈，当然它是纯粹的、特殊的、中国式的舞蹈。犹如中东阿拉伯人的肚皮舞，非洲黑人的迪斯科、欧洲白人的华尔兹、踢踏舞等。当然，这也就是这些民间武术再骂散打、再骂拳击，但绝大多数也都根本不是拳击、散打对手的原因。这些民间武术喜欢骂竞技套路是花拳绣腿，其实他们自己也是花拳绣腿。近代以来，以实

---

[1] 李小龙、约翰·李特编：《截拳道：李小龙武道释义》，北京：中国海关出版社，2010年，第45、46、450页。

[2] 向恺然：《拳术传薪录》，马力编：《中国古典武学秘籍录》，北京：人民体育出版社，2006年，第287页。

战威力获得巨大声誉的杜心武的自然门、王芗斋的大成拳、李小龙的截拳道、孟宪超的峨眉拳等,其实都是在对武术花法化的批判中出现的。孙禄堂也对花法套路不以为然。

唐豪曾多次提到套路武术就是舞蹈,在《我国武术和武舞的起源》中,他说:

> 对于武术和武舞做过具体分析的戚继光,在他定出来的武艺比较规则中,也用"舞对""跳舞"等字样做说明,如果不仔细分析他所采用的和编写的武术内容以及他的基本概念,对于武术和武舞的区别往往分不清。他对战士们说:"不是临阵实用舞打之法,不使你学。"可见他使用的"舞对""跳舞""舞打"等字样,是指"临阵实用之法"的武术而言,不是指来自民间的战士们自己所练的那一类"周旋左右,满遍花草"的"花法"而言。所谓"花法",按其实质来说,就是武舞。①

唐豪说的是对的,他提醒大家,戚继光书中的"舞",是拳脚器械舞动的意思;而"花",才是我们今天使用的纯粹舞蹈的意思。

唐豪也以为:武术中的种种花法套路,"用在戏台上的武场里面,赏心悦目,未可厚非,视作中国跳舞中的别裁,取为体操之一种,活动肢体,犹有可说,而谓为可以救国,真要教外国人笑掉牙齿"。②"视作中国跳舞中的别裁",那意思明明白白:花法套路就是中国舞蹈的一种。

唐豪和顾留馨长期通信,由他们的信件中可见,二人对套路武术是舞蹈,有着一致的认识。1955年11月20日唐豪致顾留馨的信中有:"研究武术,我以为首先要读的是《纪效新书》,把武术和武舞的基本观念弄清楚。""武舞固然不同于武术,但它的艺术性是不能否定的。"③

1956年9月2日顾留馨致唐豪的信中说:

---

① 唐豪:《我国武术和武舞的起源》,见《体育文丛》,1957年第2期,第38页。
② 唐豪:《本届全国运动会国粹主义者表现给我看的中国武术竞技的检讨》,《民国国术期刊集成》,第20卷,第171页。
③ 顾留馨:《顾留馨太极拳研究》1955年11月20日唐豪致顾留馨的信,太原:山西科学技术出版社,2008年,第18、19页。

武术书中优美的动作和某些拳械套子,可供给舞台剧、电影、舞蹈等剧种的采择。武舞的独立发展,尚待开辟道路。至于技击作用,除了能够演化为竞技项目外,恐怕今后要归于自然淘汰,这是社会发展规律所决定了的,不是少数有偏爱的人所能强为维护的。[1]

信中,尤其值得注意的是"武舞的独立发展"的观点。

1956年10月1日唐豪致顾留馨的信中说:

民族形式的武舞,可供舞台剧和舞蹈方面的采择,这意见我和你相同,这方面的整理,需要戏剧和舞蹈工作者合作进行。

……

其他艺术性的拳械套子,即戚继光所指"满片花草,戏角套数"的武舞,老早在舞台剧和民间舞蹈方面发展,要做的工作是采择整理,不拘一格。

我的浅见:朝体育方向开展的,以保健医疗及民族风格的自由体操和竞技为主;朝艺术方向开展的,以武舞为主;朝电影方向开展的,以武舞和竞技为主;照实际情况来观察,必须体育、医务、戏剧、电影、舞蹈工作者五位一体分工合作。因为武术和武舞的民间艺人都选拔于体育工作者方面,医务、电影、舞蹈工作者因此还生疏,所以分工而不合作,会走弯路,你以为如何?[2]

顺便一提,1955年11月20日唐豪致顾留馨的信中,唐豪提到:"有人提出问题:太极拳的掤、捋、挤、按表现于揽雀尾,采、挒、肘、靠表现于哪几个手法?要求解答。我因为没有练过套子,无法解答,请你和云倬、张玉兄先做一研究。"[3] 唐豪于太极拳是下过些功夫的,但他居然没练过太极拳的套子,看来,若只练纯

---

[1] 顾留馨:《顾留馨太极拳研究》1956年9月2日顾留馨致唐豪的信,太原:山西科学技术出版社,2008年,第30页。

[2] 顾留馨:《顾留馨太极拳研究》1956年10月1日唐豪致顾留馨的信,太原:山西科学技术出版社,2008年,第39、40页。

[3] 顾留馨:《顾留馨太极拳研究》1955年11月20日唐豪致顾留馨的信,太原:山西科学技术出版社,2008年,第19页。

粹实用的武术,确实可以摒去套路这一环节。这里唐豪应该说的是太极拳的套子,但笔者有个感觉,唐豪习武不可能一入门就不练套子,但他很可能也没怎么练过其他门派武术的套子,或者说根本就没有好好练过武术的套子。由酷爱"打"入武术之门者,往往极其鄙夷花拳绣腿,上面提到的田镇峰就是,不练套路的唐豪最初应该也是。但随着年纪的增长和对中国文化的了解和理解的加深,可能会有一个很大的改变,会逐渐认识套路武术深刻的文化意义和重大的艺术价值,从而也不再瞧不起爱好、专注、致力于套路武术者。

唐豪、顾留馨的看法是理性的认识,虽然他们尚未开始这种认识的实践。但也有人未必有这种理性的认识,因为套路武术本质的推动,早就开始了武术舞蹈独立的实践。

五、精武会乃近代最早的武术舞蹈践行者

罗啸傲在《精武粤传》中说:"精武主要科学,注重拳术、音乐两门。"[①]拳术、音乐,加在一起,就是舞蹈。

精武会最早创作的武术舞蹈是"滑稽舞"。精武会《国乐宣言》云:

> 乐之本体,兼备声容,以声言,则八音既已不全;以容言,而舞法又复尽失。于是复本吾精武所得之国操技术,混合各种手法,编成舞蹈一科。其初次所编,动作纯取诙谐,和以粤调,名曰滑稽跳舞。不期此术一出,竟得社会欢迎,旋再编一庄舞,曰"武化",曰"剑舞",曰"女子凤舞"(近易名为"解放运动"),为学校教育之舞。复编一男女合演之对手剑舞,曰"虬龙舞",为社会交际之舞。[②]

精武会经常有演出,精武舞蹈成为演出重要内容,在演出中占有很大比例,"精武开会来宾,多注重国操及吾会所编之中国式舞蹈"。[③] 广东精武会特别是佛山精武会,对精武舞蹈贡献最大,当时有说法:"是精武舞蹈之良当推佛会,而

---

① 罗啸傲:《精武粤传》,广州:华兴印务局,民国十四年(1925),第7页。
② 罗啸傲:《精武内传》,上海:上海社会科学院出版社,2008年,第12页。
③ 君选:《梧州精武一周纪念大会详纪》,《民国国术期刊文献集成》第6卷,第362页。

佛会舞蹈实为天下先也。"①当时有人评价:"精武式舞蹈,除动作上之用国技,与节拍上之需要音乐外,余则背景上需要画学之辅助,衣饰需要色彩学之研究,颜面表情需要心理学之暗示。"②精武舞蹈还逐渐由开初的集体表演,逐渐发展出了单人舞蹈,"港女会主任叶瑛君所编'翩鸿舞'是也,是舞用剑,饰以古装"。③这样的武术,纯粹就是舞蹈了。滑稽舞、武化舞、健康舞、凤舞、盾舞、庄舞、蝶舞、对舞、星舞、剑舞、共和舞、和平舞、菩提舞等精武舞蹈,都有照片留存至今,这些舞蹈,就是跳舞,和格斗之类,毫不相干。

毋庸讳言,精武会最早的骨干,都是些粤、沪有钱有闲的富家子弟,他们有爱国的心肠,但也爱武术爱艺术,一句话,爱玩。从他们热衷于武术舞蹈,从他们留下的自恋的舞照,不难看出,他们真正热爱的,不是格杀实战的武术,而是艺术的武术舞蹈。也难怪,霍元甲先生之后,精武会从来没有出过一个精于搏杀者。威震江湖的霍元甲先生,去世没有几年,有人向精武会挑战,精武会竟然无人敢迎战,只好高挂免战牌,无奈中写了这么一篇文章搪塞:

客有过余者曰:"精武体育会非霍元甲先生手创乎?"余曰:"然"。客曰:"霍先生非与外人角技而得名者乎?"余曰:"然"。客曰:"近见报载西人张武帜于海上,华人之比赛者,三战三北,国人引以为奇耻大辱。使余曾习拳术,必拔其武帜,一吐胸中不平气,而雪东亚病夫之耻。吾诚不解精武诸人平日以提倡拳术自命者,竟伈伈俔俔,作壁上观。子为精武会员,幸有得以语我。余曰:子所云不平是为败者抱不平乎。以强欺弱是为不平,与人角技,强弱异势,自然优胜劣败,何不平之有。至谓奇耻大辱,则更不然。无论胜负,皆属个人问题,与国体无关重要。其败也,与赛者固不能代表吾华绝技。即幸而胜焉,亦只能夸耀于一时。而谓东方病夫之徽号,足以洗刷净尽乎。不平之事,莫过于二十一条件堪。引为耻辱者,莫甚于历次远东运动会之失败。国人噤若寒蝉,未闻

---

① 黄少强:《评舞蹈》,《民国国术期刊文献集成》第4卷,第245页。
② 黄少强:《评舞蹈》,《民国国术期刊文献集成》第4卷,第245页。
③ 黄少强:《评舞蹈》,《民国国术期刊文献集成》第4卷,第245页。

有所补救,而独与此无关重要之角技,则较短量长,抑何舍本而逐末也。"①

通篇的搪塞辩解,强词夺理。如果由纯粹实战搏杀的角度讲,好勇斗狠的"黄面虎"霍元甲,若真有在天之灵,看见这一群公子哥,把以他名义创立的以尚武强国为宗旨的武术组织,变成了一个活生生的跳舞唱戏的玩家会所,该是如何哭笑不得。

第四节　套路武术和传统舞蹈审美一致

套路武术和传统舞蹈的审美惊人一致,这种一致,肯定不是一种偶然。

一、舞蹈、书法、套路都讲究"欲发先收"

王朝闻曾敏锐地发现,书法用笔和古典舞存在着"一种形式方面的联系"。他说:"在形式方面有这种联系的事例很多。例如'一'字在用笔方面特点——下笔与收笔所显示出的如意式(侧卧着的"S"),与舞蹈的云手——欲右先左和欲左先右——的过程多么接近。"②王朝闻说的是书法的逆锋入笔,其实书法"无垂不缩,无往不收",这种欲发先收,几乎无处不在。中国书法和中国舞蹈的这种共同特征绝对不是偶然。

王朝闻还说,昆剧艺术家白云生关于身段的论述,"也可以当做对于书法艺术的论断来阅读。它认为:'……戏剧唱词婉转多叫曲子。凡一切事物都需要有曲折,无曲折不美;姿势上的美,更需要曲折。'还说:'直在中国古典戏曲表演中是次要的、鄙视的特点。'曲与直有照应作用,直是不能绝对排斥的。但在舞蹈身段里,正如书体中的横笔与竖笔,不作兴写成一条扁担或竹竿一样。我在上一节里,提到书法中'勒'时,对横着的一笔的描述所借喻的 S 型,它也就是曲的形体

---

① 黄维庆:《答客问》,见《中央杂志》1923 年第 28 期,《民国国术期刊文献集成》第 2 卷,第 364～366 页。
② 王朝闻:《门外舞谈二》十九条,见《文艺研究》1981 年第 4 期,第 139 页。

的一种变象"。① 明确说,中国艺术认为:直线不美观,曲线才美观。

奇妙的是,套路武术也有这种特征,这就有些疑问了。从没练过技击的人,打人出拳时候,总是要先本能地收回一下,再发出去,这叫"引发动作"。从技击的角度讲,这是大忌,因为这影响了你的出拳速度,你的引发动作还没完成,别人的拳头已打到你脸上了。还有,技击拳法最主要是直的拳法,为什么呢?道理很简单,两点间最近的距离是直线,一般而言,越直越好。但是在套路武术里,这些引发动作,曲线动作,比比皆是。这说明了什么呢?

练过武术的王朝闻总结得好:"所谓花拳,其所以引起中看不中用的议论,就因为它的设计者注重它的形式美,使之具有浓厚的舞蹈特征。但是,包括猴拳、醉拳、太极拳,整套拳法的结构,以及其中的一招一式,就一定意义来讲,都可以当作舞蹈来观赏。"②

在笔者看来,其实很多武术家就是舞者,不折不扣纯粹的舞者,这既包括官方竞技套路界的人,也包括民间传统武术界的人。这里没有任何讥贬的意思,他们的技艺有的确实非常高明了,但那只是舞蹈而不是搏击。实事求是,循名责实,要么武术改个名字,叫中国搏击也好,叫中国格斗也好;要么武术家改个名字,别叫武术家,叫舞蹈家,或者叫武术舞者。武术改名不太可能,武术家改名或许可以。

套路武术,不是技击,纯是舞蹈。

二、武术套路、传统舞蹈、传统艺术的圆文化特征

直与刚是一种美,圆与柔也是一种美。圆的美更含蓄,更深沉,更隽永而韵味无穷。中国武术诸多流派亦多将"识圆"作为拳法臻于精熟的标志。

《纪效新书》说:"夫长枪之法,始于杨氏,谓之曰'梨花',天下咸尚之,其妙在乎熟之而已。熟则心能忘手,手能忘枪,圆神而不滞。"③《峨眉十二庄·天地庄合决》云:"象天法地,圆空法合。大小开合,唯妙于心。"④峨眉派岳门拳法甚至称:"不划圆,不成拳。"众多的拳法流派,追求"整体圆融"。至低限度的要求,也

---

① 王朝闻:《门外舞谈二》二十条,见《文艺研究》1981年第4期,第140页。
② 王朝闻:《门外舞谈二》二十二条,见《文艺研究》1981年第4期,第142页。
③ 戚继光:《纪效新书》十八卷本"长兵短用说篇第十",北京:中华书局,2001年,第158页。
④ 周潜川编著:《峨眉十二庄释密》,太原:山西人民出版社,1960年,第1页。

是"势正招圆"。

枪、棍的"绞把"是圆；刀术、剑术的"剪腕花"也是圆；钯法的"三花""舞花钯"，斧法的"三花盖"，铜法的"双盖顶""回旋宕""金剪截蛟"，飞叉"大翻盘""金龙盘柱""背花""翻江倒海"，棍法的"提柳花""换手舞花"及各种舞花棍、抡棍，剑之"绞剑""云剑"，大刀的"大盘头""单花"，单刀的"裹脑刀""缠刀""缠头刀""挂刀""绞刀""背花""扫刀"，枪法的"舞花枪""扫枪""插花盖顶"，二节棍的"金钱缠葫芦""大小花""舞花贴身"，三节棍的"磨盘花"，南拳的"缠桥""滚桥""圈桥""盘桥"，通备的"扑挂""劈手"，长拳中常见的"乌龙绞柱""旋子""旋风脚""腾空摆莲"等，亦都是圆。

这些圆有技击，但有多少是技击？恐怕大多是极度艺术夸张了的技击，有的则纯粹是和技击无关的花法。

说到底，曲也是圆。王朝闻说："把曲线扩充或发展开来，也就是圆线，绘画中的太极图，舞蹈中的云手，前者是空间形态的圆，后者是时间形态的圆，这两种不同形态有一致性，都与相反相成 S 型相联系。正如书法中的'一'字，云手等姿势，其所以要讲究回还往复，也就是意味着圆的。书法家或画家用笔，讲究圆浑而反对妄生圭角。"① 王朝闻还说：

> 画论笔法，有与书法相通，而且可以当做舞论来读的论点。"用笔三病，一曰板，二曰刻，三曰结。板者腕弱笔痴，全亏取与，物状平褊，不能浑圆也。刻者运笔中凝，心手相戾，勾画之际，妄生圭角也。结者欲行不行，当散不散，与物凝碍，不得流畅也。"（见唐岱《绘事发微》）这里所反对的板、刻、结，这里所要求的圆浑和流畅，同样是构成舞蹈形式美的重要特征。前人论行书的用笔，提出"行笔而不停，着纸而不刻，轻转而重按，如水流云行，无少间断，永存乎生意"。这简直不妨当作舞诀来读。"前人论诗词之妙，必曰沉着痛快。惟书亦然，沉着而不痛快，然肥浊而风韵不足；痛快而不沉着，则潦草而法度荡然。"（见丰坊《书诀》）把这样的书论当作舞论来读，它在舞蹈实践中也有不少论据。②

---

① 王朝闻：《门外舞谈二》二十条，见《文艺研究》，1981 年第 4 期，第 140 页。
② 王朝闻：《门外舞谈二》二十条，见《文艺研究》，1981 年第 4 期，第 140 页。

中国舞蹈的审美理想是"圆",有太多的人进行过论述。

白云生:"无曲折就不美,舞姿上的美更需要曲折。""不论坐和站,都要有曲线,不然不娉婷,不美观。"

盖叫天:"舞姿一定要圆。"

吴白匋:"美的标准很多,总括起来,不离'清''圆'二字。""最重要的是圆满之圆。"

齐如山:"戏中规矩,则处处有极美观的表现法,其法如何,即处处用曲线方式是也。"①

乃至有人为中西古典舞基本训练概括出了这样的口诀:

中:拧、倾、曲、圆;

西:开、绷、立、直。

不仅在书法、绘画、中国视觉艺术中,就连家具等,也都以圆为美。

王朝闻提到,一次他去拜访林徽因,林给他讲起了中国建筑和家具的特征:

> 头就以室内的桌子腿为例,热心畅谈起圆的重要来。她指着方柱形的桌子腿,说把它那四个九十度的角都刨削为暗槽,从而使它的横断面成为近似方柿子般的"⬜"形。家俱设计者乐于这样去掉棱角而加上槽子的原因,是为了使观赏者觉得它更有明暗变化因而也就显得更结实,也就是为了使观赏者觉得它更接近圆形。她所说的"⬜"形,并没有取消柱形那占主导地位的直线。但九十度的棱角被削弱,方柱在人们的感觉里经过了不自觉的抽象,也就观念地成为圆形,所以觉得桌子的腿更灵动。至于桌面的边沿,也要刨掉它那九十度的峰棱,这也不只为了实用,而且也为了美观。她说砚台及其盒子,四角都去掉峰棱,同样为了使人感到亲切而不是冷淡以至冷酷的。②

古代的中国人,曾创造描绘了种种图式,来表达他们不同的哲学观念和法则。在所有这些图式中,最为优美、最为奇妙的,是完美、全面显示和阐释了阴阳

---

① 谢长、葛岩:《人体文化》,成都:四川人民出版社,1987年,第132、133页。
② 王朝闻:《门外舞谈二》二十条,见《文艺研究》,1981年第4期,第140、141页。

学说的宋初道士陈抟所绘太极图。太极图所展示的太极哲理,深刻渗透在民族文化之中,太极图和太极哲理,广泛表现于种种文化形态内。它的影响,甚至超越了国界。太极图几乎等同于道教教徽;韩国的国旗图案是太极图;美国研究"质朴"原理的著名物理学家玻尔甚至称,太极图是世界上最完美的几何图案,据说他亲自设计的家族族徽,其中心部位就是一个太极图。武术的拳剑刀枪,也始终被太极图的辉光笼罩。

但说到底,太极就是圆。直与刚是一种美,圆与柔也是一种美。圆的美更含蓄,更深沉,更隽永而韵味无穷。而太极拳,则是这种武术之圆的代表。

太极拳谱说:"任君开展与收敛,千万不可离太极。"又说:"运劲如抽丝""运劲如缠丝"。就是说太极拳运动、运劲的形象如螺旋,即掌心不断由内往外翻或由外往内翻,运行路线则呈太极图形。同时,与掌心翻转一致,螺旋表现于上肢为旋腕转膀,表现于躯体为旋腰转脊,表现于下肢为旋踝转膝。三者相合,便形成由脚至腰再至手指的一条完整的旋转曲线。这种螺旋或圆弧运动又是双重的,即拳、掌、臂、身、腰、腿自身旋转,前进路线也旋转。有人形象地比喻道:"这种螺旋劲又必须走弧线,犹如子弹通过枪膛中的来复线后,当它运动于空间时,既有螺旋形的自身旋转,又有抛物线型的运动路线。太极拳的缠丝劲就要具有这种形象。"[1]螺旋劲既像子弹打出后,由于膛线与地球引力的双重作用,子弹自身旋转的同时呈抛物线下落,又像地球自转的同时围绕太阳公转。

始终循太极图进行螺旋式运动,这就是太极拳之名的由来。

朱载堉《乐律全书》云:

> 古人学歌,以"永"之一字,为众妙之门;学舞,以"转"之一字,为众妙之门。所谓歌者,五声六律,千变万化,举要言之,不过一气永长而已。所谓舞者,三回九转,四纲八目,举要言之,不过一体旋转而已。唐人舞状有四:曰招,曰摇,曰送,其一疑即是上转,盖招为内转,摇为外转,送为下转,总不外"转"之一字。[2]

---

[1]《太极拳全书》,北京:人民体育出版社,1988年,第18页。
[2] 朱载堉:《乐律全书》,见《钦定续文献通考》卷一百五十八,见《四库全书》文渊阁本"史部·政书类·通制之属"。

太极说到底就是一个"旋"（螺旋）字，舞蹈说到底就是一个"转"（旋转）字，都是圆，这太极和舞蹈的关系到底怎么回事？

从近代至今，太极拳在世界范围取得了巨大的成功。当然，太极拳并非没有技击，但它的成功并非是因为它的技击，而是因为其他两点原因：第一，唐豪、徐震等早就指明，可将太极拳引入导引，使之具有健身养身价值；第二，太极拳极大地夸张地强调和表现圆，向艺术靠近，更多地具有了舞蹈的功能。这两点，是吸引比喜欢技击范围更广大的喜欢艺术的人群兴趣之关键。笔者以为，太极拳的成功，靠的就是这两点。它的进一步发展，也将继续凭借这两点。

第五节　"神韵"是中国艺术、中国舞蹈、武术套路的共同追求

19世纪以前，"艺术"一词在西方一直被广泛用来指所有的人类技巧，它包括每一样人类技巧或使用技巧生产出来的东西。古代中国也一样，把才能、技艺称为"艺"。如《论语·雍也》便云："求也艺。"朱熹注云："艺，多才能。"《论语·子罕》又有："子云：吾不试，故艺。"邢疏曰："试，用也。言孔子自云：我不见用于时，故多技艺。"古人云，礼、乐、射、御、书、数"六艺"，其中既包括艺术，也包括技术。原始思维没有确定专门的审美对象，艺术与技术最早是共容共存的。这种状态持续了很久。然而随着文明的发展，艺术与技术终于分道扬镳，给我们留下了"技艺"这样的可见当初风貌的词。

不难发现，东西方文化的天平，长期存在着朝艺术或技术方向倾斜的不同状况。西方的许多文化形态，存在着明显的技术化倾向；东方的许多文化形态，则存在着浓厚的艺术化倾向。这就造成了西方艺术有些技术化，而东方技术都有些艺术化的文化特征。

欧洲古典的绘画与雕塑，讲究严格的比例。整体与较大部分之比，等于较大部分与小部分之比，即 $C/A=A/B$。这个被称为"黄金分割"的比例甚至被奉为艺术理想的绝对的数学与几何基础。绘画的透视，要求计算对象的轮廓和大小的变化，计算它们的色彩和对它们的视觉感受，要与看它们的人的远近距离相匹配。这些依照的完全是科学的准则。规律、方法被科学化、技术化地定量，是传

统欧洲艺术的一大特征。由此决定了欧洲古典绘画与雕塑只能产生对现实进行现实主义描绘的作品。

直到近代,印象派之后一系列抽象主义流派出现,才在一定程度上突破了古典绘画写实的限阈。然而,不少现代派绘画给我们的整体感觉和印象,依然是几何、解剖的表达大于写意、抽象的表达。超现实主义流派的出现,甚至使这刚迈出的一步又缩了回去。

东方技术艺术化最典型的例子是书法。

普遍与最初意义的书法,无非是书写技术而已。世界其他民族书写方法的使用与改革,无非为着书写更方便,便于识别记忆,以及满足一般意义上的美感。许多民族的"书法",大致相当于我们美术字的范畴,并不具有"书法"一词的完整含义。而汉字的书法,早已超越实用的界限而成了一门艺术。林语堂先生在《吾国与吾民》中,不仅以为"书法艺术齐备了全部完美观念的条件,吾们可以认作中国人审美的基础意识",而且断言"中国书法的地位是以在世界艺术史上确实无足与之匹敌者"。[①] 艺术化倾向发展至极端,一门简单、地道的技术,竟也成了最高层次的至为纯粹的艺术。

松年《颐园画论》云:"西洋画工,细求酷肖,赋色真与天生无异。细细观之,纯以皴染烘托而成,所以分出阴阳,立见凹凸,不知底蕴,则喜其功妙,其实板板无奇,但能明乎阴阳起伏,则洋画无余蕴矣。中国作画,专讲笔墨钩动,全体以气运成,形态既肖,神自满足。"[②]岂止画,诗歌、书法、建筑、园林等中国古代几乎所有艺术门类,玩味、追求、企图把握和达到的,都是诸如"意""味""道""气""神""趣""境""逸""势",以及人们常称为中国艺术最高理想的"韵"(有时又称"气韵""神韵")。林语堂先生指出"(中国)一切艺术的闷葫芦,都是气韵问题。是以欲期了解中国艺术,必自中国人所讲究的气韵或艺术灵感之源泉始。"[③]

隆荫培、徐尔充曾指出:

> 书法和舞蹈都是创造主体用以表达个人的精神、趣味和情愫的表现性艺术,只不过书法是运笔墨于纸上,笔飞墨舞,被称为"线的艺术";

---

① 林语堂:《吾国与吾民》,西安:陕西师范大学出版社,2002年,第277～279页。
② 松年:《颐园画论》,见俞剑华《中国画论类编》,北京:人民美术出版社,1957年,第335页。
③ 林语堂:《吾国与吾民》,西安:陕西师范大学出版社,2002年,第276页。

> 舞蹈是以人体在空间运动,被称为人体动作艺术。不管是笔墨书出的线,还是人体造出的型,都是一种生命情调的跃动,都是一种灌注着内在气韵的外化形态。
>
> 舞蹈是一种转瞬即逝的动态形象,不可能像静态的雕塑和绘画那样可以让人长久观赏、玩味,因此更需要在有限的时空之内创造出凝聚着丰富情感、形神兼备的形象给人以强烈的感染,并引发人们长久思索和回味,让有限的形象,表达出无限的情和境。[①]

追求"气韵",追求"情""境",舞蹈与其他中国艺术没有区别。

体育是区别于艺术、技术的另一种人类文化形态。但是人类的一切创造性活动都可以通过某种形式具有美学价值,都含有审美成分。所以马克思说人总是"按照美的规律来塑造物体"。因此,体育有着花样滑冰、韵律体操、健美操等这样审美特征很强的项目,其实几乎所有的体育运动项目,都因包含动作、形体、姿态等美感因素而成为审美对象。

古希腊奥运会,同时也是盛大的艺术节。在阿尔菲斯河边,诗人们歌咏古希腊的光荣;密林中,歌手们和竞赛者一起纵歌狂欢;时装,则在会场内外争芳斗艳。现代奥林匹克运动的创始人顾拜旦曾提出:"艺术、科学、运动,这是构成和平友谊的奥林匹克思想的三要素。"现代奥林匹克运动会又有哪一次不是盛大的艺术盛会呢?影星、歌星、舞星荟萃一堂。开幕式、闭幕式演出,让全世界为之瞩目。

可以说,艺术从来离体育不远。

然而体育毕竟是体育,它有着与艺术不同的,使得自身作为一种人类独特的文化形态而存在的内在特征,奥林匹克的五环旗独立飘扬。体育的最终目的,是增强人的体质。作为体育范围之内的竞技运动,则是无限开发人的身体潜能,争取"更高,更快,更强",从而战胜比赛对手。就竞技运动而言,运动员和观众兴趣的焦点和中心,只是分数、纪录、胜负。一般情况下,人们不会把金牌、欢呼和赞誉送给一位失败者,尽管他可能动作姿态比冠军更优美。美感往往只是艺术对运动的附丽或体育目的的派生。

---

① 隆荫培、徐尔充:《舞蹈艺术概论》,上海:上海音乐出版社,1997年,第244、245页。

然而武术套路的艺术化倾向,与此有着本质的不同。这里所指的"艺术化",不是指艺术与武术的相互借鉴,或者在武术形态中汇集更多的审美意识;而是指武术套路,存在着一种将武术本身变成一种艺术,一种纯艺术,乃至放弃技击术和竞技场的宗旨,一如艺术般自始至终完全追求审美价值的倾向。

中国古典美学的审美追求、审美范畴被武术完整吸收。

战国时,吴国一度灭掉越国,越王勾践卧薪尝胆,励精图治,准备报仇雪恨。大臣范蠡向他推荐了一位民间女武术家越女。这位精于剑术的越女,在越王面前,谈了一番精辟高深的剑术理论:

> 越王问曰:"夫剑之道,则如之何?"女曰:"妾生深林之中,长于无人之野,无道不习,不达诸侯。窃好击之道,诵之不休。妾非受于人也,而忽自有之。"越王曰:"其道如何?"女曰:"其道甚微而易,其意甚幽而深。道有门户,亦有阴阳,开门闭户,阴衰阳兴。凡手战之道,内实精神,外示安仪。见之似好妇,夺之似惧虎。布形候气,与神俱往。杳之若日,偏如腾兔。追形逐影,光若仿佛。呼吸往来,不及法禁。纵横逆顺,直复不闻。"[①]

越女论剑讲"道",讲"意",讲"神",讲"气",已把武术明显置于中国艺术的审美规范之中。据说越女是剑术格斗高手,估计她应该也是剑术舞蹈高手。

直到今天,得其"神韵",仍是多数习武者追求的套路武术的最高境界,以及衡量一个人功夫的最重要的标准。在今天已相对独立的竞技套路的演练中,更是如此。许多武术爱好者特别是只练套路者,他们注意的只是武术的动作神韵,他们沉迷的只是武术作为艺术的魅力。攻防动作虽仍有存留,但技击意识已被完全略去或大大淡化。虽然仍在击拳出腿,但他们的意识显然不在拳面、脚尖等攻击点上,不在打击对象部位上,而是全神贯注、全力以赴地寻找、沉溺、烘托那股神韵。稍微细心者观看套路训练和比赛,无不有此强烈感觉。

中国古典文论,用"玩味""体味""研味""寻味""咀味"等术语来描述审美体验。套路武术同样如此。如果你见过行家看人行拳,你会很容易发现,观赏者如

[①] 赵晔:《吴越春秋》卷五"勾践阴谋外传第九",见《四库全书》文渊阁本"史部·载记类"。

同面对沉着的泼墨山水或奔放的舞蹈表演。在演练者完成诸如一个漂亮的动作之后发出的"好"的赞叹,亦犹如见到书法大师精绝和淋漓酣畅的最后一笔一般。而演练者,那般沉醉,那般得意,又与创作中的书法大师、画坛巨匠、舞蹈名家,一般无二。《陈氏太极拳图说》中陈鑫先生有这么一段话:

> 一片神行之谓景。其开合收放,委婉曲折,种种如画,是之谓景。景不离情,犹情之不离乎理,相连故也。心无妙趣,打拳亦打不出好景致。问何以打出好景致?始则遵乎规矩,间则化乎规矩,终则神乎规矩。在我打得天花乱坠,在人自然拍案惊奇。里感有情,外感有景,真如天朗气清,惠风和畅,阳春烟景,大块文章。处处则柳鞓花娇,着着则山明水秀。游人触目兴怀,诗家心怡神畅。真好景致。拳景至此,可以观矣。①

陈鑫是把拳法当艺术,把打拳当创作的。讲"曲",讲"情",讲"景",讲"画",欣赏了他的这段文字,读者应该不会怀疑:陈鑫,是武术大师,也是艺术大师;他的拳术套路,是武术,更是艺术。

武术大师特别是创拳的武术宗师,往往都是天赋很高,文武皆能的人,这已不是什么新鲜的发现。中国武术家——甚至只是一般的习武者——多喜舞文弄墨,吟诗作画,这是非常普遍的事。在武林随便走走,稍有些了解,就能发现这一点。这并不是中国武术家喜欢附庸风雅。诗在诗外,画在画外,拳亦在拳外,艺术是相通的,艺术的本质是相同的。创立大成拳的王芗斋先生,于诗词歌赋均造诣很深,尤喜书画,和国画大师李苦禅、徐燕荪是要好的朋友。据说一次李苦禅见到王芗斋练功,为王芗斋高深莫测出神入化的功夫所感染,激情难遏,便请王芗斋和他当场联对,以尽雅兴。并提出他以拳为题,王芗斋以画为题。文中选录了三联。

其一为:

> 王芗斋:章不章,法不法,挥笔之际是真法。

---

① 陈鑫:《陈氏太极拳图说》,太原:山西科学技术出版社,2006年,第85页。

李苦禅:形无形,意无意,发拳之中是真意。

其二为:

王芗斋:诗是无形画,画乃有形诗。
李苦禅:意即无形拳,拳为有形意。

其三为:

王芗斋:画成书为极则。
李苦禅:武至文是上乘。①

从这些对联,可以看出两位先生的才气。对得如此工整妙合,是否也可看作艺术宏观法则的一致,拳画一也。

但实际上这些对子肯定又是受了《郝经论书》的启发:"郝陵州论书云:太严则伤意,太放则伤法。又云:心正则气定,气定则腕活,腕活则笔端,笔端则墨注,墨注则神凝,神凝则象滋。无意而皆意,不法而皆法。皆名言也。"②

"无意而皆意,不法而皆法。"书、画、拳,一也。

有人以为:"学习美术之人,每至嗜好成癖,习国术者亦然。观其枪舞梨花,剑飘瑞雪,刀显白云,拳动生风,别具神妙,不唯观者赏心悦目,即学习之人,亦因之精神愉快,身体畅旺,更有不可言喻之妙。如习武之人,偶观他人演势,则觉技痒,不期然而然竟至下场演练,非有美术性,何克臻此。"③"美术性"说法是当时的语言习惯,"不可言喻之妙",其实就是审美满足,而纯粹的审美满足,只有艺术才能提供,只有在艺术欣赏与艺术创作中才能获得。而"枪舞梨花,剑飘瑞雪,刀显白云",这不是舞蹈是什么?

武术五花八门的拳种,各有自己独特的风格,姿态迥异:

---

① 张宝瑞:《北京武林轶事》,北京:北京燕山出版社,1987年,第227页。
② 杨慎:《丹铅续录》卷八《郝经论书》,见《四库全书》文渊阁本"子部·杂家类·杂考之属"。
③ 《国术漫谈》,见《国术周刊》1935年第5期,《民国国术期刊文献集成》第12卷,第184页。

长拳架势舒展,大开大合,高飘响脆;
太极柔里寓刚,舒松自然,绵绵不绝;
少林古朴紧凑,硬攻直上,勇猛刚健;
形意动静相间,劲力雄沉,含威不露;
八卦曲折走转,起钻落翻,相摩相荡;
南拳发劲脆短,以气催力,拳势猛烈;
通臂甩膀抖腕,发力透达,放长击远;
……

不管他练什么门派,走上散打的竞技场,都是一个样子,哪里看得出什么派?这些拳种流派风格不同,不是技击风格的不同,而是套路风格的不同,是审美风格的不同,是"韵味"的不同,实际上是不同武术舞蹈风格的不同。

套路武术大量的技术动作被冠以美妙的名称:如"白猿出洞""彩凤凌云""意马悬崖""双峰拜日""犀牛望月""青狮托球""百鸟齐鸣""金蝉脱壳""鹞子翻身""白鹤亮翅""乌云遮月""鲤鱼穿沙""乳燕穿林""黄龙探爪""苏秦背剑""武松脱铐""哪咤探海""织女穿梭""仙人卧榻""秦王卸甲"等等。中国武术又讲究流派命名,戳脚全称,竟是"九番御步鸳鸯勾挂连环悬空戳脚"。正如胡小明指出:这些名称"是艺术的而不是科学的,是审美的而不是功利的。对美好的运动形象偏重于意会,偏重于形容,善用比兴之法,托物取喻,借物发挥,集中而浓缩现实之美,显得如此朦胧、抽象、意韵深远而回味悠长。从某种意义上讲,中华武术简直就是中国古典美学、中国传统艺术的化身"。[①] 但要指出的是,胡小明先生所说的武术,不是武术全部,更不是武术技击,可能仅仅只是武术套路。

情感是艺术的灵魂,艺术的本质特征就在于它必须直接诉诸审美情感。不能让人眼热、落泪、心跳或产生某种感觉的作品不能算成功的艺术作品。这使得艺术同哲学、科学,也同体育区别开来。

武术,特别是武术套路,招招式式都沉醉在对"神韵"的追求中,实实在在是艺术式地专注于审美。"神韵"的追求、形成、展现,实际上也就是它们内在精神、内在情感的追求、形成、展现。所谓"心意诚于中,肢体形于外"是也。演练者也

[①] 胡小明:《体育美学》,北京:高等教育出版社,第 2009 年,第 144 页。

好,观赏者也好,都由之而获得极大的审美享受与满足。"怒发冲冠,凭栏处,潇潇雨歇,抬望眼,仰天长啸,壮怀激烈。三十功名尘与土,八千里路云和月……",缅怀民族英烈,寄托永久思念,抒发爱国情怀,"满江红拳"这样的武术形式因此出现。武术竟能做这样负载,绝非偶然。前些年出现的"木兰拳",亦是如此。

古希腊奥林匹克运动会采取的是裸体竞技的形式,是为了运动方便,也为了展现运动员健美的体形和发达的肌肉,而现代各项竞技运动,运动员的服装也力求短小。职业拳击、职业摔跤以及日本的相扑,都赤裸上身。20世纪兴起的健美运动,更成为赤裸身体的外形美的竞技。

尽管许多武术运动员都有漂亮的身材,尽管为便利,运动衣着也应以较少为好,但套路武术服装却使武术运动员仅露头手,遮盖得严严实实。这种遮盖也不是为了使运动员免受运动伤害,不同于击剑运动员出于安全考虑穿着厚厚的防护衣,套路武术运动员的服装又轻又柔。为何如此呢?胡小明认为:"这固然是受封建文化的长期濡染,赤身裸体被视为不雅所致。但同时也体现了中国古典美学的基本特征——强调主观心灵感受,讲求写意和情感寄托。"胡小明还诙谐地说:"武术运动员穿体操服或比基尼进行比赛、表演都是不堪设想的。"[1]当然,他这里说的武术,只是套路武术。散打比赛,不仅男子上身赤裸,女子散打也是短裤背心。竞技套路比赛的服装,实际上已经完全等同于中国古典舞和传统戏剧的服装了。

西方古典绘画中女性胴体优美逼真,超现实主义甚至细致入微地描摹出人的毛孔,都是为了展现活生生的人体和人,再透过人体和人展现其感觉与精神。而中国艺术,则略去外形或局部而直接展现这种感觉与精神。身着武术服装演练武术套路,飘逸潇洒,意在象外,朦胧雅致,使人有情感精神无限融入的余地。若为洁纸,当可直接作色,无迹可求,神韵情感,便可跃然直出。

剑术有文武之分。武剑没有剑穗,文剑配有剑穗。剑穗又有长短之分。短的叫短穗剑,长的叫长穗剑。演练长穗剑既要留心剑,又要控制剑穗随剑运行,避免剑穗缠绕在剑身上,难度很大。短穗可暗藏利器用于偷袭,长穗碍手碍脚,于实战没有任何用处,纯粹是审美作用。看看剑穗的又一个名称就更明白了。剑穗又名"剑袍",袍者,衣也。人要穿衣,剑也要穿衣。其他器械实在无法穿衣,

---

[1] 胡小明:《体育美学》,北京:高等教育出版社,2009年,第143页。

只有剑穿了衣,穿衣是为了审美——好看,所以剑又名为"百兵之秀"。

由于套路武术的误导,中国人确实某种程度上早把武术当作艺术了。是艺术,就要符合艺术的标准。可以想见,身材魁梧、骨骼粗大、肌肉发达,才可能力量也大,更适宜于练武,也更有利于实战搏击。女性也不应例外。但自从《诗经·卫风·硕人》以"手如柔荑,肤如凝脂,领如蝤蛴,齿如瓠犀,螓首蛾眉,巧笑倩兮,美目盼兮"及宋玉《登徒子好色赋》以"腰如束素,齿如含贝,嫣然一笑,惑阳城,迷下蔡"形容女性以来,中国古代文学艺术作品中的女性便都是被定型成这般模样了,会武术的女性也不能例外。《水浒传》中的"一丈青"扈三娘是"雾鬓云环娇女将""天然美貌海棠花"。《樊梨花征西》中的樊梨花上阵是杀得"香汗直流"。小说诗歌中的花木兰、梁红玉、穆桂英,个个如此。《红楼梦》中贾宝玉作《姽婳词》,更依他风流公子的浪漫想象,吟出了"叱咤时闻口舌香,霜矛雪剑娇难举"的诗句。

外国人也把套路武术当作艺术。墨西哥《呼声报》曾说:"这些表演当中最令人畅快的是表演者的姿态。他们把军事艺术那种带破坏性和暴力性的部分,抛在一边,而变成表演真正富有诗意的动作的非凡体操运动员。他们配合一致和完美无缺的动作,使得表演大放异彩。"《宇宙报》曾称:"参加表演的运动员把一项体育运动变成了一种无可比拟的艺术作品。"诚然,异文化自有一种独特的吸引力,但局外人对异文化第一眼的印象,可能直指本质而更具准确性和说服力。

由于一如中国艺术般追求靠感悟和体验,只可意会不可言传的"神韵"之境,套路武术便和其他艺术一样,往往无法用具体的、量化的指标来衡量优劣,特别是在套路比赛中。

初学入门,当然要循规蹈矩,但往后就不一定,一入化境就更不一定。一套拳怎么编排都是可以的。不少武术家打拳,随心所欲地打,打得随心所欲,依然天衣无缝。

每个动作也一样,只要功力到了,怎么打都够味。不是越快越好,不是跟头越高越好,不是转体度数越多越好。势正招圆,可能平淡无奇;歪歪扭扭打来,却可能极有神韵。

为什么?道理很简单,正确的技术,最好的技术只有一种,科学规律只有一个,而千篇一律却是艺术的大忌。打得像,模仿,那是凡俗匠人;打得好,创造,那是艺术大师。

所以 20 世纪 50 年代照搬体操并且沿用至今的竞技比赛评分标准,便不断遭到来自各个方面的非议。不少人呼吁"动大手术",制定由整体着眼的新的评分规则。整体着眼,实际上也就是对艺术"神韵"之类进行总体感觉和总体把握。

第六节　武舞是中国武术对世界舞蹈的巨大贡献

套路是纯粹的中国式舞蹈,套路再往前走一步就是武舞,武舞是中国武术对世界舞蹈的贡献。

一、搏击武术和舞蹈武术应划清界限

舞蹈之魂栖身武术最终喧宾夺主也带来了问题。首先是舞蹈武术和实用武术之间的严重不适。

包括戚继光、何良臣在内的明代军事武术家们,也一再告诫人不能学那些无助于实战的花法套子武艺,因为这种套子武艺会减弱真正的武术的攻杀效能。明代朱国祯的《涌幢小品》提到,有个少林僧在与一群武术教师比武,把他们全部打倒后,说了一句话教训他们:"此谓花拳入门,错了一生矣!"[①]那么多的武术教师也误入歧途,竟然练的都是花拳绣腿,可见套路对武术的伤害已经到了何等程度。

竞技套路是舞蹈附丽武术才出生的,按说它应该对武术本体感激才是,可惜它的本质决定了它的野心,这甚至不是可以由它自己控制的。"三十年媳妇熬成婆",它一旦可以独立并占据舞台的中心位置,便立即趾高气昂、喧宾夺主,挤压它曾经栖身的武术母体本身。纯为套路的竞技武术曾经风光无限,包含技击主体的传统武术至今灰头土脸。戚继光、何良臣等明代将军们,他们自上而下,对套子花法武艺发出的是威严的呵斥;但到了今天,我们能听到的,只有对竞技套路自下而上的诅咒,那是来自已经萎缩到社会角落和边缘的传统武术的微弱的声音。

让人迷惑,也神秘莫测,武侠神话亦由此而出。武术神秘化导致我们对武术

---

① 朱国祯:《涌幢小品》卷二十八《拳棒僧》,北京:中华书局,1959 年,第 673 页。

的期望值太大,真实的武术怎么也达不到人们想象的程度,所以真实的武术再厉害,揭去神秘面纱之后,也总是让人失望的。就像小说《红楼梦》,非要拍成电影电视,全国范围选美,但选出的这些女孩子,离曹雪芹笔下描述的我们想象中的长相,还是相去甚远。真不知道是让人继续沉醉沉迷好,还是说破了让人失望好。没有神秘化就没有武术吗?艺术的光环消失了,武术的魅力也就消失了吗?而且,始终让人懵懵懂懂也不见得是个保持魅力的好方法,一直懵懵懂懂最终会觉得乏味,我们不少孩子就是这个原因学了几天武术就永远离开了,他们选择了明明白白的篮球足球。

反过来套路武术也受到了伤害。套路武术完全是身体艺术,而传统武术直接是身体竞技,或者说是最直接的身体竞技。后者同前者一样,也来自人的生命本能,因此也同样具有一种文化的顽强。前者是"美",后者是"真",真与美都是我们人性的宣泄与追求。武术本体,经过改造就是搏击竞技运动,未经改造就是原始搏杀竞技或自然搏杀竞技,我们也永远需要它们,它们也有着独立存在与展现的充足理由。本质是舞蹈的竞技套路实际挤占的是主体为搏击的传统武术的空间,所以它虽然可以将传统武术挤到角落,但却无法将传统武术彻底挤出这个空间。传统武术声音虽然微弱,但从来没有停止发声,"花拳绣腿"从来就是贬义词,"样板武术"更不是什么好听话。竞技套路很长时间以来受到了很大质疑,虽然仍在撑持,终究元气大伤。

毕竟附丽于武术,穿着武术的衣服,因此也戴着武术的镣铐,既沾着武术的光,也受着武术的限制,竞技套路因此也就走到了头。有着艺术的魂却生着武术的身,想表达心中情感却没有放开表达情感;挤占了传统武术的领地,遭遇到传统武术的反击;没有进入舞蹈的圈子,也没有被艺术那边正式接纳。两头够不着,什么也不是,竞技套路的处境非常尴尬。

这种情形是一把双刃剑,既伤了"魂",也伤了"身";既伤了搏击武术,也伤了套路舞蹈。

要解决这个问题,最好的办法是坚决为搏击武术和舞蹈武术划清界限。

对民间武术而言,对自由传授的民间武术家而言,他那一门派的武术,搏击与套路如何结合,以及以什么方式结合,各自所占比例,传授的先后次序等,完全是他自己的事情。一种文化样态的形成自有它的原因,从保护文化原生态的角度,从维护文化多样性的角度,我们不仅没有理由强制地改变它,相反,甚至更应该努力予以保护。

但在国家力量进入,并以行政主导的方式对文化领域进行改革时,在试图对武术进行竞技运动化和学校教育化的改造时,因为环境和目的的不同,我们不能照搬传统武术原有的结构模式。搏击武术和套路舞蹈浑然一体,搏击的原则与艺术的原则模糊不清,这就成了"四不像",实际上给传授、学习和改造的开展都带来了很大的困难。

所以这中间最重要的一点,是要改变传统武术那种先套路后搏击的训练方式。为什么要先套路后搏击?其中到底有多少是技术考虑,多少是艺术考虑,有多少是人际关系考虑,多少是经济利益考虑,有多少是实际需要,多少是故弄玄虚。这里不必讨论,但先套路后搏击与明确实现竞技运动和学校教育的目的的方式是绝对不吻合的。眼花缭乱的小学长拳,中学长拳,大学长拳,学生没有办法明白它是什么东西。一时的神秘莫测可以引起人的好奇,永远的神秘莫测则会使人失去兴趣。学生对我们学校武术教育没有兴趣,实际上是学校武术教育的失败,年轻人只对武侠小说有兴趣对武术没有兴趣,与之有很大的关系。搏击武术与舞蹈武术分开,明确讲清楚它们的原则差异,二者先自划清界限,先搏击,后套路,一个人可以只练一种,也可以二者都练。先练武术搏击,之后还想练舞蹈武术,时间没有白费;先练武术搏击,之后不想练舞蹈武术,时间更没有白费;先练武术搏击,之后只想练舞蹈武术,时间也没有白费。但先练舞蹈武术,后武术搏击,对只对武术搏击感兴趣的人来说,时间就白费太多。一阵眼花缭乱也罢,但永远云山雾罩,大批只对武术竞技感兴趣的人,终于离武术而去。很多只对艺术感兴趣的人也跑掉了,因为套路没有明确挂上舞蹈艺术的牌子,没有将舞蹈艺术发展到极致,只对艺术有兴趣对竞技没有兴趣的人于是对武术套路也没有了兴趣。

而对套路武术来说,最好的办法就是:亮出旗帜,脱掉镣铐,让出舞台。

不要叫"竞技套路",这个名称含义不明而且名声已经不是太好,正名是最重要的。亮出旗帜,就叫"艺术武术",一同于"艺术体操""花样游泳""花样滑冰",亦同于唐代的"武舞"。这样,也算摆正了独立的武术套路的位置,理顺了它和武术和舞蹈的关系——我们很多年以来一直没有摆正这个位置,理顺这个关系。同时,中国武术和中国舞蹈将有新的内容、形式、门类,并以焕然一新的面貌推出。中国国家舞蹈大赛,除了现在的民族舞、芭蕾舞、国标舞、现代舞之外,还应该加上一个项目——"武术舞"或"武舞"。或许,它将如武侠小说和功夫片那样又向世界范围拓展。武术舞蹈,是我们民族对世界的又一文化贡献,具体说是中国武术对世界舞蹈、世界艺术的又一大贡献。

高棪、李维认为最终是舞蹈复兴的阶段的观点是正确的,它们将从戏剧表演中,从武术套路中再次独立。网上有排蔡龙云先生是"十大花法武术家"之首的,这是挖苦讽刺的排名。但对蔡先生个人而言,其实这真是一个巨大的褒扬。蔡先生在竞技格斗场上早就证明了自己,在舞蹈复兴路上,以他为首搞出的竞技套路,首次独立于武术搏击,也首次和打舞合一,与实战搏击、花法套路混杂的传统武术分道扬镳。这是一个巨大的改革,造就了中国舞蹈复兴的阶段性成就,他是有功之臣。说竞技套路是花拳绣腿,说得不错,竞技套路确实是花拳绣腿,但可惜"花"得远远不够。而且,竞技套路的问题,其实很多不是其本身的问题,而是制度和体制的问题。所以改革不能停滞,改革要更进一步更上一层楼。竞技套路几十年的开展应该也积累了足够的经验教训,不进一步推进改革,没有出路。不能在竞技套路阶段性成果的基础上再往前走一步,彻底舞蹈化,将前功尽弃。一代人只能做一代人的事情,蔡先生如果挨骂,实际上是我们的耻辱。笔者断言:如果武术舞蹈转变为中国特殊舞蹈和独立舞种的工作,未由武术界而终由舞蹈界完成,竞技套路和蔡龙云先生等人的功绩,往大了说将被埋没,往小了说至少也将大打折扣。

二、武术舞蹈要往舞蹈艺术上靠

"艺术武术"必须脱掉"竞技套路"没有脱掉的镣铐。许多人都以为只有原始舞蹈才更接近本真,而现代舞则很大程度上是原始舞蹈的现代演绎。"既然因日常生活经验不够提炼与集中,才要借艺术中的生活经验——舞来获得一醉。那么模拟日常生活经验,就模拟了它的不提炼与集中,模拟得愈像,便愈不提炼,愈不集中,所以最彻底的方法,是连模拟也放弃了,而仅剩下了一种抽象的节奏的动,这种舞与其称为操练舞,不如称为'纯舞',也许还比较接近原始心理的真相。"[①]

艺术武术只是借靠武术在表达而已,只是使用武术的元素而已,至于在多大

---

① 闻一多:《说舞》,见《闻一多选集》,北京:开明书店,1951年,第141页。

程度上像武术,有几分真实,几分虚拟,甚至以假乱真,都无关紧要。"艺术武术"甚至应该比艺术体操有更大的自由度,即利用武术技术,但大大扩大表达度,自由创编。"艺术武术"是舞蹈,舞蹈是艺术,艺术要表达的是我们的思想和情感,艺术的本质和追寻是审美。竞技套路的"高、难、美、新、真",大家争论不已;"艺术武术"必须要"美",至于有多"高""难""新""真",则由演员编导自己决定。

无独有偶,舞蹈界有"结合派",武术界有"样板拳"。中国传统文化形态几乎都有类似的情况,医学界有"中西医结合",美术界国画专业的学生不学书法却一定要学素描。一次开会,田青先生坐在对面,笔者关于传统武术的发言结束后,只听见田青先生自言自语道:"怎么武术界和音乐界的情况一模一样。"于是,他又在全国歌手大赛中倡导"原生态"唱法,轰动一时。我们理解:所谓"民族唱法"实际上已经"样板化"了,"原生态"唱法,应该相当于"传统"和"民间"。而这些"样板拳""结合派"之类,都有 20 世纪 50 年代向苏联学习照搬其模式的背景。结合派把西方贵族芭蕾和中国民间舞蹈结合起来,产生出孙颖先生戏称为"脚下芭蕾手上兰花"的不伦不类的舞蹈,样板拳把接近舞蹈艺术的武术套路和接近竞技运动的体操结合起来,同样显得有些生硬。

既然武术套路的本质是舞蹈,武术套路的发展也应该向纯粹的舞蹈而去,那么不仅要和武术技击划清界限,而且要和运动体操划清界限。如果说和武术技击划清界限,是要明白各自的本质和分野,那么和运动体操划清界限,则是要不相往来。竞技套路的失败原因有三:一是只取长拳,二是取代技击,两者都引发了武术本体的反抗和抵制,而第三可能是最主要的,它没往舞蹈艺术上靠,而是往不相干的运动体操上靠了。这既与和它有联系的武术不相干,也和它的本质的舞蹈艺术不相干,终于导致了它的僵化。"舞蹈所使用的人体语言符号由于其不可言说就更具有了象征意义,这就要求它的动作话语有演说的意义,而不能像体操那样。"[①]竞技套路既与和它有联系的武术渐行渐远,也与它本质的舞蹈艺术渐行渐远,终于导致了它的彻底僵化。

所以"武术舞蹈"应该比艺术体操、花样游泳、花样滑冰走得更远,演出者应该更接近"演员"而不是"运动员"。男生要帅气,女生要漂亮;指导者不是教练而是编导,暂时可以先有一个武术编导,一个舞蹈编导,以后成熟熟练了,就可以有

---

① 刘健:《宗教与舞蹈》,北京:民族出版社,2005 年,第 516 页。

一个"艺术武术"编导;评判应该用艺术标准,而不是运动或武术标准。刀、枪、剑、棍、拳的比赛项目分类可以保留,但每个节目要有自己的主题,或可具象,《剑·花木兰》《剑·公孙大娘弟子舞剑器行》;或可抽象,《剑·蓝色光》《剑·印象》。它绝对不能像体操,而应该是舞蹈,因为,"象征性的舞蹈动作属于舞蹈艺术的最高形式"。[①]

已经有人指出,现阶段的竞技套路,"高难美新"实际上是很难操作的,而且也与武术原旨不符。如果将竞技套路提升为武术舞蹈,岂止"高难美新",所有东西方美学概念、范畴、标准,诸如优美、崇高,诸如神韵、境界之类都适用。如果仅仅是武术或体育,则都不适用。

明说自己就是"艺术武术"或"武术舞蹈",也免得别人总骂什么"花拳绣腿"。分则共荣,合则两伤;分则实合,合则实分。不要挤占一个舞台,为搏击武术让出舞台,艺术武术另外搭建一个舞台,一个拳拳到肉满足于赢得胜利,一个宣泄情感追求审美满足,各自完全独占,却共同在武术这个空间之中。

三、武术舞蹈要彻底抛弃程序化

中国传统文学、艺术和体育多为程序化的。

中国武术的套路,拳打卧牛之地,左右周旋,前后折返,花打四门,龙蛇鹤虎豹五拳之类,起势收势,循环往复,持之以恒,以至无穷。武术套路是典型的程序化的东西。

否定新文化运动以来的白话自由诗的人,总爱批评这些诗没有形成自己的风格。批评者的潜意识,或许就是嫌这些诗没有使用如唐诗宋词一样的文言文,没有形成如唐诗宋词一样的固定格式。其实,白话文这东西早就有,但文学、学术或文化官僚贵族的正式文字,却长期坚守着文言文。文言文是圈起语言的一个华美的形式,不管内容是否娇媚雄美,形式本身就娇媚雄美。形式的娇媚雄美甚至掩匿了内容的丑陋低俗。"洁尔阴"这样的品名,可以上央视,从文雅漂亮的广告女星口里说出,但你若拆了这形式,翻成白话文试试。格律、词牌、曲牌一样,它们是镣铐,但古人的匠心已使这镣铐本身也成了充溢着精美的艺术。不是文言文和古诗词更难,而是有着现成的华美形式和艺术镣铐,写得好不好都有几

[①] 刘健:《宗教与舞蹈》,北京:民族出版社,2005年,第517页。

分辉煌。但形式和镣铐会圈住人的思想情感,至少圈住思想情感的手脚,终于现代前卫者们不愿意,因为自由乃是他们的最爱。谁说自由诗没有风格,自由诗的风格就是自由。自由诗其实更难,踏出了圆就是荆棘洪荒,没有路就得自己开路。自由诗方兴未艾。当然唐诗宋词仍然被喜爱,但真正要自己戴上格律平仄镣铐,在其形式圆圈中跳舞,有几人能做到?都市的时装时尚天天不同,歌星换得比鞋子还快,现代人的现代生活是紧张的、多变的,同时也前所未有的丰富多彩。那种日日月月年年重复一成不变的动作,"五年小成十年大成"的武术练习,肯定让这个说好听点叫快节奏时代、说难听点叫浮躁时代的多数人,特别是年轻人不情愿。都市的少男少女,无限垂青于足球篮球,却几乎完全不认同武术,很大程度上就是拒绝武术的程序化。这和他们拒绝程序化的戏曲,却醉心于自由的流行歌曲一般无二。也不能轻易否定程序化艺术的特殊美丽和特殊魅力,但确实很多现代人不再爱它玩它了。原因很简单,改革已使中国告别过去,中国人日益生活于开放的现代社会之中。

李泽厚以为:

> 原始陶器的抽象几何纹饰,正是当时人们在精神上对农业生产所依赖的自然稳定秩序的反映,它实际表现的是一种稳定性、程序性、规范性的要求、实现和成果。这个所谓"封闭""永恒""宁静""超越具体时空和现实世界"等等,恰恰意味着一个豕突狼奔的狩猎时代的彻底结束,一个稳定生存、安居乐业的农业社会的成熟、巩固和提高。因此,这种抽象恰好表现了农业社会生产劳动与自然相协同的秩序性、规范性、节奏性和韵律性。[①]

中国传统文学、艺术和体育的程序化,显然都是这样形成的。

李泽厚又指出:

> 时空和因果这些最重要的人类感性结构和知性范畴,都历史地由社会实践所产生、支配和发展,劳动的社会性所产生的公共的时空尺度

[①] 李泽厚:《美学四讲》,天津:天津社会科学院出版社,2001年,第101页。

和因果观念,如农业社会的节候,工业社会的钟表;如农业社会的循环观念和线形观念,现代社会的反馈观念和开放观念;等等,不但对前面讲的技术美、形式美(形式结构和理性秩序)以作用和影响,而且也对自然美以同样的作用和影响。这作用和影响不止对形式美和自然美的观赏、把握,而且还包括对形式美与自然美的形成。[①]

显然,与农业社会一致,审美观念是保守的,其美的形式是程序的;与现代社会一致,审美观念是开放的,其美的形式是自由的。而中国正处在由农业社会向现代社会发展的过程中,因此,传统的审美观念和形式结构,相应地也在发生变化,而且这变化会随着中国现代化的进程而越来越大。坦率说,竞技套路之所以失去观众和市场,主要并不是因为它本身背离传统武术,而恰恰是因为它仍然没有突破传统农业文明的限阈,依然遵循传统审美程序化形式的结果。竞技套路和传统武术面临的基本上是同样的挑战。

余秋雨在谈论舞蹈程序时指出:

程序符号是美不可言的每一种艺术成熟的标志,但是程序符号确实非常容易老化,一旦老化它的象征意义就不存在,就成了一种多余之物了。老化的程序符号不可能给我们以联想了,于是只留下一点程序美,如此而已。符号很可爱,符号最怕老化,程序也是如此。我偶尔看到美国有位教授写的一本书,在这本书里专门讲到符号问题的时候,有一段话我看到了心里感到不太好受。他说在运用符号的时候:一方面我们应该大胆地运用,像中国人一样,他们的红永远象征着什么什么,他们的青松永远象征着什么什么,他们的兰花永远象征着什么什么,他们的竹子永远象征着什么什么……二十几个永远,我一看果然如此,中国最善于用"永远",而且最善于把它用滥、用干、用得没有生命力为止还在用,这是我们的特点,封建社会延续几千年与这都有关。符号的魅力是存在的,程序的魅力也是存在的,但是长年累月如此的话就不能抱怨青年观众的不耐烦。作为有出息的艺术家他不应该是一套符号系统

---

① 李泽厚:《美学四讲》,天津:天津社会科学院出版社,2001年,第114、115页。

的继承者,而应该是某种新的符号的创建者。平庸的艺术家和了不起的艺术家的一个重要的差别就在于他是不是创建了自己的符号。[①]

听听余秋雨的话,看看竞技套路无人问津的现实,难道还不够发人深省吗？艺术武术要与传统武术划清界限,关键的一点就是彻底抛弃传统套路和竞技套路的程序化。传统武术完全可以不考虑观众和市场的问题,它的整体可能确实无法也没必要现代化,它在多元文化中的存在可能并不仅仅是以数量和规模来展现,它的质量就保证了它在世界文化基因库中的重要位置。即便传统武术要追求数量和规模,它也不必考虑观众和市场的问题,因为它杀伐搏击的实战技术,实践证明很难整体进入竞技运动,它追求数量、规模以及最大程度的影响力,将有赖于别的方式和途径。但艺术武术不同,它必须要和传统武术拉开距离,而拉开距离的方式,第一是不必严守武术搏杀技术,第二就是抛弃套路的程序化。这既是为了保持传统武术和搏击武术的纯洁的原生态,同时也是为了武术舞蹈自身的存在和发展。农业文明渐行渐远,大众的审美正在现代化,艺术武术或武术舞蹈必须追赶文明的步伐。

四、长拳乃万紫千红中一朵

当然武舞比赛,不能再像套路一样,列什么刀、枪、剑、棍、拳,列什么长拳、南拳、形意、太极,应统列一个,就是武舞。舞如书,武亦如书,书法比赛可以分成柳体项目、颜体项目吗？虽然练过某体,人人皆可自创,不是千人一面,而是千人千面,但这千人千面,就是能比较出一个审美高下来。

长拳也不可以再独占武术舞蹈的舞台,因为这有欠公平公正,但武术舞蹈中长拳依然有相当高的位置。说实话,如果我们从纯粹艺术的角度而不是纯粹武术的角度看,套路中也没有比"高、飘、脆、响"的长拳更漂亮的。现在有确切的证据可以证明,李小龙曾仔细研读过蔡龙元先生的长拳著作。李小龙是咏春的根底,哪里来的那么高飘的腿法？如果不是大量借用长拳的动作,他恐怕也创不出以腿法惊艳征服世界的截拳道。但李小龙说他真打架也不会去起那么高的腿,电影中他的截拳道的腿法多数是艺术武术花架子。

[①] 余秋雨:《关于舞蹈美学的思考》,见《舞蹈艺术》,1989 年第 27 期。

元代的蒙古人用落后文化统治中国的先进文化,不开科举,由吏而官,读书人没有出路,只好去写小说剧本,于是歪打正着地导致了中国小说戏剧的繁盛。元末农民起义赶走了蒙古统治者,但我们没道理要将小说戏剧统统埋葬。照搬苏联体育形式与体制,彻底否定民族自己的传统文化,在武术方面就是压迫否定民间武术,今天看来都是错误的或至少是值得商榷的,但长拳这一武术形式已经形成,不少武术人也为之倾注了心血。长拳已经有五十年的历史,何况我们武术有套路的历史更长,它的形成有偶然和个人的因素,但更是历史惯性和文化延伸,它也是我们的传统文化或文化传统。成为一种文化存在就宣示了一种文化合理,这种存在的丢失也是文化损失,我们也要为这种文化存在找到适合的安置。

秋风以为:"我觉得最大的改变还是,我们这个社会有很多规则、习惯、惯例被遗忘太快了,这样对一个社会的健康发展来说不是一个好事情。20世纪灌输的东西,从政治思想到文化教育,有太多批判性。"[①]秋风所说的范围有多大,我们不敢肯定,但他所说的范围如果很大,我们更同意。竞技武术在长时期中曾经压迫过传统武术,但我们不能因此反过来压迫竞技武术。也就是说,即便竞技武术全盘否定过传统武术,我们今天也不能全盘否定竞技武术。

长拳及其风格,乃万紫千红中的一种。

五、找回汉唐天足时代古典舞蹈

孙颖先生曾颇有创见地提出:

> 在中国古代舞蹈发展史上,有一个举世所无的怪异分期,这就是中国有一个天足——唐、五代前,到小脚时代——起自宋,历明、清而演为风气的演变过程。女性,在历史上是,今天仍然是舞蹈艺术的支柱。别的艺术行业:做诗文、绘画、弄器乐、演唱,裹脚的生理变态虽将导致心理的变态,而肌体机能却还没有明显的能不能适应的问题,跳舞呢?不必是研究家,只要看到走路行动都失去常态的小脚女人,都会理解天足变成小脚对舞蹈这个行业有什么关系。请问天足时代创造的传统、体

---

① 岑默:《秋风追求自由的精神》,见《南方人物周刊》,2007年第11期。

现的精神、蔚成的审美情趣,流动到小脚时代能不起变化吗?①

孙颖还指出:"禁缠足已半个多世纪,而汉族各地区女性舞蹈仍不能明显改变小脚动态和因此形成的韵味",那就是"几寸几寸挪脚步的规范""七不挪八不动的慢节奏"。他认为:"一个基本文化情调是戏曲的正旦味道,看到的不是汉魏时的神女、唐代的民妇或公主,而是明清时代心理抑郁、体质孱弱、心上有着重压的女性,是经由一套训练造就定型的。就是说她们脚下依然拖着历史镣铐,心上仍然积压着痛楚的命运,属于明清时代女性典型性的心理特征,是封建社会发展到最腐朽也最野蛮时期所造就的女性美。"②小脚影响了中国舞蹈的走向,戏曲舞蹈的特点与缠足的习俗有密切关系,这毫无疑问。但是小脚的产生是否肯定与程朱理学有关,小脚的美是否就应被彻底否定,进而戏曲舞蹈是否应该也被彻底否定,都是值得商榷的。但孙颖指出的"以戏曲舞蹈做基础创建中国古典舞艺术体系的这个指导方针有问题"③,他努力创建所谓"汉唐古典舞蹈体系",他要创建汇聚包容全部中国历史的中国古典舞蹈体系,无疑是正确和极有见地的,具有极大的创新意义。

但孙颖到哪里去找回汉唐的"恢宏大气""犷放野性""热烈狂荡",以及他说的"黄河风尚""江淮姿采"呢?自然就想到了汉赋、唐诗、宋词,想到了画像石画像砖,想到了高跷鼓舞大秧歌。读孙颖的文章,看他的《铜雀伎》,早欣赏过并深深折服他的作品《踏春》,那妙曼的舞姿,清丽扑面而来,让人怦然心动春心荡漾,耳目一新却又似曾相识,我们知道孙颖初步找到了。但孙颖说:"我深信在自己的文化母体内能够为戏曲舞蹈的变化发展找到出路,并且有潜力、有条件、有雄厚的基础和资源。我的知识也许完不成我的志向,但我将为此而努力。如果必须概括说明究竟是一条什么样的路,那就是:越过舞蹈的这个专业概念的封锁线,到无限丰富的历史场景,到千变万化的社会演变中去寻找资料,创造符合我们的民族个性、我们的历史特点、我们的文化风格的艺术形式和艺术气韵。"④孙颖说得没有错,应该越过现在的舞蹈形式,寻找失落的汉唐遗韵的"资料"。

---

① 于平:《中外舞蹈思想概论》,北京:人民音乐出版社,2002年,第374页。
② 于平:《中外舞蹈思想概论》,北京:人民音乐出版社,2002年,第375页。
③ 于平:《中外舞蹈思想概论》,北京:人民音乐出版社,2002年,第377页。
④ 于平:《中外舞蹈思想概论》,北京:人民音乐出版社,2002年,第385页。

笔者以为：武术应该就是储藏这些"资料"的大宝库之一。中国武术的套路形式本身，中国武术诸门诸派，虽然有更重实战的，有多些花法的，但总体而言，套路中的那些神情、架势、动作、气韵等内容，多数实在和技击扯不上什么关系，根本不可能来自于技击，它们或许就是武舞、健舞之类的易名和化身，他们展现的可能是技击也可能不是技击，但或许就是保存了汉唐精神风貌。

孙颖其实也意识到了这一点，所以他说："凡生活、乡土气息浓，与民间舞蹈息息相通的剧种如梨园、高甲、绍剧、婺剧等南戏支派的古老剧种，调查结果绝不收为'基础'。武术也是声明列为主体之一的，而那女性大步流星、风驰电掣的步态，见棱见角往来突兀的力量、速度、气势绝不要。只有京、昆、川、晋高腔梆子中意，因此'结合派'作为传统依据的戏曲、武术也都经过审美防疫检查，女性美必须具有脚戴时代镣铐、心存历史重压、典型的明清小脚气质的戏曲舞蹈才能入选。"①

笔者理解，孙颖的意思是：汉唐舞蹈的"资料"，正应该到梨园、高甲、绍剧、婺剧和武术中去寻找。汉唐舞蹈的精神风貌，舞蹈身上看不到了，可能要到武术中去看；女子身上看不到了，可能要到男子身上去看。有人跳兵马俑，很多人说好，他也以此成名，但笔者不以为然，认为只是技艺圆熟而已。长得那般清秀，跳得那般轻佻，能看见"秦王扫六合，虎视何雄哉"的沉厚吗？能看见秦国被称为"虎狼之国"、秦军被称为"虎狼之师"的可怖吗？秦军战士要都是那模样，秦国肯定灭不了东方六国。

要找回汉唐的古典舞蹈，再现大雪弓刀、铁马冰河、黄钟大吕、天地凛然，尚待我们武术舞蹈的成熟烂漫。

六、武术舞蹈的最终出路是进入学校和教育

舞蹈是视觉形象，是听觉形象，但更是"动觉"形象，即对舞蹈这种具体形象的情感体验，主要或必须通过我们主体的运动的感觉，才能真正体会到。舞蹈的这种动觉形象特征，颇近似体育的这种特征，但却同竞技运动迥异。竞技运动的对抗特别是胜负，是仅仅作为视觉形象就能理解和满足的。但舞蹈和体育，你不亲身参与，便是隔靴搔痒。

---

① 于平：《中外舞蹈思想概论》，北京：人民音乐出版社，2002年，第375页。

稍加观察即不难发现,真正痴迷于舞蹈的舞者和真正痴迷于套路的武者,都是不折不扣的自恋型人格,他们只关注他们自己的内心,只关注他们自己的动作,只沉迷于表达他们内心动作的动觉形象产生的情感体验和审美满足。真正能理解他们的,只有和他们同样自恋,也痴迷于舞蹈或套路,因而有强烈共鸣的小众。所以舞蹈和套路比赛,始终只有那么可怜的几个圈内人在忘情地喝彩。而唯重实战的武术家对此是漠然的,更甚至觉得有些搞笑,特别是对那些特别投入的男性套路舞者。

　　这也导致了舞蹈和体育的表演性不强,二者都无法在表演的舞台上强势立足,舞蹈在历史上成为戏曲的附庸,和现在"伴舞"成了歌唱的附庸,实际是同样的原因。舞蹈和体育,他们真正的阵地,不是舞台,而是学校;不是观看表演,而是亲身参与。竞技套路,武术舞蹈,同情同理。另外还有一个原因,那就是戏剧这种综合艺术形式的出现。电影还取代不了舞蹈,而戏剧则完全可以取代舞蹈,因为它本身就包括舞蹈。电影不是动觉形象,没有人看了电影整天模仿,而戏迷们则唱念做打整天都在比划。

　　高棪、李维的这个观点笔者赞同:"综观舞蹈发展,中西有其相同之处,……荷马史诗中的城邦战争,古奥林匹克运动会的精神,戴欧尼斯的节庆舞蹈,希腊的身体教育,都在说明舞蹈是在训练个人的健美身体、亦在表现个人健美与技术,以个人为发展中心,以人体健美为发展的目的,其发展为外在的形体。中国有史记载当以殷商为始,至西周集大成,中国舞蹈多用于祭祀、礼仪,亦为教育的主要内容,武舞亦军事训练的手段;但其发展则以群体为主,以教化为目的,陶冶品格节制行为,其发展为内在的道德行为……"[①]不管是说舞蹈的发展也好,还是说舞蹈的复兴也好,要去和电影、电视争风头,要去和竞技运动、声乐歌星较高下,那这个方向或舞台是选择错了。舞蹈不是不能上舞台,但在那个舞台上它现今肯定竞争不过上述文化形式。舞蹈的真正舞台是教育,它发展复兴的方向是进入学校,这个舞台其实也非常非常大。

　　武术也好,舞蹈也好,进不了学校和教育,就没有任何其他出路,将继续边缘化、小众化。二者在生活、生产、生存中的实用功能已经大大萎缩。杀伐已成往事,伎乐不需太多。单独出现,武术和舞蹈的视觉表现能力其实非常有限,即使

[①] 高棪、李维:《中西舞蹈比较研究》,台湾:裕台公司中华印刷厂,1983年,第99页。

强登上了某个舞台,在伎乐或类伎乐中,都要拉上大队人马,独舞也在逐渐消失。二者今天仿佛依然顽强,但其实走在错误的路上只能称为顽固。武术仍然拼命想进竞技运动与其他项目一较高下,舞蹈拼命想进表演娱乐圈与电影声乐一较高下,愈用力愈努力似乎愈可怜愈可悲,舞蹈还是伴衬,连配角都算不上,还是圈子内几个人在自娱自乐。

实际上当初的精武会也已经认识到了这一点,当时罗啸傲在《武化说明》即云:

> 我国古代教育,原有乐舞,故《礼经》有十三舞勺成童舞象之文。自乐亡而舞并亡,遂不复见此彬文之盛轨。迨近世昌言新学,乃采用欧西教化,于普通学校中,并设音乐一科。然其所取材,不特非我国原有之乐,即其所施教,亦只声歌而已,不能完全成其为乐也。《礼经·乐记》云:"乐必发于声音,形于动静。"又云:"声成文,谓之音。比音而乐之及干戚羽旄,谓之乐。"本会因此欲规复完全之国乐,即不能不注意讲求良好之舞。本会因此欲规复完全之国乐,即不能不注意讲求良好之舞法。现在国中所办之体育学校,其所教授之外国乐舞,一切手法,虽于体育微有所和,而态度柔靡,未免和而失之于流。本会欲以精武提振积弱之人群,故本其平日所习练之国操,融合手法数十种,编一庄严之跳舞术,名曰"武化"。拍以最艳丽之《到春来》粤调。洋洋盈耳,悦目赏心,令人神往,我国二千年前之大武乐焉。①

"武化"之"化",实际上就是教化、教育。武化,就是武的教化、教育。精武会和中央国术馆走的是不同的路子,中央国术馆主打的是传统武术和竞技运动,精武会主打的是体育与艺术,这是他们一个非常重要的不同之处。中央国术馆是国家主导,精武会是民间组织,国家行政比较容易注意到声势浩大的运动会,注意到争金夺银拿锦标;民间组织比较容易注意到学校和教育,注意到娱乐与休闲。看来,这个趋势,在民国时期就是如此。

发达国家特别是美国的学校体育的发达和特点,我们都已经熟知。但发达

---

① 罗啸傲:《精武内传》,上海:上海社会科学院出版社,2008年,第19页。

国家特别是美国的学校舞蹈的存在情况,我们就未见得熟知。"在美国,有三百万人从事业余的或专业的芭蕾学习;在加拿大,五岁以上的少年儿童大都接受过或多或少的芭蕾训练……"①教育是有共性的,舞蹈、武术、武术舞蹈都要进入学校。

当然,也不是说舞蹈或武术舞蹈就不能比赛,就不能用于表演进入舞台和市场。由个体进入大众,由秘密进入公开,总是件好事。但它们应该不是电影电视声乐的对手,结果我们可以拭目以待。然而这并不重要,因为这不是主流,是副产品,是小方向。武术、舞蹈和武术舞蹈,它们的发展大方向和主要目标,均应在学校和教育。

---

① 谢长、葛岩:《人体文化》,成都:四川人民出版社,1987年,第90页。

第五章 中国武术与"天人合一"

　　人类从来以为自己是自然的主人，对自然的征服，不管在西方还是东方都早就开始了。西方文明是商业起源，中国文明是农耕起源。前者是古希腊人的爱琴海殖民，哥伦布发现新大陆，英国人更以自己无敌的舰队代替了西班牙人的"无敌舰队"；后者是大禹治水三过家门而不入，都江堰深淘滩低作堰，大运河连吴越苏杭南北二京。东方西方，对自然的征服方式不同，但对自然的征服态度却无异。汉武帝时就有人建议开掘引领黄河北行再向东，一来灌溉大漠，二来阻挡匈奴，连汉武帝也不禁称其壮哉。移山的愚公、磨铁棒为针的婆婆，替子孙做出了榜样；追日的夸父、填海的精卫，不失为悲剧英雄；《易经》的"天行健，君子以自强不息"，到今天仍然是我们的座右铭；毛泽东则说"与天奋斗，其乐无穷；与地奋斗，其乐无穷；与人奋斗，其乐无穷"。中国文化的基本精神绝对不是什么强调和自然和谐，中国人绝对不缺乏竞争、进取和征服的雄心。否则，我们根本无法解释儒家的入世思想，古代士大夫为什么以"立德、立言、立功"和"修身、齐家、治国、平天下"为最高理想？中国古代为什么会产生以竞争遴选人才的特殊机制——科举制度，以及沿袭至今的竞争激烈的高考制度？为什么印度人至今无意于奥运金牌，而我们却那么容易就接受了奥林匹克竞技运动，并且很快就成为奥运金牌大国？为什么中国人被誉为和犹太人一样会做生意，今天华商打遍天下无敌手？为什么在诞生地如此纯粹的宗教佛教，到中国后却可以和世俗武术发生密切的关系，作为禅宗祖庭的少林寺竟然成了武术圣地，作为出家人的少林寺僧，本应严格遵行佛教以"杀戒"为首的"五戒"，结果却是杀气腾腾地开上了抗击倭寇侵略的战场？华侨华人在海外的开拓，和欧洲人发现新大陆、美国人开发西部一样，这其中存在某种精神，正是这种精神带来了成功。尽管有种种差异，但崇尚积极竞争、崇尚积极生存，却是中国人和西方人、中国文化和西方文化一个重要的契合点。中国文化从来不乏竞争和进取精神。我们当然应该为我们文化中具有这种精神而自豪,它使得我们在暂时的落伍后能够快步赶上,恢复强盛,仍然雄立于世界民族之林。

我们的"天人合一",其本质只能是对自然的征服,而不可能是和自然的和谐。

第一节 "天人合一"本质是以人为自然中心

西方文化无疑是一种征服型文化。从古希腊开始的著名口号"永远争取第一,永远超过别人",到现代奥运会的"更高、更快、更强",都是在倡导不断向人体自身挑战,不断挖掘人体潜能,突破人体能力极限。因为人是由某种动物进化而来,人体是自然的杰作,这种挖掘和突破实际上就是不断挑战自然、征服自然。西方文化的一切都可以追溯到古希腊,古希腊文化让后人无限向往,但从古希腊开始的西方的科学技术、海外殖民、商业贸易、竞技运动的实践历史,无一例外,人都是取征服态势的,都是站在自然对立面的。

古希腊剧作家索福克勒斯在《安提戈涅》里说:

> 奇异的东西虽然多,但没有一种能像人这样奇异:他们冒着狂暴的南风,横过灰色的大海,劈开汹涌的波涛前进,不怕被吞没的危险。他们把不朽不倦的大地,这最古老的女神,也搞得疲劳不堪,用骡子拉着犁头,年复一年,来来回回翻耕土地。
>
> 他们编织网具,捕捉欢快的飞鸟、凶猛的走兽和海里的鱼类。人类真是智力超群,他们用技巧驯服了穴居野外漫游山间的野兽,驯化了鬃毛蓬松的马,给它们戴上了轭头,他们还驯化了力大无穷的山牛。
>
> 他们学会了言谈,风一样快地思想,学会了克制的城市生活。在不宜露宿的季节和天气里,学会了躲避风霜雨雪。他们什么都有办法,对付要发生的事情无所不能。只是面对死亡他们无能为力,虽然对付疾病他们也有办法。①

---

① 《古希腊悲剧喜剧集》上部,南京:译林出版社,2011年,第357、358页。

人类的洋洋得意,早就溢于言表。古希腊的思想又延续到了基督教,《圣经》便讲:"神说:'我们要按照我们的形象,按着我们的样式造人,使他们管理海里的鱼、空中的鸟、地上的牲畜和全地,并地上所爬的一切昆虫。'神就照着自己的形象造人,乃是照着他的形象造男造女。神就赐福给他们,又对他们说:'要生养众多,遍满地里,治理这地;也要管理海里的鱼、空中的鸟,和地上各样行动的活物。'神说:'看哪,我将遍地上一切结种子的菜蔬,和一切树上所结有核的果子,全赐给你们作食物。'"①《圣经》的这一思想继续延续到文艺复兴,莎士比亚说:"人类是一件多么了不得的杰作!多么高贵的理性!多么伟大的力量!多么优美的仪表!多么文雅的举动!在行为上多么像一个天使!在智慧上多么像一个天神!宇宙的精华!万物的灵长!"②但丁在《飨宴》中说:"人类的高贵,就它的许多成果来看,胜过天使的高贵。"③皮科更引证古代的经典说:"人是最幸福的生灵并因此堪配所有的赞叹,他在宇宙秩序中的处境究竟是什么,不仅让野兽,甚至让星体和世界之上的心智都羡慕。"④近代,疯狂的尼采则疯狂地说道:现代人"骄傲地站在世界过程的金字塔上,当他将自己知识的最后一块石头砌上去时,他似乎在对整个倾听着的大自然大声喊道:'我们到达了顶峰,我们就是顶峰,我们是大自然的最终完成!'"。⑤美国著名社会学家福山总结道:"古典政治哲学坚持认为,人的尊严处于野兽和神灵之间。人的本性中有一些与野兽相似,但人有理性,因此具有其他物种所不具备的特殊的美德。康德和黑格尔以及作为他们理论基础的基督教认为,人与非人之间的区别绝对重要。人的尊严高于自然界的任何物种,因为只有人是自由的。也就是说,人有主观能动性,人不是完全由本能所决定的,他具有自主的道德选择。"⑥

人与自然对立的西方文化基本精神和特征,其明显的符号象征为十字架,"十"字形中,对立的关系和无限延伸的意义明白无误。我们人,就这样被牢牢钉在了这十字架上。

---

① 中文和合本中英对照《圣经》"创世记",2007 年,第 2 页。
② 朱生豪:《莎士比亚全集》第 5 卷《哈姆雷特》,南京:译林出版社,1998 年,第 317 页。
③ 但丁:《飨宴》,见吕同六选编《世界散文经典 意大利卷》,沈阳:春风文艺出版社,1997 年,第 31 页。
④ 皮科·米兰多拉:《论人的尊严》,北京:北京大学出版社,2010 年,第 18 页。
⑤ 尼采:《历史的用途与滥用》,陈涛、周辉荣译,上海:上海人民出版社,2004 年,第 74 页。
⑥ 福山:《历史的终结与最后之人》,北京:中国社会科学出版社,2003 年,第 335 页。

长久以来,中国文化学界普遍存在一个观点,即与西方文化崇尚竞争和征服的基本精神不同,中国文化中,有所谓"天人合一",即顺应自然、师法自然、与自然保持和谐一致的精神,并且这种精神还是中国文化的基本精神和基本特征之一。

> 圣人以万物为一体者也,故曰予上下草木鸟兽。曾子知此意,乃曰:断一木,杀一禽,不以其时,非孝也。故暴殄天物,纣所以致讨。而有血气之类,弗身践者,所以为君子欤。若之者,岂一切生之而不杀欤?曰:非然也。先王之世,山泽之间,为之厉禁,食之以时,用之以礼。故獭祭鱼,然后渔人入泽梁;豺祭兽,然后田猎;鸠化为鹰,然后设罻罗;草木零落,然后入山林。不麛、不卵、不杀胎、不殀夭、不覆巢,此皆若之之术也。夫圣人在上,万物各得其所,则以为之厉禁,人不得非时、非礼以戕贼之也。至于牛、羊、犬、豕之类,亦有品节。犯分干时,皆在所禁。如诸侯无故不杀牛,大夫无故不杀羊,士无故不杀犬豕。仲夏斩阳木,仲冬斩阴木;春献鳖蜃,秋献龟鱼之类,皆所以安万物使乐其生也。[①]

类似这样的话,文史哲大家们,几乎无不津津乐道,许多人在他们的论著中引用或使用。

这种观点可能非常值得商榷。

应该说,人类从诞生开始,就将自己与动物区别开来,从而也就把自己与自然相区别开来,把自己放置到了与自然对立的位置上。人的进化,于是不再仅仅服从自然,处于被动,而成为一个主动的、文化的过程。当人类开始制造矛枪弓箭而不是靠利爪尖牙去猎杀野兽,以水利耕耘去收获粮食而不再仅仅依赖采摘野果,开始思考自己与自然的关系——哪怕思考的结果是要顺应自然——而不再如动物般活着,人就不仅仅是自然之子了。在这一点上,并无什么东方、西方,东方文化、西方文化之别。自然的对立面,就是人和人的文化。所以弗洛伊德说:文化就像人的假肢、假牙、眼镜一样,是人在对自然进行斗争时为克服自身的缺点而创造的。

---

① 黄伦:《尚书精义》卷四,见《四库全书》文渊阁本"经部二·书类"。

但东西方于此也不是完全没有差异,真正的区别在于与自然的分离,中国、西方民族,中国、西方文化,分别采取了不同的方式。即前者是把自然放在了人的四围;后者是把自然放在了人的对面。然而,不管是四围还是对面,都是十足的人类中心主义。

庄子说:"天地与我并生,而万物与我为一。"[①]列子说:"一体之盈虚消息,皆通于天地,应于物类。"[②]老子则说:"道大,天大,地大,人亦大。域中有四大,而人居其一焉。人法地,地法天,天法道,道法自然。"[③]人与自然相同相通,这就是"天人合一"。如果仅及于此,与自然和谐的结论是说得过去的。但是"天人合一"论并没有到此为止,而是进一步以为:自然是一个大宇宙,人体是一个小宇宙,大宇宙虽然包括小宇宙,但小宇宙是大宇宙的浓缩精华。这就是孟子说的:"万物皆备于我,反身而诚,乐莫大焉";[④]荀子说的:"故天地生君子,君子理天地。君子者,天地之参也,万物之总也,民之父母也";[⑤]董仲舒说的:"天地之精所以生物者,莫贵于人。人受命乎天也,故超然有以倚";[⑥]陆九渊说的:"即今自立,正坐拱手,收拾精神,自作主宰,万物皆备于我,有何欠阙";[⑦]也是元代道士陈致虚说的:"人身一小天地,夫天地之造化生人生物,而人身之造化生佛生仙";[⑧]道教典籍《灵宝毕法》中所说的:"道生万物,天地乃物中之大者,人为物中之灵者"。[⑨]《洗髓经》中说:"人生小天地,万物莫能比""飞潜与动植,万类为人使。"[⑩]即是说人为天地万物中最尊贵者,无疑是认为人是自然的中心。

其实早在先秦荀子就说得很明白了:

大天而思之,孰与物畜而制之！从天而颂之,孰与制天命而用之！

---

① 曹础基:《庄子浅注》内篇"齐物论",北京:中华书局,1982年,第30页。
② 杨伯峻:《列子集释》卷第三"周穆王篇",北京:中华书局,1979年,第102页。
③ 高亨:《老子注释》二十五章,郑州:河南人民出版社,1980年,第63页。
④ 杨伯峻:《孟子译注》卷十四"尽心章句上",北京:中华书局,1960年,第302页。
⑤ 章诗同:《荀子简注》"王制",上海:上海人民出版社,1974年,第85页。
⑥ 苏舆:《春秋繁露义证》"人副天数第五十六",北京:中华书局,1992年,第354页。
⑦ 陆九渊:《陆九渊集》卷三十五"语录下",北京:中华书局,1980年,第455、456页。
⑧ 陈致虚:《中国道教丹道修炼系列丛书　上阳子道言》,北京:宗教文化出版社,2013年,第97页。
⑨ 锺离权:《灵宝毕法》卷上"小乘安乐延年法四门·匹配阴阳第一",中国古籍库《道藏》明正统本(内蒙古版本)。
⑩ 周伟良编著:《〈易筋经〉四珍本校释》后附《洗髓经》,北京:人民体育出版社,2011年,第332、337页。

望时而待之,孰与应时而使之!因物而多之,孰与骋能而化之!思物而物之,孰与理物而勿失之也!愿与物之所以生,孰与有物之所以成!故错人而思天,则失万物之情。①

荀子好大口气!但到陆王心学讲"吾心即宇宙"②,更把这种认识推到了极端。

人与自然物类的位置有等差,这在孟子那里说得很明白:"无恻隐之心,非人也;无羞恶之心,非人也;无辞让之心,非人也;无是非之心,非人也。恻隐之心,仁之端也;羞恶之心,义之端也;辞让之心,礼之端也;是非之心,智之端也。"③这就是四个"善端"。而这四个"善端"是只有人才具有的,没有,就不是人,是畜生。这也就是"衣冠禽兽"等语词的由来。养宠物的人常说动物比人好,人心险恶,人比野兽可怕,这是现代人嘴里常冒出的,但我们古人从来没有说过。佛教一方面讲"众生平等",但另一方面又把宇宙生命体分为十类:佛、菩萨、缘觉、声闻,是为四圣;天神、人、阿修罗(魔神)、傍生(畜生)、鬼、地狱者,是为六凡。六凡中的人,比畜生还是要高出两个等级。中国化了的佛教禅宗和儒家的话差不多,如《长松茹退》就说:"天地可谓大矣,而不能置于虚空之外;虚空可谓无尽也,而不能置于吾心之外。"④还是以人为中心。

以人为自然中心的中国文化特征,明显的符号象征为太极图,即所谓"其外一圈者太极也"。太极图是圆形的,或者说就是一个圆。传统讲"宇宙是为一大太极,人是为一小太极",这个圆既是自然,也是人,人在自然中。但自然为大太极,人为小太极,小太极是大太极的浓缩,是大太极的精华,自然在人的四围。

西方文化的求知,认为人对于宇宙物质的探索和科学技术的发明,是无所不知无所不能无穷尽的;中国文化的求知,认为人对于人伦世界的建构和精神智识的完美,也是无所不知无所不能无穷尽的。对人在世界上的地位的认识,中西哲人并无什么根本不同。荀子说:"《传》曰:'万物之怪书不说。无用之辩,不急之

---

① 章诗同:《荀子简注》"天论",上海:上海人民出版社,1974年,第183、184页。
② 邹元标:《愿学集》卷八"书象山先生语略后",见《四库全书》文渊阁本"集部六·别集类五"。
③ 杨伯峻:《孟子译注》卷四"公孙丑章句上",北京:中华书局,1960年,第80页。
④ 释真可:《紫柏老人集》卷五"长松茹退",中国古籍库明天启七年释三炬刻本。

察,弃而不治。'若夫君臣之义,父子之亲,夫妇之别,则日切磋而不舍也。"① 这就是中国古代文明高度发达,但科学高度不发达的原因。西方人把自然当作对象,因此还有认知探索它的激情,这就是科学产生的原动力。中国人把自己当作自然中心,连认知探索自然的激情也没了,整天自恋般地探讨自身人伦问题。

说天人合一离不开老庄,那我们看看老庄怎么说的。

老子主张"绝圣弃智""绝仁弃义""绝巧弃利",要求人们"见素抱朴""少私寡欲""绝学无忧",讲"道大,天大,地大,人亦大。域中有四大,而人居一焉。人法地,地法天,天法道,道法自然"。② 表面上看,老子要人们回归自然,但即便是人效法自然,人也不是自然,也是在自然面前,面对着自然;虽然在"四大"中人排在最后,但人还是和天地序列,人还是和自然区别开来。老子不满意他所处的时代,他的理想的人类社会是"小国寡民,使民有什伯之器而不用,使民重死而不远徙。虽有舟舆,无所乘之;虽有甲兵,无所陈之;使民复结绳而用之。甘其食,美其服,安其居,乐其俗。邻国相望,鸡犬之声相闻,民至老死,不相往来"。③ 但老子的退回去,只是退回到简单生活的人类原始,而并没有退回到动物自然。虽不用,但有十倍百倍功效的工具了;虽不迁徙,但知道怕死了;虽不乘坐,但有"舟舆"了;虽然不列阵,但有"甲兵"了;"甘其食",肯定不是茹毛饮血了;"美其服",显然是有蔽体御寒的衣裳了;"安其居",显然是有遮风挡雨的房屋了;"鸡犬之声相闻",那已经是有家禽家畜了;结绳记事,"乐其俗",那已经是有初步的文字文化了。细读《老子》,他哪里是无欲归真崇尚自然,"道常无为而无不为"④,只有人,才能想得做得更聪明狡猾。

庄子仿佛也不太喜欢文化社会,他说子贡过汉阴,见"一丈人方将为圃畦,凿隧而入井,抱瓮而出灌",而不用名叫"槔"的井上汲水机械。丈人的理由是:"有机械者必有机事,有机事者必有机心。"⑤ 庄子是赞同丈人的。但"凿隧",毕竟也是在改造自然了,"抱瓮",毕竟还是在使用工具了,灌溉本来就是农业文明诞生后的事情,这离动物的捕猎采集已经很远了。人生如梦,这句话实际上最早是庄

---

① 章诗同:《荀子简注》"天论",上海:上海人民出版社,1974 年,第 182 页。
② 高亨:《老子注释》二十五章,郑州:河南人民出版社,1980 年,第 63 页。
③ 高亨:《老子注释》八十章,郑州:河南人民出版社,1980 年,第 165 页。
④ 高亨:《老子注释》三十七章,郑州:河南人民出版社,1980 年,第 84 页。
⑤ 曹础基:《庄子浅注》外篇"天地第十二",北京:中华书局,1982 年,第 175 页。

子说出的,老婆死了,他不悲伤也就算了,竟还"箕踞鼓盆而歌",仿佛是把生死看淡,顺其自然了,但看《庄子》中的《大宗师》《德充符》等章里的"真人",那就是后来道教要修炼成为长生不死"仙人"的滥觞。而长生不死,那是自然吗?庄子还借孔子的口说:"死生亦大矣,而不得与之变;虽天地覆坠,亦将不与之遗;审乎无假而不与物迁,命物之化而守其宗也。"①不管这里庄子说的是人还是道,那都不是自然而是超乎自然。他还说:"庸讵知吾所谓天之非人乎?所谓人之非天乎?且有真人而后有真知。"②看来人还是在道之先的。

印度教和佛教很大程度上保存着一种自然崇拜,所以印度仍然保持着20%的森林覆盖率,牛就在大街上闲逛,野生动物也基本上维系着生存,最早登上珠穆朗玛峰的人之一——尼泊尔的夏尔巴人詹姆林·诺盖伊之子丹增·诺盖伊"回忆他的攀登时候总是说,'每用冰镐凿下冰岩,我都要企求圣母的饶恕,害怕敲凿会弄疼了珠峰,害怕自己的行动亵渎了大自然的神灵'"。③但印度人口爆炸,数量即将超过中国而居世界第一,似乎也在证实,即便如印度教佛教文化,也难称是与自然完全和谐的文化。

毫无疑问,老子、庄子、释迦牟尼等智者,显然认识到了人与自然相脱离背离的问题,他们拿出了解决的方案,但也没能最终解决问题。

福山指出:"现代自然科学确立了一个统一的经济生产可能性范围,技术能使财富无限地累积,并因此满足了人类欲望无休止的膨胀。这个过程使所有人类,不论其历史渊源或文化传统,都必然走上一条不可逆转的同质化道路。所有正在进行经济现代化建设的国家肯定会越来越相似。""科学作为一种社会现象,它的发展不仅是因为人对宇宙好奇,而是因为科学能满足他们对安全的欲望,以及对无限制地获取物质财富的欲望。"福山强调:"人类的门前已经没有对现代自然科学的威力一无所知的真正野蛮人。"④这是现代人类的共同态度,没有一个国家、民族或文化、文明会有例外。

---

① 曹础基:《庄子浅注》内篇"德充符第五",北京:中华书局,1982年,第73页。
② 曹础基:《庄子浅注》内篇"大宗师第六",北京:中华书局,1982年,第88页。
③ 孙宏、徽舟:《人与自然,对立还是和谐》,见《华夏人文地理》2003年第15期。
④ 福山:《历史的终结与最后之人》"代序",北京:中国社会科学出版社,2003年,第5、91、99页。

第二节　武术：一种艺术性质的微妙

　　自然在人四围，自然在人对面，都是人与自然对立，都是人类中心，都是对自然妄自尊大的方式。但若真要比较与自然脱离的程度，前者可能比后者更甚。

　　科学和艺术是人类脱离自然的两大路径，这里以艺术为例：

　　人体、山峦、树木、花草固然美，但那是自然，而非文化；是自然艺术，而非人的艺术。西方传统的艺术方法是使人的艺术直接通达自然艺术，或者说是模仿自然的艺术，于是讲究严格的比例透视，逼真酷似，从古希腊自然主义古典绘画雕塑开始，直至现代摄影摄像，无不如此。除了中世纪把精神表达置于形象逼真之上的教堂作品——但这种神学绘画未成气候，达·芬奇很快就复兴了古希腊的理想自然主义，微笑的蒙娜丽莎并不是只存在于我们想象中的完美仙女，她就是现实中一个自然健康的妇人。除了现代艺术先锋和印象派梵高，但梵高在印象派中也是例外，绝大多数印象派画家，都不过是在逼真的环境自然和人体自然上，再蒙上了一层朦胧纱雾而已。西方文化站在自然对立面，自然与艺术泾渭分明，艺术在模仿自然。西方艺术对人体美的极端崇尚，实际上是对自然和自然杰作的极端崇尚。西方体育讲究发达的肌腱、匀称的肢体，无疑也完全遵循着这一审美原则。

　　都说追求人与自然的冥合是中国艺术的最高境界，其实不尽然。中国艺术似乎自然与艺术融为一体，艺术总在表达自然，但这个自然早已不再是原本的自然。画上的花鸟，庭园的山水，盆景的石木，是自然，似自然，又不是自然，不似自然。中国画无论人物、山水、花鸟，主流是写意，不取形似而求神似。中国绘画主张师法自然，但唐代画家张璪说："外师造化，中得心源"[1]；宋代画家范宽说得好："前人之法，未尝不近取诸物。吾与其师于人者，未若师诸物也；吾与其师于物者，未若师诸心"[2]。清代石涛的口气更大："太古无法，太朴不散，太朴一散而法立矣。法于何立？立于一画。一画者，众有之本，万象之根；见象于神，藏用于

---

[1] 张彦远：《历代名画记》卷十"唐朝下"，见《四库全书》文渊阁本"子部八·艺术类一·书画之属"。
[2] 佚名：《宣和画谱》卷十一"山水二·范宽"，见《四库全书》文渊阁本"子部八·艺术类一·书画之属"。

人,而世人不知,所以一画之法,乃自我立。立一画之法者,盖以无法生有法,以有法贯众法也。"①"我之为我,自有我在。古之须眉,不能生在我之面目;古之肺腑,不能安入我之腹肠。我自发我之肺腑,揭我之须眉。纵有时触着某家,是某家就我也,非我故为某家也。天然授之也。我于古何师而不化之有?"②这样的话,是他们于艺术之心得,也是中国画主流写意法则的基本理论,当然它本来出自我们祖先的哲学认识。

文学亦然。杨文虎说:"由于构成材料的经验外观特性,我们通常更容易看到文学形象和生活相似的一面。西方的模仿说就是据此来断定艺术的本质的。但正如近代以来人们所认识的,如果艺术仅以追逐自然为目的,那就像蚂蚁追赶大象一样永远也追不上。艺术永远不可能像生活本身一样。艺术的奥秘与其说在贴近世界这一面,不如说在背离世界那一面。在这方面,东方艺术更接近缪斯的真髓。似,是模仿,是照搬。尽管也不一定容易,但决不是创造。不似,是背离,是创造。尽管看似容易,但决不是胡闹。"杨文虎还引用德国哲学家恩斯特卡希尔的话来强调:"为达到最高的美,就不仅要复写自然,而且恰恰还必须偏离自然。规定这种偏离的程度和恰当的比例,成了艺术理论的主要任务之一。"③

举书法例子更能说明问题。林语堂称:"中国书法的地位是以在世界艺术史上确实无足与之匹敌者。"他最主要的理由是:"欣赏中国书法,意义存在于忘言之境,它的笔画,它的结构,只有在不可言传的意境中体会其真味。在这种纯线条与结构美的魔力的教养领悟中,中国人可有绝对自由贯注全神于形式美而无庸顾及其内容。一幅绘画还得传达一个对象的物体,而精美的书法只传达它自身的结构与线条美。在这片绝对自由的园地上,各式各样的韵律的变化,与各种不同的结构形态都经尝试而有新的发现。中国之毛笔,具有传达韵律变动形式之特殊效能,而中国的字体,学理上是均衡的方形,但却用最奇特不整的笔姿组合起来是以千变万化的结构布置,留待书家自己去决定创造。"④艺术最贵创造,书法纯是创造。为世界艺术之"极致"的书法,也说师法自然,但实际上却纯粹是

---

① 《中国书画名家画语图解·石涛》第一章"一画阴阳论",北京:中国人民大学出版社,2003年,第1页。
② 《中国书画名家画语图解·石涛》第九章"借古开今论",北京:中国人民大学出版社,2003年,第177页。
③ 杨文虎:《文学:从元素到观念》,上海:学林出版社,2003年,第22、23页。
④ 林语堂:《吾国与吾民》,西安:陕西师范大学出版社,2003年,第278、279页。

人的感觉、情感、精神的抽象表露。

一味向自然艺术靠近的结果是使得西方艺术带上浓厚的技术化倾向,而一味抽象创造的结果是使得中国几乎所有文化形态都带有艺术化倾向。都说中国文化为审美文化,实际上也就是说中国文化是艺术文化。如果我们放弃"自然艺术""人的艺术"这样的提法,把艺术定义为人自己专为审美的创造,那中国艺术比西方艺术,恐怕来得更为地道和纯粹。所以有人说:"如果艺术仅以追逐自然为目的,那就像蚂蚁追赶大象一样永远也追不上。艺术永远不可能像生活本身一样。艺术的奥秘与其说在贴近世界这一面,不如说在其背离世界那一面。在这方面,东方艺术更接近缪斯的真髓。"[①]毕加索、张大千曾经的晤面,被人称为东西方绘画巨擘的一次历史性会触,但笔者相信,毕加索见到张大千时,一定小巫遇大巫,他内心一定有几分惶恐。毕加索的作品,虽然突破了西方古典绘画的现实主义,但他的画面给人的几何、解剖的感觉,仍是技术性的;他表达的东西,还是没有摆脱自然。也难怪毕加索要学齐白石,说中国人最懂艺术最有艺术,并说他对中国学生到巴黎来学习艺术感到不解。中国艺术的确无与伦比。

中国武术放弃人体自然的审美追求,鄙薄肌肉,不重力量,而去玩味所谓内力和"神韵",放弃自然舒展的表露,而去弓马仆虚趴在地上游走,站桩弄成 O 型腿,追求折叠美、扭曲美,与中国文学艺术如出一辙。但如果说武术有一种脱离自然的艺术性质的微妙,除了神韵之类的艺术追求,更在于武术"无限完美"的艺术要求。

技术和艺术都在追求一种完美。技术追求的完美建立在精确实用的基础之上。而艺术则不然,艺术追求的完美是一种在审美上无限发展的完美。技术化倾向很浓的西方竞技运动,前者特征十分明显。例如百米短跑项目,对运动员起跑动作、步幅、频率、手臂摆动姿式,乃至运动员所穿衣服、鞋子、跑道质地的精密研究,都是为了达到一个目的——让运动员跑得更快,成绩更好。而艺术化倾向很浓的武术,则明显带有后者的特征。但这也就往往背离了"武"或体育运动的宗旨。

前章已经谈到,套路中的"花法",即那些所谓"中看不中用""左右周旋,满遍花草"的形式,从技击角度讲是完全多余的,所以遭到了中国古代不少唯重实战

[①] 杨文虎:《文学:从元素到观念》,上海:学林出版社,2003 年,第 22 页。

的军队将领的严厉批评。但连贯、流畅、衔接、夸张的花法动作,填补了实用技术动作无法填补的作为艺术完美不应有的空缺。

谁都知道梅花桩。但梅花桩原本意义,可能许多人已只知其然不知其所以然。

说来不玄,梅花桩,其实就是一种作为习武初步的使身桩和步法规范法、标准化的动力定型,以及提高身体控制能力和平衡能力的方法。举个例子,一般而言,两脚跨立距离越开一些,人也就立得越稳一些。于是人就形成了一个无意识的动作,就是搏击实作时候两腿越站越开。但这种越站越开的情况却是武术一大忌,它影响步伐移动、重心转移、退却进攻的速度。有人指导学生练功,让学生在两脚踝处拴一根绳子,绳子的长度,就是步伐允许的最大长度。这样不用多久,站大步的毛病就可以改掉。这就是一个动力定型方法。

再举个例子,拳击要求,为保持身体足够的弹性,保持一种不须再有引发动作即可移动的状态,除两腿弯曲外,还要求拳手基本采用前脚掌着地的姿式。但许多人习惯了全脚掌着地,改不过来。于是有人让学生在脚后跟上用一块胶布贴上一块石子,这样想放下脚后跟也放不下来了。跳上几天,就习惯了前脚掌着地的步法。这实际上也是一种动力定型的方法。

梅花桩实际上与之非常相似。梅花桩直径只有那么点大,练习者只有脚趾掌用力并要踩准才不会掉下来;梅花桩间距是固定的,你步伐只有迈得如要求的那么大,才能正好踏上。在梅花桩上反复转走,有些时日,正确动作就会定型。"学拳容易改拳难""百日功不退",学错了动作很难纠正,但正确动作一旦定型,也很不容易还给老师。于是,梅花桩作为一种效果不错的练功方法,长期以来在许多拳种门派中被广泛采用。

但为达到这样的目的,作为一种基本功法或练习手段的梅花桩,高度有半尺、一尺足矣。练习内容,亦不过按拳套进退转走,或按双人规定动作对练。八卦掌的"走砖",和梅花桩实际上就是一码事。实在没有桩,地上画个圈也一样练。民国初年著名武术家韩其昌,所练拳法名称即为梅花桩。一些回忆文章说:这种梅花桩拳早先是在桩子上练,要栽一百根桩子,拳按天干地支分作五式,五式宛如梅花开放,行步三法又宛如梅花枝干,所以又有"干支五式梅花桩"之称。后来,因栽梅花桩花费太大,又很麻烦,练功时便不再栽桩,但仍保持了它的动作和上、中、下三盘练法,在名称上加"落地"二字,于是又叫"落地干支五式梅花桩"。① 梅花既可落地,看来梅花桩的桩确实不需要很高。

然而在"无限完美"艺术原则的要求下,在艺术表演需要的要求下,梅花桩越栽越高,甚至有了高达一丈二尺的高桩。梅花桩上的练习内容,竟至有了模拟实战对打和翻跟头。对于一种搏击术来讲,在这种高桩上慢吞吞、颤巍巍地对打、翻跟头,无疑毫无必要,毫无意义。但对一种艺术要求而言,无限完美却又是当然。

久而久之,一般人们便只了解作为武术艺术的梅花桩,而不再了解作为武术搏击基本训练手段的梅花桩了。于是,梅花桩就成了越高越好,梅花桩上的表演就成了越花哨越好。

因为同样的原因,本来是抓筋拿穴基本训练方法的"指禅功""一指禅",也变成了最高艺术指标追求。

指比拳长,"一寸长一寸强";指面积比拳小,如发出力量一样大,则指的接触点当有更大压强;穴位面积小,有的更深藏体内,用指也比拳掌有效。所以,达之《少林拳法精义》便云:"战斗的时候,使肩莫如使肘,使肘莫如使腕,使腕莫如使掌,使掌莫如使拳,使拳莫如使叩,使叩莫如使抓,使抓莫如使指,使四指莫如使三指,使三指莫如使双指,使双指莫如使单指。单指之功至,手之运用毕。"②但美中不足的是,一般人手指都相对不够粗壮有力。而指禅功,就是增强指力的功法。

所谓"一指禅"功,原是指搏击时,使用一指攻击对手。并不是练习一定要使一指完成什么动作。如《少林拳术秘诀》云胡某此功练到十年时,"渐觉一指如铁,周身之力,皆贯注之,偶与人搏试。以一指御之,当之者辄披靡。因是知一指之效,其力胜于拳掌万万。古语所谓'一指之力,可以搏千斤'者,真无愧也"。所云一指都是指搏击时的手段或状态。胡某如何练习呢? 文中云:"胡氏自十年后,更精进不已。始则用双推手而变掌为指。继则不用双推等法,每日用左右两食指尖,伸直而按于墙壁上,足自后退,身向前扑,如是则两指受力。初时以身扑攒二三十度,指力似觉不能支,因身重而指力微也。迨经过三十余年,日习而不辍,则更进一法,用两指尖着地,直身蹲伏,以首向前攒扑,如虎之伸腰式。如是

---

① 张宝瑞:《北京武林轶事》,北京:北京燕山出版社,1987年,第302、303页。
② 达之:《少林拳法精义》,无谷等编《少林寺资料集》,北京:书目文献出版社,1982年,第75页。

则两指之受力甚重,惟因练习既久,两指若钢锥插地,毫无屈曲痛苦之状。虽以身蹲伏连扑攒数十次,尚不觉其困。至此境界,其神通真不可思义也。"[①]已被称为"神通不可思议"的胡某的"一指禅",练习时并未追求以一指完成什么,只是以左右手各一指代拳、肘,反复练习着北派拳术常见的侧身只手的俯卧撑——"铁牛耕地"。实际上并不神奇。

然而不知从什么时候起,"一指禅"竟被偷梁换柱成了以一指倒立。海灯法师完成的动作,与上面《少林拳术秘诀》中胡某的大致相同,海灯法师的功力,以一指点击沙袋,簌簌见沙。胡某已被称为"神通",以原来的意义论,海灯法师"一指禅"功夫,已堪称不凡。但有人却以偷梁换柱后的"一指禅"——一指倒立——要求海灯法师。海灯的确从未完成过一指倒立,于是海灯又被人攻讦为骗子。

近来又见报道称,有一些人能够完成"二指禅"(其实这也就是"一指禅""指禅功",人们以新概念定名,既是二指倒立,那只能算是"二指禅")。然而,到目前为止,还没有谁真正完成一指倒立——"一指禅"。这个类似歌德巴赫猜想的金字塔顶尖,还吸引着不少人在朝其奋进。

海灯法师晚年手指已残畸变形。是否海灯法师也被人们的普遍认识所引导呢?是否海灯法师也不自觉地和这种认识一致呢?不得而知。指禅功是为了练就克敌制胜的硬功,但是残畸的手指又如何克敌制胜呢?

这如果不从艺术无限完美角度而仅从技术、实用角度去理解,只会觉得不可思议。

排打功是中国武术习练者必须经历的功法训练,其目的是使身体具有相当程度的承受打击能力。峨眉派僧门又有"对接"的打法,即估量对手承受打击能力不如自己,便采用与对手出手交叉的方法,硬接对方拳脚,不躲不闪,而在对手击中自己时也同时击中对手。一击换一击,如对方功力不如自己,这一招往往奏效。自己还能忍受,对方却已疼痛难忍甚至骨折呕血。

但这种排打功的实际效果并不是无限的,峨眉派僧门将之比喻为"铁柜子装碗"。意思是人的肢体外形经过排打,的确能达到相当的坚硬程度,这就犹如柜子。但人的五脏六腑,却没法练得同样坚硬,这就犹如脆弱易碎的瓷碗。在打击

[①] 《少林拳术秘诀》第十章"南北派之师法",太原:山西科学技术出版社,2009年,第97、98页。

力量不大的情况下,铁柜子毫无疑问能承受,瓷碗也不会破碎。但如果打击力量很大,铁柜子猛烈摇晃起来,铁柜子可能完好无损,但里面瓷器却早已破碎。中国武术某些拳种依其特殊训练方法,如击其前胸,意念达其后背,长期练习,能产生一种特殊的穿透力,更容易造成人体内部伤害。所以峨眉派僧门强调:排打功作用并不是无限的,"对接"打法,必须慎用。

然而有许多人却认为这种排打功是无限神功,从"铁布衫""金钟罩""铁菩萨"等称呼,就可看出这一点。而这种艺术追求的完美极端,即义和拳民高喊的"刀枪不入"。

稍具体育运动常识的人都清楚,竞技比赛中,胜利者的优势往往极为微弱,特别是在实力差距不大的情况下。游泳与短跑就差那么零点零几秒,体操就差那么零点零几分,拳击以点数胜就差那么几点——即使实力差距较大,也不可能出现胜利者跑完一百米,进一百个球,有效击中对手一百拳;而失败者才跑完一米,未进一球或一拳也未击中对手的情况。比如拳击比赛,我们便见惯了胜利者虽然赢得了比赛,却也站立不稳,满脸青肿的情况。

然而中国武术家不这么认为。行拳搏击过程,不仅要优美从容,而且要赢得干净利落,滴水不漏。要百分百地战胜对手。

武林常有比武的事,这种私下相约的比武,不同于有严格规则的正式擂台赛。通常都是双方临时约定:或者不叉眼、不锁喉、不撩阴;或者点到为止;也有约好不以任何规则限制,声言"打死不报官"的。但即便定有规则,通常最后打红了眼也就顾不了许多,再加上这种比武通常都与仇隙有关,所以,与正式的比赛相比,要激烈许多。即使一方大获全胜,对手最后是被抬走的,但他脸上也狠狠地被对手打了一拳,一大块青紫。若有人向他庆贺,他会捂着脸摆摆手一个人走掉。为什么?脸上青紫一大块,用武林行话来说是叫"花了脸",花了脸还有什么脸面,他虽然赢了,但也会觉得这样很丢人。

四川尚武之风炽烈,民国时期的成都,在道教寺观青羊宫(后移至少城公园)年年都要举行擂台赛,因胜者要颁予金章(金牌),所以旧成都人称这种擂台赛为"打金章"。某年打金章,身高一米九,体重两百斤,力大无穷,浑身都是毛的僧门刘教古派蓝伯熙,与另一好手,个子很矮的杜门王映舟相遇。交手几个回合之后,蓝伯熙用擒拿手锁住王映舟,一下子把他举在空中,旋两圈后顺势抛下擂台。殊不料身灵法快的王映舟在半空中扯了一个"倒提"(即空心跟斗),落下擂台竟稳稳站住,观众喝采不已。按打金章规则:见红(出血)全输,散桩(倒地或站立不稳)全输,下擂台全输。但结果出来,裁判竟判了"双胜"。① 没什么可奇怪的,裁判这么判自有一番道理。蓝伯熙没有百分之百战胜对手,而王映舟干净利落地转危为安。

《水浒传》中有这么一段故事,大名府留守梁中书要抬举杨志,怕众将不服,便在校场演武试艺。杨志与周瑾都把枪"去了枪尖,都用毡片包了,缚成骨朵,身上各换了皂衫,各用枪去石灰桶里蘸了石灰"。斗了几十个回合后,"看周瑾时,恰似打翻了豆腐的,斑斑点点,约有三五十处。看杨志时,只有左肩胛上一点白"。② 杨志固然武艺高强,但如果他是与一个不会功夫的人较量,倒有可能是这种结果,周瑾既称为"弓马娴熟",怎会如此。但类似的故事,在有关武术家事迹的记述中极多。

所谓"拟想",是艺术特别是中国艺术的显著特征之一。林语堂曾说:"中国人拟想的典型,其幻像非若高翔九天之上,而将心上的幻影披以奥妙,予以人类之情感与忧郁。它具有一种蛊惑的美点,使人信以为真,不求完全合理,亦不可明确地解释。中国人之幻想的美质一向未为人所注意。"③有关武术的这些现象,显然与直指无限完美的这种艺术的"拟想"有关。

又比如,再厉害的职业篮球明星也不可能在场上单独对付五个一般的篮球爱好者。其他体育项目也应同理。但在中国武林传说中我们却见惯了某武术家轻易放翻几十名恶汉的事迹。《少林拳术秘诀》载有滕黑子在汉镇泊舟码头率湘人抗川、鄂人欺侮之事。其文云:"川、鄂人见滕人少,遂群起持木棍攒殴,滕即腾身跃起,霎时间,川、鄂人之被抛入江者数十人,余均鼠窜而去。追次日,川、鄂人呼群而至,人约千余,滕更空拳出而相搏,当之者无不抛掷数丈外。且奋斗时,人只见滕氏如怒鹘横空,往来搏击,捷若闪电。此役也川、鄂人之被击及沉没江心已死者约百余人。"④这个故事本载于杨可农的《江汉琐言》,但作为一部武术专著的《少林拳术秘诀》竟相信了这种一人赤手空拳能在千余人中横冲直撞的神

---

① 彭元植:《解放前的四川武林和我的习武生涯》,见《四川文史资料选辑》第三十九辑,成都:四川人民出版社,1991年,第118页。
② 施耐庵、罗贯中:《水浒传》,凌赓等校点,上海:上海古籍出版社,1988年,第173、174页。
③ 林语堂:《吾国与吾民》,西安:陕西师范大学出版社,2003年,第79页。
④ 尊我斋主人:《少林拳术秘诀》第十章"南北派之师法",太原:山西科学技术出版社,2009年,第81页。

话。在古典小说中,这更被夸张成了诸如"力敌万人""一人当关,万夫莫开""万马军中取上将首级,如探囊取物耳"等。虽然是文学,但它表达的,其实正是作者、读者甚至武术人对武术艺术化无限完美的理想追求与认识。

众所周知,一个人的运动生命是有限的,或长或短,巅峰期一般都在青壮年时终止。不可能期望一个上了年纪,力量、反应、速度、耐力、柔韧等各项身体素质指标退化,皆不能与年轻人和他自己年轻时相比的体育明星,还能正式参加比赛并创造优异成绩。

但一般中国人甚至武术人都不这么认为。武术家当然是越老越好,越老功夫越深。一个只练了五年拳的人和一个练了五十年拳的人怎么可以同日而语。

我们没有见过也没有听说过,一个田径或球类运动员,终身都在刻苦地进行专业训练以企图提高成绩和水平。我们只见过或听说过,这些人改行经商了,退役了,或者从事和原来专业仍有关系的职业,也就是当教练员了。然而我们却不难见到,不少中国武术家毕生都在身体力行地刻苦练功,刻苦钻研,孜孜不倦。

师从清室封号"御翻子"的魏赞魁,精于戳脚翻子拳技,外号"花鞭"的著名武术家吴斌楼,一辈子都是早晨三时练武,五时教场,九时收场,练功不止。熟悉武术的人都知道,戳脚是一种以腿法为主的拳术,武松醉打蒋门神用的"玉环步、鸳鸯腿",就是典型的戳脚中的腿法。戳脚飘、坡、蹶、撩、圈、抹、跺、戳等几十种腿法中,极多上盘攻击。对一般人而言,进入老年还练这种拳法,简直是难以想象的事。而吴斌楼直到七十九岁时,还每天练此拳法不辍。看看吴斌楼是怎么去世的,就更为感人了。《花鞭吴斌楼传奇》说:1977 年冬的一天凌晨,"吴斌楼来到寂静无人的街上,扫出一块场地就练起来。雪后晨风使他神清气爽。他越练越带劲,竟不顾年事已高,骨质疏松,练起了空中踅身。柏油路上披了一层冰甲,一般人走路也打滑,耄耋老者翻筋斗岂不是太冒失了。头一个踅身稳稳地落了地。可是第二个踅身落地时,他脚下一滑,重重摔倒在地,胯部一阵巨痛,豆粒大的汗珠滚了下来——经医生诊断,他的髋骨粉碎性骨折"。[①] 吴斌楼终于卧床不起,直到去世。

吴斌楼近八十岁高龄,为什么还要练极多上盘腿法的戳脚翻子,做那高难度的空中动作呢?

[①] 张宝瑞:《北京武林轶事》,北京:北京燕山出版社,1987 年,第 253 页。

民国三十四年（1945），景书堂便以精湛武功勇夺成都金章擂台赛金章第一，并且连拿三届。景书堂是成都最著名的武术家之一。有人采访他后说："景先生的住处不难找，成都市区东南一处不太喧闹的小街上，老远便可看见一块招牌上'景书堂中医师'几个大字。景先生又是中医师。中午时分，没有病人，进得门来，是一处院落，院里显然住了好几家人。正不知景书堂先生住在哪间屋里，却听得身旁传来阵阵'咚咚咚'有节奏的声音。我心中一动，走进窗前，隔着窗户往里一看，只见一位老人，正襟危坐，面前小凳上放着一条沙袋，正卷起袖排打双臂双手。不用问，这正是景书堂先生。落座寒暄已毕，当我问起景先生是否每天练功时，72岁的景先生告诉我说他每天都这样练功，因为从不生病，所以也从不间断。说着景先生笑着伸出他的两条又粗又大的胳膊说：'你咬咬试试。'我用手捏了捏，坚如铁石，肯定咬不动，没咬。朋友不知深浅，却说：'我真咬了？'说着说着便猛地咬了一口。朋友脸上的表情是一愣，显然没咬动，他用力又是一口，仍然没咬动，松开口无可奈何地摇摇头。景书堂先生哈哈大笑起来，'当初贺龙的警卫员都没咬动'。景书堂的铁胳膊在成都武林是很有名的。据称，即使是在他已届高龄的今天，全成都依然找不到敢跟他靠臂三百的人。"[①]

七十多岁的景书堂先生再也不会上擂台了，他也不是锦衣卫大内高手或职业杀手，他老年还每天坚持刻苦练功，练出这么两条铁胳膊做什么用呢？

农业生产对经验的依赖，使得老年人在农耕民族成为一种财富，中华民族特有的敬老精神和"孝"的观念，就是这样产生出来的。武术家年纪越大武功越好的这种认识，实际上一定程度上是人越老越有生产经验的类推。

中国武术的深奥与博大众所周知，在短时间内，绝不可能练至高深的境界。拳击、摔跤之类，身体素质好，练几个月就能上场比赛甚至取得不错的成绩。但武术练几个月，怕是才刚跨进门槛。"师傅带进门，学成在个人"，只可意会，不可言传，武术传承实际上无法行诸文字，非耳提面命无法掌握，非有特殊天赋，广泛修养，悟性极高，无由臻极境。常言道："十年太极。"并非夸饰。所以，武术又被称为"功夫""工夫"，练武术称为"练功夫""打熬工夫"。这也是人们认为武术家越老功夫越好和武术家终身练武不辍的原因之一。

然而武术家毕竟不是越老越能打，成都民国年间历年的"打金章"，年纪最大

[①]《铁臂景书堂》，见《成都晚报》，1994年9月21日副刊。

的选手也不过五十多岁,而且这已非常罕见。

然而人们仍坚持认为武术家是越老功夫越好,武术家们仍我行我素。原因只有一个,武术并不是一个简单的"打"字,打也不是简单的打。看老武术家打拳,虽然动作可能慢一些,行动迟缓一些,但总有着年轻人打拳打不出的一种很厚很重的东西。

物理学认为力量等于速度乘以质量。质量是不变的,那么力量的大小只与速度有关。但武术大师却真能做到点到为止,速度不变却可以任意调节力量。运动员只要求赢,武术大师却要求赢得漂亮。凶狠的打手是将人打倒,将人骨头打断;武术大师往往只是把人发出,发出后或许在你跌倒前又将你拉住。打手是把人打死,大师打人是把人打服却又不伤人,或者打昏了再救活。

这就是艺术的功力与魅力。

武术不单纯是体育,不单纯是运动,也不单纯是杀人术。武术是一门艺术,艺术的追求与完成是没有止境的。只有穷尽毕生精力,锲而不舍,才能臻炉火纯青之境。于是武术家就成了越老功夫越好。

仅从技术的角度讲,中国武术也无愧于博大精深的赞誉。可以毫不夸张地说,中国武术包容了世界上所有武技的技术内容。熟悉中国武术的人们不能不惊叹那些进攻、防守、反击不计其数的复杂完备、无懈可击、变化无穷的技术。

八卦掌基本掌法为八掌,一掌可以化为八掌,八掌又可化为六十四掌;戳脚的"八根",可以演化出几十种类型的踢法,连手短打是"大手套小手,小手穿插手,抬手带打手,一手接一手"。擒拿切、点、搬、分、封、锁、扣、压、拧、转,擒拿——解脱——反拿,环环相扣。人称"七十二拿",以喻变化多端。

若干母手,一个母手又包含若干子手。逢山开路,遇水架桥,见招拆招。表面上看来,这些技术是实用技术,但仔细推敲却未必。一般而言,实战搏击,最有效的手段,往往就是最简单的手段。两点间最近的距离是直线,所以就拳法而言,使用频率最高,威力最大的,也就是简单的直拳。武林谚语"以圆破直,以直破圆",是很能说明问题的。对手拳法又快又重,不能硬接硬挡,那只好"四两拨千斤",这是"以圆破直"。速度再快些,力量再大些,使对手连化掉的反应也出不来,这是"以直破圆"。"千有改,万有改,硬快没有改""半步崩拳打遍天下""千招会不如一招熟",都是在讲这个道理。

擒拿术无疑是高层次的中国武术技术。据说,美国警察较早的格斗训练均习擒拿术。但许多已较熟练掌握此高层次武技的警察,在执行任务时却往往败在暴徒疑犯凶狠的重拳和膝撞之下,以致警方不得不制定新的训练方案。显然,实战中能派上用场的,主要是基本技术。这些基本技术,各种武技大同小异,谁胜谁负,乃视其功力高下和其他因素而定。今天不少中外武术爱好者对散手运动不以为然,以为失掉了武术的特色,未能打出武术的本来面貌。原因之一便是,脱掉武术纯艺术化、神秘化和致伤致残致死技术这三张面纱,努力把武术变成一种搏击运动送上前台,好看不好看,它只能是那个样子。

大庙碑林,常有人三五成群站在对联碑文前,指手画脚,面红耳赤,争论某个字怎么念。争来争去往往没有结果,那龙飞凤舞的字绝大多数人根本无法辨识。一如绝大多数人不识的草书,亦不能用于书信一般,绝大多数武术手段,在绝大多数习武人那里,已很难用于实战。在看惯了武侠小说和功夫片的人们心目中,武术是无限艺术化的。宣扬和信奉武术拥有无限神功,在很大程度上是艺术思维、艺术要求追求无限完美的结果。

太极拳家吴图南,据说终生未曾与人真正交过手。一种专业技能从来派不上用场,这在科学技术、竞技运动领域是绝对不可能的。但这却让人想起毛姆的小说《月亮与六便士》。小说中主人公是个画家,在南太平洋岛上终身作画,却始终没有画出使他满意的画来。最后,他在他小屋墙壁上终于画出了一幅他得意的杰作,然而他却点燃了一把火,使得小屋、作品和他自己,一同灰飞烟灭。据说毛姆小说的原型便是著名画家高更。艺术不是吃和用的东西,艺术不必有什么实用目的。艺术本身就是目的。所以小说中的画家画出了那幅画并不想给人看,所以吴图南练了一辈子武术也从不想与人交手。

纯艺术化的武术虽然脱胎于实战,但又不必一定要作用于实战,在实战中实现价值。作为一种艺术,它自身可以外于实战而相对独立发展。武术某种意义上成了真正的屠龙之技。

艺术化的武术的高深技法,在绝大多数人那里不能用于实战,但却不是绝对不能用于实战。在艺术巨匠般的武术大师手里,这些高超的技法,又往往被他们巧妙神奇地加以运用,或许这就叫"打得艺术"吧。

武林有"拳怕少壮,棍怕老练"的说法。张大为《武术谚语》这样阐释道:"徒手相搏,少壮者气力充沛,闪展灵便,是个优势。以器械相较,气力的优势往往不很明显,而技法老练娴熟才成了优势。比如,年长者与少壮者比武,尽管少壮者拳艺不高,只要他不急于取胜,而是采取疲劳战法,待对方气弱,再行出击,即使不能取胜,也不至于惨败。如是年长者与少壮者比棍,二棍相交,年长者虽体弱而技熟,将对手之棍粘住,令其不能逃脱。少壮者体力再强,也失败在即。因为斗拳,虽也可沾粘,但抽身后撤相对较为容易。斗器械则不然,一旦两家兵刃互相粘住,谁抽兵刃欲逃,谁便易被对方兵器击中。为了保护自己,也只能拼了力气与之粘住不放。这样(时),技法老练的人就占上风了,他掌握着主动权。"①

张大为的这段话是很有道理的。武术大师与一般习武者的水平差距,用器械要远远大于徒手相搏。我不相信一个人能徒手与几十人相搏,却相信有持器械能敌数十人者。俞大猷在其年老而被要求退休时上书朝廷要求继续留任,以施展他的"平胡壮志,报国雄心"。他说他并不老,理由有二,一是他的妻子又怀孕了,这说明他精力依然旺足。第二呢?他说,如果不信,还可以"试选三十好汉,各提枪棍,以猷一人独当,不令其披靡辟易,请就斧钺"。② 俞大猷是棍术名家,他自信他一棍可敌三十棍。笔者相信俞大猷的话不全是夸张。

然而,"学艺者累千上万,得道者寥寥无几"。摘取艺术桂冠者还会比比皆是,但这样的武术大师,当然是凤毛麟角。中国文化有实用理性的一面,所以武术是一种实实在在的杀人术;但中国文化又有审美文化的另一面,所以武术又采用了艺术的思维。采用艺术的思维,就离自然渐远了。无限完美,只是初步。

第三节 男旦、金莲、金鱼、菊花、病梅与宝精原则

中国京剧的男扮女和越剧的女扮男,一般解释是封建时代男女授受不亲,同台演戏不便,于是用异性扮演,这就是所谓"反串"。但反串走红在近代而不是古代,似乎证明此说未必正确。梅兰芳是大艺术家,但梅兰芳是被鲁迅骂过的。在《论照相之类》中鲁迅说:"要在北京城内寻求一张不像那些阔人似的缩小放大挂起挂倒的照相,则据鄙陋所知,实在只有一位梅兰芳君。而该君的麻姑一般的'天女散花''黛玉葬花'像,也确乎比那些缩小放大挂起挂倒的东西标致,即此就

---

① 张大为:《武术谚语释义》,北京:红旗出版社,1988年,第83、84页。
② 俞大猷:《正气堂全集》"正气堂余集·卷之三",廖渊泉、张吉昌点校,福州:福建人民出版社,2007年,第731页。

足以证明中国人实有审美的眼睛,其一面又放大挺胸凸肚的照相者,盖出于不得已。我在先只读过《红楼梦》,没有看见'黛玉葬花'的照片的时候,是万料不到黛玉的眼睛如此之凸,嘴唇如此之厚的。我以为她该是一副瘦削的痨病相,现在才知道她有些福相,也像一个麻姑。然而只要一看那些继起的模仿者的拟天女照相,都像小孩子穿了新衣服,拘束得怪可怜的苦相,也就会立刻悟出梅兰芳君之所以永久之故了,其眼睛和嘴唇,盖出于不得已,即此也就足以证明中国人实有审美的眼睛。""我们中国的最伟大最久远的艺术是男人扮女人。异性大抵相爱。太监只能使别人放心,决没有人爱他,因为他是无性了,——假使我用了这'无'字还不算什么语病,然而也就可见虽然最难放心,但是最可贵的是男人扮女人了,因为从两性来看,都近于异性,男人看见'扮女人',女人看见'男人扮',所以这就永远挂在照相馆的玻璃窗里,挂在国民的心中。外国没有这样的完全的艺术家,所以只好任凭那些捏锤凿,调采色,弄墨水的人们跋扈。我们中国的最伟大最永久,而且最普遍的艺术也就是男人扮女人。"①梅兰芳和鲁迅素无交往和恩怨,鲁迅骂梅兰芳,实际上是在借题发挥,批判中国人对性的实质垂涎但表面拒绝的病态人格。这也有些道理,其实同弗洛伊德意思也差不多。但后来鲁迅在《略论梅兰芳及其他》中,从"雅文化"和"俗文化"的角度的论述,倒似乎更接近问题的实质。他说:"梅兰芳不是生,是旦,不是皇家的供奉,是俗人的宠儿,这就使士大夫敢于下手了。士大夫是常要夺取民间的东西的,将竹枝词改为文言,将'小家碧玉'改为姨太太,但一沾着他们的手,这东西也就跟着他们灭亡。他们将他从俗众中提出,罩上玻璃罩,做起紫檀架子来。教他用多数人听不懂的话,缓缓的《天女散花》,扭扭的《黛玉葬花》,先前是他做戏的,这时却成了戏为他而做,凡有新编的剧本,都只是为了梅兰芳,而且是士大夫心目中的梅兰芳。雅是雅了,但多数人看不懂,不要看,还觉得自己不配看了。""因为他是旦角,年纪一大,势必至于冷落的吗?不是的,老十三旦七十岁了,一登台,满座还是喝彩。为什么呢?就因为他没有被士大夫据为己有,罩进玻璃罩。""他未经士大夫帮忙时候所做的戏,自然是俗的,甚至于猥下,肮脏,但是泼剌,有生气。待到化为'天女',高贵了,然而从此死板,矜持得可怜。看一位不死不活的天女或林妹妹,我想,大

---

① 《鲁迅全集》第一卷"坟",北京:人民文学出版社,2005 年,第 194~196 页。

多数人是倒不如看一个漂亮活动的村女的,她和我们相近。"①

鲁迅实际上并没有否定男扮女。

梅兰芳等唱女旦,弄姿作态,扭捏嗓音,那是艺术的女姿女嗓。四大名旦虽说演员都是男子,但他们唱的是旦角,当然是模仿女声,然而旧时京剧评论家却称赞他们的唱腔没有"雌声"。雌声就是女声,为什么模仿女声的极致却又是没有女声,乍听此言真有些让人莫名其妙琢磨不透。但仔细想来却也容易理解,那就是:艺术女声虽模仿自然女声,但艺术女声却已不再是自然女声。千锤百炼后的金声玉振,艺术嗓音之美妙,自然嗓音早已莫能望其项背。似女之姿态似女之唱声,当然是雅俗共赏,但"阳春白雪,和者盖寡",四大名旦之唱旦角,反而没有"雌声",远不是普通老百姓所能欣赏的。无怪乎鲁迅那样说了。

陈凯歌执导的电影《霸王别姬》,张国荣演的角色对张丰毅演的角色的情感,由剧中移植错位到现实中,应该不具有普遍意义。不管是梅、程、荀、尚四大旦,还是迷恋他们演出的戏迷,肯定都不是同性恋。而喜爱他们的同性恋戏迷,恐怕不看他们的演出,也是同性恋。但传统的中国女人,实际上更喜欢阴柔类型的男人,这就是包括戏剧在内的传统文学艺术中的白面书生形象;而京剧的男扮女,则是表现了中国传统男人的阴柔倾向。为什么中国北戏京剧是清一色男扮女,而南戏越剧是清一色女扮男,原因却可能就是一个,那就是传统中国文化阴柔化之下的男性的女性化和女性倾慕异性的男性化。于是还是应了鲁迅的话,在《"京派"与"海派"》中,鲁迅说梅兰芳是"戏中真正京派也,而其本贯,则为吴下",②在一些书信中,鲁迅更刻薄地称梅兰芳为"梅郎"。所谓"吴下",那就是说中国男子的阴柔化,诸如傅粉施朱,手无缚鸡之力,戏剧舞台上书生在女子面前又跪又哭。

说北戏男扮女,南戏女扮男,当然只是大致大概。山西梆子的女须生,始于一代名伶丁果先,在她之后女须生出了不少,今天还有正红的山西青年晋剧团演员谢涛,先后得过梅花奖和文华奖的。女扮男、男扮女其实也不光中国有,泰国的"人妖"是不用说了,日本的歌舞伎和英国较早的戏剧,都有男人扮女人。

男性的女性化,自然阳刚转变为人为阴柔,这是不是相当大的对自然的改

---

① 《鲁迅全集》第五卷"花边文学",北京:人民文学出版社,2005年,第609、610页。
② 《鲁迅全集》第五卷"花边文学",北京:人民文学出版社,2005年,第453页。

变呢？

　　中国女性缠足究竟始于何时，据贾仲先生统计竟有从商朝到五代八种意见，但最晚也最流行的说法是：南唐后主李煜的一个爱妃，用丝帛把双足裹成新月状，在金莲花瓣上翩翩起舞，于是引得龙颜大悦，一时后宫纷纷效仿，并逐渐在民间流行开来。"三寸金莲"与"大脚婆娘"，从此成了女性美丑两极。

　　中国古人喜欢女人小脚的原因，学者们至今也没争论明白。笔者以为，说穿了，三寸金莲就是人创造的艺术女人。也许有人会说小脚丑，但我们的艺术文化，我们热爱艺术的老祖先，怎么会喜欢丑东西呢？看来小脚未必丑，我们一味鄙夷小脚丑，或许是因为，我们只见过小脚耄耋老太，没见过小脚妙龄少女。女性美在于柔弱婀娜，于是中国人抽象出柔弱婀娜，再人为地对女性进行柔弱婀娜的艺术加工或艺术再创。说三寸金莲是南唐后主李煜观宫女舞蹈后发明，或许就是真事。王国维对李煜词有极高评价，称其"不失其赤子之心"。他能写出对女性和爱情那样的赞美，与他"生于深宫之中，长于妇人之手"，和小周后缠绵真挚的爱情，对女性和女性的美敏感、谙熟，都不无关系。于是，就由李煜，把这女性的美凝练化，先抽象为柔弱婀娜，再具象为金莲舞蹈。即便这是传说，但这传说唯独附会于李煜而不是别人，也恰恰说明其非偶然。

　　清人方洵著《香莲品藻》，把小脚归为"三贵""五类""十八品式"，曰"肥乃腴润，软斯柔媚，秀方都雅。然肥不在肉，软不在缠，秀不在履。且肥软或可以形求，秀但当以神遇……"，[①]那是真正把小脚作为艺术来研究了。近代文化怪杰辜鸿铭的见解更有一番创意，他说："小脚女人，神秘美妙，他讲究的是瘦、小、尖、弯、香、软、正七字诀。妇人特有的肉香，脚味算头一等！前代缠足，乃一大艺术发明，实非虚致，更非虐政。""你看那些裹了小脚的女人，走起路来又挺又直，粉臀肥满，颤颤巍巍，多么生动可爱，令人生惜呀。"[②]

　　原汁原味京剧却原来还有叫作"跷"的一种道具，那是舞台上旦角演员所穿的木制小脚，或者说就是一种奇怪的鞋子。当然，跷之原型，毫无疑问就是中国古代女子缠足。在京剧成熟发展期，表现青春活泼美貌风骚的女性的花旦和武旦，都必须用跷。而舞台上旦丑且老媒婆之类，则照例是一双大脚。

[①] 方洵：《香莲品藻》，见李振林、马凯主编《中国古代女子全书　女儿俗》，兰州：甘肃文化出版社，2003年，第396页。

[②] 黄兴涛：《闲话辜鸿铭》，桂林：广西师范大学出版社，2001年，第167、168页。

1898年，康有为上折要求"严禁妇女裹足"。于是清廷三次下诏，要求各地官吏劝说百姓放弃缠足。辛亥革命后，临时大总统孙中山便正式下令禁止缠足。新文化运动时期，缠足更是遭到了新文化运动巨子们的猛烈抨击。周作人就有一篇散文《天足》，说他"最喜见女人的天足""最嫌恶缠足"。"我总是固执己见，以为以身殉丑的缠足终是野蛮。我时常兴高采烈的出门去，自命为文明古国的新青年，忽然的当头来了一个一撅一拐的女人，于是乎我的自己以为文明人的想头，不知飞到哪里去了。倘若她是老年，这表明我的叔伯辈是喜欢这样丑观的野蛮；倘若年轻，便表明我的兄弟辈是野蛮；总之我的不能免为野蛮，是确定了的。这时候仿佛无形中她将一面藤牌，一只长矛，恭恭敬敬的递过来，我虽不愿意受，但也没有话说，只能也恭恭敬敬的接受，正式的受封什么社的生番。我每次出门，总要受到几副牌矛，这实在是一件不大愉快的事。惟有那天足的姊妹们，能够饶恕我这种荣誉，所以我说上面的一句话，表示喜悦与感激。"[①]周作人的观点显然代表了当时的现代人的现代意识。

现实中缠足走到了尽头，舞台上以缠足为原型的踩跷，自然不可能再专美。名角王瑶卿，即开始了废跷用靴，但对踩跷情有独钟难以释怀者仍大有人在。曾有署名钝叟者评论说：跷是女子"用情唯一工具"，"以惹人注意，博人爱慕为要素"，"卖弄莲钩以博男子欢也"。《戏凤》正德唱词曰：'扭扭捏捏人人爱'，是纤弱娉婷之明证。""登门槛时，一抬足，做得风流潇洒，便含情无限，则其一掬莲瓣贴地植立，一钩新月翘然微扬，自有玉树临风之姿，娇弱无力，旖旎欲坠，万种体态，胥呈于一瞬中。其关情动人，为何如者。"不少人对废跷大不以为然。戏曲评论家冯小隐便批评王瑶卿说："既不工跷，自应藏拙。犹欲演此，且并去跷，……胆大妄为，破坏旧法也。"陆薮则评论梅兰芳道："不能跷，就不必演跷工戏。若一定拿大脚片演跷工戏，那不是自暴其短吗！虽能拿改良二字来遮掩一气，究竟不能逃内行之责备。"荀慧生一向以跷功高超著称，但后来他在大量新戏中也不再踩跷。于是有评论家沧玉说："近年荀忽有废跷之论，以寄后生。此出于未曾学跷者尚可有原宥，出于荀，则未免不当。或许荀见无跷者仍好享誉艺坛，而自己反作了一世傻子？广陵艺绝，我看老荀还是傻下去的好，愤世之语大可不必发

[①] 《周作人精选集》，北京：北京燕山出版社，2009年，第150页。

作。须知后来人还想瞧一瞧这独帜宇宙之足舞也。"①

废跷者往往把踩跷与民族文明程度和国际形象相联系,不独周作人,如当时人署名謷史者便认为:"由跷而思及缠足之折骨腐肌,蹒跚之状,哀怜之不暇,尚有何美之可言。""不废踩跷,是以我缠足弱点,宣示外人之前,其耻实甚。"②实际上这和当时完全否定留辫子、穿马褂等出于同样理由。这和中国当时经济落后、军事孱弱、国际地位低下所造成的一种极度压迫、过于敏感的心理有关。实际上踩跷和芭蕾舞、高跟鞋异曲同工,二者增加女子身高显其婀娜娇弱的意义,以及与之俱来的造成女性骨骼畸形的后果,并没有什么两样。这一点实际上早就有人注意到了,如周作人的《天足》一文中就提到:"近来虽然有学者说,西妇的'以身殉美观'的束腰,其害甚于缠足。"如果我们能够保持一种不卑不亢平常心态,那我们就可以像苏格兰男人穿裙子,非洲人穿鼻环、唇环、舌环、脐环等一样,泰然处之。不过话又说回来,在当时的情势下,要泰然处之也实在不易。但今天男子留长发,已是新新人类时髦;旗袍已经反复流行好几次;马褂之类,如是用料剪裁考究,高大英俊男人穿起来,如在清宫戏中出演乾隆、纪晓岚的张铁林、张国立等,那还是真精神,说不准哪天就大流行起来,依旧国服,也未可知。说到这里,让人觉得还是辜鸿铭的一段话说得有理:"洋人绝对不会因为我们割去发辫,穿上西服,就会对我们稍加尊敬的。我完全可以肯定,当我们中国人变成西化者洋鬼子时,欧美人只能对我们更加蔑视。事实上,只有当欧美人了解到真正的中国人——一种有着与他们截然不同却毫不逊色于他们的文明的人民时,他们才会对我们有所尊重。"③小脚不论,马褂、辫子之类,如果在唐代的中外交往时代存在,那可能就根本不是个问题。

虽然跷在王瑶卿之后不再是花旦武旦必须道具,但实际上仍然有我行我素者坚持使用,如红极一时的花旦演员筱翠花,就以跷功著称一时。当时即有署名红莲的评论文章称其"扮相风骚,举止浪漫,尤以跷工之美,允推独步"。④再后来的台湾和海外华人戏剧界,也仍然一直有踩跷表演。这说明了什么呢?

---

① 黄育馥:《京剧,跷与中国的性别关系》,北京:生活·读书·新知三联书店,1998年,第104～107页。
② 黄育馥:《京剧,跷与中国的性别关系》,北京:生活·读书·新知三联书店,1998年,第129页。
③ 辜鸿铭:《中国人的精神》,桂林:广西师范大学出版社,2002年,第202页。
④ 黄育馥:《京剧,跷与中国的性别关系》,北京:生活·读书·新知三联书店,1998年,第102页。

改革开放伊始,北京京剧院演员秦雪玲,率先恢复在1949年就被彻底禁绝的跷功表演,京剧踩跷终于在消失几十年后重现于中国舞台。随着中国经济高速发展,国际地位迅速提高,中国人对自己民族文化的自信心和自豪感也大大增强。有越来越多的专家开始论述中国文字的优越性,质疑拼音化和简化字的合理性。春节的中国则被大红春联大红灯笼大红"福"字大红中国结淹没,传统的男女唐装也加以变化后开始成为时装风行。近年来则有更多的演员开始练跷功。外国人也争看秦雪玲的戏,其实就是看她脚下独特的艺术。这并没有什么歧视或不健康的心理。

踩跷有一种特殊的美。被采访的著名武旦或花旦演员李金鸿、周金莲、赵德勋、秦雪玲等,都对跷功颇多赞誉。李金鸿就说:"小脚走起路来和大脚就是不一样,就跟现在时装表演的模特似的,走的是猫步。绑跷也讲究直着走,所以自然腰里就是很美的。"周金莲说:"绑跷与不绑就是不一样,就是美。跷小,走起来就觉得飘。小脚老太太自然就扭起来了。"赵德勋说:"绑上跷,有时身上就像站不住似的,你的脚就得动弹。你一动,自然就带着美。小动肩膀、小挺胸脯儿的身段,就是绑跷合适。"秦雪玲说:"上了跷感觉不一样,老戏的味道能增加几分。走起来自然地就扭。和踩跷一比,大脚片就像一杯白开水,没有味道。"[①]

值得庆幸,京剧跷功毕竟得以恢复,跷功的艺术审美价值毕竟得到了首肯,对模仿自缠足的踩跷终于有人说实话开始称美了。

但关于跷或小脚的讨论有些话好像还没说透,意犹未尽。《京剧,跷与中国的性别关系》作者黄玉馥出身于梨园世家,母亲是著名京剧演员。在该书前言中她记述道:"记得幼时,放学以后,我常常随母亲去剧场,在后台看母亲和她的同事们化装。开戏后则坐在舞台的边幕后面,静静地欣赏他们的表演。对于童年时代的我来说,这无疑是生活中的一大乐事。从那时起,京剧就以它动人的故事、多彩的人物、艳丽的服装和激烈的武打强烈地吸引着我,而其中使我觉得特别有趣的则是旦角演员经常使用的跷——一双用来模仿中国封建社会妇女缠足的木制小脚。我至今还记得母亲的那对木跷——那么精致,那么小巧,上面套着一双用缎子缝制的小红鞋,鞋尖上缀着彩色丝线做成的穗子,鞋帮上还有外婆亲

[①] 黄育馥:《京剧,跷与中国的性别关系》,北京:生活·读书·新知三联书店,1998年,第62、173、177、182页。

手刺绣的美丽图案。对于我来说,这不像是舞台上使用的道具,倒更像是一件精美的手工艺品。"①不难看出,作者对跷怀有深深的审美情结。然而在书中,作者也不时有诸如"缠足作为一种封建腐朽的社会习俗,摧残着无数中国妇女"之类的表白。前面提到过的李金鸿同时也讲:"这主要还是封建的时候,一个是约束妇女,一个是讲美,……缠足当然很残酷,妇女挺受罪的。"周金莲同时也讲:"绑跷是表现封建社会对妇女的一种残酷的压迫,何必把这暴露在舞台上呢?可是不管怎么说,这是京剧里一个很重要的艺术,废除了有点儿可惜。废除了咱们也拥护。"②显然,如果缠足依然声名狼藉,那么作者陷入两难就无法避免。踩跷原型即是缠足,缠足似乎已是封建制度和残害妇女象征,所以称赞踩跷者自然不敢完全说真话,称赞之后话又要说回来,吞吞吐吐,欲言又止。因此,读完这本书,未免还有一丝遗憾。

　　不敢说翻案,就是几句公道话吧。其实,缠足就是那个时代审美时尚,跟封建制度没什么关系,扯不到什么政治罪名或男权女权上。在装扮服饰上,女性主要是参照男性对异性的审美标准,男性也主要是参照女性对异性的审美标准,简单说就是女性为男性打扮,男性为女性打扮。古今中外没什么两样。跟女性喜欢男性阳刚高大一样,男性就是喜欢女性柔弱婀娜。要人为增加这种柔弱婀娜,当时没有找到更好方法,缠足就是最好方法。现在找到了高跟鞋这种较好的方法,女性既少受苦,又能漂亮,两全其美,于是自然都用高跟鞋了。林语堂先生曾有过比较:"尝有三寸无底之足,与四五寸有底之鞋同立一处,反觉四五寸之小而三寸之大者,以有底则趾尖向下而秃者疑尖,无底则玉笋朝天而尖者似秃故也。"但笔者以为林语堂是一概而论了,和高跟鞋设计有好看不好看之分一样,小脚也有缠得成功不成功之分,缠得不成功或不太成功的肯定大有人在。大户人家的小姐,往往都是由专门的"脚婆"来缠,那就等同于今天专业的高跟鞋或者发型设计师。专业和业余那是有区别的,穷人请不起脚婆,所以自己缠的脚不免失败。林语堂说的那种所谓"玉笋朝天"的样式,其实就是金莲著作中讲到的失败样式之一。李江树《三寸金莲》的文章附有一张典型的成功小脚的 X 光照片,可以看出,缠脚就是要用人工压迫的方式,让本来平着往后长的跟骨,变得立着往下长;

---

① 黄育馥:《京剧,跷与中国的性别关系》,北京:生活・读书・新知三联书店,1998 年,第 1 页。
② 黄育馥:《京剧,跷与中国的性别关系》,北京:生活・读书・新知三联书店,1998 年,第 164、173 页。

让平着往前长的跖骨,也变得立着往下长。高跟鞋和缠足完全是异曲同工,只不过五十步与百步效果区别罢了。负面效果也是五十步与百步。金莲越缠越小,与高跟鞋越垫越高,其实是一回事。另外,一个时代有一个时代的时尚。"从来小脚看山西",山西女人缠的脚似乎引领时尚潮流较久。但虽然时人称河北女子小脚"饰重古朴,足亦呆蠢",东北女子小脚"形恶如猪蹄",①但它们可能也流行过,只是潮流一过,就不再被人看好。

  英国的贵妇人早就在用束身、吃药、吃某种虫子的方法减肥;美国某影星为使腰部变细,竟取掉了两根肋骨;某华人女歌星据说竟做了二十七次整形手术。说缠足是对女性的压迫,理由实在不充分。时下女性割双眼皮、减肥、隆胸,那痛苦和副作用不见得比缠足小,又没有任何人强迫她们,但女性却趋之若鹜,绝对自愿不说,那种疯狂不要命,连挡都挡不住。李劼人《死水微澜》里的邓幺姑,不听任何人劝阻,说:"我偏要缠,偏要缠,偏要缠!痛死了是我嘛!"②李劼人亲眼所见,所以也深明此理。当然,你也可以说是"楚王好细腰,宫中多饿死",说是"女为悦己者容",说男性对女性的审美趋向变相对女性形成了压迫。但这也是双向的,所以也没什么不公平。例如时下男性,一米八的身高为女性青睐,"高、富、帅"中高排第一,于是便有无数青年吊腿、服药甚至打断双腿再接企图增高,那痛苦和副作用也不言而喻,但说是"男为悦己者雄",那也绝对属于自愿,绝不能说是女性压迫。缠足是古代中国一种审美标准,利弊另说,但恐怕上纲上线为什么"封建""腐朽""摧残""压迫"也太勉强。

  人的身体和身体特征,是进化的结果,亦是自然的创造。人对自身身体的审美观念,如果从属于自然,那就应该与之相一致。"天足"之"天",即为自然,人若完全依从自然,就应以"天足"为美。但中国古人却对"天足"不以为然,竟以人为的缠足为美。不仅于此,在戏剧艺术纯粹审美领域,还模仿缠足创造了踩跷,以最大限度让观众获得这一审美满足。仅此一点,就足以使人怀疑,"天人合一"究竟是不是人们通常阐释的意义?中国传统文化是不是真的崇尚自然,强调与自然和谐的文化?金莲是对人体自然的大胆反叛!

  但我们或能承认,金莲曾是种美丽。

---

① 李江树:《三寸金莲》,见《华夏人文地理》2003年第18期。
② 李劼人:《死水微澜》,北京:作家出版社,1955年,第26页。

当然，理解当时特定时尚的审美，并非就是鼓励今人去缠足。就连一味赞颂小脚的辜鸿铭，也在他女儿是否需要缠脚的问题上犹疑止步。法国人弗兰西斯·波里谈到："有一天，他对我妻子说：'我也有一个小女儿，我给她取名叫新星，表示生逢新时代的意思。我虽然毫不迟疑地给她取了个有象征意义的名字，可是，要让她裹小脚，我却感到踌躇。'我妻子没费什么口舌就使辜氏答应放弃这种根深蒂固的荒谬结论。"① 辜鸿铭如此文化顽固，因也心疼小女儿，小脚观念顷刻土崩瓦解。

中国人对自然的摆脱超过了西方人，中国人对人体和其他动物自身自然——亦即自然杰作生命体的改变，恐怕更远远走在了西方人前面。鲫鱼之奇形异状者，被专门挑选出来培养，于是一代代艺术化为今天美丽的金鱼。曰虎头、曰蛋球、曰珠鳞、曰泡眼、曰丹凤等等，巧立名目，五彩斑斓。狗之奇形异状者，被专门挑选出来培养，于是一代代艺术化为乖巧玲珑的观赏犬。当今的世界名犬如沙皮狗、北京犬、宫廷狗、哈巴狗、西施狗、西藏袖犬之类，都出自中国。唐章怀太子墓壁画中，便已有贵妇人怀抱哈巴狗的画面。同为唐代的传世《簪花仕女图》中，也有几只狗满地跑，那模样和今天的叭儿狗没什么两样。养宠犬很可能最早始于中国。

也许有人会说，这种艺术这种美是病态艺术病态美。其实，病态是相对于自然天然而言的。在自然或其他自然生物眼中，在西方异文化和用异文化观照事物者眼中，岂止扭捏的小脚，那巨眼豪尾的金鱼，矮脚卷毛的哈巴狗，盘根错节的盆景，恐怕都是病态。

周作人有一篇散文《金鱼》，说：

> 我其实是很不喜欢金鱼的，在豢养的小动物里边，我所不喜欢的，依着不喜欢的程度，其名次是叭儿狗，金鱼，鹦鹉……我每看见金鱼，一团肥红的身体，突出两只眼睛，转动不灵地在水中游泳，总会联想到中国的新嫁娘，身穿红布袄裤，扎着裤腿，拐着一对小脚伶俜地走路。我知道自己有一种毛病，最怕看真的，或是类似的小脚。十年前写过一篇小文曰《天足》，起头第一句云"我最喜欢看见女人的天足"曾蒙友人某

---

① 黄兴涛：《闲话辜鸿铭》，桂林：广西师范大学出版社，2001年，第256页。

君所赏识,因为他也是反对"务必脚小"的人。我倒并不是怕做野蛮,现在的世界正如美国洛威教授的一本书名,谁都有"我们是文明么"的疑问,何况我们这道统国,剐呀割呀都是常事,无论个人怎么努力,这个野蛮的头衔休想去掉,实在凡是稍有自知之明,不是夸大狂的人,恐怕也就不大有想去去掉的这野心与妄想。小脚女人所引起的另一种感想乃是残疾,这是极不愉快的事,正如驼背或颈子上挂着一个大瘤,假如这是天然的,我们不能说是嫌恶,但总之至少不喜欢看总是确实的了。有谁会赏鉴驼背或大瘤呢?金鱼突出眼睛,便是这一类的现象。另外有叫做绯鲤的,大约是他的表兄罢,一样的穿着大红棉袄,只是不开衩,眼睛也是平平地装在脑袋瓜儿里边,并不比平常的鱼更为鼓出。因此可见金鱼的眼是一种残疾,无论碰在水草上时容易戳瞎乌珠,就是平常也一定近视的了不得,要吃馒头末屑也不大方便罢。照中国人喜欢小脚的常例推去,金鱼之爱可以说宜乎众矣。但在不佞实在是两者都不敢爱,我所爱的还只是平常的鱼而已。①

周作人把小脚、金鱼、叭儿狗、鹦鹉等并列排比,归为一类,显然有眼光独到处。新文化运动诸子,要摧毁旧的封建专制文化势力,都是力主必须矫枉过正,都在不同程度上鼓吹过全盘西化,他们的眼光或视角都是西化的,难免激烈绝对或攻其一点不及其余。这在当时难免,也无可厚非。但我们今天在对文化进行理性冷静讨论时,对某些历史事物做出公正客观评判时,却不能再用这种方式。

人的眼睛是自然赋予的,心的眼睛却是自由的,自由到极点,就是极不自然,当然也可以说就是病态。看中国女性小脚,恐怕正是用心的眼睛去欣赏的。钻进了艺术牛角尖的古代中国士人沉迷于三寸金莲,恐怕那感觉和今天我们仍然沉迷于苏州园林、文人写意、书法狂草等,仍然在养金鱼、哈巴狗、学舌的八哥鹦鹉等一样。金鱼太美了,与之相较,今天土豪们养的那些大小热带鱼那个丑啊!

木心除了金鱼又捎带了一个菊花,他的散文《九月初九》说:"苦闷逼使'人'有所象征,因而与'自然'作无止境的亲媟,乃至熟昵而狎黠作狎了。至少可先例两则谐趣:金鱼、菊花。自然中只有鲋、鲫,不知花了多少代人的宝贵而不值钱的

---

① 鲍风、林青选编:《周作人作品精选》,武汉:长江文艺出版社,2003年,第112~114页。

光阴,培育出婀娜多姿的水中仙侣,化畸形病态为固定遗传,金鱼的品种叹为观止而源源不止。野菊是很单调的,也被嫁接、控制、盆栽而笼络,作纷繁的形色幻变。菊花展览会是菊的时装表演,尤其是想入非非的题名,巧妙得可耻——金鱼和菊花,是人的意志取代了自然的意志,是人对自然行使了催眠术。中庸而趋极的中国人的耐性和猾癖一至于此。"[1]菊花在古代中国是"四君子"之一,现代中国是"十大名花"之一。8世纪传入日本,17世纪传入欧洲,18世纪传入北美,有成百上千的品种,姹紫嫣红,氤氲世界。

龚自珍有《病梅馆记》一文:

> 江宁之龙蟠,苏州之邓尉,杭州之西溪,皆产梅。或曰:"梅以曲为美,直则无姿;以欹为美,正则无景;以疏为美,密则无态。"固也。此文人画士,心知其意,未可明诏大号,以绳天下之梅也;又不可以使天下之民,斫直、删密,锄正,以殀梅、病梅为业以求钱也。梅之欹、之疏、之曲,又非蠢蠢求钱之民,能以其智力为也。有以文人画士孤癖之隐,明告鬻梅者:斫其正,养其旁条;删其密,夭其稚枝;锄其直,遏其生气,以求重价,而江浙之梅皆病。文人画士之祸之烈至此哉!予购三百盆,皆病者,无一完者。既泣之三日,乃誓疗之、纵之、顺之,毁其盆,悉埋于地,解其棕缚,以五年为期,必复之全之。予本非文人画士,甘受诟厉,辟病梅之馆以贮之。呜呼!安得使予多暇日,又多闲田,以广贮江宁、杭州、苏州之病梅,穷予生之光阴以疗梅也哉![2]

龚自珍是被称为"开一代风气之先"者,他开一代学术风气之先,好今文,引公羊;开一代政治风气之先,为启蒙和变革思想的先行者。笔者还以为,他也开一代文化风气之先,否定中国传统包括艺术和审美。这也是并不保守的张之洞、章炳麟,甚至梁启超对其不以为意的原因,以至于梁启超会说:"初读定庵文集,若受电然,稍进乃厌浅薄。"龚自珍可称矫枉过正情有可原,但中国文化其实并不那么简单。整个民族的审美系统被破坏,所以才会有上海豫园旁边接个拆迁来

---

[1] 木心:《哥伦比亚的倒影》,桂林:广西师范大学出版社,2013年,第7页。
[2] 龚自珍:《龚自珍全集(第三集)》,上海:上海古籍出版社,1975年,第186页。

的商贾会馆,颐和园沿湖修道高墙与建筑景观隔开。整个民族的审美素质变低下,所以书店硬笔书法三柜子,现在还在骗的水平相当于书法初学者的那个老骗子的字帖,就可以占两柜子。官员的审美素质低下,老话有"三分工匠,七分主人",官员都是学数理化出身,没经过八股文试帖诗的熏陶训练,哪里真正知道世上和人心真有的"诗"是什么东西?难怪各种奇丑建筑遍布中国城市。

鲁迅等毕竟是受传统文化影响极深的人,所以正像有人指出的那样:"鲁迅对留学西洋的洋绅士有一种本能的反感,反感他们对劳苦大众的冷漠,反感他们以高等华人自居派头。"①徐志摩在 1925 年发表的一篇文章《汉姆雷德与留学生》中说:"我们是去过大英国,莎士比亚是英国人,他写英文的,我们懂英文的,在学堂里研究过他的戏……英国留学生难得高兴时讲他的莎士比亚,多体面多够根儿的事情,你们没到过外国看完全原文的当然不配插嘴,你们就配扁着耳朵悉心的听。"徐志摩这段文字实在是浅薄轻浮透顶,难怪鲁迅看了作呕,挖苦说"是的,徐志摩还有一个曼殊斐儿,他到她坟上去哭过",说随便干什么,"也未必不及跟着中国的文士们去陪莎士比亚吃黄油面包之有趣"。② 鲁迅类似《阿 Q 正传》等作品,深刻揭露国民奴性和劣根的一面,"哀其不幸,怒其不争",其实正是基于他对民族和人民的深爱。这正是鲁迅与其作品的不朽和他人无法望其项背之处。鲁迅哪里是用口水话浅薄胡诌两句风花雪月的徐志摩能比肩的。即便是周作人,有过为日本人做事的不光彩,文章中常夹杂英文、日文不断等等,但毕竟国学底子厚,是在传统文化耳濡目染中成长起来的人,所以在《故乡的野菜》《北京的茶食》《喝茶》《谈酒》《乌蓬船》《再论吃茶》《关于扫墓》《关于纸》《买墨小记》等散文中,有意无意还是时时流露出对传统诗意和优美的眷恋。

在木心的身上,这种非常西化但又对文明传统依依不舍的心思,算是到了极致。他是这样议论人与自然的:"所谓'三百篇'中,几乎都要先称植物动物之名义,才能开诚咏言;说是有内在的联系,更多的是不相干地相干着。学士们只会用'比''兴'来囫囵解释,不问问何以中国人就这样不涉卉木虫鸟之类,就启不了口作不成诗,楚辞又是统体苍翠馥郁,作者似乎是巢居穴处的,穿的也自愿不是纺织品,汉赋好大喜功,把金、木、水、火边旁的字罗列殆尽,再加上禽兽鳞介的谱

---

① 房向东:《新月边的鲁迅——鲁迅与右翼文人》,上海:上海交通大学出版社,2016 年,第 171 页。
② 房向东:《鲁迅和他骂过的人》,上海:上海书店出版社,1996 年,第 122、123 页。

系,仿佛是在对'自然'说:'知尔甚深'。到唐代,花溅泪鸟惊心,'人'和'自然'相看两不厌,举杯邀明月,非到蜡炬成灰不可,已岂是'拟人''移情''咏物'这些说法所能敷衍。宋词是唐诗的'兴尽悲来',对待'自然'的心态转入颓废,梳剔精致,吐属尖新,尽管吹气若兰,脉息终于微弱了,接下来大概有鉴于'人'与'自然'之间的绝妙好辞已被用竭,懊恼之余,便将花木禽兽幻作妖化了仙,烟魅粉灵,直接与人通款曲共枕席,恩怨悉如世情——中国的'自然'宠幸中国的'人',中国的'人'阿谀中国的'自然'?孰先孰后?从来就分不清说不明。"①难怪木心迷恋古希腊、莎士比亚、福楼拜,又崇敬《诗经》、陶渊明、曹雪芹;游历欧洲,定居美国,但最后还是终老乌镇。

董海川创立八卦掌,开宗立派,独树一帜,初出便大显身手,威震武林。据《董公墓志》载:他与人交手,"十数武士围攻,手到皆疲。尤有奇者,屋顶黄鸟群噪,公纵身上跳,连擒其三。更有剑击专家,特与公赛。公则赤手空拳,夺其械,踏其足,赛者皆靡"。②《董先生志铭》则云:他"尝游塞外,令数人各持利器,环而击之,先生四面迎拒,捷如旋风。观者群雄,无不称为神勇,惮其风采"。③ 一代武术宗师,独创一门绝技——八卦掌,其一生事迹,颇多疑问,最大的疑点是他的八卦掌是从哪里学来的,其次是他为什么中年入宫当了太监。第一个疑问已多有文章专述,本文则试图解决第二个疑问。

董海川是太监没有疑问,他逝世后其徒子徒孙所立《董先生志铭》记载得很清楚。但他为何中年入宫,有各种不同的传说。

第一种说法是:"不意中年蹈司马公之故辙,竟充宦官。"④这是光绪九年(1883)董逝世后其徒子徒孙所立《董先生志铭》所云,也是最早的关于董海川事迹的记载。它至少说明了两点,第一董海川是太监,第二他和司马迁一样,是犯法或忤君被强迫的。这种说法,董是"被阉",时间是"中年",是被强迫。

第二种说法是:董海川再传弟子李子鸣述,董海川是接受了洪秀全谋刺咸丰皇帝的任务,自阉入宫。李子鸣说:"关于董先师的历史奥秘,第二代梁振圃、刘凤春、司元功三位都是这个说法,第三代年龄大的马贵、居庆元、李永庆、曾省三、

---

① 木心:《哥伦比亚的倒影》,桂林:广西师范大学出版社,2013年,第4页。
② 《董海川与八卦掌》,香港:天马图书有限公司,1993年,第30页。
③ 《董海川与八卦掌》,香港:天马图书有限公司,1993年,第33页。
④ 《董海川与八卦掌》,香港:天马图书有限公司,1993年,第33页。

韩福顺等人也是这个说法。"①这种说法,董是"自阉",时间也是"中年",但出于自愿。

第三种说法是:卞人杰《国技概论》引福源上人(史季东弟子,八卦掌第三代)的话说"盖董氏本剧盗,积案过深,遁迹空门,变名曰海川,非其原名也。既不遵三戒,故态重萌,有司震怒,逻缉甚急,董惶骇无计,无已自废为宦者云"。② 与此接近的说法是孙氏太极拳创始人孙禄堂次子孙存周所言:董氏可能因故忏悔而自宫为太监。这种说法,董也是"自阉",时间也是"中年",但出于被迫。

第四种说法是:董海川并不是阉人,而是练功练得成了"马阴藏相",简单说就是阴囊阴茎练得缩回去了。中国的气功和武术似乎都有这种功夫。这个传说也流传甚广。这种说法,董不是阉人,只是貌似阉人,被误以为阉人。

第五种说法是:与精八卦掌、螳螂拳、八极拳有关。在台湾有很大影响的刘云樵说过:八卦掌走圈要夹裆,对肾囊的摩擦刺激甚多;加上八卦掌的内修由炼精入手,年轻人肾火旺则忍耐不住。他便常常关照弟子,千万忍耐欲火,以免妨碍功夫的进步。刘云樵推测:董当年可能也有欲火难耐的苦恼,为了修炼功夫,而痛下决心自宫。这个传说也流传甚广。由这个传说,又生发出董海川是为了练就绝世武功,才中年自阉的说法。该传说流传更广。这种说法,董也是"自阉",也出于自愿,但时间应是"少年"或"青年"。

到底哪种说法对呢?笔者以为,都不对。第四种说法其实不必讨论,当太监在中国一直被当作很大的耻辱,董海川的徒子徒孙也认为这是很大的耻辱,他们所立的《董先生志铭》里,一个"竟"字,就充分说明了这一点。董海川如果不是太监,只是练功阴囊阴茎缩进去了,他的徒子徒孙怎么会丑化祖师硬说他是太监?更何况太监进宫前还有严格的检查审验制度。这种说法,显然是他的徒子徒孙后来的美化之说。其他几种说法,下面一一分析。

八卦掌后人都以为当太监是耻辱,但当过太监又否认不了,于是他们千方百计为董海川当太监找寻似乎好听些的理由。一切都来自光绪九年(1883)的《董先生志铭》中"不意中年蹈司马公之故辙,竟充宦官"这句话,但这句话中有个误

---

① 《董海川与八卦掌》,香港:天马图书有限公司,1993年,第25页。
② 卞人杰、侯敬舆等:《国技概论——国术理论概要》,太原:山西科学技术出版社,2011年,第17、18页。

导了他人的问题。

"中年蹈司马公之故辙",那就是说董海川的遭际和司马迁一样,是因为触犯刑律或君上,被强制执行了腐刑(宫刑)。这里面有问题:一、腐刑在隋朝时即已废止,以后历朝历代或有例外,清朝初期亦有例外,但也是对籍没为奴的孩子施行。法制已经相当健全的晚清,怎么可能在京畿出现腐刑?二、铭文说是"中年",但这是他的徒子徒孙们明知故为的大大缩水了的说法。关于董海川的生卒年月,各种说法不一。一说生于嘉庆二年(1797),卒于光绪八年(1882),享年八十五岁;一说约生于嘉庆十八年(1813),卒于光绪八年(1882),享年六十九岁;一说生于嘉庆三年(1798),卒于光绪八年(1882),享年八十四岁;还有的说生于嘉庆六年(1801)、嘉庆九年(1804),甚至还有的说享年六十六岁的。[①] 井桂林、武振魁写作《董海川传》,"除请朱家务和开口村(著者注:董氏家族先后聚居的两个村名)的老人回忆外,主要从有记载的董氏家谱中寻找端倪"。该书应该有很大的可信度。传中说:"据朱家务董学贤的叔父董绍亭老人说:'听我父亲董书山说:董明魁(董海川原名)出走到坐逝共回家两次,第一次是他四十岁的时候,第二次是他七十岁时回来的,当时我正巧十岁。就是说董明魁比我父亲大六十岁,我父亲又比我大五十六岁,我现在七十七岁,生于1913年,我父亲董书山生于1857年,按我父亲董书山的生年往前推六十年,是1797年,即嘉庆二年。所以董海川生于嘉庆二年,卒于光绪八年,享年八十五岁才是正确的。'"[②]

宦官阉割,一般都是父母家庭做主,在幼年时即进行手术。即使例外,如明代大太监魏忠贤、王振等,成年后自阉入宫,但也是青年时。董海川生于嘉庆二年(1797),卒于光绪八年(1882),享年八十五岁。康戈武《董海川小传》认为,董为同治四年(1865)进京,[③]即董海川进宫当太监时,已经六十八岁。而井桂林、武振魁《董海川传》(收入《董海川与八卦掌》书中则易名为《董海川的故事》)则说,董为咸丰六年(1856)进京,即这时董为五十九岁。一个五十九或六十八岁的老人(作者注:注意,是在七十则称"古来稀"的晚清,而不是平均年龄大大提高了的今天的五十九或六十八岁!),怎么能称"中年"?一个五十九或六十八岁的老人,怎么能受得住腐刑?

---

① 《董海川与八卦掌》,香港:天马图书有限公司,1993年,第27页。
② 《董海川与八卦掌》,香港:天马图书有限公司,1993年,第27页。
③ 《董海川与八卦掌》,香港:天马图书有限公司,1993年,第1页。

如此说来,第一种说法根本不能成立,《董先生志铭》云"不意中年蹈司马公之故辙",实在只是董海川徒子徒孙们善意所为,无非是为先师是太监这一不光彩之事找一冠冕堂皇的理由而已。当然,六十八岁的老人实在没有必要也经受不起"自宫",所以上面第三、第五种说法也不攻自破。

至于董海川受太平天国洪秀全之托,自阉进宫是为了伺机行刺皇帝云云,更纯属无稽之谈。

据《董海川传》中李子鸣所述,和洪秀全过从甚密的郭济元与董海川有段交谈:"'进皇宫有一定困难,我有个主意,你得受点痛苦,割阉为国,进他大内就比较容易了,你考虑如何?'董答:'为了民族事业,在所不惜!'郭偕董去见洪秀全,洪接见后决定了计划。郭偕董返山舍,施动手术,待伤愈后,董于咸丰六年北来进京,觅寻小太监引见大太监,进到四王府做个普通工作。以后肃王府要人,将董调到肃王府作普通工作。"①

这段文字,有待商榷。咸丰平庸,怎么杀了一个咸丰,就会"清廷休矣";想刺杀咸丰皇帝,不进皇宫,却进王府,怎么刺杀咸丰?这些都不说了,关键是这个故事有两个大问题。其一当然还是年龄问题,其二,文中说阉割手术是在洪秀全接见之后,是在阉割之后才"北来进京"的。那就是说,阉割手术是在太平天国控制区域进行的。但北京能够完成的阉割手术,南京却是绝对做不成功的。编造这个故事的人,显然大大低估了阉割手术的难度。

人的阉割技术起源于家畜的阉割技术,而家畜的阉割技术,是在北方草原游牧民族中首先发展起来的。由于相邻的便利,这种阉割的技术首先传入了中原,并逐渐由家畜的阉割技术发展出人的阉割技术。周作人曾在《日本的衣食住》中发议论说日本人学中国只学中国好东西,坏的并不学:"中日同是黄色的蒙古人种,日本文化古来又取资中土,然而其结果乃或同或异,唐时不取太监,宋时不取缠足,明时不取八股,清时不取鸦片,又何以嗜好迥殊耶。我这样说似更有阴沉的宿命观,但我固深钦日本之善于别择,一面却亦仍梦想中国能于将来荡涤此诸染污。"②周作人还是在忧国忧民,这是肯定的,但他这段话许多人夸为高论,笔者则不以为然。其实,日本人不学科举不开科举,是因为日本贵族武士集团始终

---

① 《董海川与八卦掌》,香港:天马图书有限公司,1993年,第26页。
② 陈为民编选:《周作人文集》,北京:华夏出版社,2000年,第177页。

强大。科考必须规范,所以才有八股,既然不开科举,哪里需学八股。不学鸦片,一是因为日本自视为汉唐文化正宗,始终不承认清为中国;二是在明代朝鲜战争之后就相当程度停止了与中国的交往;三是西方列强的坚船利炮早就吓得日本打开了国门,既然如此,何须鸦片敲门砖,怎么会学得鸦片?至于缠足,这是一种文明发展到极致的灿烂与腐熟才可能具有的审美,日本文化的发展程度,尚不至此。文人的褒贬,是个没准儿的事,当然也应该与新文化运动巨子们后来反思也有关,后来周作人又开始夸奖八股文,与当初的贬抑,简直云泥霄壤。他在《论八股文》中说:"八股文生于宋,至明而少长,至清而大成,实行散文的骈文化,结果造成一种比六朝的骈文还要圆熟的散文诗,真令人有观止之叹。而且破题的作法差不多就是灯谜,至于有些'无情搭'显然须应用诗钟的手法才能奏效,所以八股不但是集合古今骈散的菁华,凡是从汉字的特殊性质演出的一切微妙的游艺也都包括在内,所以我们说它是中国文学的结晶,实在是没有一丝一毫的虚假。"[1]

回到正题,至于不学宦官,应该与日本远离大陆,与游牧民族相隔甚远,家畜阉割技术始终不过关有关。日本很晚才掌握家畜阉割技术,阉割家畜都是很晚的事情,哪里谈得上阉人制宦。太平天国也曾经想制造太监,但始终没有成功,唐德刚曾就此事大大嘲笑:"制造太监,可不是一件简单的事体呢!我们儒家道统集三千年之经验才把阉割太监做得个干净利落,有伤无死。施阉割之术需有高度消毒防毒,去腐生肌,蜡条通便,温(蚕)室护理等尖端医学。还要长短大小、分厘不爽、手快眼明、钢刀锋利等高级手术和器材。为避免被阉者精神异化、发疯寻死,它还需要有诸种'复身''娶妻''纳妾'等阿 Q 制度来加以慰藉。这都是极高深的心理学……如此这般,才能制造出大批'公公',来保证万岁爷作雄海狗的特权!——这都是我汉家文化极卓越的'成就',始克臻此!读者贤达,您知道制造太监,哪能像我们东王的干法——到民间去捉些幼童来,把他们的'小鸡'割掉,就可变成公公呢?据可靠的证据,洪杨等人确实杀掉幼童无数人,而一个太监也没有制造出来啊!"[2]《清廷太监杂记》[3]《清宫太监回忆录》[4]等,详细记载了

---

[1] 钟叔河编:《周作人文选》,广州:广州出版社,1995年,第19页。
[2] 唐德刚:《晚清七十年》贰"太平天国",长沙:岳麓书社,1999年,第102页。
[3] 爱新觉罗·恒兰:《清廷太监杂记》,《文史资料存稿选编》一"晚清、北洋"上,北京:中国文史出版社,2002年,第56~63页。
[4] 马德清等:《清宫太监回忆录》,《文史资料选集》第四十七辑,北京:文史资料出版社,1964年。

太监是怎么制造出来的，足证唐德刚所言不虚。据说洪秀全、杨秀清等人为了制作太监，甚至从香港高薪请了西医，但一例也没有成功。

编造董海川受洪秀全之托自愿受阉的人，和洪杨们犯的是同样错误，误以为生殖器随便一割就成阉人。他们哪里知道，在南京，被洪杨们割了生殖器的孩子，一个都没活下来，割了生殖器的董海川老人，怎么可能活下来？我们理解董海川徒子徒孙的一番苦心，但他们编造的第二种说法，亦绝无可能！

董海川当太监之谜究竟是怎么回事呢？

我们非常容易把阉人与太监划上等号，非常容易把被阉与进宫划上等号。事实上，阉人并不是一被阉就是太监，阉人要进了宫才是太监。这在《清廷太监杂记》里记载得清清楚楚，太监进宫前，要先行"招募"，这和今天公司招聘一样；还要进行"验净"，这和公司的面试也一样；要托关系走后门，这也和今天一样。马德清九岁被阉割，他父亲到处托人以求让他进宫，但也是在四年后，才被他一个亲戚宦官带进宫。①

如此说来，董海川进王府之时，不见得就是他被阉之时。董海川很可能早就被阉割，早就是个阉人了！

那么董海川大概是什么时候被阉割的呢？笔者以为：最大的可能是他尚是孩子时候。

河北出宦官，《明史·宦官传》所载明代著名宦官，除了范弘、王瑾、阮安、阮浪为交趾人，何鼎为余杭人，汪直为广西大藤峡人，以及个别不明籍贯者外，多出身河北，如：王振，蔚州人；曹吉祥，滦州人；蒋琮，大兴人；张永，新城人；张忠，霸州人；冯保，深州人；张鲸，新城人；王体干，昌平人；李永贞，通州人；陈矩，安肃人；王安，雄县人；魏忠贤，肃宁人；王承恩，邢台人等。清代宦官河北人更多，据载"直隶省的青县、静海、沧州、昌平、平谷、任邱、河间、南皮、涿县、枣强、交河、大城、霸县、文安、庆云、东光，山东的乐陵，都是出太监的地方"。② 最多的是大兴、宛平两县，清朝在这两县甚至设有专门机构，负责宦官采办事宜。但宦官又不仅仅出于大兴、宛平，河北其他县也不少，如安德海是南皮人，李莲英是大城人等。董海川籍贯所在文安县，也出了不少太监，著名太监谷大用，就是文安人。

---

① 马德清：《难忘的酷刑》，《文史资料选集》第四十七辑，北京：文史资料出版社，1964年。
② 任福田、池焕卿：《"毕五"、"小刀刘"和慎刑司》，《文史资料选集》第四十七辑，北京：文史资料出版社，1964年。

董海川家里应该很贫穷,董可能从小就被阉割,准备送往宫里当太监,董的家乡所在地可能一直有此传统。董海川并非老年进京后自阉,而是幼年在家乡即被阉割。魏忠贤在自阉以前,已经有了老婆孩子。而董终身未娶没有后人,在老年到北京前,青年壮年也一直没有婚恋没有子嗣,这也是他早就是阉人的一个有力证据。

当然理论上还有一种可能,那就是董海川曾遭不测,遭受私刑被阉割。董海川长期离乡远游,除了那段跟师父学艺颇近神话的传说外,其余几十年时间,他都在干什么,跟什么人在一起,靠什么为生,都是一个谜。连他关系很近的弟子尚且不知,终其身而不语于人,很可能有相当的难言之隐。他长期在外闯荡,江湖险恶,或误入歧途,黑道火并,成了牺牲品;或仗恃武艺,大意疏忽,被人暗算。但这些可能仅仅是理论上存在,因为落实到一点上即依然不可能,那就是南京洪杨们以偌大独立王国的财力物力人力都造不出太监,江湖黑道怎么就有可能造出来?董海川进京前一直在南方游荡,南方气候湿热,伤口容易感染,再加上董海川年老,应该更增加了这种手术的难度。所以这种可能完全可以排除。

为尊者、长者、贤者讳是我们的文化传统,不管董海川是自幼即被阉割,还是壮年为人阉割,他的徒子徒孙们都会认为是一种耻辱,因此也就不难理解他们会千方百计为之遮掩辩护。受太平天国之托中年自阉以图进宫刺杀清帝,就是这样编造出来的冠冕堂皇的理由和故事。我们非常怀疑,在董海川事迹的调查中,要么是八卦掌徒子徒孙,要么是董氏家族后人,隐匿了董海川幼年即被阉割的事实真相。董海川离家出走的年龄,《董海川小传》说是"咸丰年间",《董海川传》说是"嘉庆十五年",董海川生于 1797 年,即便是咸丰元年(1851),董也五十四岁了,似乎年纪太大了些;但若是嘉庆十五年(1810),董才十三岁,似乎又太小。这两个年龄可能都不确。但从两传中提到的"外出谋生""求取功名"等看,应该是他刚成年的事情。从董海川幼时曾"藏匿叔叔家中",离家是和后母不睦,"赌气出走",以及他后来一生中仅回过两次家看,从不对弟子言及家中亲人、故事看,董海川对家人并没有什么感情。大胆估测,董海川因为幼年被阉,对做此决定的家人有着嫌隙和怨恨,他应该不是"赌气出走",而可能是"衔恨出走"。

董氏家族是否可能就有阉割幼童的传统,其家乡许多孩子是否或主动或被动在幼年就成为阉人,董海川是否也这样在幼年即被阉割,仍需进一步调查确认。

常杰淼《雍正剑侠图》是第一个采用董海川事迹作为素材的,主人公叫童林,所以《雍正剑侠图》又叫《童林传》。童林字海川,董海川,名一样,姓谐音,一看就是用董海川为原型。童海川的武功是"八卦柳叶棉丝磨身掌法",基本也就是八卦掌的艺术化称呼。书中隐去了董海川是太监一事,但虚构了董结交清廷贵胄,甚至帮了雍正很大的忙。但这样一来,董海川似乎又有了汉奸的嫌疑。那个受太平天国之托中年自阉进宫伺机刺杀清帝的故事,应该就是既受了《雍正剑侠图》的刺激,又受了天地会各种刺杀雍正传说的启发,而诞生的一种美化之说。

金庸小说《笑傲江湖》中,最上乘的武功是"葵花宝典",武林第一高手是练"葵花宝典"的东方不败。而要练"葵花宝典",又必须阉割净身。为了当上武林霸主,华山派掌门岳不群也自宫而练"葵花宝典"。金庸笔下的东方不败、岳不群自阉练"葵花宝典"的故事,并非完全出于他自己的想象虚构,其素材应有所取或受过什么启发。

据龚鹏程云:在金庸之前,"台湾最重要的武侠小说作家司马翎《纤手驭龙》中已提到一位高手朴日升练了'五行神拿'这种绝户奇功:'练成这等盖世武功之后,便至死禁绝色欲,绝不能破戒,否则就会丧命。既是不能生儿育女,所以称为绝门功夫。'金庸的讲法,无疑夺胎于此。但五行神拿是练过以后绝户,葵花宝典是要练之前断根,二者略有不同而已。"①但仔细琢磨,欲练神功挥刀自宫,和练过神功等于自宫,终究还是有微妙的区别。

龚鹏程还提到了另外一个故事:明末清初,有个叫董吉升的创立了所谓"一炷香教"。"据《拳时北京教友致命》卷八说它'以敬佛为宗旨,不杀生,不害命,吃长斋,焚香,日日坐功运气,望死后脱下旧皮囊,往西天成佛做祖,为乐境也。'董氏嫡传弟子徐名扬,再传曲星斗,就都采'净身修行'之法,据说皆得成正果。后来该派道友纷纷效法,以避免欲根不净、元阳走泄。"②

再联系到前面提到的八卦掌后人刘云樵云:八卦掌的内修由炼精入手,一定要忍耐欲火,以免妨碍功夫的进步等。刘云樵的话语和金庸的"葵花宝典",肯定具有某种联系,大陆当时封闭,但刘、金二人一在台湾一在香港,应该有所交集或互有耳闻。但究竟是刘影响了金,还是金影响了刘,甚或一炷香教事影响了二

---

① 龚鹏程:《武艺丛谈》,济南:山东画报出版社,2009年,第324页。
② 龚鹏程:《武艺丛谈》,济南:山东画报出版社,2009年,第325页。

人,就不好妄断了。

但不管谁影响了谁,都有一个更大的文化基础和背景。将董海川的中年自阉解释为练武需要,正是因为自阉,才成就了他臻于上乘、炉火纯青的武功造诣。这种说法似乎尤其值得注意。存在这种解释,至少说明武林内外有众多的人相信性与武功是否能登堂入室,密切相关。金庸故事的基础,刘云樵说法的基础,正在于此。

纵览中国武术史和中国文学史,还可以发现一个有趣的现象:不知从何时起,性就成了与武林英雄、武林英雄荣誉水火不相容的东西。在现实和文学作品中,习武人是沾不得色字的,好色者,不光可能再做不成好汉,甚至可能被称为"武术败类"。

武术传说,少林传说,颇多恶僧恶汉奸淫妇女而遭惩罚的故事。

据载:少林僧体中,"少有武功,其性奸猾,骗取监督之职后,因越墙入俗行淫,被打残一臂,人嬉称其'一只手'",后来当了汉奸,被八路军皮定钧部击毙。①《武侠丛画》载:少林弟子王倜士,亦曾手刃"膂力过人,能举石臼作旋风舞",然仗恃武艺,抢夺民女黄某。② 据说民初清拳高手李鹤鸣,也出手教训过屡屡诱拐妇女,又与军阀吴佩孚姨太太陈媛媛勾搭成奸的柏林寺和尚静寂。③ 各种版本的南少林传说中被南少林五祖击杀的马宁儿,除出卖少林外,还有一个罪名就是"采花大盗"。

当然,由伦常角度制定的武德,绝不允许调戏妇女,这好理解。这一定程度也可以由程朱理学要求"存天理,灭人欲",禁锢人的自然欲望的影响来解释。然而现实与文学中,侠义英雄荣誉和性的对立,已到极端的地步。习武者正常的男女交往、恋爱、婚配,也无形中被禁绝或至少是不被提倡的。

《水浒传》中,祝家庄战场上,好色的梁山泊将领王矮虎,和"雾鬓云环娇女将""天然美貌海棠花"的一丈青扈三娘相斗。"王矮虎初见一丈青,恨不得便捉过来,谁想斗过十合之上,看看的手颤脚麻,枪法便都乱了。不是两个性命相扑时,王矮虎却要做光起来。那一丈青是个乖觉的人,心中道:'这厮无理!'便将两把双刀,直上直下,砍将入来。这王矮虎如何敌得过,拨回马却待要走。被一丈

---

① 德虔:《少林武僧志》,北京:北京体育学院出版社,1990年,第198页。
② 《武侠丛画》,见无谷等编《少林寺资料集》,北京:书目文献出版社,1982年,第379页。
③ 张宝瑞:《北京武林轶事》,北京:北京燕山出版社,1987年,第162页。

青纵马赶上,把右手刀挂了,轻舒猿臂,将王矮虎提离雕鞍,活捉了去。"①于是王矮虎一直被当成了揶揄对象。但除了王矮虎外,梁山泊从上到下,清一色是不近女色也不结婚的铁石心肠好汉。

浪子燕青随宋江进京,想打通皇帝的"枕头关节",李师师喜欢燕青,先是"执盏擎杯,亲与燕青回酒,谢唱曲儿,口儿里悠悠放出些妖娆声嗽,来惹燕青";又要看燕青身上的刺绣,看了又"十分大喜,把尖尖玉手便摸他身上";接着"再与燕青把盏,又把言语来调他"。"燕青恐怕他动手动脚,难以回避,心生一计,便动问道:'娘子今年贵庚多少?'李师师答道:'师师今年二十有七。'燕青说道:'小人今年二十有五,却小两年。娘子既然错爱,愿拜为姊姊!'燕青便起身,推金山,倒玉柱,拜了八拜。这八拜是拜住那妇人一点邪心,中间里好干大事;若是第二个,在酒色之中的,也把大事坏了。因此上单显燕青心如铁石,端的是好男子。"②燕青的年龄,正是春心荡漾、儿女情长时候;燕青的光景,正是鲜衣怒马、风流倜傥时候。为何心如铁石,还偏是好男子?这种情况,便远非伦理原因所能解释。这也与西方崇拜和喜爱的现实及同样表现英雄和超人主题作品中,那些把姑娘抢上马背就跑的剽悍的西部牛仔;指贵族女子为誓,或在其窗下唱破晓歌的多情而勇武的中世纪骑士;及到处播撒风流的间谍007;等等,形成了鲜明对照。

《水浒传》中的男性英雄基本都单身,正面女性角色男性化——母大虫顾大嫂、母夜叉孙二娘,其他重要女性角色反派化——四大淫妇:阎婆惜、潘金莲、潘巧云、卢俊义的老婆贾氏,再加上坑了史进的李瑞兰,坑了雷横的白秀英,这几点近代以来从来都是被人诟病。但大学问家往往有识珠慧眼,木心对此就有非凡认识,他说:"还有一个顾大典,写《青衫记》,写白居易,也是小灵感害大灵感,把'商人妇'写成白居易情人。这种改编很讨厌。沈璟,他把武松弄了个老婆,好好一条汉子就此完了——武松好,好在单身。"③木心真是说得太对了,《水浒传》中要是好汉们都娶了妻,婆婆妈妈出来大群女人,特别是武松、李逵、鲁智深等绝蛮极雄最典型光彩几个汉子,身边都跟上个老婆,那英雄主题的《水浒传》肯定就彻底毁了。

---

① 施耐庵、罗贯中:《水浒传》,凌赓等校点,上海:上海古籍出版社,1988年,第715页。
② 施耐庵、罗贯中:《水浒传》,凌赓等校点,上海:上海古籍出版社,1988年,第1184页。
③ 木心:《1989—1994文学回忆录》第三十三讲,桂林:广西师范大学出版社,2013年,第417页。

但除此,我们文化中还有与此必然协调的某些因素导致如此。

性与武林英雄荣誉绝对不相容,但才子风流却为古代文学作品所特许。与金榜题名俱来的必然是洞房花烛。十年寒窗虽然清苦,有时也会有鬼狐妍丽来相伴。于是往往就演成了爱情颂歌。但《警世通言》有"赵太祖千里送京娘"故事,写赵匡胤早年曾救出被强盗掳掠的少女京娘,并千里步行护送她归家,京娘爱上了赵匡胤,但被赵匡胤拒绝,拒绝的理由很奇怪,如"出身相救,实出恻隐,非贪美丽之貌""兄妹相称,岂可及乱""我是个坐怀不乱的柳下惠,你岂可学纵欲败礼的吴孟子"等。有的则就等于是说因为他是武人,"赵某是顶天立地的男子,一生正直,并无斜妄""本为义气上千里步行相送""惹天下豪杰们笑话"等。"三言二拍"有那么多才子佳人故事,如果宋太祖是个文人,不知要演出多少使人柔肠寸断、儿女情长的故事。但宋太祖是个武人,便只能硬撑出一身凛然气,面上道貌岸然,心如槁木枯井。那故事是硬撑出来的,因此也就别扭得要命,赵匡胤救了京娘,京娘最后却因为受不了诸方怀疑而自缢。但故事末了居然赞诗是:"不恋私情不畏强,独行千里送京娘。汉唐吕武纷多事,谁及英雄赵大郎!"①

中国武林英雄荣誉与性的绝对不兼容,很大程度上与武术理论遵循中国传统医学精、气、神学说中"宝精"原则有关。

传统医学认为人有三宝——精、气、神,三位一体,相依互存。三者中,尤以精为人体生命根本。因此,传统医学极为重视人体之精。张景岳《类经》云:"欲不可纵,纵则精竭;精不可竭,竭则真散。盖精能生气,气能生神。营卫一身,莫大乎此。故善养生者,必宝其精。精盈则气盛,气盛则神全,神全则身健,身健则病少。"②根据宝精原则,历代医籍和医家都把房劳作为重大病因之一而强调节欲。《道机》曰:"淫泆洪无度,忤逆阴阳,魂神不守,精竭命衰,百病萌生,故不终其寿。"③"道以精为宝,施之则生人,留之则生身。生身,则求度在仙位;生人,则功遂而身退。"④古代中国人认为精是人体生命根本,显然是注意到精可以繁育出新的人体生命。既然可以繁育出新的人体生命,那么精就是人体生命之本。

---

① 冯梦龙:《警世通言》第二十一卷,北京:中华书局,2009 年,第 185~197 页。
② 张景岳:《类经》卷一"摄生类",见《四库全书》文渊阁本"子部五·医家类"。
③ 陶弘景:《养性延命录》卷上"教戒篇第一",宁越峰注释;朱德礼校译,赤峰:内蒙古科学技术出版社,2002 年,第 3 页。
④ 陶弘景:《养性延命录》卷下"御女损益篇第六",宁越峰注释;朱德礼校译,赤峰:内蒙古科学技术出版社,2002 年,第 64 页。

而如果不施泄"生人"——发育新的人体生命,不"功遂而身退",导致人体生命之本转移,"留之"不射,那么就可能"生身",获得身体健康或长寿,甚至登仙长生。所以《老子想尔注》说:"古仙士宝精以生,今人失精以死,大信也……要诸行当备,所以精者道之别气也。入人身中为根本。"①

西方人和现代医学以为:性生活所导致的疲惫,是运动导致的,犹如从一楼爬到六楼一般。而精液泄漏造成的损失,成分分析只是一些蛋白质和碳水化合物而已。但中国人和传统中医不这么认为,淫逸过度,轻则伤身,重则殒命。

要证明中国人的这种顽强认识的存在,最好的例子是《金瓶梅》,西门庆纵欲无度,是死在潘金莲床上的,作者警告读者:"看官听说:一己精神有限,天下色欲无穷。又曰:嗜欲深者,其天机浅。西门庆自知贪淫乐色,更不知油枯灯尽,髓竭人亡。原来这女色坑陷得人有成时必有败,古人有几句格言道得好:'花面金刚,玉体魔王,绮罗妆做豺狼。法场斗帐,狱牢牙床。柳眉刀,星眼剑,绛唇枪。口美舌香,蛇蝎心肠,共他者无不遭殃。纤尘入水,片雪投汤。秦楚强,吴越壮,为他亡早知色是伤人剑,杀尽世人人不防。'"②《喻世明言》里亦有一吴山者,贪恋妓女金奴美貌,纵欲过度,也差点丢了命,作者也有诗一首警告世人:"二八佳人体似酥,腰间仗剑斩愚夫。虽然不见人头落,暗里教君骨髓流。"③再往后,武侠小说里多得是"精尽而亡"之类的话。

精是人体生命的根本,宝精原则是毫无疑问的,但实行宝精的路径则有两条,第一是房中术的"御而不射",第二是要求武人"不近女色"。

房中术表面看来复杂,但其要点实际上只有一个,那就是"御而不射",即只与女人性交而不射精。

今天所能见到的最早提出"御而不射"这一观点的著作,是战国至两汉时期的马王堆出土的《十问》:"治气有经,务在积精""长寿生于蓄积""阴精漏泄,百脉宛废""六极坚精,是以内实外平"。并要求男子在与女子性交时,"必乐矣而勿泻""慎守勿失"。说是"长生之稽,侦用玉闭,玉闭时辟,神明来积。积必见章,玉

---

① 《续修四库全书》编撰委员会:《续修四库全书》"子部·宗教类",上海:上海古籍出版社,1996年,第565页。
② 兰陵笑笑生:《金瓶梅词话》第七十九回,北京:人民文学出版社,2000年,第1104页。
③ 冯梦龙:《喻世明言》第三卷"新桥市韩五卖春情",北京:人民文学出版社,1958年,第74页。

闭坚精，必使玉泉毋倾，则百疾弗婴，故能长生"。① 《玉房秘诀》也提到："黄帝问：'愿问动而不施，其效如何？'素女曰：'一动不泄，则气力强；再动不泄，耳目聪明；三动不泄，众病消亡；四动不泄，五神咸安；五动不泄，血脉充长；六动不泄，腰背坚强；七动不泄，尻股益力；八动不泄，身体生光；九动不泄，寿命未央；十动不泄，通于神明。"② 动得越多而不泄，越对身体有好处，至于十动，便可"通于神明"。

《十问》和《素女经》的这一观点，对后世房中术影响巨大。陶弘景在《养性延命录》中提出："精动而正，闲精缓息，瞑目偃卧，导引身体，更复可御他女。欲一动辄易人，易人可长生。若御一女，阴气既微，为益亦少。又阳道法火，阴道法水，水能制火，阴亦消阳。久用不止，阴气噏阳，阳则转损，所得不补所失。但能御十二女子而复不泄者，令人老有美色。若御九十三女而不泄者，年万岁。"③ 孙思邈《千金要方》则云："黄帝御女一千二百而登仙，而俗人以一女伐命，知与不知，岂不远矣。其知道者，御女苦不多耳。"又说："数数易之则得益多""若御九十三女而自固者，年万岁矣"。④ 陶弘景和孙思邈的目标都是"年万岁"。御女虽多，但不要紧，关键是不要射精，采阴补阳，多多益善。

"从而不失""不泄道路"，是后世房中术和房中术著作几乎无例外的主要要求。无怪乎孙思邈在《千金要方》中一针见血地总结说："夫房中术者，其道甚近，而人莫能行其法。一夕御十人，闭固为谨。此房中之术毕矣。"⑤ 一个"毕"字了结，玄之又玄的房中术，不过如此。直到明清，"御而不射"仍然是房中术坚持的主旨。

研究中国古代房中术而著名的荷兰人高罗佩，有个著名的观点："在中国，妻妾都有由成文法和习惯法确定的固定地位和法定的个人权利。家长必须尊重这些权利，并履行对女眷的各种责任，不仅满足她们的性欲，经济合理地赡养她们，

---

① 《十问》，见马王堆汉墓帛书整理小组编《马王堆汉墓帛书（肆）》，北京：文物出版社，1985 年，第 147、148 页。
② 周祖贻、吴金莲编著：《传统房中保健》，长沙：湖南科学技术出版社，1992 年，第 162 页。
③ 陶弘景：《养性延命录》卷下"御女损益篇第六"，中国古籍库《道藏》明正统本（内蒙古版本）。
④ 孙思邈：《千金要方》卷八十三"养性·房中补益第八"，见《四库全书》文渊阁本"子部五·医家类"。
⑤ 孙思邈：《千金要方》卷八十三"养性·房中补益第八"，见《四库全书》文渊阁本"子部五·医家类"。

而且要在更敏感的方面,注意她们的个人感情,考虑每个人的爱好和怪癖,并理解这些女人之间的关系。我认为房中书之所以经久不息地受到儒道两家的欢迎,其主要原因是这些做爱之书满足了真实的需求。没有这类书的指导,一个大家庭的家长很难应付众多的女眷而不精疲力竭。"具体说,房中术"反复建议男子应在同一夜里与若干不同女子交媾","大力提倡不断更换性伙伴",是因为,"在一夫一妻多妾制的家庭中,性关系的平衡极为重要,因为得宠与失宠会在闺阁中引起激烈争吵,导致家庭和谐的完全破裂。古代房中书满足了这一实际需要"。高罗佩还列举了名为《某氏家训》的残书的一段话为证:"街东有人,少壮魁岸,而妻妾晨夕横争不顺也;街西黄发佝偻一叟,妻妾自竭以奉之,何也?谓此谙房中微旨,而彼不知也。"①

　　高罗佩这一观点值得商榷,首先,房中术或许有这样的延伸需求,但它本身的目标,是健身或长生。另外,决定妻妾是否和睦的因素应该说很多,丈夫的性能力恐怕只是其中之一。少壮魁岸妻妾打架,黄发老者妻妾和睦,完全可能还有别的原因。再者,要保持多妻家庭的性关系平衡,实在也没有必要一晚上和每一个妻子都发生关系。再者,如果说这种所谓"性关系平衡"在老百姓那里还做得到的话,那么在皇帝那里便完全没有了可能,一个皇帝无论他的房中术手段如何高明,他都不可能将宫中成千上万的女人应付下来。既然如此,对皇帝而言,房中术还有什么意义呢?事实上,中国古代能娶数个妻子的人,都要么是达官显宦,要么是地主商人,他们和其妻子的关系,本来就是不平等的;妻妾们各自地位不同、出身不同,互相之间的关系也是不平等的。不平等的关系,当然也就是不平衡的关系。房中术的产生绝对不是出于这样的原因。

　　房事过度会伤害人的身体,但禁绝房事又失去了人生的一大欢乐,于是以"御而不射"为宗旨的房中术便应运而生。既可以享受更多的、更大的欢乐,又可以延年益寿乃至成佛成仙,二者得兼,这才是房中术产生的真实原因。这一点,《素女经》引《玄女经》说得很明白,那就是:"乐而且强,寿即延增。"②

　　另一条路径是"不近女色",特别是对武人而言。

　　中国武术理论将传统医学的精、气、神学完整吸收到自己的体系之中。"内

---

① 高罗佩:《中国古代房内考》,北京:商务印书馆,2007年,第113、155页。
② 无名氏:《素女经》,刘凝、翟飚译注,北京:中央编译出版社,2008年,第49页。

外兼修",几乎是中国武术所有拳种门派的宗旨。北派拳术多要求"外练手眼身法步,内练精神气力功",少林五拳要求"龙拳练精,蛇拳练气,虎拳练力,豹拳练骨,鹤拳练神",自云"各有妙用",形意拳则强调"练形而能坚,练精而能实,练气而能壮,练神而能飞"。重视精、气、神的作用转换,重视内功修炼,是基于这样的原因:人体是武功的载体,武功的强弱与武功载体的强弱密切相关。载体的强壮又可分为外部强壮和内部强壮,外部强壮固然重要,但更重要的却是内部强壮——内壮。内功修炼的目的,就是要达到内壮从而达到整体强壮。

依传统医学宝精原则,武术理论从来强调节欲。

七星螳螂拳《气力总论歌》有"子午卯酉昼夜还,烧酒房事不可贪"。佛山鸿胜武馆,演武厅墙壁上悬挂着十条馆规,第四条就是"节色"。①《少林戒约》第八条云:"女色男风,犯之必遭天谴,亦为佛门之所难容。"②《武当丹派剑术》则称:

> 三丰祖师大意谓,剑术真谛,其初基有二:一曰养精,一曰凝神。能凝神则毅勇,能养精则蓄锐,能蓄锐则毅勇,能养精则凝神,此为一串事。……凡揉玉环日久,但觉下部阳气蠢动,即兼揉转尾闾,渐加搓背、揉项等各法。须要不分昼夜提防生殖器勃然举动。……此练气化神之功夫,剑术内盈之能事也。惟学者当加意提防泄精为要。即豪杰所言,丈夫不流骨髓是也。③

查《易筋经》有"下部行功法",其文在讲述练习方法之后云:

> 功成物壮,固能惯战,然不养之,难免无虞,故又宜安闲温养,切无驰骋多战。行满百日,久久益佳。弱者强,柔者刚;缩者长,病者康,居然烈丈夫。虽木石铁槌,亦无所惮。以之鏖战,应无敌手;以之延嗣,必种元胎。吾不知天地间,更有何乐大于是法。

又有"行功禁忌",其文有:

---

① 黄鉴衡:《粤海武林春秋》,广州:广东科技出版社,1982年,第62页。
② 尊我斋主人:《少林拳术秘诀》,太原:山西科学技术出版社,2009年,第100页。
③ 李天骥主编:《武当绝技——秘本珍本汇编》,长春:吉林科学技术出版社,1988年,第92页。

自上部初功起,至此凡三百余日,勿多进内。盖此功以积气为主,而精神随之。初功百日内,全宜忌之。百日功毕后,方可进内一次,以疏通其留滞。多不过二次,切不可三次。向后皆同此意。行至下部时,五十日间疏放一次,以去其旧,令生其新。以后慎加保守。此精乃作壮之本,万勿浪用。俟功成气坚,收放在我,顺施则人,逆施则仙,非凡宝可喻价也。

又有"应用内壮余技",其文云:

精气与神,炼至坚固,用立根基。希仙作佛,可立而待。设人缘未了,用之临敌对垒时,其切要处在于意有所寄。气不外驰,则精自不狂,守而不走。设欲延嗣,则按时审候,应机而射,一发中的,无不孕者;设欲鏖战,则闭气存神,按队行兵,自能无敌。①

这些讲的还是宝精惜精。

即便到了近代,鼓吹尚武强国、力倡国术的张之江,在《勉励同志词》中也这样写道:

愿我同志,刻苦自励。炼修并重,保精养气。
至大至刚,经天纬地。丹田膏腴,赞合化育。
中和尽善,劳谦终吉。避刺攻克,首在节欲。
防微杜渐,朝干夕惕。敦品笃行,守身如玉。
福善祸淫,因果定例。溯本穷源,基于道义。
希圣法天,仁勇且智。爱切望深,曷其有极。②

就这么一小段武术家勉励人的文字,几乎是从头到尾都在要求宝精节欲。

---

① 《增演易筋洗髓内功图说》下卷,太原:山西科学技术出版社,2009年,第119~121页。
② 张剑龄:《近代武林名人传略》,见《武林》1982年第4期,第13页。

武术内功修练,其他门派虽不像武当派那样规定必须长期禁欲,但百日功未满,也几乎无例外地规定必须禁欲。

武林英雄荣誉与性的绝对不兼容,显然很大程度上与武术理论遵循传统医学精、气、神学说中的宝精原则有关。形意拳拳经有诗云:"精养灵根气养神,元阳不走方为真。丹田养就长命宝,万两黄金不与人。"但这首诗是几乎原封不动从明代养生著作《类修要诀》中抄来的,原文为:"精养灵根气养神,元阳不走得其真。丹田养就长金宝,万两黄金莫与人。"①

性生活过度造成的疲倦、不舒适、虚弱甚至萎靡感,是人人都能切身感受到的。中医精、气、神学说虽然长期无法从现代科学实验和实证的角度获取证明,但却作为被淘汰之余的经验的自然科学顽强地生存下来,长期处于一种既无法被证实也无法被证伪的状况。在做了输精管结扎绝育手术的男子中的调查证明,性生活对他们身体的影响,和对其他男性的影响完全一样。可见男子性交泄漏的,传统医学理论所称的"精",并不完全等同于实验科学化验所见的精虫、精液等物质。另外,按传统医学理论,女人也是有"精"的,并不仅存于男性。这和传统医学讲精"存于肾",而非存于睾丸也完全吻合。传说中的董海川,小说中的东方不败、岳不群等所为,阉割去生殖器,便可以解释为恰恰是固存了精,而不是彻底失去了精。

传统医学理论认为人体脏腑的疾病皆有实有虚,要求"虚则补""实则泄"。唯有肾是个例外,"肾无实症",元阳真精是越充盈越好。这显然就是要求习武者节欲基至禁欲的理论根据。传说出卖少林的马宁儿,初时在外淫欲并无人知晓。因他在少林年轻和尚中武功最高,所以每年某个节日做佛事点梁上的万年灯,都是由他跃上去点的。而这一年他却怎么也跃不上去。少林住持根据他武功退步,再联系寺外当时总有妇女遭辱一事,终于把事情查了个水落石出。精之外泄会导致武功退步,有没有什么办法能一劳永逸地防止这一点呢?经验科学的特点之一是简单类推,因此很容易让人推导出要练就金刚不坏之躯和极致神功,就必须永锁真阳,而永锁真阳最彻底的办法,就得出阉割去势的结论。

这就是习武者被要求节欲、禁欲,传说董海川为练功而自阉,以及金庸小说描述为练就绝世神功"葵花宝典"的东方不败、岳不群亦自阉的缘由。

---

① 胡文焕:《类修要诀》,孙炜华校点,上海:上海中医学院出版社,1989年,第161页。

男旦、金莲、金鱼、病梅和宝精原则,出自人的审美、艺术,类审美、类艺术需求,对自然规律不认可不顺从,对自然形态人为和任意改变,这里,哪有什么和自然和谐的意思。

为了追求完美的防守效果,防止对方致命的下盘攻击,武术创造出了弓马仆虚。为了保证在弓马仆虚步型时依然稳定,就要大大增强下肢力量,于是武术强调站桩练习。而站桩练习可能导致的O型腿、大屁股、粗大腿,从而导致视觉上腿短,武术人似乎根本无视。

实战武术强调"硬度",武谚有"千有改,万有改,硬快没有改"之说。硬度既包括打击对手时的拳、肘、膝、腿的坚硬和强度,也包括自身身体的抗打击能力。最完美的硬度,当然就是所谓"金刚不坏之躯",就是所谓铁布衫、金钟罩。为了得到这样的效果,中国武术各门各派皆有自己特殊的功法。有的就是简单的排打,增大肌肉体积密度,虽然简单,却很有效,这种排打功最为常见。有的是结合运气发声,如发"嗤",强腹;发"嗨",强肋;发"嗳",强软肋;发"嗯",强心窝;发"哼",强头顶。这是峨眉拳内气爆发鼓荡外抗的"不传之秘"。[1] 峨眉派僧门则是结合内练、药洗、按摩、排打等,骨上生"膜",腹中结"胎",使身体产生惊人的抗打击能力,臂、腿让人不敢接,一接则如触铁石,剧痛难耐。峨眉派赵门,则曾经有更神妙的功法,名曰"灌铅",据说乃用铅饼擦击全身,功成则不畏铁石,但练此功者尤畏寒冷,夏天亦需穿棉衣,据说该门派不止一个著名武术家因感冒丧生。

为追求天下第一,为练就绝世神功,违反自然规律不管不顾,多少武术人沿此路执着前行。

第四节　武术特殊的"控制"型打法

中国武术强调"物我如一",则是人企图提高控制自然物的能力。

武术家认为,器械不过是手臂的延长。匕首、峨眉刺是长了一些,刀、剑又长了一些,枪、棒使手臂更长了,还嫌不够,又有了掷射的暗器、弓箭。功夫臻于上乘,这些器械便能如臂之从,得心应手。所以清代武术家吴殳便将其枪法专著命

---

[1]　孟宪超:《峨眉拳全书》,北京:中国广播电视出版社,2007年,第198、199页。

名为《手臂录》。

武术大师的随心所欲已达到这样的境界或程度：

被称为"神拳李老农"的形意大师李洛能，其身体已灵敏至"一羽不能加,蝇虫不能落"，可以在毫无所知的情况下，本能地运用后背将偷袭者弹出丈外。太极大师杨露蝉有一次也用同样的方法，在垂钓时将想暗算他的两个人掷入河中。

少林派著名武术家顾汝章，与万籁声、万籁鸣、李先五、傅振嵩等四名北派拳师联袂"五虎下江南"。在广州他表演了铁砂掌功，掌力雄沉而又控制有度，不少老广州都亲眼见过他把十余块砖叠在一起，一掌下去，上下两块砖完好无损，而夹在中间的尽碎无遗，简直令人不可思议。

大成拳创始人王芗斋，对敌已臻"纵横自在，有感皆应"的妙境，见过他实作的人说：略观其意，似乎他闭上眼睛亦能自如地与人相搏。

杨氏太极创始人杨露蝉，杨露蝉之子杨健侯以及白猿通臂大力恒泰，据说都能置鸟雀于掌中，松化鸟雀上飞时两足沉蹬之力，鸟便始终无法耸身飞去。杨氏太极李墨根的传人，至今犹有"鸟不飞"的绝技。

八极高手吴钟，与康熙帝第十一子持殳竞技，吴钟殳端涂上面糊，十一子被面糊涂上眉毛尚不知晓。

"神枪"李书文，既能把铁棍捅进墙壁，若干大力士也拔不出来；又能持大枪扎墙上的苍蝇，墙上还不留下枪尖痕迹。

太极拳讲究"沾、粘、连、随"，忌讳"顶、抗、丢、匾"。沾、粘、连、随就是把自己的进攻和退却变成一个圆，并且要把对手的进攻和退却控制在自己的圆中。顶、抗是离开了圆，丢、匾也是离开了圆，把圆变成了横的或竖的直线。太极拳要求"不丢不顶""舍己从人"。敌人攻来，化掉他，但敌人攻击落空，要退回，却没有那么容易，圆形的力是连贯的，相随的，绵绵不绝。这个圆就跟随你了，你想跑也跑不掉。走而化之，化而随之，随而制之，制而摧之！

太极拳讲沾粘,所以太极枪名为"十三枪""十三势杆""扎杆",又名为"沾粘杆"。据传太极大师杨班侯大枪的沾粘功夫已达到了这样的程度:一次,他骑马外出,遇见一条狗和他同方向行于道侧,杨班侯将枪杆搭于狗背上,马快狗也快,马慢狗也慢。原因是杨班侯运用太极沾粘劲于枪杆,将狗粘住,狗便不由自主地随着马跑的速度跑,始终不能逃离,最后狗被累死。

功夫精纯,反应迅即,感觉微妙,"物我如一"已达到如此境界。

武术的"物我如一",从来被诠释为人与自然一体,人与自然和谐。但实际上,说"物我如一"是人与自然一体不假,说其是与自然和谐却大谬,物我如一,人与自然合一,是为了控制对象物。控制是征服,绝不是和谐。

武术"控制"的特点,在点穴术中表现得很充分。

武术典籍不乏有关点穴术的记载。

点穴术产生时间较晚。《少林拳术秘诀》云:"盖以三丰。绰号张邋遢,为明时技击术之泰斗。先居于宝鸡之金台观,后学道于鹿邑之太清宫,于少林师法练习最精。后遍游于川蜀、荆襄、沔汉间,其技更进,能融贯少林宗法,而着力于气功神化之学,晚年更发明七十二穴点按术,为北派中之神功巨子。"又有所谓张全一者,"以俗子内家,忽而传外家之衣钵,而又创明点穴法。于是缁衣之徒,亦相率而宗之"。又说:"自张氏点按术盛行后,凡南北技击巨子,无不视此为枕中秘宝。"[1]张三丰究竟何人,众说纷纭,莫衷一是,张全一事迹亦无由考证。但《少林拳术秘诀》说创立点穴术是"明时",这一段文字在《明季少林之变派》一章论述,说明作者认为点穴术是在明末创立,这一点应与史实相符。黄宗羲所撰《王征南墓志铭》云:王征南"凡搏人皆以其穴",[2]也证明了至少不晚于明末,已经有了确切的所谓点穴术。

再往后,陈鑫《陈式太极拳图说》、万籁声《武术汇宗》、薛颠《薛颠武学录》、尊我斋主人《少林拳术秘诀》、德虔《少林点穴法》等,都较详细地叙述了点穴术的根据和方法。这些人中,陈鑫、万籁声、薛颠是武术名家,尊我斋主人至少是行家,而德虔所述当有所本。

点穴术理论上是怎样施之于人体而在技击中奏效的呢?

---

[1] 尊我斋主人:《少林拳术秘诀》第十二章"明季少林之变派",太原:山西科学技术出版社,2009年,第108~110页。

[2] 黄宗羲:《黄梨洲文集》碑志类"王征南墓志铭",北京:中华书局,1959年,第145页。

传统医学认为，人体存在气血循行的路径——经络。经脉是经络系统的纵行线，而络脉是经脉大大小小的分支，纵横遍布全身。经络是气血运行，联系脏腑四肢、调节人体各部功能的必要信道。人体有"十二经脉"，即手太阴肺经、手阳明大肠经、足阳明胃经、足太阴脾经、手少阴心经、手太阳小肠经、足太阳膀胱经、足少阴肾经、手厥阴心包经、手少阳三焦经、足少阳胆经、足厥阴肝经。人体又有"奇经八脉"，即督脉、任脉、冲脉、带脉、阴跷脉、阳跷脉、阴维脉、阳维脉。在经脉的行经处，又遍布穴位，也有称为穴道、腧穴的。奇经八脉中的冲脉、带脉、阴跷脉、阳跷脉、阴维脉、阳维脉没有本经的穴位。十二经加上奇经八脉中的督脉、任脉，共有穴位三百六十余。此外还有"经外奇穴"若干。穴位是经络、脏腑气血输注出入处，在穴位处施以某种刺激，便可阻断、壅塞经脉的气血运行。《黄帝内经》云："经脉者，所以能决生死，处百病，调虚实，不可不通。"[1]经脉的阻塞，便会导致脏腑正常功能的破坏，武术的点穴法，完全以传统医学的经络学说为理论依据。

然而，人体经络的存在从来没有由实验科学得到证实。由解剖学、组织学的研究可知，我们找不到经络。我们所能看见和知道的，只有血管、神经、肌腱、内脏。

但是，随着近代以来实验科学的不完善日益显露，人们开始注意到：用解剖学、组织学、生物化学等方法研究人体，都在很大程度上干扰甚至消解了人体正常的生命活动。这样研究的对象——生命已不再是活的生命，生命运动已不再运动，研究对象已不再是对象本身，而只是从人体整体割裂开来的一个局部，是片面的。

现代控制论、系统论的人体研究，却日渐获得同中国传统医学一致的结论。有人用"黑箱理论"解释经络学说，把人体比作装底片的黑匣子。没有打开黑匣子时，底片上或许有你拍摄的种种景物，然而黑匣子一旦打开，底片曝光，这一切也就不存在了。活生生的人体就好比是关闭的黑匣子，而人一旦死去，或者说人体一旦被破坏，就好像黑匣子被打开。也就是说，经络只在活人身上或完整的生命体上才存在。

中科院学部委员祝总骧，在 1976 年便以某种实验证实了经络的存在。他自

---

[1] 佚名:《黄帝内经》"灵枢·经脉第十"，沈阳：辽海出版社，2012 年，第 487 页。

述道:"用一个小橡皮锤按照第一种方法——机械和电的方法——沿古典经脉线垂直叩击,叩击力量要均匀。把听诊器放在叩击点的附近的皮肤上聆听,每当小锤叩击到某个点上时,你就会听到一个音量加大、声调高亢洪亮、如叩击在空洞地方的那种嗡嗡的声音,我们把它叫作经络的高振动声,把这个点叫作高声点。用蓝笔标记,把所有的高声点连成一线,这条线就是经脉线,就是我们利用经络线具有低阻抗、高振动声的特点所测出来的经脉线,我们把它叫作实验经络线。"在随后的时间里,祝总骧又借用现代化设备,陆续采用"高振动声音线""声频谱分析""低电阻线"三种方法,证实了最初的结论。[①]

点穴术又以传统医学针灸学的"子午流注法"理论为技击指导。

"子午流注法"本是古代针灸按时配穴的一种理论方法,在《内经》《难经》《甲乙经》《子午经》中已具雏形,至金代何若愚、阎明广《子午流注针经》中,以十二经脉肘膝以下的六十六个经穴为基础,配合出井、流荥、注俞、行经、入合的气血流注、盛衰开阖的道理,配合阴阳五行、天干地支、日时变易,作为取穴的依据,使该理论基本完备。

子午流注学说和现代生物学揭示的人体具有生物节奏规律的生物钟学说,即人体内有一种近似时钟的机制,使人体生理活动随昼夜交替、四时变更而发生相应变化的学说,有不少近似和吻合之处。在气血盛衰、经穴开阖之时,点打相应的穴位,便能更有效地造成气血或因堵塞而壅滞,或因继绝而衰竭。所以《少林拳术秘诀》云:"又有血度流行时刻表,乃点按术之极要者。"[②]

《武术汇宗》具体列述了据说是少林所传按时点穴秘要,其文云:"最紧要之十二大穴时辰。打穴中为:子时人中穴,丑时天庭穴,寅时乔空穴(即鼻梁穴),卯时牙腮穴,辰时双阴穴(左太阳右太阴),巳时将台穴(上仓),午时脉腕穴,未时七坎穴,申时丹田穴,酉时白海穴,戌时洞壶滴漏(下阴),亥时涌泉穴。"[③]其他武术专著论及按时辰点穴术时,所取穴位亦大致同此。

医家针灸取穴,多依北宋王惟一铸制针灸铜人。拳家点穴取穴,亦依于此。

[①] 祝总骧:《经络——健康的总控制系统》,见《武术健身》1993 年第 2 期,第 5、6 页。
[②] 尊我斋主人:《少林拳术秘诀》第十二章"明季少林之变派",太原:山西科学技术出版社,2009 年,第 110 页。
[③] 万籁声:《武术汇宗》,上海:商务印书馆,1929 年,第 332 页。

《王征南墓志铭》云其点穴术,"死穴、晕穴、哑穴,一切如铜人法"。[①] 武侠小说之类,多提到少林练功用铜人,有"十八铜人"之说,恐源于此。实际上,拳家练点穴,多用木人桩,模拟真人大小,标记穴位于上,进行逼真练习。《少林点穴法》即要求:"取较坚硬的木材刨光,制成一木人,身上先绘标出某一经的诸穴,循其经脉点其穴位,每日 3～5 次,每次 3～6 回。熟悉之后,改为夜晚点,继续练月余。若能在暗处点中,初艺即成,可另换一经,依上法习之,依次增加。将人身全部穴位练熟后,可合并通练。"[②]穴位多固定于一点,面积不大,因此点打时多用指,偶尔也用拳、肘、膝等。武谚有"三拳难当一掌,三掌难当一肘,三肘难当一尖,三尖难当一指"的说法。尖,是指掌尖,即李小龙和咏春拳所称"标指"。受力面越小,压强越大,所以拳、肘、膝、尖皆不如指。一般人指力多弱,必须经过点沙袋、点石头、点木板来提高手指硬度和力度。海灯法师所擅少林一指禅功,实际上就是点穴的基本功。另外,诸如"判官笔""铁扇"等兵器,都有点穴的功能。至于暗器点穴,虽有所闻,却无由证实。

被称为少林"护法之秘术,镇山之绝技"的擒拿术,堪称中国武术的一门特技,而擒拿术的产生,亦直接得益于传统医学的指导,由于擒拿术多用抓筋、拿穴、反关节技法,因此,练习擒拿术须先识得人体结构、经脉、穴位。《少林拳术秘诀》云:淮北大侠王一飘"创立擒拿术,其手法共二十五度,总括其要为五字诀:一曰印,二曰擒,三曰侧,四曰紧,五曰切"。五法中,"切则如医家之切脉式,按其部位而切取也。此种手法,非纸上空谈所能领会,故技术之贵亲炙演授耳"。[③]金恩忠《少林七十二艺练法》则云擒拿法传自少林达摩禅师,"盖深究其人身筋骨状态,经络之系统,以及气血循行之道路,与内脏感应之理由,分各经所依之本,按五行生克之道,变化而神明之,乃成此擒拿之术"。擒拿为谁所创,众说不一,或许终究也考不出究竟,但于事实基础上得出这样的结论当不会有分歧,即没有传统医学及其理论的高度发达,就不会有武术擒拿术的诞生。

从理论上讲,点穴、拿穴方法确实成立。然而并不是说所有的问题都已解决或完全解决。经络的存在毫无疑问已经被证明,但经络到底是一个什么样的人

---

① 黄宗羲:《黄梨洲文集》碑志类"王征南墓志铭",北京:中华书局,1959 年,第 145 页。
② 德虔:《少林拳术秘传 上》,北京:北京体育学院出版社,1989 年,第 118 页。
③ 尊我斋主人:《少林拳术秘诀》第十二章"明季少林之变派",太原:山西科学技术出版社,2009 年,第 111 页。

体系,它是如何发挥作用的,为什么关于经络的理论在汉代突然出现,而且一开始就十分完备等,仍然不十分清楚,至于"穴位"到底是什么,众说纷纭,更是没有一个让人信服的结论,"气血输注处",这样的解释是相当含混的。

完全否定点穴法的亦大有人在。形意八卦名家张占魁的学生,号为"格斗专家"的赵道新就持否定观点,他在遗作《点穴:拳手之梦》中指出:

> 我不敢以通晓点穴术自居对其妄加详论,可据我所知,古今中外还未有一名点穴师或一种点穴术经过了严格的鉴定和论证。假设点穴学说为真,那么,人与人在游戏竞技或角斗厮杀时,必然存在有意无意地偶然击中穴道上那个"活东西"的可能性,我从拳一生且与各层次的同道素有交往,如此多的人,如此长的时间,在数不清的格斗中为点穴术碰巧灵验创造了如此大的机会。然无论直接经验或间接经验,我和我所接触过的所有拳手都不得不承认,没有一宗事件可能证实点穴的说法,这就使我不禁疑惑了。
>
> 对上述检验结果只能做出两种解释,要么确认点穴学说的失败,要么承认点穴术的使用成功率极低。有谁愿意学习此技后在搏击中出手百次而找不准目标呢?我学习拳术亦有数十年,与同道较技尚且不能发而必中,即使击中又不敢说一定出现何种效果,因为双方是处于不停的运动变换之中,攻守间或隐或现,举动无常,一种高命中率的击法都不一定奏效,这种低命中率的点穴又有什么实战意义呢?
>
> 再者,如有两名精通点穴术的相搏,他们都熟知某时某穴的所在,预先死守此穴,战斗又将如何进行呢?
>
> 我不知道点穴术是否敢适用于世界的其他时区。对于外国人,周游全球的人和宇航员,他们的生物钟和生理结构已被打破,却不知能否影响到那个"活东西"的运行?当然,近年实行的夏时制也是个问题。
>
> 总而言之,我希望点穴说能在未来的人类文明史上有所作为,但今天我敢以我的名誉断言:在我写这篇稿子时,点穴还未具备格斗的功能。

赵道新敢讲真话,文字幽默,都让人由衷敬佩。但他讲的基本上都是由技击实效出发的"可不可能击中"的问题。

但凡做过按摩、推拿、点穴针灸治疗的人,恐怕都会惊异人身上居然会有那么多部位能在作用时让人难受(这种难受没超过一定限度时可能又是快感)。赵道新实际上也没有否认一旦这些穴位被击中将奏效,武术点穴法事实上正是基于"一旦被击中将奏效"而产生的技击方法。

中国人是最实际的也是最不实际的,武术家的追求有极端功利的也有最不功利的,武术技术有非常实用的也有最不实用的。"一旦被击中将奏效""一旦这个动作完成将奏效",实际上武术中绝大部分技术都是这样的技术,无数人于此的想象、设计,极大地丰富了武术内容。在中国人心目中,可望而不可即的浪漫也不是凭空发生的,事实上科学的经络学说等,或许正为武术的浪漫追求提供了一块坚实的土地或可以企及的目标。

黄百家《内家拳法》云:"穴法若干:死穴、哑穴、晕穴、咳穴、膀胱、虾蟆、猿跳、曲池、锁喉、解颐、合谷、内关、三里等穴。"①唐豪考云:"百家《内家拳法》中的合谷、内关、三里、曲池等酸痛诸穴,图经中虽有其名,而实异用。唯天突一穴,按之咳嗽,可当百家所云咳穴。然合谷、内关、三里、曲池诸穴,须捉臂点按,遇肌肉坚实、指力欠劲者且不应。天突亦须捉颈从容为之,小炫技巧以骇庸俗则可,游动斗殴以制敌人则难。又铜人图中,只有膀胱腧而无膀胱穴名,膀胱在肚脐下盆骨内,受伤足以致命,应入死穴。环跳一穴,因臀部肌肉丰厚,受搏无甚酸痛,不应列入拳家穴法之内。解颐锁喉,皆拳中打法解数,并非穴名。解颐者,搏人颐部脱臼之法,锁喉者,搏人喉部闭气之法,一可致脑部震荡而晕倒,为晕穴之一;一可致喉管损断而死亡,为死穴之一。虾蟆穴待考。至何者为哑穴?死晕哑咳酸痛之穴,究有若干?何由发生此种效果?以及搏穴之法若何?百家均未详举,会当参研他种图籍,另成专着阐明。"②唐豪没有全盘否定也没有全盘肯定点穴术,这种态度是科学的。点穴术的效果和方法实际如何,至今无人予以全面系统的研究,尚待运动医学等专业参与共同进行。

但笔者以为最值得注意的是,点穴术的后果或效果是可以选择的。

如前述《王征南墓志铭》云其点穴术,"死穴、晕穴、哑穴,一切如铜人法"。

---

① 黄百家:《内家拳法》,见李天骥主编《武当绝技 秘本珍本汇编》,长春:吉林科学技术出版社,1988年,第262页。

② 唐豪:《内家拳》"内家拳穴法的研究",太原:山西科学技术出版社,2008年,第38、39页。

死、晕、哑,是有区别的。

《少林拳术秘诀》云:张全一点穴法"实只三十六手。其中有软麻穴九,昏眩穴九,轻穴与重穴各九,合之为三十六点按手"。其中死穴,即所谓"点按而致死者",仅有九穴,即"脑海穴、气门穴、耳根穴、气俞穴、当门穴、命门穴、肺海穴、气海穴、脐门穴,共为九穴"。①

清代赵廷海《救伤秘旨》则云:"凡人身上,有一百零八穴,内七十二穴不致命,不具论。其三十六大穴,俱致命之处。"②

而在今人德虔所著《少林点穴法》中,除"致命三十六要害穴",又有了"致晕十一穴""致残一百零三穴",以及"点打二十六要害穴""点打十八穴"等等。③

由具体事迹看,这种区别和选择更清楚。

《王征南墓志铭》又云:"有恶少侮之者,为征南所击,其人数日不溺。踵门谢过,乃得如故。牧童窃学其法,以击伴侣,立死。征南视之曰:'此晕穴也,不久当苏。'已而果然。"④

《墨余录》载:清末有一个叫褚复生的人,以拳勇著称。他尤精于枪法,"横矛飞赴,旋转如风,名曰'四平枪'。数百人莫能近"。褚参加抗清失败,遂返乡终老于家。"邑有独骨张擎者,虎颈版肋,力举百钧,横行市廛,恒为商旅患,众请褚除之。褚曰:'试观其技。'于是众商设席延张,褚亦赴焉。酒再行,褚挑以微语,张自夸其勇,酒酣起舞,攘臂作格拉势,褚徐徐以箸点其胸,曰:'子盍坐而言乎?'张遂坐,终席默然。褚亦无语。倾之张辞去。众谓褚曰:'渠傲睨若此,君何不交一手?'褚曰:'彼若稍逊,犹可活。惟以骄故,今必死于途矣。'众犹未信,次日闻张死于亭桥,遍体色青如靛,乃共骇服。盖褚运神功,中人要害处,则于三时之顷,伤即入骨,能致死耳!"⑤褚复生所用手段,显然也是点穴术。

牧童是偷学王征南之技,碰巧点的是晕穴,这是无意的选择。但王征南使用,便可以选择晕穴,也可以选择死穴。褚复生点的无疑是死穴,但褚说"彼若稍

---

① 尊我斋主人:《少林拳术秘诀》第十二章"明季少林之变派",太原:山西科学技术出版社,2009年,第110页。
② 赵廷海:《救伤秘旨》,见丁继华、单文钵《中医骨伤历代医粹》,北京:人民卫生出版社,1991年,第476页。
③ 黄宗羲:《王征南墓志铭》,见李天骥主编《武当绝技 秘本珍本汇编》,长春:吉林科学技术出版社,1988年,第30页。
④ 黄宗羲:《黄梨洲文集》碑志类"王征南墓志铭",北京:中华书局,1959年,第145、146页。
⑤ 毛祥麟:《墨余录》卷十二,毕万忱点校,上海:上海古籍出版社,1985年,第185页。

逊,犹可活",意思很明显,就是如果姓张的老实谦逊一点,就可以不点他的死穴,而选择点让他活的晕穴之类。

在功夫片和武侠小说中,我们都见识过神奇的点穴术。对手一旦被点中穴位,不是立时毙命,便是终身伤残。还有所谓被封住穴道的,数个时辰之内动弹不得,非要点穴人解开穴道,方能恢复自如。要真有此点穴术,那控制力就更大了。

有所区别,就可供选择;可供选择,就更具威慑力;更具威慑力,则有更大的控制力。点穴奥秘,正在于此。

还可以举叶问、李小龙或咏春拳、截拳道的例子：
李小龙直接用了"控制"这个词。

防御：你的阻挡运用的时机必须绝对准确。完成不能太早,也不能太晚——直到你敢于等待的最后一刻——换言之,你的阻挡不能出现得太早,但必须要在攻击者把动作做充分,攻击到达你之前予以阻挡。当攻击者的动作做充分之后,你就有可能控制他的手了。

反击：对手的攻击越用力,你就越需要让自己的手绕过攻击路线去控制对手。但是,切记,你的手所绕过的路线越大、越长,也就会越慢,越难以控制对手。①

怎么控制呢？李小龙这么说：

我的老师叶问先生是咏春门的第一高手,他经常告诉我："小龙,放松一点,定下神来。忘掉自己,注意对手的招式,让你的脑子里不受任何思想的干扰,心宁气和地完全出于本能去反击。最重要的是,要学会超然。"

当我的自我意识越来越强烈,越来越明显时,我的老师又会过来告诉我说："小龙,让自己顺乎自然,而不要加以干涉,保存你自己,记住绝

---

① 李小龙著,约翰·李特编：《截拳道：李小龙武道释义》,北京：中国海关出版社,2010年,第128、129页。

不要让自己逆抗自然,不要直接去对抗难题,而要学会因势利导,顺势去控制它。"

在对手面前,不是说要全无感情或感觉,而是要让你的感觉不受阻滞或阻碍。所以要控制我自己,我就必须要以顺乎自然的本性,接受我自己。①

怎么"控制"呢?叶问教的是"学会超然""顺乎自然",李小龙说是"因势利导""顺乎自然"。这种"顺乎自然",叶问说得很明白,虽是控制,但是是"顺势去控制"。

怎么"顺势去控制"呢?

李小龙说:要"适应"对手,"截拳道就是适应对手,没有路径,没有自我,没有目标。"②"为了成功地攻击就必须适应对手。为了正确地攻击就必须敏锐地感知对手的节奏,准确地判断你与对手的距离,正确地运用速度与节奏向对手做出反应。"③

怎么"适应"对手呢?

那就是"无",具体说是"三无"。

一、无心。"必须要放松动作,在放松形体之前应首先使意念和精神放松下来。为了达到这一点,习武之人必须能够保持一种静谧与平和,即掌握好'无心'的原则。""日复一日,年复一年之后,当他的技艺越发精湛,身体的反应越强以及掌握的技巧越多,就越发接近无心的状态,他就会再次回到他习武之初一无所知的心态。起点和终点在此相会。"④

二、无形。"当技艺日臻成熟,一个人就会进入无形之行的阶段。就像冰融于水,它能适应任何结构或容器。一旦进入无形的阶段,无形就成为一切之形。一旦没有风格,就可以适应所有的风格。"⑤"他是呆板僵化的实体吗?他是活力十足、表达自己的人类,还是一台仅仅属于某种型号的机器人?你是流动的实

---

① 约翰·李特:《李小龙:生活的艺术家》,海口:南海出版公司,2008年,第16、17页。
② 李小龙著、约翰·李特编:《截拳道:李小龙武道释义》,北京:中国海关出版社,2010年,第47页。
③ 李小龙著、约翰·李特编:《截拳道:李小龙武道释义》,北京:中国海关出版社,2010年,第58页。
④ 约翰·李特:《李小龙:生活的艺术家》,海口:南海出版公司,2008年,第47、51页。
⑤ 约翰·李特:《李小龙:生活的艺术家》,海口:南海出版公司,2008年,第129页。

体,能够随着外部环境而流动,还是只能忍受那些指定强加于你的固有形式?"①"最好的形式是没有形式。"②"截拳道是无任何形式的,也可以是任何形式,因其是无派无别的,亦可适合于任何派别。"③无形,李小龙有时又称其为"无法""无招",或"无法之法""无招之招"。

图片来源:廖锦华《写真李小龙》

墙上对联
图片来源:师永刚,刘琼雄《李小龙映画》

三、无法。"达到臻于完善的最高境界后,习武之人变成了对道一无所知的傻子,他也忘掉了所有学的东西。算计也不会了,剩下的只是非意识。而达到最高境界时,他的身体和四肢都能自发运作,不需要意识的干涉。技术是如此的自发自如,以至于能完全摆脱意识行为。"在抵达最初的自由阶段,所有的方法都成为他的方法,而不拘求于其一。同理,习武者可以运用任何技巧和方式,以实现其目。"④"最高的技巧是没有技巧。"⑤

对此,康戈武在为《截拳道:李小龙武道释义》所作的序言中这样总结道:"截拳道理论中所谓的'无',包括无形、无心(无意识)、无法。李小龙说:'无形:我认为在现实中,武术的最高境界一定是没有绝对形式的。''无心,一个人必须克服

---

① 李小龙著、约翰·李特编:《截拳道:李小龙武道释义》,北京:中国海关出版社,2010年,第384页。
② 李小龙著、约翰·李特编:《截拳道:李小龙武道释义》,北京:中国海关出版社,2010年,第53页。
③ 关文明编:《一代英杰李小龙》,广州:岭南美术出版社,2001年,第263页。
④ 约翰·李特编著:《李小龙:生活的艺术家》,海口:南海出版公司,2008年,第51、129页。
⑤ 李小龙著、约翰·李特编:《截拳道:李小龙武道释义》,北京:中国海关出版社,2010年,第53页。

的是意识,自我意识。''无法之法,哪里有方法,哪里就有限制。'怎样算作无形呢？李小龙说:'把冰(有形)融化成水''水即是无形的整体'。怎样算作无心呢？李小龙说:'你向我出拳,我不假思索地截止并反击。'无意识地进行回应。怎样算作无法呢？李小龙说:'截拳道训练的最终目的是:忘掉所学的一切。'从这一串问答中,我们可以看到,截拳道的'无',不是本无,而是从'有'到'无'。因为有冰,才融化为水。因为抛弃临敌意识,才出现临敌无心。因为忘掉所学的方法,才出现无法。这是一个通过有限的训练,获得无限的功力——综合智慧和能力的过程。基于上述认识,似乎可以从修炼的角度将截拳道标识上的'以无限为有限,以无法为有法'十二个字,解读为'以有限求无限,以有法求无法';还可以从格斗的角度将这十二个字解读为'以无限胜有限,以无法胜有法'。'有无论',应是截拳道理论体系的核心。"[1]

这种"无",李小龙往往还用一些具象或抽象的事物来形容。

一、水。李小龙把功夫上的修养分为三个阶段:初级阶段,艺术阶段,无艺术阶段。"无艺术阶段,经过严厉而艰难的多年训练之后,他意识到,功夫终究没什么特别的,他不会再强迫自己去想招式,而是像压在泥巴墙上的水一样,去适应他的对手——从最细微的裂缝里溜过,没有刻意做什么,而是像无形的水一样漫无目的,没有任何事情掌控着他,他因此也就获得了自由。"[2]没有"招式",像水一样"无形",没有任何人能"掌控"他,他是"自由"的,当然就可以随心所欲"掌控"对手。

二、静。李小龙曾经这样评价过他的截拳道:"它是宁静灵魂之艺术,宁静得如同月光洒在深邃的湖泊上。"[3]

三、柔。"水可以放入碗中成为碗的形状,放入杯中成为杯之形,他是如此的具有柔顺性、适应性、协调性。"[4]

四、空。"空是无法被限制的,最柔软的东西无法被折断。"[5]

五、圆心。"一旦你了解到截拳道的真理,你就处于一个没有圆周长的圆

---

[1] 李小龙著、约翰·李特编:《截拳道:李小龙武道释义》,北京:中国海关出版社,2010年,第15、16页。
[2] 约翰·李特:《李小龙:生活的艺术家》,海口:南海出版公司,2008年,第16、17、19页。
[3] 约翰·李特:《李小龙:生活的艺术家》,海口:南海出版公司,2008年,第126页。
[4] 约翰·李特:《李小龙:生活的艺术家》,海口:南海出版公司,2008年,第129页。
[5] 李小龙著、约翰·李特编:《截拳道:李小龙武道释义》,北京:中国海关出版社,2010年,第441页。

心,这个无须辨别的圆心就是从心所欲而不逾矩。"①"我说没有风格的风格,是指那种完整而无偏颇的风格,简言之,是一个没有圆周的圆,容纳一切。"②"哪里有方法,哪里就有限制。一旦有了圆周,就有了局限;有了局限,就会腐朽;一旦腐朽,便失去了生机。"③后来,李小龙甚至连这个圆心也不要了:"当没有圆心、也没有圆周时,真理便出现了。当你自由地表达自己时,你便是一个整体了。"④"当你有了一个圆心,就一定会有一个圆周;由圆心出发,在圆周内运动,这就是奴隶。"⑤于是又回到了"无"。

"水"的理论譬喻,李小龙有时说是自己发现的:

> 练了好几回之后,我决定放弃了,改乘一条小船出海去划船。在海上,我回想起我所接受的训练,跟自己生起气来,就用拳头猛击大海里的水。就在那一刹那间,我突然悟到了——"水",这种最基本的东西,不正是功夫的要义吗?这种普通的水为我说明了功夫的原理。我用拳头打水,可水并不感到痛。我再用尽全力打下去,水也不会受伤。我想去抓它一把,可是却不可能。水,是世界上最柔软的物质,可以适应于任何容器。这就是了,我一定得像水的本性一样。⑥

李小龙的截拳道,无所谓套路,不囿于一家,注重实战能力,自称是"无形之形,无式之式",宗旨是"以无限为有限,以无法为有法"。李小龙是天纵英才,他有所发明和创建,但他的截拳道不可能是天上掉下来的,也不是他一拍脑门子想出来的。类似于"无"和"水"的理论,和将功夫划分为阶段的理论,毫无疑问受了道家哲学和传统武术的极大影响。李小龙崇拜的太极学说、阴阳互根、崇阴法水、柔弱胜刚强等,都是从传统武术里来的。李小龙说:在我学艺之前,一拳对我只是一拳,一脚对我只是一脚。至今深悟后,一拳不过是一拳,一脚也不过是一脚罢了。也是学着禅宗口吻说的话。

---

① 约翰·李特:《李小龙:生活的艺术家》,海口:南海出版公司,2008年,第129页。
② 李小龙著、约翰·李特编:《截拳道:李小龙武道释义》,北京:中国海关出版社,2010年,第49页。
③ 李小龙著、约翰·李特编:《截拳道:李小龙武道释义》,北京:中国海关出版社,2010年,第53页。
④ 李小龙著、约翰·李特编:《截拳道:李小龙武道释义》,北京:中国海关出版社,2010年,第384页。
⑤ 李小龙著、约翰·李特编:《截拳道:李小龙武道释义》,北京:中国海关出版社,2010年,第415页。
⑥ 约翰·李特:《李小龙:生活的艺术家》,海口:南海出版公司,2008年,第16、17页。

武术虽分内家外家，但没有只动不静的拳术，也没有只静不动的拳术。所以拳谚说："能动能静，拳道之圣""动而不静，拳道之病"。

《峨眉道人拳歌》有"百折连腰尽无骨，一撒通身都是手"。武术精髓，就在一个"变"。虚虚实实，真真假假，以退为进，指上打下，是本于阴阳法则的方法；"吞吐打天下"，是本于阴阳法则的方法；"以直破圆，以圆破直"，也是本于阴阳法则的方法。拳法变化无穷，但变化的根基无非"阴阳"二字。

太极拳功夫分"着熟""懂劲""神明"三个高低层次；形意拳把功夫分为"明劲""暗劲""化劲"三个高低层次；吴殳《手臂录》将枪法分为六品，由低至高依次为"力斗""偏长""守法""精熟""通微"，最上品为"神化"；王芗斋先生亦把拳法分为小乘、中乘、大乘、上层、最上层五步。人们通常说的武功"炉火纯青""已入化境"，指的都是最高阶段。武功变化达此阶段，无所谓刚柔，亦刚亦柔；无所谓虚实，亦虚亦实；无所谓快慢，亦快亦慢；无所谓攻守，亦攻亦守。一句话，无所谓阴阳，阳中有阴，阴中有阳。

《国术概论》说：少林功夫，由浅入深，"上乘者，柔而成刚。乃其至也，不刚不柔，亦刚亦柔。而猝然临敌，随机应变，变化无常。指似柔也，遇之则刚；身似呆也，动之则灵。敌之受伤也，不能自知其由；敌之倾跌也，不能自知其因。神龙夭矫，莫测端倪。此技之神者也。"[1] 吴殳《手臂录》的枪法六品，"居上"的三品，"精熟"谓"敏悟未彻，功力甚深，犹如鲁贤，学由身入"；"通微"为"未宏全体，独悟元神，以一御百，无不摧破"；最上的"神化"阶段，"我无所能，因敌成体，如水生波，如火作焰"。[2] 王芗斋先生的所谓"五步功夫"是："有定招定法而取胜，谓之小乘；无定招死法，随机应变而取胜，谓之中乘；虽有众多之法而能够万法归一，使对手防不胜防，谓之大乘；举手抬足，动静处中，以自身触觉之本能发力而取胜，谓之上乘；万法具备，万法尽通，随心所欲而不落形迹，使之对手如临天网，无从逃避，谓之最上乘。"[3] 吴殳的"因敌成体"，就是李小龙的"适应"对手；王芗斋的"随心所欲"，就是李小龙的"无心、无形、无法"。

传说清末八卦掌创始人董海川与太极一代宗师杨露蝉较技。你来我往，斗至酣时，杨露蝉却忽地跳出圈外，一揖之后转身扬长而去。人问其故，杨露蝉云：

---

[1] 吴图南：《国术概论》，北京：中国书店，1984年，第47页。
[2] 吴殳：《手臂录》卷之二"枪法微言"，太原：山西科学技术出版社，2006年。
[3] 胥荣东：《大成拳》，北京：宗教文化出版社，1999年，第50、51页。

董先生他若为阴,我能对付;若为阳,我也能对付。但他不阴不阳,我对付不了。一般讲述这个故事的人,都由开玩笑的角度理解杨露蝉讥指董海川为阉宦。董、杨始终是好友,如何会开这种玩笑?其实,杨恐怕是说董海川之技艺已臻化境。不阴不阳,亦阴亦阳,得心应手,随心所欲,毫无破绽可寻。太极"无形无象,全体透空",就是说这种境界。

类似的例子还很多。《叔苴子》载庄元臣云:"教剑者有法,及其能剑,忘其法,并忘其剑矣。教泅者有诀,及其能泅,忘其诀,并忘其手足矣。未忘法而用剑者,临战斗而死于剑。"①也是此意。杜心五、万籁声等所习自然门拳法,也以不讲招、不着相、不失自然为本旨。咏春拳则本来就有"以无招胜有招"的原则。其实就是一般拳法,其拳理也讲究"练时有招,用时无招""无形打有形"。

西方武技是一种"拒斥"型打法,将敌手阻击于自己的攻击距离之外,在最大或相当攻击距离时即将其击退、击倒。在这个过程中,敌手的力量不能作用于己方,己方亦置敌手的意图、力量于不顾。敌手倒下的方向,一般是向后。拒斥型打法,力量和速度起着决定性的作用。

中国武术是一种"控制"型打法,可以将敌手阻击于自己攻击距离之外,亦可将其放进来,距离多少则由自己决定。在这个过程中,往往利用对手的力量和力量方向,破坏敌手意图,借力打力,后发制人。敌手倒下的方向,可以是前、后、左、右、下。控制型打法,技术和功力起着决定性的作用。

当然这两种打法也可以以"内家""外家"来分,《王征南墓志铭》说:"少林以拳勇名天下,然主于搏人,人亦得以乘之。有所谓'内家'者,以静制动,犯者应手即仆,故别少林为'外家'。"②"主于搏人",即主动攻击对手,这是外家;"以静制动",即后发制人者,这是内家。当然内外有时也不那么绝对,内外也可结合。如洪金宝讲到曾和李小龙交手,李小龙不动,他刚想出手,李小龙的脚已经放在他的眼前了。这是内,因为静以待人,敌不动我不动;也是外,因为后发先至,比的是速度。

自然被我们玩弄于股掌之上。荀子讲:"大天而思之,孰与物畜而制之!从天而颂之,孰与制天命而用之!忘时而待之,孰与应时而使之!因物而多之,孰

---

① 庄元臣:《叔苴子内外编》,北京:中华书局,1985年,第6页。
② 黄宗羲:《黄梨洲文集》碑志类"王征南墓志铭",北京:中华书局,1959年,第145页。

与骋能而化之！思物而物之,孰与思物而勿失之也！愿与物之所以生,孰与有物之所以成！故错人而思天,则失万物之情。"①"天"者,自然也。"物畜而制之",就是把自然当作"物"、当作"畜"。"制",即予以管制、使用。"制",就是武术的控制。荀子的话,做了所谓"天人合一"的最好注脚。

第五节 易筋经、太极拳:气功与武术的结合

古代中国曾经创造了灿烂的农业文明,那是工业时代开始之前创造的最伟大的文明。生活富足,人生幸福,使中国人成了最会享受生活,最为留恋人生的民族。宗教观念淡漠,烹饪文化、茶文化、酒文化的高度发达,都是有力证明。

大部分宗教都是在自然环境极为恶劣的地区,在生活极为困苦的人群中产生的。一般说来,对现实生活绝望者,更容易接受宗教。而近代以前的中国文明,主要是农业文明。毋庸置疑,在工业文明出现之前,农业文明是世界上最发达的文明,它创造的物质与精神财富,是其他文明远远无法比拟的。农业文明的富足,提供了享受与安乐的基础。人们有条件享受人生欢乐,人们追求人生欢乐。人们最关注的,是人生欢乐及与人生有关的社会问题。这也就是我们始终没有成为一个宗教民族的根本原因。

信仰素质的高低是衡量一种宗教是否成熟的标志之一。佛教、基督教等信仰素质极高的宗教都追求天国福音,有着与今天的生命和生活截然断裂的理想所在,这就是天堂或彼岸世界。中国人也或多或少地接受了这些宗教,但说到底真正在中国扎根的还是道教。所以鲁迅才说:"中国根柢全在道教,此说近颇流行,以此读史,有多种问题可以迎刃而解。"②

道教没有规划出一个与人生与生命迥然有别的完全对立的未来世界、超凡世界。它接受了先秦以来的神仙观念,相信人可能通过某种方法把今生与彼岸打通,即让生命无限延长,人可以修炼成一种特殊的神——"仙人",与天地齐寿,长生不死。信仰天国的宗教多产生于贫瘠的土地和恶劣的环境。过于留恋人

---

① 章诗同:《荀子简注》十七"天论",上海:上海人民出版社,1974年,第183、184页。
② 鲁迅:《1918年8月20日"致许寿裳"》,见《鲁迅全集》第十一卷"书信",北京:人民文学出版社,2005年,第365页。

生,只可能是留恋人生的富足奢靡,这种成仙的思想,应与中国古代先进发达的农业文明或复合型经济有关。对中国人既要充分享受生活,又希望解决生死问题的要求,道教则采取了另一种方法,即通过服食、炼气、导引等方法,求得长寿或长生,跨越生死天堑,把生命和今生的生活无限延长。中国人基本没有选择基督教、佛教等宗教的天国福音和彼岸设计,而采纳了道教长生求仙的方法,显然是因为抛舍不掉今生今世世俗快乐的缘故。由普通中国老百姓热衷于药膳食疗进补,往往狂热地迷信气功;帝王疯狂地建造陵寝,几乎将皇宫搬到了地下,吃金丹吃死了一个又一个皇帝;等等,不难看出中国人总是想追求二者得兼。

从宗教的角度讲,仅此一项,便很难说道教是成熟的、单纯的、高素质的宗教,或许称其为"次宗教"或"准宗教"倒更为恰当。它的宗教情感淡漠,世俗味道自然加重,不完全跪倒在祈神的土地上,肯定会思想着把握人自己的命运。由此,道教便有了区别于其他宗教的一大积极的特色,即重视现实的、个体的人的生命存在,并由之产生了种种企图达到长寿不朽的修炼手段与养生方法。这些手段与方法中,气功是最主要的内容。

和得病受伤一样,和其他动物一样,在自然状态下,年纪大了,体弱多病,就该被淘汰掉,要么扛不过冻死饿死,要么跑不动被猛兽扑杀。在更接近自然状态的原始民族中,对老年人,在某些时候某些情况下,实际上是取放弃态度的,如匈奴即是"壮者食肥美,老者食其余。贵壮健,贱老弱"。[①] 中国还有的少数民族,当其尚处于社会发展较低阶段时,甚至一遇灾荒年,老年人就吓得纷纷往山上逃,因为按惯例这时老年人要被吃掉。当我们已经建立了大汉王朝时,斯拉夫人、日尔曼人还是游猎野蛮民族,时间短,再文明飞进也还是有野蛮尾巴,所以有人称欧美是"儿童的天堂,中年的战场,老年的坟场"。但在汉民族中,却恰恰相反,"孝"的观念伦理,不仅深入社会人心,而且因为忠孝一体更被奉为统治者的立国之本。二十四孝图中,轻则"卧冰求鲤""恣蚊饱血",重则"卖身葬父""为母埋儿"。孝的观念,是高度文明的文化,而不是本初原始的自然。农耕需要有经验和智慧的老人,这为"孝"提供了理论的依据,养生方法的不断发展进步,则为"孝"提供了实践的可能。

今人有将气功分为道家气功、佛家气功、儒家气功、医家气功者,其实,孟子

---

① 司马迁:《史记》卷一百十"匈奴列传第五十",北京:中华书局,1979年,第2879页。

讲"养气",佛教讲"禅定",都与气功有相当距离。仔细想来,讲究"杀身成仁,舍身取义"的儒家,认定"生"即是罪恶的佛教,又如何会在长生不老上下这么大的功夫?但道教《太平经》提出:"人命近在汝身,何为叩心仰呼天乎?"①《西升经》则借老子的口说:"我命在我,不属天地。"②葛洪则在《抱朴子》中说:"我命在我不在天,还丹成金亿万年。"③陶弘景在《养性延命录》中进一步阐述道:"夫形生愚智,天也;强弱寿夭,人也。天道自然,人道自己。"④生老病死,完全是自然规律,但中国古人却要由"天道自然"到"人道自己",返老还童,长生不死。这是时间意义上对人体自然的改变。一部《西游记》,太上老君炼就的金丹,王母娘娘蟠桃园里的桃子,道观里的人参果,唐僧的身体亦即"唐僧肉",吃了都可以长生不老,表面上看仿佛和儒、道、佛都有关系,实际上形形色色的神仙妖怪们的修炼,都是道教的东西,并且都指向一个目标——长生。

从先秦就有的长生思想,以及几千年的气功养生实践,是中国人向自然挑战,向自然规定的人的生命极限挑战的最好证明。难怪李约瑟在《中国科学技术史》中评价说:"道家思想从一开始就有长生不死的概念,而世界上其他国家没有这方面的例子。这种不死思想,对科学具有难以估计的重要性。"⑤科学是什么?科学正是对自然的征服。中国古代的养生方法,绝大部分是在道教中诞生的。"气功"一词,最早见于六朝至隋唐的《中山玉匮服气经》《延陵君修养大略》等道教书籍。两千年来,无数道教徒们怀着长生与成仙的愿望,孜孜不倦地探求,他们把阴阳、五行、八卦、太极以及中医经络脏象学说引入其理论,积累了正反两方面的大量实践经验,创立了由内丹、内观、守静、存思、守一、服气、行气、胎息、导引、辟谷等方法组成的体系庞大、内容繁复的气功修炼体系。《道藏》内外数千卷中,气功专著及含气功内容者,不下两千卷。官修史籍、私家笔记中,还有大量有关道教徒气功修炼的记载。毫无疑问,中国古代包括气功在内的养生术,主要是在道教中产生出来的。而武术的内功及武术重视内炼内养的观念,也主要受道教文化的影响。

---

① 佚名:《太平经》钞庚部卷七"虚无自然图道必成诚",中国古籍库《道藏》明正统本(内蒙古版本)。
② 上海书店出版社编:《道藏》第14册,上海:上海书店出版社,1988年,第594页。
③ 葛洪:《抱朴子内篇校释》内篇卷十六"黄白",北京:中华书局,2014年,第287页。
④ 陶弘景:《养性延命录》,宁越峰注释,赤峰:内蒙古科学技术出版社,2002年,第3页。
⑤ 李约瑟:《中国科学技术史》第二卷"科学思想史",北京:科学出版社,1990年,第154页。

所谓武术内功,实际上就是武术气功。"内练一口气,外练筋骨皮""内外兼修",几乎是中国武术所有拳种门派的宗旨。北拳要求"外练手眼身法步,内练精神气力功";形意练功则既强调"外三合"(手与足合,肘与膝合,肩与胯合),亦重视"内三合"(心与意合,意与气合,气与力合)。这"内练"的"内功",实际上就是武术气功。中国武术家都极重视内功修炼,甚至将之视为武功的根本和基础。作者应是闽粤系统拳家的《少林拳术秘诀》即云:"柔术之派别习尚甚繁,而要以气功为始终之则。"①"少林之拳式,以五拳为最著:一曰龙拳,二曰虎拳,三曰豹拳,四曰鹤拳,五曰蛇拳。此五拳者,各有其妙用。龙拳练精,蛇拳练气,虎拳练力,豹拳练骨,鹤拳练神。精而习之,不惟有龙行虎奔之效(原注:此龙虎两字,即道家黄白烧丹术。所谓龙者,即太液之津;虎者,即流行之气也,内八段锦),而且获却病延年之益。综五拳之手法,共一百七十三手。依少林技击术功夫之次第,须于一切普通运气使力,及各种马步手法等,俱习之娴熟,而后可练习五拳术。至五拳之次第,以虎、豹为先,蛇次之,鹤又次之,龙拳则最后。盖以龙拳之使运,全以气功为主,周天夭矫,如游龙之行空,所谓骨节通灵,身心手足均一气贯串,上下相印。然此非数年功夫,不易到此境界。据少林师法巨子所

李小龙坐禅图
图片来源:李小龙《截拳道;李小龙武道释义》

传授,谓少林自明季以后,已由释宗而与道术相参贯。即如五拳之气功,其中已十分之九系道家修养功夫,可谓释道合并之征矣。"②《少林拳术秘诀》是清末民初著作,气功渗入武术,气功与武术结合为武术内功,养生成为武术的重要目的之一,这时已经非常明显。

不唯以上所列,众多拳理精深、完备成熟的拳种以及修行已臻较高境界的拳家,都对武术内功给予了高度重视和评价。

---

① 尊我斋主人:《少林拳术秘诀》第一章"气功阐微",太原:山西科学技术出版社,2009年,第1页。
② 尊我斋主人:《少林拳术秘诀》第十二章"明季少林之变派",太原:山西科学技术出版社,2009年,第112页。

但武术与气功的结合,其成果主要表现为:一、太极拳的形成;二、《易筋经》的出现。而这两者,都和道教的影响有关。

先说太极拳。

关于太极拳的创拳,有两个不同的说法,一个称是道教武当派张三丰创立,一个称是明末清初陈王廷创立。

清末民初的杨氏太极名家杨澄甫,在其著作《太极拳使用法》中云:

> 太极拳传自张真人。真人,辽东懿州人,道号三丰,生宋末,身高七尺,鹤骨松姿,面如古月,慈眉善目,修髯如戟,顶作一髻,寒暑唯一笠,手持佛尘,日行千里。洪武初,至蜀太和山修炼,结庵玉虚宫。经书一览成诵。洪武二十七年,又入湖北武当山,与乡人论经书,谈说不倦。一日在屋诵经,有喜鹊在院,其鸣如诤论,真人由窗视之,雀在柏树,如鹰下视,地上有一长蛇,蟠结仰视。二物相争,雀鸣声飞下,展翅扇打,长蛇摇首微闪,躲过雀翅,雀自下随飞树上,少时性燥,又飞下翅打,长蛇又蜿蜒轻身闪过,仍作盘形。如是多次并未打着。后真人出,雀飞蛇走。真人由此而悟,蟠如太极,以柔克刚之理。由按太极变化而粗成太极拳。养精气神,动静消长,通于易理,故传之久远,而功效愈著。①

这个故事,常被清末民初的太极拳家提起,应该不是杨澄甫编出来的,而是在太极拳系统中长期广泛流传的一个传说。不管事实上有没有张三丰,不管张三丰是否真正创立了太极拳,但将创拳事迹归之于张三丰,就证明了太极拳与道教有一种特殊的关系。

而据唐豪等考证,太极拳乃明末清初河南温县陈家沟的陈王廷所创。唐豪发现的《陈氏族谱》陈王廷旁注云:"(陈王廷)又名奏廷,明末武庠生,清初文庠生。在山东,名手,扫荡群匪千余人。陈氏拳手刀枪创始人也。天生豪杰,有战大刀可考。"《陈氏家乘·陈奏庭传》载有陈王廷词一首:

---

① 杨澄甫:《太极拳使用法》太极原序,见杨澄甫等《太极拳选编》,北京:中国书店,1984年,第285页。

叹当年,披坚执锐,扫荡群氛,几次颠险。蒙恩赐,罔徒然。到而今,年老残喘,只落得《黄庭》一卷随身伴。闷来时造拳,忙来时耕田,趁余闲,教下些弟子儿孙,成龙成虎任方便。欠官粮早完,要私债即还,骄谄勿用,忍让为先。人人道我憨,人人道我颠。　常洗耳,不弹冠,笑杀那万户诸侯,兢兢业业,不如俺心中常舒泰。名利总不贪,参透机关,识彼邯郸。陶情于鱼水,盘桓于山川,兴也无干,废也无干。若得个世境安康,恬淡如常,不忮不求,那管他世态良炎。成也无关,败也无关。不是神仙,谁是神仙?①

道教经典《黄庭经》随身相伴,词中处处流露的出世思想,自拟"神仙"的说法等等,证明陈王廷深受道教思想的影响。

郝勤先生认为,太极拳与道教有密切关系,是道教文化与武术文化结合的产物,他的理由有四:

一、太极图式,实际上是道教教徽,也是太极拳徽。这一图式的基本表达是无极—太极—两仪—四象—八卦。此图式最早见于《庄子·大宗师》的论述,在《易传·系辞上》始明白表述为"易有太极,是生两仪,两仪生四象,四象生八卦"。此后这一宇宙生成图式为道教所继承并加以发展,成为道教神仙修炼理论和哲学思想体系的基础。对这一理论发展贡献最大的首推五代宋初道士陈抟,他在内丹学说的基础上首先创制了以著名的《无极图》《太极图》《先天图》等为代表的"先天易学"。这些思想和图象后来辗转传到邵雍、周敦颐之手,方才有了影响广泛的《太极图说》等。而太极拳,正是根据这一理论和这一图式创造的。

二、技击与吐纳导引相结合。"陈王廷及其后人把道教存想、静神、守一、导引、吐纳、内丹诸修炼法门精要整合于诸如戚继光所创三十二式长拳中,其结果就产生形成了既有武术技击架势和涵义,又要求意识、呼吸、动作高度统一这样一种内外合一的拳种。"

三、太极拳的"能如水磨摧急缓,云龙风虎象周旋""分清虚实,圆转任意"等,以太极圈、缠丝劲的弧形、圆周、螺旋等圆的动作法则为特征,充分体现了道教的太极思维方式。

---

① 陈鑫:《陈氏太极拳图说》,太原:山西科学技术出版社,2006年,第289页。

四、道教、道教崇阴、尚雌、贵柔、法水,主张以静制动、以弱胜强、以柔克刚,这些原则被太极拳成功运用于武术的战术实践,形成了以柔为特点的技击指导原则。太极之柔,是柔中寓刚、刚柔相济,这同道家与道教之崇阴是以阴阳互根互抱为前提是一致的。[1]

郝勤先生还以为:"道教的'重生''全生'等养生思想观念深刻地影响了武术文化。中国武术传统虽一贯具有强身健体的功能和价值,但在大多数拳械技击术中,它必定主要服从技击价值和功能。而中国道教的核心构成之一,是在神仙思想指导下重视人的生命养护,'道在养生'即是道教的基本追求和口号。因为一旦道教文化渗入和对武术发生影响时,这种养生观念和思想对武术的基本价值即会产生巨大撞击,以致太极拳等深受道教影响的拳术都极为鲜明地突出了养生价值,弱化了其技击价值,形成了极为特殊的'养生拳'。前人论及太极拳时说创拳的张三丰是'欲天下豪杰,延年益寿,不徒作技艺之末也',这种说法不一定准确,但却真实地表达了道教力图以自己的价值和风格去影响武术文化这一事实。道教文化的渗透深刻地改变了武术的面貌,不仅将武术由一种民间流传的技击术转化成为了一种道武融合的实践方法体系,而且将其改变成了合养生、技击为一炉的新的武术实践体系。"[2]

笔者完全同意郝勤先生的观点。武术官方定义为"致伤、致残、致死"技术,笔者定义为"杀人术"。但王宗岳《十三势歌》讲太极拳功用为"详推用意终何在,益寿延年不老春",张三丰说是"欲天下豪杰,延年益寿",太极拳被称为"养生拳""保命拳"。在中国文化和道教文化的影响下,太极拳竟从杀人术,一变而为养生术。

再说《易筋经》。唐豪先生曾云:"此书疑是羽流所作,托名达摩以售其欺者耳。"他断定《易筋经》为道教或修道者所作伪书。"所得市隐斋本《易筋经》,有丹徒周伯义墨跋其文云:'易筋之法,世固有之。但习之不善,每致瘵疾,不可轻视。且此书参以采补邪说,祸人实深。因文义通顺,易于动听,不得不赘语为戒。焦东阁固不必藏有我此说,亦不必焚也。光绪四年重九日丹徒周伯义子如父记。'"查《易筋经》有"下部行功法",其文在讲述练习方法之后云:"功成物壮,固能惯

---

[1] 郝勤:《道教与武术》,台北:文津出版社,1997年,第151~153页。
[2] 旷文楠等:《中国武术文化概论》,成都:四川教育出版社,1990年,第113、114页。

战,然不养之,难免无虞,故又宜安闲温养,切无驰骋多战。行满百日,久久益佳。弱者强,柔者刚;缩者长,病者康,居然烈丈夫。虽木石铁槌,亦无所惮。以之鏖战,应无敌手;以之延嗣,必种元胎。吾不知天地间更有何乐大于是法。"又有"行功禁忌",其文云:"此精乃作壮之本,万勿浪用。俟功成气坚,收放在我,顺施则人,逆施则仙,非凡宝可喻价也。"又有"应用内壮余技",其文云:"精气与神,炼至坚固,用立根基,希仙作佛,可立而待。设人缘未了,用之临敌对垒时,其切要处在于意有所寄托。气不外驰,则精自不狂,守而不走。设欲延嗣,则按时审候,应机而射,一发中的,无不孕者;设欲鏖战,则闭气存神,按队行兵,自能无敌。"对此,唐豪先生指出:"采补邪说,道家修炼之书,多有述作者。达摩为斥相指心之苦行沙门,着为经文,以传僧徒,宁非滑稽?"①

唐豪先生又说:"不但李序所云达摩适魏年月,以及得皮、得肉、得骨、得髓之语,由《传灯录》脱换而来。即所谓'易筋经''洗髓经',亦由皮、肉、骨、髓之语,自无生有。"②其实,易筋、洗髓这样的名称,也并非从佛教著作《景德传灯录》而来,依然是中国传统养生与神仙术早有的术语。

有人从宋代张君房《云笈七签·延陵君修真大略》找到有"其功至,则气化为血,血化为精,精化为髓。一年易气,二年易血,三年易脉,四年易肉,五年易髓,六年易筋,七年易骨,八年易发,九年易形"等语,并由此断定:"道家的'易筋''易髓'理论,早在宋代即已在养生功法中广泛应用和流传了"。③ 其实,"易筋""易髓"之类的词语,出现远比这要早得多。这里笔者补充一条更早的资料。《汉武帝内传》中西王母对汉武帝说过这么一番话:"夫如欲修之,先营其气,《太上真经》所谓行益易之道。益者益精,易者易形。能益能易,名上仙籍。不益不易,不离死厄。行益易者,谓常思灵宝也。灵者神也,宝者精也。子但爱精握固,闭气吞液,气化血,血化精,精化液,液化骨,行之不倦,神精充溢。为之,一年易气,二年易血,三年易脉,四年易肉,五年易髓,六年易经,七年易骨,八年易发,九年易形。形易则变化,变化则道成,道成则位为仙人。"④《汉武帝内传》署为班固撰,视其内容则显然不可能,但《隋志》中已有其篇目,所以《四库全书总目》该条云

---

① 唐豪:《少林武当考》五"达摩与易筋经",太原:山西科学技术出版社,2008年,第35~54页。
② 唐豪:《少林武当考》五"达摩与易筋经",太原:山西科学技术出版社,2008年,第35~54页。
③ 李良根:《〈易筋经〉源流考证》,见《武魂》1994年第8期。
④ 班固:《汉武帝内传》,见《四库全书》文渊阁本"子部·小说家类·异闻之属"。

其:"殆魏晋间文士所为乎。"《汉武帝内传》是部半小说半房中养生的著作,最晚魏晋时已经面世,如此说来,"易筋""易髓"之类词语,魏晋时已在道教或小说家的著作中出现。再往后,唐代道士吴筠《元气论》、南宋曾慥《道枢》等,也都有类似的话。

为《易筋经》作序的"海岱游人""紫凝道人"等,很可能就是道士,而且他们是《易筋经》作者的可能性更大。《易筋经》李靖序、牛皋序,多半是晚后进入少林试图抹灭道教痕迹的伪托之作。

《易筋经》既然与道教有着密切的关系,那么这部武术内功著作,就几乎必然有着健身养生的内容。"今以人功变弱为强,变挛为长,变柔为刚,变衰为康,易之力也,身之利也,圣之基也。我命在我,此其一端。""盖取阴阳精英,益我神智,愚昧渐消,清灵日长,万病不生,良有大益。""而况病者得之,即安;怯者得之,则强;外侮闻之,慑;乏嗣行之,延;老者得之,康;壮而寿少者得之,纯粹而精。是举天地间,人人宜用之功也。"①

其实从《易筋经》又名"内功图说""内功图""卫生要术"等来看,《易筋经》也深受道教与道教养生的影响。

《易筋经》毕竟是与武术密切相关的武术内容,武术的"金钟罩""铁布衫"功夫,就是靠它练出来的,它的主要立足点还是打。如果说道教内丹之类纯养生的气功是"软气功",那么《易筋经》似可称为"硬气功"。所以,在《易筋经》中,还没有明确说出"长寿""长生"二字。

《易筋经》遮遮掩掩没说出来,但它的姊妹篇,被称为更高一层功夫的《洗髓经》直截了当说出来了:

一则为:

龟鹤麋与鹿,食少而服气。
乃得享长年,人而不如物。
只贪衣与食,忘却生与死。
苟能却嗜欲,物我而一致。

---

① 周伟良编著:《〈易筋经〉四珍本校释》,北京:人民体育出版社,2011年,第78、84、108页。

一则为：

> 口中言少，心头事少。
> 腹里食少，自然睡少。
> 有此四少，长生可了。①

中国女人裹小脚，西方女人练健美，实际上异曲同工，那种肌肉暴突的狰狞阳刚与弱不禁风的病态婀娜，显然都不是女性自然意义上的美了。而竞技运动的"更高、更快、更强"，与气功养生的求长寿长生，实际上也异曲同工，即都是为了突破自然规定的身体和生命极限。西方人在海阔天空中折腾自己，中国人在大墙方寸内折腾自己；西方人在天地自然中寻找着自由，中国人在人体自身上寻找着自由；西方艺术想逼真地模拟自然的作品，科学想控制征服自然，体育运动想突破自然规定的体能极限，中国人则早就开始艺术地重塑各种生命形态的种种实验。中国人的艺术是真正纯粹的排除了自然的人的艺术。

木心是个艺术家，但也颇有哲学理性，他说："中国的'自然'与中国的'人'，合成了一套无处不在的精神密码，欧美的智者也认同其中确有源远流长的奥秘；中国的'人'内充满'自然'，这个观点已经被理论化了，好事家打从'烹饪术'作出不少印证，有识之士则着眼于医道药理、文艺武功、易卜星象、五行堪舆……然而那套密码始终半解不解。因为，也许更有另一面：中国的'自然'内有'人'。"②木心还专门提到了"武功"。辜鸿铭并非真正学者，但他真是个文化怪杰，在他之后包括新儒家在内的许多中外著名学者的观点，实际上都是他最早提出的，或显然受到过他的启发，尽管他没有去深入探讨阐发。我们无法忽视辜鸿铭的这句话："一切文明都起源于对自然的征服，即，通过征服和控制自然界可怕的物质力量，使人类免受其害。"③

---

① 周伟良编著：《〈易筋经〉四珍本校释》后附《洗髓经》，北京：人民体育出版社，2011年，第337、341页。
② 木心：《哥伦比亚的倒影》，桂林：广西师范大学出版社，2013年，第6页。
③ 辜鸿铭：《中国人的精神》"导言"，北京：人民出版社，2010年，第1页。

第六章　性选择:竞力活动与竞智活动

达尔文的伟大是超越时代的,读过他的著作你就会发现,恩格斯、尼采、叔本华、弗洛伊德等人乃至近现代一大批文化人类学家论述的不少问题,在达尔文那里都已论述过或至少已经发端。无疑,后世许多学者都受到过他的思想的启迪。本章涉及的"性选择"这一重要概念,也是达尔文首先提出来的。

由于生态类型和经济形态的区别,西方古代民族和中国少数民族性选择的方式多采用了"竞力"的形式,而中国古代的华夏民族性选择的方式则多采用了"竞智"的形式。竞技运动、奥林匹克与科举制度、棋牌活动,前者产生于西方,后者产生于东方。前者夸耀肌肉与力量,展开于竞技场与阳光下;后者依仗知识和智慧,笔砚文采,棋枰谈兵,形式迥然有异。但二者却有着共同的价值渊源和发生目的。它们分别是东方、西方,东方民族、西方民族,东方文化、西方文化对世界文明的伟大贡献。奥林匹克的项目在不断变化,铁打的营盘流水的兵,有的老项目退出了,有的新项目在进入,但奥林匹克的精神和原则不会变。科举制度考什么内容,是可以变革的,也是需要不断变革的,但清末废科举,却让人有因噎废食之感,这可以解释为王朝末年统治者手忙脚乱。然而,新文化运动以来对科举的批评,全盘否定,却造成了长期的有欠公允的局面,其不良影响,也远远超出了学术理论的范围。科举制度有待重新评价。

"重智"是导致中国古代竞技运动不发达或根本阙如的最重要的原因。就总体而言,武术绝对不是竞技运动。但中国武术原则与中国兵法原则惊人地一致,即不择一切手段赢得胜利,却依然与性选择有关,那就是与"强者制胜"法则相辅相成的"弱者生存"法则。中国武术中的跤术分为两类,一类是纯粹的实用搏杀术,另一类是少数民族摔跤。后者源于性选择,从而也更倾向于竞技运动。

第一节 竞技运动源自性选择

20世纪初有个美国总统叫科尼基,他的夫人当然就是科尼基夫人。有一次科尼基夫人去一个养鸡场参观,养鸡场主兴致勃勃地告诉科尼基夫人,他有一个有趣的发现,就是公鸡都喜欢和陌生的母鸡交配。科尼基夫人反问他母鸡呢?他说母鸡正好相反,母鸡喜欢和固定的选定的公鸡交配。实际上,这就是指雄性(男性)花心、雌性(女性)专一的现象。这种现象,后来就被性心理学称为"科尼基现象"。造成这种现象的原因是什么呢?那就要从达尔文《人类的由来与性选择》中的"性选择"说起。

伟大的生物学家达尔文提出了进化论的观点。"物竞天择,适者生存",是进化论提示的一条最重要的自然法则。然而这种生存竞争常被人误解为仅是不同种类间的竞争。事实上,这种生存竞争更大程度上是指生物相同种类及近亲之间的竞争。正如洛伦兹在《攻击与人性》一书中指出的:"食者与被食者间的竞争,决不至于引起被食者的灭种。它们总是保持一种使双方都可忍受的均势。最后的几只狮子必定早在它们杀死最后一对羚羊或斑马之前就饿死了。或者用人类的商业术语,捕鲸业一定在最后几条鲸绝种之前就破产了。"直接威胁物种生存的绝不是捕食它的敌人,而是竞争者。洛伦兹又举例说:"人类带来一只原始的家犬——丁狗(Dingo)到澳洲,它到处乱跑,但是并没有使它的猎物中任何一种绝灭,它只消灭了肉食的有袋动物——它们吃同类动物。这种大而有袋的掠食者,塔斯梅尼袋兽(Tasmanian Devil)和袋狼(Marsupial wolf)的力气远比丁狗大多了,但是它们的狩猎方式因'过时'而显得愚蠢。"[①]

在动物中,与有着共同食物来源的物种的竞争,实际上是以完善、强大该物种自身的方式来间接进行的。也就是说,老虎与豹子的竞争,实际上是通过豹子与豹子,老虎与老虎之间竞争的方式来体现。为了把族员中最优异者的性状遗传给后代,通过优生繁盛壮大族群,物种内部从来存在淘汰弱者、挑选强者的活动和机制,这就是性选择。在整个生物进化的历史上,性选择一直充当着重要的

---

① [奥]康罗·洛伦兹著;王守珍,吴雪娇译:《攻击与人性》,北京:作家出版社,1987年,第31页。

角色。达尔文在《人类的由来》一书中指出:"最优秀的雄性,和精力最旺盛,营养最良好,而在春季最先开始蓄育的雌性,两相配合,就会产生最大数量壮健的下一代。"而为了挑选这样的雄性,生物界"凡在两性分开而异体的动物,无论种类,雄性与雄性之间为了占有雌性,几乎全都要进行一年一度、周而复始的斗争。这是一种无人不知、无人不晓的事实"。① 达尔文在其著作中,以大量的证据证明了在昆虫类、鱼类、两栖类、爬行类、鸟类、哺乳类动物中,都有这种为护种和进化而存在的性选择的方式——雄性争斗。

即便没有读过达尔文的书,我们也在电视中看过《动物世界》,听过赵忠祥那娓娓道来的解说词,对这种雄性争斗绝不陌生。

恩格斯在《反杜林论》中曾指出:"人来源于动物界这一事实已经决定人永远不能摆脱兽性,所以问题永远只能在于摆脱得多些或少些,在于兽性或人性的程度上的差异。"②人类是自然的一部分,人是遵循生物进化法则从自然中孕育出来的。虽然人与动物相比处在更高的进化台阶上,但人仍然部分具有动物的属性,并且同样受着进化规律的支配。性选择重要的方式之一——达尔文称为"战斗法则"的雄性武力竞争,便以最接近动物的方式,存在于先民社会,即原始民族和仍处于较低社会发展阶段的当代原始民族之中。更甚至以较隐秘的方式,留存于今天的文明社会中。

在极为原始蒙昧的状态下,人主要是以体力和各种自然力相搏杀相抗衡。男性的优秀,当然主要表现在他的身体强悍、膂力过人。所以,以竞力的方式决出胜利者从而取得婚配权利的习俗,在世界各民族中都曾存在过。达尔文曾举例说:北美印地安人,"男子们为所系恋的女子彼此进行角力。而终于把胜利果实带走的,当然总是健壮有力的一方了。一个软弱的男子,除非是个好猎手,而要赢得女子的欢心,要保持一个别的男子认为值得注意的老婆,是难得有的事"。③ 日耳曼人、盎格鲁撒克人和挪威人的语言中,都有一个表示婚姻的相同的词,而这个词的本义是"竞求新娘"。总带着桃色的贵族决斗的习俗甚至一直沿袭至欧洲近代。

---

① [英]达尔文著;潘光旦、胡寿文译《人类的由来》,北京:商务印书馆,1983年,第332、333页。
② 马克思、恩格斯:《马克思恩格斯全集》第20卷,中共中央马克思恩格斯列宁斯大林著作编译局译,北京:人民出版社,1971年,第110页。
③ [英]达尔文著;潘光旦、胡寿文译《人类的由来》,北京:商务印书馆,1983年,第851页。

中国也一样,东乡族的赛马,柯尔克孜族的飞马抢银,塔吉克族的刁羊,苗族的爬坡竿、打泥脚、射背牌,侗族的抢花炮,土家族的抵杠,哈萨克族的姑娘追,高山族的竿球、斗走,黎族的打花棍,羌族的秋千,基诺族的翻竹竿,等等,至今仍具有极大的择偶动机与意味。中国不少民族至今保存着抢婚的习俗,只不过多数这样的抢亲,双方都已有默契,但它的原型,显然是男性较力争夺女性配偶。

通过战斗来选择氏族部落的领袖,也是先民时代的普遍现象。战斗或竞力,还是先民男子进入成年的授封仪式的主要测试手段。

成年仪式、婚配权利、领袖选择,实际上只是性选择在不同年龄时期和社会角色的数个测验关口与延伸。不仅采用的测验方法一样,而且服务于一个最终目的,即判定交配权利的归属。比如成年授封仪式,绝不是为取得部落成员资格而是为取得部落男子的资格。至于领袖的选择,更与性选择直接相关。通过战斗决出的部落酋帅,自然就是部落英雄,也就是身体最强健、最勇武的人,从而也是最具备优生所需强者基因和性状的族内女性的最佳配偶。战胜了象的舜,娶了娥皇、女英;古希腊宙斯,除了七个妻子外,还有大量风流外遇。达尔文曾出示过他掌握的资料:"即使在今日,全世界的几乎每一个部落的酋长或首领们所娶的妻子都在一个以上。"在新西兰,"几乎每一个长得好看些,或有希望长得好看些的女孩子都是某一个酋长的'塔铺'——即'首领专有',别人不得染指。"在非洲喀非尔人中间,"周围许多英里之内所有的女子,一般都归首领们优先挑选"。[1] 选择领袖,也就是选择传宗接代者。

在中国的少数民族中,通过竞技来产生氏族部落的领袖,也是一个普遍的现象。在蒙古族的早期历史上,只有在所谓"男子三项竞技"即射箭、骑马、摔跤比赛中表现突出者,才有资格当选为部落联盟的首领。忽图勒汗之所以能成为泰亦赤兀惕部的领袖,就是因为他这三项竞技本领超群。在后来统一整个蒙古的战争中,成吉思汗手下的著名将领如合撒儿、别勒古台、木华黎、者别、苏别额台等,亦都是这三项竞技的佼佼者。而部落酋帅,往往就是拥有与部落内众多妇女交配权的人。据《西南夷志》和《大定县志》记载:天君的三个女儿痴以古吐、嫩以密冬、宜以密补,同时爱上了在赛马比赛中获胜的英武青年马慕。后来,她们均与马慕结亲,生下的六个儿子,分别成了彝族六部的始祖。传说中这位竞技赛马

---

[1] [英]达尔文著;潘光旦、胡寿文译《人类的由来》,北京:商务印书馆,1983年,第902页。

的胜利者,正是拥有众多妻子的部落领袖。张燮《东西洋考》也记载道:台湾的高山族,"深山大泽,聚落星散,凡十五社。《名山记》云:社或千人,或五六百。无君长、徭赋,以子女多者为雄,听其号令"。① 子女多者,当然也就是占有女性多者。原始部落领袖,显然就是与部落内众多妇女有交配权利的人。

　　资料的失落或阙如,常使我们不能直接透视远古的状况。但包括中国几十个民族在内的世界各民族都留下了大量的神话与传说。这些神话传说,客观上是对原始形态、原始意象的演绎,其中必然负载着大量可供我们发掘利用的隐伏的祖先经验和原始事实。"杀怪成婚""比武成婚""求婚难题""酋长夺美""群雄争美""弃子英雄""射日英雄""杀父娶母"等,实际上已成为世界神话与文学中通行与固定的原型。这一类故事,都由诸如"英雄出生后其父或旧有的部落首领企图加害于他""他战胜了原来的部落领袖、国王、父亲或恶龙妖怪""他和一位美丽姑娘或领袖的女儿——公主成婚""英雄继位成为新领袖"等一些相同的老套情节所构成,都是配偶与领袖选择同一主题在不同社会层面和生活角度的展现。英雄美女、爱恨情仇,直到今天也还是文学的重要主题,它的内核,毫无疑问都是性选择。弗洛伊德认为:恋母情结亦即俄狄浦斯情结,是原始人对于父亲独占群体女性的下意识的憎恨。实际上讲的也是这个问题。竞技运动起源于这种为争夺配偶权利的雄性战斗,在东西方都有历史痕迹可寻。

　　动物中雌性中心的典型就是蜂和蚁,但这种所谓"母系"在哺乳动物中并不存在,动物界一雄一雌相配的寥寥无几,就连我们通常喻为坚贞象征的鸳鸯,动物学家也指出是我们弄错了。默道克《世界民族志抽样调查》表明:所抽查的世界各地五百六十五个社会,只有大约四分之一实行不允许其他婚姻形式的严格的单偶婚制,历史上百分之七十以上曾经存在的社会都允许一夫一妻多妾制。

　　雄性(男性)的战斗和竞技,实际上是雌性(女性)对异性的性选择。然而这种选择的结果却往往表现为雄性(男性)对雌性(女性)的占有。达尔文从两性生殖生理的角度解释了这个现象,他认为:卵细胞体积较大,行动不便,数量又少,经不起输移过程的损失。因此,两性生殖细胞的结合总是采取"把精子放射出来"和"向雌性靠拢"的方法。所以在两性关系中,不管是人类还是动物,雄性(男

---

① 张燮:《东西洋考十二卷》,北京:中华书局,1981年,第104、105页。

性)一方总是表现得比雌性(女性)一方更积极和拥有更大的主动。①

性选择的结果通常表现为男性(雄性)对女性(雌性)的占有而不是反之,一夫一妻多妾制是人类社会的普遍现象,而其他婚姻形式只是极个别社会的偶然,其实也基于男女的生殖生理基础。女性一生排出的卵子数量极为有限,是个定数,子女是由女性孕育生产的;而男性一生排泄的精子数量几乎是无限的,在后代生产过程中男性承担的任务只是刹那间的性交。这就决定了最佳的优生方案是一个男性强者占有众多女性。具体来说,假设一个族群是男性五人,女性五人,其中最优秀男性一人,最优秀女性一人,一般男性四人,一般女性四人,那么其婚配方式不外以下五种:1.一个最优秀的女性占有所有的五个男性;2.一个最优秀的男性占有所有的五个女性;3.一个男性与一个女性的结合即一夫一妻,其中最优秀的男性与最优秀的女性相配;4.最优秀的男性与最优秀的女性相配,其他男、女均不结合;5.男性五人与女性五人的杂交。又假如一个女性一生可以生五个孩子,那么五种婚配方式会产生五种不同的繁育结果:1.一个最优秀的后代,四个半优秀的后代;2.五个最优秀的后代,二十个半优秀的后代;3.五个最优秀的后代,二十个一般的后代;4.五个最优秀的后代;5.一个最优秀的后代,八个半优秀的后代,十六个一般后代。显而易见,在可以设计的种种婚配形式中,性选择挑选出的最优秀男性对众多女性的性占有,是能繁衍出最多数量、最好质量后一代的最佳方案。

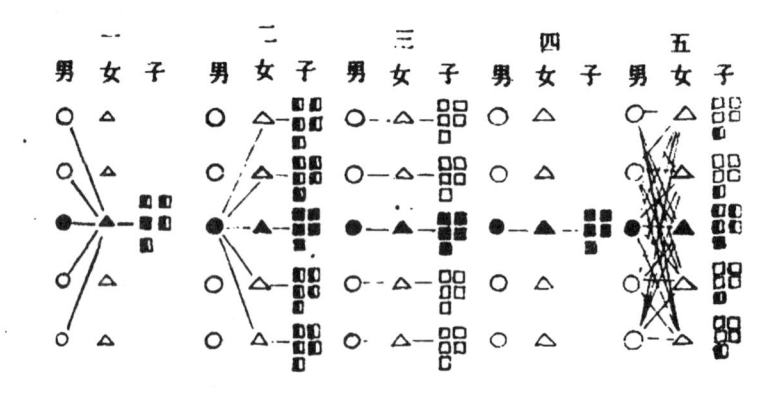

各种婚配形式

---

① [英]达尔文著;潘光旦、胡寿文译《人类的由来》,北京:商务印书馆,1983年,第346页。

由此可以想见，摩尔根断定人类曾存在母系社会，并由母系社会过渡到父系社会的说法是站不住脚的。动物的雄性性选择战斗与胜利者对雌性的占有与人类并无二致，如果我们还承认进化论的话，怎么可以想象人类竟由所谓母系再重新回到与动物无二的雄性强者父系独专。事实上，根本不会有什么女性地位高于男性的母权存在过。女性的地位是逐渐提高的，这是逐渐与动物、兽性、动物界脱离的人、人性、人类社会的必然。

这也就是本章开头提到的所谓"科尼基现象"产生的原因。雄性（男性）花心，雌性（女性）专一，其实是自然选择的结果。一个雄性或男性必须花心，性选择被挑选出来者必须要对异性有广泛的兴趣，这样才能保证尽量多的雌性或女性怀孕，优秀的子嗣众多，种群繁茂；一个雄性或男性若专一，对种群的命运而言那是很悲惨的，因为结果必然是没有后代或后代少得可怜，部族种群凋零。而一个雌性或女性若花心而不专一，则结果必然也是很悲哀的，因为不能保证她的后代是挑选出来的最强者的子嗣，同样会导致部落种群的不繁衍。男性的所谓"花心"，往往并不是因为新的异性优秀，而仅仅是因为陌生——新鲜，见异思迁、喜新厌旧的特性，虽然为今天的道德所谴责，但它实际上存在并且无法消除，因为这种特性是原始的自然的赋予，必须保持对众多和更年轻的异性的足够兴趣，才能保证族群有最大数量和最优秀的后代；而女性虽痴情和忠贞，但女性也有例外，那就是往往移情别恋于更优秀的男人，其实在自然的状态下，这也是保证优生的需要。

这种对女性的性占有，在原始、自然的状态下应该说是合理的。这不仅因为强者的占有是为了族群的繁盛，强者是平等竞争产生，而且也因为一旦他在竞争中失败或有某种征兆显示出他不再是最强者，他便不再拥有这种性占有权利。领袖的性占有，不能仅仅理解为权利或权力，而更是一种义务与责任。这和后来中国封建帝王占有三宫六院七十二妃乃至上万宫女，中国古代官宦和富人的纳妾，欧洲中世纪贵族男子对家奴女子的初夜权是不一样的。这些制度虽然也是性选择的残余，但这种性占有的权利，已不是在自然状态而是在文化状态下由世袭承继得来，并终身具有。这已因其未经过平等的竞争和遴选而变得不合自然规律和毫无道理。至于像中国古代历朝历代均有的病弱衰朽的皇帝仍然荒淫无度，从而使后宫充斥痴呆皇儿的事，无疑更表明：原本为挑选优秀族员保证优生的习俗和规定，反而已不能保证其优生甚至是相反，这就是异化，根本异化就使其最初的设计完全失去了固有的意义。

　　动物性选择导致的雄性间的战斗是极为残酷的。目睹过这种场景的人无不为之震惊。达尔文曾援引过这样一些资料:"蕃育季节,有人见到一百五十只羽毛灿烂的琴鸟,排列成阵势,正在进行厮杀,凶狠激烈的程度,真是无法形容。"斯坦雷氏鸡的公鸡,"斗起来总是不顾死活的,为的是保护他的后宫,其结果是总有一方以死亡告终"。鲑鱼,"一到雌鱼下子的时候,一部分雄鱼要把其他雄鱼轰走。雄鱼之间不断地进行战斗,在雌鱼产卵的河床上互相嘶咬,杀伤很大,死鱼累累"。[①] 至于一般雄性动物争斗的激烈场面,恐怕人人都见过。

　　先民的性选择,特别是产生领袖的战斗,甚至成为殊死的角斗。《金枝》这部伟大的文化人类学巨著,正是由这样一个故事展开而得名的。古罗马森林女神狄安娜神庙的祭司,亦即被称为"森林之王"的人,权力无边。但他却要不分白日黑夜守护着一棵神树,并与企图折走树上任何一根金枝的人展开殊死决杀。一旦他被人战胜,对手折走金枝,他的地位便随之被对手取代,他也要被处死。[②] 要不分昼夜守护这根金枝,尽管是部落具有最强悍身体和膂力者,又能撑多久?《金枝》这部书中记录了大量这样的事例:在北欧古代,"国王的逃跑和被追逐是仪式的一个突出部分,至少在一个例子里,国王如能逃脱他的追赶者,他就可再保持一年生命和职位";在古罗马,也存在这种一年一度的"国王奔逃"的竞斗活动;卡利卡特王"任职的条件是每十二年有一次对抗一切来犯者,保护自己的生命";而内米祭司的"任职条件是任何时候都要对付任何人的攻击以保护自己"。[③] 战斗中产生的原始民族的部族领袖,并不能永久保有他的地位和身份。一旦他不再具有最佳的力量、体力、战斗技能和战斗力,显示出精力减退、衰老的征兆或被竞争者战胜,他就要被废黜、杀死或处死。对女性的争夺和占有,或者说性占有权利归属的竞争,扩展到更大范围时,往往演变为部族与部族之间的战争。在历史上,为妇女而发动战争的事例,不胜枚举。先民由性选择所规定的这种战斗,在残酷这一点上,与动物并无二致。

[①] [英]达尔文著;潘光旦、胡寿文译《人类的由来》,北京:商务印书馆,1983年,第518、622页。
[②] [英]J·G·弗雷泽著;徐育新、汪培基、张泽石译《金枝》上册,北京:新世界出版社,2006年版"中译本序一"。
[③] [英]J·G·弗雷泽著;徐育新、汪培基、张泽石译《金枝》上册,北京:新世界出版社,2006年版,第290页。

生物界的这种雄性战斗不可能始终以血腥野蛮甚至肉体消灭的方式进行。毫无限度、没有节制的战斗,同样可能导致类群力量的衰减从而使之在生存竞争中处于不利的境地。这并不仅是争斗残忍或杀戮个体的问题。过分的雄性战斗,危害物种整体利益而导致其生存和进化进入死巷,这在动物中不算少见。食人、猎人头习俗和战争失控而使一个部落或部族绝灭的恶果,在人类也发生过。

幸好,即使是在动物中,这种事一般也能避免。性选择所规定的攻击,通常都表现得有所克制,以不伤害对手为前提。达尔文指出:"雄性对手们一度厮打一下,生死当场分晓,是屡见不鲜的事。但一般地说,比较不成功的雄性的下场只是找不到一只作配的雌性,或者只是在繁育季节的晚期找到一只或若干只发育得不那么健全,体力不那么精壮的雌性而已。"[1]绝大多数动物的雄性拼斗,只是为了打败对手、赶走对手,而不是为了消灭对手。一些人类学家和心理学家研究发现,动物中实际上已存在种种控制攻击与战斗使之进入无害之途的仪式。在人类性选择的战斗中,也有这些仪式。《金枝》便有记载:在古代的波希米亚,一年一度的"国王逃跑",追赶者只是用木剑砍他。一旦被追上,"刽子挥起斧头,并说:'一,二,三,让国王人头落地!'他于是砍掉国王的王冠。在旁观者的高叫声中,国王倒在地下;然后把他放在尸架上,抬到最近的农家去"。[2] 这就是仪式,只比输赢,不决生死;"杀死"失败者,仅余象征意义。

有着限定的竞技竞力,是一种成熟的、完备的仪式化战斗,它在避免残杀行为的前提下,又保留了战斗中性选择的重要功能。

关于古希腊奥林匹克运动会的起源,历史文献没有留下任何可资为信史的记载。但希腊的神话与传说却为我们的研究提供了一些有价值的线索。有这么两个说法,其一是:众神之首宙斯与他的父亲、旧有的神界统治者克罗诺斯决斗获胜,并将之逐出奥林匹斯山后,在他父亲昔日享受祭礼的地方举行了庆祝自己胜利的竞技大会,这便是奥林匹克运动会。其二是:伊利斯国王俄诺玛斯接连在战车竞技中杀死了十三个向他女儿希波达弥亚求婚的青年。海神的儿子珀罗普斯,在战胜并实际上杀死了俄诺玛斯,娶了希波达弥亚之后,举行了盛大的竞技运动会,这个竞技会也被人称为古奥运会的开端。

---

[1] [英]达尔文著;潘光旦、胡寿文译《人类的由来》,北京:商务印书馆,1983年,第351、352页。
[2] [英]J·G·弗雷泽著;徐育新,汪培基,张泽石译《金枝》上册,北京:新世界出版社,2006年版,第289页。

两个传说说法不一,但本质无异。它证明了竞技运动源于先民配偶与领袖选择,实即性选择的结论。动物雄性战斗无疑是自然的选择和规定,但人是具有自我意识的自觉生灵,在日渐规范的情况下,竞技终于发展成为高度仪式化的人类文化的特殊形态——竞技运动。竞技运动是自然的选择,却更是理性的结晶。

领袖与配偶选择的竞争,只能以平等为前提。很简单,性选择如果不使竞争者站在同一条起跑线上,那么这种选择就完全失去了意义。众多资料证明:部落领袖为取得或保持地位与权利同他人进行的战斗或比赛,是完全公正平等的。中世纪骑士决斗强调"一对一",并按严格的规则进行;贵族不屑于与仆人、奴隶等不同阶级的人交手,应该都是遵循平等原则的遗俗。

竞技运动始终以公平、公正和"诚实游戏"原则实即平等原则为基础。在古奥运会会场的入口处,有用在比赛中贿赂对手的竞技者的罚金铸成的宙斯铜像,铜像底座上镌刻着这样的警句:"在奥林匹亚,只能以快腿和体力战胜对手,金钱不可能使你赢得胜利。"竞技者及其父兄、教师,要在宙斯像前手摸着热气腾腾的猪内脏起誓,保证不以非法手段谋取胜利。裁判员要宣誓保证不接受贿赂而光明正大地履行职责。破坏规则从而也破坏平等原则取得的胜利,在古奥运会上从来被嗤之以鼻。

现代奥运会仍然坚持这样的原则,现代奥运会严禁使用兴奋剂,除保护运动员身体健康和生命安全的考虑外,更重要的,正是不允许玷污竞技运动平等公正这一源自性选择的永久不移的原则。

人的能力和民族的能力强弱是生而不等的,人或人类的力比多、生命力以及攻击性需要保留,但人或人类的集体、团结以及爱也必须存在。在这个问题上,任何极端和一端的选择都被证明是失败的。多妻制、纳妾制、皇帝的三宫六院七十二妃是一种极端或一端,但它解决不了问题,弱势群体最终会群起反抗,犹如曾经在北京动物园小公猴子联合起来把老猴王扔下猴山。一夫一妻制是另一极端或一端,它也没有解决问题,娼妓现象始终与一夫一妻如影随形,恩格斯曾一针见血指出:娼妓制度就是一夫一妻制度的补充。战争是一种极端或一端,它在人群和烈度上都大大放大了,但战争解决不了所有的问题,它给整个人类——包括胜利者和失败者都带来了深重的灾难。中国儒家的大同世界,陶渊明的桃花源,农民起义的均平平均,西方的理想国、太阳城、乌托邦,以及种种绝对平均主义的社会设计,也是一种极端或一端,它们也都如泡沫和梦幻般破灭。

唯有恩格斯,他在他那个时代无疑是站得最高的,他富有远见卓识地说出了今天被证实的成功预言:一夫一妻制要失掉它"男子的统治"和"婚姻的不可离异性"这两个主要特征。并宣称他对私有制下的两性关系的秩序,"主要是否定性质的",从而实际上明确肯定了一夫一妻制必然消亡的命运。我们无限憧憬他所设计的完全以男女平等为前提的新的两性关系原则——"性爱",实际就是"爱情"。他并未为人们强制规定什么,他只说"取而代之的将是什么呢?这要在新的一代成长起来时才能确定"。① 这句话更使今天被教训惯了的我们听来倍觉亲切。而他在传统敌对的氛围中就敢于发出那种在西方的禁欲主义者和东方的道学家们那里只能算是"共产共妻"的宏论,更使人觉得他是一个无所畏惧的猛士。正是恩格斯鼓舞着我们踏着他的足迹不断前行。

唯有奥林匹克,它的成功是巨大的成功。血雨腥风的战争,变成了皆大欢喜的和平聚会。既高扬着竞争的战旗,又高奏着团结的颂歌,奥林匹克盛会创造了在激烈对抗中相互理解和了解、尊重和互爱的奇迹,它的光芒已经照亮了全世界。日神与酒神、自然与文化、攻击与人性,它们的存在都是天经地义的,但都是针锋相对的,然而奥林匹克神妙、微妙、奇妙地为我们在矛盾之间寻找到了一个均衡点。"神圣休战",全世界所有国家和民族汇聚在奥林匹克的旗帜下,既追求"重在参与",又竞取"更高、更快、更强",和平战争,战争和平,和平式的战争,战争中的和平,人类进化正展示着理性与情爱愈来愈坚实的足迹。

没有任何一种主义和宗教被每一个民族和国家普遍接受,但奥林匹克被全世界接受了。我们不能不感慨古希腊人的睿智和伟大,是他们创造了人类文化中精致、精彩、精妙的奥林匹克。但我们也必须承认,奥林匹克虽然是古希腊人的原创,但它却有着被世界每一个民族接受的广泛基础。所以,奥林匹克才有了今天的辉煌,以及明天被无限放大的可能。奥林匹克是古希腊人发明的,它是人类创造的一个奇迹。古代奥林匹克运动只属于古希腊人,但现代奥林匹克运动却属于全世界。

不仅如此,恩格斯曾指出:"一定历史时代和一定地区内的人们生活于其下的社会制度,受着两种生产关系的制约:一方面受劳动的发展阶段的制约,另一

---

① [德]恩格斯著;中共中央马克思恩格斯.列宁斯大林著作编译局译:《家庭、私有制和国家的起源》,北京:人民出版社,1972年,第80、81页。

方面受家庭的发展阶段的制约。"①家庭是社会的缩影,社会是家庭的放大,社会变化往往是由家庭亦即婚姻关系的变化引发的。正因为如此,恩格斯讨论这一问题的名著就序名为《家庭、私有制和国家的起源》。也正因为如此,个体的竞争成为群体的竞争,由氏族到部落,从民族到种族和国家。女性的化妆,妓女现象,婚外恋现象,富翁的"包二奶",民工弱势群体的性饥渴,强奸和其他社会犯罪,战争乃至世界大战,贵族等级制度,君主专制制度,民主法制制度,以及我们以后将要谈到的中国的科举制度,西方的文官制度,中国棋牌活动的极端发达,等等,都与最早的性选择问题有着密切的关系。都是人类原始、自然的性选择的社会遗存、延伸和放大。于是,奥林匹克就远远不只具有单纯的体育、运动意义,而有了更大范围的政治、社会内容。

第二节 摔跤乃"仪式化战斗"的专门形式

性选择既然是自然规定的生物生存繁衍的必然,是自然规定的人类生存繁衍的必然,那么就不会有部族、民族、种族例外。同样,在自然环境极端恶劣生产力极端低下的条件下,人类挑选强者的性选择的方式,如果必然是以身体素质特别是体力和力量为主要标准,那么人类早期的性选择必然是体力和力量的较量,这也不会有部族、民族、种族例外。

摔跤形式,在全中国乃至全世界每一个民族早期发展阶段或民间普遍存在,这个现象,饶有趣味,引人深思。

摔跤也要分出胜负,但类似于西洋古典式、自由式,中国蒙古族、彝族、藏族、维吾尔族等民族的摔跤形式,以及日本的相扑等,不论内行或外行,一眼就能看出,这样的摔跤术,以较力为主,技术动作简单,根本不是以致伤、致残、致死为目的。它的使用是为了胜负,但又仅仅是为了胜负,不需要且禁止伤害对手。这种摔跤,显然不能直接与实战相联系,也不会产生于实战。它是一种搏击术,但却是一种特殊的搏击术。这种摔跤,仅是为了挑选出强者,且要在不伤害对手的情

---

① [德]恩格斯著;中共中央马克思恩格斯.列宁斯大林著作编译局译:《家庭、私有制和国家的起源》,北京:人民出版社,1972年,第3、4页。

况下进行。于是,摔跤便被加予了各种各样的限制,或者说,二人的搏击,如被加予了各种以不伤害对手为目的的限制,便只能形成这样的摔跤形式。

传说五千年前的黄帝时代,蚩尤氏部落便有了摔跤术。全世界所有古代民族和当代处于社会发展较低阶段的民族中,都存在这种摔跤和类似摔跤的活动。人的需要既然存在不同层次,摔跤既然产生于人类社会较早时期,那么它赖以产生的因素必然是较简单、较单一和低层次的。摔跤产生的主要原因,便只能在直接关系先民生存需要的因素中去寻找。

笔者以为,中国的这些少数民族的摔跤形式,和世界绝大多数民族的摔跤,和奥林匹克竞技运动的摔跤一样,直接产生于人类先民的性选择。

中国少数民族的摔跤形式,就是最典型的仪式化战斗。

拳法中,叉眼、锁喉、贯耳、撩阴,是常见的毒招;指禅功练至极境,叉人五个血窟窿;七十二擒拿,点、切、搬、分、封、锁、扣、压、拧、转,无非就是要把人身上的哪一部分卸下来;峨眉僧门,绝技"搜裆腿",出神入化,哪怕对手取虚步含机势,也能从后边搜进去,与之交手者,多是裤裆湿着抬走的,"手里提过几副睾丸",是老一代僧门武术家的口头禅。武术绝大多数内容,只要能置敌于死地,无所不用其极。或者说,无所不用其极,就是要置敌于死地。

而服务于性选择的摔跤则仅是为了挑选出强者,并要在不伤害对手的情况下进行。于是,摔跤便被加予了各种各样的限制,或者说,二人的搏击,如被加予了各种各样以不伤害对手为目的的限制,便只能形成类似我国少数民族摔跤的武术形式。

乌孜别克族和维吾尔族摔跤"切里西",不许用腿使绊,不许抓握下肢,是倒地为输的站立摔跤;蒙古族摔跤,可以用腿使绊,但也不许抓抱下肢和裤子;云南哈尼族摔跤可以手脚使绊,还有跪撑技法,但绝不允许使用反关节技术和拳打脚踢的技术。

许多少数民族摔跤必须腰里缠一根腰带,藏族"加哲",维吾尔族喀什噶尔式"切里西",彝族摔跤,土家族"搭撑腰",拉祜族"扁担",达斡尔族"拽腰带",等等,都有这么一条腰带。这根腰带的意义,并不在于让双方抓握方便,而是为了限制对手不许抓握他处。不少民族的摔跤都规定手不准离开对手腰带,腰带掉了便停赛,系好再重新开始。

这根腰带有时又缠到了别的地方,或变形为别的替代物。维吾尔族吐鲁蕃式"切里西"则是一条毛巾缠在了大腿根部；朝鲜族摔跤则是使用"腿绳"，一端围在腰际，一端缠在腿上；侗族摔跤，则是将布带缠在腋下。

类似的限制还很多，以俗称为"死跤"的种种预备式摔跤为例：苗族的"抱腰"，壮族的"扳腰"，基诺族的摔跤，东乡族的"巴哈邦地"，纳西族的"台占夺"，等等，只准抱住对方的腰部较量。宁夏回族的"绊跤"，独龙族的"阿扁"，是抱住对方肩头或腰部进行较量。达斡尔族摔跤有"拽腰带""薅肩头"两种；羌族摔跤也分为交叉抱抓对方腰带和"抱花肩"两种；佤族"布隆"有一种摔法，是双方相互抱住对方头部后开始较力；锡伯族的"支跤"，则是双方互相以两臂搭肩支架后开摔。

把位是一个重要的概念，对把位，即摔跤抓把部位的严格规定，使攻击对手的技术受到了极大的限制，只能在无害而非常有限的范围内发挥。这样力量、体重、年龄，往往成了决定性的因素，摔跤基本上成了较力，所以，这些跤又被汉人武术家们称为"笨跤"。

至于如下一些角力形式，显然也属于摔跤的亚种与变形。仫佬族有模仿大象和老虎的角力形式——"象步虎掌"。他们先在地上画一条宽约二尺的界河，然后两人相对站在界河两边，待仲裁者发令后，两人便动手施展推、拉、拔、拧、闪各种技巧，使对方脚步移动，先移动者为输。湘西土家族的"斗角"，模仿牯牛打架。两人先用双手互相推抵，进而发展到用头相顶，最后趴在地上用力顶。僵持之状，颇为有趣。哈萨克族还有这样一种摔跤形式，跤手把自己的双腿套进一只大口袋里，用绳子把口袋紧紧系于腰间，这样，跤手只能用上肢力量进行较量，腿仅用来维持自身平衡，防止跌倒。至于宁夏回族的"拔腰"，土家族的"玩抱姑"，傈僳族的"尼昂急"，佤族的"卓威达威"，土族的"拔腰"，撒拉族的"拔腰"，保安族的"拔腰"等，已被限制得很难能再称为搏击术了。

然而这样的摔跤形式，却在全中国乃至全世界每一个民族早期发展阶段或民间普遍存在，这个现象，引人深思。

《角力记》有这么一段话：

> 人之性气，犹大泽焉，平时沙弥焉。大风鼓之，巨浪起——若人之忿；小风吹之，细文生——若人通悦；若角力之气，中等风作，浪波动摇也。非适非小，则大近于怒，小存于喜。竞力、角技，则非嬉非怒，此角

力是两徒搏也。①

调露子的意思是说：人愤而相搏杀是刮大风、起巨浪；人愉悦嬉戏是微风吹、波纹起；而摔跤居于二者之间，相当于刮中等风，波浪摇动而已。它是一种搏击术，但又不会也不能伤害对手。

古希腊奥林匹克运动会的主要竞赛项目是赛跑、拳击、摔跤、赛车、赛马。这些项目，有的源于军事，有的源于生产活动。只有摔跤，直接源于性选择。至今，摔跤仍是奥运会的主要比赛项目之一。

也正因为摔跤是直接诞生并服务于性选择的运动或活动，所以我国众多的少数民族中，尽管具有择偶动机与目的的活动或方式多种多样，但摔跤却是一种最常见的、最主要的方式。

藏族武士传统的四条标准是：勇敢，善骑射，善角力，能得妇女青睐。电影《阿诗玛》中有句歌词："谁要是摔跤摔得赢，绣朵山茶花献给他。"姑娘们献上山茶花，就是献上爱情。青海东部的撒拉族每年欢度节日时，都要举行"拔腰赛"。这里有声名远播的"花儿"民歌。在"拔腰赛"上，歌手们唱的是这样的歌词："高山的鹿羔下山来，清泉里喝一趟水来。年轻的阿哥请过来，赛场里拔一个腰来。铁青的尕马最好走，千里路一跃就过哩。阿哥是撒拉的人梢子，拔腰场上来喜相逢。"不用说，拔腰比赛的胜利者，就是姑娘们倾心和竞相追求的对象。

日本的相扑手，又肥又大，在我们眼里可能算是丑陋，然而相扑手却颇得日本女孩子青睐。相扑手的妻子，个个都很漂亮。一般人很容易误认为这是相扑手们收入颇丰，是金钱所致，其实，这恐怕是古代的性选择在暗暗发挥作用。然而，我们不应忘记，相扑是由中国传入日本的。

中国少数民族的摔跤形式，源于性选择，与西方诞生于古希腊的奥林匹克竞技运动，并无任何本质的不同。因此，可以这样说，中国少数民族的摔跤，是中国武术中唯一属于竞技运动性质的部分。这一点，也可由这些少数民族摔跤规定只能在同等条件下竞技等规则中得到证实。同等条件既包括技术手段，也包括身体条件。如朝鲜族摔跤，便一般都按跤手年龄、体重，分为"幼跤""中跤""上跤"三个级别，通常先由幼跤选手出场，逐步升级。

---

① 调露子：《角力记》，太原：山西科学技术出版社，2012年，第2页。

第三节　摔跤取裸体形式是性鉴别与性炫耀

御敌防身术要尽量与通常环境相适应,所以其他武术形式,从来以着衣的方式进行竞技。厚重的盔甲,把全身裹得严严实实。武术中"抹袖锤"这样的技术,就是利用对手衣服羁缚对手,趁势攻击。

然而,摔跤却大多以裸体或半裸体的方式进行。

《续文献通考·乐考》云:"角力戏,壮士裸袒相搏而角胜负。"①《葆光录》云:中国古代相扑表演为"两两起来,裸身相打"。②《扬州画舫录》也提到"两人裸体相扑"。③《皇朝文献通考·王礼考》说:蒙古额鲁特部摔跤,也是上身赤裸,"袒裼而扑"。④

考古发掘同样证实了这一点,陕西长安客省庄出土战国墓摔跤铜牌,湖北江陵凤凰山秦墓出土木篦摔跤图,河南密县打虎亭2号墓有东汉摔跤壁画,敦煌北周第428窟中有相扑图,敦煌藏经洞中有唐代佛幡彩绘相扑图,山西晋城南社宋墓墓室南顶有相扑图,清人有《宴塞四事图》等,这些图画中的摔跤者,无一例外都是短下装,上身赤裸。有的除着护挡外,通体赤裸,与今日本相扑装束一模一样。今天,许多民族的摔跤也仍取裸踶方式进行。

湖北江陵凤凰山秦墓出土木篦摔跤图　　河南密县打虎亭2号墓东汉摔跤壁画

---

① 马端临:《续文献通考》卷一百四十七·乐考二十,中国古籍库清浙江书局本。
② 龙明子:《葆光录》卷二,上海:商务印书馆,1940年,第13页。
③ 李斗:《扬州画舫录》卷十一"虹桥录下",中国古籍库清乾隆六十年自然庵刻本。
④ 《皇朝文献通考》卷一百四十"王礼考",中国古籍库清文渊阁四库全书本。

敦煌北周第 428 窟中的相扑图　　　　　唐代佛幡绢画相扑图

山西晋城南社宋墓墓室两顶相扑图　　　清《宴塞四事图》厄鲁特式摔跤

敦煌藏经洞相抱相角图　　　　吉林通化长川魏晋南北朝
　　　　　　　　　　　　　　古墓墓室壁画摔跤图

敦煌 290 窟北周壁画摔跤图　　　清布达拉宫壁画（局部）摔跤

摔跤为什么多采取裸体竞技的形式呢？让我们绕一个弯，先从古希腊奥林匹克运动会裸体竞技谈起。

古希腊奥运会采取的也是裸体竞技的形式，关于裸体竞技来源的传说有两个。一种说法是：古希腊奥运会严禁妇女参加和观看比赛，违反者要处以极重的刑罚。少年波克萨的母亲泊勒尼格化妆进入竞技场观看儿子比赛，在儿子获胜的瞬间，她由于过度兴奋高呼儿子的名字，翻越栅栏冲到了她儿子面前，她的女性身份也随之暴露。虽然这位冠军的母亲免于处罚，但为了避免这类事情再度发生，古奥运会从此规定运动员与裁判员进入会场与比赛都必须赤身裸体。另一个说法是：运动员奥希波斯在奥林匹亚赛跑中偶然"兜裆布"脱落，大家都觉得他姿态美好，从此古奥运会便采用了裸体竞技的形式。

这两个传说都值得注意。

第一个传说似乎说明：裸体竞技是"性鉴别"。裸体竞技的规定，乃是禁止妇女参赛或临观的保障措施。其目的主要是准确鉴定参加者的性别，绝对保证他是男性而不是女性。古奥运会规定：凡擅自进入竞技场参观的妇女，一律先被倒悬，然后从提派阿斯悬崖掷下，使其粉身碎骨；或将犯罪者载过阿尔菲斯河，凌迟处死。死刑之严厉，与普通刑案不同。这完全不能用歧视妇女这个一般原因解释。奥林匹克竞技，是需要维护"与妇女无关"这一极端严肃的古老法则的男性性选择圣典。这显然不是一种歧视。服从"骑士精神"的骑士绝不与女人交手，遵循的依然是这条古老法则。然而骑士的做法既有排斥女子，更有怜爱女子的动机。否则，恩格斯就不会说唱破晓歌的骑士之爱，是人类爱情的初萌了。

第二种说法似乎说明：裸体竞技是"性炫耀"。古希腊人和古希腊艺术有视裸裎为神圣美好的审美时尚。丹纳便说过："希腊人这种特有的风气产生了特殊的观念。在他们眼中，理想的人物不是善于思索的头脑或者感觉敏锐的心灵，而是血统好，发育好，比例匀称，身手矫健，擅长各种运动的裸体。这种思想表现在许多方面。第一，他们周围的利提阿人、加里人，几乎所有邻近的异族，都以裸体为羞；只有希腊人毫不介意地脱掉衣服参加角斗与竞走。斯巴达连青年女子运动的时候也差不多是裸体的。可见体育锻炼的习惯把羞耻心消灭了或改变了。第二，他们全民族的盛大的庆祝，如奥林匹克运动会、毕提运动会、奈美运动会，都是展览与炫耀裸体的场合。"①"平时大家都赤着脚光着头出去,所有这些衣服一举手之间就可以脱掉,绝对不裹紧在身上,可以勾勒出一个人体大概的轮廓;在衣服飘动的时候或者接缝中间随时会暴露肉体。在练身场上、跑道上,好些庄严的节会中,他们还把衣服完全脱掉。普利纳说:'全身赤露是希腊人特有的习惯。'衣着对于他们只是一件松松散散的附属品,不拘束身体,可以随心所欲在一刹那之间扔掉。"②古希腊诸如诗歌朗诵、时装展览、迎神会、酒神节大游行等许多集会,都"可以"裸体参加,但这些公共活动都没有规定参加者"必须"裸体。古奥林匹克运动会要求"必须"裸体竞技,应该说与它的原型是性选择有关。

绝大多数雄性动物都比雌性动物漂亮,因为"更美丽的那些雄性才更能激发她们的春情"。③ 孔雀、狮子、公牛等,应该说是最典型的,但其实我们稍加留心便不难发现,几乎所有的动物,雄性都比雌性更加高大、壮健、色彩鲜艳。或许有人会说人是个例外,女性更美。其实不然,如果我们不是以人的目光而是以其他物种的目光来看待人,那我们很可能也会同样说,体格高大、骨骼健壮、肌肉隆起、皮肤粗糙、声音洪亮的男人更美。这种美是力量的粗砺的美。这种美的展示、炫耀是为了打动女人,是为了压倒男人。西方职业拳击手赤裸上身,临战前双方虎视眈眈、怒目而视、恶语相向;男子健美运动员叉腰举臂,展现那暴突隆起、青筋毕露的庞大肌肉群,其原型意义,和雄孔雀咕咕叫着开屏,和雄狮、公牛炸毛怒吼相向,并没有什么本质区别。

直接渊源于性选择的摔跤,长期保存性鉴别、性炫耀这一程序和形式。了解了这些,我们就不会把摔跤的裸体看作光着脊梁光滑而使对手不好抓了;了解了这些,我们就能充分理解并尊重充满圣典意味的日本国技大相扑,而不会将之视作滑稽了。

世界各民族摔跤,直接产生于人类先民的性选择,是最典型的仪式化战斗。摔跤在世界所有民族中普遍存在,有力地证明了竞技运动源自性选择这一事实。

今天竞技运动已经高度文明文化了,它已经渗透和具有了更多的其他文化内容。但我们由古希腊奥林匹克运动会的裸体竞技表现出的性鉴别、性炫耀;由今天运动场上足球宝贝、篮球宝贝众星捧月似的衬托表演,追星少女的尖叫和疯

---

① [法]丹纳著;傅雷译:《艺术起源》,合肥:安徽文艺出版社,1991年,第89、90页。
② [法]丹纳著;傅雷译:《艺术起源》,合肥:安徽文艺出版社,1991年,第356页。
③ [英]达尔文著;潘光旦、胡寿文译《人类的由来》,北京:商务印书馆,1983年,第493页。

狂;由 NBA 巨星张伯伦、约翰逊们的阅女无数,约翰逊还得了艾滋病,但观众还是喜爱他,原谅了他;由泰森、刘易斯、霍力菲尔德拳赛前赤裸上身仿佛雄狮般对峙;由越来越多的球场运动场裸奔,裸奔王马克·罗伯茨宣称他最大的愿望就是2008年到北京裸奔;由传媒爆炒的"外星人"罗纳尔多世界十大美女突破,湖人队科比曾被控强奸某少女并已经立案,但科比上场仍然受到球迷的欢呼等,我们不难发现竞技运动源自性选择的残余意蕴。如果我们稍加留意,还可以发现大量这样的事实。

第四节　用于性选择与用于实战的两种不同摔跤术

《角力记》解释"相扑"为:"盖取其见交分胜负之名,则取扑倒为名故也。"[①]目的只是"扑倒"对手,"分胜负"。由于产生于性选择的这种摔跤以不伤害对手为前提,其技术的攻击力有限,难以用于性命相搏的实战,所以翻翻《阵纪》《纪效新书》等即知,古代中国正规军,从未把纯粹的摔跤列为军事训练内容。《角力记》又说:"相扑下技,不足以明优劣。"[②]实际上,纯粹的摔跤从来被视为"下乘武功"而在中国武术中地位不高,几乎所有的武侠小说,都是这样论次摔跤的。不管作家是否从文化渊源的角度看清了这个问题,起码,那种二人抗力、一味撕扭的纯粹的摔跤,很难用于实战,是很明了的。

然而,武术四大技术"踢、打、摔、拿"中,摔跤又是重要技术之一。武林又有"拿不如打,打不如摔""拳脚加跤,武艺更高"的说法。这又该如解释呢?

具体而论,现在或历史上曾流行的摔跤大致有两种。一种是技术简单,以较力为主,只是"摔、掼、跌、扑",没有伤人技术动作,用于性选择的摔跤。上面我们讨论的,就是这种摔跤。但中外历史上都还存在着另一种摔跤,这种摔跤是技术复杂,以致伤、致残、致死为目的,包含了大量搏杀技术的摔跤。直观而喻,前者大致即西方古典式摔跤、日本大相扑、中国许多少数民族摔跤之类;后者即包含了当身技、投技、寝技的完整柔道,职业摔跤,一些武术流派中的跤法之类。"踢、

---

① 调露子:《角力记》,太原:山西科学技术出版社,2012年,第3页。
② 调露子:《角力记》,太原:山西科学技术出版社,2012年,第5页。

打、摔、拿"中的摔法,显然属于后者。前者一般裸袒上身,后者一般以着衣方式进行;前者只分输赢,后者要决生死;前者技术简单,后者技术复杂;前者避免伤害对手的动作,后者专以伤害对手为目的。

拉斯洛·孔在《体育运动全史》一书中写道:"在塔尔菲尔的摔跤书的插页中所描绘的徒手自卫动作,与日本武士的摔跤技术很相似。可以判定,从 15 世纪起,骑士的双人军事训练,已经同传统的农民摔跤形式——即迫使对手的抱腰和摔跤形式——失掉了联系。书中描绘的把对手从头上摔过的技术,使用扭手和其他使四肢关节脱位的手法,令对手无法反抗。其目的已经不是再现象征性的胜利者,而是为了真正战胜对手,并使周围的人感到害怕。"[1]拉斯洛·孔虽然未能从渊源与理论上区分两种性质不同的摔跤,但他的话,毕竟表明存在着形式迥然不同的两种摔跤,并早已为体育史家所注意。

摔跤在中国古代又称"角力""徒搏""手搏""角抵""相扑""争交"等。两种形式的摔跤同时存在,或者也可以这样说,各种致伤、致残、致死的武术技术,早已在不断向摔跤术渗透。

比如耐得翁《都城纪胜》云:"相扑,争交,谓之角抵之戏。别有使拳,自为一家,与相扑曲折相反。"[2]明确说相扑与打拳不同。然而《水浒传》燕青与任原"露台争交"中却有这么一段:"燕青只瞅他下三面。任原暗忖道:'这人必来算我下三面,你看我不消动手,只一脚踢这厮下献台去。'"[3]纯粹的摔跤,哪有可以用脚踢的。《水浒传》中,自称"三代相扑为生"的没面目焦挺,与李逵争斗时,第一个回合是"手起一拳",把李逵"打个搭墩";第二个回合是"肋罗里又只一脚",把李逵"踢了一交"。[4] 显然,相扑这种较单纯的摔跤形式,也一度渗入了其他内容。一旦与实战相联系,摔跤就不再是原始意义上的摔跤了。

日本柔道风靡世界,并已被列为奥运会竞赛项目。这种被列为奥运项目的柔道大家已很熟悉。然而,完整的柔道,除了投技、寝技外,还包括已被进入奥运会的柔道剔除的拳打脚踢的当身技,本来面目的柔道,是典型的杀人术。

日本柔道据传源自中国。明末人陈元赟,东渡日本,居于国内寺,同居该寺

---

[1] [匈牙利]拉斯洛·孔著;颜绍泸译:《体育运动全史》,中国体育史学会,1987 年,第 77、78 页。
[2] 《都城纪胜》,中国古籍库清武林掌故丛编本。
[3] 施耐庵、罗贯中:《水浒传·李卓吾评本》,上海:上海古籍出版社,1988 年,第 1092 页。
[4] 施耐庵、罗贯中:《水浒传·李卓吾评本》,上海:上海古籍出版社,1988 年,第 992 页。

的日本人福野正胜、三浦义辰、矾贝次郎对他非常敬重。陈元赟告诉他们："大明有捕人之术。我虽不甚精通，但大略知其法。"这三个人便跟随陈系统学习这种捕人之术，实即中国武术。后来他们各奔前程，各树一帜，柔道的前身柔术便在日本传播开来。至今，东京日本柔术流派起倒流拳法碑上还明文刻着"拳法之有传也，自投化明人陈元赟始"。毛泽东可能也知道这段史迹，所以他在《体育之研究》中说："日本则有武士道，近且因吾国之绪余，造成柔术，觥觥乎可观已。"①

由柔道的现在面貌可知，陈元赟所传可能是一种重摔法的武术。但这种武术显然又包含着大量拳打脚踢和致伤、致残、致死的技术内容，实战价值极高。

到现在为止，我们还没有讨论今天的中国式摔跤。中国式摔跤到底属于哪一种摔跤呢？

容易对对手造成伤害的跤法技术的限制，往往体现在摔跤把位的限制上。

抱腰、抱脖子实际上只有一个把位；支肩、抓腰带实际上只有两个把位；而中国式摔跤，腕、手、肘、臂、袖、领、偏门、带、腿，浑身上下都是把位。接手就来，沾手就到，即拿即丢，绝没有固定把位、抗力撕扭的，实战性极强。所以中国式摔跤又被称为"快跤"、"散手跤"。中国式摔跤中还许多"黑招"，如过背摔不是揪衣服、揪肩头，而是抠下巴额、抠肋骨；变脸，是抓下阴；出手就折手指；等等，这些无疑都是实战技术。

然而中华民族是一个大家庭，内部各民族文化处于不断交流、渗透的状态，所以中国式摔跤也融合了各民族摔跤的内容。这里笔者想引松田隆智《中国武术史略》关于中国式摔跤的一段论述来说明这一点。松田隆智说：

> 从清代到民国时期，摔跤在河北省最为盛行。而在河北省中，又有三大主流，即以保定为中心的"保定摔跤"，以北京为中心的"北平摔跤"，和以天津为中心的"天津摔跤"三大主流，各自分头发展。
>
> 中国摔跤技术最为巧妙，因在汉族人中间开展，所以也称为"汉人摔跤"。比赛时，二人未及站好就敏捷地互相靠近，手一搭上就立即摔倒。因这种技术快速，也被称为"保定摔跤"。这种摔跤轻视用蛮力，重

---

① 中共中央文献研究室、中共湖南省委：《毛泽东早期文稿》，见编辑组编《毛泽东早期文稿1912.6—1920.11》，长沙：湖南出版社，1990年，第66页。

视技术,是大架式。保定摔跤擅长用"撕""崩""通"等方法摔倒对手,长于以小制大。

北平摔跤是继承清代善扑营的遗风而形成的,因是在满族中间开展的,所以也称"满人摔跤"。比赛时,凭力量把对手摔倒,其动作比保定摔跤缓慢,力量胜过技术。这种摔法的架势比保定摔跤的小,所以也称为"小架式",俗称"黄瓜架"。

天津摔跤是保定摔跤和北平摔跤的中间型摔法,动作非常粗野刚猛。比试时,动作比保定摔跤慢,比北平摔跤快,从各方面来看,都是这两者的中间型。①

保定、北平、天津三派在民国以后都互相进行交流,都分头吸取各派之所长,所以现在各派的特征愈来愈接近。

现在我们应该大致清楚了,中国武术中的少数民族摔跤,是方法较质朴,以竞力为主,产生于性选择的摔跤。在主要是汉民族地区流行的武术流派中的摔法,和踢、打、拿等技术相结合,方法较复杂,以致伤、致残、致死为目的,讲究技巧,是典型的实战技击术。最终的中国式摔跤,则融合了二者,合二为一。竞力形式的摔跤及竞技运动在汉民族中不发达是因其性选择方式主要为竞智而非竞力。

第五节 华夏民族的性选择方式主要为竞智而非竞力

或许有人会问,既然性选择是由进化规律所规定,那就是人类整体具有的类属性,没有哪个民族能够例外,然而,为什么奥林匹克竞技运动单单出现在古希腊呢?为什么古代中国体育的竞技成分又极为微弱呢?为什么直接渊源于服务于性选择的那种摔跤形式主要是在中国少数民族中而不是在汉民族中开展呢?

---

① [日]松田隆智著;吕彦,阎海译:《中国武术史略》,成都:四川科学技术出版社,1984年,第207、208、209页。

这是个很值得研究的问题。

性选择的方式,随民族的不同而形式有所不同。在希腊、罗马以及与之一脉相承的欧洲神话中,优胜者都以强力竞技的方式决出。然而类似母题的中国神话,内容却与之有很大差异。由于文明的早熟和在生态类型上较多地属于农耕型内陆文明的特点,黄河流域我们先民力的竞技,便在尚未发展为竞技运动完备文化形态时中断,而主要体现为智力竞赛亦即竞智的性选择方式所取代。

藏族史诗《格萨尔王传》中,头人夹罗顿巴的女儿珠毛招亲,所出难题为:要把瓢中的酒喝下去,但"手上的五指""红绸般的舌头""金瓶般的嘴唇""白螺般的牙齿",都不能碰着金酒瓢。众多的求婚者束手无策,最后,化妆成穷孩子的格萨尔王,用鼻孔吸尽了泼上天空的美酒,娶了珠毛。这是纯粹的智慧竞赛。以技巧的方法迅速地播种、收种、藏种,以及种种"化身斗法",更是纳西族《创世记》、瑶族《五彩带》、苗族《阿秀王》、彝族《吹笛少年与龙女》、佤族《岩惹惹木》、壮族《布洛陀》、哈尼族《英雄玛麦》、藏族《穷汉与龙女》等神话传说中一致的婚姻难题与考试。

舜的故事因其为汉族神话更具典型意义。《史记》载:舜接受了尧给予的"耕历山""渔雷泽""陶河滨""一年而所居成聚,二年成邑,三年成都"的考验,瞽叟"使舜上涂廪"又"从下纵火焚廪",以及瞽叟与象"使舜穿井"又"下土实井"时机智地逃脱后,才算正式娶了尧的女儿并代尧而立。[①] 所有这些考验、竞争,都不是以力的方式进行的。

生态类型对人类文化的影响,早已引起人类学家、历史学家的广泛关注。不同的地理环境,使各民族文化形成了各自的特色与禀性,山地民族、草原民族、海洋民族,早已为历史证明远较农业民族强悍。在"求婚难题"这类神话原型中,竞争可能截然不同,但却与生产生活方式一致。"北方汉族多为虫蛇之害,诸如蜈蚣等。南方居于平地的傣族、壮族,他们的生产形态是种植水稻,但所出的难题对其生产形态表现得并不明显。或是射穿岩石,或是指出妻子,也有的是分拣米、谷等,都不足以表明其生产形态。与此相反,居于山地的民族所讲的难题倒是充分反映了其生存方式,比如砍一大片树,烧好田,播种、收获等。对这些民族

---

① 司马迁:《史记》卷一"五帝本纪第一",北京:中华书局,1959年,第33、34页。

来说,这些难题都是非常现实的。"① 山地、海洋、草原民族,一循他们与风浪、野兽勇猛搏斗的方式和惯性,性选择便采取竞力的形式。而生产生活都需要顺应四时季候,更注重恒心和耐性,安于自然,安土重迁,从而也温和得多的农业民族,性选择的竞争则更多地采用较为间接的、缓和而非猛烈对抗的、更注重经验和智能的方式来进行。温文尔雅的"禅让",并非全是后人的道德玄想,它明显包含着华夏农耕型内陆文明远古史实的成分。

由于中国幅员广大,即使仅从生态类型分析,众多的民族并不尽属农耕经济。北方的草原地带是以游牧为主;南方虽也经营农业,但狩猎所占比重较大。所以,尚武俗尚,在中国历史上时有汹涌,配偶与领袖选择采用竞技方式的例子亦非罕见。神话与传说中,蒙古族的射手和除害英雄江格尔,藏族的"驯虎青年",蒙古族的除害英雄乌恩,壮族的小射神特康,达斡尔族的射手和杀怪英雄阿波卡提莫日根,哈萨克族的勇士阔步兰德和喀巴尔等,都是绝对强力型的竞技英雄。然而,这毕竟不是主流。

中国南方民族的"难题"往往不止单一的内容。黎族《竹生姑娘》中,月姬为求婚者出的难题分别为:读书人默写全部《论语》,猎手射落庭院桐树上的所有叶子,耍猴人到雷州山雷神庙拿来大鼓。又如在土族叙事诗《格萨里》中,姑娘桑加的求婚者,则受到了骑射、交际、寻物、御寒等体力与智力的综合考验。这显然反映了这些民族复合型经济的背景。同时我们也能注意到,农耕在这些民族经济中所占比重愈大,则其神话婚姻考试斗智的比重就愈大。

前苏联学者鲍·李福清在《中国古代神话研究》中曾指出:作为中国民族主体的华夏民族神话中,也有过古希腊罗马神话中那样的"征服超人"。但华夏民族神话又存在着一种超人变质现象,又表现为两种情况。第一种,"征服超人"由被赞颂的英雄变质为反面角色。《淮南子》提到"诛凿齿于畴华之野,杀九婴于凶水之上,缴大风于青丘之泽,上射十日而下杀猰貐,断修蛇于洞庭,禽封豨于桑林"的大勇士后羿,后来却逐渐演变成了穷兵黩武的凶神。② 而武艺超群、膂力过人的夏桀、殷纣,也变成了暴君的代名词。第二种"征服超人"变质为"文化超

---

① 君岛久子:《羽衣故事的背景》,见中国民间文艺研究会上海分会编《民间文艺集刊 第8集》,上海:上海文艺出版社,1983年,第288页。
② 刘文典:《淮南鸿烈集解》卷八"本经训",冯逸、乔华点校,北京:中华书局:1989年,第254、255页。

人"。《志林》云:"黄帝与蚩尤战于涿鹿之野,蚩尤作大雾弥三日,军人皆惑,黄帝乃令风后法斗机作指南车,以别四方,遂擒蚩尤。"①在这较晚出现的传说中,黄帝战胜蚩尤,竟是全凭发明智慧而非勇力之搏。征服英雄黄帝,最后竟成了具有多种创造发明的始祖。"始画八卦的庖牺氏,发明用火的燧人氏,建筑居室的有巢氏,发展种植业的神农(即炎帝)、发明丝织养蚕的嫘祖、创造弓矢的少暤之子、以及创造发明不可胜数的黄帝(即'皇天上帝')等等",②中国神话中,最多这种创造发明的文化超人。笔者认为,这种变质的原因和过程为:黄河流域的华夏民族先民,虽然也曾经以射猎为生,也产生过竞技英雄的神话,但由于较早进入原始农耕时代或者说农耕在其经济中所占比重越来越大,配偶与领袖选择中战斗竞技方式便逐渐为智能竞赛方式所取代,征服超人就逐渐变质为文化超人。

一个在领袖及领导层个体素质上不能进行基本自我选择、自我规范的民族不可能成熟和持久昌盛。进入文明社会以后,部落变为国家,部落领袖变为君王,领袖竞争产生变为世袭承继。然而夏、商、周三代都有从平民乃至奴隶中选择大臣的事例,以及《礼记·礼运》仍无限憧憬"大同"社会"选贤与能"制度,都表明,远古合理地产生领袖的方式并未湮灭无遗。春秋时期是为霸业不拘一格进行人才大开发的时期;先秦诸子,几乎无例外地在鼓吹尚贤用能;战国说士,只要游说成功,即可由布衣"立致卿相";汉代行"察举制度",荐举"孝廉""贤良方正""茂才异等";魏晋实行"九品中正制";到隋朝,通过考试来选择官吏的科举制度基本确立。中国没有采用欧洲世袭王权、世袭贵族的模式,而采用了世袭皇权、科举选官的制度。事实上,实施统治的是众多儒生——各级官吏组成的领导层,而不仅是一个君主。封建国家机器运行的规划、指导、操作,长期以来主要由他们执行。社会正常时期的绝大多数帝王,很大程度上要受他们及他们制定的礼法制度的制约。科举制度的影响及地位不容低估。同时,我们不仅能从其发展脉络上,还能从选拔部落领袖和选拔国家官吏均由智力竞赛的方式上,看出它们惊人的一致。应该说后者即为前者的孑遗、承续或发展。

科举制度的产生有很复杂的原因,但其渊源应是以智力竞赛为特点的中国初民配偶与领袖选择,还有一些线索可寻。像《西厢记》中那般"金榜题名"与"洞

---

① 李昉:《太平御览》卷十五"天部十五·雾",见《四库全书》文渊阁本"子部·类书类"。
② 谢选骏:《空寂的神殿》,成都:四川人民出版社,1987年,第135、136页。

房花烛"并蒂,已是中国古典文学特别是戏剧广泛的母题。元杂剧保存下来的完整或大体完整的剧本,共有162种,而其中专写状元婚姻者,竟有十分之一。明清戏曲、小说中,这类题材更多。又如状元娶公主、做驸马,也是古代文艺作品常用的题材,然而考以史实,中国古代的状元驸马只出了唐代郑颢一人。这和欧洲文学的某些现象类似。在中世纪法国吟咏诗人的诗歌中,有许多颂扬为争得爱情——胜者可以娶君主或某些权贵的女儿为妻——而举行的比武故事,但这些故事在正史中并不见记载。然而,这种在同时代历史背景中没有事实依据的文学反映,却显然不能简单武断地被斥为文学的虚构,而恰恰是传递着远古遗留至今的集体无意识——种族记忆的文学神话原型。"书中自有千钟粟,书中自有颜如玉"与古希腊富豪在奥运会场择婿,英雄美女,何其相似!唐代文人中进士后得意地赋出的诗句"春风得意马蹄疾,一日看尽长安花",以及进士们的探花会——杏林春宴,进林探花者之所以名为"探花",实际上都有着双重的含义。

我们历史上缺乏竞技运动,但由此而批评中华民族缺乏竞争精神,是对我们历史与文化的无知。中华民族不是一个没有竞争观念的民族,只是我们的竞争,常用"智"而不是"力"的方式进行而已。儒家五常中,是智而不是力跻身其间。"劳心者治人,劳力者治于人""一人敌,不足学,学万人敌",更足以表明中国人的价值取向。宋太祖让两名殿试者以摔跤决胜负夺状元的事,从来被中国士人视为有伤大雅、荒诞不经。中国历代重文轻武,武举的不发达,武举人的受人冷落,以及中国古代女子青睐文弱书生的择偶标准及审美倾向,都可由我们民族尚智而轻力的竞争传统得到解释。运动生命是很短暂的,而年龄则往往与智慧、经验成正比。所以,虽然历代多有七十"致仕"即退休的规定,但仍有过七八十岁的状元,五十多岁的举人进士则相当普遍。中国重视老年人,中国独特的"孝"的伦理,亦应与此有密切关系,那就是:农耕最需要的是经验和智慧,老年人最具有经验和智慧,于是老年人就成为一种财富。

希腊人也讲"智",但希腊智者的思辨更带有"力"的特征,一如竞技破纪录创成绩的无限突破与伸张,致力于宇宙本原、自然属性、人从哪里来到哪里去等问题的孜孜不倦的追求,这就是理性科学精神。中国古代也有"力",但这种力更多的是带智的色彩的"仁义之力"。儒学士人,始终注目于政治和历史的因果关系,不懈地进行理想社会蓝图和社会人伦的建构。但"智"与"力",作为一种人类的能力和力量,在性选择的本原和意义上却是相通相同的。

由于马可·波罗、利玛窦、克鲁兹、伏尔泰、孟德斯鸠等人的评介,中国的科举制度早就引起了西方人的高度重视,在1570—1870年的三百年间,用英文出版的有关中国官员政治制度的著作,竟达七十种之多。西方各国文官系统的建立,均深受中国文官制度及其考试程序和方法的影响。"西方人心目中表现'机会均等'的科举制,曾使一代西方哲人心悦诚服。""中国文官制度的经验传到了西方,为西方政府所吸收,对西方文官系统的形成起到了很大的推动作用。这是西方行政学家所公认的。"孙中山早就发现了这一点并指出:"现在各国的考试制度,差不多都是学英国的。穷流溯源,英国的考试制度原来还是从我们中国学过去的。"[①]于是孙中山在推翻清朝封建专制制度后,又采用了传统科举制度的合理内容,在"三权分立"的基础上又加上了中国特色的东西,变成了"五权分立",其中就有考试一项,设立为制度机构,就是考试院(余为立法院、司法院、行政院、监察院)。

达尔文早已阐明:动物的性选择并不仅以"力"的较量的形式存在。炫耀婉转的歌喉、优美的舞姿,都是雄性吸引异性,接受挑选的真正竞赛。就连人们一直误以为是保护色的蝴蝶的花翅膀、鸟儿鲜艳的羽毛和野兽的斑斓毛皮,其实也是性选择长期作用使然。达尔文说:"后世情词并美的演说家,游方的歌手或器乐演奏家,当他们用音调铿锵的歌词或言辞在他的听众中激起各种最强烈的情绪的时候,大概绝不会想到他所用的方法正是他的半人半兽的祖先,在求爱和对付情敌的时候,用来把彼此的情欲打动得火热的方法。"[②]动物性选择的方式多种多样,人当然也不例外。在人类文明日渐发达的过程中,性选择更拥有了较多的综合的指标。四肢发达的运动机器,病弱呆滞的书生,徒有其表的"花瓶"男女,都不会最大程度地惹异性喜爱或具备配偶楷模的光芒。在现代宪政民主制度下,民主选举是有规则的竞力、竞智、竞德,甚至加竞美的综合竞赛。所以就连西方的总统竞选,也像"竞力"——没有好的身体和体力行吗?每天工作超过十八个小时,每天要赶几十场"拜票",到处演讲接见选民拉选票拉竞选资金,每天和几百人握手手掌都是肿的;也像"竞德"——普通百姓的隐私是要受到保护的,但公众人物必须接受公众的监督和检测,媒体全天候追踪你用放大镜苛求,竞争

[①] 杨百揆等:《西方文官系统》,成都:四川人民出版社,1986年,第45~48页。
[②] [英]达尔文著;潘光旦、胡寿文译《人类的由来》,北京:商务印书馆,1983年,第867页。

对手穷究得翻江倒海，反对派千方百计寻找你的丑闻让你名誉扫地；也是"竞美"——男女平等了，女性也是选民，她们手中有一半的选票，竞选也是外貌较量，美国总统们都是高大英俊的，于是好莱坞影星里根当了总统，影星加健美冠军施瓦辛格可以当州长，大帅哥马英九也可以当选台湾地区领导人。竞选更是"竞智"，辩论、演说和发表施政纲领，是在展现他的才思和敏捷，表现他的治国方略和管理才能，是在接受全体公民的智慧考验，用种种计谋和手段击败对手。一个人的智慧远远不够，因此还要有竞选班子、智囊团。

坦率地讲，近代以来，我们将科举制度斥为"八股取士"，一味贬抑，全盘否定，这个错误在今天已经暴露无遗。所以，我们的高考制度至今仍在延续，我们的公务员考试制度，也已建立。客观而论，并不是我们传统文化中的"科举制度"出了毛病，而是我们传统社会的"官本位"思想存在问题。如果当官不再是竞争的唯一，如果社会的价值取向多元化，那么官员的遴选，就和其他所有领域的遴选一样，有什么可非难的呢？以科举考试为主的中国文官制度，其实是真正需要我们认真整理继承的传统文化的一大财富，是我们民族对世界文明的一大贡献。和奥林匹克是古希腊对世界文明做出的巨大贡献一样，科举制度则是中国对世界文明做出的巨大贡献。

今天世界上最著名的棋牌，如围棋、中国象棋、日本将棋、扑克、麻将，甚至国际象棋等竞智游戏，都是由中国人发明或者受中国人深刻影响发明出来的。中国古代，竞力游戏、竞力运动未能充分发展，竞智游戏、竞智运动却相当发达，这一点，非常值得研究。

围棋无疑是中国人发明的。古人有说："尧造围棋，丹朱善棋。"[1]又有说："尧造围棋，以教子丹朱；或云舜以子商均愚，故作围棋以教之。"[2]尧舜时代就有了围棋不知可靠与否，但至少在春秋时，围棋已经出现。这时的围棋被称为"弈"，汉代扬雄《方言》中即云："围棋谓之弈，自关而东，齐鲁之间，皆谓之弈。"[3]最早提到"弈"的是《左传》："视君不如弈棋，其何以免乎？弈者举棋不定，不胜其

---

[1] 欧阳询：《艺文类聚》卷七十四"巧艺部·围棋"，《四库全书》文渊阁本"子部·类书类"。
[2] 朱熹：《通鉴纲目》卷二十七"宋作湘宫寺"，《四库全书》文渊阁本"史部·编年类"。
[3] 扬雄：《輶轩使者绝代语释别国方言》第五，《四库全书》文渊阁本"经部十·小学类一·训诂之属"。

耦,而况置君而弗定乎?"①战国时孟子也曾以弈棋为比喻,教育学生在学习时要专心致志。孟子说:"弈秋,通国之善弈者也。使弈秋诲二人弈,其一人专心致志,惟弈秋之为听;一人虽听之,一心以为有鸿鹄将至,思援弓缴而射之,虽与之俱学,弗若之矣!"②一部《孟子》中,竟有四次提到"弈",三次提到"弈秋",显然,围棋在战国时已经广泛流行。

曾谈到象棋起源的胡适和万国鼎,均认为中国象棋是从印度传来的。万国鼎曾引申胡适的观点说:"考西国有所谓 Chess 者,今译为万国象棋,与吾国象棋大同小异,其源流亦不尽可考,异说纷纭,莫衷一是,惟大都承认起于印度,为时甚早。后传入波斯,复由波斯传入阿剌伯,第八世纪时由阿剌伯传入西班牙,盖较之吾国牛僧孺制象棋犹前一世纪也。今万国象棋与我国象棋大同小异,可知同出于一源。其中有象,象为印度土产,且彼土记载此事者亦前于吾国,可知吾国象棋,盖亦源出印度。唐时中国与印度交通已千年,或象棋自印度、波斯等处传入已久,至牛僧孺始加以改革成为中国象棋,亦未可知。适之先生并谓大抵佛教徒亦知象棋传自印度,故以之记入佛教史也。"③

文中唯一的证据,似乎就是关于"象"的说法。

顾鉴秋曾对这一观点进行了批驳:"或以印度用象战,断为(我国象棋)来自印度,殊不可信。盖象棋之'象'取四象之义,所谓象飞四方营四角是也。若以为动物之象,则何以不与'马'对列而为攻子,乃与'相'对列而为守子哉。"④顾鉴秋认为象棋之象,并非象形动物,而是来自《易经》的少阳、老阳、少阴、老阴的象数。

后来又有人指出,我国古代象形的棋子,曾于唐肃宗宝应元年在一个古墓里出土过。《幽怪录》记载这些出土的棋子是"列马满枰,皆金铜成形"。显然,这些棋子并不像今天上面写字的中国象棋棋子,而是与今天的国际象棋相似。但这样的棋子,却在出土的汉代文物中发现。"硬玉直颈马头出于西汉高度艺术玉工之手,所以眼、鼻、口部雕刻得非常精细。这个马头高 10.3 厘米,流失在英国。1935 年 11 月 28 日、1936 年 3 月 7 日陈列于伦敦'国际中国艺术品展览会',编

---

① 杨伯峻编著:《春秋左传注》"襄公二十五年",北京:中华书局,1981 年,第 1109 页。
② 杨伯峻译注:《孟子·告子章句上》,北京:中华书局,1960 年,第 264、265 页。
③ 范生、郑震:《我国象棋溯源》,见《中国体育史参考资料》第三辑,人民体育出版社,1958 年,第 60 页。
④ 范生、郑震:《我国象棋溯源》,见《中国体育史参考资料》第三辑,人民体育出版社,1958 年,第 60、61 页。

号 530。英国皇家美术学会编印的《国际中国艺术品展览会图录》推定它是公元三世纪或四世纪的艺术品,也就是推定它为汉晋间的艺术品。"作者断定:这个马头"可以平放,可以提取,可以推移,它的形式和现代国际象棋中的马一模一样,所以我们认为它是西汉时代我国象棋中的棋子"。作者还根据其他一些资料推论,象棋创始于春秋时代。[①] 当然,春秋时代出现的象棋不可能与印度有什么关系。

据李约瑟研究,纸牌(扑克)也是中国发明的:"纸是中国人发明的,因而中国人首先发明纸牌就没有什么可值得惊奇的了。纸牌的使用最迟不晚于公元 9 世纪。据知最先记载纸牌玩法的书是由一位妇女在公元 9 世纪中叶写的,但这本书已佚失。中国学者欧阳修的记录说明,纸牌的使用与书的印刷形式的变化有关,这一印刷形式的变化使书由卷轴式变成了页式。当时的纸牌是用木刻版画形式印制的。""纸牌是在欧亚之间可以自由往来的元朝通过阿拉伯人或像马可·波罗那样的旅行家的传播,从中国传到西方的。公元 17 世纪,瓦利尔·赞尼声称威尼斯是欧洲第一个从中国得到纸牌的城市。但我们能肯定地说,公元 1377 年在欧洲的德国和西班牙首先出现了扑克牌;公元 1378 年在意大利和比利时,人们也开始玩扑克牌;而法国人是公元 1381 年才开始中国的这种娱乐活动的。"[②]

另外,麻将毫无疑义也是中国人的发明,它来自于明代的叶子戏;日本的将棋,则无疑是中国象棋的变种。过去有人认为中国象棋来自印度象棋,但今天不少人却认为印度象棋源于中国象棋,而印度象棋后来则发展为今天的国际象棋。李约瑟先生就持这种观点,并有相当多的证据证明这一点。

可以毫不夸张地说,世界上绝大多数棋牌游戏、最重要的棋牌形式,都要么起源于中国,要么至少受了中国棋牌游戏的启迪和影响。

棋牌是纯粹智力的游戏,但它今天也能被称为"运动",纳入国家体委管辖,规则原则也与竞技运动相似,其原因,正在于它是东方竞智型性选择环境的产物。《尹文子》说:"以智力求者,喻如弈棋。进退取与,攻劫放舍,在我者也。"

---

① 范生、郑震:《战国以后我国象棋的发展》,见《中国体育史参考资料》第五辑,人民体育出版社,1958 年,第 34、36 页。

② [美]罗伯特·K. G. 坦普尔著;陈养正、陈小慧、李耕耕等译:《中国:发明与发现的国度——中国科学技术史精华》,南昌:21 世纪出版社,1995 年,第 224、225 页。

"求"者,竞争也。古人早就指明了棋类的竞智性质。而在西方,一直就有这样的一句熟语或名言:"棋手是站在最高一级台阶上的,举重是站在最低一级台阶上的。"把棋类活动和竞技运动归纳为一类活动,这也绝非偶然。

中国历史上曾有过围棋、双陆、象棋、六博、弹棋、樗蒲等棋戏,但"古今之戏,流传最久远者,莫如围棋"。[①] 古往今来,上至皇帝,下至平民,包括名将、名臣、名僧、名诗人等,喜爱围棋者,代不乏人。迷恋围棋几近痴迷者,则"废事弃业,忘寝与食,穷日尽明,继以脂烛"。[②] 为什么会出现这种情况呢?首先,"围棋有着无穷的变化"。"围棋棋局的变化,据宋人沈括的研究和计算,'大约连书万字四十三位'(《梦溪笔谈》)。若用现代数学的表示方法,就是 1×10^{172}。这是一个惊人的天文数字。所以宋人张拟说:'自古及今,弈者无同局'(《棋经十三篇》)……整个对抗过程,不动一刀一枪,不流滴血滴汗,闻不到半点火药味,听不到一句呼喊声,就像唐太宗在《咏棋》诗中写的:'舍生非假命,带死不关伤''雁行非假翼,阵气本无云'。对抗是和平的、文雅的,但历程却又艰辛曲折。'胜不让负,负不让胜'(皮日休《原弈》),'相对终无语,争先各有心'(南唐李从谦《观棋》)。"[③] 围棋的竞争是非暴力的,但却又是异常激烈的。竞力的足球、篮球、拳击等,因为竞争最激烈,技术最复杂,无疑属于竞技运动中最有魅力的项目。与之相似,围棋无疑属于竞智项目中竞争最激烈、技术最复杂,当然也是最有魅力的项目,因此千百年来长盛不衰。今天,国际象棋电脑程序"更深的蓝"早在1997年就完胜世界冠军卡斯帕罗夫,国际象棋界众皆折服;但围棋电脑程序"阿尔法狗"却才刚刚赢了李世石,但不服者大有人在。

中国棋牌活动的发达,显然与中国先民的性选择以及与性选择有关的强者选择、领袖选择采用"竞智"的方式有关。科举制度和棋牌游戏,也可以被称为"竞智运动"。科举制度、棋牌游戏和竞技运动,它们的原则无疑是一致的。这种一致,显然来自于它们共同服务于性选择这一基础。围棋是纯粹智力的游戏,但它今天也能被称为"运动",纳入国家体委管辖,规则原则也与竞技运动相似,其原因,正在于它是东方竞智型性选择的产物。不是没有人作假和破坏规则,但整

[①] 谢肇淛:《五杂俎》卷六"人部二",上海:上海书店出版社,2001年,第116页。
[②] 陈寿:《三国志》卷六十五"吴书二十·韦曜传",见《四库全书》文渊阁本"史部一·正史类"。
[③] 林思桐:《关于中国围棋民族性特征的思考》,见《体育史论文集》第七集,中国体育史学会,1990年,第77页。

个竞技运动、奥林匹克、科举制度、棋牌游戏,必须服从"诚实游戏""费厄泼赖"原则,否则这些运动、制度、游戏本身也就完全失去了意义。

领袖与配偶选择的竞争,只能以平等为前提。很简单,性选择如果不使竞争者站在同一条起跑线上,那么这种选择就完全没有了意义。竞技运动始终以公开、公平、公正原则实即平等原则为基础。

为了维护竞赛的平等原则,古希腊奥运会举行时要在宙斯像前举行宣誓仪式。这里的宙斯像"手上握着雷电""威严的形象使邪恶的人感到恐惧"。竞技者及其父兄、教师,要宣誓"保证不以非法手段谋取胜利"。裁判员也要宣誓"保证不接受贿赂,要光明正大地履行裁判员的职责",对比赛中出现的违法违章者,要加以鞭打和课以罚金。在古奥运会会场的入口处,便有用在比赛中贿赂对手的竞技者的罚金铸成的宙斯铜像,铜像底座上镌刻着这样的警句:"在奥林匹亚,只能以快腿和体力战胜对手,金钱不可能使你赢得胜利。"[①]破坏规则从而也破坏平等原则取得的胜利,在古奥运会上从来被嗤之以鼻。中国古代的科场作弊案虽然屡有发生,但由历朝历代法典规定和实际对科场作弊案处罚之严厉看,其原则无疑得到了根本的维护。我们今天的高考,其实正是继承了这个传统。棋牌活动也一样,如果没有原则规则存在,那它本身早就不成其为棋牌活动了。

性选择种种,于是世界奥林匹克也有了种种——数学奥林匹克、物理奥林匹克、化学奥林匹克以及许多牵涉到竞争和比赛的奥林匹克。性选择种种,于是各国文官制度也有了种种——英国的、法国的、美国的、日本的,虽然都是从中国学去的。性选择种种,但竞技运动、奥林匹克、科举制度、棋牌活动是最宏大发达的,本质和形式也最相似、相近甚至相同的。它们或产生于西方,或产生于东方。一个夸耀肌肉与力量,展开于赛场阳光下;一个依靠智慧和知识,角逐于枰楸文采间。二者形式迥然有异,但却有着共同的价值渊源和发生目的。它们分别是东方、西方,东方民族、西方民族,东方文化、西方文化的伟大创造和对人类文明的卓越贡献。于是,中华民族中国文化和西方民族西方文化,也就因此有了互相理解的共同基础。竞技运动、奥林匹克来到了东方,文官制度、棋牌活动也传到了西方。中西文化原本无优劣之分,都是伟大的文化,在相互的汲取、交流中,人类将变得更团结、更智慧、更有力。

[①] 范益思、丁忠元:《古代奥林匹克运动会》,北京:人民体育出版社,1964年,第36、37页。

笔者绝对不同意中华民族缺乏竞争精神的观点。从过去读书人的悬梁刺股十年寒窗，从今天高考的千军万马争过独木桥，从我们无比崇尚"状元"今天仍称各行各业的佼佼者为状元，从中国武术的在世界武坛无可比拟的发达，从海外华商的打遍天下无敌手华人集团资本世界第一，从几个世纪以来民工涌向美国涌向南洋涌向沿海，从海外莘莘学子的苦读使美国硅谷几为华人天下，从改革开放启动中国经济腾飞，中国迅速成为奥运金牌大国等等看，中国人从来，也根本不缺乏一种竞争精神。只是我们竞争的方向所指在过去与别人不同罢了。当西方人在竞技运动、海外殖民、科学技术上"竞力""竞斗"时，我们的心思都放在了科举致士、棋牌博弈、人伦建构的"竞智""竞思"上。中国人并没有落后，因为我们没有落后的理由。方向一转，迅速超先。由竞争的激烈程度、竞争者的荣耀程度、社会的重视程度而言，科举制度绝对不比奥林匹克差。但不拘一格从社会各阶层群体中选拔人才，是科举制度的一大特色，就平等程度而言，科举制度甚至超过了最初的古希腊的奥林匹克运动。我们有什么理由，一味强调中西文化有多么大的差异和互相了解理解的困难？奥林匹克进入中国，不仅从来没有遇上过真正的障碍，而且事实上从来是鲜花和红地毯铺路的。

已经有人在谈论棋牌进入奥林匹克，笔者以为：围棋、国际象棋、中国象棋、桥牌等进入奥林匹克，只不过是一个假以时日的问题。

关于竞智传统与科举制度说了这么多，但这并不是题外话，中国古代竞技运动的极不发达，长期重文轻武的传统，武术家的地位低下，武术多在下层民间流行，原因也正在于此。

武术整体来讲不是竞技运动，但武术中毕竟包含着极容易提炼为竞技的成分。所以以武术用于性选择也不是完全没有的事，《清稗类钞》载：衡湘间有一拳师以拳勇驰誉乡里，他有一女，颇有姿色，又尽得其父之技。到了该出嫁的年纪，该女便张榜于门声明只有技艺超过她的才能娶她。于是远近前来比武求婚者不下数百人，但都败在了她手下，后来又有一位江西籍的武举前来比武求婚。本来他也打不过该女，"然武举为美少年，女心属之。退避三舍，遂委禽焉"。[①] 但这种事，毕竟是极个别的。

[①] 徐珂编：《清稗类钞》第22册"技勇"，北京：商务印书馆，民国七年(1918)，第160、161页。

第六节　女子摔跤：色相欣赏与女性主动

也许有人会问，中国古代历史曾存在过的女子摔跤活动又该怎么解释呢？笔者以为，从历史上看，女子摔跤活动，一种是供统治者玩乐的色相欣赏，一种是娱乐，均与性选择和实战搏击无关。

《江表传》载：三国东吴亡国之君孙皓，曾"使尚方以金作步摇假髻以千数，令宫人着以相扑，早成夕败，辄命更作"。[①] 金步摇是古代贵妇首饰，戴上首饰相扑，自然是供其淫乐审美之需。

《武林旧事》记录有当时杭州一些有名的女子相扑手即"女飐"名称，这些名称中有诸如"绣勒帛""锦勒帛""赛貌多""韩春春"等。[②] "绣勒帛"是形容其身段姣好；"赛貌多"当然是形容其容貌美丽；至于"韩春春"却仿佛妓女名字。这种相扑，实际上是带有色情意味的商业表演。

宋仁宗曾在宣德门召集艺人表演取乐。在"诸色艺人"中，便包括"妇人相扑"，而且还受到了仁宗赏赐。司马光有为此事所上宋仁宗"论上元令妇人相扑"奏章，司马光在文中劝谏道：宣德门是"国家之象魏"，是用来"垂宪度""布号令"的地方。今"上有天子之尊，下有万民之众，后妃侍旁，命妇纵观"，却使"妇人裸戏于前"，实在不成体统。他请求宋仁宗下令，"今后妇人不得于街市以此聚众为戏"。[③] 宋仁宗所观女子相扑，司马光称为"裸戏"，看来还是裸体或半裸的。这当然更是一种色情暴露服务。

云南昭通的彝族妇女摔跤，是在彝族节日"火把节"举行；甘肃南部的藏族妇女摔跤，是在藏族节日"浪山节"举行；西北草原的哈萨克族妇女马上角力，也是在节日进行。这些女子摔跤，则都是以娱乐为目的。

最优秀的雄性可以占尽量多的雌性配偶，但却不可能占有所有的雌性配偶。事实上即便是在最自然的状况下，在动物身上，雌性之间也要以某种方式进行性

[①] 李昉：《太平御览》卷第七百一十五"服用部一十七"，见《四库全书》文渊阁本"子部·类书类"。

[②] 周密：《武林旧事》卷之六"诸色伎艺人"，见《四库全书》文渊阁本"史部十一·地理类八·杂记之属"。

[③] 司马光：《温国文正公文集》卷第二十一"奏章六"，中国古籍库四部丛刊景宋绍兴本。

选择,以保证最优秀的当然一般也是最惹雄性喜爱的雌性,有优先与最优秀雄性交配的权利。人类也一样,达尔文曾说:"不止女选男的美好与能干,而男也选女的美好,所得的结果显而易见是一样的,并且还要见得显著。而这种双重的选择似乎不光是理论,而是真正发生过的情况。"①女性也要进行选择,也要以某种方式进行优胜劣汰的竞争。从世界各民族历史主流看,女性性选择竞争采用的主要方式与男性绝对不同。西方竞技运动长期排斥女性,中国伦理讲"女子无才便是德",智与力,均不是性角度对女性的要求。然而东西方无例外地看重女性的美貌与温柔。"回眸一笑百媚生,六宫粉黛无颜色",性选择中取胜的女子普遍是外貌外形较佳者。究其原因,还是与生理因素以及女子最早在生产、生活、生育中担任与男子不同的角色有关。男子要担任狩猎、保卫部族的任务,强悍有力当然是优秀男子所应具备的条件,反映在男子外形外貌上,便是高大强壮;而女子的任务是照顾家庭、老人、孩子,温柔细致当然是优秀女子所应具备的条件,反映在女子外形外貌上,便是柔美精巧。

女性性选择的方式也应该是多样化的。"花木兰从军",《再生缘》《春桃记》等文艺作品中虚构出的女状元,以及古希腊较晚的女性赫拉运动会等事例,都说明女性从未满足于单薄的"竞美",也在幻想和尝试其他方式进行性选择,并以此为起点在社会生活中发挥更大的作用。由此看来,在男女平等和竞技运动具有了更多功能的今天,女子竞技运动的开展,当属天经地义。

女性性选择中,事实上男子是裁判者。但男性性选择中,情况却并非如此。古奥运会禁止妇女参加和观摩,这种性选择的接受者却不能是裁判者,甚至有成为牺牲者的状况,即使是在自然的状态下,也不能算合理。各种求婚难题、领袖争执的神话原型中,普遍存在英雄死于他钟爱而不爱他的女人之手的情节,事实上就反映了现实中女性对单向选择的报复。所以,古奥运会禁止女子临观的禁令终被取消。

挑选男性强者的竞技,开始有了女性主持。苗族有"抢牛尾巴"的游戏习俗,在婚礼上,女方家要请十几个青年作卫士,当新郎来时,新娘即用一把快刀突然一下将牛尾巴砍下来,新郎立即扑向新娘,去抢牛尾巴。新娘的卫士们竭力保

---

① [英]达尔文著;潘光旦、胡寿予译《人类的由来》,北京:商务印书馆,1983年,第907页。

护,不让新郎接近新娘抢走牛尾巴。① 在这里,牛尾巴代替了原来抢亲习俗中的姑娘。抢牛尾巴,和所谓"抢亲"一样,变为一种象征。女方总是网开一面,牛尾巴无例外地总是落到新郎手中。这些游戏,显然反映了女子在婚姻中已经拥有相当主动权。

在男性性选择中女性由主持更发展到亲自参与。近代学者任乃强先生曾记述道:甘孜藏族风俗,"当婚礼完成后,新郎须与新妇角力,互相推按,至新郎角胜,始能同宿。否则新娘逃回,须重致聘礼"。② 男女摔跤实际上还是性选择中男子与男子的竞争,因为只有战胜了女子的男子才能拥有与之婚配的权利,而失败了的男子便遭淘汰。新婚之夜新娘新郎摔跤中,许多情况下新娘是要让的。但必须新娘"佯败",新郎才可进洞房,恰好说明最早在这种摔跤中,男子必须真正战胜女子,才随之拥有婚配的权利。据《民族体育集锦》记载:云南德昂族也有新婚夜新娘新郎摔跤的习俗。在洞房前,大家谈笑风生之际,新娘会冷不防使绊跌翻新郎,这时新郎必须站起来,和新娘较量一番。新郎新娘摔跤之际,一旁的青年男女便唱着这样的歌:"要进莽林猎锦雉,路险自己开;想进火塘烧暖的新竹楼哟,新郎哎,把你的好跤术使出来。"最后,一般是新娘佯装体力不支,躲闪退让到一旁,让满头大汗的新郎进入新竹楼。③

《马可波罗行纪》中讲述了一位蒙古族女英雄——忽必烈侄子海都国王的女儿以摔跤择婿的故事:

> 国王海都有一女名称阿吉牙尼惕,鞑靼语犹言"光耀之月"。此女甚美,甚强勇,其父国中无人能以力胜之。其父数欲为之择配,女辄不允,尝言有人在角力中能胜我者则嫁之,否则永不适人。其父许之,听其择嫁其所欲所喜之人(其俗如此)。女身高大,近类巨人。女尝致书诸国与人约,来较力者,胜我者则嫁之,否则输我百马。由是来较力之贵人子甚众,皆不敌,女遂获马万有余匹。基督降生后 1290 年时,有一贵胄,乃一富强国王之子,勇侠而力甚健,闻此女角抵事,欲与之角,俾

---

① 士心:《踩花山与抢牛尾巴》,见《山茶》1982 年第 6 期,第 53 页。
② 任乃强:《亚洲民族考古丛刊》第 4 辑"西康图经民俗篇",台北:南天书局有限公司,1934 年,第 133 页。
③ 胡小明编著:《民族体育集锦》,成都:四川民族出版社,1989 年,第 46、47 页。

能胜之,如约娶以为妻。然欲之甚切,盖女姿容秀丽,仪态庄严,而彼亦是美男子,甚壮健,在其父国中无人能敌也。由是此王子携千马毅然莅此国,自度力强,胜女以后,并得千马,为注固甚大也。国王海都及王后即女生母见而悦之,阴诫女无论如何必让王子胜,盖王子为贵胄,且为一大国王子,极愿以女妻之也。然女答曰:"脱彼力能敌之,决不任其胜我;脱力不能敌,则愿如约为彼妻;不甘伪败以让之也。"及期,人皆集于国王海都宫内,国王及王后亦亲临。人众既集——盖来观角抵者人数甚众——女先出场,衣小绒袄,王子继出,衣锦袄,是诚美观也。二人既至角场,相抱互扑,各欲仆角力者于地,然久持而胜负不决。最后女仆王子于地。王子既仆,引为奇耻大辱,起后即率其从者窜走,还其父国。彼自以从来无敌于国中,而竟为一女所败,耻莫大焉。所携千马,亦委之而去。国王海都及王后甚怒,盖彼等皆以王子是富人,兼是勇健美男子,意欲以女妻之,孰知不如所期。自是以后,其父远征辄携女与俱,盖扈从骑尉中使用武器者,无及其女者也。有时女自父军中出突敌阵,手擒一敌人归献其父,其易如鹰之捕鸟。每战所为辄如是也。①

当然,男女摔跤较之男男摔跤,作为性选择结果接受者的女性,自然更为主动。

著名的"抛绣球"习俗,是西南地区的壮族、苗族、白族、瑶族、傣族等少数民族中广泛流行的游戏,这些民族的青年利用这种游戏来择偶,已经有许多年的历史。贵州布依族的"丢花包",是与投绣球类似并可能有渊源的一种游戏。抛绣球、丢花包,竞争都是在小伙子之间展开的,但最终的决定权,却以丢花包的方式掌握在姑娘的手里。

所以,古奥运会禁止女子临观的禁令终于取消。神话中大量存在的某位女子要在求婚者战胜他之后方才允婚的故事,说明后来男性性选择的竞技,女性参与或女性主持的情形日渐普遍。像某些雅利安民族王位,显然只是同有王室血统的妇女结婚后的封赐,以及欧洲国家女王的普遍存在,都是男性性选择中女性主动的例证。当然,这些都是后起的事了。

---

① [法]沙海昂注;冯承钧译:《马可波罗行纪》,冯承钧译,北京:中华书局,2004年,第784、785页。

但诞生初期的现代奥林匹克,仍然将女性排斥在外。现代奥林匹克的创始人顾拜旦当时便说:他并不反对妇女参加体育运动,但奥运会是男子的运动会。妇女出席奥运会,无非是让他们为获得优胜的男选手戴上月桂花冠而已。当时的国际田联主席普兰德基的话更不加掩饰,他说:我厌恶搞田径运动的女性,她们的女性魅力不但没有因参加田径运动有所增加,反而会受到损害。在他的极力反对下,第二届巴黎奥运会尽管已经列入了一些女子比赛项目,但田径场仍然是女性的严格禁区。

然而也就是从现代奥林匹克一开始,女性就发出了要与男子一样参加奥运会的呼声,坚决反对将女性排除在奥林匹克之外。在第一届奥运会上,希腊姑娘梅欧黄波妮就向运动会组委会递交了参加马拉松比赛的申请,在她的参赛要求被拒绝之后,这位希腊姑娘用四个半小时独自跑完了从马拉松到雅典的全程,用这一坚强的方式,表达了她和广大女性对当时奥运会章程和组委会决议的抗议和轻蔑。

现代洪流不可阻挡,1924 年,国际奥委会第二十二次会议正式做出决定,女子同男子一样有参加奥运会的权利;1928 年,第九届夏季奥运会把女子田径比赛首次列入奥运会项目;1948 年,在第十四届夏季奥运会的田径赛场上,布兰克斯·科恩同时获得一百米、两百米、八十米低栏、四乘一百米接力四枚金牌,成为奥运历史上第一个"妈妈冠军",并被人称为"女欧文斯";1968 年,第十九届夏季奥运会的圣火首次由墨西哥二十岁的女子田径选手巴西利奥点燃;1981 年,在国际奥委会第八十四届全会选举中,两名女性首次进入国际奥委会领导机构……

我们一直说母亲是伟大的,而这伟大是因为她们的牺牲,而这牺牲则导致她们千万年来成了生殖奴隶,导致她们损失了她们自己的独立人性、爱情和正常的性爱之乐,导致她们退出了社会舞台而蜗居家庭。在"性"上获得了解放、自由的女性,当然就走向了社会,出现在她们长期被禁抑的政治、经济、文化诸领域。女作家、女学者、女富豪、女总统,越来越多。而奥运会,则是她们首先、重点地出击、收复的舞台。2000 年夏季奥运会,参赛女子选手的人数比例,已经达到总人数的 40%。今天,未设立的奥运女子项目,仅仅剩下了自由式摔跤、古典式摔跤和拳击。但由柔道和跆拳道已经设立女子项目看,由女子职业拳击、职业摔跤已经在开展的事实看,由日本相扑被奥运拒绝,而理由是相扑仅仅是男子项目,于是日本相扑非常着急地向女性敞开大门看,所有奥运项目为女性开放,不过是一个假以时日的问题了。但是,现今仅仅为女性设立的项目——艺术体操、花样游泳,我们却看不到男子可能进入的丝毫迹象。时代真是不同了,但想想也在情理之中,这就是长期不公正之后必然的矫枉过正吧。

我们可以预见,奥林匹克将在世界范围和所有领域内,首先实现男性和女性彻底的平权和和解。

但是,竞技运动毕竟是由决定男性性选择的战斗发展而来的激烈形式,并长期只在男性中进行。生物科学早已证明:遗传性状一般只是在同性系列传递,即个体性状只在同性后代身上体现出来。男性诸如力量、精力、肌肉骨骼体积等身体条件,已在这千百万年的发展中,变得更为适应这种竞争形式。所以,女子从事竞技运动过于激烈的项目,从来就有非议。女子竞技运动的发展并非一帆风顺。看来,这仍有个度的问题。有些运动项目可能的确不适合女子开展。诸如女子柔道、女子摔跤、女子举重等,可能便在此列。

笔者以为:"性鉴别"与"性炫耀"是性选择的两个特点,竞技运动产生于性选择,而竞技健美则直接产生于性炫耀,它显示的是男性(雄性)硕大的肌肉群和肌肉代表的力量,是纯粹男性(雄性)的性特征性力量的展示,它怎么能成为一个女性项目?如果说过于使"柔"而导致女人小脚是一种东方病态的话,那么过于崇"刚"而出现的女子竞技健美便是一种西方病态。我们当然不应盲目追随一种病态。

当然,诸如女子摔跤、女子柔道、女子举重特别是女子竞技健美等女子竞技运动的前景如何,究竟哪些项目适合于女性,尚需时间检验。但是如果我们同意达尔文以为的两性"美好鉴赏标准各有不同",而且"除了对人而外,对任何一种动物来说,是太不可能了",[1]就得承认:两性择偶标准各自有所侧重将永远在所难免。女子竞技健美等竞技运动某些项目的命运,或许可以由之预测。

---

[1] [英]达尔文著;潘光旦、胡寿文译《人类的由来》,北京:商务印书馆,1983年,第350页。

第七节　无规则竞智之一——孙子兵法

性选择从狭义的范围讲,实际上是一场"挑选强者"的游戏;但从广义的范围讲,它还包括"安抚弱者"的内容。强弱之间,必须有各种措施或制度来维持一种均衡与和谐。因为强者若占有了所有的女性资源,弱者不仅生育权被剥夺殆尽,而且性的欲望也完全失去了发泄渠道。弱者由此产生的抵制和抗拒,将使得强者的地位不稳定,族群的繁盛当然也将无从谈起。

笔者怀疑,娼妓现象,就是这种"安抚弱者"的制度化行为。

娼妓起源于"神庙献身",是绝大多数学者赞同的观点。希罗多德记述了巴比伦人中流行的这一风俗:

> 巴比伦人有一个最丑恶可耻的习惯,这就是生在那里的每一个妇女在她一生之中必须有一次到阿普洛狄铁的神殿的圣域内去坐在那里,并在那里和一个不相识的男子交媾。许多有钱的妇女,她们自视身分高贵而不屑于和其他妇女混在一起,便乘坐着双马拉的带围帘的马车到神殿去,她们身后还要跟着一大群仆从。但是大多数妇女是坐在神殿的圣域内,头上戴着纽帽;这里总是有大群来来往往的妇女。在妇女中间,四面八方都有用绳子拦出来的通路,而不相识的人们便沿着这些通路行走来做他们的选择,一经选好了位子的妇女在一个不相识的人把一只银币抛向她的膝头并和她在神殿外面交媾之前,她是不能离开自己的位子的。但是当他抛钱的时候,他要说这样的话:"我以米利塔女神的名字来为你祝福",因为亚述人是把阿普洛狄铁叫做米利塔的。银币的大小多少并无关系。妇女对这件事是不能拒绝的,否则便违犯了神的律条,因为一旦用这样的方式抛出去钱币便是神圣的了。当她和他交媾完毕,因而在女神面前完成了任务以后,她便回家去;从这个时候开始,不拘你再出多少钱,便再也不能得到她了。因此,那些颀长的美貌妇女很快就可以回去,但是那些丑陋的必须要等很长一个时候才能够履行神圣的规定。有些人不得不在神殿的圣域内等上三四

年。在塞浦路斯的某些地方也可以看到和这相似的风俗。①

在一个特殊宗教节日,部落所有的女人,包括部落酋长的妻妾和女儿,都要前往神庙,美其名曰将自己的身体敬献给神,实际上即可以自由地和任何一个男人发生性关系。这种习俗,后来又由所有女性承担,变为固定的一些女性承担。这种"圣妓"传统,在古希腊、古罗马、古迦南、古印度等地,都大同小异地存在。或许这就是妓女制度古往今来在几乎所有的文明中都存在的原因,也是卖淫无论如何也无法禁绝的原因。

在世界许多民族中,都存在类似"狂欢节"的习俗,仔细观察不难发现,这些节日的重要内容之一,就是节日期间的性自由、性狂欢。

哈萨克族的"姑娘追",姑娘为什么要用鞭子抽追赶她的男人呢?许多介绍的文字往往语焉不详。实际上,在"姑娘追"中,"青年男女们成队地出动,小伙子尽力去捉住姑娘,姑娘骑在敏捷的快马上,拿着沉重的鞭子以赶开她的追逐者""如果这个小伙子获得了成功,他就有权去抚摸姑娘的乳胸。要是姑娘爱他,她很容易就屈服了,有时罗曼司就是这样开始的。"②而这种"姑娘追"活动,并不一定和现实婚姻发生必然联系,"在场的青年男女,不论未婚或已婚,可以自由结合",甚至有时中老年人也兴致勃勃地参加。③

在进入一夫一妻制之后的相当长的一段时间里,许多民族却保留着婚前性自由的习俗,恩格斯曾引用巴霍芬说过的话:"从前是妇人的杂婚制,现在是姑娘的杂婚制;从前是结婚后进行,现在是结婚前进行;从前是不加区别地献身于任何人,现在是只献身于某些一定的人了。"④同时还保留了婚后特定时期妇女恢复性自由的风俗,即:"男性长者、酋长、巫师,利用共妻制来达到自己的目的,自己独占大多数妇女。但是,他们在一定节日和民众大集会时,必须恢复以前的共妻制,让自己的妻子去和年轻的男子们寻乐。""即在一个短期内恢复旧时的自由

---

① [希]希罗多德著;王以铸译:《历史》第一卷199条,北京:商务印书馆,1959年,第100页。
② [美]乔治·彼得·穆达克:《我们当代的原始民族》,童恩正译,见四川省民族研究所《民族研究资料丛刊》之一,1980年,第102页。
③ 李耕研:《哈萨克的姑娘追》,载《民族文化》1982年第2期。
④ [德]恩格斯著;中共中央马克思恩格斯.列宁斯大林著作编译局译:《家庭、私有制和国家的起源》,北京:人民出版社,1972年,第48页。

的性交关系。"①旧时中国许多少数民族的体育游戏,都有利用其来开展婚前婚后性自由活动的用意。这种性自由活动,当然是对性选择中男性独专和领袖独专的一种反动,以及对族群中弱者的性被剥夺的定期补偿。

笔者非常怀疑,同性恋的产生,也有同样性选择广义求取均衡与和谐的结果,强者占有了所有女性,他顾不过来的女性怎么办?其他众多的男子怎么办?古希腊每个男童必须都是一个战士的"小朋友"的制度性的同性恋行为,根本不是其他原因所能解释的。

一夫一妻制的产生,应该也是求取均衡与和谐的结果,它从根本上达成了男子间的一种妥协,从而避免了无休止的族群内部争斗。从古希腊、古罗马就开始逐渐成为主流的一夫一妻制,在基督教那里得到确立。基督教认为:上帝造出的是一个亚当,一个夏娃,这就是一夫一妻制的基础。"圣保罗的所谓基督和教众之间的婚姻是一种象征之说,导致了严格的一夫一妻制的正式确立。只有一个上帝,只有一个教会,男人也就只能有一个老婆。"②从古至今,西方社会的主流婚姻方式就是一夫一妻,从国王、大臣到普通百姓,都只有一个老婆。这保证了人群的强弱之间、贫富之间、贵贱之间的一种均衡与和谐。人天生似乎就是不平等的,体力与智力的差距很大,这是一种不平等。但你若让各方面天生差距很大的人地位一样、收入一样,又造成了另外一种不平等。让优秀者可以充分展示自己的优秀,可以去竞争总统,当亿万富翁,当万众瞩目的巨星;而欠优秀者可以保障他们最基本的权利,拥有至低限度的一张选票、一份低保、一个老婆。而古代中国一直实行的是一夫一妻多妾制,历朝历代皇帝的三宫六院七十二妃,直到民国时期军阀的妻妾成群。王公大臣、各级官吏、富商、村里地主,都要有好几房,女性资源被"强者"过度占有,在"弱者"那里肯定是过度稀缺。元明清时期,"光棍""恶棍",就是流氓、强盗的代名词。成群处于性饥渴状态的光棍在社会上游荡,这个国家是不可能安定的。中国古代农民起义不断,在世界历史上是罕见的,究其原因,笔者以为:第一是由于西边喜马拉雅山,北边大漠,东面南面大海的阻隔,我们始终无法通过大规模的殖民缓解人口的极度膨胀,无法向外排泄,

---

① [德]恩格斯著;中共中央马克思恩格斯.列宁斯大林著作编译局译:《家庭、私有制和国家的起源》,北京:人民出版社,1972年,第47页。
② [法]让·克洛德·布洛涅;赵克非译:《西方婚姻史》,北京:中国人民大学出版社,2008年,第73页。

只能内向爆发；第二就是女性资源的分配极度不公平、不平均,两极分化,最终性的暴乱酿成政治革命。我们有悠久灿烂的文明,可惜在这一点上进步得慢了,专制皇权、多妻制度和狮王猴王的社会,并无什么本质的不同,还没有彻底逃离丛林爪牙的原始、血腥特征。

强者虽强,但弱者可以联合起来,从而战胜强者。《动物世界》就有介绍,一个强悍的狮王统治着一个狮群,但两个年轻的雄狮兄弟联合驱逐了狮王,并共同分享了群内的雌狮。北京动物园猴山曾发生过一次暴动,一群年轻的雄猴,联合行动推翻了猴王的统治,将猴王从猴山上扔了下来,据说猴王被工作人员救出后,虽然腿摔断了骨头都露了出来,但依然端着猴王的谱,吃东西挑三拣四,殊为有趣。

与性选择相关的"挑选强者"与"安抚弱者"是相辅相成的一对制度,后者是对前者的补充。"挑选强者"奉行的是"有规则竞胜"原则,公平、公正、公开,有裁判有规则,遵循诚实游戏原则,战胜弱者,竞出强者；但强者要对弱者进行安抚和补偿,如果安抚失败或干脆不进行安抚,弱者不会坐以待毙,弱者有"弱者生存"之道,"弱者生存"奉行的是"无规则竞胜"原则,不择手段,无所不用,无所不用其极,蓄势逆袭战胜强者,甚或弱者根本不承认自己是弱者,没有规则才是规则,调动一切可以调动的力量,利用一切可以利用的手段,成者王侯败者贼,骑驴看唱本走着瞧。

与性选择有关的中国文化,其竞智倾向衍生出两种活动：一种是"有规则竞智竞胜",代表形式是科举制度和棋牌活动；一种是"无规则竞智竞胜",代表形式是中国兵法和中国武术。

整个中国古代,农耕民族与北方游牧民族为邻,后者号称能够用流血的方式去取得的,绝对不用流汗的方式去取得。农耕民族面临的是最凶悍的敌人。而农耕民族文明富足,文化文弱,林语堂直接称其是世界上最糟糕的战士。农耕民族是靠什么在长时期中有效地抵抗了北方民族的入侵呢？

第一,依靠统一的大帝国和农耕文明造就的雄厚的政治、经济、物质、技术力量,建立和维持几十万乃至上百万人的常备军,修建蜿蜒万里的长城,装备当时世界上最精良的武器。第二,依靠严格的纪律——包括连坐法,岳家军、戚家军,靠的都是铁的纪律。第三,依靠发达的武术,尽量完善自己的武技发挥自己的优势。第四,建立发明了杰出的军事战略战术思想,即我们常说的"兵法",兵书内容之宏富,兵书数量之大,举世无双。

一般以为,中国兵书著述共出现过三次高潮期,第一次是春秋战国时期,第二次是明代后期,第三次是清代后期。有人统计,至今"存世兵书2 308部,18 567卷;存目兵书1 072部,4 936卷"。① 在这汗牛充栋的兵书中,有两部是最有名的,一是《孙子兵法》,一是《纪效新书》。《中西兵略指掌》称:"中国谈兵家无虑百数,惟《孙子十三篇》、戚氏《纪效新书》至今通行,称为切实。"而《纪效新书》中,给人印象最深的就是:第一,建立发达的防御体系,修建长城,改进车营,装备精良火器;第二,制定严密严格的军法军纪;第三,将帅要苦练武艺,不仅士兵要练,统帅也要练。而《孙子兵法》,则是专论战略战术的"东方兵学圣典"。

《孙子兵法》的核心是谋略制胜。《孙子·计篇》云:"兵者,诡道也。"《孙子·军争篇》云:"兵以诈立。"开宗明义提出了用兵的第一宗旨就是诡诈。具体说就是《孙子·计篇》中所谓的"诡道十二法":"兵者,诡道也。故能而示之不能,用而示之不用,近而示之远,远而示之近,利而诱之,乱而取之,实而备之,强而避之,怒而挠之,卑而骄之,佚而劳之,亲而离之。攻其无备,出其不意。此兵家之胜,不可先传也。"

这样的话其实在《孙子》其他篇目中也有很多。如《孙子·虚实》:"出其所必趋,趋其所不意。"《孙子·九地》:"乘人之不及,由不虞之道,攻其所不戒也。"《孙子·九地》:"运兵计谋,为不可测。"《孙子·谋攻》:"故上兵伐谋,其次伐交,其次伐兵,其下攻城。"孙子还总结为"五危":"故将有五危:必死,可杀也;必生,可虏也;忿速,可侮也;廉洁,可辱也;爱民,可烦也。凡此五者,将之过也,用兵之灾也。覆军杀将,必以五危,不可不察也。"② 其实哪里仅仅这么几条,仔细琢磨,《孙子兵法》中到处都是这般出人意料充满心机深不可测的谋略。

《韩非子》将之总结为:"战阵之间,不厌诡诈。"③岳飞将之总结为:"机关不露云垂地。"《三国演义》中,"用诸葛亮之口,借识破周瑜将计就计利用曹操派蔡和与蔡中诈降的计谋,创造了'兵不厌诈'的成语"。④ 明清时人,又将之发展为奸诈至极的所谓"三十六计"。到蒋介石那里,还有所谓的"三分军事,七分

---

① 许宝林编:《中国兵书知见录》,北京:解放军出版社,1988年,第3页。
② 《十一家注孙子》卷中"九变篇",北京:中华书局,1962年,第141~143页。
③ 梁启雄:《韩子浅解》第三十六篇"难一",北京:中华书局,1960年,第346页。
④ 马骏:《马骏说孙子兵法》,北京:中华书局,2008年,第6页。

政治"。

马骏以为:"我读孙子兵法的第一个强烈印象是:这是一个农民军事理论家,写给农耕民族军队的书。农耕民族是以农为本的人类集团,农业是其生产基础,农业的生产方式决定了人们必须春播秋收,锄禾日中,汗洒沃土。只要风调雨顺,适时耕作,不误农时,就可有稳定的收获,衣食有余。因此,农耕民族追求稳定的生活方式的意识很强。而要进行适时农耕,就必须有安定和平的环境,不能有动乱,否则就无法适时农耕,农耕经济秩序就会失控。因此在对待战争的问题上,农耕民族充满了矛盾,既需要又厌恶。"①需要,是因为北方民族的侵略战争必须以战争来抵御;厌恶,是因为战争造成的动乱扰乱了生活的自然节律。这就带来了兵法的两个特点:第一是"慎战","不战而屈人之兵"是最高境界;第二是"实用",不择手段,以赢取战争的胜利。

马骏说:"孙子一点都不虚伪。为了实现自己现实主义的战争观,他直言不讳地说:我用兵,主张用诡诈的办法,而且只有依靠诡计多变才能取得作战的胜利。这就是:'兵者,诡道也。'在你死我活的战争中,要想打赢,就得想方设法地骗对方,不让对方知道自己的真实意图。骗得对方越厉害,取胜的把握就越大。战争又不像打球,还要什么裁判来判定你用的招合不合法。逼急了,凡是能用的招,只要有用,都行!有的武器装备发烧友问我:'马教授,什么样的撒杀锏最厉害?'我回答说:'去学学孙子的'诡道',吃透了'诡道',你就会知道:最厉害的武器是敌人想不到的武器!'"战争中唯一的规则就是没有规则!"②

马骏总结得好,只要能赢,不择手段,无所不用,无所不用其极。不讲公平公正,没有裁判规则,因为战争不是体育竞技。

孙武的后世子孙孙膑深得祖宗真传。《史记·孙膑列传》载:

> 忌数与齐诸公子驰逐重射,孙子见其马足不甚相远,马有上中下辈。于是孙子谓田忌曰:君弟重射,臣能令君胜。田忌信然之,与王及诸公子逐射千金。及临质,孙子曰:今以君之下驷与上驷,取君上驷与彼中驷,取君中驷与彼下驷马。既驰,三辈毕,而田忌一不胜而再胜,卒

---

① 马骏:《马骏说孙子兵法》,北京:中华书局,2008年,第2、3页。
② 马骏:《马骏说孙子兵法》,北京:中华书局,2008年,第5、6页。

得王千金。于是忌进孙子于威王。威王问兵法,遂以为师。①

田忌赛马总输,孙膑出了这么一个下驷对上驷,上驷对中驷,中驷对下驷的计策,结果田忌果然大胜。但或许我们从来也没有去深想过:赛马是竞技运动,既然是竞技运动,那就应当是上驷对上驷,中驷对中驷,下驷对下驷,实行同等条件竞技。区分不同条件的人群,犹如区分老年组、成年组、青年组、少年组;区分男子组、女子组;区分普通人、残疾人;区分不同的重量等级:重量级、中量级、轻量级;等等,方才合于竞技运动的原则。几千年里我们一直津津乐道于这个故事,却忘记或不知,这不是竞技运动,而是兵法谋略。孙膑也因此被田忌推荐给齐王,桂陵之战、马陵之战,大败魏军,逼死庞涓,名传千古。

"螳螂捕蝉,黄雀在后",是又一个著名的故事和成语。《说苑》所载为:

吴王欲伐荆,告其左右曰:"敢有谏者死。"舍人有少孺子者,欲谏不敢,则怀操弹于后园,露沾其衣,如是者三旦。吴王曰:"子来何苦沾衣如此?"对曰:"园中有树,其上有蝉,蝉高居悲鸣饮露,不知螳螂在其后也;螳螂委身曲附欲取蝉,而不知黄雀在其旁也;黄雀延颈欲啄螳螂,而不知弹丸在其下也。此三者皆务欲得其前利,而不顾其后之有患也。"吴王曰:"善哉!"乃罢其兵。②

这个故事比上一个故事还要深刻,但它依然不是公平竞争、诚实游戏式的思维。一个小孩子,一个玩弹弓游戏的人,却是如此想问题,发人深思。

但春秋之前的古中国,打仗却似乎是不用诈的。《左传》载有宋襄公泓水之战的故事:

宋公及楚人战于泓,宋人既成列,楚人未既济。司马曰:"彼众我寡,及其未既济也,请击之。"公曰:"不可。"既济而未成列,又以告。公曰:"未可。"既陈而后击之,宋师败绩。公伤股,门官歼焉。国人皆咎

---

① 司马迁:《史记·孙子吴起列传第五》,北京:中华书局,1975年,第2162、2163页。
② 刘向:《说苑》卷九"正谏",见《四库全书》文渊阁本"子部一·儒家类"。

公,公曰:"君子不重伤,不禽二毛。古之为军也,不以阻隘也。寡人虽亡国之余,不鼓不成列。"①

宋襄公被人骂作"蠢猪似的仁义道德",但《左传》《国语》,乃至《史记》里这样的事迹多得是,诸如互相射箭是规定好你一箭我一箭,一方献上麋鹿则另一方罢战而去,遇上对方的国君要下车徒步以示致敬,等等,似乎又不可视为个案。

如《韩非子》又载有:

晋文公将与楚人战,召舅犯问之,曰:"吾将与楚人战,彼众我寡,为之奈何?"舅犯曰:"臣闻之,繁礼君子,不厌忠信;战阵之间,不厌诈伪。君其诈之而已矣。文公辞舅犯,因召雍季而问之曰:'我将与楚人战,彼众我寡,为之奈何?'雍季对曰:'焚林而田,偷取多兽,后必无兽;以诈遇民,偷取一时,后必无复。'文公曰:'善'。辞雍季,以舅犯之谋与楚人战,以败之。归而行爵,先雍季而后舅犯。群臣曰:'城濮之事,舅犯谋也。夫用其言而后其身,可乎?'文公曰:'此非君所知也。夫舅犯言,一时之权也;雍季言,万世之利也。'仲尼闻之曰:'文公之霸也宜哉!既知一时之权,又知万世之利。'"或曰:雍季之对,不当文公之问。凡对问者有因,因小大缓急而对也。所问高大,而对以卑狭,则明主弗受也。今文公问以少遇众,而对曰后必无复,此非所以应也。且文公不知一时之权,又不知万世之利。战而胜,则国安而身定,兵强而威立,虽有后复,莫大于此,万世之利,奚患不至。战而不胜,则国亡兵弱,身死名息,拔拂今日之死不及,安暇待万世之利?待万世之利,在今日之胜;今日之胜,在诈于敌,诈敌,万世之利而已。故曰:雍季之对不当文公之问。且文公又不知舅犯之言,舅犯所谓不厌诈伪者,不谓诈其民,谓诈其敌也。敌者,所伐之国也,后虽无复,何伤哉?文公之所以先雍季者,以其功耶?则所以胜楚破军者,舅犯之谋也;以其善言耶?则雍季乃道其后之无复也,此未有善言也。舅犯则以兼之矣。舅犯曰:繁礼君子不厌忠信者,忠所以爱其下也,信所以不欺其民也,夫既以爱而不欺矣,言孰善于

---

① 杨伯峻编著:《春秋左传注》"僖公二十二年",北京:中华书局,1981年,第397、398页。

此？然必曰出于诈伪者，军旅之计也。舅犯前有善言，后有战胜，故舅犯有二功，而后论雍季无一焉而先赏。"文公之霸也，不亦宜乎"，仲尼不知善赏也。①

由这段记载，我们可以看出春秋战国时期由贵族社会向集权社会过渡时的矛盾：旧的原则已经动摇但尚在，新的原则已经产生但尚不稳固。所以才会有打仗时舅犯主张用诈，雍季反对用诈；晋文公用诈打了胜仗，但却要先赏赐反对用诈的雍季；孔子表扬了晋文公，却遭到了韩非子的批评。

韩非子不同意孔子的观点，但他说的那一通话，似乎还是就事论事，远远没说明白，因为毕竟时间相隔还不够远。到了汉代的《淮南子》，议论就很透彻了："古之伐国，不杀黄口，不获二毛。于古为义，于今为笑。古之所以为荣者，今之所以为辱也。古之所以为治者，今之所以为乱也。"②时移世易，今非昔比了。

《司马法》虽成书于战国，但却是西周时有关军礼、军法的汇集，从中可以看出，商周贵族那种讲究礼节信义，游戏或竞技般的打仗，的确曾经存在。

《司马法·仁本第一》有：

> 杀人安人，杀之可也。攻其国，爱其民，攻之可也。以战止战，虽战可也。故仁见亲，义见说，智见恃，勇见方，信见信。内得爱焉，所以守也；外得威焉，所以战也。战道：不违时，不历民病，所以爱吾民也；不加丧，不因凶，所以爱夫其民也；冬夏不兴师，所以兼爱其民也。
>
> ……
>
> 古者，逐奔不过百步，纵绥不过三舍，是以明其礼也。不穷不能，而哀怜伤病，是以明其仁也；成列而鼓，是以明其信也；争义不争利，是以明其义气也；又能舍服，是以明其勇也；知终知始，是以明其智也。③

《司马法》说"杀人"是为了"安人"，说"攻其国"是为"爱其民"，不仅"爱吾民"也要"爱夫其民"，追逐"不过百步"，前进后退"不过三舍"。宋襄公和《司马法》这

---

① 梁启雄：《韩子浅解》第三十六篇"难一"，北京：中华书局，1960年，第346~348页。
② 刘文典：《淮南鸿烈集解》卷十三"泛论训"，北京：中华书局，1989年，第431页。
③ 《武经七书》，北京：中华书局，2007年，第139~141页。

样讲究打仗的礼节,后世哪里还有?完全没有也不是,楚汉战争,韩信率军长途攻击赵军,成安君率赵军应战,有人建议派轻骑绝韩信粮道,但"成安君,儒者也,常称义兵不用诈谋奇计",拒绝了这个建议,结果大败。①

比较一下《司马法》和《孙子兵法》,可以发现巨大的差异。如战争根据或意义:《司马法》是"诛讨不义""会天子正刑";《孙子》是"伐大国,战胜强立"。战争结果处理:《司马法》是"又能舍服""既诛有罪,王及诸侯修正其国,举贤立明,正复厥职";《孙子》是"拔其城,堕其国"。作战要求:《司马法》是"军礼以舒为主",力求"徒不趋,车不驰";《孙子》是"兵之情主速,乘人不及,由不虞之道,攻其所不戒也"。后勤保障或战场纪律:《司马法》是"入罪人之地,无暴神祇,无行田猎,无毁土功,无燔墙屋,无伐林木,无取六畜、禾黍、器械。见其老幼,奉归无伤;虽遇壮者,不校勿敌;敌若伤之,医药归之";《孙子》是"智将务食于敌。食敌一钟,当吾二十钟;萁秆一石,当吾二十石""取用于国,因粮于敌,故军食可足也""掠乡分众,廓地分利""人人之地深,背城邑多者,为重地,重地则掠""掠于饶野,三军足食",孙武已经是赤裸裸地鼓励抢劫了。所以班固说:"汤武受命,以师克乱而济百姓,动之以仁义,行之以礼让,《司马法》是其遗事也。自春秋至于战国,出奇设伏,变诈之兵并作。"②

所以雷海宗曾说:"春秋时代的战争由贵族包办,多少具有一些游戏的性质。我们看《左传》中每次战争都有各种的繁文缛节,杀戮并不甚多,战争并不以杀伤为事,也不以灭国为目的,只为维持国际势力的均衡。""大国互相之间并无吞并的野心,对小国也多只求服从,不求占领。吴国仍有春秋时代的精神,虽有灭越的机会仍然放过。"③钱穆则说:"外交上的文雅风流,更足表显出当时一般贵族文化上之修养与了解。即在战争中,犹能不失他们重人道、讲礼貌、守信让之素养,而有时则成为一种当时独有的幽默。道义礼信,在当时的地位,显见超出于富强攻取之上。"④黄仁宇则说:"春秋时的车战,是一种贵族式的战争,有时彼此都以竞技的方式看待,布阵有一定的程序,交战也有公认的原则,也就是仍不离

---

① 司马迁:《史记》卷九十二"淮阴侯列传第三十二",北京:中华书局,1959年,第2615页。
② 班固:《汉书》卷三十"艺文志第十",北京:中华书局,1962年,第1762页。
③ 雷海宗:《中国文化与中国的兵》,长沙:岳麓书社,2010年,第13页。
④ 钱穆:《国史大纲》,北京:商务印书馆,1996年,第71页。

开'礼'的约束。'不为已甚'是当时的一般趋势。"①

钱穆还说:"《左传》对于当时各国的国内政治,虽记载较少,而各国贵族阶级之私生活之记载,则流传甚富。他们识解之渊博,人格之完备,嘉言懿行,可资后代敬慕者,到处可见。春秋时代,实可说是中国古代贵族文化已发展到一种极优美、极高尚、极细腻雅致的时代。"钱穆还以为:战国所谓的诸子百家,"所谓中国的黄金时代者,其大体还是沿袭春秋时代贵族阶级之一分旧生计。精神命脉,一气相通。"②但笔者以为,真正继承了周代贵族精神传统的,是儒家。唐代以后,中国的阶级贵族是彻底没有了,但代之而起的是文化贵族,他们政治上形成为文官集团,思想上形成为孔孟道统,社会上形成为乡绅阶层,最大限度地作为专制集权制度的制约,并作为社会道德精神的楷模。世世代代读书人的种子,是民族的坚韧脊梁,传承着不绝的民族文化血脉。

看看"智"在各自信仰范畴的位置吧。

《司马法·仁本第一》中"六德"的顺序是:礼、仁、信、义、勇、智。③

《孙子·计篇》:"将者,智、信、仁、勇、严也。"④

《史记·太史公自序》:"非信、廉、仁、勇,不能传兵论剑。"⑤

儒家五常:仁、义、礼、智、信。

《司马法》中,"智"排在最后一位;在《孙子》中,"智"赫然列在第一;但儒家五常中,"智"只排在倒数第二位;而在《史记》中,根本就没有列"智"的位置。

战国伊始,杀伐大作,孙武声誉日隆。但几乎同时,儒家对孙武开始不以为然。以下几段论述颇具代表性。

荀子云:

> 临武君曰:不然,兵之所贵者执利也,所行者变诈也。善用兵者,感忽悠暗,莫知其所从出,孙、吴用之,无敌于天下,岂必待附民哉?孙卿子曰:不然,臣之所道,仁人之兵,王者之志也。君之所贵,权谋势利也。

---

① 黄仁宇:《赫逊河畔谈中国历史》,北京:生活·读书·新知三联书店,1992年,第3页。
② 钱穆:《国史大纲》,北京:商务印书馆,1996年,第71、72页。
③ 《武经七书》,北京:中华书局,2007年,第141页。
④ 《十一家注孙子》卷上"计篇",北京:中华书局,1962年,第7页。
⑤ 司马迁:《史记·太史公自序》,北京:中华书局,1959年,第3313页。

所行攻夺变诈者,诸侯之事也。仁人之兵,不可诈也。彼可诈者,怠慢者也,路亶者也,君臣上下之间涣然有离德也。故以桀诈桀,犹巧拙有幸焉。以桀诈尧,譬之若以卵投石,以指挠沸,若赴水火,入焉焦没耳。①

欧阳修云:

独吾友圣俞不然,尝评武之书曰:"此战国相倾之说也,三代王者之师,司马九伐之法,武不及也。"②

高似孙云:

周衰,制堕法荡,政不克纲,强弱相凌,一趋于武。侈兵图霸,干戈相寻,甚可畏也。其间谋帅行师,命意立制,犹知笃礼信,尚训齐,庶几三代仁义之万一焉耳,殊未至于毒也。兵流于毒,始于孙武乎。武称雄于言兵,往往舍正而凿奇,背义而依诈,凡其言议,反复奇变无常,智术相高,气驱力奋,故诗书所述,韬匮所传,至此皆索然无余泽矣。③

方孝孺云:

战,非圣人之得已也。圣人之所谓战者,不城而人莫敢踰,不池而人莫敢近,无戈矛剑戟弓矢之器,而奸谋邪虑消沮于万里之外,是之谓道德之师。其次导之以礼乐,申之以政令,诛暴而伐罪,救民而不求利,不战而服人,不杀一卒而胜国,是之谓仁义之师。下此,则以材相用,以诈相欺而已矣。若孙武子者,亦其一也。④

---

① 章诗同注:《荀子简注》十五"议兵",上海:上海人民出版社,1974年,第149页。
② 欧阳修:《欧阳文忠公集》卷第四十二"孙子后序",中国古籍库四部丛刊景元本。
③ 高似孙:《子略》卷三"孙子",见《四库全书》文渊阁本"史部十四·目录类一·经籍之属"。
④ 方孝孺:《逊志斋集》卷之四"读孙子",见《四库全书》文渊阁本"集部六·别集类"。

周琦云：

　　尝读孙子十三篇，其词厉，其意奇，其谋变诈而不常，其法多不正出，非仁义之师也。若黄石公书，则先仁义，而后杀伐，其与孙子权谋有余而仁义不足者异矣。孙子十三篇，比黄石公、素书，尚不及耳。郑原以侧易论语之后，则原之不谙道也可知矣。①

纪昀云：

　　武书为百代谈兵之祖，其说多舍正而取奇，背义而依诈，三代礼信之遗，至此遂荡然而一变。②

文人们由政治道义的角度批评孙武用诈，这还可以理解，但文人们不仅于此，还从军事角度，表示了对孙武的不以为然。

苏洵曾云：

　　孙武十三篇，兵家举以为师。然以吾评之，其言兵之雄乎？今其书，论奇权密机，出入神鬼，自古以兵著书者罕所及。以是而揣其为人，必谓有应敌无穷之才，不知武用兵，乃不能必克，与书所言远甚。吴王阖庐之入郢也，武为将军，及秦楚交败其兵。越王入践其国，外祸内患，一旦迭发，吴王奔走，自救不暇，武殊无一谋以弭斯乱。

　　若按武之书，以责武之失，凡有三焉。《九地》曰："威加于敌，则交不得合。"而武使秦得听包胥之言，出兵救楚，无忌吴之心，斯不威之甚，其失一也。《作战》曰："久暴师，以钝兵挫锐，屈力殚货，则诸侯乘其弊而起。"且武以九年冬伐楚，至十年秋始还，可谓久暴矣，越人能无乘间入国乎？其失二也。又曰："杀敌者，怒也。"今武纵子胥、伯嚭鞭平王尸，复一夫之私念，以激怒敌，此司马戍、子西、子期所以必死雠吴也。

---

① 周琦：《东溪日谈录》卷十二"孙子十三篇"，见《四库全书》文渊阁本"子部一·儒家类"。
② 《四库全书总目》卷九十九"子部·兵家类·孙子一卷条"，北京：中华书局，1965年，第836页。

勾践不颊旧冢而吴服,田单谲燕掘墓而齐奋,知谋与武远矣,武不达此,其失三也。然始吴能以入郢,乃因胥、嚭、唐蔡之怒,及乘楚瓦之不仁,武之功盖亦鲜耳夫。以武自为书,尚不能自用,以取败北,况区区祖其故智余论者而能将乎?且吴起与武,一体之人也,皆著书言兵,世称之曰孙吴,然而吴起之言兵也轻,法制草略,无所统纪,不若武之书词约而意尽,天下之兵说皆归其中。然吴起始用于鲁,破齐;及入魏,又能制秦兵;入楚,楚复霸。而武之所为反如,是书之不足信也,固矣。①

高似孙则云:

先儒曰:无以学术杀天下,后世是犹言学者也。吴越交兵,胜负未决,武居其间,岂无所以为强吴胜越者?二十年间,阖庐既以战死,夫差旋丧其国。方是时,武之术不行于他国,特见信于吴,而武之言兵,亦知为吴计而已。成败兴亡,易如反掌,固无待于杀天下,后世兵其可以智用与?②

纪昀则云:

叶适以其人不见载于《左传》,疑其书乃春秋末战国初山林处士之所为,其言诚为太过。然所云"破楚入郢,北威齐、晋",亦多夸张失实之辞。③

纪昀又云:戚继光的《纪效新书》,"可谓深明形势,不为韬略之陈言"。④
苏洵先列举了孙武的三个用兵公式,以说明他的理论不可靠。继而指出孙武并无什么实际的军功,甚至无法挽救强大的吴国,并嘲笑"是书之不足信也";

---

① 苏洵:《嘉佑集》卷第三"孙武",中国古籍库四部丛刊景宋钞本。
② 高似孙:《子略》卷三"孙子",见《四库全书》文渊阁本"子部十四·目录类一·经籍之属"。
③ 《四库全书总目》卷九十九"子部·兵家类·孙子一卷条",北京:中华书局,1965年,第836页。
④ 《四库全书总目》卷九十九"子部·兵家类存目·纪效新书十八卷条",北京:中华书局,1965年,第840页。

高似孙和苏洵看法差不多,认为孙武连吴国都救不了,讥讽其"后世兵其可以智用与?"纪昀高度评价戚继光,说"韬略"当然是指《孙子兵法》,但直斥其为"陈言"——陈词滥调,轻蔑可知。

克劳塞维茨《战争论》专有《诡诈》一章,全然否定了诡诈在军事上的意义,但他也承认:"战略支配的兵力越少,就越需要使用诡计。当兵力很弱,任何谨慎和智慧都无济于事,一切办法似乎都无能为力的时候,诡诈就成为最后的手段了。人们越是在绝望的处境中,就越想孤注一掷,而诡诈也就越能助长他们的胆量。在丢掉一切其他打算,不再考虑一切后果的情况下,胆量和诡计可以相互促进,并使希望的微光集中于一点,成为一道也许还可能引起火焰的光芒。"① 克劳塞维茨肯定了使用诡诈是弱小的一方的不得已。

和拥有强悍骑兵的草原游牧民族相比,农耕民族军事上肯定是弱势民族。因此农耕民族的兵法,肯定也就是弱势兵法。弱势兵法的特点,肯定就是强调谋略和诡诈。

但也不是没有例外。

汉武帝时的大将霍去病,即对《孙子兵法》不以为然,《史记》说:"骠骑将军为人少言不泄,有气敢任。天子尝欲教之孙吴兵法,对曰:顾方略何如耳,不至于学古兵法。"② 但究其原因,除了大汉王朝对匈奴当时处于压倒性的军事强势地位外,也与霍去病少年得志,身为贵胄,"有气敢任""不恤士卒"的个人性格有关。

还有就是名将戚继光,看看他的话:

> 微权重焉,不能传也。当于经籍中采其精华,师以意而不泥。实事造其知识,衡于已而通变。推而进之,于真武直取上乘,则率性之谓道。格物而知至,知至而意诚,意诚而心正。孔子云:"我战则克"是已。勿谓行伍愚卒,不可感通,恃无本之小勇,幸狙诈之一中也。③

> 孙武子兵法,文义兼美,虽圣贤用兵,无过于此。非不善也,而终不列之儒。设使圣贤,其人用孙武之法,武经即圣贤之作用矣。苟读六

---

① [德]克劳塞维茨著;中国人民解放军军事科学院译:《战争论》第三篇第十一章"诡诈",北京:解放军出版社,1965年,第207页。
② 《史记·卫将军骠骑列传》,北京:中华书局,1959年,第2939页。
③ 戚继光:《纪效新书》十八卷本"总叙",北京:中华书局,2001年,第39页。

经,诵服圣贤,而行则狙诈,六经即孙武矣。顾在用之者其人何如耳。故因变用智,在君子则谓之行权,在小人则谓之行术。均一智也,而君子小人所以分者,何也?盖由立心不正,则发之自异耳。①

戚继光是名将,武艺高强,且文词优美,当然也熟读孔孟之书。他更崇尚的是"圣贤"和"六经",是儒家倡导的"正""诚""勇"等,表面上也尊崇孙子,实际上极其鄙薄"狙诈"。

戚继光在他的《纪效新书》自叙中讲述了他为什么要写这本书:

> 数年间,予承乏浙东,乃知孙武之法,纲领精微莫加矣,第于下手详细节目,则无一及焉。犹禅家所谓上乘之教也,下学者何由以措?于是乃集所练士卒条目,自选畎亩民丁,以致号令、战法、行营、武艺、守哨、水战——择其实用有效者,分别教练先后次第之,各为一卷,以诲诸三军俾习焉。顾苦于缮写之难也,爰授梓人,客为题曰"纪效新书",夫曰"纪效",所以明非口耳空言;曰"新书",所以明其出于法而不泥于法,合时措之宜也。②

表面上戚继光还是恭维了一下孙武,但反过来看,"口耳空言""泥于法",不"合时措之宜",是说的谁呢?重实力、重财力、重训练、重装备、重勇力,戚继光的兵书在这一点上倒颇似西方兵法。

到《练兵实纪》中,戚继光就明明白白表示了对孙武的大不以为然:

> 视死为易,视令为尊。如此,必收万人一心之效,必为堂堂无敌之师,百战百胜。用之塞上,则外摧强敌;用之域中,则内清叛乱。万里无危,万战无失,岂直日百里趋利已哉。将见天下莫当此兵矣。③

---

① 戚继光:《止止堂集·愚愚稿上》,北京:中华书局,2001年,第262页。
② 戚继光:《纪效新书》十八卷本"自叙",北京:中华书局,2001年,第2页。
③ 戚继光:《练兵实纪》卷之九"练将第九",北京:中华书局,2001年,第191页。

《孙子》有云："是故卷甲而趋，日夜不处，倍道兼行，百里而争利，则擒三军将。"①毫无疑问，"岂直曰百里趋利已哉"，明确就是针对孙武说的"百里而趋利者蹶上将，五十里而趋利者军半至""百里而争利，则擒三军将"。戚继光对此大不以为然，孙子说"百里趋利"就危险，戚继光则说"万里无危"。作《练兵实纪》的戚继光，这时已由南方调任北方防范鞑靼，已然十万大军统帅。经历了长期抗倭战争的洗礼，早已成长为百战百胜的名将，并培育了一支装备精良、纪律严酷、武艺高超的无敌的戚家军，创造了往往杀敌成百上千自己只伤亡数十甚至无一伤亡的不可思议的伤亡比。史载：戚继光初到北边，见边兵军纪废弛，便请求调一支他的戚家军老部队到北边，"以倡勇敢"。"浙兵三千至，陈郊外。天大雨，自朝至日昃，植立不动。边军大骇，自是始知军令。"②堂堂之师，无敌之师，百战百胜，万里无危，万战无失，戚继光当然该有这样的骄傲和自信。和岳家军一样，戚家军就是一座大山，守，它巍巍矗在那，谁能撼动？攻，如泰山压顶，什么不被粉碎？戚继光哪里需要玩什么"诡诈"？

当然话又说回来，霍去病、戚继光只是例外，农耕民族军队与游牧民族军队总体比较而言，总是处于弱势，因此也就总离不开弱势兵法。

中国古代重文轻武，除了武人，没有什么人那么关注兵书，《孙子兵法》也一样，它的大红大紫只是近现代以来的事情。

据李零研究：

1919 年胡适《中国哲学史大纲》，未收《孙子》。

1930 年冯友兰《中国哲学史》，未收《孙子》。

1936—1938 年，毛泽东研究《孙子兵法》。1936 年，他写信给叶剑英，让他派人到国统区买《孙子兵法》。自此他开始在文章中引用《孙子》的话。应该说，《孙子兵法》在近现代的引人注目，始于毛泽东对孙子的重视。

1939 年郭化若写过《孙子兵法之初步研究》，1944 年写过《白话译解孙子兵法》。

1949 年以后，遵循延安遗风，中国各大专院校的中国哲学史开始普遍讲授《孙子》。

---

① 《十一家注孙子》卷中"军争篇"，北京：中华书局，1962 年，第 108、109 页。
② 张廷玉等：《明史·戚继光传》，北京：中华书局，1974 年，第 5615 页。

1958年、1980年版冯友兰《中国哲学史新编》,都收了《孙子》。

1963年,任继愈《中国哲学史》,孙武孙膑专列一章。

1994年,李泽厚《中国古代思想史论》,"孙老韩"合列一章。①

李零认为,毛泽东重视《孙子》,主要是因为两个原因:一是强调《孙子》中的辩证法和唯物主义;二是不管是与国民党打还是与日本人打,共产党都是弱势。"毛泽东兵法强调非正规战。游击战和持久战,都是弱势兵法。弱势兵法更强调诡诈。"

法家讲"术",那就是阴谋诡计,历代封建统治者的宫廷尔虞我诈,没有不玩这个的,但从汉代董仲舒"独尊儒术"开始,儒家思想就处于正统和独大的地位,法家的"术",是上不得台面的。连老子也说是"以正治国,以奇用兵"。②《孙子》所言"诡诈",历史上也从未有人敢将其与政治明目张胆挂钩。相反,朱熹云:"至若范公之心,则其正大光明,固无宿愿。而惓惓之义,实在国家。"③传统中国,没有几个人注意《孙子兵法》的。

笔者还发现,2004年葛兆光《中国思想史》,没有提孙子。

回到正题,回到兵法。弱势民族,弱势集团,只好用弱势兵法,谋略至上。连脾气古怪的李贽评《水浒》时也说:"至于吴用,一味权谋,全身奸诈,佛性到此,澌灭殆尽。倘能置之帷幄之中,似亦可与陈平诸人对垒。屈指梁山,有如此者。"④李贽也讨厌奸诈权谋,但也承认这有用于军事。

贵族式样的打仗或打架,事实上在中国早就不存在了,但却在儒家的理想中存在,在文学家的小说和诗歌中存在。诗歌中存在的是文人对剑的崇尚,小说中存在的是行侠仗义的侠客,以及战阵前一对一捉对儿挑战厮杀的方式。

第八节　无规则竞智之二——中国武术

中国武术更是斗智的武术,所以武谚有"斗智不斗力""斗巧不斗勇"。武术

---

① 李零:《唯一的规则——孙子的斗争哲学》,北京:生活·读书·新知三联书店,2010年,第5、6页。
② 高亨:《老子注译》五十七章,郑州:河南人民出版社,1980年,第123页。
③ 朱熹:《朱文公文集》卷三十八"答周益公"。
④ 施耐庵、罗贯中:《水浒传》"附录",凌赓等校点,上海:上海古籍出版社,1988年,第1486页。

不是体育,不是竞技,而是杀人术。这种杀人术,不讲规则,无所不用,无所不用其极。

区分体重级别(也包括区分性别、老年、成年、青年、少年,普通人、残疾人组别等),是西方武技包括摔跤、举重等竞技运动项目的竞技特点;不区分体重级别(也包括不区分性别,老年、成年、青年、少年,普通人、残疾人组别等),是中国传统武术擂台比赛以及私下交手比武的竞技特点。

这二者的区别和存在,并不是偶然现象,其中必然蕴含着不同的重大的文化意义。

西方技击运动强调竞争条件、规则的平等,"费厄泼赖"和"诚实游戏"的原则是竞技运动的灵魂。竞技运动坚持公开、公平、公正地比赛,就要制定比赛的规则,双方的先天条件大致相同,所使用的手段也要相同。即我具有的,你也应当具有;我可以使用的,你也可以使用。因此,西方技击运动承认人身体条件的差异,承认差异即是强调强弱,并要区分这种差异和强弱,在区分开来的身体条件大致相当的人群中,使用相同的手段进行较量,决出胜利者。竞技运动的这一原则,笔者将之称为"同等条件竞技原则"或"平等竞技原则"。依照这一原则,西方技击运动必然地区分体重级别。

武术强调竞争机会、结果的平等。武术虽然承认身体条件的差异,但却认为差异只是不同,不承认差异就是强弱,或者说承认强弱但强弱可以改变,并且调动一切手段来消除强弱差异。你具有的,我不一定具有;但我使用的,你不一定会使用。身体条件差别很大的人,使用不同手段,也能进行较量。这样,矮小的、瘦弱的、力量小的人,往往也能成为胜利者。武术的这一原则,笔者将之称为"不同等条件竞技"或"谋略竞技原则"。依照这一原则,武术擂台竞技或私下比武必然地不区分体重级别。

区分与不区分体重级别,与古代中国人和西方人的政治等级观念、政治平等观念大相径庭有关。

中世纪西方社会结构的特点是阶级,但在中国古代社会,阶级的特征并不明显。古希腊罗马自由民、奴隶,中世纪贵族、平民、僧侣的社会等级划分严格,在中国古代并不存在。莎士比亚《威尼斯商人》中已破产的巴萨尼奥的贵族社会地位,并未因贫穷而动摇,在追贵族女子鲍西亚时他仍然骄傲地说:"好小姐,当我初次向您倾吐我的爱慕之情的时候,我坦白地告诉您,我的高贵的家世是我仅有的财产。"①在果戈理《死魂灵》中那个靠买奴隶名单来骗钱生活的贵族乞乞科夫,也并未因其贫穷而失去贵族的身份,依然出入上流社会。除了一些极其特殊的情况,一个人在出生之时,他的阶级就已经是确定了的。奴隶主和奴隶的身份、地位和权利都是与生俱来的、世袭的,他们的阶级所属,并不由他们的经济状况和担任的行政职务等来决定,而仅和"血液"——继承世袭有关。阶级,具有某种不可变易性。

中国战国时贵族制度基本瓦解,隋唐时彻底瓦解,当然,此后中国并非没有等级,科举出身的大大小小官吏,形成社会权力的阶梯,但这样的等级并不是固定不变的,你可以顺着阶梯往上走。中国人从来不服从不变的等级秩序,不服从弱者的固定的地位。《史记·陈涉世家》载陈涉在举事前说:"壮士不死即已,死即举大名耳。王侯将相,宁有种乎?""种"是什么?"种"就是血缘。《史记·高祖本纪》则载:汉高祖刘邦举事前曾在咸阳,"纵观秦皇帝,喟然太息曰:嗟乎,大丈夫当如此也"。《史记·项羽本纪》则载:秦始皇游玩会稽时,项羽与其叔父项梁一起观看,看到秦始皇的排场和奢华,项羽对其叔父说:"彼可取而代也。"陈涉是个农民,刘邦是个乡长,项羽是楚国旧贵族,三个身份完全不同的人,竟然说出了本质相同的话,发人深思。"朝为布衣,暮为卿相""皇帝轮流做,明年到我家",科举制度的确立,使社会各阶层人等都可以做"跳龙门"的梦,理论上都有通达皇帝之下的各级领导层的可能性,甚至皇帝也可以取而代之。所以《水浒传》里的李逵才成天在那里叫喊"杀去东京,夺了鸟位"。马克思、恩格斯早已注意到了东西方社会结构有这种差异,所以他们称古代中国是与希腊罗马古典社会迥然不同的"东方亚细亚型"社会。

不同的社会结构,必然形成各自不同的平等观,必然影响各自的体育和武技,也成为西方竞技体育、西方武技竞技区分体重级别,而中国缺乏传统竞技体育且中国武术竞技不区分体重级别的由来。西方人认为:人,生而不平等,区分为等级,但等级内平等,贵族集团形成对王权的极大制约,王权始终无法变为东方样式的专制皇权。中国人则认为:人生来是平等的,地位不平等,使用不同条件可以消除或减弱。中国的封建统治者往往是太自作多情了,中国的老百姓哪里有泰国人对泰王、日本人对天皇、英国人对女王那种发自内心的尊敬和热爱。

---

① [英]莎士比亚著;朱生豪译:《莎士比亚全集》第一卷,南京:译林出版社,1998年,第441页。

中国人对统治者更多的是怕,然而这种怕是有条件的,会发生变化的。古代中国实际人人心里觊觎大宝,和现代中国人人想当老板,实际上是一回事。

西方的古代等级制度被称为"固定等级制"。一般情况下,贵族永远是贵族,奴仆永远是奴仆。虽然等级内绝对平等,但等级间不平等。骑士只能与骑士交手,奴仆只能与奴仆交手,不同等级之间是不能进行决斗的。试想,你是奴仆,他是贵族,让你们提剑决斗,你敢砍他吗?这肯定不公平。所以,便当然地规定,贵族与奴仆不得相互决斗或竞技。这是社会的、政治的权利地位的平等要求。与之一致,区分体重级别,也是一种对外在的、客观的条件的平等要求。人生来就是不平等的,也就是说人在身体、智力等方面存在差异,因此,让奴隶跟贵族决斗,让小个子对阵大个子,是不公平的,因为他们的政治地位身体状况不平等。笔者认为:这既有阶级尊严的因素,也包含了对低等级和弱势人群的爱护。

任何一件事物或文化都有负面和正面。等级制度虽然保证了人们可以在实力差别不大的情况下竞争,却又使得竞争的结果仍然区分为等级。平等竞争却产生出不平等的结果。胜利的奴仆依然是奴仆,胜利的轻量级冠军依然是轻量级。贵族依然是奴仆的主人,职业拳击只有重量级拳王是真正的拳王,无论声誉、地位、实际经济收入,轻量级世界冠军都莫能望其项背。

科场擂台,同情同理。科场大门虽然理论上对所有人都敞开,但这仅是理论上的。穷苦孩子与富豪子弟生活环境不同,所受教育不同,实际上在科场竞争中已不处于同一条起跑线。不同体重的人较技,体重、身高、力量悬殊,小级别的人很难与大级别相抗衡。但中国人强调的是机会平等,穷孩子仍有金榜题名的时候;小个子至少能有与大个子相对抗的机会,仍有把大个子踢下擂台的可能。

西方竞技运动讲"费厄泼赖""诚实游戏"原则,因为它的前提是把身体条件不同的人区分开来了,身体条件相同,当然可以实行同等条件竞技。同时,也只有这样才公正。中国武术讲"谋略制胜""智取巧取",因为它把身体条件不同的人合在一起了,身体条件差的人,当然只有靠手段来弥补,于是只有实行不同等条件竞技。或者说:西方竞技运动肯定人先天条件的不平等,于是用同等条件竞技来造成一种平等;中国武术则认为人是平等的,于是用不同等条件竞技来肯定助成这种平等。

老子主张贵柔、守雌、尚阴、法水,他认为:"人之生也柔弱,其死也刚强。万物草木之生也柔弱,其死也枯槁。故坚强者死之徒,柔弱者生之徒。是以兵强则不胜,木强则兵,强大处下,柔弱处上。"①"天下莫柔弱于水,而攻坚强者莫之能胜。其无以易之。柔之胜刚,弱之胜强,天下莫不知,莫能行。"②老子反复强调:"柔弱胜刚强。"③然而老子说的柔弱,并不是我们今天通常意义上所指的柔弱,他说的柔弱只不过是指一种更内在、更含蓄、更沉着的事物状态。"反者,道之动;弱者,道之用",④是老子哲学思想中的著名命题。这句话的意思是:事物必然地总在向其反面转化。也可以这样说,实际上老子根本不承认有什么绝对的弱者、强者。一切都是相对的,"反者,道之动",一切都依某种条件而转移。可能暂时强大的一方却含有弱小因素,弱小的一方却有强大因素。事物最强大时,可能迅即走向反面;事物弱小时,却可能呈力量增长之势。一切都在变化,一切都在于创造变化的条件。老子贵柔、守雌、尚阴、法水的主张和强弱关系转换的法则,对武术影响很大,尤其对内家拳系影响极深。

李泽厚认为:"与《孙子兵法》中的'能而示之不能,用而示之不用'的兵家诡道一脉相承,《老子》大讲的'大成若缺''大盈若冲''大直若屈,大巧若拙,大辩若讷'等等。其中的'若'便也可释做'好像'。所以有人认为:'实质便不外一个装字''以为后世阴谋者法',后代各个层次的统治者、政治家,甚至普通人,都从这里学到了不少处事的学问:从'韬晦''装蒜'到'以退为进''以守为攻'等等。《老子》把军事斗争的对立项抽象化和普遍化了,但又未失去其具体的可应用性。而且,它在社会生活的实用性和适用范围是空前地被扩大了。"⑤这一扩大,就扩大到了武术。《孙子兵法》对中国武术影响极深。

《说岳全传》有一段讲到:比武场牛皋与杨再兴、罗延庆相争,岳飞前往劝阻,杨、罗二人却持械共逼岳飞。岳飞不欲与之相争,便使了一招,震得杨、罗二人兵器脱手。作者云此招为"败枪","没有解法的"。通常一般人理解的武术的绝招,也是没有办法对付的招数。武侠小说中最爱编造渲染这些特殊的无解的招数、武器之类。然而事实上,没有破法的招数,在武术中根本不存在,也不符合中国哲学阴阳对立、相互转化、没有绝对事物的精神。

---

① 高亨:《老子注译》七十六章,郑州:河南人民出版社,1980年,第157、158页。
② 高亨:《老子注译》七十八章,郑州:河南人民出版社,1980年,第161页。
③ 高亨:《老子注译》三十六章,郑州:河南人民出版社,1980年,第83页。
④ 高亨:《老子注译》四十一章,郑州:河南人民出版社,1980年,第94页。
⑤ 李泽厚:《中国古代思想史论》,合肥:安徽文艺出版社,1994年,第91、92页。

武术法则也不承认有什么绝对弱者。人与物皆有有利状态、不利状态,有利因素、不利因素。利用某些条件,即能改变处境。武术基本方法和基本思想即在于此,武术技术形态亦往往依此而建构。

小个子对付大个子,中国武术往往有其专门技术。比如八卦掌歌便云:"身高架大路上三,举手招封势所难。矮步沉身使就下,入我机关使法宽。"用最简单、最通俗的话说,那就是专攻他的下三路。格斗时,有一方可能处于下风,散桩倒地,要算处于非常不利的状况了,然而醉拳、狗拳等地躺功夫又应运而生。徒手对敌,而对方有器械,够倒霉了,但躲不开也不能不打,武术就有了"空手入白刃"。

同样,女性柔弱乏力,但女性莫非就不练武术了不成?女性遭遇强暴就只好束手待毙不成?回答同样是不!武术原则以为,女性亦有其特点,亦有其可资利用的长处。近年来在武林崭露头角的峨眉拳(原称"蛾眉拳"),便是一种专为女性创设的拳术。男性力量大,女性与之搏击硬接是很困难的,所以峨眉拳宗旨之一便是"不招不架"。《诗经·硕人》形容女子之美有"螓首蛾眉"句,说漂亮女人的眉毛有如蚕蛾的触角,细长而曲,从此,"蛾眉"几成女性代称。峨眉拳是适合女性练习的拳术,所以原以"蛾眉"名之。

中国武术实际上从来都为弱者战胜强者叫好:峨眉派的瘌子罗瘌三爷,自然门杜心武的师傅徐矮师,身材并不高大的李小龙,把擎天柱任原摔下擂台的燕青,老将军廉颇、黄忠、俞大猷,穆桂英、花木兰、梁红玉、扈三娘等一众巾帼,都是武艺高强为大家所钦佩的英雄。

中国武术也不讲究一定要拿上正式武器,披挂停当,摆堂堂之阵。于是就有了诸如龙虎凳、烟杆、鞭杆、伞拳、七星针棒、玉龙拂尘、飞钹、十八扁担、羊角拐、草镰、大钯、剪刀等生活工具类武术器械。是处可得,随手一物,操起便是得心应手的家伙。

但中国武术器械众多,主要原因还不在于中国人愿意使一切自然物体都成为自然武器。中国武术器械众多的主要原因,可由武谚"古人创器,必有一意"得解。古人创立一件武器,原来其真实意义都是为了"破"另一件武器。

拳对拳——拳击;

腿对腿——跆拳道、法国踢腿术;

跤对跤——古典式、自由式摔跤,竞技柔道;

剑对剑——击剑。

以上是西方竞技运动同等条件竞技的思路和原则,中国人不习惯,武术不这么办。

铁马之阵够厉害了,但何必也用铁马之阵去抵挡呢?硬碰硬的方法,在中国人看来太笨。更何况农耕民族要是没有铁马之阵呢?用绊马索、钩镰枪多好!

敌人躲在盾牌后,遮掩严实,手挥大刀,滚地而来。何必也用大刀盾牌去硬碰呢?用三节棍、梢子破他的盾牌。多聪明利落的方法!

枪乃诸器之王,棍乃艺中魁首。枪法、棍法变化多端,枪棍的威力从来为武林所重。古往今来,不知有多少武林豪杰在破枪破棍上殚精竭虑,伤透了脑筋。但破枪未必一定用枪,破棍未必一定用棍。双刀、虎头钩、鸳鸯圈、日月轮,是专门对付枪棍的器械,擒拿缠拉枪棍,它们用起来得心应手。

早先中国跤林曾把不同身体条件的人大致分为"同""天""贯""日"四种类型。"同"指胖而结实有力的人,"天"指身高体弱、动作较灵活的人,"贯"代表身材高大、发育匀称的人,"日"代表身材矮小、动作灵活者。然而中国跤林分此四类的目的,并不是要和竞技运动区分体重级别一样分类竞技,而只是要求不同身体条件的人分别掌握适合自己的技术,同台竞技,各显神通。中国跤术不承认绝对的强者,"高怕抱腰矮怕蹲",各有优势,各有不足,各自利用有利条件,调动一切手段,鹿死谁手,尚未可知。

猴拳讲抓、打、刁、拿、扬五法,"扬"是扬土。打仗打架,抓土扬人脸实在下作,可是只要能克敌制胜,武术就吸收进来。

《梦溪笔谈》记载了一个故事:

> 有人曾遇强寇斗,矛刃方接,寇先含水满口,忽噀其面,其人愕然,刃已揕胸。后有一壮士,复与寇遇,已先知噀水之事,寇复用之,水才出口,矛已洞颈。盖已陈刍狗,其机已泄,恃胜失备,反受其害。[①]

能用以致胜,就是武术;用得好,就是好武术。但空城计只能唱一次,你反复再用,用砸了,就是坏武术。

---

① 沈括:《梦溪笔谈》卷十三"权智",见《四库全书》文渊阁本"子部十·杂家类三·杂说之属"。

《玉堂闲话》有一个强盗费铁嘴故事：

> 他日铁嘴又劫村庄。才合夜,群盗至村。或排闼而入者,或四面坏壁而入。民家灯火尚荧煌。丈夫悉遁去,唯一妇人以勺挥釜汤泼之,一二十辈无措手,为害者皆狼狈而奔散。妇人但秉杓据釜,略无所损渡。旬月后,铁嘴部内数人,有面如疮癞者,费终身耻之。①

妇人靠着锅拿着勺泼开水打退强盗,也是武术？想想也不奇怪,这个妇人只能以这个方法自卫,为什么不用呢？能用以自卫,就是武术;用得好,就是好武术。这和板凳、剪刀之类,是一回事。所谓"峨眉刺",不就是女人挽发髻的簪子吗？

我们现在谈李小龙、截拳道,往往谈他博采世界其他武技之长比较多。实际上,李小龙是深谙传统文化和中国武术之精义的。有人曾问他:您是否可以简洁地概括截拳道的特点？李小龙说他想有一招最可以叫作"截拳道"的,那就是电影《精武门》中他与罗伯特·贝克搏击的其中那一下子。罗伯特·贝克用"交剪腿"夹住了他的头和手,使他动弹不得。而他最接近罗伯特·贝克腿的是口,于是就咬了罗伯特·贝克一口。这一口就使得他脱离了险境。李小龙可称得上是真正懂得武术,也真正实话实说。

不同等条件不仅包括不同的拳法、不同的器械、不同的方法技术,也包括突然地、隐蔽地、偷袭式地使用这些拳法、器械、方法技术。武术暗器之多,在武林使用之普遍,众所周知。什么隔空打人？无非是硼砂之类,与人交手前抓点在掌中,交手时在对手面前或怀中伸开手掌,一晃,不用打,对手就已睁不开眼睛。

饭局有朋友玩笑想贬低武术,对笔者说:练武术有什么用？在重庆朝天门,他曾看见有位东北大汉和一瘦小当地青年发生了冲突。大汉吼声如雷,说自己一身武功,千斤力士,你敢惹我？边说边抓起一块砖在头上拍得粉碎。正在砖粉碎的当儿,瘦小青年不知从哪里抽出一把刀子,不声不响一下扎送进了大汉肚

---

① 李昉:《太平广记》卷一百九十二"骁勇二",见《四库全书》文渊阁本"子部十二·小说家类二·异闻之属"。

子。听完故事,笔者想了想告诉这位朋友:他弄错了,其实真正懂武术的,恰巧是这位瘦小青年,而非东北大汉。或者说前者虽然不懂武术技术但深明武术原则,后者只懂武术技术但忽略了武术原则。武谚"一狠、二毒、三功夫",狠毒是排在功夫之前的。

不同等条件竞技的方法既是武林共识,那么实际上双方都在使用,扩展到极端,就是攻击手段无所不用其极。较力、较技、较功夫,往往成了较巧、较狠、较阴谋。武谚讲"斗智不斗力",武术的较量与其说是斗力,不如说是斗智。或者说斗智成分,大大超过了斗力成分。

武术目的实现并不像西方竞技运动那样,胜与负具有一种直接性。在中国人和中国武术看来,当场较艺,胜负立判,只是事情的一部分。虽然输了,但这是暂时的,整个事情远未完结。回家还可以发奋苦练,还可进深山再投名师。输赢只是暂时的,输赢还可以扭转。三年以后再见,不行就再三年。

阮纪正先生说:"(中国武术)问技较拳,也分化为两种方式:其中的'高手'比拳,就历来讲究'行家一伸手,就知有没有',强调点到为止、礼让为先、不战而胜、心服而已的方式。至于另外的一种'无赖'比拳,则是'你打你的、我打我的;你有你的一套打法,我也有我的一套打法;你发挥你的长处,我也发挥我的长处',双方完全可以不择手段地使用毒招、实行欺诈和施放暗器,直到打个鱼死网破、至死方休。就是到了临死的时候,也不妨咬上你一口。所以古时打擂首先考虑的问题,就并不是什么'订比赛规则',而是'立生死文书'。对于这样的人你可以消灭他,但却不能战胜他。用西方的观点看,这样的人是不容易赢的,即使能把对手打死,也会因犯规而失分。用中国的观点看,这样的人是不容易输的,即使你把他打死,他也会因心不服而不输。这情况跟西方体育的所谓'费厄泼赖'精神,显然是很不一样的。"①

西方竞技运动"订比赛规则";中国传统武术"立生死文书"。

从文化意义讲,这两种方法真是云泥霄壤。民国时期四川成都的打金章擂台赛,因为规则实在难订,曾有某届干脆规定"打死人法律责任自负"。至今四川峨眉派武林,私下比武较技,也多预约称"打死不报官"。从现代法律和现代思维讲,怎么可以"打死"?怎么可以"不报官"?但传统武术的传统思维即是如此。

---

① 阮纪正:《至武为文:中国传统武术文化论稿》,广州:广州出版社,2015年,第231页。

武术虽然有竞技成分,可部分作为竞技项目,但武术整体却无论如何不是一种竞技运动。你身高力大,打不过我就撩阴,怎么比赛呢?长枪对日月轮,空手夺白刃,又算什么运动呢?徒手打不过就操家伙;器械打不过就放暗器;今天输了三年以后再来;自己没打赢,可以搬师傅教徒弟;打死了也不打紧,再过十八年又是一条好汉;老子死了还有儿子,儿子死了还有孙子,子子孙孙没有穷尽。这不符合竞技运动的平等、公正、诚实原则,但却符合武术方法和武术原则。请理解,这是中国人的弱者的生存方式。

不同等条件竞技的武术方法,是弱者不弱、转弱为强的唯一方法。所以说,武谚讲"斗智不斗力",中国武术的较量与其说是斗力,不如说是斗智。或者说斗智的成分,大大超过了斗力的成分。

奥林匹克竞技运动中,兴奋剂被严格禁止使用,恐怕许多人都认为这是出于对运动员健康与安全的考虑。事实上,这并不是禁止使用兴奋剂的主要原因。迄今为止,没有任何人证明竞技运动对人的身体有益,有人统计,世界著名运动员的平均寿命,只有五十多岁。竞技运动的目标,是"更快、更高、更强",是挖掘人体潜能,是确定力量的强者,是人类能力的超越,而不是什么健康。这是在竞技运动作为性选择原始阶段就被规定了的。兴奋剂被禁止使用,主要在于它违背了公平公正竞技的原则。现代奥运会仍然坚持这样的原则,严禁兴奋剂的使用,除保护运动员身体健康和生命安全的考虑外,更重要的,正是不允许玷污竞技运动平等公正这一源自性选择的永久不移的原则灵魂。

然而,可以想象,兴奋剂如出现在传统武术中,便不会是如此命运,因为它不仅没有违反而且恰恰符合不同等条件竞技的武术方法原则。事实上,在武术药功,特别是诸如"大力丸"之类药方中,很可能便有兴奋剂的成分。

由此又联想到,东西方关于"游戏"一词的含义,迥然不同。

在西方人看来,游戏是一件认真严肃的事,游戏要公开、公平、公正,这就要有规则。什么可以,什么不可以,可以的都可以,不可以的都不可以。竞争被鼓励被提倡,但竞争必须在平等基础上进行。诚实游戏原则,是竞技运动的灵魂。而平等又是民主与法制的基础,所以说,诚实游戏原则与西方文化的基本原则、基本精神,是完全一致和一体的。

在中国人看来,游戏却是另外的意思。要么认为,游戏的意义只是玩玩,游戏三昧,游戏人生,那意思就和玩世不恭差不多。游戏既是玩,就不必太认真严肃。要么认为,既是游戏,就不必有什么规则。无规则是中国人游戏的原则或一大特点。《孙子兵法》《老子》《三十六计》,产生在中国并非偶然。它们也不仅仅是兵法或哲学,它们提出的方法,被中国人既用于军事,也用于政治、武术、商战,事实上是一切需要分出输赢成败的攻击性文化形态的通则。这些方法复杂繁多,但概括起来又很简单,那就是无须规则。只要你能想到,只要能赢,无所不用,无所不用其极。所以这些论著又被人称为"阴谋书",这些原则又被人称为"谋略文化"。《孙子兵法》被视为兵学圣典,诸葛亮人人崇敬,二十四史充满了让人心惊肉跳的宫廷尔虞我诈,华商今天打遍天下无敌手,中国人将这一套玩到了极致。我们民族有传统体育,但没有讲规则的思维和习惯,于是基本没有传统竞技运动。慈禧与太监下棋说我杀你全家,这能叫竞技运动吗?中国武术,打不过就二龙戏珠(插眼)、仙猴摘桃(掏裆),这能叫竞技运动吗?

强者的原则:区分等级、级别,制定规则,尽量公正公平,同等条件竞争;弱者的原则:利用各种手段,不择手段,改变弱者态势,改变竞争结局。谋略军事、谋略政治、谋略经商、谋略武术,孙子兵法、老子思想、诡诈原则、武术斗智,都有出现和存在的深刻原因。

不管是群体对群体,还是个体对个体,强者和弱者的原则和方法都有其存在和得到尊重的理由,求得妥协、平衡与和谐,人类还有很长的路要走。

下编 关于武术史上若干重要问题的考证

第一章 "剑器"考

荣格给象征所下的定义是：如果对某个事物、某个词语或某幅画看一眼，就能从中领会更多的东西，那么它就是象征。

世界各民族文化中，有着许多共同的或独有的象征。

在西方，玫瑰象征着爱情，百合象征着坚定，橄榄枝象征着和平；至于蜜蜂，则是世界许多民族关于勤劳的共同象征；鲜花则常被用来象征美丽的姑娘。中华民族是一个极富于联想的民族，中国人的语言，甚至常被人称为"象征语言"。中国文化中的象征数量之多，寓意之丰富，恐怕没有任何一个民族能与之相比肩。牡丹象征富贵，鸳鸯象征情侣，梅、兰、竹、菊象征高洁，鹤、龟、鹿、松、石象征长寿……所以有人说："汉语及其书面表达形式，在中国长期历史文化发展中，形成了一种特殊光彩。它于表层意思之外，还在深层隐含着更丰富的意味。许多词语既表示这种意思，又隐藏着另一些意义。因而运用起来便十分灵活，使人有奥妙无穷之感。""中国人的象征语言，以一种语言的第二种形式，贯穿于中国人的信息交流之中，由于它是第二层的交流，所以比一般语言有更深入的效果，表达意义的细微差别以及隐含的东西更加丰富。"①

武术所用的剑，在中国文化中也是一个象征，一个引人注目的重要象征。

剑是一种短兵器，在我国远古便已出现。史籍记载，最早的剑，可推到黄帝时，但这是传说。唐豪说他曾在开封古董商人手里，买到过一把磨制石剑，他判定"其为新石器时代末期或石铜并用时代之殉葬品"。他认为："石剑之实用者，木质嵌以石刃，否则薄长易折，只为仪饰或指挥所用，洎夫后世，质易以铜，始为

---

① [美]W·爱伯哈德著；陈建宪译：《中国文化象征词典》，长沙：湖南文艺出版社，1990年，第1、2页。

利器。"① 根据目前所能见到的考古资料,我国最早的青铜剑,出土于长安张家坡和北京琉璃河的西周墓中。但这时的剑太短,在战场上使用威力还不会太大。剑在中国古代的大发展,是在春秋时期。青铜剑的制作技术,战国时已炉火纯青。而这时出现的铁剑,又逐渐开始取代青铜剑的地位。

剑虽然出现很早,但剑作为战士主要作战武器的时间并不长。由于剑为直身,不适用于砍杀,骑兵出现以后,便为大刀所取代。从西汉开始,剑逐渐退出军事和战争的舞台。剑退出军事舞台后,贵族日常佩剑和习练剑术的传统还在,所以到唐代,剑术仍然相当发达。但随着科举制的出现,贵族阶级彻底消失,剑术失去了承载体。明代时,剑和剑术在实用领域已经相当衰微。茅元仪《武备志》竟说:"古之剑,可施于战斗,故唐太宗有剑士千人。今其法不传,断简残编中,有诀歌,不详其说。"② "古之言兵者,必言剑,今不用于阵,已失其传也。"③ 但剑并未从历史上消失,这是因为剑在退出军事和战争舞台后又寻找到新的栖所。至今剑仍被人们誉为"神兵""神器""短兵之王""诸器之帅""百兵之君",《浑元剑法》更称其为"万兵之祖"。这就绝非简单的技术原因所能解释,剑的实战威力实战意义,并未大到足以使之荣耀至此。

记得小时候,剑是被孩子们称为"宝剑"的。现在孩子们依然把剑叫作宝剑。其实,很多中国人都习惯把剑叫作宝剑。宝剑之称,寓意何在呢?

武术史不是兵器史,谈武术文化更非纯刀枪剑戟的考证描述,本章说剑,是基于笔者注意到这么一个现象:中国武术中剑的地位之所以远在百兵之上,是因为除了防身、健身作用之外,它早已被赋予了神圣的意义,超越纯粹的兵器,升华为种种文化范畴的不同象征。这就是剑不仅未消失而且日渐荣耀的主要原因。

第一节　剑为中国古代帝王权力象征

万物有灵,即各种自然物都具有灵性,是原始思维的主要特征之一。提出这

---

① 唐豪:《中国武艺图籍考》,太原:山西科学技术出版社,2008年,第188、189页。
② 茅元仪:《武备志》卷八十六"阵练制·练·教艺三·剑",中国古籍库明天启刻本。
③ 茅元仪:《武备志》卷一百四"军资乘·战·器械三·剑",中国古籍库明天启刻本。

个观点的人类学家泰勒以为:"灵魂有许多存在方式,首先是人的灵魂,其次是动植物的灵魂,再就是无生命事物的灵魂。""神话起源的真实背景也就是万物有灵的信仰,在涉及神话的起源时,某些解释已把它看作是在思维的原始阶段的产物,那时人性和生命不仅被归诸人和野兽,也被归诸物,凡我们称之为无生命的事物,像河流、石头、树木、武器等等之类的东西无不被作为一种有智能的事物来看待,可以和它们交谈,向它们表示赎罪或惧怕由于伤害了它们而得到惩罚。"[①]泰勒又提出了"文化残余论"。他认为:过去时代的文化遗迹可以在新的时代被继承并获得新的意义,各种习俗都可以通过习惯从一个文化阶段移植到另一个文化阶段,具有累积的性质。[②]

诚然,现代人与原始人的思维应当是有本质区别的。但是将原始社会末期或靠近原始社会的文明社会初期产生的剑神圣化、神灵化,却显然是这种万物有灵的原始思维的结果。万物皆有灵,但是神灵又存在较大和较小的等级区分。"国之大事,在祀与戎",[③]战争对先民来讲是国家头等重要的事情。而茅元仪《武备志》所云"古之言兵者必言剑",[④]又充分说明了在青铜时代及铁器时代初期剑在战争中作为主战兵器的显赫地位。剑不是无足轻重的,万物有灵,剑中住藏的精灵亦不是无足轻重的,于是剑便成了受到人们特别是部落军事首领乃至君主们崇敬、膜拜的"神兵""神器"。从《左传》开始,剑前便被冠以"宝"的美誉,被称为"宝剑",[⑤]并一直延续至今。李涉《与弟渤新罗剑歌》中"我有神剑异人与,暗中往往精灵语",正是当时人们的认识。显然,剑已被人当作有生命的东西。春秋战国时期,"相剑"与相马一样,是一门专门的学问。《吕氏春秋》有云:"相剑者曰:'白所以为坚也,黄所以为韧也。黄白杂则坚且韧,良剑也。'难者曰:'白所以为不韧也,黄所以为不坚也,黄白杂则不坚且不韧也。又柔则锩,坚则折。剑折且锩,焉得为利剑?'剑之情未革,而或以为良,或以为恶,说使之也。故有以聪明听说则妄说者止,无以聪明听说则尧、桀无别矣。此忠臣之所患也,贤臣之所以废也。"[⑥]各执一词,煞有介事,看来相剑的学问还不那么简单。

---

① 朱狄:《原始文化研究》,北京:生活·读书·新知三联书店,1988年,第22、27、28页。
② 朱狄:《原始文化研究》,北京:生活·读书·新知三联书店,1988年,第59、60页。
③ 杨伯骏编著:《春秋左传注》成公十三年,北京:中华书局,1981年,第861页。
④ 茅元仪:《武备志》卷一百四"军资乘·战·器械三·剑",中国古籍库明天启刻本。
⑤ 杨伯骏编著:《春秋左传注》"桓公十年",北京:中华书局,1981年,第128页。
⑥ 陈奇猷校释:《吕氏春秋较释》卷二十五《别类》,上海:学林出版社,1984年,第1642、1643页。

剑为神圣，中国古代帝王均备名剑。《古今刀剑录》载：夏禹之子启"铸一铜剑"，"上刻二十八宿文"，殷太甲有"定光"剑，武丁有"照胆"剑，周简王有"骏"剑，秦始皇有"定秦"剑，汉高祖刘邦有"赤霄"剑，汉文帝有"神龟"剑，王莽有"神剑"。[①] 许多帝王的名剑还不止一种。《吴越春秋》云越王允常曾聘欧冶子"作名剑五枚，大三小二"。"一曰纯钧、二曰湛卢、三曰豪曹或曰盘郢、四曰鱼肠、五曰钜阙。"[②]《古今注》云东吴孙权也特别爱剑而"有宝剑六"，"一曰白虹、二曰紫电、三曰辟邪、四曰流星、五曰青冥、六曰百里"。[③]《拾遗记》则说：昆吾山出产好铜，"色如火"，因此山上泉水是红色的，"草木皆劲利，土亦钢而精"。越王勾践，"使工人以白马白牛，祠昆吾之神，采金铸之，以成八剑之精"，"一名掩日，以之指日，则光昼暗，金阴也，阴盛则阳暗；二名断水，以之划水，开即不合；三名转魄，以之指月，蟾兔为之倒转；四名悬剪，飞鸟游过，触其刃，如斩截焉；五名惊鲵，以之泛海，鲸鲵为之深入；六曰灭魂，挟之夜行，不逢魑魅；七名却邪，有妖魅者见之，则伏；八名真刚，以切金断玉，如削土木矣。"[④]

古来帝王所有名剑，真不知有凡几。

名剑不多见，君王称"孤"，称"朕"，称"余一人"，独裁天下，似乎名剑便自然而然也应属于君王。《明史》云：明太祖招刘基，刘基不出。于是孙炎遣使复往，刘基"遗以宝剑，炎作诗，以为剑当献天子，斩不顺命者，人臣不敢私，封还之"。[⑤]在这里，名剑理所当然地属于君王，还只是等级礼仪的考虑。李君房《天子剑赋》云："物之利者称乎剑，人之尊者称乎天。固一人之所执，谅四海之攸先。必当曜武德，静氛烟，举之无上，挥之莫前。"[⑥]则以"天生神物，圣君用之"表明名剑的归属显示了君主统治天下的天意自然，统治者得到名剑意味着君权神授。刘长卿《宝剑篇》诗句"自然神鬼伏，天子莫空弹"，谭用之诗《古剑》云"铸时天匠待英豪，紫焰寒星匣倍牢"，隐隐都有这种意味。《名剑记》所引《古今注》说：三国初袁绍在黎阳时，梦见神仙授给他一柄宝剑。袁绍醒来，发现宝剑果然就放在卧室里。

---

① 陶弘景：《古今刀剑录·序》，《四库全书》文渊阁本"子部九·谱录类一·器物之属"。
② 《吴越春秋》(今无本)，李昉《太平御览》卷三百四十三"兵部七十四·剑中"，见《四库全书》文渊阁本"子部·类书类"。
③ 崔豹：《古今注》卷上"舆服第一"，北京：中华书局，1985年，第6页。
④ 王嘉：《拾遗记》卷十，见《四库全书》文渊阁本"子部十二·小说家类二·异闻之属"。
⑤ 张廷玉：《明史》卷二百八十九"列传一百七十七·忠义一"，北京：中华书局，1974年，第7411页。
⑥ 李君房：《天子剑赋》，见童诰等编《全唐文4》，太原：山西教育出版社，2002年，第3222页。

剑上镌有铭文"思召"二字。袁绍找人解释,解释者说:"思"通"丝",丝、召就是绍字。① 在这个故事里,剑就明明白白是受命的象征了。《古今刀剑录》又有王莽造神剑,"练五色石为之,铭日神胜万里伏";南朝梁武帝萧衍"造神剑十三口",剑上的铭文为"服之者,永治四方"。② 都表明剑是古代帝王自视并宣示他们一统天下乃受命于天的神圣象征。崔基南氏《跖实记事》载:"(郑忠信)一日出游四望,城下有瑞气亘霄,往视之,有小井,而瑞气浮焉。公知井内有异物,即修井求之,得一宝剑,其光彩凛然射人,其上有文曰:'天子剑'。"③此剑后为暗指努尔哈赤的"老獭稚"所得,努尔哈赤因此称王天下。

董仲舒把自然现象和社会政治联系起来,提出了天人感应论。"案《春秋》之中,视前世已行之事,以观天人相与之际,甚可畏也。国家将有失败之道,而天乃先出灾害以谴告之。不知自省,又出怪异以警惧之。尚不知变,而伤败乃至。以此见天心之仁爱人君,而欲止其乱也。自非大亡道之世者,天尽欲扶持而全安之,事在强勉而已矣。"④这种阴阳灾异的学说后来又发展成为谶纬神学,兴盛于西汉、东汉、六朝。

上天降下的神秘预言,既包括严厉的警惧,也包括吉祥的昭告。由于剑的特殊身份,这种预言通常通过剑来传达。

东汉光武帝刘秀,"未贵时,在南阳鄂山得一剑,文曰'秀霸',小篆书"。刘秀后来果然得天下,且"在位三十三年"。⑤东汉灵帝自己铸了四把宝剑,上面都镌刻着"中兴"字样的铭文。但自己刻的不算数,后来便"一剑无故自失"。⑥ 大概这才是老天爷的真正意思。上天宣告中兴无望,果然东汉在灵帝手中名存实亡。魏齐王曹芳在正始六年(245)铸了一剑,经常佩带,但后来无缘无故也不知去向,只留下了"空匣如故"。空匣预示着虚位以待新帝君。《古今刀剑录》说:"后有禅代之事,兆始于此也。寻为司马氏所废。"⑦

---

① 李承勋:《名剑记》,上海古籍出版社编:《生活与博物丛书　器物珍玩编》,上海:上海古籍出版社,1993年,第478页。
② 陶弘景:《古今刀剑录·序》,《四库全书》文渊阁本"子部九·谱录类一·器物之属"。
③ 转引自萧兵:《中国文化的精英》,上海:上海文艺出版社,1989年,第465页。
④ 班固:《汉书·董仲舒传》,北京:中华书局,1962年,第2498页。
⑤ 陶弘景:《古今刀剑录·序》,《四库全书》文渊阁本"子部九·谱录类一·器物之属"。
⑥ 陶弘景:《古今刀剑录·序》,《四库全书》文渊阁本"子部九·谱录类一·器物之属"。
⑦ 陶弘景:《古今刀剑录·序》,《四库全书》文渊阁本"子部九·谱录类一·器物之属"。

这种谶纬神学在中国古代从未绝迹。剑,便以其和帝王之间的联系,以及因之产生和江山社稷之间的特殊关系,经常扮演替冥冥上苍预言王朝兴亡、天下治乱信息的角色。《云仙杂记》便载有这么一个传说:"成都朱善存家世宝一剑,每生神芝,则天下晏清。如安史、黄巢难作,剑皆吐黑烟,属天不差毫发。"①

鼎本是平凡的食煮器,但一旦作为礼器而为贵族君王专有后,便成了国家与政权的象征物。"九鼎""迁鼎""问鼎"等,至今还是政权或牵涉到政权问题时的特定名词。金庸小说《鹿鼎记》,也是取这个意思。名剑既与君王相关联,当然也就具有了君王的权威、威仪和力量,像鼎一样,能在特定的时候作为君王的偶像代表或权力象征。

周昭王"铸五剑,各投五岳",汉武帝"铸八剑,五岳皆埋之",②都有替代君王镇守四方的用意。《艺文类聚》录《短铗铭》有"惟皇宝之,优而弗玩",③说明名剑为皇家专有。《西京杂记》云:"汉帝相传以秦王子婴所奉白玉金玺、高帝斩白蛇剑。"④李白诗《流夜郎半道承恩放还》亦有"一朝让宝位,剑玺传无穷"。足证剑作为权力象征,又代代相传。

戏台上和小说中我们见惯了所谓的"尚方宝剑",尚方宝剑不仅作为至宝允答元功,而且钦差大臣人等得授此剑,手中便握有了极大的权力,对皇亲国戚、封疆大吏,皆可先斩后奏。而这尚方剑,实际上就是皇帝御用的宝剑。查此最早见于《汉书·朱云传》,其文云:

成帝时,丞相故安昌侯张禹以帝师位特进,甚尊重。云上书求见,公卿在前,云曰:"今朝廷大臣,上不能匡主,下亡以益民,皆尸位素餐,孔子所谓'鄙夫不可与事君''苟患失之,亡所不至'者也。臣愿赐尚方斩马剑,断佞臣一人,以厉其余。"上问:"谁也?"对曰:"安昌侯张禹。"上大怒,曰:"小臣居下讪上,廷辱师傅,罪死不赦!"御史将云下,云攀殿槛,槛折。云呼曰:"臣得下从龙、比干游于地下,足矣!未知圣朝何如耳?"御史遂将云去。于是左将军辛庆忌免冠解印绶,叩头殿下曰:"此

---

① 冯贽:《云仙杂记》卷七"云尘集",《四库全书》文渊阁本"子部十二·小说家类一·杂事之属"。
② 陶弘景:《古今刀剑录·序》,见《四库全书》文渊阁本"子部九·谱录类一·器物之属"。
③ 欧阳询:《艺文类聚》第一册·卷六十,见《四库全书》文渊阁本"子部十一·类书类·军器部"。
④ 刘歆:《西京杂记》卷一,见《四库全书》文渊阁本"子部十二·小说家类一·杂事之属"。

臣素著狂直于世。使其言是，不可诛；其言非，固当容之。臣敢以死争。"庆忌叩头流血。上意解，然后得已。及后当治槛，上曰："勿易。因而辑之，以旌直臣。"

颜师古注云："尚方，少府之属官也，作供御器物，故有斩马剑，剑利可以斩马也。"①

史书上这种帝王授予臣下宝剑，以表示给予某种权力的例子很多。《续资治通鉴长篇》载：宋太祖使曹彬伐江南，便把自己所佩宝剑授予曹彬，申明"副将以下，不用命者斩之"。② 凝附着权力的剑还可以再度移交，从而使权力也再度移交。《晋书》云，张轨要出发镇守凉州，王模便把皇帝赐给他的宝剑转赠张轨，并告诉张轨说："陇以西，征伐悉心相委，如此剑矣。"③就是一例。

帝王之剑既成神圣之物，同时也就成了神秘之物。冶剑首先神秘化。《吴越春秋》记载干将、莫邪夫妇为吴王铸剑，"采五山之铁精，六合之金英，候天伺地，阴阳同光"，并且"断发翦爪投于炉中，使童男童女三百人鼓橐烧炭"，④方才成功。

像这样精心铸造出来的剑自然精美异常。汉高祖起事前在南山得到一把"赤霄剑"，由于他起义前用此剑斩杀过白蛇，因此又名为"斩白蛇剑"。据说这把剑"上有七采珠、九华玉以为饰，杂厕色琉璃为剑匣，剑在空中，光景犹照于外，与挺剑不殊。十二年一加磨莹，刃上常若霜雪。开匣拔鞘，辄有风气，光彩照人"。⑤

帝王名剑被这样形容并非全是夸张虚饰。1965年湖北江陵望山一号墓出土的著名的越王勾践剑，锋利无比，出土后做了试验，十九层叠成一扎的白纸，置剑于上，不加力可一拖而断。勾践剑剑脊含锡量低，剑刃含锡量大，格斗时不易折断，刃部则硬度大而锋利。勾践剑不仅铸造合理，而且精美无比。它的剑格两面有蓝色琉璃镶嵌，剑身经过硫化处理，暗呈菱形花纹，埋在地下几千年，重见天

---

① 班固：《汉书·朱云传》，北京：中华书局，1962年，第2915页。
② 李焘：《续资治通鉴长篇》"第一册·卷十五"，见《四库全书》文渊阁本"史部二·编年类"。
③ 房玄龄：《晋书》"第二册·卷八十六·列传第五十六"，见《四库全书》文渊阁本"史部一·正史类"。
④ 赵晔：《吴越春秋》卷二"阖闾内传第四"，见《四库全书》文渊阁本"史部九·载记类"。
⑤ 刘歆：《西京杂记》卷一，见《四库全书》文渊阁本"子部十二·小说家类·杂事之属"。

日却依然光洁如新。这种琉化处理的技术,德国是 1973 年,美国是 1950 年,才分别列为专利的。这项考古发现曾轰动了世界,据说勾践剑赴美展出,美方保险金竟高达一千万美金。

第二节　剑即龙,龙即剑,剑龙互喻

原始思维的又一个特征是"神秘互渗"。人类学家列维·布留尔这样解释"神秘互渗":"在原始人中,可以见到一种智力的习惯,即通过存在物的互渗使它们接近和联合起来,以至于把完全不同的事物看作是同一事物。"[1]由于"神秘互渗"作用于人们的联想,剑与龙,又发生了神秘的关系。

龙是我们先民特殊的图腾崇拜物,后来又成为帝王的象征。剑与龙的特殊身份和所处地位,不言而喻极容易产生"神秘互渗",乃至融为一物。

《俎异记》载:有一个叫武胜之的人,曾见雷公在河滩上追逐一条黄蛇,雷公用石头掷黄蛇,掷中了却是"铿然有声"。雷公飞走了,武胜之走过去一看,地上躺着的竟是一柄铜剑。这是最早喻剑即龙的故事。黄蛇,应该就是龙。

蒙古族还有关于小英雄特古斯的传说:特古斯为了取得开山的金钥匙,过河时遇到了一条青龙扑过来,"机智勇敢的特古斯忙侧身躲过,顺势用双手抓住了龙尾巴,使出全身力气,朝着一块大石板摔去。只听得一声巨响,火星四射,仔细一看,原来手里握着的是一把光闪闪的宝剑"。[2] 这是一把能避水火的斩魔剑,他用这把剑杀死了九头赤斑蛇。

中国人又常把剑称为"龙泉""龙泉宝剑"。至今,中国生产最优质的宝剑的厂家,也称浙江龙泉宝剑厂。所制宝剑,上面都镌刻有"龙泉古剑"字样。为何剑又称龙泉呢？这也有一个故事。

《晋书·张华传》载:

初,吴之未灭也,斗牛之间常有紫气,道术者皆以吴方强盛,未可图

---

[1] 朱狄:《原始文化研究》,北京:生活·读书·新知三联书店,1988 年,第 22、27、28 页。
[2] 内蒙古语言文学历史研究所文学研究室编:《蒙古族民间故事选》,上海:上海文艺出版社,1979 年,第 17 页。

也,惟华以为不然。及吴平之后,紫气愈明。华闻豫章人雷焕妙达纬象,乃要焕宿,屏人曰:"可共寻天文,知将来吉凶。"因登楼仰观。焕曰:"仆察之久矣,惟斗牛之间颇有异气。"华曰:"是何祥也?"焕曰:"宝剑之精,上彻于天耳。"华曰:"君言得之。吾少时有相言者,吾年出六十,位登三事,当得宝剑佩之。斯言岂效与!"因问曰:"在何郡?"焕曰:"在豫章丰城。"华曰:"欲屈君为宰,密共寻之,可乎?"焕许之。华大喜,即补焕为丰城令。焕到县,掘狱屋基,入地四丈余,得一石函,光气非常,中有双剑,并刻题,一曰龙泉,一曰太阿。其夕,斗牛间气不复见焉。焕以南昌西山北岩下土以拭剑,光芒艳发。大盆盛水,置剑其上,视之者精芒炫目。遣使送一剑并土与华,留一自佩。或谓华曰:"得两送一,张公岂可欺乎?"焕曰:"本朝将乱,张公当受其祸。此剑当系徐公墓树耳。灵异之物,终当化去,不永为人服也。"华得剑,宝爱之,常置座侧。华以南昌土不如华阴赤土,报焕书曰:"详观剑文,乃干将也,莫邪何复不至?虽然,天生神物,终当合耳。"因以华阴土一斤致焕。焕更以拭剑,倍益精明。华诛,失剑所在。焕卒,子华为州从事,持剑行经延平津,剑忽于腰间跃出堕水。使人没水取之,不见剑,但见两龙各长数丈,蟠萦有文章。没者惧而反。须臾光彩照水,波浪惊沸。于是失剑。华叹曰:"先君化去之言,张公终合之论,此其验乎!"[①]

雌雄二剑就是雌雄二龙,剑跃入水中是二龙团聚。在这个故事里,剑明明白白就是龙的化身。龙泉,后来也就成了宝剑的代名词。唐代诗人裴夷《观淬龙泉剑》中就有"发硎思剸玉,投水化为龙"的诗句。

剑为龙,当然就能飞腾,能鸣吼。《邵氏闻见后录》云:"近岁,犍为、资官二县接境,地名龙透,向氏佃民耕田,忽声出地中,耕牛惊走,得铜剑一,长二尺余。民持归,挂牛栏上。入夜,剑有光,栏牛尽惊。移之舍中,其光益甚。民愚,益惊惧,掷于户外,即飞去,盖神物也。"[②]《世说新语》载:"王子乔墓在京茂陵,国乱时,人有盗发之,都无所见,唯有一剑,停在室中,欲进取之,剑作龙鸣虎吼,遂不敢近,

---

① 房玄龄等:《晋书·张华传》,北京:中华书局,1974年,第1075、1076页。
② 邵博:《邵氏闻见后录》卷第二十七,北京:中华书局,1983年,第211页。

俄而径飞上天。"①《拾遗记》亦有类似的传说:"(颛顼高阳氏)有曳影之剑,腾空而舒,若四方有兵,此剑则飞起指其方,则克伐;未用之时,常于匣里如龙虎之吟。"②

剑为龙,飞腾时便也如龙一般乘云驾雨。李涉《与弟渤新罗剑歌》即云:"识者知从东海来,来时一夜因风雨。"龙是居于水中的,那么剑亦喜水。上面所云张华与雷焕,就曾"大盆盛水,置剑其上,视之者精芒炫目"。《水经注》则有"梁国多池沼,池中出神剑"之说。③

更奇妙的是,剑的形状面貌也有同于龙的。《酉阳杂俎》便有:"郑云达少时得一剑,鳞铗星镡,有时而吼。"④剑乃龙,以毒攻毒,传说中屠龙斩蛟的勇士,手持武器无一不是三尺利剑。《酉阳杂俎》又有:"开元中,河西骑将宋青春,骁果暴戾,为众所忌。及西戎岁犯边,青春每阵常运剑大呼,执馘而旋,未尝中锋镝,西戎忌惮之,一军始赖焉。后吐蕃大北,获生口数千。军帅令译问衣大虫皮者:'尔何不能害青春?'答曰:'尝见龙突阵而来,兵刃所及,若叩铜铁,我为神助将军也。'青春乃知剑之有灵。青春死后,剑为瓜州刺史李广琛所得,或风雨后,迸光出室,环烛方丈。哥舒镇西知之,求易以他宝,广琛不与,因赠诗:'刻舟寻化去,弹铗未酬恩。'"⑤当然,剑既是龙,威力自然很大。

在文人的吟诵中,剑与龙总是互取譬喻,二惠竞爽。张聿诗《剑化为龙》有"古剑诚难屈,精明所有从,沈埋方出狱,会合却成龙"句;萨都剌诗《旧剑》有"忆昔蛟龙剑,提携竟出门"句;孙炎诗《宝剑歌》有"我逢龙精不敢弹,正气直贯青天寒,还君持之献明主,若岁大旱为霖雨"句;刘禹锡诗《虎丘寺路宴》则有"埋剑人空传,凿山龙已去"。都把剑喻为龙。李贺诗《吕将军歌》云"北方逆气污青天,剑龙夜叫将军闲",剑龙一体,剑和龙已分不开了。

---

① 李昉等:《太平御览》第四册卷三百四十三引《世说》,见《四库全书》文渊阁本"子部十一·类书类·兵部·兵部七十四·剑中"。
② 王嘉:《拾遗记》卷一"颛顼",北京:中华书局,1981年,第16页。
③ 郦道元:《水经注》卷二十二,成都:巴蜀书社,1985年,第385页。
④ 段成式:《酉阳杂俎》前集卷之六"器奇",北京:中华书局,1981年,第63页。
⑤ 段成式:《酉阳杂俎》前集卷之六"器奇",北京:中华书局,1981年,第62、63页。

第三节　剑、佩剑习俗与生殖崇拜

佩剑的习俗在古代世界曾很盛行，在中国也一样历史悠久。早在周王朝就有规定："古者，天子二十而冠，带剑；诸侯三十而冠，带剑；大夫四十而冠，带剑；隶人不得冠，庶人有事得带剑，无事不得带剑。"① 秦国立国晚，文化落后，大家最早都将之当作蛮夷，但逐渐接受中原文明后，也接受了佩剑的礼仪，"简公六年，令吏初带剑"。② 一般而言，佩剑是贵族与官员的特权。然而民间佩剑之风，仍然一度盛行。春秋战国时代自不待言，唐代诗人，咏剑诗极多，李白既有"宁知草中人，腰下有龙泉"句，又有"高冠佩雄剑，长揖韩荆州"句，可见朝野仕庶，佩剑是共同的时尚。

剑轻灵捷便，便于携带，是日常防身最好的武器。"剑者，君子武备，所以卫身，不可解。"③ 剑的实用价值，是佩剑相沿成习的一个重要原因。然而这并不是唯一的原因。

汉代刘向《说苑》即有"襄成君始封之日，衣翠衣，带玉剑"的记载，④ 只是这个"玉剑"，可能是指玉石质地的剑，也可能是指玉石装饰的剑。但西晋时就已经有了佩木剑的记载，《晋书·舆服制》云："汉制，自天子至于百官，无不佩剑，其后惟朝带剑。晋世始代之以木，贵者犹用玉首，贱者亦用蚌、金银、玳瑁为雕饰。"⑤ 隋唐时期的服饰制度严格规定，官员按品级高下而佩带不同的剑，其中有"真剑"，也有完全只起装饰作用的"像剑"。《隋书·礼仪志》载："一品，玉具剑，佩山玄玉；二品，金装剑，佩水苍玉；三品及开国子男、五等散品名号侯虽四、五品，并银装剑，佩水苍玉；侍中以下，通直郎以上，陪位则象剑。带真剑者，入宗庙及升殿，若在仗内，皆解剑。"⑥ 唐承隋制，佩剑制度亦应大致如此。剑成为一种仪仗，成为标志文武官僚身份地位的服饰的一部分，真剑可以被木剑和金、银、玉质的

---

① 徐坚：《初学记》卷二十二"武部·剑"，见《四库全书》文渊阁本"子部十一·类书类"。
② 司马迁：《史记·秦本纪》，北京：中华书局，1959年，第200页。
③ 班固：《汉书·隽不疑传》，北京：中华书局，1962年，第3035页。
④ 刘向：《说苑》卷十一，见《四库全书》文渊阁本"子部一·儒家类"。
⑤ 房玄龄等：《晋书·舆服制》，北京：中华书局，1974年，第771页。
⑥ 房玄龄等：《隋书·礼仪志》，北京：中华书局，1973年，第242页。

假剑取而代之,佩剑习俗中就完全没有了实用的因素。

弗洛伊德认为:几乎所有的象征都是偶然出现、偶然成立的,只有性的象征除外。弗洛伊德的学说固然存在人们所批评的种种失误,但他把性的需要和表现放置在一个特殊的位置来认识和强调,仍然能予人以深刻启迪。孔子说:"食色,性也。"食,是维持人类自身生存所需;性,是延续人类种类生存所需。在原始状态下,这二者是人类的头等大事。我们在文化研究中,完全忽视性的存在和影响是不正确和不可能的。如果弗洛伊德的观点能够成立,那么剑作为一种复杂的、在人类历史上长期存在的文化符号象征,可能也与性具有某种关系。

在自然的选择,人类生生不息的活动和认识的不断深化中,人们萌生了对生殖和性的崇拜。进入父系社会,男性生殖器被神化以后,男子的阴茎成为男子自我炫耀、女子羡慕欣赏的器官。考古发掘在世界许多考古文化类型遗址发现的大量陶祖、石祖、瓷祖,都是男性生殖器崇拜的用具。郭沫若那个著名的关于"祖"字的考据,考出甲骨文中,祖宗的祖字(甲文中写为"且"),就是男性生殖器的象形,算得上精彩。一对美国人类学家夫妇,在新几内亚原始部落中考察时,意外地发现这些原始部落赤身裸体的男子,却用一种奇特的"阴茎鞘"来打扮自己。① 这是为满足自我炫耀和异性欣赏的心理与方法,非常质朴简单,不外乎赤裸裸地展示生殖器本身,或以延长硕伟阴茎傲然自得。随着人类社会的发展,伦理与宗教观念,新的审美意识,自觉不自觉中不断被注入这种炫耀和欣羡,男性生殖器崇拜不再以直接的身体展现的方式表现,而渐渐变成隐蔽、隐秘的暗喻。如"男性生殖器曾被象征为箭,箭的两羽意味着睾丸",而"爱神丘比特就通常表现为拿着一张弓和一支箭或一盒箭"。② 又如"埃及神殿里的男神,经常被表现为手中拿着一种节杖",这种节杖,就是后世欧洲帝王手中所执权杖的雏形。有趣的是,埃及神殿的这些男神,"他们手中也时常拿着他们的实际器官"。"逼真的男性生殖器形象换成了神灵的节杖,这是男性生殖器的象征性表现,在意义上它类似于箭或圣权杖。"③

欧洲一些教堂、房屋的尖顶,非洲澳洲的像柱,世界各地的墓碑、塔,乃至纪念碑,都被证明与男性生殖器崇拜活动有关。如果性的象征是一种必然,那么佩

---

① 王平:《令人困惑的男性器官》,见《科学博览》1989 年精华 B 辑。
② [美] O. A. 魏勒著;史频译:《性崇拜》,北京:中国文联出版公司,1988 年,第 211 页。
③ [美] O. A. 魏勒著;史频译:《性崇拜》,北京:中国文联出版公司,1988 年,第 218 页。

剑是否同权杖、箭一样,和男性生殖器崇拜有关呢?

弗洛伊德认为梦是愿望的实现,做梦内容同潜意识的活动密切相关,它是高度错综复杂的理智活动的产物,是一种清醒状态精神活动的延续。弗洛伊德还认为,一个人梦中所见的如棍棒、电筒、香蕉、山岭、塔楼等长形物体,皆为男性生殖器官的替代物和象征。这些替代物和象征中,也包括剑。①

弗洛伊德的学生荣格,又创立了集体无意识的学说。他认为无意识的心理中有个人童年起的经验和记忆,也有人类童年的原始的、祖先的东西,前者通过梦的途径释放,后者则以原型的形式,附着于文学、神话或其他艺术形式的媒介上。但二者都应该是人和人类真实精神活动的反映。由于集体无意识"是历史在种族记忆中的投影","潜藏于心理深处,永不会进入意识领域,于是它的存在只能从一些迹象上去推测"。② 种种蛛丝马迹显示,剑与佩剑习俗可能反映了人类童年的男性生殖器崇拜的潜在的集体无意识。

早有研究表明,十字架的起源,"可以追溯到一根棍顶端,套有一个环或圈的圆形",棍表示阴茎,环表示阴门。十字架的图形,意味着男性的胜利,所以"十字架是胜利的十字架",以喻"在和女人性交中得到满足的男人"。③ 这样看来,十字架与其说是意味着性交或两性的结合,不如说是显示男性生殖器及其能力与活动的象征。然而十字架常见的几十种图形中,就有剑形。欧洲中世纪骑士的佩剑,我们常见到直接象形十字架的。这种暗合,并不完全是偶然。

《后汉书·南蛮传》记载:

> 巴蜀南蛮郡,本有五姓:巴氏、樊氏、䥨氏、相氏、郑氏。皆出于武落钟离山。其山有赤、黑二穴,巴氏之子生于赤穴,四姓之子皆生于黑穴。未有君长,俱事鬼神。乃共掷剑于石穴,约能中者,奉以为君。巴氏子务相乃独中之,众皆叹。又令各乘土船,约能浮者,当以为君。余姓悉沈,唯务相独浮。因共立之,是为廪君。

有人认为:廪君与诸姓争胜,很重要的一项是"投剑中穴",得剑或比剑是这

---

① 张隆溪:《二十世纪西方文论述评》,北京:生活·读书·新知三联书店,1986年,第25、26页。
② 张隆溪:《二十世纪西方文论述评》,北京:生活·读书·新知三联书店,1986年,第59、60页。
③ [美] O.A.魏勒著;史频译:《性崇拜》,北京:中国文联出版公司,1988年,第226、227页。

类英雄斗胜故事极常见的一项。穴者常为女阴或母腹之象征,所以此各姓皆生于赤穴或黑穴。而刺剑入穴本有"交媾"之意。巴氏务相独能中穴者,疑所中为四姓之"黑穴",象征着他对这四个母系氏族军事和性的双重征服。① 这一见解无疑是正确的,奴文的得为国王,也是性竞争胜出。弗洛伊德也说谷、穴等常为女性之象征,他对此有过分析,《释梦》有一节的标题是"井穴代表生殖器"。一个年轻男子的梦是:"由天井下去,经过几个石级,便可直抵一穴,穴的两旁盖有软垫,好似是皮坐椅似的。穴底有一长的平台,台后又有一穴。"分析是:"恰是我们的意料所及,梦者又将地穴释为阴道,因为它的四壁有软垫,在我们则又以为入穴出穴都是性交的象征。"② 穴,是女性生殖器象征;剑,显然就是男性生殖器象征。

《尼伯龙根之歌》曾记述:北欧勇士、尼德兰英雄西格弗里曾经用"巴尔蒙"(意为岩石、岩穴)之剑——从岩穴里取出的宝剑,使战士们心惊胆战。③《亚瑟王之死》讲述道:"教堂的庭院中正靠着高高的祭台上,有一块四方形的大石块,很像大理石似的,在这座石台的中央,立着像钢砧模样的东西,约有一尺高,上面插着一把尖端向上的宝剑,四围镶着金字,写道:'凡能从石台砧上拔出此剑者,乃生而即为英格兰全境之真命国王。'"众骑士都拔不出来,只有小亚瑟一再地把它拔出来。这位出身低贱的英雄于是成了骑士和国王。④ 类似的原型在该书中还出现了一次:河上漂来的一块石头,石头上插着一把宝剑,上镌"无人能令我走动,取我者即佩我在身侧之人,此人乃天下最优秀之骑士"。有老者领来年轻的太子,骑士高明翰,他不但登上了所谓的"危险座",还拔出了众骑士拔不出来的神剑。⑤

中国的类似故事,与英国的类似故事,似乎有微妙的区别,一个是比赛"插入",一个是比赛"抽出"。其实,插入和抽出,都是一回事,都是一回事的不同角度。犹如西方的"弑父"和中国的"杀子",也是一回事,都是一回事的不同角度。既然是一回事,那就不会完全不同,中国也有类似"抽出"的的类型故事。

---

① 肖兵:《中国文化的精英——太阳英雄神话比较研究》,上海:上海文艺出版社,1989年,第471页。
② [奥地利]弗洛伊德著;孙名之译:《释梦》,北京:商务印书馆,2005年,第364、365。
③ [德]赛法尔著;钱春绮译:《尼伯龙根之歌》,钱春绮译,北京:人民文学出版社,1959年,第24页。
④ [英]马罗礼著;黄素封译:《亚瑟王之死》上册,北京:人民文学出版社,1983年,第9页。
⑤ [英]马罗礼著;黄素封译:《亚瑟王之死》上册,北京:人民文学出版社,1983年,第9页。

如《西游记》云：

> 单表东胜神州海外有一国，名曰傲来国。国近大海，海中有一座名山，唤为花果山。此山乃十洲之祖脉，三岛之来龙。那山顶上有一块仙石。其石有三丈六尺五寸高，按周天三百六十五度；有二丈四尺围圆，按政历二十四气；上有九窍八孔，按九宫八卦。自开辟以来，每受天真地秀，日精月华，感之既久，遂有通灵之意。内育仙胎，一日迸裂，产一石卵，似圆球样大。因见风化作一个石猴，五官俱备，四肢皆全。①

孙悟空从石头缝里蹦出，实际上就是一个变形的"抽出"故事。

《华阳国志》说：生于大竹的竹王"与从人尝止大石上，命作羹，从者曰无水，王以剑击石，水出，今王水是也，破石存焉"。② 郑德坤曾敏锐地指出《华阳国志》这段记载和弃子摩西的一个神迹十分相似，在《出埃及记》里，摩西领着族众走进沙漠，干渴如焚，他用剑劈开石头，水就涌了出来。③（笔者查手头的《圣经》，摩西与祖众干渴劈石出水，用的是"杖"，郑德坤所见，应该是《圣经》别一版本。）

至于到底是"抽出"还是"插入"，并不是问题的实质，问题的实质是：能不能让女性怀孕。这在西方和中国，表述倒是完全一致的。只是这表述，并没有明说怀孕，而是变形为剑斫后——包括剑入或剑出，则随之而水出——孩子出生。

剑在穴、洞、池、井中，实际上就是喻指象征男性阳具在女性阴道中；以剑斫石，流出水流，应该是喻指象征生殖。有这样威力强大的宝剑——威力强大的阳具，当然可以威服部族男女，成为拥有广大统治权和交配权的大首领。在类似的故事中，主人公都最终成了部族首领或国王，郑忠信把剑献给了老獭稚之子努尔哈赤，努尔哈赤最终就成了清太祖。

《海录碎事·百工刀剑》云："林邑国王死，奴文篡立，文常放牛于山涧，得鳢鱼二，化为铁，因以铸剑。剑成，向石誓曰：'若斫石破者，我当王。'因斫石，如断刍槁。"④

---

① 吴承恩：《西游记》第一回，北京：中华书局，2005年，第2页。
② 常璩：《华阳国志》卷四"南中志"，见《四库全书》文渊阁本"史部九·载记类"。
③ 郑德坤：《水经注故事略说》，《中国历史地理论文集》，香港：香港中文大学出版社，1980年，第162页。
④ 叶庭珪：《海录碎事》卷十四"百工医技部·刀剑门"，见《四库全书》文渊阁本"子部十一·类书类"。

《水经·江水注》在记载范文"以鲤鱼化铁铸刀"一事时说:"进斫石鄢,如龙渊、干将之斩芦藁,由是人情渐附。今斫石尚在,鱼刀尤存,传国子孙,如斩蛇之剑也。"① 武汉有"卓刀泉",嵩山有"启母石",《西游记》里孙悟空是从石头缝里蹦出来的,这绝不是一种偶然,而是先民洪荒时代生殖崇拜的遗俗遗迹。以刀斫石,是象征交配;那道石缝,是象征女阴;而剑,则明明白白是喻指男性的阳具。读者诸君旅游时稍加留意,便会发现"试剑石"之类,在中国可以说到处都是。

有的事古人是不明说的,拳谱中也不明说,如《混元剑经》在讲精气神时就说:"故精足则战耐久,气满则呼吸细,神清静而圆融,则变化莫测。故曰:'身完天下无敌手,剑完四海少敌兵。'能此二者,方可超凡入圣境。"② "精足"肯定是指精气充盈,"身完"是指御而不射吗?"战耐久""无敌手",怎么读也不像是打斗,倒像是指床戏。

男性之美在阳刚,在威武,在力量,佩剑无疑能大大增强这种效果,衬托出男性的伟美和潇洒。"长剑雄谈态自殊,美人巨眼识穷途",红拂对李靖一见钟情,毅然随他私奔,与受他长剑衬托出的风度气质吸引,不无关联。诗中的剑,仍带有厚重的性色彩。剑往往还成为男子赠予所爱姑娘的定情信物,《红楼梦》中尤三姐用柳湘莲所赠宝剑自刎,殉情而死,就是这类故事之一。

男性生殖器在父系社会被神化,佩剑成为男性生殖器炫耀,实际上也是父权炫耀的象征。佩剑的男子,特别是后来演变为官僚贵族阶级的父系部落首领们,又把佩剑习俗带入文明社会,并嬗变为由父权发展而来,依然是以男子为中心的政治化的礼仪制度。在这种礼仪制度中,佩剑只需要象征意义,假剑"象剑"足以胜任。而平民男子佩剑,则嬗变为表现英武的一般意义了。

第四节 "武当尚剑"乃因为剑是道教神圣法器

剑为神灵,剑在人们的心目中,便有了驱魔避邪的功能。《名剑记》载,吴王

---

① 郦道元:《水经注·卷三十六》,成都:巴蜀书社,1985年,第560页。
② 毕坤:《浑元剑经》,见马力编《中国古典武学秘籍录》上卷,北京:人民体育出版社,2006年,第174页。

的宝剑中就有一柄"避邪剑"。① 帝王铸剑,有埋于名山、沉之大川的。《古今刀剑录》载:汉明帝便铸过一把龙形剑,"沉之于洛水中"。蜀汉后主刘禅,亦曾造过一把大剑,"长一丈二尺,镇剑口山"。② 帝王铸剑,也有镇邪的企图。《清异录》载:崇祯担心刺客,曾"造云母匣,贮所用剑,名匣曰护圣将军之馆",③亦是消灾求吉的用意。

三十年前,笔者曾往湖北荆州博物馆参观,馆中收藏着大量古代楚国兵器,其中大部分是剑。这些兵器多是纪南城遗址出土的。考古学家们怀疑,纪南城遗址可能就是楚国郢都。时博物馆馆长介绍,纪南城楚墓极多。楚国男子,再穷,死后没有任何殉葬品,但必有一剑。笔者问馆长他们馆藏有多少这样的剑。他伸出两个指头得意地说:足可以武装两个团。笔者还得知,著名的越王勾践剑、越王州勾剑等,都是在这里发掘出来的。越终为楚灭,越国的宝剑,都到了楚人手中。

楚国男子入葬为何必携一剑呢?楚人好战是一说。但先秦又有哪个不尚武呢?楚人以剑殉葬,恐怕与楚地巫风极盛有关。事实上,确有人研究认为,中国古代特别是上古宝剑常是随葬物品,原因就是古人以为剑可以避鬼驱邪。

道教用剑,便纯粹取这种象征之意。道教土生土长,是杂糅进不少民间宗教或巫术的大杂烩。道教的神秘迷信色彩最重。剑被道教拿去后,便成为一种驱魔镇鬼、祈神求灵的法器。

剑为龙,所辟首先应是水中的妖邪。所以道教经典《抱朴子》谈到辟蛟龙之道时引《金简记》云:

> 以五月丙午日日中,捣五石,下以铜。五石者,雄黄、丹砂、雌黄、矾石、曾青也。皆粉之,以金华池浴之,内六一神炉中鼓下之,以桂木烧为之,铜成以刚炭练之。令童男童女进火。取牡铜以为雄剑,取牝铜以为雌剑,各长五寸五分,取土之数,以厌水精也。带之以水行,则蛟龙、巨

---

① 李承勋:《名剑记》,见上海古籍出版社编《生活与博物丛书 器物珍玩编》,上海:上海古籍出版社,1993年,第476页。
② 陶弘景:《古今刀剑录·序》,见《四库全书》文渊阁本"子部九·谱录类一·器物之属"。
③ 陶谷:《清异录》卷下"武器门",见《四库全书》文渊阁本"子部十二·小说家类三·琐记之属"。

鱼、水神不敢近之也。①

后来剑的功能有所扩大，所辟妖邪也不再仅限于水怪，李时珍《本草纲目》云："古镜如古剑，若有神明，故能辟邪魅忤恶。"②剑与镜同时成为道士最重要的法器，以至于如《抱朴子》之类，皆强调"防身却害"，须佩"天文之符剑"③，"凡学道术者，皆须有好剑镜随身"。④

从此，道士登坛作法，必是口诵咒语，手执宝剑。梁山泊一百单八好汉，所使兵器五花八门，只有"入云龙"公孙胜、"神机军师"朱武、"混世魔王"樊瑞三个道人，才始终使剑。东溪村七星聚义，公孙胜初见晁盖，那打扮就是"腰系杂色彩丝绦，背上松纹古定剑"；芒砀山降樊瑞，也是"在高埠处看见，便拔出那松纹古定剑来，口中念动咒语，喝声道：'疾！'"⑤诸葛亮赤壁借东风，亦是"沐浴斋戒，身披道袍，跣足披发"，"后左立一人，捧宝剑；后右立一人，捧香炉"。⑥没写诸葛亮仗剑作法，但他肯定是仗剑作法。

太平天国信奉的基督是纯粹中国化、庸俗化的，其中道教巫术成分极多。洪秀全发动起义前，曾从外地请来一个外号"打铁罗"的著名铁匠师傅，打造了两把长约三尺的剑，一把他自己佩带，一把送给他的同学李敬芳，剑上都刻有"斩妖剑"三字。洪秀全又有《吟剑诗》："手持三尺定山河，四海为家共饮和，擒尽妖邪归地网，收残奸宄落天罗。"⑦

为帝王制剑者，多为道士。《古今刀剑录》载：北魏太武帝时"有道士继天师为帝造剑，长三尺六寸，隶书，因改元真君"。⑧道教又有"尸解"之说，"尸解"有"火解""水解""杖解""兵解"等若干种，所谓尸解，即形体之变化，有不存肉体，有肉体仍留存的。尸解而化，皆要寄托于一个物体，而剑便是主要寄托物之一。寄

---

① 葛洪：《抱朴子·内篇》卷四"登涉第十七"引《金简记》，见《四库全书》文渊阁本"子部十四·道家类"。
② 李时珍：《本草纲目》第八卷"金石部"，北京：北京燕山出版社，2007年，第481页。
③ 葛洪：《抱朴子·内篇》卷二"道意第九"，见《四库全书》文渊阁本"子部十四·道家类"。
④ 李绰：《尚书故实》，见《四库全书》文渊阁本"子部十·杂家类三·杂说之属"。
⑤ 施耐庵、罗贯中：《水浒传》，上海：上海古籍出版社，1988年，第206、886页。
⑥ 罗贯中：《三国演义》，北京：人民文学出版社，1953年，第393页。
⑦ 梁光汉：《太平天国将领的武艺活动》，见《体育文史》1990年3月，第28、29页。
⑧ 陶弘景：《古今刀剑录》"诸小国刀剑总在此"，见《四库全书》文渊阁本"子部九·谱录类一·器物之属"。

托于剑的"尸解",道教著作称其为"剑解"。灵魂飞升成仙,所托附的载体,是要经意挑选的;躯壳若要保留,也不可以随意交付。于是便寄托给剑等神器。《云笈七签》称其为"真人用宝剑以尸解者,蝉化之上品也",关于如何铸造镌刻,都有详细说明。而它的功能奇效,《云笈七签》不吝赞美之辞:

> 此剑恒置所卧床上枕栉被褥之间,使常不离身,以自卫也。既足以逐辟邪魔,又可以照映五形。尔乃神药题之,即得邂景潜冥九。此剑尺度长短广狭厚薄刻镂文字,乃太极四真人灵剑之模范也。或谓曰分景,或曰挥神刀,但当论铤质有利钝耳。上人皆陶昆吾之石,冶西流之金,铸而作之,准其成范也。此之上质,非世人所得,但取精铁,按而作之,亦足以流景逸真,隐灵化形。药既陈矣,将不待西吾之质,乃成其妙也,凡铁亦皆可用也,所存在于范质而已。夫虎狼恶兽,闻麟唱而窜穴;百鸟群游,听凤鸣而绝响。麟角岂锐于虎狼之爪牙哉?凤声岂猛于雕鹗之攫乎?所贵在于灵音神气,道妙发焕,德为群物之轨,真为至空之柄,足以镇万精之眩惑,威千凶之用矣。奚必须昆吾之金、割玉之铤耶?王子乔剑乃凡下之铁耳,黄帝今所带剑是桥山中尸解剑也,若是者复非西昆之流金也。①

这么好的剑,剑解真是死得其所啊。

《考工记》有"桃氏铸剑"说:"攻金之工,筑氏执下齐,冶氏执上齐,凫氏为声,栗氏为量,段氏为镈器,桃氏为刃。"又有:"三分其金而锡居其一,谓之大刃。"郑注云:"大刃,刀剑之属。"孙怡让说:刀剑锋刃"在兵中为最大,故谓之大刃"。"桃氏为剑……身长五其茎长,重九锊,谓之上制,上士服之;身长四其茎长,重七锊,谓之中制,中士服之;身长三其茎长,重五锊,谓之下制,下士服之。"②把铸剑之工称之为桃氏,正是中国古代桃木制鬼,剑亦能制鬼这两个观念吻合所致。所以有人说:"剑之工,谓之桃氏,以桃能辟除不祥而剑亦能止恶除恶也。"③既然辟鬼

---

① 张君房编:《云笈七签》卷之八十四"尸解",李永晟点校,北京:中华书局,2003年,第1895页。
② 杨天宇:《周礼译注》"冬官考工记第六",上海:上海古籍出版社,2004年,第625、626、628、629页。
③ 王与之:《周礼订义》卷七十三,见《四库全书》文渊阁本"经部四·礼类一·周礼之属"。

用剑是取其象征意义,桃木亦能制鬼,后来作为道士法器的剑,很多便不用真剑,而用"桃木剑"。

中国民间有端午节门前挂菖蒲的习俗,显然是因为菖蒲叶形似剑,可取拟辟邪之意。小孩玩的"菖蒲剑",其实道士作法也常以之挥舞。

中国古代关于"飞剑取人"的剑仙传说,当与剑为辟鬼神器之说有关。像聂隐娘那样隐身变化、飞檐走壁,"以羊角匕首,刃广三寸,遂白日刺其人于都市中,人莫能见",[1]还能长生不老的剑仙,实际上就是道教神仙。剑在道教手里,进一步神秘化、神圣化了。

武当武术,自成一派,威重武林。向来就有"武当尚剑"一说,但同时又有"武当无拳"之说,虽然这种说法有些绝对。有人把武当派与内家拳画等号,然而属于内家拳的太极拳、形意拳、八卦掌、自然门拳法、心意六合拳(《武当绝技》一书,收录的多为这些拳种),从源头上和武当山毫无关系。近年发掘整理出的一些据称源自武当的拳法,也还存在不少争议。武当或许不能称无拳,但武当首先是尚剑,其他器械不突出却唯以剑术著称,这显然是剑为道教和道士神圣法器的缘故。

武当剑术仍带有极大的神秘色彩。宋唯一《武当丹派剑术》称:"武当剑术乃洞玄真人张三峰受真武之大法,原为护道降魔起见。嗣后,祖师立成九派,分为三乘。……上乘乃偃月神术,即字、柱、极三字之派也;中乘乃匕首飞术,即符、鉴、七三字之派也;下乘乃长剑舞术,即釜、筹、丹三字之派也。"[2]由"匕首飞术""偃月神术""降魔"等等,明显可见,发展至相当成熟阶段的武当剑,三乘九派都没有彻底脱离辟邪驱鬼的象征寓意。

第五节　剑在中国文化中还为诸多范畴象征物

象征随联想和推导而扩大,剑在中国文化背景中,还成为这样一些范畴的象

---

[1] 陆楫:《古今说海》"聂隐娘传说渊三十六",见《四库全书》文渊阁本"子部十·杂家类六·杂编之属"。

[2] 宋唯一:《武当丹派剑术》,载李天骥主编《武当绝技　秘本珍本汇编》,长春:吉林科学技术出版社,1988年,第88、89页。

征物。

"宝剑赠烈士。"剑在古代,往往是义士间互赠礼品,并渐成友谊的象征。刘备、关羽、张飞,桃园三结义为天下倡。孔明、赵云,亦与刘备同兄弟一般。《古今刀剑录》说:刘备造八剑,也是"一备自服、一与太子禅、一与梁王理、一与鲁王永、一与诸葛亮、一与关羽、一与张飞、一与赵云"。[1] 杨修送给魏文帝曹丕一剑,"魏文帝爱杨修才",常常佩着它并经常告诉别人:"此杨修剑也。"[2]

最有名的当然是《史记》所云延陵人吴国季札挂剑故事:

> 季札之初使,北过徐君。徐君好季札剑,口弗敢言。季札心知之,为使上国,未献。还至徐,徐君已死,于是乃解其宝剑,系之徐君冢树而去。从者曰:"徐君已死,尚谁予乎?"季子曰:"不然,始吾心已许之,岂以死倍吾心哉?"[3]

这个故事因其感人而迅速流传开来,自此成为一个著名典故,文人骚客歌咏友情,往往以"季子挂剑"喻之。曹植《赠丁仪》"思慕延陵子,宝剑何所惜",李白《陈情赠友人》"延陵有宝剑,价重千黄金",用的都是这个典故。

直接以剑喻比友谊的诗也很多。韩愈《利剑》有:"故人念我寡徒侣,持用赠我比知音。"李白《赠易秀才》有:"少年解长剑,投赠即分离。"《赠从弟宣州长史昭》有:"知音不易得,抚剑增感慨。"日本遣唐留学生阿倍仲麻吕和诗人李白、王维皆为莫逆之交,他东归时曾书赠王维"平生一宝剑,留赠与故人"。

刘宋鲍照有《赠故人马子乔》诗,诗云:

> 双剑将别离,先在匣中鸣。
> 烟雨交将夕,从此遂分形。
> 雌沉吴江水,雄飞入楚城。
> 吴江深无底,楚关有崇扃。
> 一为天地别,岂直阻幽明。

---

[1] 陶弘景:《古今刀剑录·序》,见《四库全书》文渊阁本"子部九·谱录类一·器物之属"。
[2] 《文士传》,见朱迎平《古典文学与文献论集》,上海:上海财经大学出版社,1998年,第40页。
[3] 司马迁:《史记·吴太伯世家》,北京:中华书局,1959年,第1459页。

神物终不隔,千祀傥还并。①

鲍照在诗中将自己与朋友喻为双剑,分离是暂时的,终究还会再度相逢。

不仅喻比友谊,剑在中国文人诗中还有着特殊的地位。

儒家文化具有一种积极入世的精神,"修身、齐家、治国、平天下",是儒学士人的最高理想。剑在中国古代文人诗中,往往寄托着他们立功异域、名垂青史的抱负。以李白诗为例,《在水军宴赠幕府诸侍御》有"宁知草间人,腰下有龙泉。浮云在一决,誓欲清幽燕";《赠张相镐》有"抚剑夜吟啸,雄心日千里。誓欲斩鲸鲵,澄清洛阳水";《临江王节士歌》有"安得倚天剑,跨海斩长鲸";《塞下曲》有"愿将腰下剑,直为斩楼兰";《赠何七判官昌浩》有"不然拂剑起,沙漠收奇勋";《赠崔侍御》有"长剑一杯酒,男儿方寸心。洛阳因剧孟,托宿话胸襟";《邺中赠王大》有"紫燕枥下嘶,青萍匣中鸣。投躯寄天下,长啸寻豪英"等。这些诗句,都淋漓酣畅地表达了他的这种愿望。而诸如李白的《古诗》其三十九"倚剑歌所思,曲终涕泗澜",《行路难》"停杯投箸不能食,拔剑四顾心茫然",《玉壶吟》"三杯拂剑舞秋月,忽然高咏涕泗涟",《金陵歌送别范宣》"扣剑悲吟空咄嗟,梁陈白骨乱如麻",《赠从兄襄阳少府皓》"弹剑徒激昂,出门悲路穷"等,则又是借剑在吐露他怀才不遇、忧国忧民、壮志未酬的惆怅,以及兵燹连绵、山河破碎、生灵涂炭而他自己无力回天的哀伤。

剑在文人诗中,还表达了他们压抑不住的自由、浪漫、风流的愿望。安史之乱前的唐代,是空前的时代,国家安定统一,经济繁荣,政治开明。这种愿望便如挣脱了堤防一泻千里的江河。当时的人们,陶醉于声色,耽迷于美酒,溺狂于仗剑行侠的古风,几乎快活得要疯了。这在李白诗中,有着典型的反映。如《少年行》"击筑饮美酒,剑歌易水湄",《送羽林陶将军》"万里横戈探虎穴,三杯拔剑舞龙泉",《在水军宴韦司马楼船观妓》"诗因鼓吹发,酒为剑歌雄",《冬夜醉宿龙门觉起言志》"醉来脱宝剑,旅憩高堂眠",《忆襄阳旧游赠马少府巨》"高冠佩雄剑,长揖韩荆州",等等,都是这种时尚的写照和时代真实情感的抒发。

流传下来的李白诗歌有近千首,其中提到剑的就有近百首。李白一生剑与酒不离身,诗只是他生活的副产品,他的狂是真狂。《新唐书》说他"喜纵横术,击

---

① 鲍照:《赠故人马子乔》,《玉台新咏笺注》卷四,北京:中华书局,1985年,第146页。

剑为任侠"。①《宣和书谱》说他"及长好击剑,落落不羁束"。②他自己也说"十五好剑术,遍干诸侯",③二十五岁时"仗剑去国,辞亲远游",④还说曾投书想向当时的剑术高手裴旻将军学剑。李白可能还用剑杀过人,魏颢《李翰林集·序》说他"少任侠,手刃数人"。⑤看来,李白《赠从兄襄阳少府皓》诗中所云"结发未识事,所交尽豪雄。托身白刃里,杀人红尘中",说不定还真不是夸张虚构。

李白是酒仙,又是剑仙。后人纪念他,就有了酒店门前书有"太白遗风"的酒旗,就有了武林的"太白剑"。

然而李白只是李白,李白只有一个,中国文人喜谈剑,多数实在只是对自由的向往和想象云端之浪漫。

因为剑形直,因为剑的光莹,当然更因为剑的美好神圣,在文人诗中,往往以剑来比喻人刚直不阿的道德情操,剑的杀伐功能,便指向了与贤良势不两立的佞臣。比如贾岛《剑客》:"十年磨一剑,霜刃未曾试。今日把赠君,谁为不平事。"窦群《题剑》:"心许留冢树,辞直断佞臣。焉能为绕指,拂拭试时人。"韩愈《利剑》:"我心如冰剑如雪,不能刺谗夫,使我心腐剑锋折。"白居易《李都尉古剑》:"愿快直士心,将断佞臣头。不愿报小怨,夜半刺私仇。劝君慎所用,无作神兵羞。"于是,剑由神秘所在,又返回现实人世。

剑在中国古代还是仁人志士修身养性、陶冶情操的随身之物和楷模。所谓"琴心剑胆",和《释名·释兵》所谓的"剑,检也,所以防检非常也",⑥都是此意。古人壁挂龙泉,闻鸡起舞。怀才不遇,归隐南山,即以之激励心志;得遇明主,际会风云,又以之自警自检。剑还与儒家气节观念相融,杀身成仁,舍生取义,又成了剑的一种特殊用途。

气是中国哲学特殊的宇宙和生命的本体定义。在泛道德化的古代中国,它必然地进入了道德和人格精神的文化层面。文论、画论、诗论、书论,无一不讲气。气,实际上就是贯注于作品中的气质、气度与人格气概之所指。华岳《呈番禺赵及甫》诗云:"笔锋带怒摇山岳,剑气衔冤射斗牛。"人们通常也说"剑气逼人"

---

① 欧阳修、宋祁:《新唐书》卷二百二"李白传",北京:中华书局,1975年,第5762页。
② 《李太白全集》卷之三十六"附录六",北京:中华书局,1977年,第1653页。
③ 《李太白全集》卷之二十六"书类",北京:中华书局,1977年,第1241页。
④ 《李太白全集》卷之二十六"书类",北京:中华书局,1977年,第1244页。
⑤ 《李太白全集》卷之三十一"附录一",北京:中华书局,1977年,第1450页。
⑥ 刘熙:《释名》卷七"释兵",见《四库全书》文渊阁本"经部九·小学类一·训诂之属"。

"剑气杀人"。剑也是带"气"的,只不过剑气是刚大、勃张、激烈之气。常言道:"诗在诗外。"气也会互相感染传递。陆游《融州寄松纹剑》:"十年学剑勇成癖,腾身一上三千尺。"刚直精芒、形健骨遒的剑,行云流水、豪迈奔放的剑术,不知给了边塞派诗人和豪放派词人多少启迪与灵感。《独异志》载:唐代名画家吴道子由于多时没有作画了,奉圣命在天宫寺作画时精神萎靡,于是他请来当时剑术号称一绝的裴旻,让裴旻舞剑"作气以助挥毫"。"(裴旻)走马如飞,左旋右抽,掷剑入云,高数十丈,若电光下射,旻引手执鞘承之,剑透空而下,观者数千人,无不悚栗。道子于是援毫图壁,俄倾之间,魔魅化出,飒然风起,为天下之壮观。"裴旻舞剑"作气以助挥毫",竟使吴道子的作品放射出奇光异彩。"道子平生所画,得意无出于是。"[1]另外,与李白诗、裴旻剑术共称"三绝"的张旭草书,据说也是观公孙大娘舞剑器才"得其神"的。

《浑元剑法》有云:"故剑法既成,尤当博阅天文、地理、人事,驳杂于中,在一番体认知改择中,卑以身处之心,又或于澹定之候,静以抚琴,涵养性真,化净猛烈之习,效成一片温和气象。外人岂能知哉?目为武士,而有儒雅之风;称为呆儒,而有威严之度。""非明悉天文、地理、人事,善舞剑而能止戈者乎?更有善观剑者风胡子,善舞剑者李靖、伍员、吴季子等,孔门之季路常佩剑。于此观之,剑为奇珍,自古惟然。其用非但主于玩器,其旨趣亦深焉耳。"[2]难怪武谚有云:"剑乃君子所佩,刀乃侠盗所使。"

第六节 公孙大娘"剑器"舞即武舞

杜甫有《观公孙大娘弟子舞剑器行》并序。

其序云:

大历二年十月十九日,夔府别驾元持宅,见临颍李十二娘舞剑器,壮其蔚跂,问其所师,曰:"余公孙大娘弟子也。"开元五载,余尚童稚,记

---

[1] 李冗:《独异志》卷中,中国古籍库明稗海本。
[2] 毕坤:《浑元剑经》,见马力编《中国古典武学秘籍录》上卷,北京:人民体育出版社,2006年,第175页。

于郾城观公孙氏舞剑器浑脱，浏漓顿挫，独出冠时，自高头宜春梨园二伎坊内人洎外供奉，晓是舞者，圣文神武皇帝初，公孙一人而已。玉貌锦衣，况余白首，今兹弟子，亦非盛颜。既辨其由来，知波澜莫二，抚事慷慨，聊为《剑器行》。往者吴人张旭，善草书书帖，数常于邺县见公孙大娘舞西河剑器，自此草书长进，豪荡感激，即公孙可知矣。

其诗云：

> 昔有佳人公孙氏，一舞剑器动四方。
> 观者如山色沮丧，天地为之久低昂。
> 㸌如羿射九日落，矫如群帝骖龙翔。
> 来如雷霆收震怒，罢如江海凝清光。
> 绛唇珠袖两寂寞，晚有弟子传芬芳。
> 临颍美人在白帝，妙舞此曲神扬扬。
> 与余问答既有以，感时抚事增惋伤。
> 先帝侍女八千人，公孙剑器初第一。
> 五十年间似反掌，风尘澒洞昏王室。
> 梨园子弟散如烟，女乐余姿映寒日。
> 金粟堆南木已拱，瞿塘石城草萧瑟。
> 玳弦急管曲复终，乐极哀来日东出。
> 老夫不知其所往，足茧荒山转愁疾。

这首诗铺陈描绘了见李十二娘舞剑器时遥想当初其师公孙大娘舞蹈的美妙多姿，又抒发感时抚事的伤感，哀婉凄凉，历来是脍炙人口的诗篇。众多的唐诗选本，少有不选这首佳作的。然而"剑器"到底是指什么？剑器舞舞者手中究竟持何物？或者持物还是不持物？历来众说纷纭。甚至著名历史学家陈寅恪在《元白诗笺证稿》、任二北在《敦煌曲初探》中都发表了意见。但至今，这个问题仍然悬而未决。

这些争论大致得出了以下几种结论：认为剑器舞就是舞剑，认为剑器舞是舞双剑，认为剑器舞乃空手雄装而舞，认为剑器舞乃是舞结头之彩帛，认为剑器舞兼用武器、旗帜、火炬等。

尽管这几种观点都以为自己找到了似乎充足的证据,但是谁也未能圆满地做出解释最终立住脚。说剑器舞是舞剑吧,为什么它又经常表现为并不舞剑?说它是空手而舞或持其他器械而舞吧,为什么它的名称中又偏有一个"剑"字?

近年来与此有关的一些文章的论争,同样是在这几种观点中各持一端,未能逃离前人的窠臼。笔者不想再沿这个路子考证陈寅恪、任二北先生都没考证清楚的问题。看来,要解决这个问题,必须另辟蹊径。

笔者以为,解决这个问题的关键,在于明了剑在中国古代是武、武备、武事、武功、武术、尚武精神,甚至战争和军事的象征,甚至作为武的代名词。

李君元《天子剑赋》云:"物之得者称乎剑,人之尊者称乎天。固一人之所执,谅四海之攸先。必当耀武德,静氛烟,举之无上,挥之莫前。"《三才图会》引傅元《剑铭》云:"先王观变而服剑,所以立武象也。太上有象而已,其次则亲用之。铭曰:先文耀武,以卫乃国。"[①]都是以剑在譬喻君王的盖世武功或对武功的崇尚。

前述有俞大猷说他早就听说过"河南少林寺,有神传长剑技"。嘉靖辛巳年间,他奉命南征,路过少林寺。少林僧自负"其技之精者",皆出来做了表演。但俞大猷不满意,对住持小山上人说:"此寺以剑技名天下,乃传久而讹,真决皆失矣。"小山上人于是恳请道:"剑诀失传,示以真诀,是有望于名公。"[②]于是俞大猷带走了两名少林弟子,并传授给他们棍术。

"少林尚棍",少林武术从来以棍术著称。但为什么俞大猷却说少林"有神传长剑技""以剑技名天下",而小山上人亦云"剑诀失传"呢?

又查俞大猷所著《剑经》,明明白白是一部讲棍法的专著,却名为《剑经》,也让人颇费猜详。

徐哲东有个观点颇有见地,他说:"剑道在古技击法内,最为便捷。盖戈、干、矛、戟等,只用于战阵,其击刺进退,贵有节制,从令而动,不能腾踔夭矫,凌厉恣肆,任意纵横也。惟剑为古人随时携带之具,精习之足以自卫,故其术独尚巧妙,此项羽所以谓'一人敌'也。……其后各种兵器,皆有矫健巧捷之法,殆皆源于剑

[①] 虞世南:《北堂书钞》卷一百二十二"武功部十"引傅玄《剑铭》,见《四库全书》文渊阁本"子部十一·类书类"。

[②] 俞大猷:《正气堂全集》,廖渊泉、张吉昌点校,福州:福建人民出版社,2007年,第606页。

术。"①剑在中国古代首先发达,剑的技术影响深远。

但时过境迁,明代的武术技术,已认为"诸艺宗于棍"。俞大猷说:"若能棍,则各利器之法从此得矣。"②何良臣则云:"拳棍为诸艺之本源也。"③程冲斗则云:"棍为艺中魁首。"《剑经》则以"若能棍,则各利器之法从此得矣"一句,为此做了注脚。棍技术的地位取代了剑技术的地位,但剑象征的地位却没有被棍象征的地位完全取代,以"剑"代"武",并未变成以"棍"代"武"。

明代武术尤重棍法。"各利器之法"差不多可算武术总法,于是,以"剑"代"武",论棍的专著自然可称为《剑经》。唐豪《中国武艺图籍考》即云:"(《剑经》)其所由名为剑者,盖中国古以剑为重,名此所以尊之也。"④以此推之,少林之棍、少林棍术被称为剑、剑技,也是这个原因。

古希腊诗歌争芳斗艳,诗人趾高气扬,诗的地位在文学艺术中至高无上。亚里士多德著《诗学》,名为诗学,内容却是系统阐明文艺理论。以"诗"代"艺"——代指"文艺",欧洲后世遂相沿成习,将一切阐述文艺理论的著作统称为"诗学"。以剑代武,与以诗代艺,如出一辙。

司马迁在《史记·太史公自序》中说道:"非信廉仁勇,不能传兵论剑、与道同符。内可以治身,外可以应变,君子比德焉。作《孙子吴起列传》。"⑤《孙子吴起列传》只记述了孙武、孙膑、吴起三人生平事迹,这三人都是著名的军事家,但包括《史记》在内的任何著作,都没有提到他们武功如何,更没有提到他们擅剑术。孙膑是刑余之人,能不能舞两下剑都是疑问,更不要说是剑术高手了。司马迁的"论剑",显然就是"论武"。以剑代武,至少从司马迁的时代就开始了。

金庸小说《射雕英雄传》有"华山论剑"一回。然而东邪、西毒、北丐、郭大侠等人并未持剑大打出手,而只是以拳法功力相搏。所谓"论剑",实际上就是"比武"。金庸显然深明其理,以剑代武,比武就成了论剑。

著名军事家、武术家何良臣,自名其书斋为"说剑斋",他的军事著作有《说剑斋稿》,也不外同样的理由。

---

① 徐哲东:《国技论略》上编"征古第一",太原:山西科学技术出版社,2003年,第4、5页。
② 俞大猷:《剑经》,转引自戚继光:《纪效新书》十四卷本,北京:中华书局,2001年,第76页。
③ 何良臣:《阵纪》卷二"技用",见《四库全书》文渊阁本"子部·兵家类"。
④ 唐豪:《中国武艺图籍考》,太原:山西科学技术出版社,2008年,第113页。
⑤ 司马迁:《史记·太史公自序》,北京:中华书局,1959年,第3313页。

顺理成章，"侠客"之被称为"剑客"，"武侠"又被称"剑侠"，皆是这个原因。

"琴心剑胆"，是中国人常用以自勉的修养上两极互补的名言，剑胆当然是指勇敢、刚毅或刚烈武风。近代史上女英雄秋瑾，自号鉴湖女侠，力倡尚武救国。她经常身着戎装，跃马驰骋教场，手里则常握一柄宝剑。"强权世界女英雄，尚武精神贯浙东""休言女子非英物，夜夜龙泉壁上鸣"。剑在秋瑾诗中，同样是尚武精神的投射与贯注。

"剑"可为"武"的代指，武舞于是就被称为剑器舞。武舞当然也用剑，但并非全用剑。可是不管用剑，还是雄装徒手、持刀、持旗、持炬、持帛，都是武舞，于是都可以被称为剑器舞。公孙大娘所舞被称为剑器舞，是因为她所舞为剑舞武舞，并不拘泥于她手持什么。公孙大娘肯定是善于舞剑的，但她跳什么舞，舞什么东西，则不一定，甚至随心所欲。

唐人姚合有《剑器词》三首。

其一曰：

圣朝能用将，破敌速如神。
掉剑龙缠臂，开旗火满身。
积尸川没岸，流血野无尘。
今日当场舞，应知是战人。

其二曰：

昼渡黄河水，将军险用师。
雪光偏着甲，风力不禁旗。
阵变龙蛇活，军雄鼓角知。
今朝重起舞，记得战酣时。

其三曰：

破虏行千里，三军意气粗。
展旗遮日黑，驱马饮河枯。

邻境求兵略,皇恩索阵图。
元和太平乐,自古恐应无。①

诗中说到了"剑",但也说到了"阵",说得更多的是"旗",不难看出,这是武舞,还是群舞,明显是在模拟重现战争场面。

《敦煌曲子词》也有《剑器词》三首。

其一为:

皇帝持刀强,一一上秦王。
闻贼勇勇勇,拟欲向前汤。
心手三五个,万人谁敢当。
从家缘业重,终日事三郎。

其二为:

丈夫气力全,一个拟当千。
猛气冲心出,昔死亦如眠。
率率不离手,恒日在阵前,
譬如鹘打雁,左右悉皆穿。

其三为:

排备白旗舞,先自有来由。
合如花焰秀,散若电光开。
喊声天地裂,腾踏山岳摧。
剑器呈多少,浑脱向前来。

---

① 《全唐诗》第八函第三册,上海:上海古籍出版社,1986年,第1271页。

提到了"剑",但是"剑器"和"浑脱"并称,诗中还提到了"刀""旗"。也不难感受到:这是武舞,也是群舞,也明显是在模拟重现战争场面。

陈寅恪云:"诸种杂戏于唐代流行颇盛,其见于文物典籍者,关于'舞双剑'(注:白居易的《白氏长庆集》卷三有《立部伎》一首,诗中说:'立部伎,鼓笛喧。舞双剑,跳七丸。袅巨索,掉长竿。')《教坊记》曲名有西河剑器,钱注杜诗《观公孙大娘弟子舞剑器并序》'开元三载,余尚童稚,记于郾城观公孙氏舞剑器浑脱'。钱注引《明皇杂录》略云,'上素晓音律,时有公孙大娘者,善舞剑,能为邻里曲,裴将军满堂势,西河剑器浑脱,遗□妍妙,皆冠绝于时也'。"①(这个《明皇杂录》应是别一版本,今中华书局《明皇杂录》与之不同:"开元中,有公孙大娘善舞剑,僧怀素见之,草书遂长,盖壮其顿挫势也。"②)公孙大娘"善舞剑"不错,但她也能跳别的舞,诸如《邻里曲》《裴将军满堂势》,也包括《西河剑器浑脱》等。

以剑代武,剑为武之象征,是问题的关键。只有如此,才能圆满解决前面提到的数种观点中任何一种所不能彻底解决的问题。

这一章的讨论,旨在说明:剑被一种特定的文化选择之后,是如何被寄寓了美好的想象,获得了古今中外任何一种兵器所不曾具有的丰富内涵,从而被罩上一圈诡谲美丽的光环。人们既喜爱它,又敬惧它。千百年中,它在不断被塑造和丰满着。剑不仅仅是武术器械,它早已成为种种文化范畴的象征,以及离民族文化主旋律并不遥远的一个小小变奏。

---

① 陈寅恪:《元白诗笺证稿·立部伎》,北京:生活·读书·新知三联书店,2009 年,第 159 页。
② 郑处海:《明皇杂录》卷下"逸文",北京:中华书局,1994 年,第 51 页。

第二章 "射柳"考

弗洛伊德认为:几乎所有的象征都是偶然出现、偶然成立的,只有性的象征除外。弗洛伊德的学说固然存在人们所批评的种种失误,但他把性的需要和表现放置在一个特出的位置来认识和强调,仍然不失为能予人以深刻启迪的见解。孔子说:"食色,性也",食,是维持人类自身生存所需;性,是延续人类种类生存所需,越接近原始状态,越关乎人类生活的大事。所以,我们在文化研究中,完全忽视性的存在和影响是不正确和不可能的。我们也就不能不注意到,中国武术的某些内容,与生殖崇拜观念和活动有关。最明显的,是射柳活动。

第一节 "射柳"最早是射柳叶而非柳枝

中国北方一些少数民族历史上有"射柳"的活动。

通常的观点认为射柳是用无羽横簇箭射柳枝。但笔者以为,射柳最早并非射柳枝,而是射柳叶。

虽说记载古代较早时期北方民族射柳方法的资料尚告阙如,但从记述当时已经传入中原,在汉人中进行的射柳活动的一些诗文中,我们还是可以找到这方面的证据。

梁昭明太子《弓矢赞》:

弓用筋角,矢制良工。

亦以观德,非止临戎。

杨叶命中,猨堕张空。①

梁庾肩吾《九日侍宴乐游苑应令》云:

尘飞金埒满,叶破柳条空。
腾猿疑矫箭,惊雁避虚弓。②

"叶破柳条空",明白地为我们勾画出了柳叶被射落殆尽,只余柳枝一根光杆还插在地面的景象。这一射柳方法一直持续到唐代。

唐高宗《九月九日》诗便云:

挥鞭争电烈,飞羽乱星光。
柳空穿石碎,弦虚侧目张。③

贾㻋《百步穿杨叶赋》云:

有美一人兮,操其矢,献其艺,发兹手敏,与彼心契。广场爰设,砥平乎百步之中;众目所瞻,星流乎片叶之际。恒规规而月满,乍肃肃而风厉。是时也,固当审毫厘,分巨细。槁木斯立,自应往昔之无;贯珠而来,孰谓后难为继。岂非妙归至习,道合惟精。积少之多而无失,以小观大而有程。克中之时,吃诟不能以施力;造微之处,离娄不得以争明。不然,则一矢之短,宁期乎必至;一叶之微,若有乎余地。谅有开而必先,固无往而不利。然后知射也。舍耳而任目,外形而专意。出乎一札,焉知来者之不如;中乃百全,勿虑前功之尽弃。且夫禀绝伦之技,当明试之前,为众所推,发不可不中;冀君所赏,情不可不专。由是舍矢而破,固叶是穿。翻光而白雪驰羽,振响而清风激弦。名加彻札,术异攻

---

① 昭明太子:《弓矢赞》,见《太平御览》卷八十一"兵部·箭下"。
② 庾肩吾:《九日侍宴乐游苑应令》,见张溥《汉魏六朝百三家集》卷九十九"庾肩吾集",《四库全书》文渊阁本"集部八·总集类"。
③ 《全唐诗》第一函第一册高宗皇帝《九月九日》,上海:上海古籍出版社,1986年,第24、25页。

坚。非后来之居上,信直道而无偏。夫然,则习艺者不得暂阕,控弦者不可不察。弦不发则吾何以述,艺不修则尔亦无必。安得穷五善之妙,出百夫之能。积时之功且弃,必获之美徒称。嗟夫,今之习射则多,选材斯众,若穿杨叶者,旷千载而一中。①

唐何据《射杨叶百中赋》云:

于稽百氏,爰得六艺。射之制,伎之锐。既取象于逢蒙,且规模于飞卫。寝石遇而洞启,蹲甲彻而激势。于是盼眯眯之叶,引星骍骍之弓。拨长哨而累气,虑轻叶之摇风。心与手兮冥合,神与术兮元同。标的外准,精和内融。杯水凝而色粲粲,金镐拟而光雄雄。亦既纵横,鸣弦激羽,驰虚走空。柳虽大,忘于所志之外;叶虽小,舍之必取其中。力不屈,道必通。牢笼五善之奥,总括百中之工。时称绝技,实曰巧发。贵乎揖让,贱乎矜伐。岂直忘归贯星,繁弱衔月,雁逊落于云霄,猨洞叫于岩樾而已哉。客有睹之而叹曰:"弧矢之利,器之维新,而彼审鹄为美,曷若中叶可珍。"众谓之叶,我视之无。夫其创物斯妙,成规作典,盖视有同异,而鉴无深浅。秦得金以龙兴,夏亡玉而国翦。喻无不至,作戒示于后昆;湛而不流,比水通于上善。国工是作,端形是托。将审已于寸心,察众人之所恶。②

以上诗文,都说的是射柳叶射杨叶。

杨和柳同科异属,中国人长时期中是杨柳不分的。"杨枝硬而扬起,故谓之杨;柳枝弱而垂流,故谓之柳。盖一类二种也。杨可称柳,柳亦可称杨,故今南人犹并称杨柳。"③射杨就是射柳。金人端午射柳,在元曲中也有反映。王实甫的《四丞相高会丽春堂》中,称金帝端午节在御园举行射柳会,"俺只见一缕垂杨落晓风"④,汉人诗中,连金人射柳,也成射杨了。

---

① 董诰等编:《全唐文》卷九五○"贾餗",北京:中华书局,1983年,第7535、7536页。
② 董诰等编:《全唐文》卷九五○"何据",北京:中华书局,1983年,第9866页。
③ 李时珍:《本草纲目》第三十五卷"木部",北京:北京燕山出版社,2007年,第2469页。
④ 王实甫:《高宴丽春堂》,见孟称舜《酹江集》,中国古籍库明崇祯刻古今名剧合选本。

要说明为什么是射柳而不是射什么别的,为什么是射柳叶而不是射柳枝,那就必须首先说明箭的象征意义和柳叶的象征意义。

箭是最常见的男性生殖器的象征。

古罗马城市的墙上,指示方向的标志,是男性生殖器的图形,这就是后来使用普遍的箭头的原型。有人认为"爱神丘比特手中通常拿着一张弓和一支箭",其意义是"男性生殖器被象征为箭,箭的两羽意味着睾丸"。① 箭被世界各民族普遍用于象征男性生殖器,中国也不例外。在中国民间年画中,送子之神张仙的身旁,总是有许多正向空中射箭的儿童环绕,这是中国的丘比特,中国丘比特用的也是弓箭。京剧《铁弓缘》,拉开铁弓者才能与之婚配,应该也有一种象征意义。这种象征应该早就形成了,《礼记》即记载:周代生孩子,"子生,男子设弧于门左,女子设帨于门右。三日,始负子,男射女否""国君世子生……射人以桑弧、蓬矢,六射天地四方。"② 箭是最常见的男性生殖器的象征。

源于远古先民的生殖崇拜习俗,往往将一些植物赋予性别象征。如古冰岛人便认为男性是桉树,女性是桤树;古条顿人认为橡树是男性,巴伐利亚人认为桦树是女性;日本人认为冷杉是男性象征,梅树是女性象征;印度人认为芒果树是女性,罗望子树、合金欢树、枣树是男性;在德国,梨树是男性的,苹果树是女性的;古巴比伦人则认为枣椰树是男性,葡萄树是女性。③ 实际上,我们现在仍然以松柏、白杨等象征男性,以玉兰、藤萝等象征女性。这些植物象征男性、女性,显然缘于它们与人性别、性征相似的特点。

柳在包括鲜卑、女真、蒙古,以及后来的满族等在内的萨满系北方民族神话传说中,往往是一种特殊的与人出生有关的文化道具。

传说成吉思汗出生时,是"在火上烫弯了河边的紫柳,把二九一十八个柳环绕在两棵柳干上,用四根牛皮绳系吊在帐幕的套淖上",才做成了摇篮。④ 成吉思汗的入篮仪式十分隆重,相士欣哲奇弹奶酒祝福道:

---

① [美] O. A. 魏勒著;史频译:《性崇拜》,北京:中国文联出版公司,1988 年,第 211、223 页。
② 王文锦译注:《礼记译解》上册"内则第十二",北京:中华书局,2001 年,第 390、391 页。
③ [美] O. A. 魏勒著;史频译:《性崇拜》,北京:中国文联出版公司,1988 年,第 59~62 页。
④ [法] 鲍里斯·希洛克著:《史诗英雄的幻化》,见《民族文学译丛》第一集,中国社会科学院少数民族文学研究所编印,1983 年,第 273 页。

> 一张洁白的羊皮，
> 表示银白的大地。
> 四根金色的吊绳，
> 表示四方的天极。
> 十八个柳环的摇篮，
> 预兆着十八个义弟。①

这里的柳环、柳摇篮都应是某种象征。

又有这样的传说，蒙古速合讷惕部有首领与女奴私通，有了私生子，女奴将其用首领袄上的貂皮包裹，抛到了柳树丛中。首领认出皮毛，乃拾回抚养，以后繁衍出速合讷惕部。有人以为："这是暗示其从柳丛生出。"②

满族神话中也常提到柳树。

满族那木都鲁氏的神谕提到："在很古很古的时候，世上还刚刚有天有地，阿布卡恩都里把围腰的细柳叶摘下几片，柳叶上便长出了飞虫、爬虫和人，大地从此有了人烟。直到今天，柳叶上还好生绿色的小包，包里生虫子，就是那时候阿布卡恩都里留下来的。"③

满洲镶富察氏家祭神谕有："在古老又古老的岁月，富察哈拉祖先居住的虎尔罕河突然变成了虎尔罕海。白亮亮的大水淹没了万物生灵。阿布卡恩都里用身上搓落的泥做成的人只剩下了一个。他在大水中漂流，眼看就要淹没了，忽然水面漂来了一根柳，他手抓柳枝漂进石洞，才免于淹死。柳枝化作一个美女，和他配夫妻，生下了后代。"④

满族习俗在举行"换锁仪"时，萨满要唱这样的祈福神歌：

> 选好了茂盛柳枝，
> 敬栽在院中。

---

① 苏赫巴鲁：《成吉思汗的故事》，北京：中国民间文艺出版社，1984年，第4、5页。
② 肖兵：《中国文化的精英——太阳英雄神话比较研究》，上海：上海文艺出版社，1989年5月，第312、313页。
③ 富育光、于又燕：《满族萨满教女神神话初探》，载《社会科学战线》1985年第4期。
④ 富育光、于又燕：《满族萨满教女神神话初探》，载《社会科学战线》1985年第4期。

> 取来白绫彩锦,
> 巧手剪成线锁。
> 遵照祖传礼节,
> 神锁系在柳枝上。
> 全家老少戴神锁,
> 如叶之茂盛,
> 如木之繁荣。①

北方萨满系的少数民族把柳一直作为一种特殊的崇拜对象。女真人向来有以柳为祖的观念,重五要射柳祭天,清明节要戴柳祭扫坟墓。女真人还曾以柳为家法,供于堂子。满族把柳树作为崇敬之物的民间故事极多。东北出土的大量文物,如经常雕刻有柳叶花纹的石器,制成柳叶形状的箭和骨针等,也可以证实满族先民对柳树的特殊感情。

然而柳为何受到崇拜而尊贵呢?

汪玢玲《论满族水神及洪水神话》②,程迅《满族所祭之女神——佛托妈妈是何许人》③等均提到:满族先民曾以柳叶作为女阴的象征,将柳枝作为始母神的标记,称为"佛托妈妈"(又称"佛多毛"或"佛佛毛"),意为柳叶娘娘,虔诚地奉祀。汪文这样说道:"满族人把大水里最初的生命想象为来自水中漂浮的柳叶型物质,或横过来形容为'威呼'(小舟),它在水上漂浮,永不沉没,风能吹走,逐浪而行。它越变越多,长成了'佛多毛'(柳树叶),或叫'佛佛毛'。'佛多毛'中生万物,生人,生花果树木、鸟兽鱼虫。'佛多毛'是什么?是柳叶,也象征女性生殖器。"

《清太祖武皇帝实录》载:

> 满洲原起于长白山之东北,布库哩山下,泊名布勒瑚里。初,天降三仙女,浴于泊。长名恩古伦,次名正古伦,三名佛库伦。浴毕上岸,有神鹊衔一朱果,置佛库伦衣上,色甚鲜妍。佛库伦爱之,不忍释手,遂衔

---

① 宋和平:《满族萨满教的神歌》,载《民间文学》1985年第11期。
② 汪玢玲:《论满族水神及洪水神话》,载《民间文学论坛》1986年第4期。
③ 程迅:《满族所祭之女神——佛托妈妈是何许人》,载《民间文学论坛》1985年第3期。

口中。甫着衣,其果入腹中,即感而成孕。告二姊曰:"吾觉腹重,不能同升,奈何?"二姊曰:"吾等曾服丹药,谅无死理,此乃天意!俟而身轻,上升未晚。"遂别去。佛库伦后生一男,生而能言,倏尔长成。……其子乘舟顺流而下,至于人居之处,登岸,折柳条为坐具,似椅形,独踞其上。①

《东华录》记载的一传说称:"母凌空去,子乘小舟顺流至河,步,登岸折柳枝及野蒿为坐具,端跌其上。"②《满洲实录》亦有大致相同的记载。

有人认为,这些传说"将满族先民以朱果、柳叶象征女性生殖器和以鹊象征男根的生殖崇拜,巧妙地糅合到了一起"。③ 柳叶、柳是女性女阴象征物,"坐具""椅形"实际上也是。

柳叶和箭的象征内容既明,那么射柳的象征意义即不言而喻,那就是:象征男女交配与生殖。

射柳习俗一般都认为源于匈奴、鲜卑等北方民族古老的"蹛林"祭祀活动,即《汉书·匈奴传》所载的"秋,马肥,大会蹛林"。④ 蹛林之"蹛",表示缠绵。射柳活动用这样的名称,正表明这是一种与性有关的活动。

《魏书·高句丽传》记载,朝鲜民族的始祖叫朱蒙,出自"夫馀"或"夫娄",应该也是北方萨满系民族。有意思的是,朝鲜《三国史记·高句骊纪》《朝鲜旧三国史·东明王本纪》等却提到:始祖朱蒙的母亲,竟名为"柳花"。⑤

以柳叶象征女阴的,恐怕不只是萨满系的北方民族。汉语成语中有诸如"柳信花情""眠花宿柳""寻花问柳"等,花、柳均用来指女性。现在我们若以花柳比喻女性,恐怕多因女性面容姣美、身段窈窕,但以花柳比喻女性的原始意义恐不在此。在许多民族中,花都是女阴的象形象征。佛教的圣花莲花,实际上就是女阴的象征,这是许多人都论述过的。奥克菲与芝嘉哥的都名为《花》的名画,也都纯是象形表现女阴。郭沫若在《释祖妣》中考云:"蒂"的初字是"帝",帝本是花朵

---

① 《满洲实录》卷1,辽宁通志馆民国十九年(1930),第3、4页。
② 蒋良骐:《东华录·卷一》,林树惠、傅贵九校点,北京:中华书局,1980年,第1页。
③ 赵国华:《生殖崇拜文化论》,北京:中国社会科学出版社,1990年,第240页。
④ 班固:《汉书·匈奴传》,北京:中华书局,1962年,第3752页。
⑤ 金富轼:《三国史记》十三卷"高句丽本记第一·东明圣王元年",长春:吉林大学出版社,2015年,第145、146页。

全角。称阴蒂者,那也是喻其为花。①《红楼梦》中贾宝玉、蒋玉菡等喝酒行令,妓女云儿唱:"豆蔻花开三月三,一个虫儿往里钻。钻了半天钻不进去,爬到花儿上打秋千。肉儿小心肝,我不开了你怎么钻?"②也是以花暗喻女阴。《金瓶梅》中,也多有类似的譬喻。花以喻女阴,那么与花并列的柳,其性象征意义不言自明。

观音菩萨手中的净瓶与瓶中的柳枝,也有某种象征的意味,所以求子要去观音那儿叩头。汉民族也有清明节佩戴柳枝、柳枝圈的风俗。清明节是祭祖节,祭祖说到底也是生殖崇拜,祭祖时戴柳枝,性的含义可知。旧时中国民间流传着这么一个说法,清明节如不戴柳枝,下辈子转生就会投胎为黄狗。这意思其实也很明白,即你不敬这柳,不敬女阴,不敬这众妙之门,你想投胎做人由何而出。汉民族最早恐怕也曾以柳为生殖崇拜的象征。

《史记·周本纪》载:

> 楚有养由基者,善射者也。去柳叶百步而射之,百发而百中之。左右观者数千人,皆曰善射。有一夫立其旁,曰:"善,可教射矣。"养由基怒,释弓搤剑,曰:"客安能教我射乎?"客曰:"非吾能教子支左诎右也。夫去柳叶百步而射之,百发而百中之,不以善息,少焉气衰力倦,弓拨矢钩,一发不中者,百发尽息。"③

养由基是楚人,楚人射柳虽然不能肯定与北方民族的射柳有联系,但其中或许也有同样的意义。值得注意的是,养由基所射也是柳叶而非柳枝。

王维《老将行》有"昔时飞箭无全目,今日垂杨生左肘"句。一般皆注此云:"'昔时'句:《文选》鲍照《拟古》:'惊雀无全目。'李善注引《帝王世纪》记吴贺使帝羿射雀左目,羿误中右目,仰而愧之。此化用之,谓老将当年射艺能中雀目。"这句解释应该无误。但"'今日'句:《庄子·至乐》:'支离叔与滑介叔观于冥伯之丘,昆仑之墟,黄帝之所休,俄而柳生其左肘,其意蹶蹶然恶之。'按柳谐瘤音,又

---

① 郭沫若:《释祖妣》,《甲骨文字研究》,北京:科学出版社,1962年,第49页。
② 曹雪芹:《红楼梦》第二十八回,北京:人民文学出版社,1982年,第396页。
③ 司马迁:《史记·周本纪》,北京:中华书局,1975年,第165页。

杨柳并称,古人常以为一木。此处以杨指柳,是为了不与后文'先生柳'重。瘤生肘上,指衰病。"①这句解释笔者以为有误,庄子中说的柳生左肘,怎么就一定是瘤生左肘呢?庄子文章,想象宏富,汪洋恣肆,出人意料,柳生左肘很正常,干吗一定是寻常的瘤生左肘呢?再说王维诗应该用的根本不是庄子的典故,上句"昔时飞箭无全目",讲的是射箭,用的是与射箭有关的典故;下句"今日垂杨生左肘",讲的也是射箭,应该用的也是射箭的典故,且应该用的是养由基的典故。养由基射穿柳叶,是在"百步"之外,老将当初也能如此。射箭时,左手臂在前,右手臂在后,"今日垂杨生左肘",老将老了,居然近在咫尺也无可奈何了。通假假借,柳转杨,拐一个弯可以,养由基的"百步穿柳"就变成了"百步穿杨"。但瘤转柳,柳又转杨,拐几个弯,古人也不带这么玩的吧?其实,"百步穿柳"变成"百步穿杨",就是汉人杨柳不分的缘故。

《南史·夷貊传》记载:

> 扶南国俗本裸,文身被发,不制衣裳,以女人为王,号曰"柳叶",年少壮健,有似男子。其南有激国,有事鬼神者字"混填",梦神赐之弓,乘贾人舶入海。混填晨起,即诣庙,于神树下得弓,便依梦乘舶入海,遂至扶南外邑。柳叶人众,见舶至,欲劫取之。混填即张弓射其舶,穿度一面,矢及侍者。柳叶大惧,举众降混填。填乃教柳叶穿布贯头,形不复露,遂君其国,纳柳叶为妻,生子分王七邑。②

扶南国大致在今柬埔寨一带,应该说这是个非常南方的传说了。扶南国女王名"柳叶",被激国人混填一箭征服,并娶为妻。这个传说中,射与柳的性色彩相当浓。柳叶与射柳叶的象征,看来遍布东亚东南亚地区。这是很容易理解的,因为性崇拜和生殖器崇拜在原始文化中的普遍,柳叶象形女阴,箭象形阳具,射象征性交配。不要以找不到记载它们直接影响的资料,轻下北方少数民族射柳、中原汉民族射柳、楚国养由基射柳、扶南国射柳互相之间毫无联系,只是一种偶然的结论。我们千万不能低估了古代不同文化间交通交流和互相影响的强度和

---

① 蘅塘退士编:《唐诗三百首全解》,上海:复旦大学出版社,2010年,第107页。
② 李延寿:《南史·夷貊传》,北京:中华书局,1973年,第1952页。

广度。

柳不光在萨满系的北方少数民族中是性的象征，在汉民族文化中也是一个性的象征。柳，汉语中通常也用来比喻女性。但总体来说，在中国，与北方少数民族的柳具有大致相当地位的，是中原民族汉族的桑，与南方少数民族的竹。"桑中"，那是汉民族文学中一处暗喻神秘欢乐所在，《诗经》中涉及桑的二十多首诗，都和女性和爱情有关。"扶桑"，甚至成了生命之树，成了太阳诞生的去处。南方少数民族，则有始祖诞生于竹的大量神话传说。传说中伊尹桑生，竹王竹生，满人柳生。殊不知，柳树、桑树、竹子的神圣，却原来都源自柳叶、桑叶、竹叶的形似女阴。桑只有中原和南方才有，竹只有南方才有，而柳则从漠北、东北到极南方都有。所以射柳从北到南许多民族都有。

《金史·礼志》云："皇帝回辇至幄次，更衣，行射柳、击球之戏，亦辽俗也，金因尚之。凡重五日拜天礼毕，插柳球场为两行，当射者以尊卑序，各以帕识其枝，去地约数寸，削其皮尔白之。先以一人弛马前导，后弛马以无羽横簇箭射之。既断柳，又以手接而弛去者，为上；断而不能接去者，次之；或断其青处，及中而不能断，与不能中者，为负。每射，必伐鼓以助其气。"①

《析津志》载元军射柳："斫柳者于端午日……诸王行觞为节令寿。前列三军，旗帜森然，武职者咸令斫柳。以柳条去青一尺，插入土中五寸，仍各以手帕系于柳上，自记其仪，有引马者先走，万户引弓随之，乃开弓斫柳。断其白者，则击锣鼓为胜，其赏如前。不胜者亦如前罚之。仪马匹咸与前饰同，此武将耀武之艺也。"②

显然，宋以后的射柳，已经由射柳叶转为射柳枝了。射柳枝所用的"无羽横簇箭"，也由辽宁北票县辽墓中出土的宽而扁平的箭簇实物得到证明。射柳最早是射柳叶被误以为射柳枝，就是依据的这些资料。

射柳中以柳叶象征女阴，这时已变化为以整个柳枝代替。这种变化是很自然的事情。事实上世界所有民族的性崇拜、生殖崇拜，都随着文明的进程而变得越来越间接和隐蔽。广西隆林与云南富宁的彝族，认为自己是兰竹的后裔，每个村子里都种有一丛兰竹，顶礼膜拜，精心护养。"村人每逢农历四月二十日举行

---

① 脱脱等：《金史·志第十六·礼八》，北京：中华书局，1975年，第826页。
② 熊梦祥：《析津志辑佚·风俗》，北京：北京古籍出版社，1983年，第204页。

祭竹大典。届时,拆除栏栅,于竹根前搭一祭台,先由祭司毕摩作法诵经,继而由跳公率村中男女跳舞。历时约三时许方止。最后将木矛插于兰竹脚下。再以新竹枝重作栏栅。"[1]认为自己是兰竹的后裔,每年举行祭竹大典,将木矛插于兰竹脚下,肯定是象征男女交媾。但它最早的形式应该是刺竹叶,犹如射柳最早是射柳叶。而且,即便是射柳枝,它仍然象征着射柳叶——交配。

　　文化交流和文化变化是复杂的,射柳叶后来变为射柳枝,但也不仅仅变为射柳枝。和满族同属萨满系的东北鄂温克族,也有柳树崇拜,也有射柳习俗,但他们的射柳就不是射柳枝,而是在空地上相距不远的两株小树上拉上一根绳子,把柳枝编成一个个柳环,把柳环都挂在这根绳子上,让射手们比赛谁能射箭穿过柳环。[2] 这个变化是很容易理解的,射柳叶比赛有一定评定难度,因为柳叶不是一片而是一簇,射中了哪一片算是射中呢?射柳叶后来演化为射柳枝,很可能与此有关。但射柳枝也有相当难度,因为它不是一片而是一根,尽管后来去青露白明确了射一节,但柳枝显然太细,于是才有了专门用于射柳的"无羽横簇箭"。而射柳变为射杨,除汉族杨柳不分之外,还与柳叶太窄,杨叶则要宽大许多,更适合作为靶有关。坦率说,在笔者看来,射柳的诸多设计中,柳环是最科学好使的。当然,柳环性的象征依然很浓。

　　有人以为:宋人因遭受侵略而仇恨辽人、金人,辽人、金人视射柳为神圣且与女性生殖崇拜有关的活动,于是宋人可能在射柳时注入侮辱色彩。如程大昌《演繁露》载:宋孝宗乾道八年(1172)三月三日,在金陵预阅李显忠司马兵,最后"折柳环插足场,军士驰马射之,其矢镞阔于常镞,略可寸余,中之辄断,名曰蹋柳。"[3] "蹋柳"之"蹋",有压踏之意,那意思基本相当于今天中国人问候人家的妈妈。这个观点有点意思,但这基本是现代中国人的思路。也聊备一说吧。

---

[1] 何耀华:《彝族的图腾崇拜》,见宋恩常编《中国少数民族宗教初编》,昆明:云南人民出版社,1985年,第90、91页。

[2] 聂啸虎:《满族及其先世与北方近邻民族体育游戏之比较》,见《成都体育学院学报》1994年第1期。

[3] 程大昌:《演繁露》卷十三"蹋柳",《四库全书》文渊阁本"子部十·杂家类二·杂考之属"。

第二节　射柳原意又为祭天祈雨

《辽史》云:"瑟瑟礼:祈雨射柳之仪,遥辇苏可汗制。"①"丙子,射柳乞雨,复以水沃群臣。"②在《辽史》《金史》中,有不少关于射柳求雨的记载。

北方民族射柳求雨,显然是基于一种相似的行为会带来同样结果的巫术认识。龙为司雨水神,龙为雄性,雨又被称为"龙精"。所以,贡献女性给水神,精就会出来,雨也就会下来。流行于西北黄土高原的"抬龙王"乞雨活动中,抬"龙王楼"的马脚们,头上则必须戴上柳枝编织的所谓"雨圈"③。陈忠实的小说《白鹿原》中,有关于关中大旱,百姓祈雨戴"柳条雨帽"的描写:

> 这是播种冬小麦的节令。人们无心赏月无心吃团圆饼全都陷入恐慌之中了。白鹿原的官路上,频频轰响着伐神取水的火铳,涌过披着蓑衣戴着柳条雨帽的人流。
>
> ……
>
> 白嘉轩跪在槐树下,……他的身后,跪倒着白鹿村十二岁往上的全部男人,有的头戴柳条雨帽身披蓑衣,有的赤裸着膀子,木雕泥塑似的跪伏在大太阳下一动不动。
>
> ……
>
> 跪伏在地上的人一齐跳起来,丢弃了头上的柳条雨帽和蓑衣,把身上的衣裤鞋袜全部剥光,表示他们全都是海中水族是龙王爷的兵勇,围着龙潭跳起来蹦起来唱起来……④

瑶族乞雨时常跳铜鼓舞,据说:"铜鼓舞所用之鼓有公母之分,公的声音小而尖锐,母的大而钝薄。表演时,由两个男的击鼓,边击边舞,公母鼓声相互配合,

---

① 脱脱:《辽史·国语解》,北京:中华书局,1974年,第1537页。
② 《辽史·本纪第七·穆宗下》,北京:中华书局,1974年,第84页。
③ 庞烬:《龙的习俗》,西安:陕西人民出版社,1988年,第106、107页。
④ 陈忠实:《白鹿原》,北京:作家出版社,2009年,第257、258、260页。

狂热而富有节奏。还有两人手持雨帽，紧随击鼓者伴舞。另有男女各二人随着鼓声四面相和起舞。周围之人皆和着鼓声击掌踏节，欢呼踊跃。"[1]

尤其值得注意的是"雨圈""雨帽"，这个"雨帽"，既然用柳，就仍是象征女阴的象形物，在巫术中，仍是用来引诱雨神交配射精，成为祈雨的道具。这柳枝"雨圈"，显然就是替代女人或象征女人献给龙王的。

另外，男性与女性交合，也能诱使老天爷下雨。很多民族都有这样的认识与实践。董仲舒《春秋繁露》云：为祈雨，"四时皆以庚子之日，命吏民夫妇皆偶处。凡求雨之大体，丈夫欲藏匿，女子欲和而乐"。[2] 夫妇双双住在一起，必然会发生性关系，于是老天被引诱也会忍不住效仿，性交的结果就是射精，于是便会雨霖普降。模拟、象征交配的射柳，也是这种用意。《春秋繁露》有注云："御览五百二十六引汉旧仪云：五仪（二字疑误）元年，儒术奏施行董仲舒请雨事，始令尚书、丞相以下求雨雪，曝城南舞童女，祷天神五帝。"[3]让女童在太阳下跳舞，那就是引诱老天爷看见动情。反过来一样，如果雨水过多，就要止雨。"凡止雨之大体，女子欲其藏而匿也，丈夫欲其和而乐也。""止雨之礼，废阴起阳。书十七县，八十离乡，及都官吏千石以下，夫妇在官者，咸遣妇归。女子不得至市，市无诣井，盖之，勿令泄。"此处注有："凌云：'汉书：仲舒治国，以灾异之变推阴阳所以错行，故求雨，闭诸阳，纵诸阴，其止雨反是。'"[4]这个认识一直延续下来，在《隋书·礼仪志》中还有这样的规定：若遇大旱，要"行七事"，其六是"命会男女，恤怨旷"，[5]让怨女旷男团圆。

阴阳交合就会下雨，阴阳不交就不会下雨，中国人"云雨"的想象，性的"饥渴"的想象，就是这么来的。

中国与射箭祈雨有关的游戏活动，还可以列举出一些。

贵州苗族有名为"吃牯脏"的祭祖活动，在这一活动中，要举行斗牛、跳铜鼓舞、倒花竹等游戏，但最有趣的，还是"射背牌"。现在的射背牌游戏已经颇为现代了，有人描绘其场景："苗家男女老少倾寨而出，身穿民族盛装前往观看。打扮

---

[1] 转引自郝勤：《巫术文化在民族体育形成发展过程中的四种功能》，见《体育史论文集》第七集，中国体育史学会，1990年，第43页。
[2] 钟哲点校：《春秋繁露义证》第十六卷《求雨第七十四》，北京：中华书局，1992年，第437页。
[3] 钟哲点校：《春秋繁露义证》第十六卷《止雨第七十五》，北京：中华书局，1992年，第438页。
[4] 钟哲点校：《春秋繁露义证》第十六卷《止雨第七十五》，北京：中华书局，1992年，第438、439页。
[5] 魏征等：《隋书·礼仪志》，北京：中华书局，1973年，第125页。

得格外漂亮的姑娘们,背上巧手制作的有各色花纹的背牌,站在高坡上,背向心上人。小伙子们把彩旗插在距姑娘们一箭之地,张弓搭箭,以铜锣为号,将箭向自己爱慕的姑娘背牌射去。"[1]但事实上,原始的射背牌却是与"生殖崇拜有关的仪式"。有人记述其场景:"如一种过桥受精巫术仪式,在仪式举行前,在牯脏头放两根高低不同的长板凳,高凳置供品,意为祖先走过的桥,低凳用作表演。早饭后,五个牯脏头的妻子皆女扮男装,手提竹篮,一一从长凳上走过。这时周围之人拿着盛有甜酒的葫芦向她们喷洒,象征受精。这倒有点像现代女子平衡木运动的原型。另外一则有趣的仪式是追女活动,女性手持女性生殖器模型在前边跑,男性则手持男性生殖器模型在后追赶,追赶上了之后,便用手中的生殖器模型去触及女性手中的模型。也有的以弓箭射击女性生殖器模型,口中还喊:'张夺'(交配之意),女方则喊'沙降'(繁衍),周围的人都兴高采烈地大喊:'中了!中了!'有的专职人员还以葫芦盛甜酒,象征精液,频频向女性生殖模型泼洒。"[2]后一种射背牌显然是其原型。《(雍正)云南通志》记载:"力些,迤西皆有之,在大理名栗粟……善用弩,发无虚矢。每令其妇负小木盾,径三四寸者,前行。自后发弩,中其盾,而妇无伤。以此制服西番。"[3]显然,射背牌这种活动,事实上已由来以久,而且并不仅在苗族中开展。

在射背牌的活动中,箭显然象征男性生殖器,背牌则象征女性生殖器,射背牌则象征男女交配。

由于印度的时令风为喜马拉雅山所阻隔,因此西藏气候干燥少雨,全年旱季长达九个月。在七月特别需要甘霖时,西藏的农民就进行赛马活动以祈雨。据说:"赛马前由一个游行队伍携带名为'Bum'的圣书或佛像一尊绕场而行,祈祷降雨。赛马的名称就是从这种游行得来,称为'谷物巡行'。各个农村,几乎都有它规定的赛马日。赛马和游行的先后并不固定,有时清晨赛马,薄暮游行,日中在林中郊宴。有条件的农村,有赛马、赛跑、游行;条件较次的没有赛跑;没有条件的仅仅延请一个喇嘛诵经。竞赛距离大约半里或者还不到半里,农民乘着自

---

[1] 胡小明:《民族体育集锦》,成都:四川民族出版社,1989年,第31页。
[2] 转引自郝勤:《巫术文化在民族体育形成发展过程中的四种功能》,见《体育史论文集》第七册,中国体育史学会编,1990年,第45页。
[3] 鄂尔泰:《(雍正)云南通志》卷二十四"种人",《四库全书》文渊阁本"史部十一·地理类三·都会郡县之属"。

备的马参加竞赛,没有马的农民可以向同村借用,但大多数都有自备的马匹。"尤其值得注意的是:"谷物巡行"赛马"竞赛途程中有射靶,经过时或用弓箭,或用步枪射击。"①藏族为羌族移入,羌族为古代居于北方、西北方的民族,"谷物巡行"赛马祈雨仍然有射的内容,与北方少数民族的射柳可能仍有关系。

拔河在中国最早出现于战国时的楚国,南北朝时流行于襄汉地区,唐代时发展到鼎盛。当时的比赛一般用几十丈的大麻绳,两头分系数百条小绳索,几百人分为两队拉,中间立大旗为界,观者摇鼓呐喊助战,场面热闹非凡。在唐代,拔河还成了宫廷娱乐项目,大臣、将军、驸马都参加比赛。唐玄宗时,曾在长安的御楼前多次组织上千人参加拔河大赛。据说赛场上欢声雷动,震耳欲聋,在场的西域客商莫不瞠目惊心。唐玄宗为此曾作《观拔河俗戏》诗助兴,诗云:

　　壮徒恒贾勇,拔拒抵长河。
　　欲练英雄志,须明胜负多。
　　噪齐山岌嶪,气做水腾波。
　　预期年岁稔,先此乐时和。

在诗前的序中他也写道:"俗传此戏,必致年丰,故命北军以求岁稔。"②由拔河为求"岁稔"看来,它最早可能也是以祈雨之类为目的的一种活动。但资料有限,今天我们已无法详考其究竟了。

当地时间2013年10月13日,日本冲绳县举行传统"那霸大绳拔河"活动
图片来源:中国日报网

---

① 唐豪:《我国兄弟民族古、近代体育史料》,见《中国体育史参考资料》第四辑,北京:人民体育出版社,1958年,第10页。
② 《全唐诗》第一函第一册明皇帝《观拔河俗戏并序》,上海:上海古籍出版社,1986年,第27页。

但这种规模巨大的拔河活动,今天仍在日本冲绳那霸保留着。其拔河绳索极为粗大,仍然很容易让人联想到男子性器官象征。整个活动,生殖器崇拜的象征很明显。拔河之绳,非常让人怀疑原型与柳叶柳枝的雨帽之类有关。

第三节 柳为萨满系民族圣诞树

清中叶以后,射柳不再完整出现,但类似性质的活动依然存在。《帝京岁时纪胜》云:"帝京端午节……仍修射柳故事,于天坛长垣之下,驰骑走解。"[①]《北京岁华记》云:"端午,用角黍杏子相遗,挈酒游高粱或天坛,坛中有决射者,盖射柳遗意。"[②]天坛用作祭天,不管是农业牧业,祭天的目的无非是求得风调雨顺,粮食牧草丰茂。虽然射柳不再举行,但从"故事""遗意"及习射活动在天坛举行来看,满族祖先射柳的初衷,仍未被其子孙全然遗忘。

清人查慎行在《人海记》中介绍"射柳":"永乐中,禁中有翦柳之戏,即射柳也。元人以鹁鸽贮葫芦中,悬之柳上,弯弓射之。矢中葫芦,鸽飞出,以飞之高下为胜负,往往会于清明端阳。"[③]

《清朝野史大观》载:北京人结婚时,"新妇既至,新婿用弓矢对与射之。新娘怀抱宝瓶,入坐向吉方"。[④] 这无疑是满族风俗,箭、瓶,都是一种象征。

《天咫偶闻》记载满族祭仪中的"换索礼"仪式为:"设石东阶下,竖柳枝,展索绳,系其端于西神板下之右,下系于柳干,将所作新索并净纸依次挂于柳枝。设矮桌于柳前,桌上设香碟,系净麻与神箭,立于柳之左……换毕,将第一盘鱼头,夹于第一个大饽饽内,夹于柳枝丫内。俟午后,令世仆将柳枝请出,即将饽饽与鱼头领食,升柳枝于屋上。"[⑤]

《凤城关氏家谱》中写道:"惟我瓜尔佳氏亦系满人,又尝闻礼莫大于祭,而祭天祭先尤其綦重也。"满族人家在祭祀祖先活动中,"换索"是一种重要仪式,而

---

① 潘荣陛、富察敦崇:《帝京岁时纪胜》"五月·天坛",北京:北京古籍出版社,1981年,第21页。
② 陆启浤:《北京岁华记》,转引自于敏中《日下旧闻考》卷一百四十七"风俗二",北京:北京古籍出版社,1985年,第2356页。
③ 查慎行:《人海记》卷下"射柳",北京:北京古籍出版社,1989年,第98页。
④ 徐珂:《清稗类钞》第五册"婚姻类·满洲婚嫁",北京:中华书局,1984年,第1991页。
⑤ 震均:《天咫偶闻》卷二,北京:北京古籍出版社,1982年,第25页。

"换索"又与柳树有密切的联系。首先,"于祭祀前一日,备柳枝一株,与石安放房门外,将柳枝插上"。祭祀的第一天早上"将索绳纸条一份同栓门外柳枝上,又将瓷香碟拈香端出,放在柳下石上。执祭人立对右供扳,手擎索箭行出门外,右绕柳枝三遍,回立桌前,如此三遍"。祭祀第二天换索,将煮好的肉、小豆、稗米饭、漂好的黄米面饽饽摆放妥当后,"将柜上纸条栓柳枝上,瓷碟拈香。执祭人左手擎箭,右手端盘,行至门外柳枝下转三圈……后将箭上线索拿下,放在饽饽桌上,抬到柳枝下,前三摞(饽饽)粘在柳枝上,余收起。三日后,家中人自食。再赴席,小人与子弟等用线索拴在柳枝上,即时解下,与他力哈并拴在索绳上"。以上是关氏"换索"的大致过程。离关氏居住地二三十里的那氏家族,是这样"换索"的:"至二十八日(指农历腊月)系正日子,早晨先砍柳树枝一个,高五六尺,绑在里屋台阶前锁庄(桩)子上,将祖上锁头妈妈口袋打开,将内里锁线拉出门外,绑在柳枝上……""换索"("索"同"锁")的过程细节,各家族不尽相同,但有一点是相同的,就是祭祀佛托妈妈(也有的称作佛头妈妈或锁头妈妈)。[①]

乾隆十二年(1747)编纂的《钦定满洲祭神祭天典礼》规定的"夕祭",其程序亦有:在竖好的柳枝下,取下"妈妈口袋",挂于西墙,最后将此柳枝送回堂子。近年来有人在满族瓜尔佳氏族人中做过萨满祭礼的调查,云其祭礼时"院中插一柳枝,各树枝上挂上水团子,萨满持箭绕树走三圈,然后孩子们上树摘水团子,作为吉品"。[②]

《国朝宫史续编》"求福记神仪"则有:

> 前期一日,司俎官会同奉宸苑官员至西苑,斫取高九斤,围径三寸柳树全株。届期,安树柳枝石于坤宁宫廊下,树柳株于石,悬净纸并三色戒绸于柳枝上。幔内悬神像,如朝祭仪。
>
> 立神箭于炕前所列罇酒之北,以练麻并所捻九家线索系神箭上。又以线索为绳,用各色绸片夹系之,内系于西壁铁环,外由户穿系于柳枝。司香(以内管领下妇人充)铺采毡,皇帝皇后亲诣行礼,如朝祭仪。
>
> 祷毕,司香举线索并神箭,授于司祝。司香舁求福高案,出于户外,

---

① 李炼:《满族与柳》,载《满族文学》2008年第2期。
② 张紫宸:《中国巫术》,上海:三联书店,1990年,第243页。

列柳枝前。司祝左执神刀,右执神箭,进案前立。司香于槛内铺采毡,皇帝立案前正中,皇后于槛内东次立,均跪。司祝对柳枝举扬神箭,以练麻拂拭柳枝。初次诵祷毕,司祝举箭奉练麻于皇帝,皇帝三捋而怀之,鸣拍板之内监等歌鄂啰罗。二次举扬神箭,诵祷毕,仍奉练麻于皇帝(三捋怀之及内监歌鄂啰罗如前)。三次举扬神箭,诵祷毕,奉练麻于皇后,皇后三捋而怀之。(内监歌鄂啰罗如前)。皇帝皇后一叩,兴,就西炕升座,举案上所陈之酒,洒于柳枝,所陈之糕,夹于柳枝间。司香仍舁求福高案于原次,司祝入,至神位前,举扬神箭。(如前三次仪)司祝以神刀、神箭授于司香。皇帝进于神位前,就常祭位次跪。司祝以神箭上所系线索,一奉皇帝,一奉皇后。司祝致辞,叩,兴,合掌致敬。皇帝皇后同一叩,兴,仍于西炕上升座。司祝进福胙,皇帝皇后受福,兴,还宫。(凡祀肉不出门并柳枝上所夹之馔均令司俎人等尽食之,酿酒所余糟粕,俱为粥,分给食尽。鱼之鳞刺送于河。)其夕祭求福,皇帝皇后行礼,如夕祭仪。(仪具前编)柳枝所系线索,贮于囊悬西壁上。柳枝,司俎官等送堂子,至除夕,同神杆净纸化之。①

《汉书·匈奴传》的"大会蹛林"后颜师古注云:"蹛者,绕林木而祭也。鲜卑之俗,自古相传。秋天之祭,无林木尚树柳枝,众骑驰绕三周乃止,此其遗法。"②颜师古说这种风俗自古相传,但他却肯定没有料到会传得那么久远。鲜卑族秋祭,竖柳枝绕三圈,近代满人祭祀,还是竖柳枝绕三圈。只不过那时是骑马,近代是步行;那时是真的要射柳,近代只象征性地捉箭而走,或者是三次"举扬神箭"。

《北史·高车传》载:北方的高车民族,"喜致震霆,每震,则叫呼射天而弃之移去""来岁秋,马肥,复相率候于震所,埋羖羊,燃火拔刀,女巫祝说,似如中国祓除。而群队驰马旋绕,百匝乃止。人持一束柳桲回,竖之,以奶酪灌焉"。③奶酪灌柳,显然是模拟男子精液喷射于女阴。精液喷射于女阴,还有后果,那就是会怀孕,会生孩子,会有乳汁,等等。

---

① 庆桂等编纂:《国朝宫史续编》卷二十六"典礼二十祭祀一",左步青校点,北京:北京古籍出版社,1994年,第211~213页。
② 班固:《汉书·匈奴传》,北京:中华书局,1962年,第3752页。
③ 李延寿:《北史·高车传》,北京:中华书局,1974年,第3271页。

综合这几条资料所述可见,这些祭祀活动和射柳一样,也用柳用箭,生殖崇拜的色彩仍然极浓。葫芦代表子宫,射中鹁鸽飞出,表示孩子出生。至于饽饽、鱼头、"妈妈口袋"、水团子等,实际上都是妇女乳房、乳汁的象征。便是现在民间,也常有称乳房为"妈妈"的。箭悬于侧,或者"持箭绕树走三圈",这是表示完成交配受孕。而妇女只有怀孕生产,才有乳汁分泌,所以"萨满持箭绕树走三圈"后,才能去抢象征乳房、乳汁的水团子或"妈妈口袋"。乳汁是喂养后代的,所以水团子、"妈妈口袋"之类要由孩子们去摘取。

满族祭祀的柳树与树上的"妈妈口袋",可称萨满系的东方圣诞树与圣诞礼物。

第三章 "朴刀"考

"朴刀"在小说《水浒传》中出现的频率太高,有人统计:在七十回、一百回、一百二十回《水浒传》中出现的次数分别为一百八十一次、二百零三次、二百二十一次。但"朴刀"在古代武术或军事著述中,并不是一种常见的武器。朴刀为我们所熟知,朴刀之所以大名鼎鼎,完全是因为《水浒传》。但朴刀的形制和用法,在《水浒传》中也并非一清二楚;在兵家和武术著作中,有的描述有异,很多并未提到朴刀;小说戏剧类,用"朴刀"一词是言之凿凿,但论及具体却语焉不详。看来,对朴刀的形制、用法等,必须详加考证,方能明了。

第一节 《水浒传》中朴刀的形制和用法

《水浒传》中最常见的武器有两种,一是杆棒,一是朴刀。一百单八好汉,不管上战场用什么最称手,平常多数都使用过这两种兵器。而这两种兵器,似乎又有着某种联系。

有人以为:"《水浒传》的前八十多回里,大凡讲到某人携带朴刀时,总要先讲'带了腰刀'或'挎口腰刀',朴刀与腰刀多半是相提并举。我以为这里所谓'腰刀',实指朴刀的刀体,它既可以装置在杆棒上,成为朴刀的组成部分,又可以卸下来挂在腰间,成为一柄兵器。不过《水浒传》里这些名称的使用比较混乱,如前所引六十一回卢俊义过梁山,先是分明写卢俊义带着腰刀,后面又说他'取出朴刀,装在棍棒上',实际上'朴刀'就是腰刀。"[①]朴刀究竟是不是"就是腰刀",或者

---

① 马明达:《说剑丛稿》,兰州:兰州大学出版社,2000年,第174页。

说是不是腰刀接棍棒就成了朴刀呢？

《水浒传》讲到卢俊义被骗上山一回,先说卢"腰悬一把雁翎响铜钢刀,海驴皮鞘子,手拿一条搜山搅海棍棒";再说"卢俊义来到店房内,倚了棍棒,挂了毡笠儿,解下腰刀,换了鞋袜";随后"卢俊义取出朴刀,装在杆棒上,三个丫儿扣牢了,赶着车子奔梁山泊路上来"。① 虽说前两句称"棍棒",后一句称"杆棒",但棍棒杆棒都是棍子,一直说卢俊义带着一根棍子,没说他还带着另外一根棍子,那"装在杆棒上",肯定就是装在这根棍子上。另外,武松离开柴进庄子,作者先说武松"拴了梢棒要行",又说"提了杆棒相辞了便行",再往后到景阳冈,则都称"梢棒"。② 看来,棍棒、杆棒、梢棒,完全是一回事。但前两句都提到,卢俊义除带着一根棍外,还带着一口"腰刀",那这装到棍子上的"朴刀",是不是就是这口腰刀呢？如果不是这口腰刀又是什么刀呢？仅从这段话,虽然基本明了,但无法得出肯定的结论。

朱武、陈达、杨春去史家庄赴宴,是各"将了朴刀,各跨口腰刀"(第一回);史进被人告发,和少华山三人起事,"各人跨了腰刀,拿了朴刀"(第三回);林冲上山被王伦刁难要"投名状",第一天下山是"带了腰刀,提了朴刀",第三天下山是"跨了腰刀,提了朴刀"(第十一回);杨志押送生辰纲,出发时是"跨口腰刀,提条朴刀"(第十六回);黄泥冈杨志被麻翻丢了生辰纲,醒来后是"树根头拿了朴刀,挂了腰刀",下冈去了(第十七回);上了梁山,三阮下山打劫,是"跨了腰刀,拿了朴刀、榄叉、留客住"(第十九回);刘唐去郓城县代表梁山感激宋江,是"腰里跨着一口腰刀",却又"提着朴刀"(第二十回);宋江杀了阎婆惜,和弟弟宋清逃难时,是"两个各跨了一口腰刀,都拿了一条朴刀",宋江到柴进庄上时,是"在山亭上倚了朴刀,解下腰刀"(第二十二回);飞云浦准备暗杀武松的蒋门神徒弟,是"提着朴刀,各跨口腰刀",武松杀了他们后,"便去死尸身边解下腰刀,选好的取把将来跨了,拣条好朴刀提着"(第三十回、三十一回);宋江辞别孔太公,是"提了朴刀,悬口腰刀,带上毡笠子"(第三十二回);青州道燕顺、王英、郑天寿斗黄信,三人是"各跨一口腰刀,又使一把朴刀"(第三十四回);但李逵回家取母亲,作者说是"当下李逵拽扎的爽俐,只跨一口腰刀,提条朴刀",下山去了;到沂水县界,李逵不听

---

① 施耐庵:《水浒传　容与堂本》下,长沙:岳麓书社,2008年,第638～640页。
② 施耐庵:《水浒传　容与堂本》上,长沙:岳麓书社,2008年,第222页。

朱贵的劝,"提了朴刀,跨了腰刀",径自走小路;在沂岭遇虎,母亲被害,李逵先是"将手中朴刀挺起,来搠那两个小虎",杀死小虎后,又"放下朴刀,跨边掣出腰刀"(第四十三回);杨雄、石秀在翠屏山杀了潘巧云、迎儿,"石秀便背了包裹,拿了杆棒;杨雄插了腰刀,在身边提了朴刀"(第四十六回)。由以上文字看来,腰刀是腰刀,朴刀是朴刀,没有疑问,绝对不是把腰刀装在杆棒上就成了朴刀。所以《水浒传》才说卢俊义"取出朴刀,装在杆棒上",而不是说卢俊义"抽出腰刀,装在杆棒上"。朴刀装在杆棒上称朴刀,没装在杆棒上也还是朴刀,没装在杆棒上的"朴刀",实际上只是完整朴刀的刀身。但不管完整不完整,都叫朴刀。

朴刀应该不类腰刀,那是一把什么刀呢?应该是一把类似匕首的短刀。李逵回家接母亲,母亲被老虎吃了,李逵杀死小虎后,钻入虎穴。"李逵却便伏在里面张外面时,只见那母大虫张牙舞爪望窝里来。李逵道:'正是你这业畜吃了我娘!'放下朴刀,跨边掣出腰刀。那母大虫到洞口,先把尾去窝里一剪,便把后半截身躯坐将入去。李逵在窝内看得仔细,把刀朝母大虫尾底下,尽平生气力舍命一戳,正中那母大虫粪门。李逵使得力重,和那刀靶也直送入肚里去了。那老大虫吼了一声,就洞口带着刀,跳过涧边去了。李逵却拿了朴刀,就洞里赶将出来。那老虎负疼,直抢下山石岩下去了。"①分析这段文字,李逵先用朴刀杀了两只小虎,接着要斗母虎,但他没有接着用朴刀,而是选择了用腰刀,其实正是因为他见母虎屁股朝向他,打定主意要把刀子杀进母虎肛门里去,没有用朴刀,是因为朴刀刀刃太短,杀进肛门也不会致命;选择用腰刀,正是因为腰刀刀刃很长,作者为了强调这点,还夸张地说连"刀靶也直送入肚子去了",那几乎就把母虎身子杀穿了。

朴刀是杆棒接上一把短刀,《水浒传》中似乎还有踪迹可寻。

一把腰刀,一把朴刀,似乎是当时武人出门行路的标配,但例外也有。一是宋江回家接父亲、弟弟,"执意要行,便取个毡笠戴了,提条短棒,腰带利刃,便下山去了"。后被官兵追赶,躲进古庙,"钻入神厨里,安了短棒,做一堆儿伏在厨内,气也不敢喘"。没说"腰刀",只说"利刃"。带着刀,还能"做一堆儿伏在厨内",看来这刀真不长大,应该就是把短刀。装在他带的短棒上,就是朴刀。但宋江没带腰刀,短刀也没装在杆棒上成为朴刀,原因很简单,宋江要低调行事,他

---

① 施耐庵:《水浒传》上,长沙:岳麓书社,2008年,第448页。

说:"也不须点多人去,只宋江潜地自去,和兄弟宋清搬取老父,连夜上山来。那时使乡中神不知,鬼不觉。"①再一就是武松过景阳冈时,居然既无腰刀,也无短刃配成朴刀,而只有一根杆棒。原因也很简单,那是作者故意使然,作者要彰显武松的勇猛,不仅没给他配腰刀、朴刀,连杆棒也要意外在树上劈断,武松只好徒手搏虎,于是成就了武松赤手空拳打虎英雄的万世英名。

朴刀刃短,但杆较长。宋江接父未成,被赵得追赶,躲在古庙厨内,"赵得一只手将朴刀杆挑起神帐"(第四十二回),用的应该是朴刀尾亦即那根杆棒;黄泥冈军汉要买酒吃,杨志担心蒙汗药,"调过朴刀杆就打"(第十六回),用的也还是刀杆;血溅鸳鸯楼后,武松逃出城时,是"就女墙边,望下先把朴刀虚按,刀尖在上,棒梢向下,托地只一跳,把棒一拄,立在壕堑边",像撑杆跳一样,当然棒子不短(第三十一回)。另外,《警世通言》"万秀娘仇报山亭儿"一则中,苗忠、焦吉、陶铁僧、尹宗均用朴刀作为武器,值得注意的是尹宗翻墙一段,尹宗"把这万秀娘一肩肩到园墙根底,用力打一耸,万秀娘骑着墙头,尹宗把朴刀一点,跳过墙去,接这万秀娘下去"。②由这几段故事,可见刀很短,而杆较长。

朴刀是如何使用的呢？也就是说它的主要技法是什么呢？是"搠"。由这个"搠",也可见朴刀刀身是短刀而非长刀。

《水浒传》中提到持朴刀者打斗时用了太多的"搠",这里仅举两例。第六回史进和丘道人斗,道人逃走,史进"赶上望后心一朴刀,扑地一声响,道人倒在一边。史进踏入去,调转朴刀,望下面只顾胳肢胳察的搠"。第六十一回卢俊义被骗到梁山上了李俊的船后说破,"拿着朴刀,望李俊心窝里搠将来,李俊见朴刀搠将来,拿定棹牌,一个背抛筋斗,扑同的翻下水去了。那只船滴溜溜在水面上转,朴刀又搠将下水里去了"。《水浒传》里所写朴刀的用法最多的就是"搠",但究竟"搠"是什么动作呢？第五十回祝家庄孙立斗石秀,"两马相交,双枪并举""孙立卖个破绽,让石秀枪搠入来,虚闪一个过,把石秀轻轻从马上捉过来";第五十二回秦明高唐州战温文宝,温文宝"使一条长枪",秦明用狼牙棒,"两个约斗十合以上,秦明放个门户,让他枪搠进来,手起棍落,把温文宝削去半个天灵";第六十八回夜打曾头市一战,同用方天画戟的吕方、郭胜,双战用枪的曾涂,不料吕、郭二

---

① 施耐庵:《水浒传　容与堂本》上,长沙:岳麓书社,2008年,第433页。
② 冯梦龙:《警世通言》,北京:中华书局,2009年,第377页。

人方天画戟的两条豹尾,和曾涂枪的朱缨搅在了一起,正在纠缠,"这曾涂却好掣出枪来,那两枝戟兀自搅做一团。说时迟,那时疾,曾涂掣枪,便望吕方项根搠来"。枪主要攻杀方法是刺,石秀、温文宝和曾涂的"搠",毫无疑问都是刺。同是第六十八回夜打曾头市,曾索劫寨,撞上了早有埋伏的梁山军队,"曾索在黑地里被解珍一钢叉,搠于马下"。叉的主要攻击方法也有刺,这里的"搠"应该也是刺。又如第五十五回先为呼延灼先锋将的韩滔,所使兵器为"枣木槊",他与使狼牙棒的秦明交锋,作者称:"狼牙棍起,望中只向顶门敲;铁杆槊来,错里不离心坎刺。""槊"就是矛,当然主要攻击方法就是刺。但在第六十九回东平府战董平时,作者却称"韩滔得令,手执铁搠,直取董平"。看来,"槊"也可以写作"搠"。"手执铁搠","搠"也可以作名词;"铁杆槊来","槊"也可以作动词。

但仔细琢磨《水浒传》文字,于武术方法动作,作者用词绝非外行或者随意。这个"搠"字,如果完全如"刺",那何必用"搠",干脆用"刺"得了。如果"搠"完全如"刺",那朴刀与枪还有什么区别?刀与枪的不同,在于刀还有刃,刀尖可伤人,刀刃亦可伤人。那么"搠"的刺,就未必完全是直刺,很可能既有直刺,也有斜刺,近似于"劈",但比劈动作幅度小。甚至"搠"还有"直击"或"斜击"的意思,如第六十四回梁山泊战关胜一回,"宣赞慌张,刀法不依古格,被秦明一棍,搠下马来"。这里的"搠",应该就是"击"的意思。但话说回来,"搠"的主要含义,是刺,没有疑问。

既然"搠"就是刺,朴刀的主要攻击方法是刺,那么第一,朴刀刀身刀刃就不会太长,因为不需要那么长;第二,刀身应非曲身而应是直身,应是直刀而非弯刀。

朴刀的攻击方式还有戳。第四十六回杨雄、石秀、时迁在祝家庄客店偷鸡闹出事来,逃走被追时,"杨雄手起,朴刀早搠翻了五七个""石秀赶入去,又戳翻了六七人"。时迁被挠钩抓住,石秀救时迁,草丛里又有挠钩朝石秀而来,"杨雄眼快,便把朴刀一拨,两把挠钩拨开去了,将朴刀望草里便戳"。朴刀的主要攻击方式是刺,但还有近似的戳。戳似乎和刺有微妙区别,向下的刺才能被称为戳。

第三回有"史进早到,手起一朴刀,把李吉斩做两段",但似乎是夸张的说法;第六十一回卢俊义说:"撞在我手里,一朴刀一个砍翻";第五十四回高唐州之战,"高廉从云中倒撞下来,侧首抢过插翅虎雷横,一朴刀把高廉挥做两段"。朴刀可以斩,可以挥,但要"斩做两段""挥做两段",就凭朴刀的短刃,似乎不大可能。至于砍,绝对不是朴刀的技法。整个《水浒传》中,斩、挥、砍,就分别只有这么一处,卢俊义或作者口气大点吹吹牛,也可以理解,我们别当真了。

另外,刘唐去追雷横想要回银子,是"挺着朴刀赶了五六里路",雷横回头,"见是刘唐拈着朴刀赶来"(第十四回)。这个"挺着""拈着"也很耐琢磨,要是一把刃长把短的刀,应该是"提着""扛着"才是,只有刃短棍长,才可能是"挺着""拈着"这么拿。

朴刀寻常的放置方式似乎也能证明这一点。杨雄、石秀、时迁初至祝家庄,"看见店中檐下插着十数把好朴刀"(第四十六回);石秀再次侦查祝家庄时,"望酒店门前歇了,只见店内把朴刀、枪、叉插在门前"(第四十七回)。朴刀怎么插?插在什么上?三人闯了祸准备逃跑时,"穿上麻鞋,跨了腰刀,各人去枪架上拣了一条好朴刀"(第四十六回);刘唐要向雷横讨回银子,"去枪架上拿了一条朴刀"去斗雷横,晁盖发现"枪架上寻朴刀又没寻处",追了出去(第十四回)。插在枪架上,朴刀和枪、叉并排一起,如果刃长杆短,显然不合适。

总结一下,笔者同意王学泰先生的观点:"把杆棒与朴刀头配合在一起,成为用来打斗和作战的朴刀。"[①]但我更愿意进一步明确为:所谓朴刀,就是一根棍棒,接上一把短刀,"朴刀"即"棍刀"。

另外,朴刀和枪、叉等同插在枪架上,应该说明朴刀除了有可拆可装的样式外,也有固定装好的样式。可拆可装的,叫朴刀;固定装好的,也是朴刀。棍棒临时接上短刀变成朴刀,既可接上亦可卸下,在《水浒传》中只有第六十一回卢俊义一例,这应是朴刀之一种。但朴刀之所以为朴刀,关键并不在于它可接可卸,而在于它是棍棒加短刀的形制。可接可卸是一种形制,固定成型亦是一种形制,后一种似乎更为普遍。因为不难想象,可接可卸的形制,即使是在今天,也未见得能十分牢固。军队官兵、都头衙役乃至庄院家丁,当然是直接用这种固定好的更结实的朴刀。而宋江是罪犯,回家要偷偷摸摸,只能"提条短棒,腰带利刃",这就是可拆可装的朴刀。卢俊义虽然财大气粗,但毕竟不是公家人,出门在外,带把腰刀还算有个刀鞘,也不好明晃晃一把朴刀挂着,于是也就只带了把可拆可装的朴刀。

[①] 王学泰:《"水浒"识小录》,桂林:广西师范大学出版社,2012年,第24页。

第二节　朴刀形制为棍棒加短刀的其他证据

史载:"(宋)仁宗天圣八年三月诏:'川峡路今后不得造、着裤刀,违者依例断遣。'五月,利州路转运使陈贯言:'着裤刀于短枪杆、柱杖头安者谓之拨刀,安短木柄者谓之畲刀,并皆着裤。畲刀为民间日用之器,川峡山险,全用此刀开山种田,谓之刀耕火种。今若一例禁断,有妨农务,兼恐禁止不得,民犯者众。请自令:着裤刀为兵器者,禁断;为农器者,放行。'乃可其请。"①

"裤"为裤字异体,"裤刀"就是"裤刀"。这段文字很重要,也明明白白,"裤刀"就是一种匕首、短刀,因为很短,可以安放或暗藏于裤子底下,因此被称为"裤刀"。裤刀安在短枪杆、柱杖头——棍棒之上,就是拨刀,拨刀是兵器;安在短木柄上就是畲刀,而畲刀是民间日用器具。一根棍棒,接上一把短刀(匕首)——裤刀,就是朴刀。

短刀(匕首)称裤刀的称谓一直流传下来,《钦定大清现行刑律》载:持"库刀、梭标、骟鸡尾、黄鳝尾、鲫鱼背、海蚌、朴刀、顺刀并凡非民间常用之刀,但伤人及误伤旁人者俱流二千五百里"。② 这里写的是"库"。《石峰堡纪略》乾隆四十九年(1784)福康安奏:"其蓄谋肆逆,已非一日,即如所用裤刀、矛子等物甚多,必非仓促可办。"③这里写的就是"裤"。

至元五年(1268)二月初七有"打死奸夫不征烧埋"一案。刘黑儿状招:

> 至元四年十二月三十日夜,撞见刘猪儿与妻说话。以此潜心等到至元五年二月初七日夜,梁信家暖神还家,听得房内有人与妻说话,黑儿喝道:"是谁"？其人不语。黑儿疑是刘猪儿,取到拨刀向前札害,其人却将拨刀头拿住相夺。黑儿夺了,将刘猪儿札伤身死。又招:不合将无柄拨刀不行纳官。罪犯奸妇刘阿周状结,除先于至元四年八月内与

---

① 徐松:《宋会要辑稿 15》"兵二六·刀制",刘琳、刁忠民、舒大刚校点,上海:上海古籍出版社,2014年,第9174页。
② 故宫博物院编:《钦定大清现行刑律》,海口:海南出版社,2000年,第286、287页。
③ 《钦定石峰堡纪略卷十一》,四库全书文渊阁本"史部·纪事本末类"。

刘猪儿为头通奸外,至元五年二月初七日夜被夫就屋内捉获,将本人札伤身死。罪犯及犯人家属与讫苦主烧埋银钞二定,告乞减刑。省部断讫,奸妇刘阿周一百七下,本夫刘黑儿黉夜就奸所拿获,其刘猪儿又将刘黑儿拨刀拿住相夺,为刘黑儿所夺,札伤身死,合行勿论外,据拨刀无镄柄难作军器定罪。①

刘黑儿用"拨刀"杀死刘猪儿,然而却断刘黑儿无罪。这段文字很差,但基本还能通读,文意似乎可以这么理解并值得注意:一、似乎刘黑儿杀死刘猪儿,虽刘猪儿与其妻通奸是事实,但前者杀死后者,未必无罪,只是因为后者抢夺下前者所持拨刀之刀头,刀就到了后者手里,前者手里仅余杆棒,前者再夺下刀头,杀了后者,性质有所变化;二、尽管刘黑儿是杀奸夫,尽管再夺刀有自卫性质,但如果他用的是杆棒加短刀的完整拨刀,仍然有罪,因为拨刀是在禁之列的军器,但刘猪儿抢拔下了刀头,拨刀成了短刀,短刀不是军器,不能定罪。于是只能判刘黑儿无罪。元代拨刀无柄就不是军器,也可以反过来说,有柄拨刀就是军器。这和宋仁宗天圣八年(1030)诏书关于"拨刀""畬刀"的区分规定,几乎一模一样,也沿袭了拨刀的称谓。

仁宗景祐二年(1035)有诏云:"广南东西路民家,不得私置博刀,犯者并锻人并以私有禁兵律论。初转运使言:'民为盗者多恃博刀,捕获止科杖罪,法轻不能禁',故更此条。"②景祐三年(1036)又有诏云:"广南民家毋得置博刀,犯者并锻人并以私有禁兵律论。先是岭南为盗者多持博刀,杖罪轻,不能禁,转运使以为言,故著是令。"③可以肯定,北宋景祐年间,为盗者已经开始使用博刀作案,故朝廷颁诏禁用。《东牟集》中王洋在《后论今日之法当然札》中有云:"水陆不得事道像,道士不得动铙钹,军人不得养鹰犬,将校不得从畋猎。又如绝禁兵器,则钩刀、博刀、捋尖刀,名号虽异而形相似者,皆收坐之。"④

宣和七年(1125),北宋王朝已经摇摇欲坠,内忧外患交加,统治者仍旧选择

---

① 祖生利:《大元圣政国朝典章 刑部》,李崇兴点校,太原:山西古籍出版社,2004年,第131页。
② 李焘:《续资治通鉴长编》卷一百十七"仁宗·景祐二年",见四库全书文渊阁本"史部二·编年类"。
③ 脱脱:《宋史》卷一百九十七志第一百五十"兵十一·器甲之制",北京:中华书局,1985年,第4911页。
④ 王洋:《东牟集》卷九"札·后论今日之法当然札",见四库全书文渊阁本"集部四·别集类三"。

先安内的政策,在全国范围内颁布禁用"博刀"的法令。宣和七年正月有诏云:"民间私置博刀及炉户辄造,并依私有禁兵器法。见者,限一月赴官首纳限外,罪赏依本法,仍令诸路提刑司行下所属州县。"①

刀、枪等兵器,定性容易,禁止容易,但朴刀的短刀可以被认为是生产生活用具,棍子更是处可见可得,这就很容易被人打擦边球。专门下旨禁绝,正是针对这种擦边球。天圣时所禁"拨刀",与景祐时所禁"博刀",应该是一种,就是短刀加棍棒的朴刀。

《元典章》载,至元二十三年(1286),中书省向湖广行省颁布诏令:寻出"汉儿民户根底铁尺、古朵、又带刀子挂棒",需"疾忙拘收"。至元二十四年(1287),中书省又向南京等路颁布诏令:"汉儿民户每根底铁尺、古朵、又带刀子挂棒,交行文书,疾忙拘收。"②这两次诏令中提到的"带刀子挂棒",棍棒加短刀,无疑就是朴刀。

《大明会典》则载:时兵器要发绢缠手柄,"鱼牙靶小刀,每把绢二匹;镔铁大刀,每把绢五匹;拐棍刀,每把绢五匹;两刃剑,每把绢八匹;镔铁锉一把、镔铁镜一面,各绢二匹"。③ 拐棍就是挂棒,拐棍刀就是带刀子挂棒,就是朴刀。

第三节　朴刀源起和功能——步兵对骑兵之利器

朴刀是刀加棍的组合兵器,朴刀与棍有密切的血缘关系。从今天我们可以见到的资料看,中国武术的棍术起源虽早,但发达是从魏晋南北朝才开始的。

晋代葛洪《抱朴子》云其曾学"七尺杖术"之"杖",④应该就是木棍,"杖术",应该就是棍术。葛洪的弓射、刀楯、单刀、双戟等,是较早在军旅所学,而"杖术",则是较晚的中老年所学。棍作为战场兵器,应该大致就在这时。这和所谓"五胡乱华",即若干北方草原民族大规模侵扰中原同时,绝对不是偶然巧合。

---

① 徐松:《宋会要辑稿 14》,刘琳、刁忠民、舒大刚校点,上海:上海古籍出版社,2014 年,第 8332 页。
② 《大元圣政国朝典章"兵部"》卷二"典章三十五·军器",中国古籍库元刻本。
③ 王云五主编:《万有文库》第二集七百种万历重修二百二十八卷本明会典 1—40 册,上海:商务印书馆,1936 年,第 2376 页。
④ 葛洪:《抱朴子外篇》卷四"广譬第三十九",四库全书文渊阁本"子部·道家类"。

《北史·尒朱荣传》有："又以人马逼战，刀不如棒，密勒军士，马上各赍袖棒一枚。至战时，虑废腾逐，不听斩级，使以棒棒之而已。乃分命壮勇，所当冲突，号令严明，将士同奋。荣身自陷阵，出于贼后，表里合击，大破之，于阵禽葛荣。"①

"人马逼战，刀不如棒"，这个认识带来了武术史兵器史上的一个转折，锤、鞭、锏等沉重钝器开始出现，棍也由此登上了战争舞台，并开始了它在武术史上的豪华演出。

棍术从宋代开始极度发达，与契丹、女真、党项、蒙古等北方少数民族勃兴，农耕民族步兵破游牧民族骑兵的武器中棍棒特别好用，与盔甲等防护器具完备而轻薄利器伤人日益困难等，有着密切的关系。《北史·尒朱荣传》"人马逼战，刀不如棒"竟成为经典，被后人反复强调。

明代戚继光是这样总结的："西北原野之战，旧传俱用大棒，并其他器，悉置不问。大棒亦无式，不知用法。缘以敌人盔甲坚固，射之不入，戳之不伤，遂用棒一击，则毋问甲胄之坚，皆靡。"②

游牧民族的重甲骑兵，铁甲从头蒙到脚，甚至袜子都是钢丝编织的，刀剑砍杀不进去，保护到这样的程度那就要靠沉重的钝器打砸。但遇到轻骑，或盔甲被打掉之后，那还是刀剑等金属利器威力更大，于是大棍加短刃而兼有二者优势的朴刀应运而生。

中国古代小说多奉持现实主义传统，在背景是汉末的《三国演义》中，较少看到锤、鞭、锏、棍的影子；但在以宋朝抗金为背景的《说岳全传》中，锤、锏等，已经是常见武器；在背景同样是宋代的《水浒传》中，杆棒和朴刀，又成了其最著名的武器。这曾经是历史事实。

在《水浒传》成书前，"朴刀"的名称就已经存在，宋代"朴刀"一词最早见于小说。

宋《醉翁谈录》载"夫小说者，虽为末学，尤务多闻……讲历代年载废兴，记岁月英雄文武，有灵怪、烟粉、传奇、公案、兼朴刀、捍棒、妖术、神仙"八类小说，"论这大虎头、李从吉、杨令公、十条龙、青面兽、季铁铃、陶铁僧、赖五郎、圣人虎、王沙马海、燕四马八，此乃为朴刀局段；言这花和尚、武行者、飞龙记、梅大郎、斗刀

---

① 李大师、李延寿：《北史·尒朱荣传》，北京：中华书局，1974年，第1755、1756页。
② 戚继光：《练兵实纪》，邱心田校释，北京：中华书局，2001年，第308、309页。

楼、拦路虎、高技钉、徐京落草、五郎为僧、王温上边、狄昭认父,此为捍棒之序头"。① 这八种分类,包括"朴刀""捍棒"的区别,应该与故事内容、人物特点有关,但今天我们已不易明了。当然,并不那么严格,也不是没有可能。《醉翁谈录》这段文字提到的人物,孙立、青面兽、花和尚、武行者等,《水浒传》中有所涉及。而宋《梦粱录》"小说讲经史"篇中记载:"说话者谓之'舌辩',虽有四家数,各有门庭。且小说名'银字儿',如烟粉、灵怪、传奇、公案、朴刀、杆棒,发发踪参之事。"②

朴刀应该就是宋朝出现的,步兵大规模使用朴刀以对付游牧民族重甲骑兵。

《文献通考》记载:"高宗建炎元年,始颁密院教阅格法,专习制御铁骑摧锋破敌之艺,习全副执带出入、短桩神臂弓、长柄脿刀、马射穿甲、施用棍棒。并每年比拟春秋教阅法,别立新格行下。一曰短桩神臂弓,给箭十只,射亲去垛一百二十步。长柄脿刀,谓长一丈二尺以上,用毡皮裹为头者,余教阅振华军,称脿刀准此,引斗五十次,不令刀头低坠至地。并每营拣选二十人,阅习放炮打亲旨,长柄脿刀手本色相斗,并短桩神臂弓手、长柄脿刀手施用棍棒,各击虚三十次。"③

宋时一尺约为 31.68 厘米,那么一丈二尺以上则为长于 3.8016 米。如此长的脿刀,使用起来难度很大,其刀体部分必然不能过长、过重,否则头重脚轻,容易失去平衡。在训练时,长柄脿刀用"用毡皮裹为头者","引斗五十次,不令刀头低坠至地",说明长柄脿刀的主要技术特点是刺、扎,类似于《水浒传》中常提及的"搠""戳"。另外脿刀手们在训练时,除"本色相斗"外,还要"施用棍棒",也就是说脿刀手们既要熟练脿刀的击刺方式,同时还需掌握棍棒的使用技术。这段话特别需要注意的是:一、这个"长柄脿刀"是专为"制御铁骑"而设的;二、这长柄脿刀还要能当棍棒用。这么长的脿刀还要能当棍用,殊为不易,大胆推测,长柄脿刀,应是以搠刺为主,而不是以击打为主,下面将要提到的"大朴刀""小朴刀","大朴刀枪""小朴刀枪",可能区别就是一个较长,以搠刺为主,一个稍短,以击打为主。

在戚继光著作中,朴刀名称循名责实,变成了"刀棍""夹刀棍""大棒""夹枪

---

① 罗烨:《醉翁谈录》,上海:古典文学出版社,1957年,第3页。
② 吴自牧:《梦粱录》,张社国、符均校注,西安:三秦出版社,2004年,第319页。
③ 马端临:《文献通考》卷一百五十七"兵考九·教阅",四库全书文渊阁本"史部·政书类"。

棍""有刃大棒",他明列出了朴刀形制图谱和具体用法。

明隆庆二年(1568),戚继光镇守蓟北,规定"车兵正队,则以左伍三人管左机,右伍三人管右机,兼用有刃大棒,而协以钯兼火箭二人,为正兵"。①

戚继光《练兵实纪》"校刀棍"则云:

> 正所以比胡马讨一寸便益之物也。俱用大棍教师之法,一打一戳乃为正,余皆花法也。只专刺马腹、人喉、马眼、人面。听中军竖红高招,刀棍手俱集中军听候,亦照前备二项木棍。听擂鼓,骑马飞驰,向短棍戳一下,即戳马眼、马腹也;次将长棍戳一下,即戳贼喉面也。先将锋炭染黑。或以灰刷白,中者为上。务要戳入重,拔出速。不然,不得戳第二下也。②

《练兵实纪》"大棒解"云:

> 西北原野之战,旧传俱用大棒,并其他器悉置不问。大棒亦无式,不知用法。缘以敌人盔甲坚固,射之不入,戳之不伤,遂用棒一击,则毋问甲胄之坚,皆靡。虽然,但势短难以刀交,又须双手举用,而马上不得齐齐用力下击,必然闪堕。此步技也,而今用之马上,不亦左乎?今制法:长八尺,粗二寸,用一打一刺棍法习之,位在五兵后,步卒惯用。倘御之不密,刺之不得,则以棒击落马之贼耳。必欲马军兼用,须加一短刃,可三寸,如鸭嘴。打则利于棒,刺则利于刃,两相济矣。③

《练兵实纪》"夹刀棍解"云:

> 此即大棒也。但加一利刃,如解首,异其名。击刺皆便,柄亦如棍,刃长五寸,更短更妙。木柄向刃下稍存微棱,庶仓卒及夜间用之,知其

---

① 戚祚国汇纂;高扬文,陶琦主编:《戚少保年谱耆编》,李克,郝教苏点校,北京:中华书局,2003年,第226页。
② 戚继光:《练兵实纪》,邱心田校释,北京:中华书局,2001年,第97页。
③ 戚继光:《练兵实纪》,邱心田校释,北京:中华书局,2001年,第308、309页。

刃所向也。

"夹刀棍图"下注明是"刃长五寸重三斤"。①

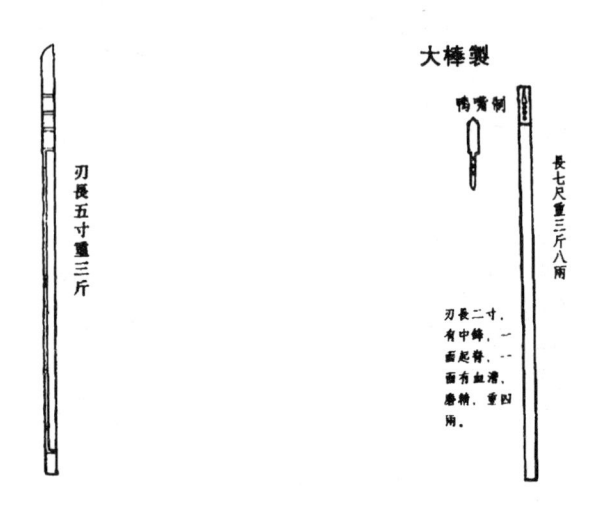

戚继光《练兵实纪》中的夹刀棍　　戚继光《纪效新书》中的大棒制

戚继光《纪效新书》十四卷本则有"大棒解"云：

> 此器势短，步卒惯用，竟不能以短接长。即法中皆一打一刺，而棒无刃，何以为刺？今加一刃。但刃长则棒头无力，不能压他棒，只可二寸，形如鸭嘴。打则利于棒，刺则利于刃，两相济矣。一名曰棍，南方语也；一名曰棒，北方语也。孟子曰："执梃可以挞秦楚之坚甲利兵"，遂以棒为利。夫孟子之言，谓得其人和，则虽梃可挞坚利，正谓其梃不如坚利，而能挞坚利，言其人和为要也。今无孟子之所谓人和，而欲以梃为利器，何其不思之甚也？毕竟不是马上利器，为所误更甚。②

"大棒制"图下有注云："刃长二寸，有中锋，一面起脊，一面有血槽，磨精，重四两。"③

---

① 戚继光:《练兵实纪》，邱心田校释，北京：中华书局，2001年，第309页。
② 戚继光:《纪效新书》14卷本，范中义校释，北京：中华书局，2001年，第106、107页。
③ 戚继光:《纪效新书》14卷本，范中义校释，北京：中华书局，2001年，第106、107页。

戚继光的著述论述详细，因此我们可以明了此一兵器的究竟。其特点是：一、棒身就是普通正常的大棒，粗细长短与之无异；二、刀刃很短，尺寸不一定固定一律，《练兵实纪》夹刀棍之刃是五寸，但一定不会很长，因为"刃长则棒头无力，不能压他棒"；三、技法是"一打一刺"，"打则利于棒，刺则利于刃，两相济矣"，兼有棍的特点（打）和刀的部分特点（刺），朴刀兼有棍的特点，即使是在对朴刀大量描述的《水浒传》中，也是被忽略的；四、是步卒所用，而非马军所用；五、是步卒攻击马军利器，攻击目标主要是"马腹、人喉、马眼、人面"，"毕竟不是马上利器"；六、马军若用，要有改造，刀刃须更短，甚至短到了二寸。

笔者同意王学泰先生"把杆棒与朴刀头配合在一起，成为用来打斗和作战的朴刀"的观点，但不同意他的"这里的'朴刀'只是个刀头，安把之处有螺口，杆棒的一端有螺丝，而且是'三个丫儿'，安装好了，十分结实"。[①] "三个丫儿"，是《水浒传》原话，大概是三个扣或三个结的意思。但说刀头安把之处有螺口，杆棒的一端有螺丝，这就是没有任何事实资料依据的王先生的想当然了。而且这和"三个丫儿"连在一起，"三个丫儿"也不明白是什么意思了。实际上戚继光的图示很明白，由"夹刀棍"图看，朴刀短刃，可能是由三道铁箍固定在杆棒上的；由"大棒制"图看，朴刀短刃，可能是由铁栓、螺钉或钉子固定在杆棒上的。其实这并不重要，因为前面已经提到过，朴刀的关键是短刀加杆棒，并不在于它是固定好的还是临时加接的，也不在于朴刀是怎么固定由什么固定的，"三个丫儿"扣住可以，铁栓、螺钉或钉子固定可以，用铁丝缠绑、用牛筋缠绑、用麻绳缠绑，都未尝不可，未尝没有。

朴刀就是棍刀，形制是棍棒加短刃，用法是可刺戳可击打，这一点戚继光说得很清楚。但《水浒传》朴刀用法却仅仅留下了一个刺戳——"搠"。遍观《水浒传》，找不到一处使用朴刀击打的。这或许是水浒作者的一个疏忽，也是水浒的一个遗憾，《水浒传》最大限度地保留了历史上朴刀的形制和用法，但这一个遗憾，却使得《水浒传》中朴刀的面貌依然并不完全清晰，并让后代产生了疑惑和争论。《水浒传》中朴刀都是步兵步战武器，没有一例马军马战使用朴刀的，而且书中往往是马军与马军斗，步兵与步兵斗。所以第六十一回刘唐、穆弘、李应三人和卢俊义均持朴刀相斗，作者称是"正好步斗"。在《水浒传》中，朴刀似乎成了

---

① 王学泰：《"水浒"识小录》，桂林：广西师范大学出版社，2012年，第9页。

"步斗"——步兵对步兵的武器,而完全忽略了朴刀为步兵对付骑兵利器的真实。《水浒传》这一点也极大地误导了后来的读者和武术史研究者。

事实上朴刀主要是步兵对付重甲骑兵利器,它的主要攻击手段是搠刺和击打,但因为重甲难入,恐怕它最主要的攻击手段仍然是棍的击打而非刀的搠刺。为了方便理解也符合《水浒传》中名称用字先后序列,笔者把朴刀解释为"棍刀"。但戚继光的原话不是"棍刀"而是"刀棍",和"夹刀棍""夹枪棍""有刃大棒"一样,"刀"都是补充修饰"棍"的,重点和重心仍然是棍。所以《纪效新书》的"大棒制"干脆忽略了刀,仍然称其为"大棒"。

王学泰先生称"朴刀是刀杆细长,刀头较小,类似于长枪、花枪,因之又称之为'朴刀枪'"者,显然就是没有重视朴刀击打作用的缘故。而王先生称:"宋代兵书《武经总要》书中绘图介绍了当时用的八种刀,包括掉刀、屈刀、手刀、掩月刀、戟刀、眉尖刀、凤嘴刀、笔刀等,独不及朴刀;近代所著的数种兵器史,也不介绍朴刀,可见它早已湮没无闻,而且在考古上也无出土证物;可见它只是流行于民间而不能登大雅之堂的粗陋的兵器(如钉耙之类,打仗虽然能用,但绝不会上兵器谱),历代兵学家并不把它视为真正的武器。只是由于在《水浒传》中反复出现才被重视。"[①]并因此得出结论说"朴刀是一种非常粗陋的兵器"。[②] 这应该不是事实。宋曾公亮《武经总要》在前集卷十三《器图》中就明列出了杆棒、白棒等。前述戚继光著作是明确列出了朴刀的,只是他使用的是诸如"刀棍""大棒"而不是朴刀的名称。明末茅元仪的《武备志》则明确记载:"今之棍,即古之杆棒、白棒也。一名曰大棒而加刃。""(大棒)刃形鸭嘴,长二寸,有中锋,一面起脊,一面有血磨精,重四两。身长七尺,重三斤八两。""此器势短,步卒宜用,竟不能以短接长。即法中皆一打一刺,而棒无刃,以何为刺?今加一刃,但刃长则棒头

茅元仪《武备志》中的大棒图

---

① 王学泰:《"水浒"识小录》,桂林:广西师范大学出版社,2012年,第2、3页。
② 王学泰:《"水浒"识小录》,桂林:广西师范大学出版社,2012年,第6页。

无力,不能压他棒,只可二寸,形如鸭嘴,打则利于棒,刺则利于刃,两相济矣。"①

明黄一正《事物绀珠》(成书于万历辛卯年,即1591年)"兵器类"中收入的刀有:"刀、手刀、掉刀、屈刀、偃月刀、笔刀、合月刀、太平刀、朝天刀、开山刀、陌刀、夹靶刀、象鼻刀、凤嘴刀、眉尖刀、斩马刀、偏刀、车刀、短刀、佩刀、鸾刀、雁翎刀、倭刀、戟刀、顺带刀、三尖两刃刀。"②关于"夹靶刀",《事物绀珠》有文字而无图画,但明刘效祖《四镇三关志》(成书于万历初年)中则有"大棒"及"夹靶刀"的图形③(如下图)。《四镇三关志》中还有"夹靶铳",对比图形不难看出,所谓"靶",就是"把","夹靶刀"就是短刀加上木把——木棍,"夹靶铳"就是火铳加上木把——木棍。"夹靶刀"显然就是朴刀。《四镇三关志》的"大棒"也是带刃的,也是一种朴刀。

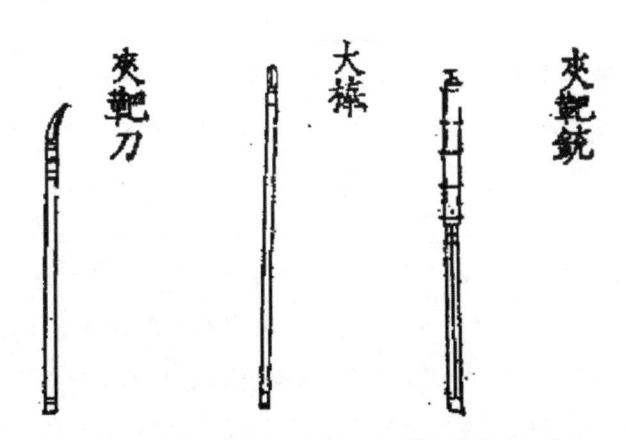

刘效祖《四镇三关志》中的"夹靶刀""大棒""夹靶铳"

《武经总要》《纪效新书》《武备志》《四镇三关志》等皆有记载,怎么能说朴刀"只是流行于民间而不能登大雅之堂的粗陋的兵器,历代兵学家并不把它视为真正的武器"? 当然,只是这时的朴刀不称为朴刀而已。

戚继光先是在南方抗倭,将其抗倭经验心得,著为十八卷本《纪效新书》;后来又在北方防御鞑靼,将其防御鞑靼经验心得,著为《练兵实纪》;再后来又进一步总结其整个军旅实践,著为十四卷本《纪效新书》。比较这三本书,不难看出,

---

① 茅元仪:《武备志》卷一百四"军资乘·战·器械·棒棍",台北:华世出版社,1984年,第4117~4123页。
② 黄一正编:《事物绀珠》,中国古籍库明万历间吴勉学刻本。
③ 刘效祖:《四镇三关志》,北京:全国图书馆文献缩微复制中心,1991年,第79、80页。

十八卷本《纪效新书》谈到这种棍刀很少，完全没有展开论述；而《练兵实纪》和十四卷本《纪效新书》，则谈到这种棍刀极多，并有详细的论述。原因很简单，倭寇都是步兵不是骑兵，鞑靼都是骑兵不是步兵，而棍刀，主要是步兵步战对付骑兵使用的武器。

王学泰先生称"朴刀是刀杆细长，刀头较小，类似于长枪、花枪，因之又称之为'朴刀枪'"，称"把杆棒与朴刀头配合在一起，成为用来打斗和作战的朴刀"，这一观点，是到目前为止笔者认为最接近事实的观点，但这种观点依然并不十分明确。笔者以为：所谓朴刀，就是一根棍棒，接上一把短刀，"朴刀"即"棍刀"。

棍、锤等钝器兵械，最早是殷周贵族甲士车战的装备，但战国以后逐渐沉寂。棍、锤、鞭、锏的再度兴起，应与农耕民族的军队对付游牧民族的军队有关。农耕民族以步兵为主，游牧民族以骑兵为主，步兵以轻装为主，骑兵则往往重甲。重甲不惧刀枪利器，于是以击打为主的钝器应运而生。锤、鞭、锏等沉重钝器无疑是威力最大的用于击打的兵械，但是说这些兵械威力最大也是有条件的，一是使用者要有足够的力量，平时身上带得起，战时手上提得起，交手脚步上得去，步兵符合这个要求实在不容易，于是锤、鞭、锏、铁骨朵等沉重钝器就成了骑兵的选择，北方游牧民族骑兵大量使用这类器械。另外，这类钝器兵械要耗费大量金属，在古代生产力不发达的情况下，生产数量有限，在靠数量占优势的庞大的中央王朝军队里，就只够供将领使用，于是是处可得容易加工的木质坚硬的棍棒，就成了大量装备部队的武器。木棍加上铁箍、铁头，就成了所谓"铁棍"，少林僧抗倭可能就是用的这种铁棍——因为整体铸铁，恐怕没几个人拿得动舞得开。木棍加上铁钉，就成了所谓"狼牙棒"，可能有例外，但狼牙棒多数恐怕都是这种形制——同样因为整体铸铁，恐怕也没几个人拿得动舞得开。木棍加上短刀，就成了所谓"朴刀"即"棍刀"，可击打可戳刺，充分兼而利用其大棒钝器击打的优势和刀刃利器戳刺的优势。对付重甲骑兵，用击打；对付轻装骑兵或轻装步兵，用戳刺。当然，也可以说这就是《水浒传》中仅有类枪的搠刺而无类棍的打砸的技术展现的原因。

《水浒传》用大量的文字描述了朴刀的情况，是记录朴刀文字最多的文学著作和文献资料，它为武术史记录了我们古代一种重要兵器的存在，为我们了解当时的朴刀实际，为我们破解仿佛朴刀失传之谜，提供了最大的帮助。鲁迅说一部《水浒传》就是"为市井细民写心"，水浒作者是市民阶层的文人，他熟悉民间生活,也熟悉民间武术,但他不熟悉军旅生活,也不熟悉军旅武术,他熟知步战的朴刀及其用法,但对步兵如何使用朴刀对付骑兵则完全陌生、一无所知。《水浒传》并不是没有步兵对骑兵的战役,五十五、五十六、五十七回就是梁山泊军队对阵朝廷军队的"连环马",作者重点描写了专破骑兵的器械"钩镰枪"和擅使钩镰枪的八十万禁军教头徐宁,这几回是唯仗钩镰枪了,但书中兵械主角朴刀却在此战中蒸发了,专为对付骑兵的具备击打功能的朴刀没派上用场,因此,朴刀的击打功能在书中就完全未能得到展现,读者对朴刀就只能有一个不完整的了解甚至是一个错误的了解。如四十七回在祝家庄:"杨雄、石秀见了,大喝一声,拈两条朴刀,直奔祝彪马前杀将来。祝彪抵挡不住,急勒回马便走,早被杨雄一朴刀戳在马后屁股上。那马负疼,壁直立起来,险些儿把祝彪掀在马下。"①《水浒传》中没有骑兵骑战用朴刀,这是对的,但步对步的打斗用朴刀是戳刺,步对骑的打斗用朴刀还是戳刺,只有一个戳刺,那这朴刀与枪还有什么区别?"搠"即戳刺,是"朴刀"的主要功能和用法之一,这个特点,《水浒传》表现得很充分;但"朴刀"的主要功能和用法还有一个,即击打,这点《水浒传》遗憾地缺失了。

笔者不同意朴刀是"只是流行于民间而不能登大雅之堂的粗陋的兵器(如钉耙之类,打仗虽然能用,但绝不会上兵器谱),历代兵学家并不把它视为真正的武器"的说法。且不说众多兵书有载,这种说法即使在《水浒传》中也没有任何证据,谁用朴刀和何时用朴刀,只是随机和应变而已。梁山泊的步军将领用朴刀,马军将领外出和步战也用朴刀,就是证明。

第四节 朴刀形制的不稳定性

《建康志》中曾多次提到当时军中装备有所谓"朴刀枪"。"朴刀枪二千八百条""小朴刀枪一千三百八十八条""朱红油大朴刀枪一百条""白油大朴刀枪一百条"。②《纪效新书》十八卷本则云:"火头每名给铜锅一口,夹枪棍一根,行即负

---

① 施耐庵、罗贯中:《水浒传》,北京:人民文学出版社,1997年,第608页。
② 周应合:《建康志》卷三十九"武卫志二·军器",四库全书文渊阁本"史部十一·地理类三·都会郡县之属"。

五人预备攻围干粮,止即专司炊爨。"①在蓟北又规定:"车中列以马队,其左右伍,首二人俱为鸟铳手兼长刀,其次二人则为快枪手,再次二人则以镋钯兼火箭,又其次二人则为夹刀棍手,又其次二人则为夹枪棒手。"②

《水浒传》中也提到一种"杆棒枪"和"朴刀枪"。

《水浒传》形容梁山人马打青州雄壮出征,是"绣彩旗如云似雾,朴刀枪灿雪铺霜"(第五十八回)。杨志丢了生辰纲,在酒店吃霸王餐,店主曹正是"拖着杆棒枪奔将来"。二人相斗,杨志用的是朴刀,曹正是"轮转手中杆棒枪来相迎"。互报姓名后,曹正是"撇了枪棒便拜"(第十七回)。

"朴刀枪"和"夹枪棒",应该就是《水浒传》中的"杆棒枪",它的形制,一种可能是杆棒装上枪头;一种可能是杆棒装的短刀,经过改良略近似枪头。至于"大朴刀枪"和"小朴刀枪",则比较好理解,前者即类似杆棒很长的"长柄膊刀",后者即类似《水浒传》里的杆棒加短刀。与大朴刀枪、小朴刀枪同理,文中提到"大朴刀",那就肯定还有"小朴刀",但"朱红油大朴刀枪一百条""白油大朴刀枪"之朱红油、白油,不知何意,恐怕不仅仅是刷的油漆颜色不同,有待进一步研究确定。看来,杆棒枪和长枪还很不同,长枪枪杆肯定很长,而杆棒枪是杆棒装了个枪头(双刃),朴刀是杆棒装了个短刀(单刃),所以有时杆棒又被称为"短棒",宋江接父亲时所带即是。短棒枪被称为杆棒枪,而朴刀——短棒刀实际就是杆棒刀,二者实际上非常近似,所以又有朴刀枪之称。"朴刀是刀杆细长,刀头较小,类似于长枪、花枪,因之又称之为'朴刀枪'。"③这一认识,笔者以为有两个错误,一是将有所区别的朴刀、朴刀枪,大朴刀、小朴刀,大朴刀枪,小朴刀枪,等等,有联系又有区别的这些朴刀的分支,完全等同了;二是将朴刀乃棍刀,朴刀是杆棒加短刃,用法"一是捌刺,二是击打"这一朴刀的基本形制和基本用法模糊了,乃至于认为朴刀就是长枪。差之毫厘,失之千里。

朴刀的基本形制是杆棒加短刀,但它的形制亦有很多变化。这种变化,想来不外乎杆棒的粗细和长短,刀头的长短,刀头还是枪头等等。但它的基本形制应该是不会变的,如朴刀枪,肯定杆棒要有一定长度的直径,不管主要攻击手段是

---

① 戚继光:《纪效新书》18 卷本,曹文明、吕颖慧校释,北京:中华书局,2001 年,第 52、53 页。
② 戚祚国汇纂;高扬文、陶琦主编:《戚少保年谱耆编》,李克、郝教苏点校,北京:中华书局,2003 年,第 226 页。
③ 王学泰:《"水浒"识小录》,桂林:广西师范大学出版社,2012 年,第 3 页。

不是击打，但它肯定应有能承担击打功能的直径。否则，细长的身杆加上枪头，那就是纯粹长枪了，还有什么必要叫朴刀枪？

朴刀——刀棍的形制似乎不太稳定，在戚继光、茅元仪的著作里，它的刀刃就有五寸、三寸、二寸等不同形制。由五寸到二寸，中间有太长的伸缩地带。朴刀刀身的长短显然也不固定。朴刀形制的这种不稳定，是由敌手的不确定而造成的。如果敌手是重甲骑兵，那么显然棍应粗大，不应太长，充分利用大棍的大力击打功能，而刀刃要短，因为长了反而碍事，短到二寸即可，甚至短到为一铁刺或铁锥；如果敌手是轻装骑兵或轻装步兵，没有重甲的遮护，那么刀刃则长些威力更大，攻击手段则应该更多为搠刺。

明《惟扬志》云：

> 器仗五十有一，马枪、半丈红长枪、红杆长枪、破甲锥枪、桦皮短枪、红杆背枪、两头黑枪、黑漆攒竹枪、苦竹枪、栢木枪、黑木枪、接木枪、小拖枪、两刃枪、白木钩、铁义、火义、半丈红朴刀、木义、半丈黑朴刀、红靶手刀、黑靶手刀、绒靶手刀、镋刀、剁刀、松文剁刀、锯刀、钩刀、铡刀、洞刀、簇帐红靶刀、麻札刀、拥阵刀、斫马刀、大刀、手斫刀、鹰嘴刀、大斧、斫山斧、棍棒、手牌、立牌、阵脚牌、战车、破骑北车、铁蒺藜、钩镰、□锥、划钩、铙钩、枪镰。①

明时一丈为307厘米，半丈即153.5厘米，那么"半丈红朴刀""半丈黑朴刀"，和《水浒传》里短刀加短棒的朴刀，以及前述"短拨刀""小朴刀枪""小朴刀"一致。至于"红朴刀""黑朴刀"之红与黑，究竟何意，尚不明了。估计仍然是形制稍异，而不仅仅是指涂刷成红漆或黑漆者。戚继光最反对军中兵器繁杂，这里兵器竟多达五十一种，应该就是戚氏所贬斥针对者。

明末将领熊廷弼曾云其在辽阳"打造过盔一千四百六十顶、甲一千四百六十副、大三眼枪六百杆、小三眼枪二千二百一十杆、百子铳四百六十位、棍枪二百九十杆、腰刀一千把、弓九百八十张、箭一万六千六百枝、乖头炮四十杆"。② 这个

---

① 盛仪辑：《惟扬志》卷十"军政志"，中国古籍库明嘉靖刻本，第25页。
② 熊廷弼：《按辽疏稿卷五"请停修屯辩抚院疏"》，中国古籍库明刻本，第87页。

"棍枪",应该就是夹枪棍。

后代朴刀称谓和刀制的模糊,与其形制似乎不太稳定应有密切关系。

第五节　朴刀为何名"朴"?

春秋战国邓析《邓析子·无厚篇》载:"为君当若冬日之阳,夏日之阴,万物自归,莫之使也。恬卧而功,自成优游,而政自治,岂在振目搤腕,手操鞭朴,而后为治与。"①《栾城集·上高县学记》云:"盖古之君子正颜色、动容貌、出词气、从容礼乐之间,未尝以力加其民。民观而化之,以不逆其上,其所以藏身之固如此。至于后世不然,废礼而任法,以鞭、朴、刀、锯,力胜其下,有一不顺,常以身较之。民于是始悍然不服,而上之人亲受其病,而古之所以藏身之术亡矣。"②这里的"鞭朴","鞭、朴、刀、锯",鞭、刀、锯都是名词,意思都很明白,而朴亦应是名词,应是指棍。鞭、棍、刀、锯,都是刑具或兵器,都是暴力象征。

庚桑楚《亢仓子》则有:"勾粤之斲,镞以精金,鸷隼为之羽,以之楉棰,则其与槁朴也无择;及夫荡寇争冲,觊武决胜,加之骇弩之上,则三百步之外不立敌矣;蚩景之剑,威夺白日,气盛紫蜺,以之刲获,则其与劂刃也无择;及夫凶邪流毒,沸渭不靖,加之运掌之上,则千里之内不留行矣。"③

王充《论衡》则有:"物实无中核者谓之郁,无刀斧之断者谓之朴。"又有"断木为椠,8之为板A加B刮削,乃成奏牍。夫竹木,粗苴之物也,雕琢刻削,乃成为器用。况人含天地之性,最为贵者乎!不入师门,无经传之教,以郁朴之实,不晓礼义,立之朝廷,植竿树表之类也,其何益哉?"④

《亢仓子》《论衡》中的"朴",都是原始自然的木棍的意思。

屈原《九章·怀沙》有:"文质疏内兮,众不知吾之异彩;材朴委积兮,莫知余之所有。"汉王逸注云:"条直为材,壮大为朴。"《史记·屈原列传》"朴"作"樸"。

---

① 邓析:《邓析子》,四部丛刊景明本,第 6 页。
② 苏辙:《栾城集》上,上海:上海古籍出版社,2009 年,第 498、499 页。
③ 庚桑楚著;王士元补亡:《亢仓子》,商务印书馆,1939 年,第 18、19 页。
④ 王充:《论衡》,上海:上海人民出版社,1974 年,第 194 页。

宋洪兴祖补注云：《说文》云："朴，木皮也。樸，木素也。"①称树木树干为"朴"，多在较早的古籍中，循名责实，"朴"就是"棍"，"朴刀"就是"棍刀"。朴刀棍杆肯定要直——取其"条直"，朴刀要充分兼有棍打击的功能因而必须粗大——取其"壮大"，朴刀没有任何装饰再朴实不过——取其"木素"，朴刀名称就是这么得来的。给棍刀取名朴刀，最早应该是个文人干的事情。

毫无疑问，所谓朴刀，就是"棍刀"，或叫"刀棍"。

"朴刀"是一个相对艺术化的称谓，即便"朴"还原为"棍"，称"棍刀"，它还是处于从属的地位，棍字是修饰刀字的。这很不准确，并没有完整反映朴刀的意义，甚至忽视了朴刀最主要的用途。所以在军队里，在像戚继光那样的军队将领著述中，就没有采用"朴刀"这一可能主要是文学家采用的名称，而是用了突出其主要功能的"刀棒""大棒""夹刀棍"等名称。循名责实，"刀棒"显然是比"朴刀"更符合其功用特征的名称。朴刀后来的名实不符，以致仿佛失传，有其形制不太稳定，有长有短有粗有细有刀头有枪头的原因，有其名称各地方言不同文人使用通假的原因，但还有一个原因，就是"朴刀"名称太艺术化而与实际器械功用脱节或导致实际器械形制模糊。

第六节　朴刀有诸多不同称谓

在《水浒传》成书前，"朴刀"的名称就已经存在，宋代"朴刀"一词最早见于小说。

前述宋《醉翁谈录》载："夫小说者，虽为末学，尤务多闻……讲历代年载废兴，记岁月英雄文武，有灵怪、烟粉、传奇、公案、兼朴刀、捍棒、妖术、神仙八类小说。"②宋《梦粱录》"小说讲经史"篇中记载："说话者，谓之舌辨，虽有四家数，各有门庭。且小说名'银字儿'，如烟粉、灵怪、传奇、公案、朴刀、杆棒、发发踪参之事。"③但《都城纪胜》"瓦舍众伎"篇载云："说话有四家，一者小说谓之银字儿，如

---

① 王逸注：洪兴祖补注：《楚辞章句补注》，长春：吉林人民出版社，1999年，第140页。
② 罗烨：《醉翁谈录》，上海：古典文学出版社，1957年，第3页。
③ 吴自牧：《梦粱录》，张社国，符均校注，西安：三秦出版社，2004年，第319页。

烟粉、灵怪、传奇;说公案皆是搏刀赶棒及发迹变泰之事;说铁骑儿谓士马金鼓之事;说经谓演说佛书;说参请谓宾主参禅悟道等事;讲史书讲说前代书史文传兴废争战之事。最畏小说人,盖小说者能以一朝一代故事顷刻间提破。"①《都城纪胜》《梦粱录》均为记载南宋杭州时俗民风的著作,这里说的差不多是同一件事,《都城纪胜》成书年代早于《梦粱录》,所以可以说"搏刀赶棒"就是"朴刀杆棒","朴刀杆棒"应该是由"搏刀赶棒"而来,"搏刀"是朴刀的另一种称呼或写法。

宋《大宋宣和遗事》里记载的"梁山泺英雄聚义"②,为《水浒传》的故事构造奠定了基础,其中记载铁天王晁盖救父时"手内使柄泼镔铁大刀"③,这"泼镔铁大刀"有可能就是朴刀。

显然,朴刀在宋代就有了其他不同的名称。

《不下带编》云:"元人杂剧则有十二科,名目曰神仙道化、曰林泉丘壑、曰披袍秉笏、曰忠臣烈士、曰孝义廉节、曰叱奸骂谗、曰逐臣孤子、曰拨刀赶棒、曰风花雪月、曰悲欢离合、曰烟花粉黛、曰神头鬼面。"④《醉翁谈录》及《梦粱录》均提到"朴刀、杆棒""朴刀、捍棒","拨刀"就是"朴刀"的另一种写法。另外,这里"拨刀赶棒"被列为一类,可见《醉翁谈录》的"朴刀局段"与"捍棒序头"的划分也并不严格。

《武备志》中提到了"长短拨刀":"技之器有大旗、有挨牌、有虎叉、有钩镰刀、有长短拨刀。初教,各令以木棍习手足攻击之法,为《总诀歌》八句,使之知所持循。曰'阴阳要转,两手要直。前脚要曲,后脚要直。一砍一挑,浑身着力。砍后即凿,破房无敌'。约教二月之后,已知大意,则择其足之便利者为牌手,力之强者为大旗手、为叉手,手之便利者为钩镰及长拨刀手,其余为鸟铳、神枪、短拨刀手。各习二月之后,则攻击之法得矣。"⑤明代的拨刀,无论长短,都是战场利器。长拨刀、短拨刀,则与大朴刀枪,小朴刀枪,大朴刀、小朴刀一致。

明初朱权《太和正音谱》云:"杂剧十二科:一曰神仙道化;二曰隐居乐道(又曰林泉丘壑);三曰披袍秉笏(即君臣杂剧);四曰忠臣烈士;五曰孝义廉节;六曰

---

① 佚名:《都城纪胜》,上海:上海古籍出版社,1993年,第9页。
② 笔者注:《大宋宣和遗事》中记载的落草地点是"太行山梁三泺"。
③ 佚名:《宣和遗事》,北京:中华书局,1985年,第29页。
④ 金埴:《不下带编·巾箱说》,王湜华点校,北京:中华书局,1982年,第75页。
⑤ 茅元仪:《武备志》卷八十三"阵练制",中国古籍库明天启刻本,第11页。

叱奸骂谗;七曰逐臣孤子;八曰钹刀赶棒(即脱膊杂剧);九曰风花雪月;十曰悲欢离合;十一曰烟花粉黛(即花旦杂剧);十二曰神头鬼面(即神佛杂剧)。"①《太和正音谱》所说"钹刀赶棒",显然来自《醉翁谈录》的"朴刀捍棒"和《梦粱录》的"朴刀杆棒","钹刀"就是朴刀。《啸余谱》又说"即脱膊杂剧",证明"膊刀"亦即朴刀。

元《世医得效方》"通治"篇有"跌扑刀伤接骨方"。② 元《山居新话》:"凡有颠搏刀斧伤者,但以带须葱炒熟捣烂,乘热敷患处速愈,频换热者尤妙。"③一个是"跌扑刀伤",一个是"跌搏刀斧伤",同是元代人著书,"扑""搏"通用,"搏刀"与"扑刀"当是一物。

在《栾城集》中记载有"鞭、朴、刀、锯",但在《唐宋八大家文钞》中则是"鞭、扑、刀、锯"。《七剑十三侠》第四十九回中,邝庆天是"提着扑刀"④来战杨小舫等三人;但到了五十二回中,邝天庆"飞身上瓦"去捉奸细时,提的却是"一柄朴刀"⑤。"朴"与"扑"也通用。道光十一年(1831)"拿获老虎泾枭匪多名饬审缘由折片"云:"追获手执扑刀枭匪一名杨松,查点舱内均有铁枪、火枪、朴刀、火药、砂子等物。""赶捕俦匪朱连科等十一名,内有戴贵身带大扑刀一口,陶文得身带顺刀等物。""获盐犯刘长青等四名,及屯置硝磺;俦匪秦彬等五名,窝家刘万一名,并火硝、腊杆、长枪、九节铁鞭、扑刀、闷香等物。"⑥这里出现了"扑刀""朴刀"混用的现象,亦可证明"朴刀""扑刀"原本就是一物。

可见,朴刀竟然有诸如搏刀、拨刀、钹刀、膊刀、扑刀、夹刀棍、夹靶刀、有刃大棒、夹枪棍、带刀子拄棒、拐棍刀、朴刀枪、棍枪等这么多名称,但其实都是长棍加短刀的同一形制。造成朴刀多异名的原因其实很简单,一是因为各地不同方言之差异,二是因为文人写作用字的转注通假,三是著作者身份各异,军中、军人求实,小说、文人求美。

---

① 钟嗣成等:《录鬼簿 外四种》,上海:古典文学出版社,1957年,第135页。
② 危亦林:《世医得效方》,北京:人民卫生出版社,1990年,第604页。
③ 杨瑀:《山居新话》,北京:中华书局,1991年,第27页。
④ 唐芸洲:《七剑十三侠》,北京:华夏出版社,1998年,第149页。
⑤ 唐芸洲:《七剑十三侠》,北京:华夏出版社,1998年,第156页。
⑥ 陶澍:《陶澍全集 奏疏二》,长沙:岳麓书社,2010年,第366页。

第七节　明代后期起已多不知朴刀为何物

王学泰认为:"到了明代,由于朴刀已经退出江湖人的冒险生涯,通俗文学的作者偶然提到朴刀,就不是从生活中来的,而是受到宋元话本的影响,从而对于朴刀样式、形制、用法和所代表的身份都不甚清楚了,这些我们与《水浒传》一比较就可以看出来。明末小说《禅真逸史》写南北朝故事,其第十五回:'门口转过一条大汉,手拿朴刀喝道:贼秃,往哪里走?一刀砍来,砍倒一个和尚,余者四散逃走。'朴刀把儿长,刀头小,不适合'砍',特别交手者距离很近的情况下。""《禅真逸史》第二十三回写山大王'按着胆,手里挺起朴刀'拦截杜伏威,这种握朴刀的姿势还对,可是一到使用便知作者不懂朴刀了,接着写到山大王'丢一个架子,将刀劈面砍来',一看就是使用腰刀的架势。在拟话本中也有这样的问题。《今古奇观》中的《欺贫女怒触雷霆》写阴家大公子逼死了妻子朱氏女,老怀疑她的鬼魂作祟,'无人处,朱女每每在面前,因常佩一把朴刀,以刀挥去,便不见了'。朴刀那么长的把儿,怎么'佩'带?刀头很短也不适于'挥',而且作为富家公子,怎么可能拿个近于农具的物件防身呢?这些都说明到了明代大多数人对于朴刀已经很陌生了。"[①]

戚继光为明中后期人,茅元仪为明末人,他们的著作中有朴刀,但已不称其为朴刀。据说程宗猷的侄儿程子颐,亦为明末人,他的《武备要略》中有《长柄斧说》并附有所谓《朴刀势》,称:"其朴刀,用法与单刀同,然撩劈之势大于单刀,故军伍中不可少也。余昔所造者,无剑脊,砍去偏软,若厚又难运用。故今制如倭刀样,亦起剑脊,但刀不宜太阔。今绘刀式于后,其用法照后单刀图势用之,故不重赘。"[②]

程子颐《武备要略》中的朴刀图

上海古籍出版社 1988 年版李卓吾评本《水浒传》

---

① 王学泰:《"水浒"识小录》,桂林:广西师范大学出版社,2012 年,第 14、15 页。
② 程子颐:《武备要略卷八"长柄斧图说"》,见四库禁毁书丛刊第 28 册,影印崇祯五年刻本,第 282 页。

中每回皆有插画,但如第三回史进、朱武、陈达、杨春四人与华阴县衙役土兵相斗,第十二回林冲下山觅投名状与杨志恶斗,第十七回杨志随鲁智深夺二龙山宝珠寺,第十八回朱仝、雷横奉命抓捕晁盖,第三十四回燕顺、王英、郑天寿三人大战黄信,第四十六回杨雄、石秀、时迁在祝家庄偷鸡后逃走与庄客们大打出手等,明明白白写着是手持朴刀的,但画中朴刀,都画成了类似今天砍刀、单刀的模样。

《水浒传》第三回　　　　　　《水浒传》第十二回

《水浒传》第十七回　　　　　《水浒传》第十八回

《水浒传》第三十四回　　　　《水浒传》第四十六回

但画者不知何谓朴刀,却不见得没见过朴刀,如第六十回晁盖曾头市中箭一图,图上部一骑马杀出者,所持兵器就颇类朴刀。画者显然也见过朴刀,知道有这么一种刀的形制。

但也不是人人都会弄错,明末清初的画家陈洪绶,所作《水浒叶子》,雷横手执杆棒,萧让所佩腰刀,秦明手执狼牙棒,都与《水浒传》中兵器贴切,唯有

《水浒传》第六十回

李逵所执兵器,让人有些疑惑。李逵所执,显然是棒,但棒头有若干齿状物,不明为何物。与秦明狼牙棒比较,也显然不是一类。而李逵腰间所佩,又不是腰刀,说它是腰刀,又太短了,那是一柄短刀。古代刑具有锯,李逵曾为狱卒,拿把锯也解释得过去,但把那么长,怎么也不像锯的样子。笔者以为,李逵身带的这两件武器,杆棒和短刀,合在一起,就是朴刀。而杆棒棒头的齿状物,则是利于绑扎固定短刀的样式。陈洪绶看来真不是胡乱轻率画的,大画家的认真留下了历史的真实。

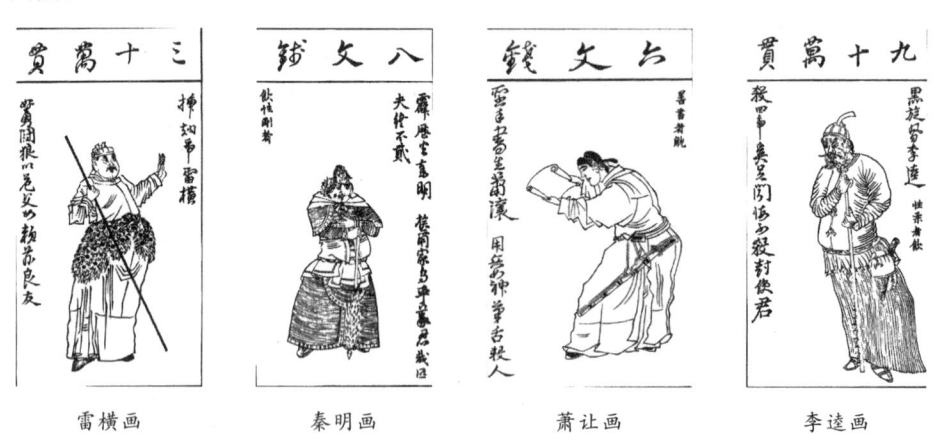

| 雷横画 | 秦明画 | 萧让画 | 李逵画 |

后人只见《水浒传》中不断提到朴刀,但又不明朴刀究竟,于是不管是古本水浒插图,还是现代连环画、影视剧等,几乎没有真正把朴刀弄明白画正确了的。那套最有名的《水浒传》连环图,是1955—1962年历时八年完成的,由人民美术出版社组织画家任率英、卜孝怀、徐燕荪、墨浪、陈缘督、吴光宇编绘的版本。后

又再版，朴刀都是刀刃很长，刀把较短，双手握持，类似倭刀，但刀头近似平头砍刀的形制（如下图），给人印象很深，显然深受程子颐所画朴刀刀型的影响。

智取生辰纲(《水浒传》之六)　　　　　　　快活林(《水浒传》之十)

三打祝家庄(《水浒传》之十四)　　　　　智取生辰纲(《水浒传》之六)

李逵下山(《水浒传》之十三)　　　　　　智取生辰纲(《水浒传》之六)

李逵下山（《水浒传》之十三）　　　　李逵下山（《水浒传》之十三）

《汉语大词典》称朴刀为"一种刀身窄长、刀柄较短的刀。双手使用"。显然也是受了程子颐的画图的影响。

第八节　清代朴刀形制的两个系统

清代的朴刀则衍变成为两个完全不同的系统，一个系统是军旅兵器的朴刀，这种朴刀与前代朴刀形制已完全不同，并不是棍棒加短刀，而是腰刀、单刀样式的双刀；另一个系统是民间兵器的朴刀，依旧保留棍棒加短刀的形制。

一、清代军旅兵械的朴刀实为双刀

《清通典》记述"绿旗营武具"时，收录有"朴刀、斩马刀、长刃大刀、宽刃大刀、双手带刀、背刀、片刀、虎牙刀、窝刀、船尾刀、割刀、缭风刀、牌刀、滚被双刀"。[①]

《清文献通考》则云："钦定工部则例造兵仗式：春秋刀、朴刀、挑刀、腰刀、斩马刀、滚被双刀、牌刀、长刃大刀、宽刃大刀、双手带刀、背刀、长片刀、宽刃刀、虎牙刀、窝刀、鸳鸯刀、船尾刀、割刀、缭风刀。"[②]

《清礼器图式》中对"绿营扑刀"做了这样一番描述："本朝定制绿营扑刀，练铁为之。通长一尺九寸二分，刃长一尺四寸，上阔二寸四分，下半之銎为铁盘，厚

---

① 官修：《皇朝通典》卷七十八"兵典·军器制度"，四库全书文渊阁本"史书·政书类"。
② 官修：《皇朝文献通考》卷一百九十四"兵考·军器·兵仗"，四库全书文渊阁本"史书·政书类"。

二分。柄长五寸，木质，缠红黄革，末钻以铁，系蓝绥。"①长一尺九寸二分，即约长59.7厘米，其中刃长一尺四寸，即43.54厘米，柄长五寸，即15.55厘米，是名副其实的短刀。

《大清会典图》②则将扑刀图画了出来。

在清代方志中，多次提到"双扑刀"，数量单位也以"对"来计算。

乾隆《鄞县志》记载："五营军装数"里有"双手刀五十把、马叉五十把、扑刀五十对、双斧五十对、大号斩马刀二百三十把、配滚被刺刀五十对、连夹棍五十副、长柄双手刀四十五把、挑刀一百把、斩马刀一百五十把"，而"城守营军装数"里有"双手刀五把、马叉五把、扑刀五对、双斧五对、斩马刀一十把、连夹棍一十二副、刺刀五对"。③

嘉庆《直隶太仓州志》记载：嘉定县兵器有"长枪二十杆、钩镰枪五杆、方天戟五杆、钢叉四柄、双手刀二十口、单手刀八口、双扑刀八口、春秋刀二口、鸟枪四百二杆、马枪十二杆、三眼枪三十七杆、腰刀四百五十二口、大刀一百十七口、牌刀五十五口、钺斧四百二口"。④

嘉庆《山阴县志》则有："斩马刀二十把、马叉二十把、扑刀二十对、双斧二十对、双手带刀二十把、滚皮刺刀二十对。"⑤

光绪《永嘉县志》则云：其城守局存器械里有"腰刀六百三十六口""藤牌七十一面、牌刀七十一把、片刀七十一把""手刀五把、扑刀五对、双斧五对、马叉五把"。⑥

光绪《江阴县志》则载："各营兵制不同，而训练之法大约相等。在营各兵，马战各队专习马步、弓箭，余守兵分习弓箭、火器、藤牌各技艺，以次及跳马、团棍、

《大清会典图》中的扑刀图

---

① 蒋溥：《皇朝礼器图式》卷十五"武备三·武具二"，见四库全书文渊阁本"史部·政书类"。
② 刘启端：《大清会典图卷》卷一百二"武备十二"，清光绪石印本。
③ 钱维乔：《鄞县志》卷六"田赋·兵制"，清乾隆五十三年刻本。
④ 王昶纂修：《嘉庆直隶太仓州志》卷二十三"兵防·营制"，清嘉庆七年刻本。
⑤ 徐元梅等修；朱文翰等辑：《嘉庆山阴县志》，台北：成文出版社影印，1983年，第899页。
⑥ 张宝琳修；王棻纂：《永嘉县志》，台北：成文出版社影印，1983年，第722、723页。

长枪、扑刀诸艺。"①

道光《阳曲县志》则载:"宋良佐,少豪侠,臂力过人,举乾隆癸卯武魁第一。效力抚标,补太原左营,把总有马奔蹄不受羁靮,良佐驭之,甚驯。嘉庆元年,随总镇入川剿灭教匪,恒跨此马,提扑刀所向披靡,无敢敌者。"贼人中称其为"宋扑刀"。②

光绪时《申报》"盗风甚炽"载:杭垣某乡官兵缉盗,贼人"抽出袜里小刀,兵亦拔双朴刀,相斗于凉亭下。兵以获盗而归必得重赏,且有荣施。故觉勇气百倍,愈斗愈健。其人心怀恐惧,力怯不敌,逾时为兵所获"。③

清代小说、戏剧也受到军中朴刀形制变化的影响,所云朴刀也就成了"双朴刀",《绿牡丹》云:胡理被人用箭攻击,"背后倚定关门,面向众人,用两口朴刀上下左右相遮,两旁箭堆一二尺深,竟不能射他一箭"。④

由上可见,清代官军系列的朴刀,已经不再是棍棒加短刀的刀式,而是类似腰刀、单刀的样式,而且都称"对",显然是双刀。另外,清代"朴刀"也被称为"扑刀"。

原有朴刀形制在清代军中被偷梁换柱,笔者怀疑与清代的政治统治顾虑有关。清代自称"以骑射取天下",八旗军兵都是马军,而朴刀的重要功能之一,就是能打能戳,专门对付重甲骑兵,与明军交手,恐怕清军没少吃朴刀的亏。八旗军兵都是马军,自然不需朴刀,而装备绿营的武器,肯定不能用专对付马军者,于是真正的朴刀,就必然从清军兵器装备中消失了。

二、清代民间兵械的朴刀保留原来形制

清佚名著《南征日记》乾隆元年(1736)八月二十七日"同蔡厅报明苗人呈缴器械"载:"男人叫金艮讲,逃走,不知生死。做头人在营中办事,全没有出去打过仗。家中只有枪一门、捍子二根、环刀一把、夹靶刀一把,早缴完。生一子三岁,同拿来。"⑤

---

① 卢思诚,冯寿镜修;季念诒,夏炜如纂:《光绪江阴县志》,南京:江苏古籍出版社,1991年,第201页。
② 阎士骧:《阳曲县志》,阳曲县文献委员会集资翻印,1932年,第64、65页。
③ 《盗风甚炽》,《申报》(上海版),1877年11月7日,第1700号,第2版。
④ 吴炳:《绿牡丹》,北京:华夏出版社,2014年,第228页。
⑤ 佚名:《南征日记》乾隆元年八月二十七日"同蔡厅报明苗人呈缴器械",中国谱牒库清钞本。

清佚名著《南征日记》乾隆元年(1736)八月二十九日"差张国栋鲜苗妇子女七口并器械等件赴清江"载："又于二十七日黑，赉等缚献苗犯，狡恶枉引调幼二名，并缴出先经埋藏甫行握出之枪二门、环刀三口、夹靶刀五口、捍子一根、盔四顶、甲四身……据包计搂供：'年二十三岁，去年我没有到那里打仗，只到南库堵路一回，我只藏一口夹靶刀，没有来缴'等语。"①

同治十二年(1873)八月初十"题报多伦厅客民李泳浍刀伤李长芒父子二身死案审明定拟事"载："彼此吵嚷，李长芒喝令将李泳浍捆缚，屈四即揪住李泳浍发辫，李琥子堵住屋门，李泳浍情急，见炕旁放有夹靶刀，顺取吓扎，屈四受伤，松手出屋。李琥子用镰刀向砍，李泳浍闪避，用刀在其身旁、身后吓扎，致将其左腋腺、左胯、脊膂扎伤倒地，李长芒帮殴失足栽倒，李泳浍亦用刀向扎，致将其左臀、左后胁扎伤，因手势稍重，以致左后胁透内。李泳浍歇手。"②

显然，朴刀的"夹靶刀"称谓还延续到了清代。

《刑案汇览》道光九年(1829)"说贴"有："湖广司查此案，徐立发因大功堂兄徐立申乘夜掇开伊房门偷窃钱文，该犯惊醒，喝问不答，疑为贼断，扑刀连戳徐立申右耳根等处，身死。"③既称扑刀，手法又是戳，应与宋元明朴刀无异。

《刑案汇览》道光十一年(1831)"说贴"有："秦朋云下炕，张桂荣揪住发辫，又戳伤其右臂，秦朋云夺过侵刀，张桂荣恐秦朋云还戳，喝令张添文动手，张添文即用朴刀枪戳伤秦朋云脐肚，倒地殒命。"④《新增刑案汇览》同治八年(1869)"说贴"：太和县民宋万化与干振东发生口角争执，宋万民携其父宋玉前往干家讲理，不想干振东却"点放火枪轰伤宋玉倒地，并拾扑刀枪将其父扎伤"。⑤既称扑刀枪，手法也是戳，应与宋元明朴刀无异。

"光绪十二年九月十五日京报全录"载：赤峰县住民靳靠江谋害胞兄靳靠山，先用木棍殴击，"虑恐不死，撩弃木棍，复用扑枪刀札伤其心坎透内。靳李氏接过扑枪刀，亦将靳靠山心地近下扎伤透内。靳靠山立时陨命"。事后案发，按律问

---

① 佚名：《南征日记》乾隆元年八月二十九日"差张国栋鲜苗妇子女七口并器械等件赴清江"，中国谱牒库清钞本。
② 顾廷龙、戴逸主编：《李鸿章全集》20册奏议二十，合肥：安徽教育出版社；安徽出版集团，2008年，第416页。
③ 祝庆祺：《刑案汇览》，棠樾慎思堂刻本，1834年，第7215页。
④ 祝庆祺：《刑案汇览三编》(二)，北京：北京古籍出版社，2004年，第796页。
⑤ 潘文舫：《新增刑案汇览卷九"斗殴及故杀人"》，紫英山房刻本，1886页。

斩。"凶器朴刀等械,解验发回存库。"①既称朴刀枪,又称朴刀,可见差别不大。

朴刀在军队兵器中消失,但却在民间生根发芽。尽管朝廷不断颁布禁止令,但毫无成效。朴刀在民间仍然是江湖强盗的重要兵械,同时也是民间私斗的主要武器。

直到清末宣统二年(1910)《钦定大清现行刑律》仍有:"凶徒因事忿争,执持腰刀、铁枪、弓弩箭并铜铁简剑、鞭、铖、斧、扒头、流星、骨朵、麦穗、扑枪、长枪、札枪、笏刀枪等项凶器及库刀、梭、标、骟鸡尾、黄鳝尾、鲫鱼背、海蚌、朴刀、顺刀并凡非民间常用之刀但伤人及误伤旁人者,俱流二千五百里,如系民间常用之镰刀、菜刀、小刀、柴斧等器不在此限。"②足证朴刀已经广布民间,根本无法禁绝。扑枪、朴刀、库(裤)刀,都是原本的名实相符兵器。直到民国十五年(1926),某地清乡局在破获黄渡大匪窟时,还抄获"大朴刀一把"。③可见流布深远。

从《水浒传》开始,朴刀成了强盗豪侠的象征。

元杂剧《争报恩三虎下山》中,正旦李千娇云:"你道他是贼呵,他头顶又不曾戴着红茜巾、白毡帽,他手里又不曾拿着麓檀棍、长朴刀,他身上又不穿着这香棉衲袄。"④

元杂剧《同乐院燕青博鱼》中,有几句描写燕青引以为骄傲的梁山泊强人的妆束模样:"若见俺公明太保,还了俺这石榴色茜红巾,柳叶砌乌油甲,荷叶样烟毡帽,百炼钢打就的长朴刀,五色绒刺下的香绵袄。"⑤

从李千娇和燕青二人的唱词中,不难想见,红茜巾、长朴刀、香棉袄之类,就是强人的典型标志。元杂剧《幽闺记》中,山上草寇从一个石匣里发现一顶金盔,谁能戴上这顶金盔谁就是本山头领。净角试戴之后,说还是戴"这红帽儿安稳"。⑥《水浒传》中人物惯用的就是杆棒和朴刀,元末农民起义军头裹红巾,却原来都是有来由的。

朴刀成为强盗豪侠象征,是因为官方禁武,民间获得武器不易,而棍棒是处

---

① 宗室谦禧:《光绪十二年九月十五日京报全录》,《申报》(上海版),1886年10月18日第9版,第4853号。
② 故宫博物院编:《钦定大清现行刑律》,海口:海南出版社,2000年,第286、287页。
③ 四机关会呈总部:《黄渡破获大匪窟续闻》,《申报》(上海版),1926年5月1日第13版,第19094号。
④ 臧懋循:《元曲选》,杭州:浙江古籍出版社,1998年,第87页。
⑤ 臧懋循:《元曲选》,杭州:浙江古籍出版社,1998年,第124页。
⑥ 毛晋:《六十种曲》第3册,北京:中华书局,1958年,第26页。

可得,且很难说它是不是武器,短刀很短,很多时候要作为生产生活工具使用,也很难说它是不是武器。棍棒加一短刀即成朴刀,所以二者皆成为下层民间百姓和起事者常用武器,因此也就成为其象征物。民国时芦焚的散文《山店》还这么说:"中国描写着'黑店'的说部有多少呢!但是可怜得很,纵然在这荒僻的山里,也看不见有人拿朴刀、板斧截路了。"①强盗豪侠使用朴刀的频率最高,朴刀成了强盗豪侠的象征,《水浒传》是描写强盗豪侠最成功的文学作品,朴刀也就成了《水浒传》的象征。

---

① 芦焚:《山店》,《申报》(上海版),1935年2月20日(第15版),第22206号。

第四章 "南少林"考

福建为什么有那么多地方宣称是"南少林"的故乡？到底有没有所谓的"南少林"？为什么中国南方特别是福建、广东、四川的拳种大多宣称自己来自少林寺？为什么有南少林踪影的地方，和天地会活跃的区域，和武术最盛的区域，基本重叠？这些，正是本章的研究要回答的问题。

第一节 "南少林"一说由来与众多的"南少林"

清末，洪门中人陶成章在其《教会源流考》中说："当明之世，有少林寺者，聚徒传拳术，名闻海内，称曰外家。（按福建亦有少林寺，以传拳称。清乾隆时，见毁于峨眉山僧。然与河南之少林寺不同……）"①民国四年（1915）发行的《少林拳术秘诀》一书第十二章称："斯时国内有两少林，一在中州，一在闽中。"②这个闽中少林，也称福州少林或福建少林，唐豪先生统计："福州少林，出洪门传说，所在地不一其名。《近代秘密社会史料》卷二西鲁序，谓在福州府圃龙县九莲山。洪门秘书西鲁传，谓在福州府盘龙县九连山。《近代秘密社会史料》卷四禀进词，谓在福州府福田县九连山。《近代秘密社会史》第二章，谓在福州府浦田县九连山。查伦敦不列颠博物院所藏较早的天地会抄本，并不言其假托的少林在何省何县何山，可见这些地名，不是原有的。依著者推断：洪门称长房在福建，故晚出的海底，附益少林在福建九莲山。其后由改莲为连之本分而为二：一增圃龙县

---

① 陶成章著；汤志钧编：《陶成章集》卷五"浙案纪略·教会之联合及其分裂"，北京：中华书局，1986年，第421页。
② 尊我斋主人：《少林拳术秘诀》，太原：山西科学技术出版社，2009年，第114页。

名,一增福田县名。"①可以看出,清末民初,有关福建少林寺的说法已广为流行,这个所谓的福建少林寺,以别于地处北方的河南嵩山少林寺,通常又被人称为"南少林"。

由此又引出了真假少林寺的问题,唐豪先生研究指出:"少林寺连真带假,一共有十个……真少林共七个:一个在登封,一个在和林,一个在蓟州,一个在长安,一个在太原,一个在洛阳,一个在泉州……假少林共三个:一个在福州,一个在山东,一个在台湾。"②他认为福建有两个少林,泉州少林和福州少林,其中泉州为真而福州为假。另外,唐豪先生还认为,泉州少林与天地会无关,亦即不是《少林拳书秘诀》所称的"闽中少林",而《秘诀》中的"闽中少林"即为天地会所称的福州少林。唐豪先生"闽中少林"一真一假的观点,影响很大,坚持认为泉州少林寺为南少林的研究者,甚至至今仍多引用其观点。

唐豪认为福建有一真一假两个南少林,但在几十年后,福建的南少林却越来越多。

莆田 1989年夏,莆田市西天尾镇九莲山林山村发现了一块寺院遗址,根据文献记载,以及对遗址的初步判断与一些民间传说,初步推测该遗址为宋代林泉院寺址,据说亦有可能为传说中的南少林遗址。同年12月初,由莆田市体委牵头,成立了"莆田南少林研究会"。1990年秋,经过相关部门的批准,福建省文管会考古队对该遗址进行考古发掘。在结束第一期的考古发掘之后,由中国武术协会、福建省体委、福建省武术协会联合主持,1991年9月在莆田市召开了南少林遗址论证会,并得出论证结论,"基本判定:林泉院即武术界通称的闽中少林寺,也就是南少林寺"。③ 1992年1月底,林泉院遗址的考古发掘全面结束,4月25日,莆田市人民政府在北京人民大会堂召开"南少林遗址论证成果暨重建南少林寺新闻发布会"。在今天的林泉院旧址,早已建起一座规模宏大的"南少林寺"。

泉州 20世纪80年代初,借全国武术挖掘整理与武术热兴起的东风,福建泉州曾组织一些人士就南少林问题做了一些研究。1988年5月,当地有关部门

---

① 唐豪:《少林拳术秘诀考证》,太原:山西科学技术出版社,2008年,第111页。
② 唐豪:《少林拳术秘诀考证》,太原:山西科学技术出版社,2008年,第109～111页。
③ 莆田市南少林研究会编:《南少林研究动态》,莆田,1991年,12集6页。

在泉州清源山支脉的东岳山麓东禅寺,挂起了"东禅少林寺"的木质匾额,并立了"南少林遗址"的保护石碑。就在莆田南少林论证热火朝天的时候,1992年7月9日《福建日报》转载了一篇援引"中新社"的稿件,题为《泉州新发现有关南少林寺的重要史料》,泉州方面也紧锣密鼓地加快了对泉州南少林的研究。1992年7月12日,泉州各界召开"泉州南少林学术报告会",认为泉州东禅少林寺就是南少林寺。① 是月21日,泉州四十多名各界人士,在专程考察了泉州南少林寺遗址后,一致认为"现存的地表文物遗迹,是东禅少林寺即为南少林寺的有力佐证"。② 8月26日,泉州正式成立"泉州南少林研究会"。这实际上预示莆田泉州南少林之争的正式展开。

福清 正当莆、泉南少林之争热烈进行之际,1993年4月30日,福清《玉融乡音》发表《福清也有少林寺》一文,指出《八闽通志》记载少林寺在福清新宁里。这一消息引起了福清一些文史工作者的注意,他们通过查找文献资料与实地考察,于同年6月证明"东张镇泗洲村少林自然村后弥勒山南麓的古代建筑遗址即是古代少林院的遗址"。③ 福清发现少林寺遗址后,省、市相关部门对其相当重视,1994年11月,福建省政府与福州市政府先后批准同意福清市东张镇少林自然村原少林寺遗址重建福清少林寺。1995年7月,福建省博物馆考古部与福清市文物考古队联合组成"福清少林院遗址考古队"进驻少林村,开始对少林院遗址的正式考古发掘。至此,福清也正式加入到"南少林寺"的争夺当中。1996年11月15日,福清举行南少林寺遗址考古发掘和研究成果报告会,与会学者与专家一致充分肯定少林村的寺院遗址就是史籍所记载的南少林寺。福清境内现在也新建了一座规模不小的南少林寺。

东山 就在莆、泉、福三地南少林之争众说纷纭、莫衷一是的情况下,1993年9月,长期在福建考察南少林与天地会情况的中国社科院宗教所罗炤教授,在东山县东明寺主持道裕法师处发现了清嘉庆二十三年(1818)的《香花僧秘传》(手抄本,又谓《香花僧秘典》或《秘典》,原抄件无名,此名为罗先生所起),其中首页载:"夫古来寺,源承兴化清源九座寺……凡寺舍九座相连,故称九座寺……寺

---

① 《泉州晚报》,1992年7月13日。
② 《泉州晚报》,1992年7月22日。
③ 高健兵:《福清少林院》,福州:海潮摄影艺术出版社,2005年,第6页。

僧五百余众,有南少林之誉。"①"有南少林之誉",这是古代资料中首次出现"南少林"一词,这对矻矻以求"南少林"资料的学者专家们是一个很大的鼓舞。这样东山古来寺也加入到争为南少林的论战之中。

仙游 仙游于唐圣历二年(699)置县时,名为清源县,《秘典》中提到"清源九座寺",故有研究者认为"清源九座寺即今仙游九座寺"。② 故仙游也适时地加入了南少林遗址的争夺战中。

云霄、诏安 天地会与南少林的关系密切是学界的共识,云霄、诏安等县曾是天地会秘密活动的据点。在天地会的档案中,经常会提到长林寺——这是天地会成员集聚结盟的地点,在20世纪90年代中期,诏安县找到了长林寺遗址,根据遗迹显示,诏安县长林寺与天地会有着密切的关系。另外根据资料记载,云霄县也有一座长林寺。由于长林寺是天地会的秘密据点,另外天地会与南少林的关系密切,再加上一些其他的资料,有些学者认为云霄或诏安也是南少林的发源地。

20世纪90年代以来,福建莆田林泉院、泉州东禅少林寺、福清少林院先后宣称自己为历史上传说中的南少林,随后仙游九座寺、诏安长林寺、东山古来寺、长林寺等,也不失时机地陆续加入南少林遗址的争夺当中。

八闽大地,一时间竟出现了如此多的南少林!每一处对南少林的争夺,似乎都有其原因和理由,似乎都能找到相当的证据。

而我们的研究表明,所谓"南少林"并不是一个简单的"有"和"无"的问题,而是所在到底是什么性质的南少林的问题。这些形形色色的南少林,实际上性质是完全不同的。

第二节 第一种性质的南少林:移民带来的名称

中国历史上规模不同的移民,历朝历代从未间断,或因灾荒,或因兵燹,或因

---

① 潘一经、罗照:《对福建少林武术历史的考察》,《中华武术》1995年第10期。
② 陈金敏:《仙游九座寺——南少林遗址探微》,见《仙游文史资料》11集(内部资料),1994年,第3页。

政策,特别是由于人口膨胀土地不足造成的生存压力,等等。事实上,按照语系划分广东、福建的主要居民——闽语系、客家语系、粤语系三大族群(在广东被称为潮汕人、客家人、广府人),主体都是中原移民。当移民在不得已的情况下迁往新的定居点时,由于怀念故土,往往以家乡地名命名新土(这种命名,或为政府行为,或为移民自发),这是农耕文明孕育下的汉民族常习。

钱穆先生说:"异地同名,绝非同时并起,亦非偶然巧合。古人迁居不常,由此至彼,往往已故地名新邑,如殷人所都皆曰'亳'之类是也。"[1]笔者20世纪80年代的硕士论文包括《犬丘考》,考查了秦地犬丘和山东犬丘的关系,论证了秦地犬丘乃秦人西迁从山东带来,山东犬丘又名"垂",所以秦地犬丘又名"西垂"。古人带着地名迁徙乃是惯例,迁徙往往并非一次完成而是不断进行的,所以这些地名往往不止一处,甚至包括国都也是如此。其实这就是很多重要地望地名不止一处而引起诸地纷争的原因。另外,要是能查到数量较多的同样的地名,实际上就等于找到了古族迁徙的源来方向。比如假使我们能够找到数量较多的犬丘,在地图上标出,并将之连接成线,那就是秦人西迁的路线图。

大规模的地名迁徙,出现于魏晋南北朝时所谓"衣冠南渡",亦即今天史学界说的"第一次经济重心南移"。"从公元4世纪初开始的两百多年间,大批的北方人迁入南方,主要定居在今江苏、安徽、湖北、四川等省内。东晋和南朝为移民设置了侨州、郡、县,即为移民保留原居住地的政区,寄至在迁入地……如本在洛阳的司州设到了淮河以南,原在今山东的兰陵郡设在今苏南,西北的雍州、梁州、秦州新设在汉中盆地和汉江中游。一些侨郡、县设立的时间长了,就从所在地划得了一块实土,成了实际的行政区划,但使用的仍是原来的地名。"[2]这就是《宋书》记载的:"自夷狄乱华,司、翼、雍、凉、青、并、兖、豫、幽、平,诸州一时沦没,遗民南渡,并侨置牧司,非旧土也。"[3]也就是郑德坤先生所说的那时"中原人士相率南迁'多如鲫',他们常以北方地名名江南"。[4]同样,明初大移民后,许多地方出现了山西地名,如山东临沂、江西吉安、湖南永州、广东汕头、重庆都有洪洞村。在

---

[1] 钱穆:《再论〈楚辞〉地名答方君》,《禹贡半月刊》,1937年第7卷第1、2、3合期,第157页。
[2] 葛剑雄:《中国历史上的移民与地名》,《中国方域》,1995年第4期,第128页。
[3] 沈约:《宋书》卷三十五"州郡一",北京:中华书局,1974年,第1028页。
[4] 郑德坤:《层化的河水流域地名及其解释》,见《郑德坤古史论集选》,北京:商务印书馆,2007年,第135页。

北京市郊县至今还保留着大量以山西地名命名的村落名称,如"在今顺义县西北有绛州营、稷山营、河津营、夏县营、红(洪)铜(洞)营、忻州营,今大兴县凤河沿岸有石州营、霍州营、解州营、赵县营……"。①

衣冠南渡的主要地域虽然是江浙一带,但闽粤的移民活动应该也在这时大规模开始了。在福建,闽南人民的祖先多来自中原,故在泉州就有洛阳镇、洛阳村、洛阳江、洛阳桥等,永泰县有嵩山村,莆田仙游县有中岳村,福清则有嵩山。而洛阳镇,不仅福建有(泉州),广东有(乳源县),甚至广西也有(环江县)。台湾的人口,绝大多数来自闽粤两省的移民,因此地名随族而迁的现象在台湾也非常普遍。"在台湾,以泉州命名的就共有九个,[泉州社、泉州寮、泉州村、泉州厝、刺桐乡(刺桐为泉州别称。称泉州厝的有五个)]。泉州府籍人又分安溪、同安与三邑等三系,因此台湾也有四个同安村、三个同安厝、两个安溪与两个安溪厝。漳州府籍的人口多来自海澄、长泰、龙溪、诏安、平和与东山等县,因此我们在台湾也可以发现许多以诏安、东山(铜山)、平和、南靖、长泰、海澄等为名之地……从广东来的移民,除嘉应州外,要算惠州府与潮州府。就惠州府说,渡台之移民多来自靠海的陆丰与海丰,因此台湾便有三个海丰村以及一个海丰庄、海丰仑、海丰坡与陆丰村。"②此外,不独移民以大的州府、县名命名其新地,一些小的地名也一并随族而迁,如"台北县林口乡,来自晋江林口村;台北县小洋坑,来自石狮的洋坑;嘉义东石乡、彰化县鹿港的东石里、澎湖县湖西乡的东石村,来自晋江市东石村……长泰县江都的连氏族人等移居台湾后,也使用祖籍江都寨附近的郭墘、圳石头、石仓、溪洲等村民、地名"等等。③ 在海南的移民中,福建籍的也最多,据统计,在"海南百万分之一行政区划图上出现的五百二十七个地名中,有八十七个地名可在福建省地图中找到,占海南幅地名百分之十七",④毫无疑问,这都是地名随族而迁的产物。在广州,侨置地名也不少,如"高阳里源于东汉置河北高阳郡;颖川巷为河南颖川陈氏聚居地;汾阳里为陕西汾阳郡郭氏住地;陇西巷为甘肃陇西郡李氏居地;嵋山巷乃四川眉山县人居地"等等。⑤

---

① 葛剑雄:《中国移民史》第一卷,福州:福建人民出版社,1997年,第159页。
② 陈正祥:《中国文化地理》,香港:三联书店,1983年,第218页。
③ 林仁川、黄福才:《闽台文化交融史》,福州:福建教育出版社,1997年,第259页。
④ 司徒尚纪:《广东文化地理》,广州:广东人民出版社,1993年,第327页。
⑤ 司徒尚纪:《广东文化地理》,广州:广东人民出版社,1993年,第325页。

大家在讨论《水浒传》里的揭阳镇、揭阳岭在哪里时,何心考出:"揭阳是县名,共有两处:一、西汉时所置,即今广东揭阳县。境内有揭阳山,一名揭岭。这当然与本书所说的揭阳岭揭阳镇无关。二、晋朝所置,在今江西省石城县西。石城县在赣南,距离江州及浔阳江很远,而书中说:'过了揭阳岭便是浔阳江,到江州却是水路'。这似乎是错的。"①其实,广东的揭阳,肯定是族群带着地名迁徙带去的。揭阳的地名,在迁徙途中还会有一些,或许在江西就不止一个,以前在江州和浔阳江旁边就有一个也未可知,只是今天已经不存在或我们还没发现。江西的揭阳应该也是移民带去的地名,更北方应该也有揭阳,山东或许就有,这样也才更接近梁山,也只是今天已经不存在或我们还没发现而已。《水浒传》作者不见得是借用的地名,那还不如自己编一个,当然,要是认为罗贯中、施耐庵去过广东甚或是潮汕,那就更加荒唐荒诞了。

不独中国,带着地名迁徙仿佛是世界许多民族的风习。在英国有个 York,到美国之后在前面加上 New,便成为如今的 New York(纽约)。此外还有英国的 Jersey 成为 New Jersey(新泽西)等等,美国、加拿大、澳大利亚、新西兰等移民国家,这样的情况多得是。

福建历史上确有寺庙存在的少林寺,就是这种名称随移民带来的少林寺。福清少林寺就是典型的这种少林寺。

宋《淳熙三山志》载:"东林院,新宁里,旧产钱一贯一百四文(曾记一贯一百四十文);龙溪院,同里,旧产钱二百二十一文;少林院,同里,旧产钱一百七十七文(曾记二贯三百八十二文,县申三百七十七文)……上林院,苏田里,旧产钱三十二文,(已上四十七所有住持无起置年代)。"②明代黄仲昭所编《八闽通志》载:"……少林寺,大仵寺(上八寺在新宁里)……瑞云寺(以上七十六寺今废,通上凡七十七寺俱洪武年间并入报慈寺)。"③明正德年间(1506—1521)所编纂的《福州府志》,亦有类似《八闽通志》的记载。

《淳熙三山志》称"少林院",而《八闽通志》与《福州府志》却称"少林寺",这是为何?有人以为:"宋代以及宋之前的福建寺院,因古有'南院北寺'的说法,故多

---

① 何心:《水浒研究》,上海:上海古籍出版社,1985 年,第 209、210 页。
② 梁克家:《淳熙三山志》卷三十六"寺观类四",《四库全书》文渊阁本"史部·地理类·都会郡县之属"。
③ 黄仲昭:《八闽通志》下册,卷七十五"福州",福建人民出版社,1991 年,第 789、790 页。

习惯以'院'称之。到了明代,大部分又改称'寺'。"①故"寺"与"院"之别,只是年代不同而称呼有别,实乃同一寺院。

从以上所举三志可以知道,福清新宁里,确实有一座名为"少林"的寺院,编纂于弘治年间(1488—1505)的《八闽通志》云,从"以上七十六寺今废,通上凡七十七寺俱洪武年间并入报慈寺"可知,"少林寺"在弘治前不久已毁或废弃。

福清有少林寺不独有文献记载,弥勒山麓遗址的一些遗物亦可证明。如一口花岗岩材质的大石盂,沿口刻有"少林当山僧月休为考妣及自身舍石盂一口,大观四年十二月显□";"少林桥"石板上刻有"少林院沙门谨募众缘,共发心德,舍造下洋石桥一间";据少林寺遗址数公里的"微洋亭下桥",亦刻有"少林院僧显清舍梁一条,显常一百文"等。

不论史志与遗址实物,都有明确记载,所以可以毫无疑问地确定,至少在两宋至明弘治时期,福清曾经有一座名为"少林"的寺院。

然而福清少林寺,是否原原本本就是天地会抑或我们今天所说的"南少林寺"呢?

闽南的先民大都从中原而来,带着地名迁徙,那么很自然泉州便有了洛阳江、洛阳桥,在福清便有了嵩山、少林村(肖林村)、少林桥等等,泉州有少林寺,福清有少林寺或少林院,应该就是移民潮中由中原迁居福建的僧侣们,为了纪念母寺或故乡寺庙,而将新迁地新建的寺庙也用母寺或故乡寺庙名称来命名的结果。如若不信,读者诸君可以到福清少林村里去访问一番,问问当地老乡们他们是从哪里迁徙来的,或许就会恍然大悟。

笔者在广东也发现了少林寺!讲闽语的族群主要在福建、台湾,但也部分延伸到广东一角,即潮汕地区,这一族群在广东被称为潮汕人。笔者觉得,这种少林寺,在潮汕地区应该也曾经存在。作为地名,要么至今还在使用,要么存在于古籍中。但对笔者个人而言,不管是做田野调查还是查找古籍,这个工作量都太大了。但有一天笔者突发奇想找到了一条捷径。

当时中山大学文学系有个学生陈丹媚,在笔者这里学书法诗词,她正好是潮汕人。丹媚漂亮大方,声音甜美,笔者请她给潮汕地区每个市县方志办公室打电话,请教询问当地旧方志和古代当地名人著作中,是否提到当地曾有过少林寺。

---

① 林荫生:《福建福清少林寺略论》,《上海体育学院学报》,1994年增刊。

因为笔者知道,方志办的人对当地方志和名人著述,几乎无例外地了如指掌。果然,半小时后,丹媚的电话就打过来了,她说潮州市方志办的一位干部告诉他,光绪版《海阳县志》里就有。

卢蔚猷修吴道镕纂清光绪二十六年(1900)刊本《海阳县志》卷二十七《古迹略二》即载:"少林寺在登云都田头乡,宋林洪毅建,今废。"[①]广东亦有少林寺。当然,这个少林寺肯定很小,无疑是当地百姓以故乡寺名命名的村里的小庙。谢谢陈丹媚同学和那位潮州方志办的干部,让笔者也发现了一个南少林。

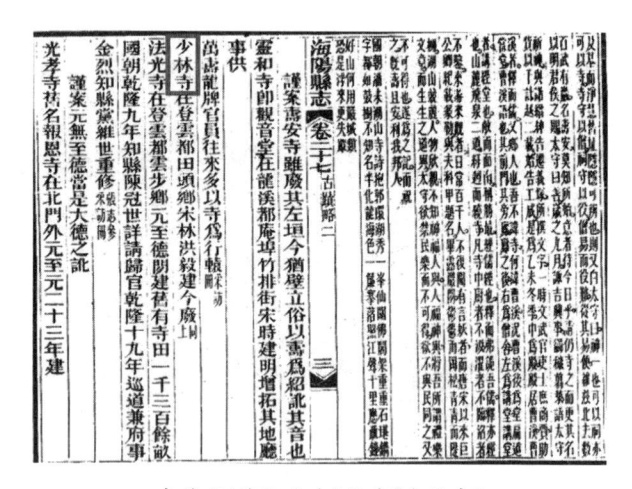

光绪版《海阳县志》封面　　　光绪版《海阳县志》所载"少林寺"

泉州少林寺在历史上应该的确存在过,泉州的少林寺应该也是带着地名迁徙的产物。唐豪先生认为泉州有一个真少林,应该有其所本。所谓台湾少林,应该也是这种少林。

这种少林寺应该不止这几个,还会陆续发现。移民的迁徙路线是线性的,但在迁徙结束后却是大面积流布居住的。流布居住地会发现很多少林寺,但是如果在迁徙过程中在某地停留过长,则也可能留下故源地地名。面上有分布,线上也会有分布。如果哪一天闽粤之外也发现少林寺,我们一点也不会吃惊。

天地会用少林寺做号召,而没有用其他事物做号召,是因为除了少林寺有抗倭爱国的事迹外,福建广东正好历史上曾有这种移民带来的名为少林寺的寺庙,二者配合正好为其利用。天地会传说中的"闽中少林""福建少林寺""福州少林"

[①] 卢蔚猷修,吴道镕纂:《海阳县志》清光绪二十六年刊本卷二十七"古迹略二",见台湾成文出版社《中国方志丛书》第六十四号。

据其记载是清廷所焚毁的。然而由现有的福清少林寺资料,却看不出其与天地会有何联系,它在明弘治前(或弘治时)已废圮,在清代已不存在,清前期的史志亦找寻不到,应不可能和天地会发生实质上的联系。有鉴于建制治所的改变,福清少林很可能就是传说中的闽中少林、福建少林、福州少林所本。唐豪先生曾断福州少林为假,认为是天地会的传说,虽传说不是信史,但空穴来风、蛛丝马迹,很可能就有些信史的影子。天地会利用事实上曾经存在过的福清少林等,夸大附会编造出了"闽中少林""福建少林""福州少林"。

闽粤是天地会的主要活动地域,但天地会并不仅仅在闽粤,天地会传说中的南少林在闽语族群地区,因为闽语族群地区确实有少林寺。广东的三大族群(广府人、潮汕人、客家人)主体都是南迁汉人,但其族群迁自的故源地不同,迁移的时间也不同。广东少林发现于潮汕地区,与福清、泉州的少林寺一样,同属闽方言地区,发人深思。倒过来推,闽方言族群的故源地的中心,可能就是洛阳嵩山一代。而粤方言(广府人)、客家方言(客家人)族群,可能就未必。

广东、福建都曾有少林寺,但闽粤说闽语地区的这些地名随族群迁徙而来的少林寺,绝对不是寺庙、僧兵、武术俱全的少林寺,也绝对不会有嵩山少林寺那样大的规模。这些少林寺应该都很小,有的可能就是村里的几十平方米土地庙大小的小庙,所以泉州少林寺在《八闽通志》这样的著作中才根本未予入载,而福清少林寺才会和其他七十六所寺庙一起被报慈寺收并。广东潮州的少林寺,光绪《海阳县志》有记载,但之前的康熙《海阳县志》、雍正《海阳县志》却并未提到,究其原因,既有可能因为这两种《海阳县志》是残本,记载少林寺部分已经缺佚,也有可能因为这个少林寺太小,因此不予收录。同时,这一类少林寺也不是天地会宣扬的和尚造反的少林寺。也就是说,这种性质的少林寺,绝对不是天地会传说中那种寺庙、僧兵、武术、和尚参加反清复明活动四者共存意义上的少林寺。

第三节 第二种性质的南少林:天地会的旗帜与号召

1993年,罗照等人在闽南东山县考察时,发现了"清嘉庆二十三年(1818)的《香花僧秘传》(手抄本,简称《秘典》)"[①],首页载:

---

① 潘一经、罗照:《对福建少林武术的考察》,《中华武术》1995年第3期。

夫古来寺，源承兴化清源九座寺。唐懿宗咸通年间（按：860—872），正觉禅师号曰智广上人倡建。凡寺舍九座相连，故称九座寺。时倡严正威仪，恭肃斋法。钵承南祖临（济）义玄禅师，广传临济正宗。寺僧五百余众，有南少林之誉。后开辟南山广化，四众立堂，讲经说法，普利囍（即"天"字，为天地会秘密用语，下同）人。……明囍顺间（按：1457—1464），大德主持随缘赴感，拈花悟首……戒律精研，文武同修，精通妙理，法脉滋长。

《秘典》中出现了九座寺"有南少林之誉""文武同修"字样，故有研究者断言"南少林的遗址在仙游凤山九座寺"。① 1994年10月19日开始，罗照在《中华工商时报》发表连载长文《天地会探源》，云："《香花僧秘典》言之凿凿，仙游九座寺有南少林之誉——它虽无少林寺之名，但有其实，因而才被誉为南少林。在明天顺间（1457—1464），九座寺僧人却南下东山建寺收徒，文武同修——这正是南少林寺的特殊之处。""这样天地会所传的少林寺僧南下之事，便找到了它的根源——仙游县凤山九座寺""根据东山的材料已可认定九座寺即天地会广泛传布的南少林寺"。②

《香花僧秘典》究竟是什么性质的抄本呢？罗照所发现的《香花僧秘典》抄本，"其内容除了讲述古来寺的历史外，还抄录了其他内容，包括《古来寺赞》《法事仪规》《法事物什》（做法事时的所用物件，有柳枝、桃剑等）、《醮斋笼担物件》（三十六件法器及衣帽等），还有《净天地神咒》《化莲堂名称歌》和赌博用的《花会歌》"。③ 罗照认为《秘典》是"有关天地会起源问题的关键性文献"，赫治清称它对探讨天地会起源问题来说，其价值"比起嘉道及以后发现的任何一件会簿都不逊色，甚至有过之而无不及"。④

然而，蒋维锬先生认为："抄本是由晚清某个文化水平不高、史地知识尤差的

---

① 陈金敏：《仙游九座寺——南少林遗址探微》，《仙游文史资料》（内部资料）11集，1994年，第1页。
② 罗照：《天地会探源》，转引自林振宁《九座寺有南少林之誉》，《仙游文史资料·12》，1995年，第174、175页。
③ 秦宝琦：《〈香花僧秘典〉辨正》，《炎黄文化研究》（第八辑），郑州：大象出版社，2008年，第224页。
④ 赫治清：《天地会起源研究》，北京：社会科学文献出版社，1996年，第133页。

民间香花僧人,凭着某些口碑加上主观揣测而撰记于前,后来在传抄过程中又被不断臆改和增植,才形成了今天这个样子。"①蒋维锬这样认为,的确有其道理,因为就《秘典》首页所载而言,几乎每一句都有错误,对此,蒋先生在其《〈香花僧秘典·溯源〉证误》一文中做了详细的辨析。此外,还有学者认为《秘典》抄本所记,"庞杂的内容真伪并存,稂莠交错,追溯其历史原由,显然是因为当年的'手册'作者限于佛学和文史等水平,只能据其所知而述,择其所需而抄,想当然而撰,于是真真假假自然熔为一炉,情同扑朔迷离,令人难以辨其真相"。②

2005 年,周伟良教授在东山县考察时,发现了一份有关香花僧的文档《正源》。翌年,周伟良、秦宝琦教授再赴东山进行考察,通过对《秘典》和《正源》的对比研究,认为《秘典》"抄录者乃晚清辛亥革命时期之人",③因为《秘典》中出现了"同盟会",而"同盟会"则是辛亥革命前才出现的。

《香花僧秘典》其资料存在严重的问题,拿这样的资料来证明南少林寺遗址就是仙游九座寺或天地会所传的南少林寺就是九座寺,是缺乏说服力的。《香花僧秘典》对于"香花僧"这一群体的研究或许有一定的史料价值,然而在研究南少林方面,价值不大。

仙游、东山、云霄、诏安等地的所谓南少林,实际上就是天地会。

少林寺素有爱国主义和以武艺为国家效力的传统,少林武术拥有极大的声名,为增强凝聚力和号召力,少林寺被反清复明组织特别是天地会巧妙地变为其象征。

天地会又称洪门,是清代民间秘密结社之一,创立之初主要为了互济互助。后来,为了适应组织的发展及反抗清政府镇压斗争的需要,提出了"反清复明"的宗旨。而明太祖朱元璋年号为"洪武",所以天地会对内又称"洪门",别称"洪帮""红帮"。洪字偏旁为三点水,所以天地会又称"三点会""三合会",包括袍哥会、小刀会、哥老会、平头会、棒棒会等名目众多的会党。据说天地会创立于康熙十三年(1674),康雍年间已有活动,但正式定名创会是在乾隆二十六年(1761)。

---

① 蒋维锬:《〈香花僧秘典·溯源〉证误》,《福建师大福清分校学报》,1995 年第 4 期。
② 杨美煊:《广化寺与九座寺的法缘关系》,《城厢区文史资料》(内部资料)第六集,1999 年,第 176 页。
③ 秦宝琦:《"香花僧秘典""万五道宗""西鲁故事"与天地会起源》,《清史研究》,2007 年第 3 期,第 68 页。

天地会初期主要活动在沿海的福建、台湾等地，后来逐步蔓延到江苏、浙江、江西、安徽、湖南、湖北、四川、云南、贵州等长江流域各省以及两广地区。有清一代，天地会曾发动过多次的武装起义，如乾隆五十一年(1786)发生的台湾林爽文起义，乾隆五十二年(1787)福建漳浦县张妈求攻打盐场衙署，乾隆六十年(1795)台湾陈光爱、陈周全起义，嘉庆七年(1802)广东博罗、归善、永安天地会起义，嘉庆八年(1803)江西广昌、宁都、石城天地会起义，咸丰三年(1853)厦门小刀会起义，等等。

以互济互助为宗旨的天地会，在面对清政府的镇压时，提出了"反清复明"的口号，并组建自己的武装组织，在主要以冷兵为武器的时代里，天地会要与清政府对抗，其会众必然要练武，要时时操练拳棒，以准备攻杀或自卫。在天地会的文献资料中，多得是记载其会众习练拳棒的例子。

在天地会秘密文件中，有许多直接话及武艺的暗号。如在《入会问答》中，"问：可有忠义吗？答：个个有忠义，个个有武艺，十八般兵器件件皆能，文韬武略，般般俱晓，方敢到来"，[①]"问：你到来挂两京十三省先锋印信，可有本领？答：文韬武略，十八般武艺，件件皆能"，[②]"问：武从何处学来？答：在少林寺学习。问：何艺为先？答：洪拳为先。问：有何为证？答：有诗为证，诗曰，猛勇洪拳四海闻，出在少林寺内僧。普天之下归洪姓，相扶汨(明)主定乾坤"。[③] 天地会《先锋对答》也有类似的对话："问：你有何本领敢来投军？答：我有十八般武艺，件件皆能，文武全才。……问：先学什么？有何为证？答：先学洪拳，有诗为证，勇猛洪拳四海扬，出在少林寺内传。普天之下归洪姓，得来日后扶汨(明)主。"[④]

从以上天地会会众习练拳棒的例子与天地会中这类问答应该是天地会会众见面时的暗号之类的对话，很明显我们可以看出天地会会众普遍都习练武术，而且他们所习练武术都称洪拳。或者不管练的是什么拳，都称为少林拳。

由于清廷的禁武之令，嵩山少林寺的武术已由公开转入小规模和地下，按说少林寺的武术从此应该销声匿迹才对，然而情形却恰恰相反！入清之后，少林武术却出人意料地在更大范围内获得了更大的名声。"今人谈武术，辄曰从少林寺

---

① 李子峰：《海底》，南昌：江西教育出版社，2010年，第164页。
② 李子峰：《海底》，南昌：江西教育出版社，2010年，第168页。
③ 李子峰：《海底》，南昌：江西教育出版社，2010年，第170页。
④ 李子峰：《海底》，南昌：江西教育出版社，2010年，第208页。

出来",今天我们耳熟能详的"天下武术出少林"等,显然对少林武术的声名做了不容置疑的证明与注解。乾隆时人施奕簪诗"祖义今谁解?家风久乏承。武功魔渐息,禅律讲何曾?",①后面紧接着还有"近顾门庭静,远扬声价腾"。一方面是少林寺的"门庭静",另一方面是民间的"声价腾",为什么会有如此对立的情形呢?

清代少林武术的更大名声,是清代特殊的社会环境造成的。清代少林武术仍然风光无限,是少林寺内的,更是少林寺外的;是技术意义上的,同时也是政治意义上的。

著名思想家顾炎武,在清军南下后,其嗣母王氏绝食殉国,他在参加昆山、嘉定抗清起义失败后,十谒明陵,遍游华北,研究边防,仍然不忘兴复故国。康熙十八年(1679),六十七岁的顾炎武在游历嵩岳之后,作有《少林寺》诗一首,其云:

> 峨峨五乳峰,奕奕少林寺。
> 海内昔横流,立功自隋季。
> 宏构类宸居,天衣照金织。
> 清梵切云霄,禅灯晃苍翠。
> 颇闻经律余,多亦谙武艺。
> 疆场有艰虞,遣之捍王事。
> 今者何寂寥,阒矣成芜秽。
> 坏壁出游蜂,空庭雏荒雉。
> 答言新令严,扩田任污吏。
> 增科及寺庄,不问前朝赐。
> 山僧阙飧粥,住守无一二。
> 百物有盛衰,回旋傥天意。
> 岂无材杰人,发愤起颓废。
> 寄语惠玚流,勉待秦王至。②

---

① 施亦簪:《上元后三日偕友游少林寺》,见叶封等《少林寺志·题咏·五言排律》,河南省图书馆藏清乾隆十三年刻本。
② 顾炎武:《少林寺》,见习书锦《嵩岳游记》第四卷《少林寺》,郑州市图书馆藏民国八年铅字排印。

在诗中,诗人追溯历史,怀念少林寺昔日的辉煌,感慨于当时的残破,回忆了少林武功的悠久历史,夸赞了少林寺僧在明代报效国家驰骋疆场的壮举。诗的最后两句"寄语惠玚流,勉待秦王至",唐豪先生云:"惠玚即隋季擒王世充侄仁则归秦王的少林十三立功僧之一,《旧唐书》言王世充父系西域胡,诗末寄语惠玚流,勉待秦王至,意即在煽动反清革命。"①隋唐显贵,有少数民族血统的极多,王世充、王仁则如此,李渊、李世民也不例外。但唐豪先生这一点肯定说对了,顾炎武诗,毫无疑问是借少林寺为题,"意即在煽动反清革命"。

顾炎武的诗首次将少林寺、少林寺僧、少林武术与反清复明的政治目的联系在一起,后来以"反清复明"为宗旨的天地会借少林寺大做文章,很可能就是受了他的影响与启发。

收入天地会秘密文件《洪门海底》的《少林寺恩仇记》讲述了这么一个故事:康熙时,西鲁国入侵,朝廷官军连连损兵折将,不得已贴出皇榜,征召天下豪杰挂印出征。九莲山少林寺有一百单八名武僧,个个武艺高强,闻知后即扯榜应征,旋即平服西鲁国凯旋,不受封赏,仍然回到少林寺。雍正时,清廷因为畏惧少林寺的武功,恐成后患,于是调集清军包围并纵火焚毁了少林寺。少林寺僧死伤殆尽,只逃出了蔡德忠、方大洪、马超兴、胡德帝、李色开等五人。从少林寺逃脱的这五名僧人,据说当时大骂昏君害得少林寺好苦,即时扯烂衣裳,咬破手指,共合血一堆,写成五本,每人各执一本,"随至各省招集忠心义气,暗藏三点革命,誓灭清朝,扶回大明江山,共享荣华,同乐太平,天下是以为引"。五名僧人于是开创了洪门,并成了洪门"五祖"。蔡德忠到福建建立长房"青莲堂",方大洪到广西建立"金兰堂",马超兴到云南建立"家后堂",胡德帝到湖南建立"参天堂",李色开到浙江建立"宏化堂"。《少林寺恩仇记》实际上是一个在天地会会众中广泛流传的故事,在《清史资料丛刊·天地会》中,我们能见到收集到一起的这个故事大同小异的各种版本。②

"西鲁故事"显然是虚构的,"替天行道"之类,本来就是梁山泊聚义厅前大旗上的字样。征西鲁的蓝本,可能就是《水浒传》梁山军队征辽、征西鲁与征方腊的翻版,其结局也类似,无非都是朝廷恩将仇报。火焚少林寺的传说,显然出于编

---

① 唐豪:《〈少林拳术秘诀〉考证》,太原:山西科学技术出版社,2008 年,第 148 页。
② 罗尔纲:《清史资料丛刊·天地会》第一册,北京:中国人民大学出版社,1980 年,第 42~44 页。

排小说并不高明的天地会的宣传鼓动家的杜撰,但选择少林寺作为舆论道具,却是极其高明的策略。这是因为,其一,少林寺以武术闻名,天地会要反清复明,武装斗争是最重要的手段,武装斗争当然离不开武术;其二,少林寺僧在明代参加过抗击倭寇、防御鞑靼,很可能还包括抗击清廷的征战活动,其爱国精神当然可以鼓舞天地会会众。

为什么天地会选择了少林寺、少林武术作为自己的旗帜与口号,其实,出于天地会成员之手的《少林拳术秘诀》,已经将此道明。其《少林之戒约微言》云:

> 少林技术之传,以明室鼎革后,至前清顺、康,数十年中,为练习最精时代。顾斯时有明代天潢贵胄之裔,与故老遗民、忠烈侠义之士,愤宗社之邱墟,痛种族之沦丧,恢复无计,偷生草莽,至无可如何时,相与遁入空门。借禅关清净之地,以匿迹韬光,隐时待机之至。又恐此身萎靡,习于疏懒,遂殚精奋力于技击之练习。欲以卧薪尝胆之志,而为灭胡兴汉之谋。于是朝干夕惕,惟日孜孜而不已。①

清初的少林寺,与清王朝关系密切。这些所谓"遁入空门"的"天潢贵胄之裔,与故老遗民、忠烈侠义之士",不可能是进入了真正的少林寺。所谓进入了少林寺,实际上就是进入的天地会。但磨砺"卧薪尝胆之志",还只说对了一半,苦练武术,当然有武装反清这一非常功利的目的。

《少林拳术秘诀》之《明季少林之变派》又云:

> 满清康乾之间,少林技术漫延于南北,为数百余年所未有,不知者以为宗风所扇,流传斯盛,然一考其至此之由,实含有无穷之悲观。故宫禾黍,铜驼荆棘。鸡鸣戒旦,人怀敌忾同仇之心;击楫中流,士有披发为戒之惧。当其时明社已屋,河山改色,神州陆沉,英雄坠泪。深山穷谷之中,伤心故国之士,匿影禅关,时殷运甓,假少林之技术,鼓逋臣之

---

① 尊我斋主人:《少林拳术秘诀》第十一章《少林之戒约微言》,太原:山西科学技术出版社,2009年,第102页。

血气,挥拳运掌,砺精砥神,变本加厉,绝技斯擅,溯寻派别,景仰无穷也。①

这段话更是承认了一点:清代少林武术的名声那么响,主要是借以"鼓逋臣之血气,挥拳运掌,砥精砺神"的政治的原因。

《少林拳术秘诀》还提到:"故少林之技术,至是乃一变其宗旨,非复前此之故态。"显然,作者已经注意到了明代少林武术和清代少林武术的不同。书中还提到:"少林之戒约,当分为两时代。"即明代的戒约和清代的戒约。书中列举的明代的戒约,从技术和一般道德立论,无非"宜朝夕从事""戒恃强争胜"之类。但进入清代后,天地会之少林派,却嫌"从前之戒约,有意义之狭小,不复足以范围之势。乃于是重行增订戒约数条,较之当日仅对于个人立言者,大有区别。此为少林宗法之第二时期"。

我们可以看看这第二期的少林戒约的内容:

其第一条为:"肄习少林技击术者,必须以恢复中国为志意,朝夕勤修,无或稍懈。"

其第二条为:"每日晨兴,必须至明祖前行礼叩祷,而后练习技术,至晚归寝时亦如之,不得间断。"

其第三条为:"少林技术之马步,如演习时,以退后三步,再前进三步,名为踏中宫,以示不忘中国之意。"

其第五条为:"凡少林派之演习拳械时,宜先举手作礼,惟与他家异者,他家则左掌而右拳,拱手齐眉。吾宗则两手作虎爪式,以手背相靠,平与胸齐,用示反背胡族,心在中国。"

其第八条为:"恢复河山之志,为吾宗之第一目的。倘一息尚存,此志不容稍懈,如不如此者,谓之少林外家。"②

新戒约共十条,其中竟有五条是政治性质的特殊伦理。事实上作者也提到:"少林第二时代之戒约,实含有国家主义及种族主义,较之曩昔大有不同。故二

---

① 尊我斋主人:《少林拳术秘诀》第十二章《明季少林之变派》,太原:山西科学技术出版社,2009年,第105页。

② 尊我斋主人:《少林拳术秘诀》第十一章《少林之戒约微言》,太原:山西科学技术出版社,2009年,第99〜105页。

百年来,少林派之门徒,无不守之如玉律金科。"这里的所谓"少林派",毫无疑问就是天地会。清代的少林派和少林武术,一定程度上政治化了。天地会的少林派,自诩为"少林内家",而真正出于少林寺,即明代传下来的少林武术,却被排斥为"少林外家"。

天地会会众随时要操练拳棒,也随时要把"少林寺"放在口边。如《洪门问答书》所载,应该是天地会会众见面时对暗号之类的套话,其中即有:"武从何处学习?在少林寺学习。何艺为先?洪拳为先。有何为证?有诗为证:猛勇洪拳四海闻,出在少林寺内僧。普天之下归洪姓,相扶明主定乾坤。"其《禀进辞》应该是下级禀见上级时考察或礼节性的套话,其中有:"问学乜件为先?答洪拳为先。问有何为证?答有诗为证:勇猛洪拳四海扬,出在少林寺内传。普天之下归洪姓,得来日后扶明主。"其《洪拳诗》应该是他们日常传诵的歌谣,其中有:"武艺出在少林中,洪门事务我精通。洪拳能破西达子,万载名标第一功。"① 显然,天地会所说的少林寺,实际上就是天地会;天地会会众所练的武术,都称洪拳,或者不管练的是什么拳,都称少林拳。在窦荣昌先生选注的《天地会诗歌选》中,有两首《武艺出在少林中》的诗歌。其一:"武艺出在少林中,百般武艺尽皆同;逢山开路逢城进,谁人不识天佑洪。"其二:"武艺出在少林中,洪门事务我精通;洪拳能破西鞑子,万载标名第一功。"② 窦先生认为诗中的"少林指传说中的少林寺,这里喻作洪门"。③ 洪门即天地会,少林寺即洪门,当然天地会所称的少林或少林寺就是天地会本身。

除火焚少林寺外,清代图谋反清复明者还编造了其他一些与少林寺有关的传说。如《清史要略》就有这么一个故事:

> 雍正平日多养侠士,于是各藩党羽,亦大多侠士之流。雍正诛锄诸王殆尽,恐其党羽为之复仇,凡天下剑客不为所用者,皆欲杀之。有某僧者,即雍正少时所结兄弟十三人之第一人也,其术尤高,不肯为所用,亡走山泽间,雍正深患之。一日侦知在某所,命结义兄弟三人,易服往,密布精兵以为后援,围守要隘。僧瞠三人至,笑曰:"若辈受主命来捕我

---

① 萧一山:《近代秘密社会史料》,长沙:岳麓书社,1986年,第131页。
② 窦荣昌:《天地会诗歌选》,北京:中华书局,1962年,第69页。
③ 窦荣昌:《天地会诗歌选》,北京:中华书局,1962年,第69页。

耶？汝主多行不义,屡以私憾杀人,吾即死,汝主亦不能苟免。月余,必有为吾报仇者,汝等志之。我今不死,不足以为大丈夫!"言迄,仗剑自杀。三人携其首复命。并以其语闻。雍正大惧,防卫甚严,寝食为之不宁。月余,因无故暴死于内寝。宫廷秘密,讳为病殁,实则为某女侠所刺也。某女侠者,即吕留良之女孙,为某僧之女弟子。①

"烛影斧声,千古之谜",雍正残暴地杀了吕留良,又忘恩负义地杀了结拜大哥僧某,终于被仇家索命。这又是一个类似火烧少林寺的故事,其意义还是在鼓动人们反抗清王朝。故事中的僧某,并未言明是哪里的和尚,但既然武艺如此了得,那么不言而喻应是少林僧。所以后来有人据此演义,便称吕四娘是少林寺广慈老尼的徒弟。

《少林拳术秘诀》还提到有一位痛禅上人,据说是明亡后剃度出家的明福王之堂叔。他在少林寺躲藏数年后,"复蓄发往粤西,谋举兵恢复,不成,又复归少林。旋为人侦悉,谋捕之,上人乃遁于台湾,依延平之子,欲有所陈。不听,遂郁郁还至淡水死焉。闻上人柔术最精,当其在梧州时,捕者十余人,悉被次第抛置街心,上人乃得潜逃出险云"。② 这位痛禅上人的事迹,不见于其他任何文献记载,应该也是天地会编出的关于少林寺传说。由"痛禅"之名,亦可见天地会成员对亡国的伤心惨烈如何耿耿于怀。

天地会关于少林寺和少林武术的传说极多,应该说流传的时间也很长,但这些传说却并没有形成完整系统的故事。究其原因,可能只能说与清初诸帝或收买或镇压,知识分子多已屈服,而坚决抵抗的天地会会众多为下层民众,文化素质较低有关。

天地会起源于福建,在天地会的各种传说中都有一个"福建少林寺",即现在人所共称的"南少林"。其实所谓的南少林,就是天地会;天地会,就是南少林。这是一个有趣的现象:一方面是真实的少林寺与清廷保持着密切的关系,另一方面是号称的少林寺与清廷势如水火的对立。接下来,我们还能看到另外一个同样有趣的现象:一方面是少林寺内的少林武术转入地下、偃旗息鼓,另一方面是

---

① 陈怀:《清史要略》,北京:中华书局,1973年,第72页。
② 尊我斋主人:《少林拳术秘诀》第十二章"五要说",太原:山西科学技术出版社,2009年,第13、14页。

少林寺外的"少林武术"如日中天、如火如荼。

所谓"福建少林寺""福州少林寺""闽中少林寺""莆田县九莲山少林寺""圃龙县九连山少林寺"等等,都是后一种性质的少林寺。早期天地会号称少林寺,虽是受闽、粤也有少林寺的启发,但不可能落实到一个具体的寺庙,因为这个寺庙要么已经不在,要么实在太小,不在或太小在当时都人所共知。它们或许可以说存在,一者因为天地会就是少林寺,有天地会处就是少林寺;二者它们确实存在于天地会的文件纸面和口头的传说中。但我们更可以说它们根本不存在,因为它们只是天地会的旗帜与号召,并不是实际存在的任何一个真实寺庙。

第四节　第三种性质的南少林:
　　　以某一具体寺庙附会虚幻传说

以某一实际寺庙附会虚幻传说的第三种性质的南少林的典型,是莆田林泉院。

20世纪80年代末90年代初,莆田市发现林泉院遗址,经过考古队考古发掘之后,于1991年9月14日至16日,中国体育科学会武术学会与福建省体委、福建省武协会在莆田市联合召开了南少林遗址论证会,此次会议达成了以下三点共识:

一、近三年来,福建省文物管理委员会考古队、莆田市南少林研究会及《中国体育报》驻福建记者站,在福建省莆田市西天尾镇林山村寺院遗址进行了十分艰苦而卓有成效的调查、发掘和研究工作,从而为这次论证会提供了可靠的依据。

二、根据现有文献和第一期考古发掘的成果以及所搜集的诸多文物,可以确认,林山村寺院遗址,就是历史悠久的重要禅寺林泉院遗址。林泉院始建于南朝陈永定元年(557),至迟于北宋中叶仁宗嘉佑年间,此寺业已形成很盛的武风,成为我国东南沿海武术活动的重要中心。

三、鉴于上述两点,基本判定:林泉院即武术界通称的闽中少林寺,也就是南少林寺。①

为了使此次论证会更具权威性,1992年4月25日,莆田市人民政府在北京人民大会堂召开了"南少林遗址论证成果暨重建南少林寺新闻发布会"。随后,莆田市首开风气,花巨资修起了规模宏大的"南少林寺"。

支撑莆田林泉院为"南少林寺"的文献资料、考古发掘出土和所搜集的文物等等证据,没有一条一件是靠得住的。

一、洪门历史中提到,福建"莆田县"或"圃龙县"九莲山少林寺是毁于清廷,然而《八闽通志》记载:莆田林泉院已废。可见,林泉院至少应废于《八闽通志》成书的明弘治二年(1489)之前。如果说林泉院是南少林寺的话,明朝被废的寺院怎么能在清朝被毁呢?

二、范文澜《中国通史简编》中提到"(天地会)相传创始人是福建莆田县九莲山少林寺和尚……",②周谷城所著《中国通史》在谈及天地会的组成时,说"天地会之组成,实含一段近乎迷信的故事。据说康熙时,福建福州府莆田县九莲山少林寺中有勇武绝伦之寺僧百余人……"。③ 范、周二先生著作中所提及的莆田九莲山少林寺,"并非他们通过专题研究而得出的学术结论,在很大程度上他们仅是借用《会簿》材料来描述天地会的文化背景"。④ 故范文澜在引用时用"相传"一词,周谷城用"近乎迷信""据说"等词。很明显,这些史学家在其著作中并没有肯定莆田少林寺的存在,而持莆田林泉院为"南少林寺"的研究者断章取义,不顾上下文的联系,竟认为范文澜等"肯定了莆田南少林的存在",⑤以此作为林泉院即为"南少林寺"的理由。其实,《中国通史简编》在1965年出版的修订版中,已删去了"康熙十三年三合会成立。三合会或称天地会……相传创始人是福建莆田县九莲山少林寺和尚"这一段话,这恰好证明了范文澜先生对莆田南少林的存在持否定意见,而不是相反。

---

① 《南少林研究动态·南少林寺遗址论证会专辑》,莆田南少林研究会编,1991年9月20日,第6页。
② 范文澜主编:《中国通史简编》,上海:华东人民出版社,1952年,第942页。
③ 周谷城:《中国通史》(下册),上海:新知识出版社,1956年,第284页。
④ 周伟良:《武术文化与会党文化语境中的福建南少林研究》,《首都体育学院学报》2006年第6期。
⑤ 方金辉:《论莆田林泉院即南少林寺》,见《福建文博·南少林寺遗址研究资料专辑》1992年第2期。

三、林泉院曾经确实是一座十方丛林的古代寺院遗址，其寺院的名称也无疑就是"林泉院"。然而并没有任何证据证明林泉院就是少林寺或就叫少林寺，没有任何证据证明林泉院与"南少林寺"有关系。

四、早前在林泉院周围发现了几口宋代石槽，其中一口其两侧上沿分别刻有两行字。第一行为："当院僧□（著者按：此字漫漶，或为'兵'，或为'其'）永其津其合共造石槽一口。"据陈泗东考证，"当院僧兵永其津其合共造石槽一口"之"津"字，1989年11月21日初见《中国体育报》时刊为"佳"，至1992年6月1日《福建日报》则写为"津"。① 第二行为："□嘉祐癸卯九月造住持比丘体茂立。"持"南少林莆田说"者认为，第一行字当这样断句："当院僧兵，永其，津其，合共造石槽一口"，并据此以为："林泉院在北宋中期（1063）就有了僧兵"，②"'僧兵'表明了该院属于少林体系"。在另一口石槽上沿刻有"诸罗汉浴煎茶散"，是武僧练武后药浴的实物，证实了"这里练武之风极盛"。③ 由此，两口石槽成了林泉院为南少林寺的重要物证之一。

"当院僧……"这一句十五个字，断句和缺字至关重要。按持"南少林莆田说"的研究者们的说法，此十五字应为"当院僧兵，永其、津其，合共造石槽一口"。不用太仔细推敲，即可见大有可疑处。第三字"兵"下部清楚，上部甚为模糊，可以涂描为"兵"字，也可以涂描为"其"字，这里其实是个"其"字（如果是为了达到某种目的而人为造成这个字的漫漶，则尤其恶劣），这句话十五字其实应该这么断："当院僧，其永、其津、其合，共造石槽一口。""其"字为辈分用字，置于前而不是置于后，也正好符合中国人的传统。古汉语哪里有那么啰唆，可以说"共造石槽一口"，也可以说"合造石槽一口"，怎么会说"合共造石槽一口"。这段文字的真实，并不复杂，一望可知。怎么就可能成了林泉院附会南少林的钢鞭材料。关于这些问题，陈泗东《林泉院"僧兵"石刻再质疑》一文论述甚详，不再赘述。

林泉院只是林泉院，和少林寺没有关系。现实中已经湮灭，但历史上曾经存在的实际寺庙林泉院，附会天地会的虚幻传说、专家论证、政府支持，就这么变成了"实际"的南少林寺。

仙游九座寺、东山古来寺、诏安长林寺、云霄长林寺等，都属于这第三种性质

---

① 陈泗东：《幸园笔耕录》上，厦门：鹭江出版社，2003年，第291页。
② 南少林寺遗址研究资料专辑：《福建文博》1992年第2期，第52页。
③ 南少林寺遗址研究资料专辑：《福建文博》1992年第2期，第53、59页。

的南少林寺。

这种做法应该是从清末天地会开始的,因为当时距离天地会初创已经很远,无须再顾忌时人见不到这个少林寺穿帮,所以《香花僧秘传》就有了"有南少林之誉"的"古来寺"之说。

昨天某些人的做法是政治目的,那就是反清革命,堂皇而正派;今天某些人的做法是经济目的,那就是旅游捞金,不那么光彩。

莆田林泉院旧址,早已盖起一座规模宏大的寺院,但山门外大书的不是林泉院而是"南少林寺"。这种做法,几近作伪。这个"莆田南少林寺",根基不稳,终将倒塌。

第五节 "天下功夫出少林"

前已述及,少林武术的出现和显扬,有一个极为重要的契机,那就是明代少林僧兵的征战活动。而少林僧兵参加征战活动以及少林僧兵存在的前提,则是为了更有效地对外抗击侵略,对内维护社会安定和政权统治,巩固明代所确立的作为国家军事力量重要组成部分的民兵制度。虽然没有发现直接的资料证据,但几乎可以肯定,少林寺僧兵加入过明军参加过与清军的战争。不言而喻,曾经作为明代民兵制度主要针对目标之一的清朝统治者,在灭亡明王朝,统一全国,建立中央政权后,显然根本不可能作为这一制度的承续人。清朝贵族由于居于人口绝对少数,不得不实行严厉镇压以维护其种族统治的特点,更决定了清王朝绝对不可能支持这一制度存在。所谓"清初停发了僧兵的粮饷"的说法,不过是我们美意和含蓄的解释。说穿了,少林僧兵在清初无疑已被勒令解散。

又由于僧兵队伍的被解散,大量僧兵必然流散各地,于是他们也把他们的武艺带到了各地。少林武术"往往有能者",但已经不在少林寺,而是"散见诸方丛林中"。流散各地的少林寺僧兵,肯定很多加入了反清复明组织特别是天地会,因此也把少林武术带到了各地的天地会。吴昌炽《客窗闲话》便称:"拳勇之技,旧推少林僧,今则散见诸方丛林中,往往有能者。"[①]《客窗闲话》说的"丛林",应

---

① 吴昌炽:《客窗闲话》卷二"某架长"条,石家庄:河北人民出版社,1987年,第32页。

该是庙宇了,应该还有天地会,或者说就是天地会。过去的少林僧兵隶属军队系统,现在的天地会则隐藏民间。代表中国军事武艺最高峰的少林武术,便由过去只是由少林寺派出教师,在其他军队和民兵中传授,转为在民间广泛传授。笔者认为:中国武术,由过去的以军旅武术为重心,变成以民间武术为重心,就是在这时完成的。人称少林寺是中国武术的"集散地",在此之前是"集",在这时就是"散"。大部分中国武术流派都有传自少林寺的传说,应该有相当的事实基础。少林寺对博大精深、举世无双的现有面貌和体系和中国武术的形成起了重要作用。称"天下功夫出少林",称少林寺是中国武术的圣地,当之无愧。

这是第一种情况。

天地会初期主要活动于沿海福建、台湾等省,后来逐步蔓延到江苏、浙江、江西、安徽、湖南、湖北、四川、云南、贵州等长江流域各省以及两广地区。在整个清代,天地会多次发动武装起义。太平天国起义爆发,各地天地会首领纷纷响应。甚至后来的兴中会、同盟会、国民党,与天地会也有着极深的关系,各地的天地会成员,都不同程度地参加了辛亥革命活动。武昌起义发生时,当时清军中的士兵,甚至半数以上都是天地会成员。

天地会的势力和影响如此之大,天地会又以少林寺和少林拳为号召,了解了这一点,我们对今天所谓"天下功夫出少林"的说法,以及"今人谈武艺,辄曰从少林寺出来"等现象,就不会感到奇怪了。清代所谓少林派铺天盖地,却原来是因为在天地会控制范围之内的拳种流派,或天地会会众所习练的拳种流派,统统都被纳入了少林武术的范畴。

这是第二种情况。

中国长江以南的武术,大多与这个所谓少林有关。这个少林,除了北少林——即进入天地会的流落的嵩山少林寺僧兵外,更大的可能,是南少林,即天地会。我们前面已经论述了,天地会就是南少林,南少林就是天地会,因此与南少林有关,实际就是与天地会有关。出自南少林,就是出自天地会,中国长江以南的武术,大多数都与天地会有非常紧密的关系。这是"天下功夫出少林"之说形成的又一原因。天地会声势浩大,活动持续时间长,活动区域极广泛,到处都是天地会,当然到处都是少林拳,或者说到处都是出自少林寺的武术。

我们仅以天地会最活跃的福建、广东为例作一分析。

一、福建武术

1. 五祖拳

五祖拳又称少林五祖拳或南少林五祖拳,据传五祖拳包括五种拳法,一达摩、二太祖、三罗汉、四行者、五白鹤。对于五祖拳的源流,民间有一种说法,据《中国武术拳械录》载:五祖拳为清朝泉州少林寺清草和尚蔡德宗(忠)、清芳和尚方大洪、清色和尚马超兴、清如和尚胡德帝、清生和尚李释(式)开所传的泉州少林拳。由于后人把这五位和尚尊称为"少林五祖",且秘密组织"洪门"将此五僧尊为洪门"前五祖",故又称其为少林五祖拳。①

据《福建武术拳械录》载:福建五祖拳有三个支流,分别为泉州的少林五祖拳,厦门的五祖鹤阳拳,漳州的五祖何阳拳。泉州的少林五祖拳"发轫于宋,成熟于明,至清初臻于大备"。② 厦门所传的五祖拳全称为五祖鹤阳拳,"是晚清福建省泉州晋江人蔡玉明所创,并由他的关门弟子——泉州五祖十虎之一,人称'玉面虎'的沈扬德,在20世纪初民国初年传入新埯"。③ 漳州的五祖何阳拳,《福建武术拳械录》载:"关于五祖拳的源流,民间认为南少林寺被清廷烧毁后,逃出七个和尚,两个重伤而亡,剩下五个后人称为'五祖','五祖'在民间传授少林功夫,故称此拳为'五祖拳'。清朝末年,传至漳州何阳,何阳得五祖拳真传,广授门徒,后人敬称为何阳师。何阳师在漳州南门洋老洲开酒店,并在彼处设馆传授五祖拳,堂号'何阳堂'。后来漳州人也称五祖拳为何阳拳。"④

值得注意的是,五祖何阳拳有两副传世的对联"少祖流传天下种,霖师教出艺无穷"和"怀抱英雄气,名传侠士风",⑤其中第一副暗含"少林"二字,其与天地会的联系不言自明。

2. 永春白鹤拳

据《中国武术拳械录》载:永春白鹤拳起源于清朝康熙年间,创始人为福建福宁州北门外方七娘。方七娘自幼随父学少林拳,一日,在白莲寺织布,见一白鹤

---

① 《中国武术拳械录》,北京:人民体育出版社,1993年,第162页。
② 《福建武术拳械录》,北京:人民体育出版社,2011年,第4页。
③ 《福建武术拳械录》,北京:人民体育出版社,2011年,第51页。
④ 《福建武术拳械录》,北京:人民体育出版社,2011年,第113页。
⑤ 《福建武术拳械录》,北京:人民体育出版社,2011年,第114页。

飞宿梁间,昂首振翅,方七娘从此精研不辍,取白鹤闪击等动作寓于少林拳法之中,揣摩衍化出别具一格的拳法,称白鹤拳。①《福建武术拳械录》对永春白鹤拳的源流有相同的记载,亦为方七娘所创。

3. 福州鹤拳

福州鹤拳包括纵(宗)、鸣、飞、食四种鹤拳,亦有人说包括纵、鸣、飞、食、宿五种鹤拳。然而不管有几种,其渊源都为永春白鹤拳。

4. 龙尊

龙尊亦称"龙桩",据《福建武术拳械录》载:清末龙尊宗师余让达(字祁贤)所遗拳谱记载,清雍正年间,此拳种由泉州少林寺和尚林铁珠传于该寺僧人仙游人朱山(字世德)。朱三(山)在一次反清复明的械斗中,打死十八名官府人员后被捕,两眼被剜,前额打上烙印,下入死牢,幸蒙义士搭救逃出,隐匿于古田县南洋村、利洋村、杉洋乡等地。朱将龙尊拳法秘授村民。②

其余资料对龙尊拳的记载与上文大同小异,都为铁珠和尚传与泉州少林寺僧朱山(三)。

5. 虎尊

虎尊拳因源于永福县(今永泰县),故又称"永福虎尊"或"永泰虎尊"。《福建非物质文化遗产名录》对虎尊拳的源流有如下介绍:"清代乾隆年间,永泰县伏口村有一位自幼习武者李元珠,传说是萧连寺遭劫后,武术大师铁珠流落永泰民间所授之徒,在精研积山拳的基础上,吸取猛虎的形象意味,创编虎形拳姆。因虎为百兽之王,虎形拳刚硬,练着难,成者尊,故取名'虎尊'。"③"萧连寺"为"少林寺"之讹误,武术大师铁珠为龙尊拳源流中所称的泉州少林寺和尚林铁珠。

6. 南少林地术拳

南少林地术拳,又称"地术犬法",亦称"南少林狗拳",为福建七大拳种之一。其源流据《福建武术拳械录》载:"相传明末清初,由于南少林寺和白莲庵参加反清复明活动,被清政府下令焚烧寺庵,诛杀僧尼,残存的僧尼流散四方,地术拳遂传入民间。"④

---

① 《中国武术拳械录》,北京:人民体育出版社,1993年,第224页。
② 《福建武术拳械录》,北京:人民体育出版社,2011年,第183页。
③ 《福建非物质文化遗产名录》,福州:海峡文艺出版社,2008年,第302页。
④ 《福建武术拳械录》,北京:人民体育出版社,2011年,第222页。

福建七大拳种,除了连城拳(据《福建武术拳械录》称:"连城拳源于福建,迄今已有三百年的历史。据连城县县志记载:清顺治十七年隔田村拳师黄思焕在浙东一带经商时结识了黄百家及其师王征南,并得二师多年悉心指教,获益匪浅。经多年钻研,取各家所长,创造出别具一格的连城拳。"[1])外,以上所列其余六大拳种,都与南少林或天地会有直接或间接的联系。

其实,不独这六大拳种,福建的其他拳种与天地会有关的还有许多。

1. 少林地术犬法

据《福建武术拳械录》载,福建的拳种除了有福建七大拳种之一的南少林地术拳外,还有少林地术犬法,据称:"少林地术犬法又名地功拳,俗称狗拳,乃少林拳系之一。据传少林地术犬法乃清五枚大师所创。"[2]

2. 福建少林罗汉拳

少林罗汉拳在福建流传久远,据《福建武术拳械录》载,影响较大的有六支,都与南少林有很深的渊源。

① 王于歧所传:据传源于福建泉州少林寺。清道光元年(1821),一法号空因的行脚僧将罗汉拳传与当时挂单于福建泉州开元寺的僧人慧尘,后开元寺杂役云一山学艺于慧尘。1900年,云一山因事遁迹于福州,将此拳授予王于歧。[3]

② 一清大师所传:1933年,闽赣交界九莲山游方和尚一清大师至漳州南山寺挂单,同时传授罗汉拳。[4]

③ 宝空和尚所传:源于福建少林寺,与河南嵩山少林寺关系密切。此拳传世已久,后由永泰县方广岩宝空和尚传罗汉拳于谢宝匡。[5]

④ 智远和尚所传:源于福建泉州少林寺。少林罗汉拳作为中华武术的一朵奇葩,其起源可以追溯到清乾隆年间,南少林寺僧因反清复明被清廷围剿,星散避难。时武僧智远潜藏在福州"庆香林"香火店,以避清廷之缉拿,免遭灭顶之灾。智远以感激之情在店内传授罗汉拳。[6]

⑤ 慧明法师所传:又称十八罗汉拳,俗称佛家拳,始创于河南嵩山少林寺。

---

[1] 《福建武术拳械录》,北京:人民体育出版社,2011年,第167页。
[2] 《福建武术拳械录》,北京:人民体育出版社,2011年,第237页。
[3] 《福建武术拳械录》,北京:人民体育出版社,2011年,第266页。
[4] 《福建武术拳械录》,北京:人民体育出版社,2011年,第273页。
[5] 《福建武术拳械录》,北京:人民体育出版社,2011年,第275页。
[6] 《福建武术拳械录》,北京:人民体育出版社,2011年,第283页。

清初,广袖法师将罗汉拳传于一俗家恩公……广袖法师其上,据说清初嵩山少林武僧慧明南派少林技击法,留居于福建古田精研三年,又北上以武会友,汲取各派精华充实罗汉拳,并授拳与僧众。①

⑥ 侯君焕所传:据传源自泉州少林寺。一代少林罗汉拳宗师侯君焕祖居泉州西街,系少林俗家弟子。②

3. 少林五枚花拳

据《福建武术拳械录》载,五枚花拳有厦门和泉州两个支流,但都为南少林五枚大师所创。

① 曹炳章所传(厦门之流):相传为少林五枚大师所创,其门下又分"妙、智、广、华"四大支门。此拳的流传可追溯到清咸丰年间,有一游方僧人"慧善",在游历东南亚时传授此拳。③

② 庄九弓所传(泉州支流):据传少林五枚花拳出自泉州少林寺,为五枚大师所创,至善禅师得其真传,复授师弟至参和尚,清廷焚烧少林寺时,至参侥幸逃脱后藏匿于南安一片寺,寺僧两花(仰华)师得承花拳之衣钵。④

4. 泉州少林花拳

据传源于泉州东郊少林寺,原属少林寺护寺拳艺之一。泉州少林寺在结束其繁荣鼎盛的年代之后,由于部分身怀绝技的武僧散落民间,少林花拳也随之传播于闽南各地。⑤

5. 安海拳

安海拳又称"安海法",为李春(字安海)所传授。据《福建武术拳械录》载:据说,李春原系少林寺一伙夫,学得一身好武艺,能缩身骨。李因参加反清复明活动,避难出走,流落于永泰县(原永福县)传艺。⑥

6. 南佛拳

南佛拳又称道夫拳,据《福建武术拳械录》载:"清乾隆年间,永春李安海将此

---

① 《福建武术拳械录》,北京:人民体育出版社,2011年,第289页。
② 《福建武术拳械录》,北京:人民体育出版社,2011年,第291页。
③ 《福建武术拳械录》,北京:人民体育出版社,2011年,第360页。
④ 《福建武术拳械录》,北京:人民体育出版社,2011年,第371页。
⑤ 《福建武术拳械录》,北京:人民体育出版社,2011年,第383页。
⑥ 《福建武术拳械录》,北京:人民体育出版社,2011年,第428页。

拳传与福州方卿缙"，[①]李安海为前文传安海拳的李春,方卿缙之孙方道夫自幼随祖父学得南佛拳,故又称道夫拳。

7. 龙虎拳

据《福建武术拳械录》称:龙虎拳相传为"清嘉庆间一游方和尚传福建莆田蔡阿买",[②]蔡阿买传东南亚、台湾,后来由其徒孙回传福建。

除了以上所举数例都自称南少林××拳来自泉州少林寺或福建少林寺外,还有诸如五梅拳、金狮拳、八井拳、漳州洪家拳、达尊拳等,也都称其为南少林派拳种。

二、广东武术

广东曾是天地会的重要活动地区,广东武术,绝大多数也都与所谓"少林寺""禅师""和尚"等有关。而且,广东的武术,大多距今也是两百年左右的历史,其时正是天地会活动的高潮期。广东号称来自"少林"的武术,其实就是来自天地会。

据《广东武术史》载:"当前广东的拳种流派共有二十种。"[③]这些拳种流派有五大名拳洪、刘、蔡、李、莫,蔡李佛、咏春拳、侠家拳、龙形拳、佛家拳等。在这二十个流派中,与"少林""和尚""逃犯"有关系的就达十六种,这就是说,几乎广东的大的拳种都与天地会有直接的关系。现分别论述如下:

其一,洪拳,即"洪家拳",作为广东五大名拳之首,其影响力极大,在广东及海外有很大的习练群体,曾是广东的第一大拳种,据《广东拳械录》载:洪拳源出少林寺。盛传是由洪熙官所传授。清中叶福建少林寺遭受火烧后,由洪熙官传到广东来的。有说洪熙官是广东花县人氏,他在花县、红船(戏班的船)和广州的大佛寺传授过武术。又有说洪熙官曾在广东顺德的陈村教过拳,陈村曾有洪熙官的坟墓之说。还有另一种讲法:根据陈铁笙的《少林宗法》记载"洪拳是洪门假托少林传习的一种拳术"。在清朝,加入洪门时要作如下的问答:"武从何处所学?武从少林寺学。何艺为先?洪拳为先。"可见,洪拳出自少林寺,洪拳亦为洪

[①] 《福建武术拳械录》,北京:人民体育出版社,2011年,第443页。
[②] 《福建武术拳械录》,北京:人民体育出版社,2011年,第468页。
[③] 《广东武术史》,广州:广东人民出版社,1989年,第171页。

门所推行的一种拳术。①

洪熙官的传说是"福建少林寺遭火烧后传到广东来的",而"福建少林寺"就是天地会。陈铁笙《少林宗法》的记载更是直接说"洪门假托少林传习的一种拳术",洪门就是天地会,所以洪拳当然就是天地会活动范围内传习的一种拳术,而且不管什么拳种,在天地会内部一律都叫洪拳,或者都来自少林。不管是洪熙官传拳的传说还是陈铁笙《少林宗法》的记载,洪拳的源头直指天地会。天地会就是南少林,所以说广东洪拳认为自己源出少林寺,就不难理解了。

其二,广东五大名拳之刘家拳,关于其来源,素有三种说法。据《广东拳械录》载:一说为刘三眼所传,一说是刘生所授,一说是刘青山所创造的。距今约二百年的历史,但均无确实资料可证。1978年,中山石岐镇黄友鸿称:刘家拳据说是他祖公传下来的,他祖公名叫黄金,是清朝的武进士,当过清廷的卫侍官,他的祖叔以教拳为职业,绰号"铁脚瑞",打的也是刘家拳。②

《广东武术史》也有同样的记载,似乎广东五大名拳独有刘家拳与少林没什么关系。但是笔者发现了这样一则记载,说明刘家拳与少林也是有联系的:广东名拳,有洪、刘、蔡、李、莫等。刘家拳的始祖,传说有几个人,其中有一个名刘三眼。据民间传说,他曾到少林寺学武,棍术最为了得。③

其三,广东五大名拳之蔡家拳,据《广东武术史》载:"蔡家拳相传是番禺蔡展光所传,时在清乾隆初年(约公元1740年)。"④另《广东拳械录》载:"蔡展光是拜至善禅师为师后学来的。"⑤廉江县也有一支蔡家拳,虽拳法与蔡展光一派的十分相似,然其源并不相同,廉江蔡家拳是从"清廷逃犯林春甫处学来的"。⑥ 至善禅师为传说中的南少林五祖之一,也是反清复明的天地会成员。

其四,广东的李家拳有两支,其拳法风格各不相同,一为新会李家拳,一为惠州李家拳。新会李家拳创自新会大泽区七堡乡,据李家拳的手抄本记载:他(李友山)在罗浮山得白鹤禅师指点,化五形为一形,便创造李家拳。另说李友山是

---

① 《广东拳械录·洪家拳》,广东省武术挖掘整理组编印,1985年(著者注:该书未正式出版,编码每一拳种皆从第1页始,所以无法表明页码)。
② 《广东拳械录·刘家拳》,广东省武术挖掘整理组编印,1985年。
③ 陆柳堤:《刘家拳创始人刘三眼》,《体育之春》1984年第2期。
④ 《广东武术史》,广州:广东人民出版社,1989年,第174页。
⑤ 《广东拳械录·蔡家拳》,广东省武术挖掘整理组编印,1985年。
⑥ 《广东拳械录·蔡家拳》,广东省武术挖掘整理组编印,1985年。

在广州光孝寺拜至善禅师为师,受其指导窍要,并苦练成家的。①

不管是白鹤还是至善,都是和尚,和尚传拳,当然与天地会有关,也即与少林有关。

另外一支惠州李家拳,为惠州火地村李义(别名李存义)所创。《广东拳械录》载:李义幼年跟随他的父亲李玖习拳,九岁随父闯荡江湖,在罗浮山得到玉龙禅师指点,技艺大有进步。玉龙禅师来到火地村定居后,李义苦心学艺,技艺大成。后来,火地村以天地会聚众谋反的罪名,受到清廷围剿。玉龙禅师和李玖均战死,全村被烧个精光。李义受伤后出走他乡,遇北方拳师陈苟息,变拜陈为师,一同去江西,李学艺多年,并把南北派熔于一炉。后来回到惠州火地村,开馆教拳,便创造了李家拳。②

惠州李家拳依然与禅师和尚有关,而且很明确地告知我们与天地会有关。

其五,五大名拳之莫家拳,据《广东拳械录》载:相传乾隆年间,福建少林寺惠真禅师来到广东时,先传到惠州府海丰县莫蔗蛟,后传给……经过他们的互相切磋琢磨,变化发展,便形成了莫家拳。③

对于莫家拳的来源,还有其他的说法,据《体育之春》载:关于莫家拳的来历,有很多传说。一说是少林寺至善禅师所创,传至海丰县的莫蔗蛟,后传至莫清骄。一说是莫达士在少林寺学成后,回到广东省东莞县火岗村传技,二传至莫定如,三传至莫清骄。又有传说是莫大昌所创。④

同样,莫家拳的创始人或始祖的传说都与和尚、少林寺有关。

其六,咏春拳,又称"永春""泳春""咏春",被认为是少林嫡传武技之一。关于咏春拳的源流,有多种说法,据《广东武术史》载:咏春拳为福建严咏春,根据蛇鹤相斗的各种动作所创编,并经她的丈夫梁博涛改编而成的。⑤

另据《广东拳械录》载:"传说在清朝嘉庆年间,福建泉州有一位叫严四的少林高手,因触犯官府而遭到泉州官府的追捕,为了逃避官兵的追捕,严四不得已携家从泉州逃到连城县,隐居在连城县郊。"⑥严咏春为严四之女。梁博涛为江

---

① 《广东拳械录·李家拳》,广东省武术挖掘整理组编印,1985年。
② 《广东拳械录·李家拳》,广东省武术挖掘整理组编印,1985年。
③ 《广东拳械录·莫家拳》,广东省武术挖掘整理组编印,1985年。
④ 方春:《莫家拳的始祖》,《体育之春》1984年第9期。
⑤ 《广东武术史》,广州:广东人民出版社,1989年,第181页。
⑥ 《广东拳械录·咏春拳》,广东省武术挖掘整理组编印,1985年。

西人,曾"学艺于少林僧"。①

除了严四之女严咏春与其夫梁博涛的创拳传说外,还有其他的说法。一种认为,咏春拳创始于五枚师太,由于福建少林被清政府所焚,她避祸于川滇边界的大凉山,因见蛇鹤相争而创出咏春拳。一种认为,咏春拳应为"永春拳",得名于福建泉州少林寺的永春殿,是当年进殿所习的南派内拳法,全称是少林永春,总教头是少林弟子至善禅师。后由于南少林被焚,至善逃避到佛山,永春拳便得以在佛山发扬光大。②

除了以上这几种说法外,还有其他的版本,如"咏春拳初传源自福建泉州的少林寺鹤拳""咏春拳最早叫做'泳春拳',是清初反清组织'天地会'斗争的武技……后来为了避祸改名为'咏春拳'"③等等。从这多版本的起源说来看,都有一个共同点,就是都与少林有关系,与天地会有关。无疑,咏春拳当时也属于天地会活动范围习练的拳种,这也就是传说源自少林的原因。

其七,广东侠家拳的渊源,《广东拳械录》载:相传清朝少林寺僧人开始外传。临济派和尚金钩禅师,又名大侠李胡子得到真传。金钩禅师由四川云游到广东,在肇庆鼎湖山庆云寺挂单,把侠家拳传给僧人王隐林(又名王飞龙),是广东武林十虎之一。王隐林来到广州后还俗,在黄沙金善街开设武馆授徒。④

广东侠家拳的起源,除了上述的记载外,还有据说"创于明朝中期,创始人为西藏喇嘛阿达陀尊者"。⑤后来明亡后,精通这门功夫的一批喇嘛被召入清廷做护卫武士,后来由于宫廷的各种政治势力的斗争,这些喇嘛大多被剿灭,只有少数得以出逃隐世。再后来的其他传说与《广东拳械录》所载大至相同。

其八,广东龙形拳,其渊源据《广东拳械录》载:据传约在清道光二十八年(1848)间,有一祖籍海丰县的福建少林寺避难和尚(俗名黄连娇,人称海丰和尚),来到惠阳梁化圩(笔者注:梁化圩,今梁化镇。位于惠东县西北,西与惠阳区接壤,由于历史沿革,故此处称为惠阳梁化圩),得一山货店店主林德轩收留和厚待,海丰和尚感主人之恩,遂把少林寺武技传给林德轩的儿子林庆元和侄儿林

---

① 《广东拳械录·咏春拳》,广东省武术挖掘整理组编印,1985年。
② 华博:《中国世界武术文化》,北京:时事出版社,2007年,第172页。
③ 隋国增:《咏春拳研究》,《体育文化导刊》2011年第2期,第86~88页。
④ 《广东拳械录·侠家拳》,广东省武术挖掘整理组编印,1985年。
⑤ 林欣:《粤海奇技——侠家拳》,《武魂》,2007年第10期,第63页。

合。林庆元曾在惠州府归善县当武术教头,技艺尽传给儿子林耀桂(1871年生)。林耀桂二十二岁随父上罗浮山华首台贺诞,并拜主持大玉禅师为师(大玉禅师俗名马梦觉,四川人,因在家乡打死强抢民女的土霸,为逃避官府的通缉,来到罗浮山削发为僧),苦学了四年,技击大进,将所学融会贯通有所创新,形成现流传的龙形拳派,成为一代宗师。"先学海丰成妙业,后从华首得真传",这是林耀桂念祖思源而写的对联。①

无怪乎广东龙形拳的习练者称龙形拳为南少林龙形拳。

其九,广东白眉拳,和龙形拳一样,据说最初也为海丰和尚传林合。据《广东拳械录》载:(林合)上罗浮山华首台再拜广进禅师为师(广进禅师为黄连娇师兄),经过三个春秋的苦练,林合的技艺更臻高境。为纪念两位先师,在堂屋上贴出一副对联:"先承少林遗妙业,后得华首吐真传。"林合的徒弟出名的有秦程九、廖绵带、张礼泉等人。张礼泉亦惠阳人,熟习林合的技法,后在广州华林寺又巧遇一俗姓竺的老和尚(法号不详),再拜师学技三年技成后,遂开设"大同会武馆",把师承之技成为"白眉派",从而成为白眉派一代宗师。②

不管是白眉拳还是龙形拳,最先都是福建少林寺的避难海丰和尚所传,后来林合和林庆元也各自都上罗浮山继续拜和尚为师学艺,而他们所开创的拳派也都称为南少林白眉拳或南少林龙形拳。

其十,广东蔡李佛拳派的创始人为新会县京梅乡人陈享,他自幼跟随其族叔陈远护习练佛家拳。据《广东拳械录》载:陈享十九岁邂遇远走江湖而重归故里的李友山,陈享随李友山习技五年,技艺大进,然陈享深觉学海无涯,仍未满足。又闻罗浮山隐居的还俗僧人蔡福乃少林高僧(蔡福法名青草和尚,因其头上疤痕累累,俗称"烂头和尚"),陈享远道求师,得拜蔡福禅师门下,居罗浮山学技十年,技成下山,陈享已三十四岁。返乡后,谨遵师训,设洪圣馆于新会县城,广收徒众,更积极参加天地会组织,广结同道,暗地里推行反清复明工作,并潜心将所学三师之技,熔冶于一炉,聚其精华,更集己之心得体会,编成拳术套路,取名"蔡李佛"。③

蔡李佛拳之名称的由来,据陈享《蔡李佛技击学》序言云:"计余平生所学,得

---

① 《广东拳械录·龙形拳》,广东省武术挖掘整理组编印,1985年。
② 《广东拳械录·白眉拳》,广东省武术挖掘整理组编印,1985年。
③ 《广东拳械录·蔡李佛拳》,广东省武术挖掘整理组编印,1985年。

之蔡师者为多,兹将编列成书,名之曰《蔡李佛技击学》。意谓得李公之李家技及蔡师之传,投合化之,自成一家,且名之曰:蔡李佛,以为纪念。"①

陈远护传的是佛门中流传的拳术,其与天地会有很大的关系。李友山为新会李家拳的创始人,传说曾得到罗浮山白鹤禅师的指点而创李家拳,有说曾拜至善禅师为师,后创李家拳。至善禅师相传为福建南少林高僧,按其传说,应该为天地会人。而蔡福自称是福建少林寺僧,陈享曾云:"蔡师对余曰:'某实福建少林寺僧,人称烂头和尚者,即某是也。'"②福建少林寺僧就是天地会成员,而且陈享加入天地会也是蔡福引入无疑。据陈享言,蔡福曾对他讲过清廷火烧少林寺的故事,并对他说:"今得子而传之,此固子之幸,亦吾术之幸也。"③蔡福不只教了陈享技击术,而且还传授了天地会的一套东西,故才有"(陈享)洪圣馆于新会县城,广收徒众,更积极参加天地会组织,广结同道,暗地里推行反清复明工作"。蔡李佛拳派有"洪武至圣,英雄永盛"的口号,以"洪武"为最高神圣,有很明显的天地会色彩,"天下洪圣是一家",与"天下洪门是一家"一脉相承,实为一个东西而已。故洪圣馆毫无疑问就是天地会的一个秘密聚集点,蔡李佛拳毫无疑问也是天地会活动范围内传播的拳术。

其十一,广东李家教,源于梅县五华一带,主要传人是五华水寨李铁牛(1778—1874)。据《广东拳械录》载:相传李铁牛的祖先于清嘉庆十年(1805)左右经商于闽浙一带,与一少林僧相交甚厚,习得此拳。④

清嘉庆年间,天地会风行于闽、浙一带,少林僧本来就是天地会成员,而李铁牛的先祖很可能也是天地会成员,在天地会中所习的武术,后来传给李铁牛,演变成李家教。

其十二,广东朱家教一派,据《广东拳械录》载,其流"传始于太平天国革命失败之后"。⑤而据《广东武术史》载:相传朱家教拳术的流传,始于明王朝失败之后。当时身怀绝技的有志之士,为避免清廷官府的追捕,埋名改姓,四海为家,传

---

① 陈享:《蔡李佛技击学》,转引自陈耀佳等编著《蔡李佛与小梅花拳》,广州:广东科技出版社,2010年,第6页。
② 陈享:《蔡李佛技击学》,转引自陈耀佳等编著《蔡李佛与小梅花拳》,广州:广东科技出版社,2010年,第5页。
③ 陈享:《蔡李佛技击学》,转引自陈耀佳等编著《蔡李佛与小梅花拳》,广州:广东科技出版社,2010年,第5页。
④ 《广东拳械录·李家教》,广东省武术挖掘整理组编印,1985年。
⑤ 《广东拳械录·朱家教》,广东省武术挖掘整理组编印,1985年。

授武艺,积蓄力量,为再举义旗反清复明做准备。他们所授的拳术,定位"朱家教",有怀念朱洪武之意。①

朱家教一派,直接道明自己一派来自反清复明的有志之士,这些人毫无疑问都加入了天地会。也就是说,朱家教一派,来自天地会,也就是南少林。

其十三,广东潮汕地区的南枝拳,其源有两种说法,据《广东拳械录》载:一是福建少林黄坤弟子林胜来潮汕地区传授,其中有显著成就者三人,尤以陆丰县碣石人陈南枝(又名陈鉴山)最为出众,曾经在潮汕地区设馆授徒。另一说为福建泉州少林寺僧人,法号双禅,从福建往广州之旅途中,在海丰县收林转先生为徒,后由林转传授给郁纪,郁纪传给杉先生,杉先生的徒弟以陈南枝学艺成就最为突出。②

南枝拳的传说,都来自福建南少林,只是传承的人不一样而已,然最后都归到陈南枝一人身上。

其十四,广东儒家拳有两支,一为湛江的儒家拳,一为韶关的儒家拳,而韶关儒家拳又名"少林儒家拳",相传最初是由"少林和尚传到江西,1929年江西的钟声扬师傅来到粤北授拳卖药,因此便传到韶关"。③

其十五,广东汕头流传的少林白鹤拳,"创始于福建泉州永春县,二十年代(1920年前后)由张华远传入漳州……1958年后,廖师傅(廖青海)在汕头市传授白鹤拳中一部分拳术和器械套路"。④ 这是又一自称"少林"的拳术。

其十六,广东的佛家拳,亦都宣称自己出自少林。尤其值得注意的是,广东各地的佛家拳,虽同称佛家拳,但互相之间并无渊源上的联系,颇为耐人寻味。

以上仅借助《广东拳械录》与《广东武术史》,对广东武术的一些拳派的渊源做了一个初步的勾稽,除了以上这些拳种外,应该还有一些拳种也与天地会或南少林有密切的关系。以上这些拳派中,直接称自己来自南少林或少林寺、少林和尚的有洪家拳、刘家拳、莫家拳、咏春拳、侠家拳、龙形拳、白眉拳、李家教、朱家教、南枝拳、儒家拳、蔡李佛,而几乎所有的拳派都称得自某禅师或某和尚。这些拳派之间有如此紧密的联系,不仅是天地会与少林或和尚之间的联系,而且是多

---

① 《广东武术史》,广州:广东人民出版社,1989年,第189页。
② 《广东拳械录·南枝拳》,广东省武术挖掘整理组编印,1985年。
③ 《广东拳械录·儒家拳》,广东省武术挖掘整理组编印,1985年。
④ 《广东拳械录·少林白鹤拳》,广东省武术挖掘整理组编印,1985年。

数拳种都来自一个地方的证明。如李家拳、龙形拳、白眉拳、蔡李佛拳等都来自惠州罗浮山，侠家拳、佛家拳等来自肇庆鼎湖山。

罗浮山位于博罗县西北部，清嘉庆七年（1802），博罗县天地会首领陈烂屐四率领万余天地会会众，在罗浮山一带发动暴动。据《两广总督罗吉庆奏攻克罗浮山折》中言，罗浮山"有伙匪数千"，[①]罗浮山作为一个天地会的聚集地，有数千人的会众，那么也就可以理解为什么有些拳派都称学自罗浮山了。

其实还不只是福建、广东武术，徐震《少林宗法图说考证》便提到："湘中既为红帮盛行之地，其拳家则几乎皆称少林派。红帮起源，本与明室遗老有关，而帮会中人，复多通识武技，然则此派少林拳史事之传说，当由武术家之在帮者所演成也。"所以徐震又说："此书所言之少林拳，只是依托，并非明代少林一派。"不止湘中，徐震接着又说："又红帮以湘、黔、蜀、陕、鄂等省为盛，而此书所述拳派，常及此数省，是亦一证也。"[②]显然，有天地会处，即有所谓的少林武术。近年来武术挖掘整理工作的新发现，也证明了这一点。

《江湖异闻》便称："拳勇之技，旧推少林僧，今则散见诸方丛林中，往往有能者。"[③]少林武术"往往有能者"，但已经不在少林寺，而是"散见诸方"。

有洪门处即有洪拳，天地会活动范围之内，所有的武术都是少林派。天地会的活动范围超过了半个中国，再加上白莲教，其活动范围几乎遍及整个中国，无怪乎会是"天下功夫出少林"。

少林寺僧兵流散各地，少林寺僧兵进入天地会，传授自己的少林武功，少林武术就大规模流传民间，乃其一。天地会利用少林寺作为号召和旗帜，于是天地会所属范围的武术，又都被称为少林武术，乃其二。实际上还有第三种情况，就是流散少林僧传授的少林武术，与当地民间所习的武术发生融合，或者在少林武术传习的过程中，传习者又有所发明补充，这种情形其实可能是最多的。这三种情况，在中国武术自称出自少林的门派流派中，各占多大的比例，实在是不得而知。由各拳种的研究倒过来考溯，倒有可能解决这个问题，但这却是个人的力量无法完成的。

[①] 《天地会》第七集，北京：中国人民大学出版社，1980年，第27页。
[②] 《徐震佚文集》，太原：山西科学技术出版社，2006年，第52页。
[③] 吴昌炽：《客窗闲话》卷二"某架长"条，石家庄：河北人民出版社，1987年，第32页。

第五章 "峨眉派"考

据说唐豪曾作《峨眉考》。顾留馨云："《峨眉考》约数万言,脱稿于1954年冬季,曾以全稿示余。今此稿不知藏于何人之手。"[①]《峨眉考》或曾对峨眉武术历史详加考证,可惜唐豪生前未曾发表,身后下落不明,实为大憾事也。[②]

与少林、武当齐名的峨眉[③]武术的源流问题,并不明晰,众说纷纭。今天所言的峨眉武术,有说是四川境内武术总称者,也有说专指峨眉山武术者,没有定论。有鉴于此,这里对峨眉武术做一番梳理,还历史以本来面貌,名之曰"'峨眉派'考",也算告慰唐豪先生在天之灵。

第一节 起源:"司徒玄空说"与"白云禅师说"

一、司徒玄空说

持此论者云:相传春秋战国时期,有位名司徒玄空的武士隐居于峨眉山,与

---

① 唐豪、顾留馨:《太极拳研究》,北京:人民体育出版社,1964年,第120页。
② 曾听到北京武术界说这部书的手稿,后来到了成都体育学院,并于1970年代消失在成都体育学院。笔者曾就此事询问过最先担任成都体育学院体育史研究所所长、后担任成都体育学院院长的周西宽教授,以及继任体育史研究所所长的旷文楠教授,他们都表示不知此事,没有见过此稿,而且略露诧异。笔者是1988年到成都体育学院体育史研究所工作的,笔者也没有见过唐豪《峨眉考》。但笔者在体育史研究所资料室见过唐豪《中国武艺图籍考》(记不清是手稿还是书稿了,但肯定是复印件),后面还有肖军为唐豪该书所作的跋(依稀记得好像跋是手稿复印件)。山西科学技术出版社近年出版了唐豪《中国武艺图籍考》,但未见肖军的跋,这个复印的跋应该也很珍贵了,因为原稿很可能已经无存。
③ "峨眉",亦作"峨嵋""峩眉"。最早肯定名为"峩眉",因为峨眉山之所以得名,就是因为该山"两山相对如蛾眉",但现在一般都用"峨眉"。所以本章凡所引用,乃其原文献;凡笔者所述,均作"峨眉"。

灵猴朝夕相处,模仿其动作,创编了一套"峨眉通臂拳",学徒甚众,因司徒玄空常着白衣,故后人尊称为"白猿祖师"。而司徒氏或白猿就成了峨眉武术的开创者。

据明末清初河南人周淮颖所著《通臂拳谱》"自叙"所云:

(通臂老猿自云):"吾非神非人,乃向聚饮泉上群猿之祖也,感公厚德,故以拳报,勿得轻视,以赓吾望。"董师低头致谢,俄而不见,且惊且讶,遂自忆曰:"此乃通臂老猿也。"①

另外该拳谱《通臂拳历代先师姓号目次》亦将"猿仙"作为通臂拳祖师。②
民国二十六年(1937),日人武田熙之《通背拳法》溯其源流云:

通背门,为战国时白猿者所传,至今已两千余年。白猿,姓白名士口,字衣三,道号动灵子。③

民国二十七年(1938),北京《体育月刊》刊载郭述唐《通臂拳要旨》一文,述通臂拳源流云:

昔战国之时……白猿送(孙膑)天书三卷,传与通臂拳术,遂流传至今。④

由上引资料可见,"白猿(猿仙)传通背(臂)拳"的附会之说,出现较晚,最早在清初,或晚至民国。而且,这种附会,仅止于通背(臂)拳,与司徒玄空、峨眉山并没有任何牵连。直到1987年四川省武术挖掘整理组整理撰写的《四川武术拳种》之"通臂拳"中,始把白猿、司徒玄空、峨眉山三者相联系。

《四川武术拳种》一文述通臂拳源流云:

---

① 转引自言良:《明清古本〈通臂拳谱〉初探》,《武当》2005年第4期,第36~38页。
② 转引自刘连洋:《明朝古籍〈通臂拳谱〉探秘》,《精武》2006年第5期,第50~52页。
③ 武田熙:《通背拳法》,北京:中国书店,1984年影印本,第1页。
④ 郭述唐:《通臂拳要旨》,《体育月刊》1938年第5卷第11期。

> 春秋战国时,由白猿公所创(姓白名士口,字衣三,道号动灵子,即四川峨眉山的司徒玄空)。司徒年迈时人称白猿道人,在峨眉山授徒甚众。①

此一说法后来成为1989年出版的《四川武术大全》之"通臂拳"部分文字。

对于白猿公传通臂拳说,习云太早已直言"均系伪造",②他所著《中国武术史》之《四川地方武术》一节,谈到峨眉武术时也未提及"白猿"。其实稍有武术与文史常识,即不难明辨其附会讹传。但是至今依然有不少人津津乐道于"白猿"传拳之说,即使一些本当严肃的史志编纂者,也纷纷引用,煞有介事。

1996年版《峨眉山志》云:

> 战国时,有白衣三者,号动灵,亦名司徒玄空,仿山猴动作创编"峨眉通臂拳",攻防灵活,在峨眉山授徒甚众。今流传于成都、重庆、攀枝花市等地。后人称他为"白猿祖师"。③

2001年版《乐山市志》云:

> 战国时,有白衣三者,号动灵,亦名司徒玄空,仿山猴动作创编"峨眉通臂",攻防灵活,在峨眉山授徒甚众。④

然而遍检乾隆十八卷增修本《峨眉山志》、嘉庆十八年十卷本《峨眉县志》,以及民国二十三年(1934)印光重修八卷本《峨眉山志》,都不见关于"战国时白衣三"创拳或"白猿传拳"记载的只言片语。唯独近年出版的地方志,毫无根据地大书特书。信手胡编被录为信史,《四川武术拳种》与《四川武术大全》,可称"功不可没"。既然以讹传讹,乐得标榜久远,当今一些人撰文,便称峨眉武术创自白猿公,亦即司徒玄空。

---

① 刘太福等:《四川武术拳种》,《四川体育史料》,1987年第1期。
② 习云太:《中国武术史》,北京:人民体育出版社,1985年,第243页。
③ 四川省地方志编纂委员会:《峨眉山志》,成都:四川科学技术出版社,1996年,第8页。
④ 乐山市地方志编纂委员会:《乐山市志》卷五十三"人物",成都:巴蜀书社,2001年,第726页。

其实,"白猿"故事最早脱胎于东汉赵晔所著《吴越春秋》之"越女论剑",其文云:

> 处女将北见于王,道逢一翁,自称曰袁公,问于处女:"吾闻子善剑,愿一见之。"女曰:"妾不敢有所隐,惟公试之。"于是袁公即杖箖箊竹,竹枝上颉桥,末坠地,女即捷末。袁公则飞上树变为白猿,遂别去。①

唐《艺文类聚》卷九十五引《吴越春秋》越女善剑一事,与此稍有差异,其文云:

> 女将北见王,道逢老人,自称袁公,袁公问女:"闻子善为剑,愿得一观之。"处女曰:"妾不敢有所隐也,唯公所试。"公即挽林内之竹,似枯槁,末折坠地,女接取其末。袁公操其本而刺处女,处女应即入之。三入,因举杖击袁公,袁公则飞上树,化为白猿。②

此后越女善剑一事历代类书、丛书多有收录,只是内容稍有变异,翁世勋先生曾对此做过仔细校释,③这里不再详述。后世与武术有关的人事,并不仅仅这个峨眉白猿,多有由这只猿猴脱胎而来者,如采荇子《虫鸣漫录》即载有:一书生因欲复仇学拳于少林,艺成后则要考试出寺,"寺规,凡来学者,由别门入,出则须由大门。大门有四僧守之,须斗胜方出。二门则四马猿,持兵亦能斗。二门内有巷,列木人十八,地设伏机,步入其中,机发而木人持械乱击"。④ 另外,除了裴铏《传奇》述聂隐娘练功处"猿狖极多",早于她去的两个女孩子练功如"捷猱登木",聂隐娘执剑练功"刺逐二女攀缘"外,⑤采荇子《虫鸣漫录》所云少林寺的"马猴",黍余裔孙《六合内外琐言》所云"猱飞",徐珂《清稗类钞》所云"灵狖",恐怕都是这只白猿的后代。

---

① 赵晔:《吴越春秋》"勾践阴谋外传"第九,中国古籍库明古今逸史本。
② 欧阳询:《艺文类聚》卷九十五"兽部下·猨",《四库全书》文渊阁本"子部十一·类书类"。
③ 翁世勋:《〈吴越春秋·越女〉校释》,见《体育文史》1991年第2期。
④ 采蘅子:《虫鸣漫录》,过常宝等编著《中国稗官秘史》第5册,北京:北京燕山出版社,1998年,第3907页。
⑤ 裴铏:《裴铏传奇》,周楞伽辑注,上海:上海古籍出版社,1980年,第22页。

二、白云禅师说

一些谈峨眉武术者云:峨眉武术起源于春秋战国,自成体系于南宋,鼎盛于明清。所谓起源于春秋战国,就是指上文所述的白猿或司徒空;而自成体系于南宋,则是指南宋时期峨眉山白云禅师创编了峨眉十二桩[1],故此开创了峨眉派。

据《四川武术大全》云:

> 相传,南宋时期,有高僧白云禅师,在四川峨眉山金顶寺中,运用道家和医家中的阴阳虚实,人体脏腑盛衰的肌理,结合释门中的动静功法,融会一些武术动作,经过多年探讨琢磨,创编出一套峨眉桩气功,共十二节,后称十二桩(不传外人)。经过历代传习研练,仅有峨眉山金顶寺永严法师承其衣钵,传此桩与镇健法师。后镇健法师与巨赞法师在上海会面研究中医,以师兄弟相称,在一段交往中,镇健传峨眉十二桩予巨赞。以后巨赞法师在四川收徒传艺,至使此桩在四川流传。[2]

关于白云禅师其人,史籍多有记载。据广东肇庆《封开县志》载:"五代南汉时,白云禅师受南汉主嘱托,在封开创建白云寺,为县境最早的寺院。白云禅师名实性,原名陈志庠,封州人,承传阐宗南禅曹溪,称云门嫡嗣。"[3]清人王昶编撰《金石萃编》中之《鄠县利师塔记》亦载有白云和尚事迹:"夫寂灭之道,寒暑无以迭迁;妙极之源,生死无以交谢……不以惊惧于怀者,即白云和尚矣。师讳得利,字子益,姓王氏,京兆府高陵人也……师以治平三年十一月十一日托疾而化,僧腊四十七,俗寿七十一。"[4]可知此白云和尚为北宋至道(995—997)至治平(1064—1067)年间陕西鄠县人士。明朝妙声禅师所撰《东皋录》中有《龙兴白云禅师挽词》[5],云此白云禅师为杭州龙兴寺白云禅师。大约同时,在浙江东天目

---

[1] 峨眉十二桩,亦称"峨嵋十二庄",本文除引用文献用其本字之外,其余均为"桩"。
[2] 毛银坤主编《四川武术大全》,成都:四川科学技术出版社,1989年,第2046页。
[3] 封开县地方志编纂委员会:《封开县志》,广东:广东人民出版社,1998年,第879页。
[4] 国家图书馆善本金石组编:《历代石刻史料汇编9》,北京:北京图书馆出版社,2000年,第375、376页。
[5] 妙声:《禅门逸书》初编第七册《东皋录》,台北:明文书局,1981年,第20页。

山，亦有白云禅师者，[1]此二者是否为同一人，暂无可考。此外，明永乐元年（1403），南京江宁有所谓"白云禅师开凿石佛庵石窟佛像"事。[2]

然而遍检清人编纂的《峨眉山志》《峨眉县志》与以及民国重修的《峨眉山志》，均不见有所谓白云禅师的记载。可见，历史上他处的白云禅师乃确有其人，但所谓峨眉山金顶寺白云禅师却查无其人。

峨眉山白云禅师一说，始于周潜川，周氏即《四川武术大全》所云的镇健法师。

周潜川（1907—1971），四川威远人，法名镇健。周氏于20世纪30年代初因病才开始研练峨眉十二桩，师从峨眉山永严（年）法师。20世纪50年代末，周潜川又将峨眉十二桩传于巨赞法师，而目前四川所流传的峨眉十二桩则为巨赞法师的回传。周氏遗著《内功导引按跷术》记载：内功导引按跷术"系南宋末季，四川峨眉山僧人白云禅师创立"，如动功中的"峨嵋十二庄"，静功中的"三乘功法"，"都是其中的主要组成部分"。[3] 这是峨眉十二桩创自南宋峨眉山白云禅师的最早文字记录。

按周氏说法，峨眉十二桩只是内功导引按跷术的一种动功，其中的大小架子是其外象，呼吸吐纳是其内景，外象、内景与意念相配合，用以"锻炼人体十二正经与奇经八脉，以达到内调五脏二腑的气脉，并使之相对平衡"。[4] 练习十二桩是"学习静功的入门，是初级功夫。由动功（十二庄）到静功，是学习峨眉派气功的顺序"。[5] 此言峨眉十二桩只是峨眉临济气功入门基础，即基本功而已。不可否认，峨眉十二桩中也有一些武术擒拿的内容，其"拿云庄""旋风庄"口诀云：

拿云旋风庄，顾名即知意。背锁源习揉，擒拿化封闭。耙粘联钩搭，套托随绷挤。进步用弓箭，含机诱伺敌。虎口掌托天，袖底钩截地。两掌运三昧，五指藏太极。耙刁手腕断，绷挤骨肋碎。大开拿阴肘，掉身背挤敌。耙粘寻掌腕，揉套审彼力。勿当冲马劲，横锁刁牛鳖。封闭

---

[1] 任宜敏：《京畿莲邦——天目山佛教源流引论》，北京：宗教文化出版社，2001年，第194页。
[2] 南京江宁区文化志编纂委员会：《江宁区文化志》，南京：南京出版社，2011年，第6页。
[3] 周潜川：《峨眉天罡指穴法》，周巢父、周怀姜整理，太原：山西人民出版社，1985年，第2页。
[4] 周巢父、周怀姜：《峨嵋十二庄》，《气功精选续篇》，北京：人民体育出版社，1985年，第5页。
[5] 周巢父、周怀姜：《峨嵋十二庄》，《气功精选续篇》，北京：人民体育出版社，1985年，第3页。

借来法,点穴最上智。借以子之矛,还攻子之弊。我常自在静,雷发丹田气。大开诱来攻,利我居主位。是庄秘要诀,云进与风退。

周潜川云:"风、云两庄合一的口诀,虽然表面上偏重说武功用法,而它的基础,是建筑在气脉功夫上的,因此气功的火候不到家,则武功也无从说起了。"[1]峨眉十二桩中有关武术擒拿的内容,只在拿云、旋风庄中出现过。

有人谈峨眉武术,谓"十二桩所讲的技击原则,'擒拿封闭,背锁刁揉,钩弹针踢,吞吐浮沉'等要诀,直到今天仍然是峨眉拳系中各分支流派的传世秘诀"。[2]事实上,这些技击原则并不通行于其他峨眉拳系。但龚鹏程就认为:"强调站桩并非古法,早期拳谱或拳派均无独立说桩法或以站桩为重点的。南少林所谓扎马,功能与站桩并不相同。近年受大成拳、卢氏结构之影响,许多人开始把站桩当成主要的功力训练方法。我怀疑峨眉派强调十二桩也属于近时潮流,绝不起于南宋。"[3]这也不无道理。

古人结婚年龄很小,在今天看来都是未成年人,李白"十四为君妇,羞颜未尝开"诗句,便是说当时女子当嫁年纪。历代结婚年龄,大致都在这一标准线上。汉代《孔雀东南飞》中,"十七为君妇",在当时或许已是大龄女青年了。永年法师是这一派的第十一代传人,传至周潜川已是第十二代。南宋末至20世纪30年代初,已是六百五十年左右了。一般而言,一代当为二十五到三十年左右,而十二代六百五十多年则平均一代为五十年左右,半个世纪传一代,这有违历史真实。

所谓白云禅师开创了峨眉派一说,实为伪托无疑。

气功与武术有交叉,有融合,但本身应是独立于武术之外的一种独特养生功法,虽然有些功法有一些技击影子,但其本质是为了祛病延年,并不严格属于以"杀人术"为本质的武术。此外,中国的气功,跨界别与三教九流、诸子百家以及中医、武术相关联,据不完全统计,约有三千六百门派,[4]这是一个巨大的文化类型,实际上也是独立于武术之外的。有人把峨眉临济气功动功部分的峨眉十二

---

[1] 周潜川编著:《峨嵋十二庄释密》,太原:山西人民出版社,1960年,第83页。
[2] 龚鹏程:《武艺丛谈》,济南:山东画报出版社,2009年,第47页。
[3] 龚鹏程:《武艺丛谈》,济南:山东画报出版社,2009年,第52页。
[4] 傅伟中:《峨眉临济气功——峨眉十二桩述真》,北京:北京体育学院出版社,1988年"序二"。

桩归于峨眉武术一系,大有商讨余地。

第二节 明代的峨眉武术

一、文献中的峨眉武术

宋代《武经总要》提到了"峨眉钁",并有图示,说明为:"峨眉钁长九寸,阔五寸,柄长三尺;凤头斧头长八寸,柄长二尺五寸,并地道内掘土用之。"[①]这应该是历史上"峨眉"首次与"武"文字发生联系。但这个"峨眉"可能不是指峨眉山,而是其斧形弯弯酷似女性眉毛。它当然可以用作武器,但书中说明是"掘土用之"的器具,并且归在"攻城法"一节。

现有资料显示,明正德嘉靖年间的唐顺之《荆川文集》中的《峨嵋道人拳歌》,当是最早记述"峨眉"与武术有事实联系的文献,其歌云:

峨眉钁
图片来源:《武经总要》

浮屠善幻多技能,少林拳法世希有。
道人更自出新奇,乃是深山白猿授。
是日茅堂秋气高,霜薄风微静枯柳。
忽然竖发一顿足,崖石迸裂惊砂走。
去来星女掷灵梭,天矫天魔翻翠袖。
舚餤含沙鬼戏人,髻鬌磨牙赞捕兽。
形人自诧我无形,或将跟绊示之肘。
险中呈巧众尽惊,拙里藏机人莫究。
汉京寻橦未趫捷,海国眩人空抖擞。
翻身直指日车停,缩首斜钻针眼透。

---

① 曾公亮:《武经总要》前集卷十"攻城法",《四库全书》文渊阁本"子部·兵书类"。

百折连腰尽无骨,一撒通身皆是手。
犹言技痒试贾勇,低蹲更作狮子吼。
兴阑顾影却自惜,肯使天机俱泄漏?
余奇未竟已收场,鼻息无声神气守。
道人变化固不测,跳上蒲团如木偶。①

然而这却是一首专述少林拳法的长诗。

明代郑若曾的《江南经略》,论及当时著名的武术,列举枪法十七家,其中已有峨眉枪一席之地:

如使枪之家十七:曰杨家三十六路花枪(其分出者,曰大闪干,曰小闪干,曰大六合,曰小六合,曰穿心六合,曰推红六合,曰埋伏六合,曰边栏六合,曰大封臂,曰小封臂);曰马家枪(上十八盘,中十八盘,下十八盘);曰金家枪;曰张飞神枪;曰五显神枪(花枪七十二势);曰拐突枪;曰拐刃枪;曰锥枪;曰梭枪;曰槌枪;曰大宁笔枪;曰拒马枪;曰捣马枪;曰突枪;曰峨嵋枪;曰沙家十八下倒手干子;曰紫金镖;曰地舌枪。②

这应该是真正的"峨眉"与武术发生联系的文献,也即是类似于"峨眉派"或"峨眉武术"的最早亮相。峨眉枪虽名列郑若曾所言明代枪法十七家,但却似乎并没有后来那么大的名声,戚继光的《纪效新书》、何良臣的《阵记》中,讲述枪法列举众多枪家时,并没有提到峨眉枪。峨眉枪的真正显名,是在吴殳《手臂录》出现并附卷刊出程真如《峨嵋枪法》之后的事。程真如在《峨嵋枪法》中云:

西蜀峨嵋山普恩禅师,祖家白眉,遇异人授以枪法。立机空室,练习二载,一旦悟澈,造神化。遍游四方,莫与并驾。属余客游蜀中,造席晤言,师每首肯,问及武事,则笑而不答。余揣其意,在求人也。因与荆江行者月空,礼师请教,师命余二人樵采山中,经历二载。师笑曰:"二

---

① 唐顺之:《荆川先生文集》卷二,中国古籍库四部丛刊景明本。
② 郑若曾:《江南经略》卷八"杂著·兵器总论",《四库全书》文渊阁本"子部二·兵家类"。

人良苦,庶可进乎？我有枪法一十八扎、十二倒手,攻守兼施,破诸武艺。汝砍采久而得心应手,不知身法臂法已寓于是。"遂教余二人动静进止之机,疾驰攻守之妙。久之,余南还,又访沙家枪、马家带棍枪,则意味疏浅,较之余师之法,相去远矣。余叙其法,不忘所自,命之曰"峨嵋枪法"。①

吴殳,生于明万历三十九年(1611),卒于康熙三十四年(1695),为明末清初之人。吴殳在述及所得《峨嵋枪法》因缘时云:"真如之没,后于敬岩十年,时游吴门,竟不一见,抱恨何极。此书其手授翁慧生、朱熊占也。壬寅冬初,熊占以惠余,字字珠玉,如见其人,可宝也。"吴殳所言的壬寅年,当为康熙元年(1662)。吴殳说程真如之殁后于石敬岩十年,又说"敬岩以崇祯乙亥卒",②崇祯乙亥,即崇祯八年(1635),则程真如当逝于清顺治二年(1645)。又吴殳言"余与二君(程真如、程冲斗)年齿相悬,皆不及识面,而皆得见其书"。③可见程真如比吴殳高一辈,而传峨眉枪法于程真如的普恩禅师则高吴殳两辈,这和正德、嘉靖时人郑若曾还差很长一段时间,峨眉枪的传承谱系还并不十分清楚。

吴殳说"峨嵋之法,既精既极",给予峨眉枪法极高的赞誉。吴殳又说:"今世峨嵋之枪、少林之棍、日本之刀,专门名家,多为世所称,而杂器鲜有闻者,亦以不甚贵重之故。"④这就是峨眉枪与少林棍、日本刀并称明代武术三大绝技的来历。

四平铲势　　　　　　　　边拿铲势

---

① 程真如:《峨眉枪法》,吴殳《手臂录》附卷上,太原:山西科学技术出版社,2006年。
② 吴殳:《手臂录》卷四"马家枪考",太原:山西科学技术出版社,2006年。
③ 吴殳:《手臂录》卷二"枪法微言",太原:山西科学技术出版社,2006年。
④ 吴殳:《手臂录》卷四"诸器编说",太原:山西科学技术出版社,2006年。

边拦铲势　　　　　　　　崩劈铲势

《武备要略》"峨眉铲"

图片来源:马力编《中国古典武学秘籍录》

稍后有程宗猷的侄子程子颐著《武备要略》,其中有"峨眉铲法"一章,其文云:"夫峨眉铲,南北未有其技,惟江西教师吕月崖,昔时曾负此器至新安。余家君见其技勾推快利,进出便捷,因传其艺。"程称:"峨眉铲胜似月牙铲者,何也?月牙铲中无钾口,不能压沉彼枪,又不便于勾推,其柄且短,难与枪相持,故不赘耳。""能以铲艺跟枪用之,可称无敌。"看来,峨眉铲是破枪的兵器。

明代的峨眉武术,虽然谱系脉络尚不十分清楚,但已经初步自成体系,应该没有疑问,郑若曾所列举的峨眉枪,就是峨眉武术的代表。

二、匾囤与峨眉武术

峨眉武术虽然自成体系,但似乎与少林有着极深的渊源。

明代程冲斗在《少林棍法阐宗》中述其少林棍传承系统时云:少林寺"嗣有哈嘛师者,似亦紧那罗王之流亚,曾以经旨授净堂,以拳棍授匾囤"。[①] 正是这个少林正宗的匾囤,却与峨眉山有着密切的关系。少林寺《匾囤和尚碑》载:

匾囤禅师者,号无空,禹州陈氏子也。年逾二十,投少林寺,礼梵僧喇嘛为师,请求法名,师曰:"道本无形,何名之有?"空曰:"三世诸佛,皆有名号,弟子安得独无?"师授以心经,读至五蕴皆空,豁然大悟曰:"身尚是幻,何处求名?"一日,手编大囤于师前,师指曰:"匾囤是汝名也。"

---

① 程宗猷:《少林棍法阐宗》上卷"纪略",太原:山西科学技术出版社,2006年,第12页。

答曰:"既名匾囤,内也无空。"师曰:"教外别传,方契此语。"一日,辞师至中条山,忍历风雨。三月,又进神仙山大川老人处,益悟禅理。后到峨眉绝顶,结茅以居。一日,见阿弥陀佛,手执大弥陀经一部曰:"藏内有经,藏外全无,付授与汝,广令传化。"空遂周流寓内,前后印造大弥陀经若干藏。未几,复返少林。念少林为达摩单传之地,施银三百两,亲在本寺,率诸僧众,法筵大启,共辅皇猷。嘉靖四十二年,再之峨眉,行至夔州江中,曰:"道旷无涯,逢人不尽。"登岸,端坐而逝。徒孙普明等曰:"少林,吾师发身之地,归葬少室。"建塔告成,走钧阳,拜于不谷。以不谷上接天潢,征文以状禅师之实。予怜其诚,姑将禅师行实详述之,以塞众望,并志岁月云。①

此为隆庆二年(1568)明英宗曾孙新昌王朱厚尊所撰,碑今不存。

关于匾囤禅师的传世资料,还有隆庆三年(1569)直隶安庆府通判承德郎杜栾撰《匾囤禅师行实碑铭》②、明万历末年傅梅所编撰《嵩书》"匾囤"③条、民国二十三年(1934)《峨眉山志》中"匾囤禅师"④传文,然这些文字内容大同小异,唯其详略不同而已。

《易筋经》李靖序文中有段描述少林僧去峨眉山的故事:

众中一僧,具超绝识,念惟达摩大师既留圣经,宁惟小技?今不能译,当有译者。乃怀经远访,遍历山岳。一日,抵蜀,登峨嵋山,得悟西竺圣僧般剌密谛,言及此经,并陈来意。圣僧曰:"佛祖心传,基先于此。然而,经文不可译,佛语渊奥也;经义可译,通凡达圣也。"乃一一指陈,详译其义。且止僧于山,提挈进修,百日而凝固,再百日而充固,再百日而畅达,得所谓金刚坚固地。驯此入佛智慧地,洵为有基助矣。僧志坚

---

① 叶封:《少林寺志》,乾隆十三年刻本,江苏广陵古籍刻印社,1997年影印本。
② 赵超主编:《新编续补历代高僧传》,北京:社会科学文献出版社,2011年,第574页。
③ 傅梅:《嵩书》,《中国佛寺史志汇刊》第二辑第23册《嵩山少林寺辑志一》,台北:明文书局,1980年。
④ 《峨眉山志》卷五《历代高僧·匾囤禅师》,《中国佛寺史志汇刊》第一辑第45册,台北:明文书局,1980年据民国二十三年(1934)排印本影印。

精,不落世务,乃随圣僧化行海岳,不知所之。①

阿德先生在《〈易筋经〉李靖序文考析》一文中提出,"李靖序文"中少林僧去峨眉山的故事情节,与明嘉靖年间少林寺高僧匾囤和尚的事迹,多有相应处,而这些相应也表明:"造作李靖序文的作者是熟悉匾囤事迹的。据此,我们可以大致判定,李靖序文产生于匾囤和尚圆寂之后。匾囤和尚圆寂于嘉靖四十二年(1563),此当为李靖序文造作年代上限。"②此外,阿德另外给出了匾囤和尚在当时影响较大的证据:"峨眉山是匾囤重要修行地,《峨眉山志》载'峨顶有弥陀庵',应与匾囤有关。既然《峨眉山志》将匾囤列入'高僧传',可见匾囤在'峨眉绝顶,结茅以居','见阿弥陀佛'神迹,在当时的影响很大。"③

匾囤两度去峨眉山,并在其地久居,按照中国武术传统和习惯,他当然会在峨眉山收授徒弟,传其武艺。匾囤将当时武艺最高峰的少林武术传给四川的徒弟,必然在四川流传开来,流传下来。这可能也是峨眉武术基础之一。

前文提到唐顺之《峨嵋道人拳歌》,亦可作为少林武术传四川的证据。

在中国古代,道教道士可称为道人,佛教和尚亦可称为道人,如钱大昕之《道人道士之别》称:"《南史·宋宗室传》,前称慧琳道人,后称沙门慧琳,是道人即沙门。"④唐顺之记述的这个道人,既称"浮屠善幻",练的又是"少林拳法",应该是个僧人。而这首诗,则是一首专述少林武术的长诗,对少林武术演练的描述,详尽、具体和生动,其中"百折连腰尽无骨,一撒通身皆是手",更是人们喜欢引用的名句。但当仔细品味"浮屠善幻多技能,少林拳法世希有。道人更自出新奇,乃是深山白猿授"的诗句,似乎可以感到:峨眉山的这个道人,虽然学的是少林拳法,但他观察猿猴,深自揣摩,已经有了自己的创新和发展。这里的"白猿",当然也是用典,典故出处当然是《吴越春秋》。《四川武术拳种》附会的白猿,也即是《吴越春秋》的白猿,但却可能是从唐顺之诗受的启发。

据阿德考证,匾囤的老师"'西天梵僧'至迟在 1504 年已被请到少林寺'助

---

① 周伟良:《〈易筋经〉四珍本校释》,北京:人民体育出版社,2011 年,第 68 页。
② 阿德:《〈易筋经〉李靖序文考析》,少林慈善福利基金会:《禅露》,2006 年冬。
③ 阿德:《明代喇嘛教与少林寺》,释永信编《少林学论文选》,香港:少林书局,2006 年,第 105 页。
④ 钱大昕:《十驾斋养新录》卷十九《道人道士之别》,南京:江苏古籍出版社,2000 年,第 416 页。

缘'"。① 1504年是弘治末年,而匾囤于嘉靖四十二年(1563)圆寂,那么匾囤大致应是正德嘉靖时人,这和郑若曾在世年代相同,少林武术与峨眉武术,有过交流与影响,应该没有什么疑问。

然而这个四川本土产生,受明代少林武术影响发展而来的峨眉武术,却因为明末社会大动荡而消失了,虽然唐顺之《峨嵋道人拳歌》称赞峨眉道人武功高妙,"一撒通身皆是手"更成了武术文献中的经典名言,明清之际的吴殳对峨眉枪赞誉备至。但唐顺之只是描绘了峨眉道人打拳时的精彩状貌,并没有告诉我们峨眉道人武术的来龙去脉,吴殳所云"峨嵋枪",我们对它的背景和承传情况,也不甚了了,今天四川武术中,至今还未发现与之有渊源者。有论者称:"明代张献忠于崇祯十七年入川,在成都建立大西政权。张部游击官兵将大量中原武术带入四川,与巴蜀武术进行了历史上的第三次大融合。"②但论者并没有给出相关证据,所以只能说是当今所谓的峨眉派关于自身武术的历史想象。实际上,张献忠将蜀人屠戮殆尽,不能指望其后还能有什么文化遗存,故也不可能有什么所谓的"第三次大融合"。今天我们所见峨眉武术的诸多门派,都是外来的,也即张献忠屠蜀之后的移民带来的,如来自陕西的赵门、山西的岳门等。峨眉僧门,更带有闽粤武术的痕迹。这些门派,追本溯源,都只能上溯至清代。

第三节 四川武术与天地会

延续到今天的峨眉武术,并非明代峨眉武术的遗存,而是一个新的峨眉武术,而这个新的峨眉武术又一次与少林寺发生了密切的关系,但这次的少林,是所谓"南少林"。

天地会初期主要活动于沿海闽、台等地,后来逐渐蔓延于苏、浙、赣、皖、湘、鄂、蜀、黔等长江流域各省以及两广地区。有清一代,天地会多次发生武装起义。太平天国起义爆发后,各地天地会首领纷纷响应。甚至后来的兴中会、同盟会、国民党,与天地会也有着极深的关系,各地的天地会成员,都不同程度地参加了

---

① 阿德:《明代喇嘛教与少林寺》,释永信编《少林学论文选》,香港:少林书局,2006年,第103页。
② 龚鹏程:《武艺丛谈》,济南:山东画报出版社,2009年,第48页。

辛亥革命活动。

天地会的势力和影响如此之大,天地会又以少林寺和少林拳为号召,了解了这一点,我们对今天所谓"天下功夫出少林"的说法,就不会感到奇怪了。清代所谓少林派的铺天盖地,却原来是天地会控制范围之内的拳种流派,或天地会会众所习练的拳种流派,统统被纳入了少林武术范畴的缘故。

经过明末农民起义震荡,再加上清军的屠杀,四川人口在清初锐减,于是有了所谓"湖广填四川"的移民运动。这些沿长江水系溯江而上的移民中,很多都是天地会成员,于是四川成了天地会活动的主要区域之一。而四川武术的发达,亦与之有密切的关系。所谓"峨眉派"即四川武术中,事实上相当部分自称出自少林,并且显然与天地会密切相关的门派。

峨眉派又分僧、岳、赵、杜、洪、会、字、化八大门,八大门中僧门习练者最众,而僧门便自称出自少林。至今,僧门仍然拜达摩为祖师。清末和民国年间,僧门武术家还要一年一度举办"达摩会"活动,祭祀祖师,同时在这一天酬亲谢友、拜师收徒。四川僧门武术家,至今有人仍坚决不承认自己是峨眉派,也不承认有什么峨眉派,只说自己是正宗少林。僧门又分为七支:①

第一支,据说"在唐以前,少林寺一高僧(据说是僧云昙)云游至四川峨眉山,传少林拳法及功法于该地。后峨眉僧人以此拳法为根基,结合当地人的特点和技艺,形成了自己独特的风格,由于此拳是僧人所传,故称'僧门'"。

第二支,"一分为二,一是在清朝中叶,'皇犯'马朝柱(绰号赵麻布)将河南少林拳法传入四川(因赵麻布曾在新都授徒,又称'新都僧门')。黎猴子、魏泽云、周玉山学得此技。后人为不忘先师拳法之根(出自和尚'僧'),故称'僧门'(现已传六代,历时约二百年)。二是在清朝中叶,'皇犯'马朝柱将河南少林拳法传入四川。清朝末年,杨顺唐(少林僧人)传洪雅县邓卫江"。

第三支,是流传在荣昌县的僧门拳,源流有二,其一"源流据说是在晚清年间,由河南嵩山少林寺108房僧人来渝(重庆)授李家老人,李的第四代传人王海青传荣昌熊鸿举"。

第四支,"是在清道光年间,由福建莲池县邓和威,赴河南嵩山少林寺学得此艺,邓后因事入川避难至内江白马镇,遇本地拳师邱光明,邱见邓武艺超群,便将

---

① 毛银坤主编:《四川武术大全》,成都:四川科学技术出版社,1989年,第49~51页。

邓留住白马镇并拜其为师,继承了拳技"。

第五支,"于清朝光绪年间,由河南人吴志赞老和尚到四川云阳县授'僧门'拳,传陈济生"。

第七支,"'僧门'拳在雅安地区流传甚广,据说传人为李发珍(外地和尚),时有佐发神……学得此艺"。

《四川武术大全》所载的僧门这七支,其中六支都有一个共同特点,那就是:各自创始人无不与"少林""和尚""皇犯"等有关系。实际上四川僧门远远不止这七个支系,峨眉派八大门——僧、岳、赵、杜、洪、会、字、化,僧门最为普及广大,在四川每一个角落几乎都有所谓僧门。而且四川的"生门""孙门"(四川话"僧""生""孙"音皆发 sen),很多时候也称自己是僧门。有意思的是,这些僧门不像其他拳种一样有其共同的渊源,枝蔓清晰,而是很多根本没有任何师承上的联系,但它们都叫僧门。这一点与前面提到的广东佛家拳颇为类似,各地佛家拳也往往没有任何联系,但它们都叫作佛家拳。究其原因,其实不复杂,"僧"也罢、"佛"也罢,就是南少林,就是天地会,同称"僧""佛",是表明和承认它们都出自天地会,但却未见得一定要有师承枝蔓的联系。

四川经过明清之际的战乱,其人口在清初锐减,于是有了所谓"湖广填四川"的移民运动。这些沿长江溯流而上的移民中,很多都是天地会成员,于是四川成为天地会活动的主要区域之一。他们到了四川,也就把武功带到了四川,在天地会范围内广为传授。

远不止一个僧门,四川武术门派许多都称自己出自少林。据载:四川孙门、生门、洪门、会门、字门、罗门、法门、于门、黄林派、青城派、绿林派、余家拳、明海拳、少林南拳、金家功等,均有该拳种源自少林的传说。例如:

四川孙门称:该派"源于福建少林寺。明末,张成虎入川,传少林拳法于蜀中。后蜀人孙楚南尽得其技"。[①]

四川生门称:该派"一支是由四川郫县金授云所传。此门是以福建少林拳法为主体的拳种,又称'金家拳'""另一支在清朝年间(具体时间不详),由四川人黄广三(黄曾三下广东学艺,后人不知其名,便以广三爷尊称。'广三'别号名噪川、滇,其真实姓名反被雅号所替代)三下广东学艺,历经二十余年,黄回川后又博采

---

① 毛银坤主编:《四川武术大全》,成都:四川科学技术出版社,1989年,第6页。

四川诸家之长,创'生门'拳技于蜀中"。①

四川洪门称:该派一支,"清朝嘉庆年间,荣昌县河包乡人'王狗屎',曾赴河南少林寺学艺后返乡传陈世道,以及临乡人陶观先生";一支"清朝乾隆年间,少林寺遭火焚后,五经和尚等逃至南方沿海一带,传授洪门拳术而闻名。辗转传至夏翰清";一支"相传明末清初,遗民志士按明太祖年号'洪武'中的'洪'字命名,称流传在湖北汉阳地区的'洪门'为'水洪门'。此门由湖北拳师李国操于1908年传入四川"。②

四川会门称:该派"源于河南少林寺。首传人黄法庄法师,后由唐英举、黎昌祥、刘彪魁等继承。刘首传义和团头领周海山"。③

四川字门称:该派一支"在清朝末年,嵩山少林寺一高僧化缘来重庆,时有资中县潘庆华来渝谋生兼学武术,幸得高僧字门武艺";一支"清朝嘉庆年间,河南名武师陈钰,身怀字门绝技,武技惊人,内外功俱臻上乘。因避祸来到四川,隐居渠县三汇场授徒传艺,首传孙辅臣等人"。④

四川罗门称:"在清朝中期,少林高僧李二师游荡江湖,途经四川丰都县时,因严惩一伙自恃武功高的地痞,名声大震。在当地习武之人陈双珊的苦留下,李二师开门授徒。"⑤

四川法门称:"相传,清朝雍正年间,清政府为维护其统治地位,挑选了一些武艺高强的'血滴子'(暗探刽子手),对宫廷中有反清复明思想的志士和侠义豪杰实行诛戮,这些人纷纷外逃。其中的一名侠士来四川峨眉山避难,苦练此功,并教弟子。"⑥

四川于门称:"相传该拳出自明朝于谦。清末时传至四川开县三尊铺蔡平川处。"⑦

四川黄林派称:"据传,清朝雍正年间,雍正皇帝通缉天下武林志士,迫使习武之人纷纷躲避。因而在四川的彭县九峰山,集聚了一批武林高手。拳师们相

---

① 毛银坤主编:《四川武术大全》,成都:四川科学技术出版社,1989年,第34页。
② 毛银坤主编:《四川武术大全》,成都:四川科学技术出版社,1989年,第479、480页。
③ 毛银坤主编:《四川武术大全》,成都:四川科学技术出版社,1989年,第573页。
④ 毛银坤主编:《四川武术大全》,成都:四川科学技术出版社,1989年,第609、612页。
⑤ 毛银坤主编:《四川武术大全》,成都:四川科学技术出版社,1989年,第891页。
⑥ 毛银坤主编:《四川武术大全》,成都:四川科学技术出版社,1989年,第1158页。
⑦ 毛银坤主编:《四川武术大全》,成都:四川科学技术出版社,1989年,第1174页。

互切磋各自武艺,并将习练的拳术精粹,传授慕名前来求师的众多弟子。经过数年,由于各拳种互相渗透,逐步形成了一套风格独特的拳术。因拳师们练武授徒之地,有茫茫一片银杏,每年秋后叶落一片金黄,后来,人们就根据九峰山上秋后之景,将这风格独特的拳术命名为'黄林派'。"①

四川青城派称:"清朝雍正年间,少林李金钩禅师(人称李剑侠)学得此术。乾隆二十三年,金钩禅师传艺于亲侄子李泰山。李泰山十八岁时,不愿为僧,私自跟随耍把戏的艺人来川,安家于灌县漩口乡。后传艺于四川灌县青城山一带。二百年来,因各代弟子不断充实和创新,使之形成了现在的'青城派(洪拳)'的拳术风格。"②

四川绿林派称:"清朝雍正年间,江湖豪杰刘忠从北京流落四川(据传是刺杀雍正事败逃出),在都江堰市青城山得此技艺(绿林派武艺),后又与各地义士切磋拳技,集各家之长,发展了绿林派拳术,并广为传授。"③

四川余家拳称:该拳乃"清初,从湖广遁隐于四川简阳的余氏,在川遇曾师(名不详)和外省人宋师(名不详),共研苦琢,揉合三家(余氏、曾师、宋师)拳术精粹于一体,创编出一种介乎内外两家,南北两派的独特拳技。"④

四川明海拳称:"清朝同治年间浪迹江湖的少林寺僧'明海和尚'西游巴蜀,住于四川万县长岭乡回龙寺,潜心研习四川武术,将四川武术和少林武功融会贯通,不断发展,而自成一家,逐渐形成了现在的'明海拳'。"⑤

四川少林南拳称:"黄净果是少林寺道心派系高僧,于1898年因杀贪官之义举,逃于湖北与四川之间的盘山寺。"卖泼浪鼓的小贩王万庭"颇得黄净果厚爱,将秘而不宣的少林正宗南拳十套,教王万庭三载,而不告其真实姓名"。⑥

四川金家功称:"清朝道光年间,姬一旺(祖籍山西省中条山,出生于安徽蚌埠)因对朝廷不满,为深习武功曾往江宁为僧。后来,誓欲反清复明,因事机败露,避难化僧为道潜逃,姬改为金,化名金道人。清朝同治年间,金道人从武汉沿长江上行入川,到万县登陆,欲取道梁山县上成都。后因故在四川良平县定居,

---

① 毛银坤主编:《四川武术大全》,成都:四川科学技术出版社,1989年,第1182页。
② 毛银坤主编:《四川武术大全》,成都:四川科学技术出版社,1989年,第1196页。
③ 毛银坤主编:《四川武术大全》,成都:四川科学技术出版社,1989年,第1217页。
④ 毛银坤主编:《四川武术大全》,成都:四川科学技术出版社,1989年,第1252页。
⑤ 毛银坤主编:《四川武术大全》,成都:四川科学技术出版社,1989年,第1413页。
⑥ 毛银坤主编:《四川武术大全》,成都:四川科学技术出版社,1989年,第1877页。

一住近十年。并将金家功分别传与李次侯等人。"①

　　除了清末由北方回族武术家传入的岳门、赵门,民国年间由中央国术馆成员传入的查拳、八卦等以外,今天流传在四川地区的武术,即所谓"峨眉派"或四川地方武术中,其传说涉及"皇犯""钦犯""避难""避祸""遁隐""刺杀雍正"的极多,这绝对不是偶然,而显然说明其成员与因反清复明活动常遭通缉、追杀的天地会,有密切关系。于谦是明代抗御北方蒙古瓦剌部入侵的民族英雄,于门奉于谦为始祖,当然明确表明了鲜明的反清政治倾向。所谓"绿林派",用绿林之名,更是直接显示了和清政府的对立。四川武术的来源地多为闽粤,这和天地会的入川也完全一致。四川武术又有"洪门""青城洪拳",一望而知,它们都是直接源自天地会——洪门的拳种。而四川武术的这些门派都声称自己出自少林,显然,这个少林,就是天地会。

　　而明海和尚和明海拳之"明海",一望而知乃天地会假托或杜撰。明乃明王朝,天地会要反清复明,"明"字对天地会而言有特殊意义。天地会起于闽台沿海,"海"字对天地会而言也有着非同一般的含义,如洪门秘籍《海底》、"海袍哥"等词语等,即是证明。川剧《巴九寨》中多用袍哥行话,表演袍哥规矩礼俗,其中《男劝》一折胡连唱词"枉自我江湖之上在海大爷",可能都与之有关。所谓"明海",其实就是天地会。流沙河以为:"我自幼闻说天下袍哥共有一本《海底》,辗转手抄,内部秘传,绝不示人。访诸故老,竟无一人见过,但都说有。书名'海底',在下推测,盖取《论语》——'四海之内皆兄弟也'之意,海指天下袍哥也。《海底》者写袍哥老底之书也。袍哥既以海名,作动词用,所以操袍哥又谓之海袍哥。"②这大概是据袍哥的"袍"乃出自《诗经·秦风·无衣》"岂曰无衣,与子同袍"来推断的,也有一定道理,都是说兄弟。一般认为哥老会来自天地会,《海底》之"海"与袍哥之"袍",有一定关系,也不奇怪。雍正时,福建观风整俗使刘师恕曾奏曰:福建泉州下辖七县,"大姓欺负小姓,小姓又连合众姓为一姓以抗之。从前以'包'为姓,以'齐'为姓;近日又有以'同'为姓,以'海'为姓,以'万'为姓者"。③包、齐、同、海、万等,都有众多、集体、共同的意思。

---

① 毛银坤主编:《四川武术大全》,成都:四川科学技术出版社,1989年,第2058页。
② 李子峰:《海底》"封底",南京:江苏教育出版社,2010年。
③ 《宫中档雍正朝奏折》第十四辑"雍正七年十月十六日",福建观风整俗使刘师恕折。

但天地会对"海"字的情有独钟,应该还有一个原因。较早就有人注意到了明代倭乱有中国商人的参与和影响,近期又有人注意到以往研究清代天地会活动我们过于注重其政治宗旨而忽略其经济诉求,经济和商人离不开利益,而利益则与海上贸易和"海禁"有关。天地会的"海",可能也是这个经济和商业的"海",今天的"海派""下海"等词语,其实也是这个意思。天地会、哥老会的词语,一直沿用至今或重新启用者,远远不止这几个。

清代包括天地会在内的秘密结社组织,常被称为"教门"。四川武术既称××派、××门、××家,也常常称××教,如苏家教、任家教、山东教等。这和广东武术一些拳种称教一样。既称"教",应该正说明了四川武术和民间秘密结社组织——教门的关系。四川方言"乐(落)教"(意为懂、守规矩),"换教"(意为改变派系或信仰)等,便是一个遗留至今的袍哥词语。

清代四川武术,是一个与天地会、哥老会有密切关系,随移民而来全新的多种门派混杂体,而正是这个混杂体,一直延续到今天,并被称之为峨眉武术。

第四节 "峨眉派"的出现与显扬

明代文人游历峨眉的诗文中,有关于武艺的记载;清代文人也多有游历峨眉山的诗文,但是这些诗文中,却不见有峨眉武术的踪影,而全部是关于作者行程及峨眉秀丽风景的记述。少林武术也有相似情况,明代文人诗文中有大量关于少林武僧、少林武术的记载,而进入清朝之后,这样的记述基本消失。但是清初还有"今山寺颓落,即存一二残衲,间令沙弥试演拳棒,然直如街房乞儿对打,不足观矣"[1]的关于少林颓败的记载,而峨眉却连这样的场景描述也不见。直到清朝晚期,峨眉武术的记载"重现江湖",而这种记载却是出现在野史、笔记、小说中。

一、《圣朝鼎盛万年青》与峨眉武术

峨眉武术在小说中的出现,据目前资料显示,为刊行于光绪年间的武侠公案

---

[1] 汪介人:《中州杂俎下》卷十二"少林棍"条,扬州:广陵书社,2003年,第527页。

小说《圣朝鼎盛万年青》。① 这本书以两条线索展开故事,一为乾隆扮作客商,化名"高天赐"独下江南,为的是"查察奸佞,寻访贤良",进而巩固政权;一为以胡惠干、方世玉为引子,展现武林门派之间争斗。两条线索至小说后半部汇合,由乾隆下旨,调兵围剿福建少林寺,而峨眉、武当等武林人物则协助官兵进剿,最后将泉州少林寺剿平。

在这部小说中,峨眉一派代表人物白眉道人在第五回《雷老虎擂台丧命,李巴山比武欺人》中出现:

> 再说白眉道人首徒李雄,混名巴山,是日因到杭州探望女婿雷老虎,小环接着对父哭诉冤情。巴山大怒,即时亲到广东会馆招寻苗翠花上台比武。②

之后,直到小说后半部分第四十七回《递公禀总督准词,缉要犯捕快寻友》中,白眉道人再次露面,而这次则是和四川峨眉山一起出现:

> 随后英布到武当山冯道德那里学武,他(马雄)就到四川峨眉山白眉道人那里学武……方魁也是白眉道人的门徒,本领却不及马雄。③

此后,白眉道人及徒弟多次出现,并协助剿平福建少林寺。

《圣朝鼎盛万年青》中,还没有明确提出"峨眉派",当然也没有明确提出"少林派"或"武当派",但是其行文语意已然将峨眉(少林、武当亦然)视为一大武术门派。这也是中国武侠小说史上"首次详细描写了武林门派之间的斗争与交恶,突出了少林、武当、峨眉三大派在武林中的地位",④后人将峨眉、少林、武当并论,当始于此。

---

① 又名《万年青奇才新传》《乾隆巡幸江南记》《乾隆游江南》,不题著者。孙楷第《中国通俗小说书目》考云:"(《俗本圣朝鼎盛万年青》八集七十六回)光绪十九年至二十二年间,山海英商五彩公司及上海书局先后石印一、二集及三、四集,四集以下未见。坊间石印本八卷,改题《乾隆巡幸江南记》……清无名氏撰,始作者为广东人,上海书贾续成之。"
② 佚名:《圣朝鼎盛万年青》,李道英、岳宝泉点校,北京:北京师范大学出版社,1993年,第46页。
③ 佚名:《圣朝鼎盛万年青》,李道英、岳宝泉点校,北京:北京师范大学出版社,1993年,第413页。
④ 罗立群:《中国武侠小说史》,北京:花山文艺出版社,2008年,第142页。

二、晚清民国官、私文献记载的峨眉武术

除了小说中所记述的峨眉武术一派之外,晚清民国时人编纂的清朝正史、野史中,峨眉武术也偶有所见。

1915年初的《清朝野史大观》有《陆桴亭先生》,其文云:"明遗民陆桴亭先生,深晓兵律,精通武艺,其所擅梅花枪法,为蜀中峨嵋山高僧指授。"[①]1917年出版的《清稗类钞》之《陆桴亭梅花枪法》[②],所述与《清朝野史大观》基本相同。事实上,陆桴亭所习枪法,据徐震考证,并非梅花枪法,而是梨花枪法;[③]陆之枪法,亦非峨眉僧所授而是得自石敬岩,吴殳在《手臂录》中有明确记载;而石敬岩之枪,则先后受教于少林僧洪记、刘德长。[④]

《清朝野史大观》之《峨眉僧》云:"王征南拳术为内家之正宗……众因其来自峨眉,遂呼为峨眉僧云,有知之者,谓僧之师某尝学于单思南,王征南亦单思南弟子,皆为内家拳云。"[⑤]1924年胡朴安之《拳师传》有"峨眉僧"[⑥]条,其内容与《清朝野史大观》中完全一样,当出自该书。此外,该书中"柳生""刺猿人"条也有涉及峨眉武术的。

除了上述野史笔迹中的一些记载外,1927年完稿的正史《清史稿》也有记载,如:

> 江之桐,字兰崖,安徽和州人……更习武艺,手臂刀矛,皆务实用,变通成法。且读书,且习艺,读稍倦,则趋举翕张,以作其气。已而默坐,以凝其神,昼夜无间。至百日乃睡,睡十馀日,复如之。读史善疑,质之儒生,往往无以答。其艺通绵长、俞刀、程棍、峨嵋十八棍,多取洪门,敌硬斗强,以急疾为用。[⑦]

---

① 小横香室主人编:《清朝野史大观》卷十二"清代述异·陆桴亭先生",上海:上海书店,1981年,第32页。
② 徐珂编:《清稗类钞》第六册"技勇类·陆桴亭梅花枪法",北京:中华书局,2010年,第2865页。
③ 徐震:《国技论略》,太原:山西科学技术出版社,2003年,第20页。
④ 吴殳:《手臂录》卷一"石家枪法源流述",太原:山西科学技术出版社,2006年。
⑤ 小横香室主人编:《清朝野史大观》卷十二"清代述异·峨眉僧",上海:上海书店,1981年,第324页。
⑥ 胡朴安:《拳师传》,上海:上海广益书局,1924年,第6页。
⑦ 赵尔巽等:《清史稿》卷五百五"艺术四·江之桐传",北京:中华书局,1977年,第13924页。

历代官私文献中,"峨嵋十八棍"仅出现于此处,而这也是正史中少见的有关峨眉武术的记载。

在这些为数不多的关于峨眉武术的官私文献记载中,还没有正式提出"峨眉派"的名称。

三、民国时期武侠小说中的峨眉派

民国时期,武侠小说创作涌起了一股狂潮,据统计,"自民初至新中国成立前,共出现武侠小说作者两百多位,出版武侠小说一千余部,总字数超过三亿"。① 有如此多的武侠小说,当然是因为有众多狂热的武侠迷。郑逸梅曾这样描述民国期间武侠小说受欢迎的程度:

> 近年来小说更如雨后春笋,陆续出版,读者们大都喜欢读武侠小说,据友人熟知图书馆情形的说,那个付诸劫灰的东方图书馆中,备有不肖生的《江湖奇侠传》,阅的人多,不久编书页破烂,字迹模糊,不能再阅了,由馆中再备一部,但是不久又破烂模糊了。所以直到一·二八之役,这部书已购到十有四次,武侠小说的吸引力,多么可惊咧。②

郑逸梅先生提到的《江湖奇侠传》③,于1923年在《红杂志》(后易名《红玫瑰》)上开始连载,同时上海世界书局出版单行本,经过六年多的时间,全书共完成一百六十回,长达一百二十万字。正是在这部百万言的武侠小说中,"峨眉派"第一次正式登台亮相。

"峨眉派"一词在《江湖奇侠传》中正式出现,是在第七十回《抢徒弟镖师挨唾沫,犯戒律岳麓自焚身》中:

---

① 袁进:《鸳鸯蝴蝶派》,上海:上海书店,1994年,第25页。
② 原载《小品大观》,校经山房书局,1935年出版。转引自袁进编:《艺海探幽》,上海:东方出版中心,1997年,第240页。
③ 近人认为《江湖奇侠传》乃平江不肖生写至106回,后由赵苕狂续写。但亦有其他说法。参见罗立群:《中国武侠小说史》,北京:花山文艺出版社,2008年,第175页。

师傅(方绍德)是峨嵋一派的开派祖,……无人知道我峨嵋派戒律之严。①

此后,该书多处出现"峨嵋派"。如第七十一回《论戒律金罗汉传道,治虚弱陆神童拜师》:"吕宣良传授了诀窍,说道:方绍德想做峨嵋派的开派祖。"②第一百三十九回《生面别开山前比法,异军突起冈上扬声》:"雪因……说道:'恭贺我主,不特做了卯来派的教主,并做了统一各派的教主,所有什么昆仑派、崆峒派,以及同在本省的峨嵋派,都已为我主所扫平。'""峨嵋派的开山祖开谛,自成一派的红云老祖,都跽伏在下面,纷纷向他稽首而称臣。"③第一百四十八回《见奇观满天皆是剑,驰快论无语不呈锋》,方绍德说道:"我师父开谛长老,……请他创设一个峨嵋派出来,和已成立的那昆仑、崆峒二派,作上一个对抗的形式,他老人家总是谦让未遑,不肯答允下来。"④"就四川一省而论,要算他们这峨嵋山一派的势力为最雄厚,不论是开谛长老,或是他方绍德本人,倘然创设出一个峨嵋派来,那是决没有一个人敢说一句半句的闲话的。如今他们始终秉着一种谦逊的态度,虽是在暗地已有上这么的一个团体,却从未把这个峨嵋派的名号,公然宣示于天下。"⑤以上所列,还不是小说中出现"峨嵋派"的全部。但"峨嵋派"是在平江不肖生(向恺然)的《江湖奇侠传》中第一次正式出现,当无疑问。

《江湖奇侠传》中峨眉派的出现,在当时产生了重大影响,程天放先生回忆早年在峨眉山的经历时说:20世纪二三十年代,"为武侠小说所迷的少年,更憧憬于峨眉的剑侠,而想去峨眉练习剑术"。⑥远不止于此,受《江湖奇侠传》的影响,"一个武侠小说创作的高潮迅速铺天盖地而来",并且产生了"以上海为中心的作家称为'南派',以京津为中心的作家称为'北派'"。⑦而这些作家中,就有热衷写"峨眉"剑仙、武术者。其中,还珠楼主(李寿民)的《蜀山剑侠传》,将"峨眉派"

---

① 平江不肖生:《江湖奇侠传》(上册),长沙:岳麓书社,1986年,第496页。
② 平江不肖生:《江湖奇侠传》(上册),长沙:岳麓书社,1986年,第504页。
③ 平江不肖生:《江湖奇侠传》(下册),长沙:岳麓书社,1986年,第419页。
④ 平江不肖生:《江湖奇侠传》(下册),长沙:岳麓书社,1986年,第476页。
⑤ 平江不肖生:《江湖奇侠传》(下册),长沙:岳麓书社,1986年,第482页。
⑥ 程天放:《峨眉忆游》,《程天放早年回忆录》,台北:传记文学出版社,1968年,第144页。
⑦ 袁良骏:《武侠小说指掌图》,北京:新华出版社,2003年,第122页。

推向了更大范围,使"峨眉派"广为人知。

《蜀山剑侠传》最早于1932年在天津《天风报》连载,随后天津励力出版社出版单行本,七七事变后,还珠楼主移居南方,小说不再登报连载,而是转交上海正气书局直接出版。小说总共出版至五十五集,总排目三百二十九回,约三百五十万字,属于超长篇剑仙小说。该书主要写以峨眉派为代表的正派剑仙与各种邪魔外道的纠葛和斗争。在书中,自然到处都是所谓的"峨眉派",兹列两例以示:

第一集第六回《名山借灵物仙侠夜话,古洞斩妖蛇父女重逢》:

> 白云大师道:"现在剑客派别甚多,时常因其斗争。昆仑、峨眉之外,现在新创的黄山派与五台派,如同水火,都是因为邪正不能并立的缘故。"[1]

第一集第八回《林中比剑云中鹤绝处逢生,寺内谈心小火神西行求救》:

> 智通道:"适才在林中,起初同你斗剑之人,也许是峨嵋派剑客,打此经过,路见不平,助那周淳一膀之力。"
>
> 智通道:"我叫你等进来,不为别故,只因当初我祖师太乙混元祖师,与峨嵋派剑仙结下深仇,在峨眉山玉女峰斗剑,被峨嵋派的领袖剑仙、乾坤正气妙一真人齐漱溟斩去一臂。祖师爷气愤不过,后来在茅山修炼十年,约峨嵋派二次在黄山顶上比武。"[2]

有学者说:"平江不肖生的《江湖奇侠传》是20年代剑仙小说的代表,而还珠楼主的《蜀山奇侠传》则是30年代以后剑仙小说的高峰。"[3]民国时期,《江湖奇侠传》首次正式提出"峨眉派"一说,而《蜀山剑侠传》则使"峨眉派"家喻户晓。影响巨大的武侠剑仙小说,必然使"峨眉派""峨眉剑仙"深入人心,难怪有痴迷者想到"峨眉山练习剑术"。

---

[1] 还珠楼主:《蜀山剑侠传》,长沙:岳麓书社,1988年,第20页。
[2] 还珠楼主:《蜀山剑侠传》,长沙:岳麓书社,1988年,第30页。
[3] 袁良骏:《武侠小说指掌图》,北京:新华出版社,2003年,第20页。

除了这两部重要的武侠小说之外，言及"峨眉派"的还有席灵凤的《崆峒奇侠传》，钟吉宇的《江南酒侠传》，徐哲身的《峨嵋剑侠》，以及还珠楼主的《峨嵋七矮》《蜀山剑侠新传》等。

四、民国时期武术界中的峨眉派

稍后于平江不肖生与还珠楼主的小说风行沪上，武术界亦开始有人自称峨眉派。

1935年《国术周刊》第122期之《国术派别考（续）》云："陆桴亭，为峨嵋山僧所授，近世尚有峨嵋派者。"①作者金一明在此处只是提到了武术界有称所谓的"峨嵋派"，但是并未详述其渊源，或根本就是不明就里。《国术周刊》第136、137合刊之《国术门类分歧之原因》云：

> 厥后达摩开少林之派；三丰启武当之宗；昆仑峨嵋，各树其帜，而极其妙；岳武穆为形意之祖……②

此时武术界已经出现了"峨嵋派"这一名号，或打出了这个旗帜。但随后金一明在另一篇署名"明"的文章《峨嵋派》中称：

> 世有妄将拳术分派者，说者谓明唐顺之有《峨眉道人拳歌》可证，好事者多附会奇说。③

这就有两个事实值得注意：一、民国时期的武术界已有自称峨眉这一派别的；二、所谓的峨眉派在这一时期尚不为人普遍认可。

例如《山西国术体育旬刊》就有文章指出："中国拳术，派别名称，甚为复杂，

---

① 一明：《国术派别考（续）》，《国术周刊》1934年第122期。《民国国术期刊文献集成》卷24，第404页。

② 蒋英华：《国术门类分歧之原因》，《国术周刊》1935年1月20日，第136、137合刊。《民国国术期刊文献集成》卷25，第106页。

③ 《峨嵋派》，《国术周刊》1935年第136、137合刊。《民国国术期刊文献集成》，卷25，第129页。

举其要者而言,则推少林、太极、形意、八卦四拳,最风行海内。"[1]其中并没有提到什么峨眉派。除此之外,民国时期不乏述其国术派别、源流的文章,然而所有这类文章都对"峨眉"鲜有提及,或即使偶尔提到,也并未把"峨眉"作为一大派别,放到与少林、武当并列的高度。这说明,斯时武术界所谓的"峨眉派",是经武侠小说和博名射利者推波助澜才刚兴起的,还远未形成今人所谓的"少林、武当、峨眉"三足鼎立局面的认识。此外,查阅《民国时期总书目》《中国武术大典》《百年中文体育图书总汇》《中国体育图书汇目》等,不难发现一个现象:在武术书籍出版、武术刊物创办成为一种时尚的民国时期,竟然没有一本冠之为峨眉的武术书刊。

民国时期四川、重庆武术家参加武术比赛,从不称自己是峨眉武术或峨眉派。这也说明民国时期中国武术界,所谓的"峨眉派"尚未被人接受,或者说还未于武林整体形成气候。"峨眉派"的提法,似乎仅限于民国时期的上海武术界,这由上海出版的国术刊物可知。而在"峨眉派"的故乡四川(含重庆),却不见有称"峨眉派"者。四川著名武术家彭元植先生曾提到,民国时期的武术界,相当长时间里没有峨眉武术或峨眉派这种提法。[2] 彭先生久居蜀地,为四川武林耆宿,所言应有相当的可信度。武术界"峨眉派"的称谓最早始于上海,应与平江不肖生的《江湖奇侠传》和还珠楼主的《蜀山剑侠传》有很大关系,十里洋场的繁华、混杂、兼融、射利等,大大有助于"峨眉派"问世。

五、金庸武侠小说影响下的峨眉派

1949 年之后,文化艺术领域秉承 1942 年毛泽东《在延安文艺座谈会上的讲话》精神,坚持"文艺为政治服务,文艺为工农兵服务",提倡社会主义新文艺,从而使包括武侠小说在内的所谓"反动的、淫秽的、荒诞的"书刊被禁绝,[3]其创作、

---

[1] 刘丕显:《内家拳四门提要》,《山西国术体育旬刊》1935 年 1 月 10 日,第 1 卷第 17 号。《民国国术期刊文献集成》,卷 19,第 104 页。

[2] 彭元植:《解放前的四川武林和我的习武生涯》,见《四川文史资料选集》第三十九集,成都:四川人民出版社,1991 年。

[3] 《中共中央关于处理反动的、淫秽的、荒诞的书刊图画问题和关于加强对私营文化事业和企业的管理和改造的知识》(1955 年 5 月 20 日)以及附件一:《文化部党组关于处理反动的、淫秽的、荒诞的书刊图画问题的请示报告》(1955 年 3 月 4 日);附件二:《文化部党组关于加强对于私营文化事业和企业的领导、管理和改造的请示报告》,见中共中央文献研究室编《建国以来重要文献选编》(第 6 册),北京:中国文献出版社,2011 年。

出版、发行、借阅统统被停止,大陆的武侠小说被彻底清除和批判,这一时间持续达三十年之久。但在大陆被禁绝的同时,"武侠小说以新的面貌在香港再度萌生、复兴,并迅速传遍东南亚,流布海外,影响至今"。①

在香港武侠小说界内,金庸素有"武林盟主"之称,而其作品的受追捧程度,在武侠小说圈亦首屈一指,影响既深且广。

金庸十五部武侠小说中,"峨眉派"作为绝对主角出现的,唯有《倚天屠龙记》,此外再次出现就只剩《笑傲江湖》第三十回的"密议"中,冲虚道人对令狐冲解释左冷禅的野心时,将峨眉一语带过:

> 冲虚道:"少林派向为武林领袖,数百年来众所公认。少林之次,便是武当。更其次是昆仑、峨嵋、崆峒诸派。""五岳剑派在武林崛起,不过是近六七十年的事,虽然兴旺得快,家底总还不及昆仑、峨嵋,更不用说和少林派博大精深的七十二绝艺相比了。……左冷禅那时会进一步蚕食昆仑、峨嵋、崆峒、青城诸派,一一将之合并,那是第三步。"②

而在《倚天屠龙记》中,作为绝对主角的"峨嵋",第一次出现,则是借谢逊而道出:

> 谢逊道:"少林寺空智、空性两位大师,武当派张三丰道长,还有峨嵋、昆仑两派的掌门人,哪一位不是身负绝学?"③

小说对于峨眉派的创始人郭襄,则是借俞莲舟之口而道出:

> 俞莲舟道:"当年听得觉远祖师传授《九阴真经》的,共有三位。一是恩师,一是少林派的无色大师,另一位是个女子,那便是峨嵋派的创

---

① 罗立群:《中国武侠小说史》,北京:花山文艺出版社,2008年,第237页。
② 金庸:《笑傲江湖》第三十回"密议",香港:明河社出版有限公司,1994年,第1223、1224页。
③ 金庸:《倚天屠龙记》之"浮槎北溟海茫茫",北京:生活·读书·新知三联书店,1994年,第195页。

派祖师郭襄郭女侠。"①

接着,又道出郭襄创峨眉派的经过:

> 俞莲舟道:"恩师与郭女侠在少室山下分手之后,此后没再见过面。恩师说,郭女侠心中念念不忘于一个人,那便是在襄阳城外飞石击死蒙古大汗的神雕大侠杨过。郭女侠走遍天下,找不到杨大侠,在四十岁那年忽然大彻大悟,便出家为尼,后来开创了峨嵋一派。"②

20世纪80年代初期,中国刚刚改革开放,香港新武侠小说进入中国内地市场,金庸作品尤其受到大众热捧,加之由小说改编的电影、电视剧的上映,其影响更胜于二三十年代平江不肖生的《江湖奇侠传》以及改编的电影《火烧红莲寺》。

峨眉派起源于峨眉山,创始于女子的论断,因金庸的描述传播甚广。史学界有"层累地造成古史"之说,然而峨眉派却不用"层累",而是直接袭用武侠小说,生生造出自己的历史。当然,这种情况在中国武术界比比皆是,如昆仑派、华山派、崆峒派、青城派等等,无一不是如此。

金庸《倚天屠龙记》对峨眉派的渲染,加之1980年代初期在全国范围内进行的武术挖掘整理活动,以及这一时段电影《少林寺》带来的"武术热",使得四川每一武术门派名称前加一"峨眉"成为时尚。此外,相关文章、书籍也开始大量使用"峨眉派"的提法。1980年代中期,有人甚至编写了《大型峨眉武术丛书》与《峨嵋武术丛书》各一套。

有清一代,记载四川武术的史料并不少,然而这些史料中并没有直接称峨眉武术或峨眉派武术的。进入民国,在武侠小说狂飙、国术大热的影响下,"峨眉"始与武术真正结合,然而这种结合还仅限于小说家言。虽然民国时期武术书刊出版发行蔚然成风,少林、武当、内家、外家等等争先恐后亮相,但独不见冠之"峨眉"的武术书刊影子。目前可见资料显示,武术界提出"峨眉派",最早始于上海

---

① 金庸:《倚天屠龙记》之"七侠聚会乐未央",北京:生活·读书·新知三联书店,1994年,第306页。
② 金庸:《倚天屠龙记》之"七侠聚会乐未央",北京:生活·读书·新知三联书店,1994年,第307、308页。

而不是四川。

改革开放以来,成于20世纪六七十年代的香港武侠小说席卷内地,再加上此后武侠小说改编的电影电视剧不断上映,"峨眉派""峨眉武术"的称谓和名声终于达到顶峰。也正是这个时候,"峨眉派""峨眉武术"才被武术界接受,逐渐行走于真实武林,而不是仅存于小说虚构中。

第五节 "峨眉派"武术并非"峨眉山"武术

由前述可知,"峨眉派"这一称谓,首现于平江不肖生的《江湖奇侠传》,光大于还珠楼主的《蜀山剑侠传》,至金庸的《倚天屠龙记》,几成家喻户晓。

小说中的"峨眉派"剑仙及其高深莫测的奇幻神功,表演舞台仅限于峨眉山这一奇峰秀岭。而今人所谓的峨眉派武术或峨眉武术,有人认为应是四川(包括重庆)武术的总称,亦有人云仅指峨眉山的武术。笔者同意曾庆宗的定义,峨眉武术应当包括这样三种情况:"(1)在川土生土长,发源流传的;(2)外省传来但已起了质的变化的;(3)由川流传到外地,且外地承认是峨嵋武术,但已找不到的。"[①]凡达到这三种中任何一种的,即可称为峨眉武术。因为峨眉山是四川最著名的圣山,所以四川武术就以峨眉为名,所谓峨眉派就是四川派,所谓峨眉武术就是四川武术。

一、四川武术流派地域分布

据《四川武术大全》所载,现今四川重庆流传的武术拳种门派约有六十多种,其传承谱系清晰可考且流传区域明晰者,大多始自晚清时期,还有三分之一为民国之后始才传入。

清代的四川,辖五道十二府八直隶州六直隶厅,我们根据清代四川的行政区域划分[②],结合《四川武术大全》所述各武术流派的分布区域,对于清代流传的门派做了如下统计:

---

① 曾庆宗:《曾庆宗武术医学文化研究文集》,成都:四川大学出版社,2010年,第43页。
② 清代行政区域划分,由谭其骧主编《中国历史地图集》(第八册"清时期")四川部分可见大概。但其前后多有变化,欲知其详则须细览《四川通志》。

表一　清代四川武术门派分布表

道	府（州、厅）	流传武术门派
成绵龙茂道	成都府	成都县(府治)：孙门、僧门、岳门、赵门(三原派)、赵门(直隶派)、杜门、洪门、方门； 郫县：孙门、生门、岳门； 灌县：孙门、赵门(直隶派)、武当内家拳、绿林派； 温江：孙门； 简阳：余家拳
	绵　州	绵阳：少林南拳、方门
川东道	重庆府	巴县(府治)：僧门、岳门、赵门(三原派)、会门、蚕闭门、周家拳； 合川：会门、蚕闭门； 江津：满手拳、苏门拳； 永川：苏门拳、任家教； 大足：梅氏拳、任家教； 荣昌：僧门、任家教
	夔州府	开县：字门、任门拳、于门、联门拳、任门拳； 万县：洪门、向门、罗门、余门拳、明海拳； 云阳：字门、明海拳
	绥定府	达县：凼门、自然门、法门； 渠县：字门； 东乡(宣汉)：余门拳
	忠　州	梁平：字门、任门拳、金家功； 丰都：罗门
	酉阳州	酉阳：盘破门
	石柱厅	石柱：罗门
建昌上南道	嘉定府	乐山：杜门、子午门； 峨眉：子午门、八卦门、黄林派、峨嵋十二庄； 威远：高嘴山李家拳； 荣县：盘破门
	雅州府	雅安：自然门、雅安余家拳； 天全：会门
	眉　州	眉州：孙门、岳门

续 表

道	府（州、厅）	流传武术门派
川北道	顺庆府	南充：松溪内家拳、江河拳、自门拳； 岳池：武当内家拳； 广安：此门； 邻水：杨家拳
	潼川府	三台：岳门、少林南拳； 安岳：少林拳； 蓬溪：六合门； 中江：方门、少林南拳
永宁道 川南	资 州	内江：僧门、字门； 资州：字门、盘破门

从上表可以清晰看出,清代四川大的武术门派,大多分布在成都、重庆、夔州府等地。成都作为四川省治,是其政治、文化、经济中心,有得天独厚的条件;而重庆的巴县、江津,夔州的万县、开县、云阳等地,因处长江沿线,有其天然地理优势。前已述明,四川武术中,有相当部分自称出自少林,这与天地会有着密切关系。清初"湖广填四川"移民运动,沿长江水系溯江而上,由于移民中极多天地会成员,四川也就成了天地会主要活动区域之一。四川大的武术门派,除成都之外,大多分布在这一带,这也与四川天地会活动主要区域相吻合。

二、峨嵋山地区的武术

据《四川武术大全》记载,峨嵋山地区流传的武术,有子午门、八卦门、黄林派、峨嵋十二桩等。子午门有比较清晰的传承谱系,而其他谱系,多为"据传",说明并不十分可靠。此分析如下：

1. 子午门

子午门一派的源流,在四川有两支："一支相传在清朝末年,峨眉山太空、神灯法师云游四大名山,与少林、武当僧道交流拳技。他们吸收内外家拳法之长,融会贯通,苦练二十年后,又与清虚道长反复切磋,并结合自己的特点,创编出一种有别于各派的拳术。因太空法师每天禅修,练功时辰在'子、午'二时,故称'子午门'。""另一支据传是峨眉山道人福音子云游各地,在寻师访友中传此功法。"①

这两支有一个共同点,就是子午门都是和尚道人云游各地之后,吸收融合其他武技的结果,而非出自峨眉山。再者,所谓"清末",学界一般指1898年维新变法至1912年中华民国成立这段时期,和尚一脉,是在清末又二十年之后,才创编的一种拳术,即使此一源流为事实,那也是民国初年的事情了。而道人一脉,则未言始于何时,这很奇怪,很可能1980年代初武术热之后编出来的。依武术界编造惯例,可以大胆些猜测,干脆就是子虚乌有吧。

2. 八卦门

《四川武术大全》载八卦门源流,"据传,八卦门源于四川峨眉山",董海川"而后来到四川的峨眉山,得道家修炼的启示,结合武术动作,不断丰富、整理、完善了八卦门拳套"。② 这一结论的证据是董海川碑文之一的一句:"及长,遍游四方,乃过吴、越、巴、蜀,举凡名山大川,无不应临搜奇,以壮其襟怀。"(《四川武术大全》所引原文,多有讹误。)似乎底气有些不足,所以《四川武术大全》又加了一句:"可见,董海川所习八卦掌有可能是在(巴蜀)四川学来的。"③其实,碑文说得很清楚,董海川"过吴、越、巴、蜀",去过四川不假,到过许多"名山大川",可能也到过峨眉山,但他"无不应临搜奇",目的是"以壮其襟怀",并不是学武术。其实《四川武术大全》所引碑文这段文字之后,原文紧接着就是"后遇黄冠,授以武术,遂精拳勇",再清楚不过了,董海川学武术是在他游历四方(包括四川也可能包括峨眉山)之后,所师之人,是"黄冠"。黄冠,道士也。董海川墓碑文之二云:

> 访友于江皖间,迷失道入乱山中,终日不得出,饥困无聊,度无生理。忽有人于山巅招之以手,乃攀入藤附葛而上,至则其人谓之曰:"师候汝久矣。"因导之行见,庙宇奇幻,类非人世。蜿蜒而入,历数处,一道装者,鹤发童颜,遥之曰:"汝来何迟乎?"遂日授以击刺进退之法,炼神导气之功,凡其所传,皆乎平日所未闻未睹者。④

---

① 毛银坤主编:《四川武术大全》,成都:四川科学技术出版社,1989年,第746页。
② 毛银坤主编:《四川武术大全》,成都:四川科学技术出版社,1989年,第1020页。
③ 董海川墓四碑之一:大清光绪九年春二月立《董先生志铭》正面。
④ 董海川墓四碑之二:大清光绪三十年门人尹福立《文安董公墓志》正面。

这篇碑文说得更清楚,董海川学艺,师傅身份是个道士,地点是在江苏安徽一带。

八卦门在四川的流传,主要有四支。① 其一,"四川峨眉山的碧云、静云两位道长首传。至田回时已是九代共四百多年历史"。其二,"清光绪末年,西安人宝鼎入川,在他创办的'潼川积健武术社'中传八卦掌于三台县"。其三,"抗战时期,河北拳师丁世荣、郭子平和郑怀贤先后入川,分别在成都、重庆传艺。其后,又有南京的中央国术馆师生来川并授徒,遂使八卦拳术在川内流传"。其四,"1929年,河南少林寺李曾功受国民党二十九军师长罗乃群之聘,在四川保宁办'童子国术队'而授八卦掌"。

对于这四支流传,其一且不论有无碧云、静云两道长,单"九代共四百多年历史"就有问题,这与前文所述峨眉十二桩从南宋末年传至民国时期,已是十二代一样,有违历史真实。

其二宝鼎一支:据可靠资料载,宝鼎于"民国纪元后,连年驻防川北,后复转职川北磋署,常驻潼川"。② 这是说宝鼎民国初才入川,后来转职磋署(即盐署)任缉私队队长之后,才常住四川潼川(即三台县)。此后宝鼎开始在潼川教武术,而较大规模的武术传授则在民国十年(1921)成立"积健武术社"之后。这与《四川武术大全》所言宝鼎于光绪末年入川传授八卦掌不符。此外,宝鼎"学武术之序,始而泛习诸家,撷取众长,继则由博返约,专攻形意与内功",③而在积健社所授武术,亦为形意与内功,并非《四川武术大全》所谓八卦掌。

目前公认有据可查、脉络清晰的是抗战时期丁世荣、郭子平、郑怀贤以及中央国术馆师生所传,也即目前四川流行的八卦门一派。至于其四李曾功一脉,《四川武术大全》载,"现旺苍县的张雄幸得此技并保存有谱",④但显然流传范围极其有限,且明确为民国年间由外传入蜀地。

3. 黄林派

黄林一派,据传源流有二。其一,"相传,峨眉山万年寺旁一道长,在深山长期观察群猴互斗即蛇兽相搏之态,取猴的机灵和蛇的柔猛融入拳中,创编出以火

---

① 毛银坤主编:《四川武术大全》,成都:四川科学技术出版社,1989年,第1022页。
② 宝鼎:《形意拳谱》之《积健社形意拳师承记》,太原:山西科学技术出版社,2000年,第72页。
③ 宝鼎:《形意拳谱》之《积健社形意拳师承记》,太原:山西科学技术出版社,2000年,第75页。
④ 毛银坤主编:《四川武术大全》,成都:四川科学技术出版社,1989年,第1023页。

龙滚为主的拳术"。其二,"据传,清朝雍正年间,雍正皇帝通缉天下武林志士……四川的彭县九峰山,集聚了一批武林高手。拳师们互相切磋各自技艺,传授慕名前来求师的众多弟子。经过数年,由于各拳种互相渗透,逐步形成了一套独特风格的拳术"。①

对于万年寺道长创拳一说,与张三丰观鹊蛇相斗而创内家拳之说如出一辙,荒诞不经,不值一驳。而其二一脉,前面"四川武术与天地会"一节中已有分析,可以确定黄林派与天地会有极其密切的关系,此不赘述。

2009年《成都商报》刊文称:"从1984年起,通过追根溯源、找传承人,以及武术风格特点综合论证,25年后,省武协终于确定了正宗峨眉的三大发源地,即川西一带的黄林门、峨眉山本土的拳种、内江资中的盘破门。其中,盘破门已经传到第八代弟子,黄林派的传人目前是一位骨伤科医师,而峨眉山本土的拳种目前有多位传承人。"②显然,动辄就宣布什么是时风,这种峨眉武术的历史,是主观构建的,一切无从谈起。

4. 峨眉十二桩

四川流传的峨眉十二桩有两种,其源流与功法名称、练功方法均不同。

其一,"相传,南宋时期,有高僧白云禅师,在四川峨眉山金顶寺中,运用道家和医家中的阴阳虚实,人体脏腑盛衰的肌理,结合释门中的动静功法,融会一些武术动作,经过多年探讨琢磨,创编出一套峨眉桩气功"。③ 其二,"明末清初,湖北麻城县孝感乡人氏姜一怀,早年访寻高师至四川峨眉山,拜门于金顶朝天洞长老,终日习武练功,得其峨眉十二桩真传,后就业四川南充县,嫡系家传十二桩于姜氏子孙后代,时至今日"。④

对于"白云禅师"一脉,前述"峨眉武术的两种起源说"中已有明确论述。需要再次强调的是:峨眉十二桩是一种动功型气功,本质是为了祛病强身,延年益寿,而我们通常所谓武术,其本质是"杀人术",两者有本质区别。所以,作为峨眉临济气功之一的动功——峨眉十二桩,很难归入今天所言的"峨眉派"武术。

---

① 毛银坤主编:《四川武术大全》,成都:四川科学技术出版社,1989年,第1882页。
② 《25年追本溯源:峨眉武术首定三大发源地》,《成都商报》,2009年9月25日。
③ 毛银坤主编:《四川武术大全》,成都:四川科学技术出版社,1989年,第2046页。
④ 毛银坤主编:《四川武术大全》,成都:四川科学技术出版社,1989年,第2056页。

三、峨眉派武术即四川武术

从前文统计可以看出，四川几个大的武术门派都分布在人口稠密、经济相对发达的地区，如成都、重庆等，而绝不在偏僻的峨眉山。此外，峨眉当地流传的子午门、八卦门，其实都是外来武术门派。而黄林派，笔者以为是天地会的遗留，并非土生土长于峨眉山。而峨眉十二桩，乃是一种气功。另外，峨眉山这几个拳种的流传，当是清末民初很晚的事情了。

四川武风鼎盛，民国年间，几乎年年都要在青羊宫（后移至少城公园）举行擂台比武活动，成都俗称为"打金章"。打金章优胜者中，从无一峨眉地区人氏，此亦可为一有力佐证。

明代峨眉武术，已然广陵绝响。而现在所谓的峨眉派或峨眉武术，即为当前川渝等地广为流传的各拳种门派武术的统称。峨眉山为四川名山、圣山，以名山命名川渝武术，有一定合理性。但若以为峨眉派武术即为峨眉山武术，则大谬不然。

2007年，国家级非物质文化遗产名录申报材料《峨眉武术》中，对峨眉武术概念的界定是："峨眉武术是指产生起源于四川峨眉山并广泛流传于整个四川乃至西南地区的武术的总称。"① 此一概念，极尽荒诞。

第六节　广东白眉与四川峨眉

粤、港、澳等地广为流传的白眉拳，有人称是"峨眉山白眉道人所创"。② 习云太也称，四川的白眉拳为"峨眉道人传授"。③《粤海武林春秋》亦称广东"白眉拳据说是由四川峨眉山白眉道人传入广州、澳门、香港等地"。④ 又有称：广东的南拳就地区而论，分本地拳与客家拳两大类，而白眉拳被归入"客家拳"一类。⑤

---

① 李聪：《峨眉武术起源与拳种》，《搏击》，2013年第5期，第42、43页。
② 龚鹏程：《武艺丛谈》，济南：山东画报出版社，2009年，第50页。
③ 习云太：《中国武术史》，北京：人民体育出版社，1985年，第282页。
④ 黄鉴衡：《粤海武林春秋》，广州：广东科技出版社，1982年，第13页。
⑤ 黄鉴衡：《粤海武林春秋》，广州：广东科技出版社，1982年，第5页。

另外,粤港澳等地也有习练者认为:白眉拳乃源出少林,传至峨眉后再传岭南。

众说纷纭、乱象丛生中,历史的真实究竟如何?

一、广东白眉拳的两种起源说

广东所流传的白眉拳,其起源说法不一。据《广东拳械录》载:据传,约在清道光二十八年(1848)间,有一祖籍海丰县的福建少林寺避难和尚(人称海丰和尚),来到惠阳梁化圩,得一山货店主林德轩厚待,海丰和尚感主人之恩,遂把少林寺武技传给林德轩的儿子林庆元和侄儿林合。林合后又上罗浮山华首台再拜海丰和尚师兄广进禅师为师,苦学三个春秋,技艺更臻化境。为纪念两位先师,他写了副对联:"先承少林遗妙业,后得华首吐真传。"林合徒弟有张礼泉等。张学成后,又在广州华林寺巧遇一俗姓竺老和尚,再拜师学技三年,技成后,遂把师承之技称为"白眉派",从而成为白眉派一代宗师。①

另一说法是:河南少林寺白眉禅师,首传广慧禅师,广慧再传竺法云禅师,竺法云再传俗家张礼泉。② 此外,《白眉拳技传入广东之历史》③一文亦持此论。

关于第一种说法,张礼泉之前的三代三个师父,都是和尚,都和少林有关,这个少林,就是天地会,这个白眉拳,明显是天地会会众所传习的武术。天地会有"少林五老"的传说,即五枚、至善、白眉、冯道德、苗显,而第二种说法中的白眉禅师即"少林五老"中的白眉,有些地方也称"白眉道人",实则为一人。白眉禅师也并非来自河南少林寺,实为南少林,亦即天地会,而所谓的广慧禅师、竺法云禅师也应为天地会会员。两种说法中的白眉拳,都归于张礼泉,但都起于天地会。

二、白眉与四川峨眉

"白眉"一词,最早出现于《三国志》之《马良传》:

马良字季常,襄阳宜城人也。兄弟五人,并有才名,乡里为之谚曰:"马氏五常,白眉最良",良眉中有白毛,故以称之。④

---

① 《广东拳械录》"白眉拳",广东省武术挖掘整理组编印,1985年。
② 黄耀炯:《南少林白眉拳的历史与特殊风格》,《武魂》2003年第9期,第30页。
③ 李汉明:《白眉拳技传入广东之历史》,《武当》2009年第2期。
④ 陈寿撰,裴松之注:《三国志》卷三十九"蜀书·马良传",北京:中华书局,1959年,第982页。

由此可知,"白眉"原指三国时马良,因其眉中有白毛,故称为"白眉",后来专指众人中优秀杰出的人才。李白《对雪奉饯任城六父秩满归京》诗云:"季父有英风,白眉超常伦。"高适《酬秘书弟兼寄幕下诸公》诗序云:"族弟秘书,雁亭之白眉者。"李、高诗中的"白眉",都是指才俊特出之人。

武术史早就谈及"白眉",程宗猷的《少林棍法阐宗》即云:

> 或问曰:"人动称少林棍,今观图诀,俱是枪法,何也?"余曰:"谚云:'打人千下,不如一扎。'"故少林三分棍法,七分枪法,兼枪带棒,此少林为棍中白眉也。①

"棍中白眉",当然是称赞少林棍为最杰出棍法。正因为如此,民国庚午年(1930)上海书贾徐鹤龄,"易阐宗之名为《少林白眉棍法》",②其意也在谓少林棍法高明。

吴殳《手臂录》云:"西蜀峨眉山普恩禅师,祖家白眉,遇异人授以枪法。"③此处所谓的"白眉",其实与上文一样,亦指俊杰之人。称"祖家白眉",当是指普恩禅师曾师从枪法高明前辈。而今人在论及峨眉武术之时,却误以为"白眉"为普恩禅师师父之名,并将其作为具体所指,归入峨眉一派。

"白眉"作为人名出现,始于光绪年间的武侠公案小说《圣朝鼎盛万年青》。在这部小说中,白眉道人作为峨眉一派代表人物,曾多次出现,也正是在这之后,"白眉(不论道人,亦或和尚)"才逐渐被后人确立为峨眉派武术的代表人物之一。对此前文已有论述,此处不赘。

三、白眉拳事实

白眉拳的两种说法,最后都归结为竺法云传张礼泉。竺法云不可考,但其为天地会会员当属无疑。张礼泉生于光绪八年(1882),跟竺法云习练拳术也应是清末了。而直到20世纪二三十年代才与林荫堂、林耀桂、黄啸侠、赖成己等齐名,并称"南方五虎将",如此看来,白眉拳一派正式推出,当是民国时候事情。

---

① 程宗猷:《少林棍法阐宗》卷下"问答篇",太原:山西科学技术出版社,2006年,第111页。
② 唐豪:《行健斋随笔》,太原:山西科学技术出版社,2008年,第28页。
③ 程真如:《峨眉枪法》,吴殳《手臂录》"附卷",太原:山西科学技术出版社,2006年。

此外,《圣朝鼎盛万年青》中"白眉道人",乃以南少林传说中"少林五老"之一"白眉"为原型。前已论及,南少林为天地会,所以他们所习练的拳术也来自天地会。这种拳术传至张礼泉之后,才改称白眉拳,并自立一派。张礼泉早期在广州创办的武馆名"励存国术社",后在香港因名号不响,故开始对外称"少林白眉派",其武馆亦改名为"白眉派励存国术社",[①]此亦为一佐证。另外,白眉拳又称"南少林白眉拳",也可说明与天地会的渊源之深。

白眉拳其实与四川峨眉没有任何关系,一厢情愿地把白眉拳作为"峨眉派武术"有欠妥当。粤港澳一带白眉拳自称来自四川峨眉,只是传说,没有任何史实依据。

---

① 黄耀炯:《南少林白眉拳的历史与特殊风格》,《武魂》2003 年第 9 期,第 30 页。

参考文献

中国古书籍类

[1] (周)庚桑楚著;(唐)王士元补亡:亢仓子[M].商务印书馆,1939年。

[2] (春秋)孙武:孙子兵法[M].北京:中华书局,1962年。

[3] (战国)无名氏著;刘凝,翟飚译注:素女经[M].北京:中央编译出版社,2008年。

[4] (战国)尉缭:尉缭子:武经七书[M].北京:中华书局,2007年。

[5] (战国)佚名:黄帝内经[M].沈阳:辽海出版社,2012年。

[6] (汉)班固撰;(唐)颜师古注:汉书[M].北京:中华书局,1962年。

[7] (汉)班固:白虎通义[M].四库全书文渊阁本"子部十·杂家类二"。

[8] (汉)班固:汉武帝内传[M].四库全书文渊阁本"子部·小说家类·异闻之属"。

[9] (汉)董仲舒撰;(清)凌曙注:春秋繁露[M].北京:中华书局,1975年。

[10] (汉)刘熙:释名[M].四库全书文渊阁本"经部·小学类·训诂之属"。

[11] (汉)刘向:说苑[M].四库全书文渊阁本"子部一·儒家类"。

[12] (汉)刘歆:西京杂记[M].四库全书文渊阁本"子部十二·小说家类一·杂事之属"。

[13] (汉)司马迁:史记[M].北京:中华书局。

[14] (东汉)王充:论衡[M].上海:上海人民出版社,1974年。

[15] (汉)王逸注;(宋)洪兴祖补注:楚辞章句补注[M].长春:吉林人民出版

社,1999年。

[16] (汉)扬雄:輶轩使者绝代语释别国方言[M].四库全书文渊阁本"经部十·小学类一·训诂之属"。

[17] (汉)袁康、吴平:越绝书[M].四库全书文渊阁本"史部·载记类"。

[18] (汉)赵晔:吴越春秋[M].四库全书文渊阁本"史部九·载记类"。

[19] (北魏)郦道元:水经注[M].成都:巴蜀书社,1985年。

[20] (北齐)魏收:魏书[M].北京:中华书局,1974年。

[21] (梁)沈约:宋书[M].北京:中华书局,1974年。

[22] (梁)萧子显:南齐书[M].北京:中华书局,1972年。

[23] (梁)萧统编;(唐)李善注:文选[M].北京:中华书局,1977年。

[24] (梁)陶弘景撰;宁越峰注释;朱德礼校译:养性延命录[M].赤峰:内蒙古科学技术出版社,2002年。

[25] (梁)陶弘景:古今刀剑录[M].四库全书文渊阁本"子部九·谱录类一·器物之属"。

[26] (晋)崔豹:古今注[M].北京:中华书局,1985年。

[27] (晋)陈寿撰;(宋)裴松之注:三国志[M].北京:中华书局,2002年。

[28] (晋)常璩:华阳国志[M].四库全书文渊阁本"史部九·载记类"。

[29] (晋)杜预注;(唐)孔颖达疏:春秋左传正义:中国古籍库清嘉庆二十年南昌府学重刊宋本十三经注疏本。

[30] (晋)葛洪撰;周天游校注:西京杂记[M].西安:三秦出版社,2006年。

[31] (晋)葛洪:抱朴子外篇[M].四库全书文渊阁本"子部·道家类"。

[32] (晋)葛洪:抱朴子内篇校释[M].北京:中华书局,2014年。

[33] (晋)王嘉:拾遗记[M].四库全书文渊阁本"子部十二·小说家类二·异闻之属"。

[34] (唐)杜佑:通典[M].北京:中华书局,1988年。

[35] (唐)段成式:酉阳杂俎前集[M].北京:中华书局,1981年。

[36] (唐)段成式:酉阳杂俎续集[M].四库全书文渊阁本"子部十二·小说家类三"。

[37] (唐)房玄龄:晋书[M].北京:中华书局,1974年。

[38] (唐)冯贽:云仙杂记[M].四库全书文渊阁本"子部十二·小说家类

一·杂事之属"。

[39]（唐）李绰：尚书故实[M].四库全书文渊阁本"子部十·杂家类三·杂说之属"。

[40]（唐）李冗：独异志[M].中国古籍库明稗海本。

[41]（唐）李筌：太白阴经[M].四库全书文渊阁本"子部·兵家类"。

[42]（唐）李筌：神机制敌太白阴经[M].北京：中华书局，1985年。

[43]（唐）李白著；（清）王琦注：李太白全集[M].北京：中华书局，2006年。

[44]（唐）李大师，李延寿：北史[M].北京：中华书局，1974年。

[45]（唐）李延寿：南史[M].北京：中华书局，1973年。

[46]（唐）欧阳询：艺文类聚[M].四库全书文渊阁本"子部·类书类"。

[47]（唐）裴铏著；周楞伽辑注：裴铏传奇[M].上海：上海古籍出版社，1980年。

[48]（唐）孙思邈：千金要方[M].四库全书文渊阁本"子部五·医家类"。

[49]（唐）魏征：隋书[M].北京：中华书局，1973年。

[50]（唐）徐坚：初学记[M].四库全书文渊阁本"子部十一·类书类"。

[51]（唐）虞世南：北堂书钞[M].四库全书文渊阁本"子部十一·类书类"。

[52]（唐）郑处诲撰；田廷柱点校：明皇杂录[M].北京：中华书局，1994年。

[53]（唐）张鷟：朝野佥载[M].四库全书文渊阁本"子部·小说家类·杂事之属"。

[54]（后晋）刘昫：旧唐书[M].北京：中华书局，1975年。

[55]（五代）龙明子：葆光录[M].上海：商务印书馆，1940年。

[56]（宋）陈均：九朝编年备要[M].四库全书文渊阁本"史部·编年类"。

[57]（宋）陈傅良：止斋集[M].四库全书文渊阁本"集部·别集类·宋建炎至德祐"。

[58]（宋）高承撰；（明）李果订：事物纪原[M].北京：中华书局，1985年。

[59]（宋）高似孙：子略[M].四库全书文渊阁本"史部十四·目录类一·经籍之属"。

[60]（宋）华岳：翠微北征录[M].中国古籍库清光绪刊本。

[61]（宋）黄伦：尚书精义[M].四库全书文渊阁本"经部二·书类"。

[62]（宋）九山书会才人：张协状元[M].永乐大典戏文校注三种，北京：中华

书局,1979年。

[63] (宋)李昉:太平御览[M].北京:中华书局,1960年。

[64] (宋)李昉:太平广记[M].四库全书文渊阁本"子部十二·小说家类二·异闻之属"。

[65] (宋)李心传:建炎以来系年要录[M].四库全书文渊阁本"史部·编年类"。

[66] (宋)李焘:续资治通鉴长编 第九册[M].北京:中华书局,1985年。

[67] (宋)陆九渊:陆九渊集[M].北京:中华书局,1980年。

[68] (宋)罗烨:醉翁谈录[M].上海:古典文学出版,1957年。

[69] (宋)廖刚:高峰文集[M].四库全书文渊阁本"集部·别集类·南宋建炎至德佑"。

[70] (宋)梅尧臣:宛陵先生集[M].中国古籍库四部丛刊景明万历梅氏祠堂本。

[71] (宋)欧阳修,宋祁:新唐书[M].北京:中华书局,1975年。

[72] (宋)欧阳修:欧阳文忠公集[M].中国古籍库四部丛刊景明本。

[73] (宋)庞元英:文昌杂录[M].上海:商务印书馆,1936年。

[74] (宋)司马光:温国文正公文集[M].中国古籍库四部丛刊景宋绍兴本。

[75] (宋)苏洵:嘉佑集[M].中国古籍库四部丛刊景宋钞本。

[76] (宋)苏辙:栾城集 上[M].上海:上海古籍出版社,2009年。

[77] (宋)释普济:五灯会元[M].四库全书文渊阁本"子部·释家类"。

[78] (宋)释契嵩:镡津集[M].四库全书文渊阁本"集部·别集类二"。

[79] (宋)邵博:邵氏闻见后录[M].北京:中华书局,1983年。

[80] (宋)沈括:梦溪笔谈[M].四库全书文渊阁本"子部十·杂家类三·杂说之属"。

[81] (宋)宋祁等:新唐书[M].北京:中华书局,1975年。

[82] (宋)陶谷:清异录[M].四库全书文渊阁本"子部十二·小说家类三·琐记之属"。

[83] (宋)调露子:角力记[M].太原:山西科学技术出版社,2012年。

[84] (宋)吴自牧著;张社国,符均校注:梦粱录[M].西安:三秦出版社,2004年。

[85] （宋）王洋:东牟集[M].四库全书文渊阁本"集部四·别集类三"。

[86] （宋）王钦若:册府元龟[M].北京:中华书局,1960年。

[87] （宋）王与之:周礼订义[M].四库全书文渊阁本"经部四·礼类一·周礼之属"。

[88] （宋）徐梦莘:三朝北盟汇编[M].四库全书文渊阁本"史部·记事本末类"。

[89] （宋）叶庭珪:海录碎事[M].四库全书文渊阁本"子部十一·类书类"。

[90] （宋）佚名:都城纪胜[M].中国古籍库清武林掌故丛编本。

[91] （宋）佚名:宣和遗事[M].北京:中华书局,1985年。

[92] （宋）朱熹:四书章句集注[M].北京:中华书局,1983年。

[93] （宋）朱熹:通鉴纲目[M].四库全书文渊阁本"史部·编年类"。

[94] （宋）曾公亮:武经总要[M].四库全书文渊阁本"子部二·兵家类"。

[95] （宋）周密:武林旧事[M].四库全书文渊阁本"史部·地理类八·杂记之属"。

[96] （宋）周必大:文忠集[M].四库全书文渊阁本"集部·别集类·南宋建炎至德佑"。

[97] （宋）周敦颐:周敦颐集[M].北京:中华书局,1990年。

[98] （宋）周应合:建康志[M].四库全书文渊阁本"史部十一·地理类三·都会郡县之属"。

[99] （宋）张知甫:张氏可书[M].四库全书文渊阁本"子部·小说家类·杂事之属"。

[100] （宋）张君房编;李永晟点校:云笈七签[M].北京:中华书局,2003年。

[101] （宋）郑樵:通志[M].北京,中华书局,1995年。

[102] （元）陈致虚:中国道教丹道修炼系列丛书上阳子道言[M].北京:宗教文化出版社,2013年。

[103] （元）胡祗遹:紫山大全集[M].四库全书文渊阁本"集部·别集类·金至元"。

[104] （元）马端临:文献通考[M].中国古籍库清浙江书局本。

[105] （元）陶宗仪:说郛[M].四库全书文渊阁本"子部十·杂家类五"。

[106] （元）陶宗仪:辍耕录[M].四库全书文渊阁本"子部·小说家类·杂事

之属"。

　　[107](元)脱脱:宋史[M].北京:中华书局,1977年。

　　[108](元)脱脱:金史[M].北京:中华书局,1975年。

　　[109](元)熊梦祥:析津志辑佚[M].北京:北京古籍出版,1983年。

　　[110](元)危亦林撰;王育学点校:世医得效方[M].北京:人民卫生出版社,1990年。

　　[111](元)佚名:大元圣政国朝典章[M].中国古籍库元刻本。

　　[112](元)杨瑀:山居新话[M].北京:中华书局,1991年。

　　[113](元)钟嗣成:录鬼簿 外四种[M].上海:古典文学出版社,1957年。

　　[114](明)程宗猷:耕余剩技[M].聚文堂藏本,道光二十二年刊。

　　[115](明)程宗猷:少林刀法阐宗[M].太原:山西科学技术出版社,2006年。

　　[116](明)程宗猷:少林棍法阐宗[M].太原:山西科学技术出版社,2006年。

　　[117](明)傅梅:嵩书[M].北京故宫博物院图书馆藏明万历刻本。

　　[118](明)方孝孺:逊志斋集[M].四库全书文渊阁本"集部六·别集类"。

　　[119](明)冯梦龙:警世通言[M].北京:中华书局,2009年。

　　[120](明)谷应泰:明史纪事本末[M].四库全书文渊阁本"史部·纪事本末类"。

　　[121](明)顾宪成:泾皋藏稿[M].四库全书文渊阁本"集部·别集类"。

　　[122](明)高攀龙:高子遗书[M].四库全书文渊阁本"集部·别集类"。

　　[123](明)何良臣:阵纪[M].北京:中华书局,1985年。

　　[124](明)胡文焕辑;孙炜华校点:类修要诀[M].上海:上海中医学院出版社,1989年。

　　[125](明)胡宗宪:筹海图编[M].四库全书文渊阁本"史部·地理类·边防之属"。

　　[126](明)黄一正辑:事物绀珠[M].中国古籍库明万历间吴勉学刻本。

　　[127](明)李时珍:本草纲目[M].北京:北京燕山出版社,2007年。

　　[128](明)陆容:菽园杂记[M].四库全书文渊阁本"子部·杂家类·杂事之属"。

[129]（明）兰陵笑笑生:金瓶梅词话[M].北京:人民文学出版社,2000年。

[130]（明）刘效祖:四镇三关志 1[M].北京:全国图书馆文献缩微复制中心,1991年。

[131]（明）罗贯中:三国演义[M].北京:人民文学出版社,1953年。

[132]（明）茅元仪:武备志[M].台北:华世出版社,1984年。

[133]（明）戚继光:纪效新书十八卷本[M].北京:中华书局,2001年。

[134]（明）戚继光:纪效新书十四卷本[M].北京:中华书局,2001年。

[135]（明）戚继光撰;邱心田校释:练兵实纪[M].北京:中华书局,2001年。

[136]（明）戚继光:戚少保奏议[M].北京:中华书局,2001年。

[137]（明）戚继光:止止堂集[M].北京:中华书局,2001年。

[138]（明）戚祚国汇纂;高扬文,陶琦主编;李克,郝教苏点校:戚少保年谱耆编[M].北京:中华书局,2003年。

[139]（明）施耐庵、罗贯中著;凌赓等校点:水浒传[M].上海:上海古籍出版社,1988年。

[140]（明）施耐庵:水浒传 容与堂本[M].长沙:岳麓书社,2008年。

[141]（明）孙承泽:春明梦余录[M].四库全书文渊阁本"子部·杂家类·杂说之属"。

[142]（明）宋濂:元史[M].北京:中华书局,1976年。

[143]（明）盛仪:惟扬志[M].中国古籍库明嘉靖刻本。

[144]（明）唐顺之:荆川先生文集[M].中国古籍库四部丛刊景明本。

[145]（明）唐顺之:新刊荆川先生文集[M].中国古籍库四部丛刊景明本。

[146]（明）田汝成:西湖游览志余[M].四库全书文渊阁本"史部·地理类六·山水之属"。

[147]（明）吴炳:绿牡丹[M].北京:华夏出版社,2014年。

[148]（明）吴承恩:西游记[M].北京:中华书局,2005年。

[149]（明）无名氏:草庐经略[M].郑州:中州古籍出版社,2006年。

[150]（明）王世贞:弇州四部稿[M].四库全书文渊阁本"集部·别集类·明洪武至崇祯"。

[151]（明）王士性:广志绎[M].北京:中华书局,1981年。

[152]（明）徐光启:农政全书[M].四库全书文渊阁本"子部·农家类"。

[153]（明）谢肇淛撰；傅成校点：五杂俎［M］.上海：上海古籍出版社，2012年。

[154]（明）谢肇淛撰；郭熙途校点：五杂俎［M］.沈阳：辽宁教育出版社，2001年。

[155]（明）俞大猷撰，廖渊泉，张吉昌点校：正气堂全集［M］.福州：福建人民出版社，2007年。

[156]（明）熊廷弼：按辽疏稿［M］.中国古籍库明刻本。

[157]（明）朱国桢：涌幢小品［M］.北京：中华书局，1959年。

[158]（明）臧懋循：元曲选，明万历刻本［M］.爱如生中国古籍库。

[159]（明）周琦：东溪日谈录［M］.四库全书文渊阁本"子部一·儒家类"。

[160]（明）周顺昌：忠介烬余集［M］.四库全书文渊阁本"集部·别集类"。

[161]（明）张鼐：吴淞甲乙倭变志［M］.上海通社辑：上海掌故丛书第一集，上海通社，1936年。

[162]（明）张溥：汉魏六朝百三家集［M］.四库全书文渊阁本"集部八·总集类"。

[163]（明）张燮：东西洋考十二卷［M］.北京：中华书局，1981年。

[164]（明）郑若曾：江南经略［M］.四库全书文渊阁本"子部·兵家类"。

[165]（明）庄元臣：叔苴子内外编［M］.北京：中华书局，1985年。

[166]（清）曹雪芹：红楼梦［M］.北京：人民文学出版社，1982年。

[167]（清）褚人获：坚瓠集［M］.中国古籍库清康熙刻本。

[168]（清）童诰：全唐文［M］.太原：山西教育出版社，2002年。

[169]（清）鄂尔泰：（雍正）云南通志［M］.四库全书文渊阁本"史部十一·地理类三·都会郡县之属"。

[170]（清）傅泽洪：行水金鉴［M］.四库全书文渊阁本"史部·地理类·河渠之属"。

[171]（清）冯辰、刘调赞撰；陈祖武点校：李塨年谱［M］.北京：中华书局，1988年。

[172]（清）顾炎武：日知录［M］.四库全书文渊阁本"子部·杂家类·杂考之属"。

[173]（清）官修：皇朝文献通考［M］.中国古籍库清文渊阁四库全书本。

[174]（清）官修:皇朝通典[M].四库全书文渊阁本"史书·政书类"。

[175]（清）官修:钦定石峰堡纪略[M].四库全书文渊阁本"史部·纪事本末类"。

[176]（清）龚自珍:龚自珍全集[M].上海:上海古籍出版社,1975年。

[177]（清）广东通志[M].四库全书文渊阁本"史部·地理类三·都会郡县之属"。

[178]（清）贺长龄:皇朝经世文编[M].中国古籍库清光绪十二年思补楼重校本。

[179]（清）蘅塘退士编;赵昌平解:唐诗三百首全解[M].上海:复旦大学出版社,2010年。

[180]（清）黄宗羲编:明文海[M].四库全书文渊阁本"集部·总集类"。

[181]（清）黄宗羲著;平慧善,卢敦基译注:黄宗羲诗文选译[M].成都:巴蜀书社,1991年。

[182]（清）黄宗羲:黄梨洲文集[M].北京:中华书局,1959年。

[183]（清）黄叔璥:台海使槎录[M].四库全书文渊阁本"史部·地理类·杂记之属"。

[184]（清）靳辅:文襄奏疏[M].四库全书文渊阁本"史部·诏令奏议类二·奏议之属"。

[185]（清）畿辅通志[M].四库全书文渊阁本"史部·地理类三·都会郡县之属"。

[186]（清）金埴撰;王湜华点校:不下带编 巾箱说[M].北京:中华书局,1982年。

[187]（清）江南通志[M].四库全书文渊阁本"史部·地理类三·都会郡县之属"。

[188]（清）蒋溥:皇朝礼器图式[M].四库全书文渊阁本"史部·政书类"。

[189]（清）蒋良骐撰,林树惠,傅贵九校点:东华录[M].北京:中华书局,1980年。

[190]（清）李渔:闲情偶寄[M].北京:中华书局,2007年。

[191]（清）李斗:扬州画舫录[M].中国古籍库清乾隆六十年自然盦刻本。

[192]（清）厉鹗:辽史拾遗[M].四库全书文渊阁本"史部·正史类"。

[193]（清）卢思诚,（清）冯寿镜修;（清）季念贻,（清）夏炜如纂:光绪江阴县志[M].南京:江苏古籍出版社,1991年。

[194]（清）麟庆:鸿雪因缘图记[M].北京:北京古籍出版社,1984年。

[195]（清）刘启端:大清会典图[M].清光绪石印本。

[196]（清）毛祥麟撰;毕万忱点校:墨余录[M].上海:上海古籍出版社,1985年。

[197]（清）潘文舫:新增刑案汇览[M].紫英山房刻本,1886年。

[198]（清）潘荣陛,富察敦崇著:帝京岁时纪胜[M].北京:北京古籍出版社,1981年。

[199]（清）平定准噶尔方略[M].四库全书文渊阁本"史部·纪事本末类"。

[200]（清）钦定续文献通考[M].四库全书文渊阁本"史部·政书类·通制之属"。

[201]（清）钦定平定台湾纪略[M].四库全书文渊阁本"史部·纪事本末类"。

[202]（清）钱大昕:十驾斋养新录[M].南京:江苏古籍出版社,2000年。

[203]（清）钱维乔.鄞县志[M].清乾隆五十三年刻本。

[204]（清）庆桂等编纂,左步青校点:国朝宫史续编[M].北京:北京古籍出版社,1994年。

[205]（清）阮元校刻.十三经注疏[M].北京:中华书局,1979年。

[206]（清）四川通志[M].四库全书文渊阁本"史部·地理类三·都会郡县之属"。

[207]（清）史澄:广州府志[M].中国古籍库清光绪五年刊本。

[208]（清）世宗宪皇帝朱批谕旨[M].四库全书文渊阁本"史部·诏令之属·诏令奏议类"。

[209]（清）世宗宪皇帝上谕内阁[M].四库全书文渊阁本"史部·诏令奏议类·诏令之属。

[210]（清）世宗宪皇帝上谕八旗[M].四库全书文渊阁本"史部·诏令奏议类·诏令之属"。

[211]（清）陶澍:陶澍全集 奏疏2[M].长沙:岳麓书社,2010年。

[212]（清）唐芸洲:七剑十三侠[M].北京:华夏出版社,1998年。

[213]（清）圣祖仁皇帝圣训[M].四库全书文渊阁本"史部·诏令奏议类·诏令之属"。

[214]（清）吴殳:手臂录[M].太原:山西科学技术出版社,2006年。

[215]（清）吴昌炽:客窗闲话[M].石家庄:河北人民出版社,1987年。

[216]（清）汪介人:中州杂俎[M].扬州:广陵书社,2003年。

[217]（清）王昶纂修:嘉庆直隶太仓州志[M].清嘉庆七年刻本。

[218]（清）徐珂:清稗类钞[M].北京:中华书局,2010年。

[219]（清）徐松著;刘琳,刁忠民,舒大刚校点:宋会要辑稿[M].上海:上海古籍出版社,2014年。

[220]（清）徐乾学:资治通鉴后编[M].四库全书文渊阁本"史部·编年类"。

[221]（清）徐元梅等修;（清）朱文翰等辑:嘉庆山阴县志[M].台湾:成文出版社影印,1983年。

[222]（清）小横香室主人:清朝野史大观[M].上海:上海书店,1981年。

[223]（清）叶封:少林寺志[M].河南省图书馆藏乾隆十三年刻本。

[224]（清）佚名撰,李道英、岳宝泉点校:圣朝鼎盛万年青[M].北京:北京师范大学出版社,1993年。

[225]（清）俞森:荒政丛书[M].四库全书文渊阁本"史部·政书类·邦计之属"。

[226]（清）于成龙:于清端正书[M].四库全书文渊阁本"集部·别集类"。

[227]（清）于敏中:日下旧闻考[M].北京:北京古籍出版社,1985年。

[228]（清）御选明臣奏议[M].四库全书文渊阁本"史部·诏令奏议类二·奏议之属"。

[229]（清）阎士骧:阳曲县志[M].阳曲县文献委员会集资翻印,1932年。

[230]（清）胤禛:世宗宪皇帝上谕[M].中国古籍库清文渊阁四库全书本。

[231]（清）查慎行:人海记[M].北京:北京古籍出版社,1989年。

[232]（清）朱骏声:传经室文集[M].北京:文物出版社,1984年。

[233]（清）祝庆祺:刑案汇览[M].棠樾慎思堂刻本,1834年。

[234]（清）左宗棠:左宗棠全集[M].长沙,岳麓书社1986年。

[235]（清）震均:天咫偶闻[M].北京:北京古籍出版社,1982年。

[236]（清）张廷玉:明史[M].北京:中华书局,2007年。

[237]（清）张孔昭、曹焕斗:拳经拳法备要[M].太原:山西科学技术出版社,2006年。

[238]（清）张宝琳修;（清）王棻纂:永嘉县志[M].台北:成文出版社影印,1983年。

[239]（清）郑珍:道光遵义府志[M].中国古籍库清道光刻本。

[240]（清）钟錂:颜习斋先生言行录[M].北京:中华书局,1985年。

中国现代书籍类

[1] 宝鼎:形意拳谱[M].太原:山西科学技术出版社,2000年。

[2] 鲍风,林青选编:周作人作品精选[M].武汉:长江文艺出版社,2003年。

[3] 蔡少卿:中国秘密社会[M].杭州:浙江人民出版社,1989年。

[4] 曹础基:庄子浅注外篇[M].北京:中华书局,1982年。

[5] 曹础基:庄子浅注内篇[M].北京:中华书局,1982年。

[6] 陈怀:清史要略[M].北京:中华书局,1973年。

[7] 陈鑫:陈式太极拳图说[M].太原:山西科学技术出版社,2006年。

[8] 陈公哲:武术发展史 精武会五十年[M].台北:华联出版社,1973年。

[9] 陈泗东:幸园笔耕录[M].厦门:鹭江出版社,2003年。

[10] 陈廷湘:中国文化[M].重庆:重庆大学出版社,2001年。

[11] 陈耀佳:蔡李佛与小梅花拳[M].广州:广东科技出版社,2010年。

[12] 陈寅恪:元白诗笺证稿[M].北京:三联书店,2009年。

[13] 陈忠实:白鹿原[M].北京:作家出版社,2009年。

[14] 陈正祥:中国文化地理[M].香港:三联书店,1983年。

[15] 陈奇猷校释:吕氏春秋较释[M].上海:学林出版社,1984年。

[16] 程天放:程天放早年回忆录[M].台北:传记文学出版社,1968年。

[17] 德虔:少林武僧志[M].北京:北京体育学院出版社,1990年。

[18] 德虔:少林武术大全[M].北京:北京体育学院出版社。1990年。

[19] 德虔:少林拳术秘传[M].北京:北京体育学院出版社,1989年。

[20] 窦荣昌:天地会诗歌选[M].北京:中华书局,1962年。

[21] 丁继华,单文钵:中医骨伤历代医粹[M].北京:人民卫生出版社,1991年。

[22] 董德强:广东拳械录[M].广东省武术挖掘整理组编印,1985年。

[23] 福山:历史的终结与最后之人[M].北京:中国社会科学出版社,2003年。

[24] 福建省文化厅:福建非物质文化遗产名录[M].福州:海峡文艺出版社,2008年。

[25] 傅伟中:峨眉临济气功——峨眉十二桩述真[M].北京:北京体育学院出版社,1988年。

[26] 范文澜:中国通史简编[M].北京:人民出版社,1965年。

[27] 范益思,丁忠元:古代奥林匹克运动会[M].人民体育出版社,1964年。

[28] 范中义:戚继光评传[M].南京:南京大学出版社2004年。

[29] 方纪生:民俗学概论[M].北京:北京师范大学史学研究所资料室,1980年。

[30] 房向东:鲁迅和他骂过的人[M].上海:上海书店出版社,1996年。

[31] 封开县地方志编纂委员会:封开县志[M].广东人民出版社,1998年。

[32] 葛剑雄:中国移民史[M].福州:福建人民出版社,1997年。

[33] 葛兆光:禅宗与中国文化[M].上海:上海人民出版社,1986年。

[34] 辜鸿铭:中国人的精神[M].南宁,广西师范大学出版社,2002年。

[35] 故宫博物院编:钦定大清现行刑律[M].海口:海南出版社,2000年。

[36] 顾留鑫:顾留鑫太极拳研究[M].太原:山西科学技术出版社,2008年。

[37] 顾廷龙,戴逸主编:李鸿章全集[M].合肥:安徽教育出版社,2008年。

[38] 高棪,李维:中西舞蹈比较研究[M].台湾:裕台公司中华印刷厂,1983年。

[39] 高亨:老子注释[M].郑州:河南人民出版社,1980年。

[40] 高健兵:福清少林院[M].福州:海潮摄影艺术出版社,2005年。

[41] 郭沫若:甲骨文字研究[M].北京:科学出版社,1962年。

[42] 郭绍虞:中国体育史[M].上海:上海文艺出版社,1993年。

[43] 国家档案局明清档案馆:义和团档案史料[M].北京:中华书局,1959年。

［44］国家图书馆善本金石组编：历代石刻史料汇编 9［M］．北京：北京图书馆出版社，2000 年。

［45］过常宝：中国稗官秘史 第 5 册［M］．北京：北京燕山出版社，1998 年。

［46］关文明：一代英杰李小龙［M］．广州：岭南美术出版社，2001 年。

［47］龚鹏程：武艺丛谈［M］．济南：山东画报出版社，2009 年。

［48］广东武术史［M］．广州：广东人民出版社，1989 年。

［49］何心：水浒研究［M］．上海：上海古籍出版社，1985 年。

［50］赫治清：天地会起源研究［M］．北京：社会科学文献出版社，1996 年。

［51］胡朴安：拳师传［M］．上海：上海广益书局，1924 年。

［52］胡小明：体育美学［M］．北京：高等教育出版社，2009 年。

［53］胡小明：民族体育集锦［M］．成都：四川民族出版社，1989 年。

［54］郝勤：道教与武术［M］．台北：文津出版社，1997 年。

［55］华傅：中国世界武术文化［M］．北京：时事出版社，2007 年。

［56］还珠楼主：蜀山剑侠传［M］．长沙：岳麓书社，1988 年。

［57］黄鉴衡：粤海武林春秋［M］．广州：广东科技出版社，1982 年。

［58］黄兴涛：闲话辜鸿铭［M］．南宁：广西师范大学出版社，2001 年。

［59］黄育馥：京剧，跷与中国的性别关系［M］．北京：生活·读书·新知三联书店，1998 年。

［60］黄仁宇：赫逊河畔谈中国历史［M］．北京：生活·读书·新知三联书店，1992 年。

［61］黄仲昭：八闽通志［M］．福州：福建人民出版社，1991 年。

［62］金富轼：三国史记［M］．长春：吉林大学出版社，2015 年。

［63］景爱：中国长城史［M］．上海：上海人民出版社，2006 年。

［64］蒋百里：国防论［M］．长沙：岳麓书社，2010 年。

［65］旷文楠：中国武术文化概论［M］．成都：四川教育出版社，1990 年。

［66］乐山市地方志编纂委员会：乐山市志［M］．成都：巴蜀书社，2001 年。

［67］李零：唯一的规则——孙子的斗争哲学［M］．北京：生活·读书·新知三联书店，2010 年。

［68］李劼人：死水微澜［M］．北京：作家出版社，1955 年。

［69］李少文：图文长城［M］．北京：中国旅游出版社，2004 年。

[70] 李子峰:海底[M].南昌:江西教育出版社,2010年。

[71] 李泽厚:美学四讲[M].天津:天津社会科学院出版社,2001年。

[72] 李泽厚:中国古代思想史论[M].合肥:安徽文艺出版社,1994年。

[73] 李荣玉:走进王芗斋——解析大成拳[M].太原:山西科学技术出版社,2014年。

[74] 李小龙著;[美]约翰·李特编:截拳道:李小龙武道释义[M].北京:中国海关出版社,2010年。

[75] 李天骥:武当绝技秘本珍本汇编[M].长春:吉林科学技术出版社,1988年。

[76] 李振林,马凯:中国古代女子全书 女儿俗[M].兰州:甘肃文化出版社,2003年。

[77] 鲁迅:鲁迅全集[M].北京:人民文学出版社,2005年

[78] 雷海宗:中国文化与中国的兵[M].长沙:岳麓书社,2010年。

[79] 林仁川,黄福才:闽台文化交融史[M].福州:福建教育出版社,1997年。

[80] 林语堂:吾国与吾民[M].西安:陕西师范大学出版社,2002年。

[81] 林语堂:苏东坡传[M].西安:陕西师范大学出版社,2009年。

[82] 刘平:被遗忘的战争—咸丰同治年间关东土客大械斗研究[M].北京:商务印书馆,2003年。

[83] 刘建:宗教与舞蹈[M].北京:民族出版社,2005年。

[84] 刘体仁著,张国宁点校:异辞录[M].太原:山西古籍出版社,1996年。

[85] 刘文典撰;冯逸、乔华点校:淮南鸿烈集解[M].北京:中华书局,1989年。

[86] 柳鸣九主编;吕同六选编:世界散文经典意大利卷[M].沈阳:春风文艺出版社,1997年。

[87] 罗尔纲:清史资料丛刊[M].北京:中国人民大学出版社,1980年。

[88] 罗立群:中国武侠小说史[M].北京:花山文艺出版社,2008年。

[89] 罗啸傲:精武粤传[M].广州:华兴印务局,1935年。

[90] 罗啸傲:精武内传[M].上海:上海社会科学院出版社,2008年。

[91] 廖锦华:写真李小龙[M].北京:北京体育大学出版社,2003年。

[92] 梁伦:舞梦录[M].北京:中国舞蹈出版社,1990年。

[93] 梁克家:淳熙三山志[M].四库全书文渊阁本"史部·地理类·都会郡县之属"。

[94] 梁漱溟:中国文化要义[M].上海:上海世纪出版集团,2005年。

[95] 梁启雄:韩子浅解[M].北京:中华书局,1960年。

[96] 隆荫培,徐尔充:舞蹈艺术概论[M].上海:上海音乐出版社,1997年。

[97] 马骏:马骏说孙子兵法[M].北京:中华书局,2008年。

[98] 马力:中国古典武学秘籍录[M].北京:人民体育出版社,2006年。

[99] 马明达:说剑丛稿[M].兰州:兰州大学出版社,2000年。

[100] 马留堂译注:武经七书[M].北京:中华书局,2007年。

[101] 马子贞:棍法科[M].太原:山西科学技术出版社,2006年。

[102] 马王堆汉墓帛书整理小组编:马王堆汉墓帛书[M].北京:文物出版社,1985年。

[103] 木心:哥伦比亚的倒影[M].南宁:广西师范大学出版社,2013年。

[104] 木心:1989—1994 文学回忆录[M].南宁:广西师范大学出版社,2013年。

[105] 毛晋:六十种曲 第3册[M].北京:中华书局,1958年。

[106] 毛银坤主编:四川武术大全[M].成都:四川科学技术出版社,1989年。

[107] 民国国术期刊文献集成编委会:民国国术期刊文献集成[M]北京:中国书店,2008年。

[108] 孟宪超:峨眉拳全书[M].北京:中国广播电视出版社,2007年。

[109] 南京江宁区文化志编纂委员会:江宁区文化志[M].南京:南京出版社,2011年。

[110] 聂绀弩:水浒四议[M].北京:北京大学出版社,2010年。

[111] 庞烬:龙的习俗[M].西安:陕西人民出版社,1988年。

[112] 平江不肖生:江湖奇侠传[M].长沙:岳麓书社,1986年。

[113] 秦宝琦:炎黄文化研究》(第八辑)[M].郑州:大象出版社,2008年。

[114] 秦福铨:博古和毛泽东[M].香港:大风出版社,2009年。

[115] 钱穆:中国文化史导论[M].北京:商务印书馆,1994年。

[116] 钱穆:国史大纲[M].北京:商务印书馆,1996年。

[117] 钱春绮译:尼伯龙根之歌[M].北京:人民文学出版社,1959年。

[118] 任建树主编:陈独秀著作选编[M].上海:上海人民出版社,2010年。

[119] 任乃强:亚洲民族考古丛刊[M].台北:南天书局有限公司,1934年。

[120] 任宜敏:京畿莲邦——天目山佛教源流引论[M].北京:宗教文化出版社,2001年。

[121] 阮纪正:至武为文——中国传统武术文化论稿[M].广州:广州出版社,2015年。

[122] 司徒尚纪:广东文化地理[M].广州:广东人民出版社,1993年。

[123] 四川省地方志编纂委员会:峨眉山志[M].成都:四川科学技术出版社,1996年。

[124] 苏舆撰;钟哲点校:春秋繁露义证[M].北京:中华书局,1992年。

[125] 释永信:少林学论文选[M].香港:少林书局,2006年。

[126] 舒安:中华武林英豪谱[M].武汉:武汉大学出版社,1984年。

[127] 社会问题研究丛书编辑委员会编:会党、教派与民间信仰[M].北京:知识产权出版社,2012年。

[128] 宋恩常:中国少数民族宗教初编[M].昆明:云南人民出版社,1985年。

[129] 上海书店出版社编:道藏第14册[M].上海:上海书店出版社,1988年。

[130] 上海古籍出版社编:生活与博物丛书器物珍玩编[M].上海:上海古籍出版社,1993年。

[131] 陶熊:气功精选续篇[M].北京:人民体育出版社,1985年。

[132] 陶成章著;汤志钧编:陶成章集[M].北京:中华书局,1986年版421页。

[133] 唐豪,顾留馨:太极拳研究[M].北京:人民体育出版社,1964年。

[134] 唐豪:少林武当考[M].太原:山西科学技术出版社,2008年。

[135] 唐豪:内家拳[M].太原:山西科学技术出版社,2008年。

[136] 唐豪:行健斋随笔[M].太原:山西科学技术出版社,2008年。

[137] 唐豪:中国武艺图籍考[M].太原:山西科学技术出版社,2008年。

[138] 唐豪:少林拳术秘诀考证[M].太原:山西科学技术出版社,2008年。

[139] 唐德刚:晚清七十年[M].长沙:岳麓书社,1999年。

[140] 无谷:少林寺资料集[M].北京:书目文献出版社,1982年。

[141] 吴图南:国术概论[M].北京:北京市中国书店,1984年。

[142] 吴昌炽:客窗闲话[M].石家庄:河北人民出版社,1987年。

[143] 闻一多:闻一多选集[M].北京:开明书店,1951年。

[144] 万籁声:武术汇宗[M].上海:商务印书馆,1929年。

[145] 王军:城记[M].北京:生活、读书、新知三联书店,2003年。

[146] 王明:抱朴子内篇校释[M].北京:中华书局,1980年。

[147] 王纯五:洪门、青帮、袍哥——中国旧时民间黑社会习俗[M].成都:四川人民出版社,1993年。

[148] 王季思:全元戏曲 第四卷[M].北京:人民文学出版社,1999年。

[149] 王鸿筠:少林寺民间故事[M].郑州:河南人民出版社,1981年。

[150] 王文锦译注:礼记译解[M].北京:中华书局,2001年。

[151] 王学泰:"水浒"识小录[M].桂林:广西师大出版社,2012年。

[152] 王云五:万有文库第二集七百种万历重修明会典1—40册[M].上海:商务印书馆,1936年。

[153] 习云太:中国武术史[M].北京,人民体育出版社,1985年。

[154] 徐珂:清稗类钞[M].北京:商务印书馆,1918年。

[155] 徐震:国技论略[M].太原:山西科学技术出版社,2003年。

[156] 胥荣东:大成拳禅拳合一的中国武术[M].北京:宗教文化出版社,1999年。

[157] 徐中舒:徐中舒论先秦史[M].上海:上海科学技术文献出版社,2008年。

[158] 徐玉清、王国民校注:六韬[M].郑州:中州古籍出版社,2008年。

[159] 许宝林:中国兵书知见录[M].北京:解放军出版社,1988年。

[160] 谢长、葛岩:人体文化[M].成都:四川人民出版社,1987年。

[161] 谢选骏:空寂的神殿 中国文化之源[M].成都:四川人民出版社,1987年。

[162] 萧兵:中国文化的精英——太阳英雄神话比较研究[M].上海:上海文

艺出版社,1989年。

[163] 萧一山:清代通史(中)[M].北京:中华书局,1986年。

[164] 萧一山:近代秘密社会史料[M].长沙:岳麓书社,1986年。

[165] 叶封:少林寺志[M].河南省图书馆藏清乾隆十三年刻本。

[166] 于平:中外舞蹈思想概论[M].北京:人民音乐出版社,2002年。

[167] 于平:中外舞蹈思想教程[M].北京:中国戏剧出版社,1994年。

[168] 余榮谋,张启煌:开平县志[M].中国古籍库民国二十二年铅印本。

[169] 俞剑华:中国画论类编[M].北京:人民美术出版社,1957年。

[170] 姚远:少林寺资料集续编[M].北京:书目文献出版社,1984年。

[171] 印鸾章:清鉴纲目[M].长沙:岳麓书社1987年。

[172] 杨澄甫:太极拳选编[M].北京:中国书店,1984年。

[173] 杨天宇撰:周礼译注[M].上海:上海古籍出版社,2004年。

[174] 杨伯骏译注:春秋左传注[M].北京:中华书局,1981年。

[175] 杨伯峻译注:孟子译注[M].北京:中华书局,1960年。

[176] 杨成寅:中国书画名家画语图解？石涛[M].北京:中国人民大学出版社,2003年。

[177] 杨文虎:文学:从元素到观念[M].上海:学林出版社,2003年。

[178] 杨百揆:西方文官系统[M].成都:四川人民出版社,1986年。

[179] 袁进:鸳鸯蝴蝶派[M].上海:上海书店,1994年。

[180] 袁进编:艺海探幽[M].上海:东方出版中心,1997年。

[181] 袁良骏:武侠小说指掌图[M].北京:新华出版社,2003年。

[182] 祖生利,李崇兴点校:大元圣政国朝典章 刑部[M].太原:山西古籍出版社,2004年。

[183] 朱狄:原始文化研究[M].北京:生活、读书、新知三联书店,1988年。

[184] 朱迎平:古典文学与文献论集[M].上海:上海财经大学出版社,1998年。

[185] 尊我斋主人:少林拳术秘诀[M].太原:山西科学技术出版社,2009年,62页。

[186] 曾庆宗:武术与古代兵法(未正式出版)[M].成都体育学院武术系教材《武术理论基础》,1992年印。

[187] 曾庆宗:曾庆宗武术医学文化研究文集[M].成都:四川大学出版社,2010年。

[188] 赵超主:新编续补历代高僧传[M].北京:社会科学文献出版社,2011年。

[189] 赵清主:四川辛亥革命史料 下[M].成都:四川人民出版社,1982年。

[190] 赵尔巽:清史稿[M].北京:中华书局,1977年。

[191] 赵宝俊:少林寺[M].上海:上海人民出版社,1982年。

[192] 赵国华:生殖崇拜文化论[M].北京:中国社会科学出版社,1990年。

[193] 周谷城:中国简史[M].上海:新知识出版社,1956年。

[194] 周作人著;陈为民编选:周作人文集[M].北京:华夏出版社,2000年。

[195] 周伟良:《易筋经》四珍本校释[M].北京:人民体育出版社,2011年。

[196] 周潜川:峨眉十二庄释密[M].太原:山西人民出版社,1960年。

[197] 周潜川著;周巢父,周怀姜整理:峨眉天罡指穴法[M].太原:山西人民出版社,1985年。

[198] 周祖贻,吴金莲:传统房中保健[M].长沙:湖南科学技术出版社,1992年。

[199] 宗白华:美学漫步[M].上海:上海人民出版社,1981年。

[200] 张瑶:增演易筋洗髓内功图说 下卷[M].太原:山西科学技术出版社,2009年。

[201] 张大为:武术谚语释义[M].北京:红旗出版社,1988年。

[202] 张宝瑞:北京武林轶事[M].北京:北京燕山出版社,1987年。

[203] 张隆溪:二十世纪西方文论述评[M].北京:三联书店,1986年。

[204] 张紫宸:中国巫术[M].上海:三联书店上海分店,1990年。

[205] 章诗同:荀子简注[M].上海:上海人民出版社,1974年。

[206] 郑德坤:郑德坤古史论集选[M].北京:商务印书馆,2007年。

[207] 郑州市图书馆文献编辑委员会编:嵩岳文献丛刊 第四册[M].郑州:中州古籍出版社,2003年。

[208] 庄锡昌:多维视野中的文化理论[M].杭州:浙江人民出版社,1987年。

[209] 仲富兰:民俗与文化杂谈[M].上海:上海教育出版社,1992年。

[210] 钟叔河:周作人文选[M].广州:广州出版社,1995年。

[211] 中国人民政治协商会议全国委员会文史资料委员会:文史资料选集[M].北京:文史资料出版社,1964年。

[212] 中华人民共和国体育运动委员会编:中国体育史参考资料 第四辑[M].北京:人民体育出版社,1958年。

[213] 中国民间文艺研究会上海分会编:民间文艺集刊第8集[M].上海:上海文艺出版社,1983年。

[214] 中国人民大学清史研究所编:天地会 第七集[M].北京:中国人民大学出版社,1980年。

[215] 中国武术拳械录编纂组:中国武术拳械录[M].北京:人民体育出版社,1993年。

[216] 中共中央文献研究室,中共湖南省委《毛泽东早期文稿》编辑组编:毛泽东早期文稿 1912.6—1920.11[M].长沙:湖南出版社,1990年。

外国书籍类

[1] [美]福山:历史的终结与最后之人[M].北京:中国社会科学出版社,2003年。

[2] [美]菲利普·巴格比:文化:历史的投影[M].上海:上海人民出版社,1987年。

[3] [美]塞缪尔·亨廷顿:文明的冲突与世界秩序的重建[M].北京,新华出版社,2002年。

[4] [美]罗伯特·K·G·坦普尔著;陈养正,陈小慧,李耕耕译:中国:发明与发现的国度[M].南昌:21世纪出版社,1995年。

[5] [美]O·A·魏勒著;史频译:性崇拜[M].北京:中国文联出版公司,1988年。

[6] [美]W·爱伯哈德著;陈建宪译:中国文化象征词典[M].长沙:湖南文艺出版社,1990年。

[7] [英]霭理斯:生命之舞[M].北京:生活、读书、新知三联书店,1989年。

[8]［英］达尔文著;潘光旦,胡寿文译:人类的由来[M].北京:商务印书馆,1983年。

[9]［英］J·G·弗雷泽著;徐育新,汪培基,张泽石译:金枝[M].北京:新世界出版社,2006年。

[10]［英］李约瑟:中国科学技术史[M].北京:科学出版社,1990年。

[11]［英］马罗礼著;黄素封译,亚瑟王之死[M].北京:人民文学出版社,1983年。

[12]［英］莎士比亚著;朱生豪译:莎士比亚全集[M].南京:译林出版社,1998年。

[13]［法］丹纳著;傅雷译:艺术哲学[M].合肥:安徽文艺出版社,1991年。

[14]［法］勒尼·格鲁塞著,魏英邦译:草原帝国[M].西宁:青海人民出版社,1991年。

[15]［法］雷纳·格鲁塞:蒙古帝国史[M].北京:商务印书馆,1989年。

[16]［法］让·克洛德·布洛涅著;赵克非译:西方婚姻史[M].北京:中国人民大学出版社,2008年。

[17]［法］沙海昂注;冯承钧译:马可波罗行纪[M].北京:中华书局,2004年。

[18]［日］木宫秦彦著;陈捷译:中日交通史 下册[M].上海:商务印书馆,1931年。

[19]［日］忽滑谷快天著;朱谦之译:中国禅学思想史[M].上海:上海古籍出版社,1994年。

[20]［日］松田隆智著;吕彦,闫海译:中国武术史略[M].成都:四川科学技术出版社,1984年。

[21]［日］武田熙:通背拳法[M].北京:中国书店,1984年影印本。

[22]［德］恩格斯:家庭、私有制和国家的起源[M].北京:人民出版社,1972年。

[23]［德］恩格斯:反杜林论[M].北京,人民出版社1970年。

[24]［德］格罗塞:艺术的起源[M].北京:商务印书馆,1987年。

[25]［德］马克思,恩格斯:马克思恩格斯全集[M].北京:人民出版

[210] 钟叔河:周作人文选[M].广州:广州出版社,1995年。

[211] 中国人民政治协商会议全国委员会文史资料委员会:文史资料选集[M].北京:文史资料出版社,1964年。

[212] 中华人民共和国体育运动委员会编:中国体育史参考资料 第四辑[M].北京:人民体育出版社,1958年。

[213] 中国民间文艺研究会上海分会编:民间文艺集刊第8集[M].上海:上海文艺出版社,1983年。

[214] 中国人民大学清史研究所编:天地会 第七集[M].北京:中国人民大学出版社,1980年。

[215] 中国武术拳械录编纂组:中国武术拳械录[M].北京:人民体育出版社,1993年。

[216] 中共中央文献研究室,中共湖南省委《毛泽东早期文稿》编辑组编:毛泽东早期文稿 1912.6—1920.11[M].长沙:湖南出版社,1990年。

外国书籍类

[1] [美]福山:历史的终结与最后之人[M].北京:中国社会科学出版社,2003年。

[2] [美]菲利普·巴格比:文化:历史的投影[M].上海:上海人民出版社,1987年。

[3] [美]塞缪尔·亨廷顿:文明的冲突与世界秩序的重建[M].北京,新华出版社,2002年。

[4] [美]罗伯特·K·G·坦普尔著;陈养正,陈小慧,李耕耕译:中国:发明与发现的国度[M].南昌:21世纪出版社,1995年。

[5] [美]O·A·魏勒著;史频译:性崇拜[M].北京:中国文联出版公司,1988年。

[6] [美]W·爱伯哈德著;陈建宪译:中国文化象征词典[M].长沙:湖南文艺出版社,1990年。

[7] [英]霭理斯:生命之舞[M].北京:生活、读书、新知三联书店,1989年。

［8］［英］达尔文著；潘光旦,胡寿文译:人类的由来[M].北京:商务印书馆,1983年。

［9］［英］J·G·弗雷泽著；徐育新,汪培基,张泽石译:金枝[M].北京:新世界出版社,2006年。

［10］［英］李约瑟:中国科学技术史[M].北京:科学出版社,1990年。

［11］［英］马罗礼著；黄素封译,亚瑟王之死[M].北京:人民文学出版社,1983年。

［12］［英］莎士比亚著；朱生豪译:莎士比亚全集[M].南京:译林出版社,1998年。

［13］［法］丹纳著；傅雷译:艺术哲学[M].合肥:安徽文艺出版社,1991年。

［14］［法］勒尼·格鲁塞著,魏英邦译:草原帝国[M].西宁:青海人民出版社,1991年。

［15］［法］雷纳·格鲁塞:蒙古帝国史[M].北京:商务印书馆,1989年。

［16］［法］让·克洛德·布洛涅著；赵克非译:西方婚姻史[M].北京:中国人民大学出版社,2008年。

［17］［法］沙海昂注；冯承钧译:马可波罗行纪[M].北京:中华书局,2004年。

［18］［日］木宫秦彦著；陈捷译:中日交通史 下册[M].上海:商务印书馆,1931年。

［19］［日］忽滑谷快天著；朱谦之译:中国禅学思想史[M].上海:上海古籍出版社,1994年。

［20］［日］松田隆智著；吕彦,闫海译:中国武术史略[M].成都:四川科学技术出版社,1984年。

［21］［日］武田熙:通背拳法[M].北京:中国书店,1984年影印本。

［22］［德］恩格斯:家庭、私有制和国家的起源[M].北京:人民出版社,1972年。

［23］［德］恩格斯:反杜林论[M].北京,人民出版社1970年。

［24］［德］格罗塞:艺术的起源[M].北京:商务印书馆,1987年。

［25］［德］马克思,恩格斯:马克思恩格斯全集[M].北京:人民出版

社,1972。

[26][德]克劳塞维茨:战争论[M].北京:解放军出版社,1965年。

[27][德]库尔特·萨克斯著;郭明达译:世界舞蹈史[M].上海:上海音乐出版社,1992年。

[28][德]尼采(Nietzsche,F.)著;陈涛,周辉荣译:历史的用途与滥用[M].上海:上海人民出版社,2004年。

[29][匈]拉斯洛·孔著;颜绍泸译:体育运动全史[M].中国体育史学会内部资料,1985年。

[30][意]皮科·米兰多拉:论人的尊严[M].北京:北京大学出版社,2010年。

[31][荷兰]高罗佩:中国古代房内考[M].北京:商务印书馆,2007年。

[32][奥]康罗·洛伦兹著;王守珍,吴雪娇译:攻击与人性[M].北京:作家出版社,1987年。

[33][奥]弗洛伊德著;孙名之译:释梦[M].北京:商务印书馆,2005年。

[34][希腊]希罗多德:历史[M].北京:商务印书馆,1959年。

[35][蒙]苏赫巴鲁:成吉思汗的故事[M].北京:中国民间文艺出版社,1984年。

期刊类

[1]程迅.满族所祭之女神——佛托妈妈是何许人[J].民间文学论坛,1985(2):10.

[2]富育光,于又燕.满族萨满教女神神话初探[J].社会科学战线,1985(4):8.

[3]方春.莫家拳的始祖[J].体育之春,1984(9):36—37.

[4]葛剑雄.中国历史上的移民与地名[J].中国方域,1995(4):128.

[5]胡炜崟.清代闽粤乡族性冲突之研究[J].台湾师范大学历史研究所专刊,1996(27):109.

[6] 黄耀炯.南少林白眉拳的历史与特殊风格[J].武魂,2003(9):30.

[7] 蒋维锬.《香花僧秘典·溯源》证误[J].福建师大福清分校学报,1995(4):4.

[8] 李聪.峨眉武术起源与拳种[J].搏击,2013(5):42—43.

[9] 李炼.满族与柳[J].满族文学,2008(2):57—60.

[10] 李汉明.白眉拳技传入广东之历史[J].武当,2009(2):3.

[11] 李传恩.宗族——古老大地上的幽灵[J].蓝盾,1991(7):49—55.

[12] 陆柳堤.刘家拳创始人刘三眼[J].体育之春,1984(2):40—41.

[13] 林欣.粤海奇技——侠家拳[J].武魂,2007(10):63.

[14] 林荫生.福建福清少林寺略论[J].上海体育学院学报,1994年增刊.

[15] 刘连洋.明朝古籍《通臂拳谱》探秘[J].精武,2006(5):50—52.

[16] 罗西章.扶风出土西周兵器浅识[J].考古与文物,1985(1):92—101.

[17] 梁光汉.太平天国将领的武艺活动[J].体育文史,1990(3):28—29.

[18] 聂啸虎.满族及其先世与北方近邻民族体育游戏之比较[J].成都体育学院学报,1994(1):23—26,32.

[19] 潘一经,罗炤.对福建少林武术历史的考察[J].中华武术,1995(3):4.

[20] 钱穆.再论《楚辞》地名答方君[J].禹贡半月刊,1937,7(1、2、3合期):157.

[21] 士心.踩花山与抢牛尾巴[J].山茶,1982(6):53.

[22] 隋国增.咏春拳研究[J].体育文化导刊,2011(2):86—88.

[23] 随县擂鼓墩一号墓考古发掘队.湖北随县曾侯乙墓发掘简报[J].文物,1979(7):1—32.

[24] 唐豪.我国武术和武舞的起源[J].体育文丛,1957(2):38.

[25] 王朝闻.门外舞谈二[J].文艺研究,1981,(4):140—141.

[26] 翁世勋.《吴越春秋·越女》校释[J].体育文史,1991(2):4.

[27] 言良.明清古本《通臂拳谱》初探[J].武当,2005(4):36—38.

[28] 周伟良.武术文化与会党文化语境中的福建南少林研究[J].首都体育学院学报,2006,18(6):11.

[29] 祝总骧.经络——健康的总控制系统[J].武术健身,1993(2):5—6.

[30] 赵道新.拳术溯源[J].武林,1991(5):33—35.

[31] 张亦峥."海"潮冲击下的少林寺[J].武术健身,1993(5):9—11.

[32] 张剑龄.近代武林名人传略[J].武林,1982(4):13.

后　记

衷心地感谢江苏凤凰文艺出版社与王宏波先生的厚爱，约我写了这部《中国武术文化论稿》。合同一签，感觉就像上了镣铐，但逼一逼也是有好处的，要不然在头脑中早已成形的这部书，还不知道何时能够面世。

上编第一章、下编第四章、第五章，我的学生王小兵多有贡献；中编第五章第三节、下编第三章、第四章、第五章，我的学生程馨、刘霓尘亦多有贡献。这里，我也要对他们表示我真切的谢意。

关于武术学术著作，这肯定是我的最后一部了。希望我说明白了一些道理，希望读者朋友能够喜欢，也希望以此就教于学术界、武术界的前辈、专家与同仁。

程大力

2016 年 8 月 20 日于广州